자본시장법 강의

김건식

박영사

머 리 말

2020년 봄 정년퇴직을 맞아 30년 넘게 지켜왔던 대학 강단에서 내려왔다. 캠퍼스는 떠났지만 변호사 대상의 강의는 줄곧 계속하고 있다. 이 책은 그간 자본시장법 강의를 위해 작성한 자료에 살을 붙여 정리한 것이다.

이 책을 준비하며 특히 유념한 점은 다음과 같다.

첫째, 변호사를 염두에 두고 쓴 책인 만큼 실무적으로 유용한 내용을 담으려고 애썼다. 강의과정에서 자본시장법 실무에 밝은 변호사들과 나눈 질의응답은 물론이고 서울대 금융법센터에서 발간하는 BFL에 실린 논문들도 현실의 문제를 파악하는 데 큰 도움이 되었다.

둘째, 실무를 중시한다고 해서 교수의 습성인 이론취향을 버린 것은 아니다. 자칫 법조문의 평면적 나열로 흐르지 않도록 조문의 배후에 있는 논리를 밝히려고 노력했다. 당장에는 조문이 결정적이지만 결국 그 조문의 해석과 변화를 이끄는 것은 그 논리의 설득력이라고 믿기 때문이다. 이와 관련해서는 상법분야의 학술지, 특히 젊은 연구자들의 논문에 많이 의지했다.

셋째, 우리 자본시장법을 중심에 두면서도 그 비교법적 위치를 부각시킨다는 차원에서 외국의 동향도 간간이 곁들이려고 시도했다. 내 블로그(https://kbln.org)에 올린 짧은 글들을 도처에서 끌어댄 것은 바로 그러한 의도의 소산이다.

내가 강의를 시작한 40년 전은 말할 것도 없고 증권거래법 책을 처음 펴낸 2000년에 비해서도 우리 자본시장은 괄목하게 성장하였다. 자연히 자본시장을 규율하는 우리 법과 실무도 팽창과 심화의 길을 걸었다. 그 결과 이제 자본시장법은 실로 광대무변(廣大無邊)하면서도 변화무쌍(變化無雙)한 분야로 당당히 자리 잡게 되었다. 이 책에서는 이런 자본시장법의 생태계를 빠짐없이 조명하기보다 큰 그림을 구성하는 법리와 현상들을 간명하게 설명하는 것에 주력했다. 그 과정에서 아쉽지만 그냥 넘어갈 수밖에 없었던 부분에 대해서는 후에 보완할 기회가 있을 것으로 기대한다.

여러모로 소박한 책이지만 집필과정에서 여러분들의 도움을 받았다. 먼저 이 책의 모태(母胎)가 된 책(김건식/정순섭, 자본시장법(제4판 2023년))을 현재의 모습으로 키워준 정순섭 교수의 노고를 들지 않을 수 없다. 평생의 친구이자 동료인 박준 교수의 기여도 강조하고 싶다. 박교수는 앞서 언급한 강의에도 동반자로 참여하여 수강자들이 제기한 다양한 의문을 명쾌하게 해명해 주었을 뿐 아니라 급조된 이 책의 초고를 꼼꼼히 살펴 크고 작은 오류를 무수히 지적해 주었다. 또한 지난 5년에 걸쳐 연중 진행된 강의를 기획하고 관리하는 역할을 매끄럽게 수행해 준 박재홍 변호사의 수고도 잊을 수 없다. 이 모든 분들께 다시 한번 깊이 감사드린다. 끝으로 이 책의 출간을 지원해 주신 박영사 안종만 회장님과 조성호 이사님, 그리고 편집을 맡아주신 김선민 이사님께도 감사의 뜻을 전하는 바이다. 이 책이 난해한 자본시장법의 진입장벽을 낮추는데 조금이라도 기여할 수 있다면 더 바랄 것이 없겠다.

2025년 세모에

김 건 식

차례 요약

제1장 총 론

제1절 자본시장과 자본시장법 ···· 1
제2절 자본시장법의 개요 ···· 10

제2장 금융투자상품

제1절 서설 ···· 21
제2절 증권 ···· 26
제3절 파생상품 ···· 39
제4절 새로운 투자대상의 증권성 ···· 49

제3장 금융투자업과 투자자

제1절 금융투자업 ···· 61
제2절 투자자 ···· 77

제4장 발행시장과 공시

제1절 서론 ···· 83
제2절 공시의무의 발생 ···· 95
제3절 공시의무의 내용 ···· 115
제4절 공모 시의 행위규제 ···· 139
제5절 기업공개의 실무 ···· 141

제5장 유통시장에서의 계속공시

제1절 서론 ···· 149
제2절 정기공시 ···· 151
제3절 수시공시 ···· 158
제4절 주권상장법인 특례에 따른 공시 ···· 170

제6장 공시의 실효성 확보

제1절 서론 ···· 173
제2절 행정제재 ···· 173

제3절 형사책임 ··· 175
제4절 민사책임-발행시장 ··· 176
제5절 민사책임-유통시장 ··· 200
제6절 증권관련집단소송법 ··· 214

제7장 경영권과 관련된 규제

제1절 서설 ··· 223
제2절 대량보유보고제도 ··· 224
제3절 공개매수규제 ··· 249
제4절 위임장권유에 대한 규제 ··· 278

제8장 미공개중요정보이용행위 — 내부자거래

제1절 서설 ··· 293
제2절 일반 내부자거래에 대한 규제 ··· 301
제3절 공개매수 및 대량취득·처분에 관한 특칙 ··· 332
제4절 단기매매차익의 반환 ··· 338
제5절 내부자거래 관련 기타 제도 ··· 348

제9장 기타의 불공정거래

제1절 시세조종 ··· 359
제2절 부정거래행위 등 ··· 386
제3절 시장질서교란행위 ··· 409
제4절 불공정거래에 대한 예방 및 규제 ··· 417

제10장 금융투자상품시장

제1절 서설 ··· 425
제2절 거래소에 대한 규제 ··· 434
제3절 거래소시장에 대한 규제 ··· 440
제4절 다자간매매체결회사 ··· 448
제5절 장외시장 ··· 452

제11장 금융투자상품거래의 법률관계

제1절 서설 ··· 457
제2절 투자자와 투자중개업자 사이의 위탁매매계약 ··· 460

제3절 거래소 증권시장에서의 증권매매거래 ······ 463
제4절 청산과 결제 ······ 470

제12장 금융투자업규제

제1절 서설 ······ 475
제2절 영업행위규제 ······ 477
제3절 진입규제 ······ 511
제4절 건전성규제 ······ 516

제13장 규제기관 및 관계기관

제1절 규제기관 ······ 523
제2절 자본시장 관련기관 ······ 529

차 례

제1장 총 론

제1절 자본시장과 자본시장법 ···· 1

Ⅰ. 의의 ···· 1
1. 자본시장법 ···· 1
2. 자본시장과 금융시장 ···· 2
3. 발행시장과 유통시장 ···· 3
Ⅱ. 자본시장과 규제 ···· 3
1. 규제의 필요성 ···· 3
2. 증권을 비롯한 금융투자상품의 특수성 ···· 4
(1) 정보의 비대칭 ···· 4
(2) 무분별한 투자의 위험성 ···· 5
(3) 국민경제적 중요성 ···· 5
Ⅲ. 규제의 내용과 방식 ···· 5
1. 규제의 주요내용 ···· 5
(1) 공시규제 ···· 5
(2) 불공정거래규제 ···· 8
(3) 업자규제 ···· 8
2. 규제의 방식 ···· 9

제2절 자본시장법의 개요 ···· 10

Ⅰ. 연혁 ···· 10
Ⅱ. 구성 ···· 11
Ⅲ. 회사법 등 인접법률과의 관계 ···· 12
Ⅳ. 자본시장법의 법원(法源) ···· 14
Ⅴ. 자본시장법의 목적 ···· 15

1. 제1조의 구조 ··· 15
2. 투자자의 보호 ··· 16
3. 금융투자업의 육성 ··· 17
4. 자본시장의 발전 ··· 18
5. 금융규제의 일부로서의 자본시장법 ··· 18

제 2 장 금융투자상품

제1절 서설 ··· 21
Ⅰ. 금융투자상품의 기능 ··· 21
Ⅱ. 자본시장법상 정의규정 ··· 22
1. 정의규정의 구조 ··· 22
2. 일반적 정의 ··· 22
3. 목적: "이익을 얻거나 손실을 회피할 목적" ··· 23
4. 대가: 금전등의 지급에 관한 약정 ··· 23
5. 권리: "약정함으로써 취득하는 권리" ··· 24
6. 투자성: 위험 ··· 24
7. 명시적 포함과 제외 ··· 25
(1) 명시적 포함 ··· 25
(2) 명시적 제외 ··· 25

제2절 증권 ··· 26
Ⅰ. 서설 ··· 26
1. 의의 ··· 26
2. 유형 ··· 27
3. 자본시장법의 제한적 적용 ··· 28
Ⅱ. 채무증권 ··· 28
1. 의의 ··· 28
2. 국채증권, 지방채증권, 특수채증권 ··· 29
3. 사채권 ··· 29
4. 기업어음증권 ··· 31
Ⅲ. 지분증권 ··· 31

1. 의의 ··· 31
2. 주권과 신주인수권 ··· 32
3. 기타의 지분증권 ··· 33
Ⅳ. 수익증권 ··· 34
Ⅴ. 증권예탁증권 ··· 34
Ⅵ. 투자계약증권 ··· 35
1. 의의 ··· 35
2. Howey판결의 검토 ··· 36
(1) 판결의 개요 ··· 36
(2) 자본시장법상 투자계약증권과의 비교 ··· 36
3. 타인과의 공동사업 ··· 37
4. 금전등의 투자 ··· 37
5. "주로 타인이 수행한 공동사업" ··· 37
6. "공동사업의 결과에 따른 손익을 귀속받는 계약상의 권리" ··· 38
7. 다른 증권유형과의 관계 ··· 38
(1) 투자계약증권의 보충성 ··· 38
(2) 집합투자증권과의 관계 ··· 39

제3절 파생상품 ··· 39

Ⅰ. 서설 ··· 39
1. 의의 ··· 39
2. 유형 – 선도, 옵션, 스왑 ··· 40
(1) 선도거래와 선물거래 ··· 40
(2) 옵션거래 ··· 40
(3) 스왑거래 ··· 41
3. 기능 ··· 41
Ⅱ. 자본시장법상의 정의 ··· 42
1. 정의 ··· 42
2. 기초자산 ··· 43
3. 장래의 특정시점 ··· 43
4. 증권과의 구별 ··· 44
5. 명시적 제외 ··· 44
6. 장내파생상품과 장외파생상품의 구분 ··· 45

Ⅲ. 파생상품과 증권의 결합-파생결합증권 46
1. 의의 46
2. 명시적 제외 47

제4절 새로운 투자대상의 증권성 49

Ⅰ. IT기술의 발전과 새로운 투자대상의 등장 49
Ⅱ. 조각투자와 투자계약증권 50
Ⅲ. 가상자산의 증권성 52
1. 의의 52
2. 종류 53
3. 가상자산의 생성, 이전, 보관 53
4. 증권에 해당하는지 여부 54
(1) 가상자산의 투자계약증권 해당성 54
(2) "주로 타인이 수행한 공동사업" 54
(3) "공동사업의 결과에 따른 손익을 귀속받는 계약상의 권리" 55
(4) 판례 56
(5) 금융당국의 태도 57

제 3 장 금융투자업과 투자자

제1절 금융투자업 61

Ⅰ. 서설 61
Ⅱ. 투자매매업 62
1. 의의 62
2. 매매업 62
3. 발행업 63
4. 인수업 63
Ⅲ. 투자중개업 64
1. 의의 64
2. 위탁매매업무 64
3. 중개업무 65
4. 대리업무 66

5. 발행주선업무 ··· 66
Ⅳ. 집합투자업 ··· 67
1. 집합투자와 집합투자업 ··· 67
2. 집합투자의 4가지 요소 ··· 68
(1) 서설 ··· 68
(2) "2인 이상의 투자자로부터 모은 금전등"－자산의 집합 ··· 68
(3) 일상적인 운용지시의 배제－투자자와 투자관리자의 분리 ··· 68
(4) 투자대상자산의 취득·처분, 그 밖의 방법에 의한 운용－투자자산의 관리 ··· 69
(5) 운용 결과의 투자자에 대한 배분과 귀속－투자자의 위험부담 ··· 69
3. 집합투자에서 배제되는 경우 ··· 69
Ⅴ. 투자자문업 ··· 70
1. 의의 ··· 70
2. 투자자문의 방법 ··· 71
3. 투자자문업에서 명시적으로 제외되는 경우 ··· 71
(1) 불특정다수인을 상대로 한 조언: 유사투자자문업자 ··· 71
(2) 다른 영업에 수반되는 무보수 상담 ··· 72
(3) 자문용역과 관련한 분석정보 제공 ··· 72
(4) 부동산 관리대행 업무 등 ··· 72
Ⅵ. 투자일임업 ··· 73
1. 의의 ··· 73
2. 명시적으로 제외되는 경우 ··· 73
Ⅶ. 신탁업 ··· 74
1. 의의 ··· 74
2. 특정금전신탁과 불특정금전신탁 ··· 74
3. 명시적으로 제외되는 경우 ··· 75
Ⅷ. 외국금융투자업자 ··· 75
1. 외국금융투자업자에 대한 자본시장법 적용 ··· 75
2. 해외증권발행관련 인수계약의 협의 등 ··· 75
3. 외국투자매매업자에 의한 국외에서의 파생결합증권 발행 ··· 75
4. 국내 투자매매업자 등을 상대로 하는 영업 ··· 76
5. 국내거주자의 자발적 거래 등 ··· 76
6. 일정한 외국 집합투자증권의 국내판매 ··· 76

7. 외국투자자문업자 등의 국외투자자문 등 ··· 77

제2절 투자자 ··· 77

Ⅰ. 서설 ··· 77
Ⅱ. 자본시장법상 투자자의 구분 ··· 78
1. 일반투자자와 전문투자자 ··· 78
2. 자발적 전문투자자 ··· 79
3. 전문투자자의 일반투자자 전환 ··· 79
4. 전문투자자에 대한 자본시장법 적용의 제한 ··· 80
Ⅲ. 금소법상 금융소비자 ··· 80
1. 금소법의 제정 ··· 80
2. 금소법상 금융소비자의 의의 ··· 81
3. 전문금융소비자와 일반금융소비자의 구별 ··· 81

제 4 장 발행시장과 공시

제1절 서론 ··· 83

Ⅰ. 발행시장의 개요 ··· 83
1. 발행시장과 자금조달 ··· 83
2. 발행의 다양한 형태 ··· 84
Ⅱ. 발행시장규제의 필요성 ··· 86
1. 발행시장에서의 두 가지 문제 ··· 86
2. 규제의 필요성 ··· 86
Ⅲ. 발행시장규제의 방식 ··· 87
1. 두 가지 규제방식: 공시규제와 내용규제 ··· 87
2. 공시규제의 합리성 논의 ··· 87
3. 공시규제의 부정억지기능 ··· 88
4. 상법상 공시와의 차이 ··· 89
Ⅳ. 현행 발행시장규제의 개요 ··· 89
Ⅴ. 발행회사의 지원기관－인수인을 중심으로 ··· 90
1. 정보의 완전성과 정확성을 담보하는 장치 ··· 90
2. 공모와 인수인의 역할 ··· 91

3. 인수의 의의 및 종류 ··· 92
(1) 자본시장법상의 인수 ··· 92
(2) 총액인수와 잔액인수 ··· 92
4. 인수인과 대표주관회사의 업무 ··· 93
(1) 인수인과 대표주관회사 ··· 93
(2) 대표주관회사의 업무 ··· 93
5. 판매단(청약사무취급단) ··· 95

제2절 공시의무의 발생 ··· 95

Ⅰ. 서설 ··· 95
Ⅱ. 공모-모집과 매출 ··· 95
1. 모집과 매출의 의의 ··· 95
2. 모집과 매출의 차이점 ··· 96
3. 사모의 의의 ··· 97
Ⅲ. 공모의 상대방: 50인 이상의 투자자 ··· 97
1. 서설 ··· 97
(1) 50인 기준 ··· 97
(2) 투자자 수의 합산 ··· 98
2. 공모의 주체 ··· 99
3. 같은 종류의 증권의 의미 ··· 100
4. 전문가와 연고자의 제외 ··· 100
5. 전매가능성 ··· 102
(1) 변칙적인 모집에 대한 대처 ··· 102
(2) 금융위의 전매기준 ··· 102
(3) 전매가능성의 배제-전매제한조치 등 ··· 102
Ⅳ. 청약과 청약의 권유 ··· 104
1. 자본시장법상의 정의 ··· 104
2. 해석상의 문제 ··· 105
3. 단순광고의 예외 ··· 106
4. 조직재편거래 ··· 106
Ⅴ. 적용면제증권 ··· 107
1. 법규정 ··· 107
2. 국채와 지방채 ··· 107

3. 특수채 ······ 108
4. 기타의 증권 ······ 108
Ⅵ. 적용면제거래 ······ 109
1. 개요 ······ 109
2. 사모 ······ 109
3. 소액공모 ······ 109
(1) 의의 ······ 109
(2) 공모금액의 산정방법 ······ 110
(3) 투자자 보호를 위한 조치 ······ 111
(4) 호가중개시스템을 통한 소액매출의 특례 ······ 112
4. 일괄신고서를 제출하는 경우 ······ 112
5. 청약이나 청약의 권유가 수반되지 않는 거래 ······ 112
6. 일정한 요건을 충족하는 매출 ······ 113
7. 기타 ······ 114
(1) 적격기관투자자시장 ······ 114
(2) 온라인소액투자중개의 경우의 공시의무 면제 ······ 114

제3절 공시의무의 내용 ······ 115

Ⅰ. 신고의무자 ······ 115
1. 발행인 ······ 115
2. 매출의 경우 ······ 115
3. 발행인의 신고협조의무 ······ 116
Ⅱ. 증권신고서의 내용 ······ 116
1. 서설 ······ 116
2. 증권신고서의 기재사항과 첨부서류 ······ 117
(1) 모집 또는 매출에 관한 사항 ······ 117
(2) 발행인에 관한 사항 ······ 118
(3) 첨부서류 ······ 119
3. 예측정보 ······ 119
(1) 의의 ······ 119
(2) 예측정보의 범위 ······ 120
(3) 공시방법 ······ 120
(4) 부실공시로 인한 손해배상책임 ······ 120

4. 기재방식의 특례 ······ 121
(1) 참조방식 ······ 121
(2) 미확정기재 ······ 121
5. 대표이사 등의 확인·검토·서명의무 ······ 121
Ⅲ. 증권신고서의 심사 ······ 122
1. 신고서의 수리와 심사 ······ 122
2. 심사의 범위 ······ 122
(1) 형식적 심사권과 내용적 심사권 ······ 122
(2) 내용적 심사의무 ······ 123
(3) 실질적 심사권 ······ 124
(4) 심사와 관련한 권한 ······ 124
3. 심사 후의 조치 ······ 124
(1) 신고서의 수리 ······ 124
(2) 정정요구 그 밖의 조치권 ······ 125
4. 정정신고서 ······ 125
Ⅳ. 신고서의 효력발생 ······ 126
1. 서설 ······ 126
2. 효력발생기간(대기기간) ······ 127
3. 효력발생기간의 단축·연장 ······ 127
Ⅴ. 투자설명서 ······ 128
1. 의의 ······ 128
2. 범위 ······ 129
3. 종류 ······ 130
4. 작성 및 제출과 공시 ······ 130
5. 기재사항 ······ 130
(1) 정식의 투자설명서 ······ 130
(2) 예비투자설명서와 간이투자설명서 ······ 131
6. 투자설명서의 교부의무와 그 면제 ······ 132
7. 교부의무의 이행 ······ 132
8. 투자설명서 사용의 강제 ······ 133
Ⅵ. 일괄신고제도 ······ 134
1. 의의 ······ 134
2. 요건 ······ 134

(1) 대상증권 ···· 134
(2) 제출가능법인 ···· 135
(3) 발행예정기간과 발행횟수 ···· 136
3. 일괄신고에 필요한 공시 ···· 136
(1) 일괄신고서의 기재사항과 첨부서류 ···· 136
(2) 일괄신고추가서류 ···· 136
(3) 투자설명서 ···· 137
4. 일괄신고서 제출에 따른 모집·매출 가능 시기 ···· 137
Ⅶ. 기타 ···· 137
1. 증권신고의 철회 ···· 137
2. 발행실적보고서 ···· 137
3. 증권신고서 등의 공시 ···· 138
4. 전자공시 ···· 138

제4절 공모 시의 행위규제 ···· 139

Ⅰ. 행위규제의 필요성 ···· 139
Ⅱ. 신고서의 수리 전 ···· 139
1. 청약의 권유의 금지 ···· 139
2. 청약의 권유의 범위 ···· 139
Ⅲ. 신고서의 수리 후 효력발생 전-대기기간 ···· 140
Ⅳ. 신고서의 효력발생 후 ···· 141

제5절 기업공개의 실무 ···· 141

Ⅰ. 서설 ···· 141
Ⅱ. 일반적인 기업공개의 진행과정 ···· 142
Ⅲ. 기업공개절차와 관련된 실무상 논점 ···· 144
1. 서설 ···· 144
2. 공모가격결정 ···· 144
3. 공모주 배정 ···· 145
4. 상장 후의 시장조성 ···· 145
Ⅳ. 인수의 법률문제 ···· 146
1. 계약구조 ···· 146
2. 발행인과 인수인의 관계 ···· 147

3. 인수인과 투자자의 관계 ······ 147

제5장 유통시장에서의 계속공시

제1절 서론 ······ 149

Ⅰ. 유통시장공시의 필요성 ······ 149
Ⅱ. 유통시장공시의 종류 ······ 150
Ⅲ. 유통시장공시에 관한 규제 ······ 150
Ⅳ. 전자공시 ······ 151

제2절 정기공시 ······ 151

Ⅰ. 서설 ······ 151
Ⅱ. 제출대상법인 ······ 152
1. 원칙 ······ 152
2. 예외 ······ 153
Ⅲ. 사업보고서 ······ 153
1. 의의 ······ 153
2. 기재사항과 첨부서류 ······ 154
(1) 기재사항 ······ 154
(2) 첨부서류 ······ 155
3. 증권신고서와의 공통사항 ······ 156
(1) 예측정보 ······ 156
(2) 대표이사 등의 확인·검토·서명의무 ······ 156
4. 연결재무제표 ······ 156
5. 금융위의 조치 ······ 157
6. 외국법인등에 대한 특례 ······ 157
Ⅳ. 반기보고서와 분기보고서 ······ 157

제3절 수시공시 ······ 158

Ⅰ. 서설 ······ 158
Ⅱ. 법정공시 – 주요사항보고서 ······ 159
1. 개요 ······ 159

2. 보고의 대상인 주요사항 ···· 160
3. 보고의 이행 ···· 160
Ⅲ. 자율규제 - 거래소 공시규정에 따른 공시 ···· 161
1. 서설 ···· 161
(1) 거래소의 공시규정 ···· 161
(2) 공시의무의 주체 ···· 161
(3) 공시사항의 종류 ···· 161
2. 주요경영사항의 공시 ···· 162
(1) 주요경영사항의 4가지 유형 ···· 162
(2) 영업 및 생산활동에 관한 사항 ···· 162
(3) 재무구조변경을 초래하는 사항 ···· 163
(4) 기업경영활동에 관한 사항 ···· 163
(5) 포괄조항 ···· 163
3. 조회공시 ···· 164
4. 공시의 유보 ···· 164
Ⅳ. 공정공시 ···· 165
1. 의의 ···· 165
2. 규제대상자 ···· 165
3. 대상정보 ···· 165
4. 정보제공대상자 ···· 166
5. 공정공시의무의 이행 ···· 166
6. 공정공시의무의 적용예외 ···· 167
Ⅴ. 자율공시 ···· 167
Ⅵ. 불성실공시에 대한 제재 ···· 168
1. 의의 ···· 168
2. 제재의 종류 ···· 169
3. 부실공시에 대한 손해배상책임 ···· 169

제4절 주권상장법인 특례에 따른 공시 ···· 170

Ⅰ. 서설 ···· 170
Ⅱ. 사외이사 선·해임에 관한 신고 ···· 170
Ⅲ. 스톡옵션 부여 관련 신고 ···· 171
Ⅳ. 자기주식의 취득·처분 관련 공시 ···· 171

Ⅴ. 합병 등 관련 공시 ………… 171

제6장 공시의 실효성 확보

제1절 서론 ………… 173

제2절 행정제재 ………… 173

Ⅰ. 발행시장 ………… 173
1. 정정신고서 제출명령 ………… 174
2. 증권의 발행·모집·매출 기타 거래의 정지 또는 금지 기타 시행령이 정하는 조치 ………… 174
3. 과징금 ………… 174
Ⅱ. 유통시장 ………… 175

제3절 형사책임 ………… 175

Ⅰ. 발행시장 ………… 175
Ⅱ. 유통시장 ………… 175

제4절 민사책임 — 발행시장 ………… 176

Ⅰ. 서설 ………… 176
1. 규제위반행위의 사법상 효력 ………… 176
2. 손해배상책임 ………… 177
Ⅱ. 대상행위 ………… 178
1. 대상공시서류 ………… 178
2. 부실공시 ………… 178
3. 중요성 ………… 179
Ⅲ. 손해배상책임의 주체 ………… 180
1. 개요 ………… 180
2. 신고인과 신고 당시의 발행인의 이사 등 ………… 181
3. 공인회계사·감정인 또는 신용평가를 전문으로 하는 자 ………… 182
4. 자기의 평가·분석·확인의견이 기재되는 것에 대하여 동의하고 그 기재내용을 확인한 자 ………… 185

5. 그 증권의 인수인 또는 주선인 186
(1) 문지기로서의 인수인과 주선인 186
(2) 인수인 186
(3) 주선인 187
(4) 인수인 또는 주선인이 복수인 경우 187
6. 투자설명서를 작성하거나 교부한 자 188
7. 매출신고 당시의 매출인 188
8. 책임의 범위 189
Ⅳ. 손해배상청구권자 190
1. 취득자와 전득자 190
2. 유통시장에서의 취득자 190
Ⅴ. 피고의 항변 191
1. 상당한 주의의 항변 191
2. 악의의 항변 193
Ⅵ. 손해배상 193
1. 부실공시와 인과관계 193
2. 손해배상액 194
(1) 차액설의 한계 194
(2) 손해배상액의 추정 195
(3) 손해인과관계 부존재의 증명 196
(4) 손해배상의 공평과 손해배상액의 제한 197
Ⅶ. 기타 197
1. 과실상계 197
2. 제척기간 198
3. 책임주체사이의 관계 199
4. 예측정보의 특칙 199

제5절 민사책임 — 유통시장 200

Ⅰ. 서설 - 두 가지 유형의 거래 200
Ⅱ. 대상행위 - 손해배상책임의 원인 201
Ⅲ. 손해배상책임의 주체 201
Ⅳ. 손해배상청구권자 202
Ⅴ. 피고의 항변 202

1. 상당한 주의 ······ 202
2. 악의의 항변 ······ 204
Ⅵ. 거래인과관계 ······ 204
1. 거래인과관계와 시장에 대한 사기이론 ······ 204
2. 거래인과관계의 사실상 추정 ······ 205
3. 사실상 추정의 예외 ······ 206
Ⅶ. 손해배상액 – 손해인과관계 ······ 206
1. 손해액의 추정 ······ 206
2. 인과관계 부존재의 증명 ······ 208
3. 부실공시사실의 공표 후에 형성된 정상주가 ······ 209
4. 부실공시사실의 공표 전 매각 ······ 211
5. 과실상계 및 손해배상액 제한 ······ 211

제6절 증권관련집단소송법 ······ 214

Ⅰ. 의의 ······ 214
Ⅱ. 적용범위 ······ 215
Ⅲ. 집단소송의 관계자 ······ 215
1. 총원과 구성원 ······ 215
2. 구성원의 지위와 절차적 보호 ······ 216
3. 대표당사자와 소송대리인 ······ 217
Ⅳ. 집단소송의 허가 ······ 218
1. 소송허가절차와 본안소송절차의 분리 ······ 218
2. 허가의 요건 ······ 218
3. 허가결정과 그 고지 ······ 219
Ⅴ. 허가결정 이후의 절차 ······ 219
1. 손해배상액의 산정 ······ 219
2. 소의 취하 등 ······ 220
3. 분배절차 ······ 220
4. 변호사보수 ······ 221

제7장 경영권과 관련된 규제

제1절 서설 ······ 223

제2절 대량보유보고제도 ······ 224

Ⅰ. 서설 ······ 224
1. 규제의 필요성 ······ 224
2. 대량보유보고제도의 기능 ······ 226
3. 대량보유보고제도의 개요 ······ 227
Ⅱ. 보유대상증권 ······ 227
Ⅲ. 보고의무자 ······ 228
1. 대량보유자: 본인과 특별관계자 ······ 228
2. 특수관계인 ······ 228
(1) 금융회사지배구조법상의 정의 ······ 228
(2) 예외 ······ 229
3. 공동보유자 ······ 229
(1) 의의 ······ 229
(2) 본인과의 합의나 계약 등 ······ 229
(3) 합의대상인 행위 ······ 230
4. 보유의 의미 - 소유개념의 확장 ······ 233
5. 보유비율 ······ 236
Ⅳ. 보고의무의 내용 ······ 236
1. 개요 ······ 236
2. 보고의 주체와 상대방 ······ 237
(1) 보고의 주체 ······ 237
(2) 보고의 상대방 ······ 237
3. 보유목적 ······ 237
(1) 보유목적의 구분 ······ 237
(2) 경영권영향목적 ······ 238
(3) 非경영권영향목적: 단순투자목적과 일반투자목적 ······ 239
4. 특례 전문투자자 ······ 240
5. 보고내용 ······ 240

(1) 원칙 ······ 240
(2) 약식보고서 ······ 241
6. 보고기한 ······ 242
V. 변동보고와 변경보고 ······ 242
1. 변동보고 ······ 242
2. 변경보고 ······ 243
VI. 냉각기간 ······ 243
VII. 보고의무의 면제 ······ 244
1. 보고의무면제자 ······ 244
2. 변동보고의무의 면제 ······ 244
VIII. 보고의무위반에 대한 제재 ······ 244
1. 의의 ······ 244
2. 의결권행사 제한 ······ 245
(1) 의의 ······ 245
(2) 제한대상인 위반분 ······ 246
(3) 의결권 행사가 제한되는 기간 ······ 246
(4) 제한효과의 발생 ······ 246
3. 위반분의 처분명령 ······ 247

제3절 공개매수규제 ······ 249

I. 서설 ······ 249
1. 의의 – 주식매집 수단으로서의 공개매수 ······ 249
2. 공개매수의 구분 ······ 250
(1) 대가의 형태에 따른 구분: 현금공개매수와 교환공개매수 ······ 250
(2) 대상회사 경영진의 반대 여부에 따른 구분: 우호적 공개매수와 적대적 공개매수 ······ 250
(3) 공개매수의 주체에 따른 구분 ······ 251
3. 규제의 필요성 ······ 251
4. 규제의 내용: 정보공시와 주주 사이의 평등 ······ 253
5. 공개매수자와 대상회사의 경영자 ······ 255
6. 규제의 연혁 ······ 255
7. 공개매수의 현황 ······ 256
II. 공개매수의 정의 ······ 257

1. 공개매수와 대상거래 ······ 257
2. 불특정 다수인 ······ 257
3. 대상증권: 주식등 ······ 258
4. 매수의 청약 내지는 매도의 청약의 권유 ······ 258
(1) 교환공개매수의 가능성 ······ 258
(2) 매수의 청약과 매도의 청약의 권유의 차이 ······ 258
5. 증권시장 및 다자간매매체결회사 밖에서 매수 ······ 259
Ⅲ. 공개매수의 대상거래 ······ 259
1. 의의 ······ 259
2. 대상증권: 주식등 ······ 260
3. 매수기간: 대통령령이 정하는 기간 동안 ······ 260
4. 매수장소: 증권시장 밖에서 ······ 260
5. 매수상대방: 시행령이 정하는 수 이상의 자로부터 ······ 261
6. 취득방법: 매수등 ······ 261
7. 보유주식이 5%에 달할 것 ······ 261
(1) 5%의 판단기준 ······ 261
(2) 5% 이상의 주주가 추가로 행하는 매수 ······ 262
8. 적용대상거래의 예외 ······ 263
Ⅳ. 공개매수에 대한 절차적 규제 ······ 263
1. 절차의 개요 ······ 263
2. 공개매수사무취급자의 선임 ······ 264
3. 공개매수의 공고 ······ 265
4. 공개매수신고서의 제출 ······ 265
(1) 동시신고제 ······ 265
(2) 신고서 기재사항 ······ 265
(3) 신고서 첨부서류 ······ 266
(4) 신고서의 공시 ······ 267
(5) 신고서의 심사와 금융위의 처분 ······ 267
5. 공개매수설명서의 작성·비치 ······ 268
6. 공개매수의 실시와 매수대금 지급 ······ 269
7. 공개매수의 종료 ······ 269
Ⅴ. 공개매수의 실체적 규제 ······ 269
1. 총설 ······ 269

2. 매수기간 …… 269
3. 매수조건 …… 270
(1) 균일성 …… 270
(2) 매수조건의 변경 …… 270
4. 공개매수의 철회 …… 271
(1) 공개매수자의 철회 …… 271
(2) 응모주주의 철회 …… 272
5. 공개매수자의 매수의무 …… 273
6. 공개매수와 관련된 행위규제 …… 273
(1) 별도매매의 금지 …… 273
(2) 대상회사의 행동에 관한 규제 …… 274
Ⅵ. 규제위반에 대한 제재 …… 276
1. 민사제재 …… 276
(1) 공개매수신고서 및 설명서 부실기재와 손해배상책임 …… 276
(2) 공개매수의 무효와 금지청구 …… 276
(3) 의결권행사의 제한 …… 277
2. 행정제재 …… 277
(1) 일반적 제재수단 …… 277
(2) 주식처분명령 …… 277
3. 형사제재 …… 277

제4절 위임장권유에 대한 규제 …… 278

Ⅰ. 서설 …… 278
1. 위임장권유와 규제의 필요성 …… 278
2. 위임장권유의 현황 …… 279
3. 규제의 개요 …… 280
Ⅱ. 규제대상인 위임장권유 …… 281
1. 권유 …… 281
(1) 권유의 범위 …… 281
(2) 예외 …… 282
(3) 위임장권유의 법적 성질 …… 283
2. 권유자 …… 283
3. 대상증권 …… 285

4. 피권유자 ········ 285
Ⅲ. 위임장권유에 관한 정보공시 ········ 286
1. 주주에 대한 위임장용지와 참고서류의 교부 ········ 286
2. 위임장용지 및 참고서류의 사전공시 ········ 286
3. 위임장서류의 기재내용 ········ 287
(1) 위임장용지 ········ 287
(2) 참고서류 기재내용 ········ 287
4. 부실표시의 금지 ········ 287
5. 금융위의 조치 ········ 288
Ⅳ. 발행인과 의결권 권유자의 관계 ········ 288
1. 권유자의 발행인에 대한 요구권 ········ 288
2. 당해법인의 의견표명 ········ 288
3. 위임장권유의 비용 ········ 289
Ⅴ. 위법한 위임장권유에 대한 제재 ········ 289
1. 민사제재 ········ 289
2. 행정제재 ········ 291
3. 형사제재 ········ 292

제8장 미공개중요정보이용행위 — 내부자거래

제1절 서설 ········ 293
Ⅰ. 불공정거래규제의 개요 ········ 293
Ⅱ. 내부자거래와 미공개중요정보이용 ········ 294
1. 정보의 비대칭에 대처하기 위한 수단으로서의 내부자거래규제 ········ 294
2. 정보비대칭의 발생원인 ········ 295
3. 정보비대칭의 이용의 불공정성 ········ 296
4. 용어의 정리 ········ 297
Ⅲ. 내부자거래규제에 대한 찬반론 ········ 297

제2절 일반 내부자거래에 대한 규제 ········ 301
Ⅰ. 자본시장법 제174조 제1항 ········ 301
Ⅱ. 행위주체 ········ 302

1. 자본시장법상의 행위주체 – 법인관계자와 정보수령자 …… 302
2. 그 법인 및 그 법인의 임직원·대리인 …… 302
(1) 그 법인과 계열회사 …… 302
(2) 그 법인의 임직원·대리인 …… 303
(3) "그 직무와 관련하여 미공개중요정보를 알게 된 자" …… 303
3. 그 법인의 주요주주 …… 304
(1) 형식적 주요주주와 실질적 주요주주 …… 304
(2) 권리행사과정에서 그 정보를 알게 될 것 …… 304
4. 준내부자 …… 305
(1) 법령상의 준내부자와 계약상의 준내부자 …… 305
(2) 법령상의 준내부자 …… 305
(3) 계약상의 준내부자 …… 306
5. 주요주주와 준내부자의 임직원 등 …… 308
6. 정보수령자 …… 308
(1) 의의 …… 308
(2) 고의의 정보제공 …… 309
(3) 정보제공의 목적 …… 309
(4) 제2차 정보수령자 …… 310
7. 정보생산자 …… 311
Ⅲ. 대상정보 …… 312
1. 의의 …… 312
2. 상장법인의 업무 등과 관련된 정보 …… 313
(1) 상장법인과 상장예정법인 …… 313
(2) "업무 등과 관련된" 정보 — 업무관련성 …… 313
3. 업무관련성이 없는 정보 …… 314
(1) 외부정보 …… 314
(2) 시장정보 …… 314
(3) 선행매매 …… 315
(4) 자가생성정보 …… 316
(5) 스캘핑 …… 316
4. 정보의 중요성 …… 317
5. 정보의 미공개성 …… 319
(1) 공개방법의 제한 …… 319

(2) 주지기간 ···· 320
(3) 공개주체 ···· 320
Ⅳ. 대상증권 – "특정증권등" ···· 321
Ⅴ. 금지행위 – 내부정보의 이용 ···· 321
1. 의의 ···· 321
2. 정보의 보유와 이용 ···· 322
3. 이용을 부정할 수 있는 특별한 사정 ···· 323
(1) 판례 ···· 323
(2) 내부정보 취득 전 이미 거래가 예정되어 있는 경우 ···· 323
(3) 불가피한 사정으로 거래를 할 수밖에 없는 경우 ···· 324
4. 매매의 포기나 취소에 이용한 경우 ···· 324
5. 타인에게 이용하게 하는 행위 ···· 324
6. 이익의 실현 ···· 326
Ⅵ. 제재 ···· 326
1. 형사제재 ···· 326
(1) 징역과 벌금 ···· 326
(2) 필요적 몰수 ···· 327
(3) 양벌규정 ···· 327
2. 행정제재 ···· 328
(1) 과징금 ···· 328
(2) 비금전제재 ···· 328
(3) 금융투자업자에 대한 제재 ···· 328
3. 민사제재 ···· 329
(1) 서설 ···· 329
(2) 배상청구권자 ···· 329
(3) 회사의 청구 ···· 330
(4) 배상액 ···· 330
(5) 소멸시효 ···· 331
(6) 증권관련집단소송 ···· 331

제3절 공개매수 및 대량취득·처분에 관한 특칙 ···· 332

Ⅰ. 서설 ···· 332
Ⅱ. 공개매수에 관한 특칙 ···· 332

1. 서설 ········· 332
2. 행위주체 ········· 333
3. 정보 ········· 333
4. 대상증권 ········· 334
5. 이용 ········· 334
6. 공개매수와 관련된 특별한 매수 ········· 334
(1) 발판매수 ········· 334
(2) 응원매수 ········· 335
(3) 대항매수 ········· 335
Ⅲ. 대량취득·처분에 관한 특칙 ········· 336
1. 서설 ········· 336
2. 행위주체 ········· 336
3. 대량취득예정자의 별도매수 ········· 337
4. 타인에 대한 대량취득정보 제공 ········· 337

제4절 단기매매차익의 반환 ········· 338

Ⅰ. 의의 ········· 338
Ⅱ. 적용대상인 내부자 ········· 339
Ⅲ. 단기매매 ········· 340
1. 의의 ········· 340
2. 매수와 매도 ········· 340
(1) 매매의 의의 ········· 340
(2) 매매의 범위 ········· 341
3. 6개월 사이의 매매 ········· 342
4. 매도와 매수에서 대상증권의 동일성 ········· 342
5. 매도와 매수에서 대상증권의 종류의 동일성 ········· 343
Ⅳ. 이익의 산정 ········· 343
Ⅴ. 예외사유 ········· 344
1. 법정 예외사유 ········· 344
2. 해석상 예외사유 ········· 346
Ⅵ. 반환절차 ········· 347
1. 반환청구권자 ········· 347
2. 증선위의 단기매매차익 발생사실 통보와 공시 ········· 348

3. 청구기간 ······ 348

제5절 내부자거래 관련 기타 제도 ······ 348

Ⅰ. 임원주주소유상황보고 ······ 348
1. 의의 ······ 348
2. 보고의무자 ······ 349
3. 보고대상증권 ······ 349
4. 보고의무의 예외 ······ 349
5. 위반시 제재 ······ 350
Ⅱ. 내부자거래 사전공시제도 ······ 350
1. 서설 ······ 350
2. 보고의무의 주체 ······ 351
3. 대상증권 ······ 351
4. 대상거래 ······ 351
(1) 매매, 그 밖의 거래 ······ 351
(2) 부득이한 사유로 하는 거래 ······ 352
(3) 소규모 거래 ······ 353
5. 거래계획의 보고 ······ 353
6. 거래의 이행과 거래계획의 철회 ······ 354
7. 제재 ······ 354
Ⅲ. 기타 ······ 354
1. 장내파생상품관련 중요정보의 이용금지 ······ 354
(1) 의의 ······ 354
(2) 행위주체 ······ 354
(3) 대상상품 ······ 355
(4) 대상정보 ······ 355
(5) 대상행위 ······ 355
2. 금융투자업자 임직원의 금융투자상품매매 제한 ······ 355
3. 직무관련 정보의 이용금지 ······ 356
(1) 의의 ······ 356
(2) 정보의 직무관련성 ······ 356
(3) 정보의 미공개성 ······ 357
(4) 정보의 중요성과 구체성 ······ 357

(5) 정보의 이용 358
(6) 제재 358

제9장 기타의 불공정거래

제1절 시세조종 359
Ⅰ. 서설 359
1. 의의 359
2. 규제의 필요성 360
3. 시세조종의 주체와 대상 361
4. 시세조종의 유형 361
(1) 이론상 유형 361
(2) 자본시장법상의 유형 362
Ⅱ. 위장거래 362
1. 의의 362
2. 행위유형 363
(1) 통정매매 363
(2) 가장매매 364
(3) 위장거래의 위탁 및 수탁금지 364
3. 오인목적 365
Ⅲ. 현실거래 365
1. 의의 365
2. 행위요건－거래의 태양 366
(1) 서설 366
(2) 규모과장거래 366
(3) 시세변동거래 367
3. 유인목적 368
(1) 의의 368
(2) 상황증거에 의한 추정 369
Ⅳ. 기타의 유형 372
1. 표시등에 의한 시세조종 372
(1) 의의 372

(2) 조작사실의 유포행위 ········· 372
(3) 허위표시 ········· 373
2. 시세의 고정 또는 안정 – 광의의 안정조작 ········· 373
(1) 의의 ········· 373
(2) 행위요건 ········· 374
(2) 고정 또는 안정목적 ········· 375
(3) 예외적 허용 ········· 376
3. 연계시세조종 ········· 378
(1) 의의 ········· 378
(2) 일정한 대상의 매매등과의 관련성 ········· 378
(3) 대상행위의 유형 ········· 378
V. 제재 ········· 380
1. 형사제재 ········· 380
2. 행정제재 ········· 380
3. 손해배상책임 ········· 381
(1) 의의 ········· 381
(2) 손해배상책임의 유형 ········· 381
(3) 손해배상청구권자와 손해배상의무자 ········· 382
(4) 손해배상청구를 위한 증명 ········· 382
(5) 소멸시효 ········· 383

제2절 부정거래행위 등 ········· 386

Ⅰ. 서설 ········· 386
Ⅱ. "매매, 그 밖의 거래와 관련"한 부정행위의 금지 ········· 387
1. 적용범위 ········· 387
2. 부정한 수단 등의 사용 ········· 387
3. 허위표시의 사용 ········· 390
(1) 중요사항의 허위표시 ········· 390
(2) 허위표시의 사용 ········· 391
(3) 재산상의 이익 ········· 392
4. 허위시세의 이용 ········· 392
Ⅲ. "매매, 그 밖의 거래"를 하거나 "그 시세의 변동을 도모할 목적으로" 하는 부정행위 ········· 393

1. 서설 ········ 393
2. 목적요건 ········ 393
3. 행위요건 ········ 394
(1) 풍문의 유포 ········ 394
(2) 위계의 사용 ········ 394
Ⅳ. 부정거래행위에 대한 제재 ········ 397
1. 형사제재 ········ 397
2. 행정제재 ········ 398
3. 손해배상책임 ········ 398
(1) 자본시장 제179조 ········ 398
(2) 요건 ········ 398
(3) 소멸시효 ········ 399
Ⅴ. 공매도 ········ 400
1. 서설 ········ 400
2. 자본시장법상의 공매도 금지 ········ 401
3. 차입공매도의 예외적 허용과 그에 대한 규제 ········ 401
(1) 차입공매도의 예외적 허용과 비상시의 제한 ········ 401
(2) 차입공매도에서 따라야 할 방법 ········ 402
(3) 무차입공매도 방지조치의무 ········ 402
(4) 순보유잔고의 보고 및 공시의무 ········ 403
(5) 공모주식의 공매도 금지 ········ 403
(6) 증권의 대여에 관한 규제 ········ 403
(7) 가격상의 제한 ········ 404
4. 공매도로 보지 않는 경우 ········ 404
(1) 서설 ········ 404
(2) 보유의 의미 ········ 404
(3) 공매도로 보지 않는 경우 ········ 405
5. 차입공매도로 볼 수 있는 경우 ········ 406
(1) 차입의 시기에 관한 해석 ········ 406
(2) 자본시장법상 차입과 차입계약의 시점 ········ 406
(3) 감독원의 해석에 대한 의문 ········ 407
6. 공매도 규제의 위반에 대한 제재 ········ 408
(1) 행정제재 ········ 408

(2) 형사제재 ············ 408
(3) 자율규제상의 제재 ············ 409

제3절 시장질서교란행위 ············ 409

Ⅰ. 서설 ············ 409
Ⅱ. 정보이용형 시장질서교란행위 ············ 410
1. 서설 ············ 410
2. 행위주체 ············ 410
(1) 자본시장법상의 행위주체 ············ 410
(2) 제174조에 해당하는 자로부터 나온 정보를 받거나 전득한 자 ············ 411
(3) 직무와 관련하여 정보를 생산하거나 알게 된 자 ············ 411
(4) 해킹 등 부정한 방법으로 정보를 알게 된 자 ············ 411
(5) 위 (3)이나 (4)에 해당하는 자로부터 나온 정보인 정을 알면서 이를 받거나 전득한 자 ············ 412
3. 대상정보 ············ 412
(1) 중요성 ············ 412
(2) 미공개 ············ 413
4. 대상상품 ············ 413
5. 금지행위 ············ 413
Ⅲ. 시세조종형 시장질서교란행위 ············ 414
1. 서설 ············ 414
2. 허수호가형 ············ 414
3. 가장매매형 ············ 415
4. 통정매매형 ············ 415
5. 기타 유형 ············ 415

제4절 불공정거래에 대한 예방 및 규제 ············ 417

Ⅰ. 총설 ············ 417
Ⅱ. 금융투자업자의 내부통제 ············ 418
Ⅲ. 거래소의 역할 ············ 419
1. 시장감시위원회의 이상거래심리 및 회원감리 ············ 419
2. 이상거래 ············ 419
3. 심리와 감리업무 ············ 420

Ⅳ. 증선위의 조사 및 조치 ······ 420
1. 의의 ······ 420
2. 조사의 단서 ······ 420
3. 예비조사 ······ 421
4. 본조사 ······ 421
5. 조치 ······ 421

제10장 금융투자상품시장

제1절 서설 ······ 425
Ⅰ. 유통시장과 거래시스템 ······ 425
1. 자본시장법상의 금융투자상품시장: 증권시장과 파생상품시장 ······ 425
2. 발행시장과 유통시장 ······ 426
3. 유통시장과 금융투자업자 ······ 426
Ⅱ. 거래소와 새로운 거래체결시스템 ······ 428
1. 거래소의 탄생과 발전 ······ 428
2. 주문중심시장과 호가중심시장 ······ 428
3. 새로운 거래체결시스템의 출현 ······ 429
Ⅲ. 거래체결시스템에 대한 일반론 ······ 430
1. 규제의 필요성 ······ 430
2. 경쟁과 독점 ······ 430
Ⅳ. 자본시장법상의 유통시장 ······ 431
1. 자본시장법상 유통시장의 기본구조 ······ 431
2. 장내시장과 장외시장 ······ 432
(1) 장내시장 ······ 432
(2) 장외시장 ······ 433

제2절 거래소에 대한 규제 ······ 434
Ⅰ. 서설 ······ 434
1. 거래소의 일반적 정의 ······ 434
2. 거래소의 기능 ······ 435
3. 거래소의 법적 정의 ······ 436

4. 일반설립방식과 거래소 규제 ········· 436
Ⅱ. 거래소에 대한 규제 ········· 436
1. 거래소의 허가-무허가 시장개설 금지 ········· 436
2. 지배구조와 주식소유한도 ········· 437
(1) 지배구조 ········· 437
(2) 주식소유한도 ········· 437
3. 업무 ········· 438
(1) 서설 ········· 438
(2) 시장의 개설 ········· 438
(3) 시장감시 등 ········· 438
(4) 공공성 있는 업무와 거래소의 책무 ········· 439
4. 거래소의 상장 ········· 439
5. 거래소에 대한 감독과 제재 ········· 439

제3절 거래소시장에 대한 규제 ········· 440

Ⅰ. 회원: 거래주체의 제한 ········· 440
Ⅱ. 상장: 거래대상의 제한 ········· 440
1. 의의 ········· 440
2. 상장규정 ········· 441
3. 상장절차 ········· 442
(1) 서설 ········· 442
(2) 상장신청 ········· 442
(3) 상장심사 ········· 443
(4) 상장승인과 유예 ········· 444
(5) 상장계약 ········· 444
4. 의무보유 ········· 444
5. 상장폐지 ········· 445
(1) 의의 ········· 445
(2) 관리종목지정 ········· 445
(3) 상장폐지사유 ········· 446
(4) 거래소의 상장폐지 결정 ········· 446
(5) 상장폐지결정에 대한 구제수단 ········· 446
Ⅲ. 거래체결방법의 표준화 ········· 447

제4절 다자간매매체결회사 448
Ⅰ. 서설 448
1. 의의 448
2. 연혁 448
Ⅱ. 인가 449
Ⅲ. 운영 449
1. 매매체결대상상품 449
2. 매매가격 결정방법 450
3. 거래량제한 450
4. 업무기준 451
5. 시장감시 등 452
6. 청산·결제 452
Ⅳ. 감독 452

제5절 장외시장 452
Ⅰ. 서설 452
Ⅱ. 장외거래중개업 453
Ⅲ. 거래의 기준과 방법 453
Ⅳ. 협회나 종합금융투자업자의 업무기준 454

제11장 금융투자상품거래의 법률관계

제1절 서설 457
Ⅰ. 금융투자상품거래의 구분 457
Ⅱ. 시장거래의 진행단계 457
Ⅲ. 규제의 법원(法源) 459

제2절 투자자와 투자중개업자 사이의 위탁매매계약 460
Ⅰ. 위탁매매와 관련된 3가지 행위의 법적 성격 460
1. 매매거래계좌 설정계약 460
2. 금전이나 증권을 예탁하는 계약 461

3. 매매주문 - 위탁매매계약 ········· 461
Ⅱ. 위탁매매계약의 성립 ········· 462
Ⅲ. 증권회사의 위탁매매계약상 의무 ········· 462
1. 고객주문의 실행의무 ········· 462
2. 고객주식의 임의매매 ········· 463

제3절 거래소 증권시장에서의 증권매매거래 ········· 463

Ⅰ. 서설 ········· 463
Ⅱ. 매매거래의 종류 ········· 464
Ⅲ. 매매거래일 및 매매거래시간 ········· 465
Ⅳ. 호가 ········· 465
1. 의의 ········· 465
2. 종류 ········· 465
3. 호가의 제한 ········· 466
Ⅴ. 매매수량의 단위 ········· 466
Ⅵ. 매매계약의 체결 ········· 466
1. 경쟁매매시장 ········· 466
2. 개별경쟁매매 ········· 467
3. 경쟁매매의 원칙 ········· 467
Ⅶ. 위탁수수료 ········· 468
Ⅷ. 위탁증거금 ········· 468
Ⅸ. 특수한 매매 ········· 468
Ⅹ. 매매거래의 정지 및 중단 ········· 469

제4절 청산과 결제 ········· 470

Ⅰ. 청산 ········· 470
1. 의의 ········· 470
2. 자본시장법상의 청산 ········· 471
Ⅱ. 결제 ········· 471
1. 의의 ········· 471
2. 증권의 대체결제와 예탁제도 ········· 471
3. 증권의 대체결제와 전자등록제도 ········· 472
(1) 전자등록과 전자증권법 ········· 472

(2) 전자등록의 구조 ········ 472
(3) 전자등록과 대체결제 ········ 473
4. 결제의 실행 ········ 473
(1) 결제의 수행주체 ········ 473
(2) 결제일과 결제시한 ········ 474
(3) 결제의 이행 ········ 474
(4) 결제의 불이행 위험 ········ 474

제12장 금융투자업규제

제1절 서설 ········ 475

제2절 영업행위규제 ········ 477

Ⅰ. 총설 ········ 477
1. 영업행위규제의 의의 ········ 477
2. 영업행위규제의 연혁 ········ 477
3. 공통영업행위규제와 개별영업행위규제 ········ 478
Ⅱ. 금융투자업자의 일반적 보호의무 ········ 478
Ⅲ. 투자권유에 관한 규제 ········ 479
1. 총설 ········ 479
(1) 신의칙상의 고객보호의무 ········ 479
(2) 금소법상의 고객보호의무 ········ 480
(3) 투자권유의 의의 ········ 480
2. 적합성원칙 ········ 481
(1) 의의 ········ 481
(2) 사전준비와 관련된 의무 ········ 481
(3) 적합성 판단의 기준과 기준시점 ········ 482
(4) 적합성원칙의 한계 ········ 483
(5) 적합성원칙 위반에 대한 제재 ········ 484
3. 적정성원칙 ········ 486
4. 설명의무 ········ 486
(1) 의의 ········ 486

(2) 설명사항 ········· 487
(3) 설명의 정도 ········· 488
(4) 설명의 방법 ········· 488
(5) 설명의무 위반으로 인한 손해배상책임 ········· 489
(6) 설명의무 위반에 대한 기타의 구제수단 ········· 491
5. 부당권유행위의 금지 ········· 493
(1) 의의 ········· 493
(2) 단정적 판단의 제공과 오인의 소지 있는 내용의 전달 ········· 494
(3) 불초청권유의 금지 ········· 495
(4) 부당권유금지 위반에 대한 제재 ········· 496
Ⅳ. 기타의 행위규제 ········· 497
1. 이익보장의 금지 ········· 497
(1) 의의 ········· 497
(2) 적용요건 ········· 498
(3) 위반 시의 제재 ········· 498
(4) 탈법적 거래의 금지 ········· 499
2. 투자광고에 관한 규제 ········· 500
(1) 의의 ········· 500
(2) 투자광고의 주체 ········· 500
(3) 투자광고의 내용 ········· 501
(4) 투자광고의 방법 ········· 501
(5) 협회의 자율규제 ········· 502
3. 이해상충의 관리 ········· 502
(1) 의의 ········· 502
(2) 내용 ········· 502
(3) 의무위반의 효과 ········· 503
4. 기타 ········· 503
Ⅴ. 투자매매업자 및 투자중개업자의 영업행위규제 ········· 503
1. 서설 ········· 503
2. 매매와 관련된 각종 의무 ········· 503
(1) 매매형태의 명시의무 ········· 503
(2) 자기계약의 금지 ········· 504
(3) 최선집행의무 ········· 504

(4) 임의매매의 금지 ………… 505
(5) 매매명세의 통지 ………… 505
3. 불건전영업행위규제 ………… 505
(1) 의의 ………… 505
(2) 주문정보의 이용 ………… 506
(3) 조사분석자료와 관련된 금지행위 ………… 506
(4) 무자격자에 의한 투자권유 ………… 507
(5) 일임매매의 금지 ………… 507
(6) 그 밖의 불건전영업행위 ………… 508
(7) 위반에 대한 제재 ………… 508
4. 기타 ………… 508
(1) 자기주식의 예외적 취득 ………… 508
(2) 신용공여 ………… 509
(3) 투자자예탁금의 별도예치 ………… 509
(4) 투자자 예탁증권의 예탁 ………… 510

제3절 진입규제 ………… 511

Ⅰ. 서설 ………… 511
1. 인가나 등록 없는 영업행위의 금지 ………… 511
2. 인가와 등록 ………… 511
3. 위반행위에 대한 제재 ………… 511
Ⅱ. 인가와 등록의 요건 ………… 512
1. 서설 ………… 512
2. 인가요건 ………… 512
3. 등록요건 ………… 513
Ⅲ. 인가와 등록의 절차 ………… 513
1. 인가나 등록신청서의 제출과 금융위의 심사와 검토 ………… 513
2. 예비인가와 본인가 ………… 514
3. 인가 및 등록 후의 영업개시의무 ………… 514
Ⅳ. 인가나 등록의 변경 ………… 515
Ⅴ. 계속적 규제 ………… 515
Ⅵ. 인가와 등록의 취소 ………… 516
Ⅶ. 기업구조개편의 승인 ………… 516

제4절 건전성규제 ······ 516

Ⅰ. 서설 ······ 516
Ⅱ. 재무건전성과 경영건전성 ······ 517
1. 서설 ······ 517
2. 재무건전성기준 ······ 517
3. 경영건전성기준 ······ 518
4. 금융위의 개선조치 ······ 518
Ⅲ. 지배구조 규제 ······ 519
1. 서설 ······ 519
2. 대주주의 적격성 ······ 519
3. 임원 ······ 519
4. 이사회 ······ 520
5. 내부통제 및 위험관리 ······ 520

제13장 규제기관 및 관계기관

제1절 규제기관 ······ 523

Ⅰ. 서설 ······ 523
Ⅱ. 금융위원회 ······ 524
1. 개요 ······ 524
2. 권한 ······ 524
(1) 금융위법상의 권한 ······ 524
(2) 자본시장법상의 권한 ······ 524
Ⅲ. 증권선물위원회 ······ 526
1. 조직과 운영 ······ 526
2. 권한 ······ 526
Ⅳ. 금융감독원 ······ 526
1. 개요 ······ 526
2. 권한 ······ 527
Ⅴ. 금융위·증선위·금감원의 관계 ······ 527
1. 금융위와 증선위의 관계 ······ 528

2. 금융위·증선위와 금감원과의 관계 ········· 528

제2절 자본시장 관련기관 ········· 529

Ⅰ. 서설 ········· 529
Ⅱ. 한국금융투자협회 ········· 529
1. 의의 ········· 529
2. 업무 ········· 530
3. 감독 ········· 530
Ⅲ. 한국예탁결제원 ········· 531
1. 의의 ········· 531
2. 업무 ········· 531
Ⅳ. 증권금융회사 ········· 531
1. 의의 ········· 531
2. 업무 ········· 532
(1) 증권금융업무 ········· 532
(2) 겸영업무 ········· 532
(3) 부수업무 ········· 532
(4) 자금예탁을 받는 업무 ········· 533
3. 감독 ········· 533
Ⅳ. 기타의 기관 ········· 534
1. 종합금융회사·자금중개회사·단기금융회사 ········· 534
2. 명의개서대행회사 ········· 534
3. 금융투자관계단체 ········· 534
4. 코스콤 ········· 535

판례색인 ········· 537
사항색인 ········· 545

주요 참고문헌

금융감독원, 기업공시서식 작성기준, 2024	작성기준
금융감독원, 기업공시 실무안내, 2024	실무안내
김건식/노혁준/천경훈, 회사법, 박영사 제9판, 2025	김/노/천
김건식/송옥렬, 미국의 증권규제, 홍문사, 2001	김/송
김건식/정순섭, 자본시장법, 박영사 제4판, 2023	김/정
김홍기, 자본시장법, 박영사 제2판, 2024	김홍기
박준/정순섭, 자본시장법 기본판례 개정판, 2021	박준/정순섭
박준/한민, 금융거래와 법, 박영사, 2024	박준/한민
온주 자본시장과 금융투자업에 관한 법률	온주 §000(저자 공개일자)
임재연, 자본시장법, 박영사, 2025	임재연
黒沼悦郎, 金融商品取引法, 有斐閣 제2판, 2029	黒沼
Korea Business Law Network (https://kbln.org/)	KBLN 0000.00.00.자
Dőrte Poelzig, Kapitalmarktrecht 3.Auflage C.H.Beck 2023	Poelzig

법령약어표

[법률]

가상자산법	가상자산 이용자 보호 등에 관한 법률
공정거래법	독점규제 및 공정거래에 관한 법률
금소법	금융소비자의 보호에 관한 법률
금융위법	금융위원회의 설치 등에 관한 법률
벤처기업법	벤처기업육성에 관한 특별조치법
벤처투자법	벤처투자촉진에 관한 법률
외감법	주식회사 외부감사에 관한 법률
자본시장법	자본시장과 금융투자업에 관한 법률
자산유동화법	자산유동화에 관한 법률
전자증권법	주식·사채 등의 전자등록에 관한 법률
지배구조법	금융회사의 지배구조에 관한 법률
집단소송법	증권관련집단소송법

[규정]

공시규정	유가증권시장 공시규정(거래소)
발행공시규정	증권의 발행 및 공시 등에 관한 규정(금융위)
상장규정	유가증권시장 상장규정(거래소)
업무규정	유가증권시장 업무규정(거래소)
인수업무규정	증권 인수업무 등에 관한 규정(금융투자협회)

제1장 총 론

제1절 자본시장과 자본시장법

Ⅰ. 의의

1. 자본시장법

이 책의 대상은 우리 자본시장에 대한 규제이다. 이에 관한 국내 법률 중에서 가장 중요한 것은 "자본시장과 금융투자업에 관한 법률"로 흔히 '자본시장법'으로 불린다. 자본시장법이란 용어는 널리 자본시장에 관한 법규범의 총체를 가리키는 의미로도 사용된다. 이를 '광의의 자본시장법'이라고 부른다면 "자본시장과 금융투자업에 관한 법률"은 '협의의 자본시장법'이라고 부를 수 있을 것이다.

광의의 자본시장법이 독자적인 법학의 분야로서 성립할 수 있는 것인지, 그리고 그것이 가능하다면 어떠한 내용을 담아야 할 것인지에 대해서는 아직 논의가 마무리된 것 같지 않다. 그러나 잠정적으로 자본시장법은 자본시장의 조직과 운영에 관한 각종의 규범을 체계적으로 연구하는 법학의 한 분야라고 보아도 무리는 없을 것이다. 광의의 자본시장법은 "자본시장과 금융투자업에 관한 법률"을 비롯하여 "금융소비자 보호에 관한 법률," "자산유동화에 관한 법률," "증권관련 집단소송법," "금융감독기구의 설치 등에 관한 법률" 등과 같은 자본시장에 관련된 각종 법률을 널리 포괄한다.[1] 그러나 광의의 자본시장법도 그 주된 내용은 대부분

1) 나아가 민법, 상법과 같은 사법상의 일반법은 물론 형법, 행정절차법, 행정소송법 등 공법(公法)에

"자본시장과 금융투자업에 관한 법률"에 담겨 있다는 점에서 이 책에서 자본시장법이란 용어는 원칙적으로 협의의 자본시장법을 가리키는 의미로 사용한다.

2. 자본시장과 금융시장

자본시장법은 글자 그대로 자본시장을 대상으로 하는 법이다. 그러므로 그 내용을 제대로 이해하기 위해서는 마땅히 먼저 자본시장을 이해할 필요가 있다. 이론상 **자본시장**은 자금의 공급자와 자금의 수요자 사이에서 일어나는 자금의 융통이 행해지는 **금융시장**의 일부에 속한다. 현실적으로 공급자의 자금잉여와 수요자의 자금수요는 기간, 금액 등의 면에서 완전히 일치하는 경우가 드물다. 또한 공급자는 수요자의 신용에 관한 정보를 충분히 갖지 못한 경우가 많다. 이처럼 자금공급자와 자금수요자 사이에 존재하는 수요와 공급의 불일치와 **정보의 비대칭**(information asymmetry)을 해결하는 기능을 수행하는 것이 바로 은행과 같은 금융중개기관(financial intermediaries)이다.

금융시장은 금융중개기관의 개입 여부에 따라 그 개입이 존재하는 **간접금융시장**과 그 개입이 없는 **직접금융시장**으로 나뉜다. 직접금융시장은 다시 금융이 일어나는 기간의 장단(長短)에 따라 단기금융시장인 **화폐시장**(money market)과 장기금융시장인 **자본시장**(capital market)으로 구분된다. 자본시장에서 거래되는 대표적인 상품이 증권이므로 자본시장은 흔히 **증권시장**(securities market)으로도 불린다. 이 책에서도 주로 증권시장에 초점을 맞추어 서술한다.

[표 I-1] 금융시장의 분류

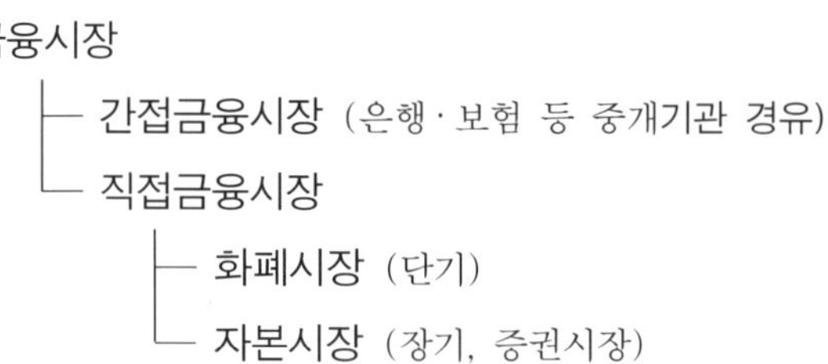

속하는 법률도 자본시장과 관련이 있다.

3. 발행시장과 유통시장

자본시장은 다시 발행시장(primary market)과 유통시장(secondary market)으로 나눌 수 있다. 발행시장은 기업이 발행한 증권을 투자자가 처음으로 취득하는 시장을 가리키고, 유통시장은 이미 발행된 증권이 투자자 사이에서 거래되는 시장을 가리킨다. 대주주가 자신의 보유주식을 널리 투자자에게 매도하는 경우와 같이 발행된 지 다소 시간이 경과한 증권이라도 대량으로 투자자에게 분산매매되는 거래는 발행시장의 거래에 속한다.[2)]

발행시장과 유통시장은 발행회사와 투자자에게는 각각 다른 의미를 갖는다. 발행회사의 관점에서는 발행시장은 회사의 자금조달이 이루어지는 장(場)이지만 유통시장은 회사의 자금조달과는 직접 관련이 없다. 단지 유통시장이 미숙한 상태라면 발행시장에서의 자금조달도 어려울 것이라는 점에서 양자는 밀접한 관련이 있다. 한편 투자자의 관점에서 증권의 처분은 유통시장에서만 가능하지만 취득은 발행시장과 유통시장의 어느 곳에서도 가능하다. 다만 투자자가 발행시장에서 기업공개하는 회사의 주식을 취득하는 경우에는 발행회사의 위험성이 높고 관련정보도 부족한 경우가 많으므로 투자자 보호의 필요가 더 크다고 할 수 있다.

Ⅱ. 자본시장과 규제

1. 규제의 필요성

금융시장은 실물경제의 발전을 뒷받침하는 기능을 수행한다. 경제주체의 활동에 필요한 자금이 원활히 공급되지 않는다면 그 활동이 위축될 수밖에 없다. 특히 기업에 위험자본(risk capital)을 공급하는 통로인 자본시장이 제대로 작동하지 않는다면 창업은 물론이고 기존 기업의 신규투자가 활성화되기 어렵고 경제의 지속적 성장도 저해될 것이다. 오늘날 세계 각국이 자본시장의 육성에 힘쓰고 있는 것은 모두 바로 이런 인식을 공유하기 때문일 것이다.[3)]

2) 이런 의미에서 발행시장에서의 "발행"은 증권이 새로이 창출된다는 의미보다는 투자자에게 투자대상으로 제공된다는 의미가 더 강한 것으로 이해할 수 있다.

3) 자본시장의 국제경쟁력을 높이기 위한 각국의 노력에 관해서는 KBLN 2025.10.1.자.

자본시장이 제대로 작동하려면 그것을 지탱하는 인프라가 필요하다. 그러한 인프라의 중심에 있는 것이 바로 적절한 규제이다. 그렇다면 규제가 필요한 이유는 무엇인가? 규제의 필요를 논할 때 늘 먼저 언급되는 것은 투자자 보호이다.4)

투자자 이익은 민법, 상법, 형법 등 전통적인 기본법만으로도 어느 정도는 보호할 수 있다. 그러나 선진 자본주의국가에서는 대부분 이런 기본법과 별도로 특별히 자본시장에서의 투자자 보호를 겨냥한 법규제를 마련하고 있다. 이런 특별한 법규제를 정당화하는 근거로는 주로 **시장의 실패**(market failure), 즉 기본법만으로는 시장기능이 적절하게 작동하는 것을 담보하기 어렵다는 점을 든다. 그렇다면 자본시장에서 시장의 실패가 발생하는 이유는 무엇인가? 그 이유는 무엇보다도 자본시장의 거래대상인 증권을 비롯한 금융투자상품이 지닌 특수성에서 찾을 수 있을 것이다.

2. 증권을 비롯한 금융투자상품의 특수성

(1) 정보의 비대칭

자본시장에서 시장의 실패가 발생하는 가장 중요한 원인으로는 정보의 비대칭을 들 수 있다. 일반 시장에서 거래되는 재화는 대부분 그 자체로서 사용가치를 지니고 그 가치평가에 필요한 정보는 비교적 쉽게 구할 수 있다. 예컨대 부동산이나 귀금속 같이 흔히 투자수단으로 활용되는 재화도 고유의 사용가치가 있고 그 가치는 일반인도 어느 정도 가늠할 수 있는 것이 보통이다. 이러한 실물투자대상과 대조를 이루는 것이 자본시장의 거래대상인 증권 등 금융투자상품이다. 특정의 현금흐름에 대한 무형의 권리 내지 법적 지위에 불과한 금융투자상품은 그 가치를 좌우하는 미래의 현금흐름의 규모나 지급의 확실성이 다양한 요소에 달려있으므로 정보와 전문성이 부족한 일반투자자로서는 그 가치를 제대로 판단하기 어렵다. 반면에 무형의 재화인 금융투자상품을 창출하는 것은 비교적 용이하므로 사기의 수단으로 악용될 가능성이 높다.

---

4) 투자자 보호를 위한 법적 인프라가 과연 자본시장 출범의 필요조건인지에 관해서는 회의적인 견해도 없지 않다. 그 근거로는 영국에서는 법적인 투자자 보호장치가 미비하였음에도 불구하고 자본시장이 발전하였다는 역사적 사실을 든다. KBLN 2023.8.1.자. 그러나 투자자 이익의 적절한 보호 없이 자본시장의 지속적 발전을 기대하기는 어려울 것이다.

(2) 무분별한 투자의 위험성

투자자는 흔히 투자에 대한 낙관적인 전망에 휩쓸리는 경향이 있다. 설사 사기적 요소가 없더라도 증권을 비롯한 금융투자상품의 거래는 무분별한 투자 내지 투기의 대상으로 활용될 위험이 크다. 또한 그로 인한 손해는 다른 재화에 대한 투자에 비하여 투자자에게 훨씬 심각한 타격을 줄 수 있다. 단 한 번의 잘못된 투자로 일생 아껴 모은 노후자금을 송두리째 잃어버릴 수도 있고 그러한 손해를 입은 투자자가 늘어날수록 사회불안은 커질 것이다.

(3) 국민경제적 중요성

금융투자상품이 거래되는 자본시장은 자금수요자인 기업의 관점에서는 자금을 조달하는 통로에 해당한다. 그리하여 자본시장이 위축되면 기업의 원활한 자금조달이 저해될 수밖에 없다. 또한 자본시장은 자금공급자인 투자자의 관점에서는 고위험, 고소득의 투자를 추구할 수 있는 장(場)인 동시에 인구의 고령화에 따라 노후자금을 운용하는 장으로서 한층 더 중요한 의미를 갖는다. 이러한 자본시장의 국민경제적 중요성을 고려하여 각국 정부는 시장의 실패를 막기 위한 규제에 적극적으로 나서고 있다.

Ⅲ. 규제의 내용과 방식

1. 규제의 주요내용

자본시장에 대한 규제의 구체적인 내용은 국가에 따라 상당한 차이를 보인다. 그러나 대체로 그 규제는 ① 정보공시규제, ② 불공정거래규제, ③ 업자규제의 세 가지 부문으로 나누어 볼 수 있다. 우리 자본시장법도 이 세 가지 부문을 중심으로 이루어져 있다. 이하에서는 간단히 각 부문의 개요를 서술한다.

(1) 공시규제(→제4장~제7장)

자본시장법은 증권을 발행하는 주체로 하여금 투자자의 투자판단에 필요한 정보를 공시하도록 강제하고 있다(강제공시(mandatory disclosure) 또는 공시규제(disclosure regulation)). 이러한 정보의 강제공시는 전술한 정보의 비대칭 문제에 대처하기 위한 것이다. 발행회사에 의한 정보공시는 발행시장에서뿐 아니라 유통시장에서도 강제되고 있다. 공시규제의 밑바닥에는 투자자의 투자판단에 필요한 정보가 적절하게 공시되어 정보의 비대칭이 해소되면 투자자는 스스로 판단할 수 있으므로 더 이상 간섭할 필요가 없다는 자유주의적 사고가 깔려 있다. 미국에서 공시규제를 처음 도입할 당시인 1930년대에 그것을 뒷받침하는 논리로 가장 힘을 발휘한 것은 다음과 같은 Brandeis 판사의 말이었다. "햇빛은 최고의 소독제이고 전기불은 가장 효율적인 경찰이라고 일컬어진다."[5] 그러나 이후 증권시장에 대한 연구가 진전됨에 따라 1970년대부터 이른바 **효율적 자본시장 가설**(Efficient Capital Market Hypothesis)이란 이론이 힘을 얻게 되었다.[6] 그에 따르면 증권가격이 어느 범위의 정보를 반영하는가에 따라 자본시장의 효율성은 ① 약형 효율성(weak form efficiency),[7] ② 준강형 효율성(semi-strong form efficiency), ③ 강형 효율성(strong form efficiency)[8]의 3가지로 나뉜다. 그 중 ②의 준강형 효율성이 가장 폭넓은 지지를 받고 있는데 그에 따르면 증권가격은 모든 공개된 정보를 신속하고도 완전하게 반영한다는 것이다. 그러므로 증권가격의 정확성을 통해서 자원의 효율적 배분을 추구하고 투자자를 보호한다는 관점에서 정보의 공시를 강제하는 규제가 정당성을 갖게 된다.

공시규제는 시장거래에 대한 간섭의 정도가 약한 것이 장점이지만 현실적으로 투자자가 스스로 보호할 역량을 갖추지 못한 경우에는 실효를 거두기 어렵다. 공시규제와 대조를 이루는 규제방식이 바로 **내용규제**(merit regulation)이다. 내용규제는 규제당국이 일반투자자의 투자에 적합하지 않다고 판단한 투자대상을 투자자로부터 격리시킴으로써 투자자를 보호하는 규제방식을 말한다. 내용규제는 사적자치를 정면으로 제한하는 규제방식이지만 직관적으로 이해가 쉽고 그 효과가 즉시 발생한다는 점이 매력적이다. 그러나 규제당국의 판단이 시장의 평가보다 합리적이라는 보장이 없을 뿐 아니라 부패나 비효율을 낳을 위험이 큰 것이 단점이다. 그리

5) Louis Brandeis, Other People's Money and How the Bankers Use It(Frederick A. Stokes Company, 1914) 92.

6) 상세한 것은 박정식/박종원/조재호, 현대재무관리(제9판 2024), 325~332면.

7) 과거의 증권가격에서 추출할 수 있는 모든 정보가 현재가격에 반영되고 있음을 말한다.

8) 현재의 증권가격에는 공개된 정보만이 아니라 미공개된 정보조차도 완전히 반영되고 있음을 말한다.

하여 각국의 자본시장규제는 일반적으로 경제가 발전함에 따라 차츰 내용규제에서 공시규제로 이행하는 경향이 있다.

지배주주의 존재와 공시규제

공시규제(내지 강제공시)는 이제 선진 자본주의국가에서는 보편적으로 정착된 제도이다. 그럼에도 불구하고 그것이 과연 필요한 것인지에 대해서는 학계에서 논의가 끊이지 않고 있다. 그 논의가 가장 활발한 곳은 미국인데 이곳에서는 그에 관한 이론적, 실증적 논의의 현황을 포괄적으로 조망한 논문[9])을 토대로 논의의 줄거리를 정리하기로 한다.

강제공시의 필요성을 부정하는 견해의 근거로 가장 흔히 제시되는 것은 회사가 시장의 압력에 따라 결국 자발적으로 정보를 공시할 것이라는 점이다. 반면에 긍정하는 견해의 근거로는 강제공시가 단지 공시하는 회사만이 아니라 다른 회사의 주가의 정확성도 높이는 사회적 효용이 있다는 점을 든다. 당해 논문의 저자는 이러한 논의는 주식소유가 분산된 미국 시장을 전제로 진행된 것이므로 주식소유가 집중되어 지배주주가 존재하는 나라에서는 그대로 적용할 수 없다고 지적한다.

저자는 지배주주가 존재하는 나라에서 강제공시는 지배주주가 회사재산을 빼돌리는 것을 억제하는 효과가 있다는 실증연구결과를 제시한다. 만약 이처럼 강제공시가 지배주주에게 불리하게 작용하는 것이라면 부정설의 주장과 같이 지배주주에 의한 자발적인 공시를 기대하기는 어려울 것이다. 그러나 공시규제를 정당화하기 위해서는 단순히 그것이 일반주주로부터 지배주주로의 부(富)의 이전[10])을 막는 것을 넘어서는 사회적 효용이 있음을 증명해야 할 것이다. 저자는 실증적 증거는 공시규제가 사회적 효용이 있다는 점을 강력히 시사한다는 결론을 내리고 있다. 저자는 강제공시의 사회적 효용으로 지배주주 있는 기업과 잠재적 경쟁관계에 있는 기업의 자금조달비용을 낮춘다는 점을 든다. 또한 저자는 설사 지배주주가 자발적으로 공시의무를 부담하기로 약속하고자 하는 경우에도 신뢰할만한 약속을 할 방법도 없다고 지적한다. 만약 거래소라도 나서서 공시의무를 부과할 것으로 기대할 수 있다면 구태여 공시규제를 채택할 필요는 없을 것이다. 그러나 강제공시가 도입되기 전에는 뉴욕증권거래소를 비롯한 거래소들이 요구하는 공시수준이 매우 낮았다는 점에 비추어 거래소의 적극적 역할을 기대하기는 어렵다는 것이 저자의 전망이다.

---

9) Allen Ferrell, The Case for Mandatory Disclosure in Securities Regulation Around the World, 2 Brook.J.Corp.Fin.&Com.L.81(2007). 이 논문에서는 많은 문헌을 인용하고 있는데 그에 대해서는 따로 각주를 붙이지 않기로 한다.

10) 이 경우에는 사인간의 부의 이전이라는 개인적인 문제만이 발생한다.

(2) 불공정거래규제(→제8장, 제9장)

자본시장법상 불공정거래는 시장의 가격형성기능과 시장에 대한 투자자의 신뢰를 해치고 투자자에게 손해를 입히는 다양한 유형의 거래를 말한다. 불공정거래는 주로 유통시장에서 발생하지만 발행시장에서 발생하는 경우도 없지 않다. 불공정거래는 한편으로는 시장기능을 해침과 동시에 다른 한편으로는 투자자의 올바른 판단을 저해함으로써 손해를 입힌다. 불공정거래에 대해서는 일반 민법상의 불법행위책임규정(§750)이나 형법의 사기규정(§347)도 적용될 수 있고 실제로도 불법행위책임규정이 적용되는 사례는 드물지 않다. 그러나 자본시장법은 보다 효과적인 규제를 위하여 불공정거래의 주요 유형에 대한 특칙을 두고 있다. 불공정거래의 양대 지주는 흔히 내부자거래로 불리는 미공개중요정보이용행위(§174)와 시세조종행위(§176)이다. 그 밖에 자본시장법은 보다 포괄적인 유형인 부정거래행위(§178)와 시장질서교란행위(§178-2)에 대해서도 규정하고 있다. 이들 불공정거래와 관련하여 자본시장법은 형사책임과 민사책임뿐 아니라 2023년 개정 이후에는 과징금(§429-2)까지 규정함으로써 형사, 민사, 행정의 각 방면의 제재수단을 동원하고 있다. 다만 상대적으로 비난가능성이 떨어지는 시장질서교란행위에 대해서는 유연한 규제를 위하여 형벌 대신 과징금만을 부과하고 있다(§429-2(4)).

(3) 업자규제(→제11장, 제12장)

자본시장은 기업을 비롯한 자금의 수요자와 공급자(투자자) 사이에서 직접 자금의 융통이 행해지는 시장이다. 그러나 시장의 원만한 작동을 위해서 여러 종류의 금융업자가 다양한 모습으로 참여하고 있다. 그리하여 자본시장에서 투자자가 직접 상대하는 것은 금융업자인 경우가 많으므로 투자자 보호는 물론이고 나아가 자본시장의 발전을 위해서도 이들 금융업자의 건전한 활동을 담보할 필요가 있다. 이러한 취지에서 자본시장법은 각종 금융투자업자에 대한 폭넓은 규제를 마련하고 있다. 자본시장법의 업자규제는 다방면에 걸쳐 이루어지지만 이 책에서는 ① 부실한 금융투자업자의 시장진입을 막는 진입규제, ② 금융투자업자의 건전성을 확보하기 위한 건전성규제, ③ 금융투자업자가 투자자와 거래할 때 지켜야 할 규범을 담고 있는 영업행위규제의 3가지를 중심으로 설명한다.

자본시장법규제에서 업자규제는 제1차적으로 투자자 보호를 위한 것이다. 그러나 최근에는 금융투자업이 자본시장의 안정과 발전을 뒷받침할 뿐 아니라 그 산업자체로도 가치가 인정된다는 점에서 금융투자업의 육성이란 측면도 중시되고 있다. 자본시장의 발전이 결국 투자자의 장기적 이익과도 부합한다는 점에서 이 같은 산업적 고려가 반드시 투자자 보호와 모순된다고 볼 수는 없을 것이다.

2. 규제의 방식

자본시장법은 기본적으로 사적자치에 기초한 시장거래에 대한 간섭이란 점에서 이른바 '규제'(regulation)에 해당한다. 그 규제를 일선에서 집행하는 기관은 행정청인 금융위원회와 그 집행보조기관인 금융감독원이다. 행정규제의 대상에는 금융투자업에 종사하는 업자뿐 아니라 자본시장의 참여자인 발행회사와 투자자도 포함된다. 행정규제의 위반에 대해서는 인가취소나 시정명령 등 전통적인 불이익 처분과 아울러 금전적 제재인 과징금이 널리 활용되고 있다(§428 이하). 나아가 중대한 규제위반에 대해서는 형벌도 부과될 수 있다. 그 대표적인 예가 불공정거래에 대한 처벌규정이다(§443). 자본시장의 중요성에 대한 인식이 확산됨에 따라 형사처벌은 점점 강화되어왔을 뿐 아니라 형사소추에 대한 검찰의 태도도 점점 적극적으로 변화되어왔다. 다만 구성요건의 명확성을 요구하는 죄형법정주의와 엄격한 증명을 요구하는 증거재판주의의 제약으로 인하여 형사적 제재를 활용하는 것에는 한계가 있다.

행정적, 형사적 제재 외에 자본시장법은 일부 민사적 제재에 관한 규정도 두고 있다. 대표적인 예로는 부실공시에 대한 손해배상책임규정(§§125-127, 162)과 불공정거래에 대한 손해배상책임규정(§§175, 177, 179) 등을 들 수 있다. 자본시장법이 명시하지 않은 경우에도 손해배상책임은 일반 민법상 불법행위책임규정(§750)에 근거하여 인정될 여지가 있다. 또한 자본시장법에 명시적 규정은 없지만 위반행위의 사법상 효력이 부정될 가능성도 없지 않다. 이러한 법적 규제 외에 거래소와 같은 자율규제기관에 의한 제재도 시장참여자의 행동에 영향을 미칠 수 있다. 또한 시장참여자의 행동이 법적 규제나 자율규제를 명시적으로 위반하지 않은 경우에도 그것이 사회규범에 어긋나는 경우에는 시장에서의 '평판'(reputation)을 해칠 수 있다. 시장에서 반복적으로 활동하는 참여자(이른바 repeat player)의 경우에는 평판의 손상으로 인한 불이익을 우려하여 행동을 자제할 인센티브가 크다.

제2절 자본시장법의 개요

Ⅰ. 연혁

우리 자본시장법은 2007년 8월 제정되어 2009년 2월부터 시행되었다. 자본시장법이 제정되기 전 우리 금융시장을 규율하는 법은 업종별로 분화된 상태였다. 은행업을 규율하는 은행법, 보험업을 규율하는 보험업법, 증권업을 규율하는 증권거래법 같은 기본규제법 외에도 선물거래법, 간접투자자산운용업법, 신탁업법 등 각종 특수분야법률이 난립하고 있었다. 정부는 먼저 이들 금융시장관련법률 중에서 자본시장에 관한 법률의 통합이 가장 시급하다고 판단하고 기존 증권거래법, 선물거래법, 간접투자자산운용업법, 신탁업법, 종합금융회사에 관한 법률, 한국증권선물거래소법 등을 포괄하는 통합법으로 자본시장법을 제정하였다. 자본시장법은 금융기관의 종류에 따라 다른 내용의 규제를 적용하던 과거의 '업종별규제체제'를 버리고 금융기관의 종류를 불문하고 동일한 금융투자상품에 대해서는 동일한 내용의 규제를 적용하는 '기능별규제체제'로 전환하였다.

자본시장법은 제정 이후 2025년 12월까지 무려 65차례 개정되었다.[11] 이들 수많은 크고 작은 개정 중에서 2015년 7월의 제23차 개정과 2020년 3월의 제42차 개정은 금융규제통합의 관점에서 특히 중요한 의미를 갖는다. 먼저 제23차 개정에서는 자본시장법에 담긴 금융투자업자의 지배구조에 관한 규정들을 대부분 새로 제정된 "금융회사의 지배구조에 관한 법률"(지배구조법)로 이관하였다. 나아가 제42차 개정에서는 금융투자업자의 영업행위와 관련한 투자자 보호규정들을 포괄적으로 "금융소비자 보호에 관한 법률"(금소법)에 이관하였다. 이들 지배구조법과 금소법은 금융투자업자는 물론 은행과 보험회사와 같은 금융회사도 적용대상으로 삼고 있으므로 그 범위에서는 부분적으로나마 금융규제법의 통합이 이루어진 것으로 볼 수 있다.

11) 개정의 개요에 대해서는 김건식/정순섭, 자본시장법(제4판 2023), 7~18면.

Ⅱ. 구성

자본시장법은 제1조에서 제449조까지의 조문[12]이 10개의 편으로 구성되어 있다. 전체의 구성은 [표 I-2]와 같이 정리할 수 있다.

[표 Ⅰ-2] 자본시장법의 구성

편	장	내용	세부 내용
제1편 총칙	-	총칙	• 목적 및 정의규정
제2편 금융투자업	제1장	인가 및 등록	• 인가·등록 요건 및 절차
	제2장	지배구조	• 대주주변경 승인, 사외이사 등 지배구조에 관한 다양한 내용을 담고 있었으나 대부분 금융회사지배구조에 관한 법률로 이관
	제3장	건전 경영 유지	• 자기자본 규제 등 경영건전성 감독 • 대주주와의 거래제한 등
	제4장	영업행위 규칙	• 공통영업행위 규칙 - 투자권유규제는 대폭 금융소비자보호에 관한 법률로 이관 • 업자별영업행위규칙
제3편 증권의 발행 및 유통	제1장	증권신고서	• 증권신고서, 투자설명서, 손해배상책임
	제2장	기업의 인수·합병 관련제도	• 공개매수, 대량보유보고, 위임장권유 등
	제3장	상장법인의 사업 보고서등	• 사업보고서, 반기·분기보고서, 주요사항 보고서
	제3장의2	주권상장법인특례	• 재무관련사항에 관한 특례조항 • 사외이사, 이사회의성별구성에관한특례
	제4장	장외거래 등	• 장외거래, 외국인의 장외매매 제한 • 회계감사인
제4편 불공정 거래의 규제	제1장~제2장	내부자거래와 시세조종	• 미공개중요정보이용행위, 시세조종 금지
	제3장	부정거래행위 등	• 부정거래행위, 시장질서교란행위, 공매도
제5편 집합투자기구	제1장~제11장	집합투자기구	• 투자신탁과 투자회사 등 집합투자기구 • 집합투자증권, 평가, 집합투자재산 • 사모집합투자기구, 외국집합투자증권

12) 일부 추가된 조문이 있지만 다른 법률로 이관된 조문이 많으므로 실제 조문수는 449개에 훨씬 미달한다.

제6편 관계기관	제1장~ 제8장	금융투자업 관계기관	• 한국금융투자협회, 한국예탁결제원, 증권금융, 신용평가회사 등
제7편 한국거래소	제1장~ 제6장	거래소	• 조직, 시장개설 및 운영 • 시장감시, 분쟁조정, 감독 등
제8편 감독 및 처분	제1장~ 제4장	금융위의 집행	• 금융위의 명령 및 승인, 검사 및 조치 • 금융위의 조사, 과징금
제9편 보칙	-		• 위법행위의 신고 등
제10편 벌칙	-	형벌 규정	• 형벌, 과태료, 양벌규정

Ⅲ. 회사법 등 인접법률과의 관계

전술한 바와 같이 광의의 자본시장법은 "자본시장과 금융투자업에 관한 법률"은 물론이고 지배구조법, 금소법, "자산유동화에 관한 법률," "증권관련 집단소송법," "금융감독기구의 설치 등에 관한 법률" 등과 같은 자본시장에 관련된 각종 법률을 모두 포함한다. 그 밖에 자본시장법과 관련하여 특히 중요한 것은 상법 회사편(이하 회사법)의 규정이다. 자본시장법의 적용대상인 금융투자상품은 과거에 비하여 대폭 확대되었지만 현실적으로는 주식회사가 발행하는 주식과 사채가 여전히 큰 비중을 차지하고 있다. 회사법의 보호대상인 주주와 사채권자는 자본시장법의 보호대상인 투자자에도 해당하므로 자본시장법은 회사법과 여러 면에서 접점을 갖는다. 양자의 뚜렷한 차이를 들자면 회사법은 이미 발행된 주식과 사채의 권리자인 기존 주주와 사채권자의 권리보호에 중점을 두는 것에 비하여 자본시장법은 상대적으로 주식과 사채를 취득하는 단계에서의 권리보호에 더 주목한다는 점이다. 예컨대 신주발행의 경우 회사법은 기존 주주의 이익을 보호하는 것에 치중하는데 비하여 자본시장법은 기존 주주에 한하지 않고 일반 투자자에게 적절한 정보를 제공하는 것에 치중한다. 또한 회사법은 주주와 사채권자를 특별히 약자로 보지 않고 투자를 그들의 자기책임에 맡기고 있는데 비하여 자본시장법은 투자자를 정보나 능력이 부족한 약자로 보고 그들의 불리한 처지를 보완하기 위한 규정을 두고 있다.

한편 자본시장법은 회사법에 포함시켜도 좋을 일부 사항에 대해서도 규율하고 있다. 그 대표적인 예가 공개매수, 위임장권유, 대량보유보고에 관한 규정이다. 자본시장이 이들에 관한 규정을 둔 것은 논리필연적 이유가 있어서라기보다 그들을 연방증권규제의 일부로 규율하는 미국법에 영향을 받았기 때문이라고 할 수 있다.[13] 예컨대 주식매수에 의한 기업인수, 특히 공개매수와 관련해서는 회사법은 아무런 규정을 두고 있지 않은데 비하여 자본시장법은 상대방인 주주보호의 관점에서 정보제공의 강제와 아울러 매수조건의 균일성 등 실체적인 규제를 가하고 있다(§§133~146). 또한 위임장권유와 관련해서도 회사법은 거의 아무런 규정을 두고 있지 않지만 자본시장법은 정보제공을 강제하는 규제를 가하고 있다(§§152~158). 다만 위임장규제가 자본시장법에서 이루어지다보니 규제위반에 대한 제재와 관련해서 의결권제한이나 주주총회결의하자와 같은 회사법적 구제수단과의 관계가 소홀히 되는 문제가 있다.[14]

자본시장법과 회사법 사이의 이런 관계는 우리나라에 특유한 것이 아니라 일본에서도 마찬가지로 존재한다. 우리 자본시장법만의 특징으로는 주권상장법인에 대한 다수의 특례조항을 담고 있는 점을 들 수 있다(§§165-2~165-19). 舊증권거래법 하에서는 주권상장법인의 지배구조에 관한 특례까지 담고 있어 특례규정의 수가 훨씬 더 많았다. 그러나 자본시장법제정을 계기로 지배구조에 관한 특례규정이 상법(§542-2~542-13)으로 이관됨에 따라 자본시장법의 특례규정에는 주로 회사재무에 관한 규정들만이 남게 되었다. 회사법규범이 이처럼 기형적으로 분산된 주된 원인은 회사법과 자본시장법을 주관하는 정부부처가 법무부와 금융위원회로 나뉘어 있다는 점에서 찾을 수 있다. 회사법규범의 체계적 발전을 위해서는 자본시장법의 상장법인특례규정도 장차 상법의 회사편으로 이관할 필요가 있을 것이다.

자본시장법과 밀접한 관련이 있는 또 하나의 법으로는 "주식회사 외부감사에 관한 법률"(외감법)을 들 수 있다. 정보공시의 주된 내용을 차지하는 회계정보가 외감법의 규율에 따라 창출되고 있기 때문이다. 또한 현행 자본시장법은 금융투자업자의 영업행위에 관해서 여러 규정을 두고 있다. 그 규정의 밑바닥에는 금융투자업자와 투자자 사이에는 정보와 능력의 면에서 격차가 있기 때문에 금융투자업자의 활동을 규제함으로써 투자자를 특별히 보호할 필요가 있다는 사고가 깔려 있다. 이러한 사고의 원류는 소비자보호법에서 찾을 수 있으므로 그 점에서 자본시장법과

---

13) 다만 이들을 자본시장법에서 다루다 보니 자연히 공시규제가 강조되는 결과가 생겼다.
14) 의결권제한과 주식처분명령까지 명시하고 있는 대량보유보고제도는 예외적인 경우라고 할 수 있다.

소비자보호법은 공통분모를 갖는다고 할 수 있다. 양자의 접점에 있는 대표적인 법이 바로 금소법이다.

Ⅳ. 자본시장법의 법원(法源)

자본시장법의 내용은 법치행정의 관점에서 가급적 구체화할 필요가 있고 또한 자본시장의 변화에 따라 수시로 변경할 필요가 있다. 이러한 입법적 수요를 고려하여 자본시장법에서는 하위법령으로의 위임이 폭넓게 이루어지고 있다. 그리하여 법률에는 그 대강만을 규정하고 상세한 내용은 대통령령인 자본시장법 시행령과 총리령인 자본시장법 시행규칙에 위임하는 경우가 많다. 특히 시행령은 규모도 방대하고 규제의 골격을 이루는 내용을 많이 포함하고 있기 때문에 법률과 함께 참조하지 않고서는 규제의 세부내용을 제대로 파악하기 어려운 경우가 많다.

위임입법은 시행령이나 시행규칙에 한정되지 않고 금융위와 같은 규제기관이 제정한 각종 고시가 존재한다. 대표적인 것들로는 "증권의 발행 및 공시 등에 관한 규정"(발행공시규정) "금융투자업규정," "단기매매차익 반환 및 불공정거래 조사·신고 등에 관한 규정" 등을 들 수 있다. 또한 엄격한 의미의 법령에 속하는 것은 아니지만 사실상의 구속력을 가진 것으로 금감원이 발간하는 각종 자료가 있다. 대표적인 예로 기업공시 실무안내(금감원), 기업공시서식 작성기준(금감원) 등이 있다.

자본시장에 대한 규제에 관해서는 법적 규제뿐 아니라 비(非)정부조직인 한국거래소나 금융투자협회와 같은 자율규제기관에 의한 자율규제도 중요하다. 이하에서는 자율규제기관별로 중요한 자율규제를 열거한다.

[한국거래소][15)]

유가증권시장 업무규정 및 시행세칙

유가증권시장 공시규정 및 시행세칙

유가증권시장 상장규정 및 시행세칙

---

15) 이하의 규정에 상응하는 규정은 코스닥시장, 코넥스시장 등 시장별로 마련되어 있다.

[금융투자협회][16]
증권인수업무등에 관한 규정
자율규제위원회 운영 및 제재에 관한 규정
금융투자회사의 영업 및 업무에 관한 규정
K-OTC시장 운영규정

[한국예탁결제원]
주식·사채 등의 전자등록업무규정 및 시행세칙
전자투표관리업무규정 및 시행세칙
증권명의개서대행업무규정 및 시행세칙
증권등결제업무규정

Ⅴ. 자본시장법의 목적

1. 제1조의 구조

자본시장법 제1조는 자본시장법의 목적을 "자본시장에서의 금융혁신과 공정한 경쟁을 촉진하고 투자자를 보호하며 금융투자업을 건전하게 육성함으로써 자본시장의 공정성·신뢰성 및 효율성을 높여 국민경제의 발전에 이바지함"이라고 규정한다. 이 규정은 매우 일반추상적인 표현으로 이루어져 있지만 자본시장법에 포함된 수백 조에 달하는 규정이 지향하는 목적을 제시한다. 이 규정은 자본시장법에 포함된 각 규정뿐 아니라 그 규정의 위임에 의하여 제정된 하위규정의 해석과 규제기관에 의한 집행을 규율한다.

제1조의 기본구조는 다음과 같이 정리할 수 있다.

① 먼저 자본시장법의 최종목표를 "국민경제의 발전에 이바지"하는 것으로 규정한다. 경제법령에서 흔히 발견되는 이 문구는 매우 추상적이어서 특별한 의미를 부여하기 어렵다. 자본시장법의 각 규정이 "국민경제의 발전"이란 궁극적인 목표

16) 협회는 그 밖에도 "금융투자회사의 컴플라이언스 매뉴얼"이나 "표준투자권유준칙" 등 각종 모범규준과 "매매거래계좌설정약관"이나 "신용거래약관" 등 각종 표준약관을 마련하여 회원들에게 제공하고 있다. https://law.kofia.or.kr/service/main/main.do

에 기여해야 한다는 당연한 전제를 강조한 것으로 이해할 수 있다.

② 이어서 "국민경제의 발전"이란 추상적인 목표를 구체화하기 위하여 "자본시장의 공정성·신뢰성 및 효율성"의 제고를 중간목표로 제시한다. "공정성·신뢰성·효율성"이란 세 가지 요소는 서로 밀접한 관련이 있는 것으로 모두 자본시장의 발전에 필요한 것이라는 점에서 자본시장법의 중간목표는 결국 '자본시장의 발전'이라고 할 수 있다. 이 논리는 자본시장의 발전이 결국 국민경제의 발전에 기여한다는 사고를 전제한 것인데 이러한 전제는 실제 많은 실증연구에 의하여 뒷받침되고 있다.[17]

③ 끝으로 자본시장법의 중간목표인 자본시장의 발전을 달성하기 위한 수단으로 "자본시장에서의 금융혁신과 공정한 경쟁을 촉진하고 투자자를 보호하며 금융투자업을 건전하게 육성함"을 제시하고 있다. 투자자와 금융투자업이 자본시장을 지탱하는 양대 지주라는 점에서 제1조가 이처럼 자본시장, 투자자, 금융투자업이란 세 가지 요소에 주목한 것은 일응 타당성을 인정할 수 있다. 이들 요소 사이의 관련이 반드시 명확한 것은 아니지만 먼저 "자본시장에서의 금융혁신과 공정한 경쟁을 촉진"한다는 문구는 자본시장의 효율성과 공정성, "투자자를 보호"한다는 문구는 자본시장의 신뢰성, 그리고 "금융투자업을 건전하게 육성"한다는 문구는 자본시장의 효율성과 각각 관련이 있다고 볼 수 있을 것이다. 이하 위 세 가지 요소를 차례로 살펴본다.

2. 투자자의 보호

투자자 보호는 전통적으로 자본시장법의 기본적인 목적으로 인정되어 왔다. 그러나 자본시장법에서는 舊증권거래법에 비하여 투자자 보호가 자본시장의 발전에 비하여 다소 후퇴한 감이 있는 것이 사실이다.[18] 이처럼 자본시장법의 목적으로 자본시장의 발전이 강조되는 것은 우리나라에만 국한된 것이 아니라 미국, EU, 일본 등 선진국에서 공통적으로 발견되는 현상이다. 그러나 자본시장법의 목적으로 자본시장의 발전을 전면에 내세우는 경우에도 투자자 보호는 자본시장의 발전을

17) 예컨대 Raghuram G. Rajan & Luigi Zingales, Financial Dependence and Growth, 88 American Economic Review. 559 (1998).

18) 투자자 보호가 개인적 법익에 관한 것이라면 자본시장의 발전은 사회적 법인에 관한 것으로 볼 수 있다.

뒷받침하는 수단으로서의 중요성을 무시할 수 없다. 투자자 보호가 제대로 이루어지지 않는 상황에서 투자자의 참여를 유도할 수 없고 투자자의 참여 없이 금융투자업의 육성이나 자본시장의 발전을 기대할 수 없기 때문이다. 다만 이제는 과거와 같이 투자자 보호를 자본시장법의 지상(至上)의 목적으로 볼 수는 없다. 투자자 보호에 치중한 나머지 자본시장의 효율성을 훼손하는 경우에는 자본시장법의 궁극적인 목표인 경제발전이 저해될 우려가 있기 때문이다.[19] 이런 관점에서 본다면 투자자 보호는 자본시장의 발전을 저해하지 않는 범위 내에서 추구해야 할 상대적 개념으로 보아야 할 것이다.

자본시장법에 실제로 참여하는 투자자는 실로 각양각색이다. 한쪽 극단에는 투자를 전문으로 하는 기관투자자가 있는가 하면 반대쪽 극단에는 투자판단에 필요한 정보와 능력이 부족한 일반투자자, 즉 금융소비자가 있다. 이처럼 전문성에서 큰 차이를 보이는 투자자를 동일한 방식으로 보호하는 것은 불공평할 뿐 아니라 비효율적이다. 舊증권거래법에서도 자신을 보호할 능력을 갖춘 기관투자자 같은 투자전문가는 주된 보호대상이 아니었다. 특정의 증권발행이 공시의무가 부과되는 "모집"이나 "매출"에 해당하는지 여부를 판단할 때 기관투자자가 취득한 부분을 제외한 것(舊증권거래법 시행령§2-4(3)(vi))은 그 대표적인 예이다. 자본시장법에서는 투자자 사이의 이런 차이를 더욱 중시하고 있다. 후술하는 바와 같이 자본시장법은 투자자를 "일반투자자"(§9(6))와 "전문투자자"(§9(5))로 구분하여 규제내용을 달리하고 있다.[20]

3. 금융투자업의 육성

舊증권거래법에서는 업자인 증권회사의 육성이 전면에 등장하지 않았다. 그러나 자본시장법은 금융투자업의 육성을 투자자 보호의 다음에 언급하지만 양자는 모두 "자본시장의 공정성·신뢰성 및 효율성"을 제고하기 위한 수단이란 점에서 적어도 동급의 위상에 속한다고 할 것이다. 이는 금융투자업의 발전 없이 자본시장의 발전을 도모할 수 없을 뿐 아니라 산업으로서의 금융투자업을 발전시키는 것이 국

19) 또한 투자자의 선택지가 축소됨에 따라 장기적으로 투자자의 이익에도 반한다고 볼 수도 있다.
20) 2020년 개정 전 자본시장법은 전문투자자를 상대하는 금융투자업자에 대하여 적합성원칙이나 설명의무를 적용하지 않았다(§§46, 47(금소법 §§17, 19로 이관)).

가경제적 관점에서도 중요하다는 인식에서 비롯된 것으로 보인다. 그리하여 자본시장법은 시장에서 거래 가능한 금융투자상품의 폭을 넓히고 겸업의 허용범위를 대폭 확대함으로써 국내의 금융투자업자가 세계적인 투자은행으로 발돋움할 수 있는 여건을 조성하고 있다.

4. 자본시장의 발전

제1조는 舊증권거래법과는 달리 "자본시장에서의 금융혁신과 공정한 경쟁"이나 "자본시장의 공정성·신뢰성 및 효율성"이란 문구에서 보는 것처럼 자본시장을 거듭 강조하고 있다. 이는 자본시장이 국민경제에서 차지하는 위상이 과거에 비하여 크게 높아진 현실을 반영한 것으로 볼 수 있다. 우리 경제발전의 초기단계에는 기업이 자금조달을 주로 은행차입에 의존하였지만 경제가 성숙단계에 접어들면서 사업위험을 다수의 투자자에 분산시키는 직접금융을 촉진할 필요가 커졌다. 한편 투자자의 관점에서도 가계의 여유자금이 축적되고 고령화가 진전됨에 따라 다양한 리스크 성향(risk profile)을 가진 투자대상을 공급하는 자본시장을 발전시킬 필요가 커졌다. 전술한 바와 같이 제1조가 명시한 "자본시장의 공정성·신뢰성 및 효율성"은 결국 자본시장의 발전에 필수적인 요소이므로 자본시장법은 자본시장의 발전을 추구하는 것으로 볼 수 있다. 또한 자본시장법은 구체적으로 "자본시장에서의 금융혁신과 공정한 경쟁을 촉진"할 것임을 천명하고 있다. 금융혁신 촉진의 예로는 자본시장법이 舊증권거래법에서와는 달리 금융투자상품의 폭을 대폭 확대한 것을 들 수 있고 공정한 경쟁 촉진의 예로는 동일한 업무에 대해서 동일한 규제를 적용하는 것이나 불공정거래에 대한 규제를 강화하는 것을 들 수 있다.

5. 금융규제의 일부로서의 자본시장법

자본시장법도 크게 보면 금융규제의 일부를 구성한다. 금융규제의 목적은 일반적으로 투자자를 포함한 금융소비자의 보호와 금융시스템의 안정성 보호로 나눌 수 있다. 전술한 투자자 보호가 주로 금융소비자보호에 속하는 것이라면[21] 금융투

21) 미국에는 증권규제의 중점을 투자자보호보다는 금융시장의 효율성 확보에 두는 견해가 유력하다. 그러한 견해에 따르면 증권규제는 소비자보호법과는 결을 달리하는 것으로 볼 수 있다. Zohar Goshen & Gideon Parchomovsky, The Essential Role of Securities Regulation, 55 Duke Law Journal 711, 713 (2006).

자업의 육성과 자본시장의 발전은 금융시스템의 안정성과 관련이 있다. 특히 금융시스템의 안정 없이는 자본시장법의 궁극적 목표인 국가경제의 발전을 도모하는 것은 불가능할 것이다.

제2장 금융투자상품

제1절 서설

Ⅰ. 금융투자상품의 기능

자본시장법은 "금융투자상품"이란 도구개념을 중심으로 구성되어 있다. 그러므로 금융투자상품은 자본시장법의 적용여부를 결정하는 기능을 수행한다. 발행시장이나 유통시장에서 투자자에 대한 정보제공을 강제하는 공시규제(§118 이하, §159 이하)나 내부자거래를 비롯한 불공정거래규제(§§172, 174, 176, 178, 178-2)는 모두 금융투자상품의 거래에만 적용된다. 또한 금융위의 인가나 등록을 요하는 금융투자업도 금융투자상품을 대상으로 하는 영업으로 정의되고 있으므로(§6) 금융투자상품은 금융투자업을 은행업이나 보험업과 구분하는 기능도 수행한다. 금융투자상품에 속하지 않는 전형적인 예금이나 보험계약에 대해서는 자본시장법 대신 은행법이나 보험업법을 적용한다.

증권거래법상 유가증권 개념의 한계

자본시장법의 전신인 舊증권거래법은 "유가증권" 개념을 중심으로 구성되어 있었다. 사법상 유가증권과 동일한 용어를 사용하다 보니 양자 사이에 혼선이 없지 않았다. 그러나 사법상 유가증권이 '유통성'을 토대로 구성된 개념인 것에 비하여 증권거래법상의 유가증권은 '투자성'을 토대로 구성된 것이라는 점에서 양자는 근본적으로 차이가 있었다. 그리하여 사법상 유가증권인 약속어음이나 선하증권은 증권거래법상의 유가증권에서는 당연히 제외되었다.

舊증권거래법은 유가증권을 일정한 종류의 투자상품을 한정적으로 열거하는 방식으로 정의하였다(한정적 열거주의). 한정적 열거주의도 처음에는 큰 불편이 없었으나 시간이 흐름에 따라 점점 한계가 드러나게 되었다. 한정적 열거주의하에서는 시장에서 새로운 투자상품에 대한 수요가 생겨나더라도 그것이 법에 열거된 것이 아닌 한 증권회사의 거래대상이 될 수 없었다. 또한 증권회사가 아닌 자가 그 상품을 거래하는 경우에는 증권거래법의 적용범위 밖에 있기 때문에 투자자를 제대로 보호하기 어려웠다. 자본시장법은 금융투자상품을 증권과 파생상품을 모두 포괄하는 개념으로 폭넓게 정의함으로써 규제의 공백을 최소화하고 있다.

Ⅱ. 자본시장법상 정의규정

1. 정의규정의 구조

금융투자상품의 정의규정인 자본시장법 제3조는 다음과 같이 세 단계의 구조를 취한다. ① 먼저 금융투자상품에 대한 일반적 정의를 내린다(§3(1)본문). ② 일반적 정의에 따른 불확실성을 줄이기 위하여 금융투자상품을 증권과 파생상품의 두 가지 유형으로 구분하고 각각에 대해서 구체적으로 정의한다(§§3(2), 4, 5). ③ 정책적 고려에 따라 일정한 상품은 금융투자상품에서 명시적으로 제외한다(§3(1)단). 이하에서는 위 세 단계를 차례로 설명한다.

2. 일반적 정의

자본시장법은 금융투자상품을 "이익을 얻거나 손실을 회피할 목적으로 현재 또는 장래의 특정 시점에 금전, 그 밖의 재산적 가치가 있는 것(이하 '금전등'이라 한다)을 지급하기로 약정함으로써 취득하는 권리로서, 그 권리를 취득하기 위하여 지급하였거나 지급해야 할 금전등의 총액(판매수수료 등 대통령령으로 정하는 금액을 제외한다)이 그 권리로부터 회수하였거나 회수할 수 있는 금전 등의 총액(해지수수료 등 대통령령으로 정하는 금액을 제외한다)을 초과하게 될 위험(이하 '투자성'이라 한다)이 있는 것"이라고 정의한다(§3(1)). 이러한 기능적 정의에 따르면 금융투자상품의 범위는 과거 유가증권에 비하여 대폭 확대되었지만 그렇다고 해서 그 범위가 무제한인 것은 아니다. 자본시장법은 금융투자상품을 증권과 파생상품에 한정하고(§3(2)), 증권과 파생상품에 대해서는 각각 상세한 정의규정을 두고 있기 때문이다(§§4, 5). 이하에서는 위 정의의 4가지 요소, 즉 ① 이익을 얻거나 손실을 회피할 목적, ② 금전등을 지급하기로 하는 약정, ③ 약정함으로써 취득하는 권리, ④ 투자성에 대해서 차례로 살펴본다.

3. 목적: "이익을 얻거나 손실을 회피할 목적"

금융투자상품에 해당하기 위해서는 "이익을 얻거나 손실을 회피할 목적"(금융투자목적)이 있어야 한다(§3(1)). 여기서 이익취득목적은 주로 증권과 관련이 있고 손실회피목적은 주로 파생상품과 관련이 있다.[1] 후술하는 바와 같이 이러한 금융투자목적은 예금이나 보험상품의 경우에도 존재하지만 그 경우는 후술하는 투자성을 결여한다는 점에서 금융투자상품에서는 제외된다.

4. 대가: "금전등"의 지급에 관한 약정

금융투자상품에 해당하기 위해서는 대가로 "현재 또는 장래의 특정시점에" 금전등을 지급하기로 약정해야 한다. 금전등의 지급이 현재 이루어지는 경우는 주로 증권에 해당하고 장래 이루어지는 경우는 파생상품에 해당한다. 금전등에는 금전 외에 "그 밖의 재산적 가치가 있는 것"이 포함된다.[2] 지급이란 용어가 사용되고 있지만 금전 외의 대가에 의한 결제도 포함하는 의미로 사용하고 있다. 따라서 파생상품거래에서 결제가 차액(또는 현금)결제(cash settlement)만이 아니라 현물결제(physical delivery)로 이루어지는 경우도 금융투자상품에 해당할 수 있다. 가상자산도 재산적 가치가 있는 것인 경우에는 대가로 인정될 수 있다.[3] 경우에 따라서는 금전등의 지급을 전제함이 없이 금융투자상품이 제공되는 경우도 있다. 대표적인 예는 주식회사의 임직원에게 부여하는 주식매수선택권(상법 §340-2(1))의 경우이다. 시행령은 상법상의 주식매수선택권은 투자대상이 아니라 임원 등의 보수로 활

1) 물론 실제로는 이익취득목적으로 파생상품거래를 하는 경우도 없지 않다.
2) 그러므로 지급 대신 이전이란 용어를 사용하는 것이 적합한 경우도 있다.
3) 일본의 2019년 금융상품거래법은 가상자산(암호자산)을 금전으로 간주하는 규정을 두고 있다(§2-2).

용되는 현실을 고려하여 금융투자상품 정의에서 제외하고 있다(§3(3)).

5. 권리: "약정함으로써 취득하는 권리"

자본시장법은 금융투자상품을 금전등의 지급을 "약정함으로써 취득하는 권리"라고 하고 있다. 이를 때로는 계약상 권리로 표현하는 경우도 있으나 그런 표현은 적절치 않은 경우도 있다. 금융투자상품에는 파생상품과 투자계약증권과 같이 실제로 취득의 원인 내지 근거가 되는 약정 자체에 기하여 갖는 권리(즉 약정상의 권리)에 해당하는 것이 있는가 하면 주식이나 채권과 같이 그런 약정의 이행에 따라 투자자가 취득하는 권리(즉 약정의 목적인 권리)도 있다. 권리가 문서에 화체되어 있는지 여부는 묻지 않는다.

6. 투자성: 위험

자본시장법은 금융투자상품의 요소로 지급금액이 회수금액을 초과하게 될 위험, 즉 투자성이 있을 것을 요한다. 지급금액이 회수금액을 초과하는 경우는 ① 원본손실이 발생하는 경우와 ② 추가지급이 발생하는 경우로 나눌 수 있다. ②의 추가지급의 가능성은 파생상품의 경우에 존재한다.

회수금액의 감소는 채무자의 신용위험으로 인해서도 초래될 수 있다. 이런 경우에도 투자성을 인정한다면 예금이나 일반 상거래에서 발생하는 사법상의 채권(債權)도 금융투자상품에 해당하여 자본시장법의 적용을 받게 될 것이다. 그러한 불합리한 상황을 피하기 위하여 자본시장법은 신용위험으로 인한 회수금액의 감소는 반영하지 않음을 명시하고 있다(令§3(2)(iii)).

투자대상이 시장에서 거래되는 경우에는 시장에서의 가격변동에 따라 원본손실이 발생할 수 있다. 그 대표적인 예가 바로 국채이다. 국채는 정부의 신용위험과 무관하게 만기 전 양도 시에는 금리의 변동에 따라 원본손실의 가능성이 있으므로 투자성이 인정된다.[4] 한편 시장거래대상이 아니라도 상품구조 자체에서 원본손실 가능성이 내재되어 있는 것은 투자성이 인정된다. 그 예로는 채무증권을 제외한 대부분의 금융투자상품을 들 수 있다.

---

4) 원본이 보장되는 이자연계형 ELS도 만기전 양도 시에는 원본손실 가능성이 있으므로 금융투자상품에 포함된다.

7. 명시적 포함과 제외

앞서 살펴본 바와 같이 자본시장법상 금융투자상품의 정의는 일반추상적으로 규정되어 있으므로 해석상 혼란이 발생할 여지가 있다. 자본시장법은 그런 불확실성을 최소화하기 위하여 금융투자상품에 포함되는 경우와 아울러 금융투자상품에서 제외하는 경우를 명시하고 있다.

(1) 명시적 포함

자본시장법은 금융투자상품은 증권과 파생상품으로 구분하고 파생상품은 장내파생상품과 장외파생상품으로 구분한다(§3(2)). 따라서 자본시장법의 정의상 금융투자상품에 해당하는 것처럼 보이는 투자대상이라도 그것이 증권이나 파생상품의 어느 것에도 해당하지 않는 경우에는 자본시장법상 금융투자상품으로 볼 수는 없다. 그리하여 금융투자상품으로서 증권이 아닌 것은 파생상품 밖에 없고, 파생상품이 아닌 것은 증권 밖에 없다.

(2) 명시적 제외

자본시장법이 금융투자상품에서 명시적으로 제외하는 상품은 ① 원화표시 양도성 예금증서, ② 관리형신탁의 수익권, ③ 시행령으로 지정하는 금융투자상품이다((§3(1)). ① 원화표시 양도성 예금증서는 만기 전에 양도가능하며 금리변동에 따라 원본손실가능성이 있다는 점에서 투자성을 충족한다. 그러나 통상 만기가 짧기 때문에 투자자보호의 필요성이 크지 않을 뿐 아니라 은행이 발행해 온 기존의 시장현실을 존중하여 금융투자상품에서 배제하였다. 다만 외화표시 양도성 예금증서는 환위험을 고려하여 금융투자상품으로 남겨놓았다.

② 관리형신탁의 수익권도 배제된다. 원래 신탁수익권은 수탁자(신탁업자)가 특별히 원본보전을 하는 경우는 제외하고 모두 자본시장법상 금융투자상품에 해당하는 것이 원칙이다(§4(2)(iii), (5)). 신탁업자가 신탁재산을 관리·운용·처분하는 과정에서 손실이 발생할 수 있다는 점이 투자성을 충족하기 때문이다. 그러나 수탁자가 운용·처분권한을 갖지 않는 관리형신탁[5]의 경우에는 투자성이 주로 수탁자

---

5) 다음 어느 하나에 해당하는 신탁을 가리킨다(§3(1)(ii)). ① 위탁자(또는 신탁계약에 따라 처분권

의 행위가 아니라 신탁재산 자체의 가치변동에서 비롯되는 것으로 투자자 보호의 필요성이 크지 않다는 점을 고려하여 특별히 제외하고 있다.[6]

③은 "해당 금융투자상품의 특성 등을 고려하여 금융투자상품에서 제외하여도 투자자 보호 및 건전한 거래질서를 해할 우려가 없는 것"으로서 시행령으로 정하는 금융투자상품이다(§3(1)(iii)). 시행령은 전술한 바와 같이 상법상 주식매수선택권(스톡옵션)(§340-2 또는 §542-3)을 제외하고 있다(§3(3)). 이는 스톡옵션이 투자대상이라기 보다는 보수로서 이용되고 있다는 점을 고려한 것이다.

제2절 증권

Ⅰ. 서설

1. 의의

자본시장법은 舊증권거래법이 채택한 "유가증권"이란 개념 대신 "증권"이란 개념을 채택하고 있다.[7] 자본시장법은 증권을 "내국인 또는 외국인이 발행한 금융투자상품으로서 투자자가 취득과 동시에 지급한 금전등 외에 어떠한 명목으로든지 추가로 지급의무(투자자가 기초자산에 대한 매매를 성립시킬 수 있는 권리를 행사하게 됨으로써 부담하게 되는 지급의무를 제외한다)를 부담하지 아니하는 것"으로 정의한다(§4(1)). 이에 따르면 증권의 핵심요소는 '추가지급의무'의 부존재라고 할 수 있다. 증권은 금융투자상품 중에서 추가지급의무가 없이 투자한 금액이 손실의 최고한도인 경우를 가리킨다. 이미 취득대가를 전부 지급한 경우에는 시장상황이 변화하더라도 추가로 지급의무가 발생하지 않는다. 신용거래의 경우에는 투자대상의 거래시에 금융업자로부터 수령한 대출금으로 지급이 이루어진 것으로 보기 때문에 후

한을 가진 수익자)의 지시에 따라서만 신탁재산의 처분이 이루어지는 신탁과 ② 신탁계약에 따라 신탁재산에 대하여 보존행위 또는 그 신탁재산의 성질을 변경하지 않는 범위에서 이용·개량 행위만을 하는 신탁.

6) 다만 수익증권발행신탁(신탁법 §78(1))과 금전신탁수익권(§103(1)(i))은 제외대상에서 다시 제외된다(§3(1)(ii)).

7) 그리하여 이제 자본시장법의 적용대상이 사법상의 유가증권과 무관한 것임은 분명하게 되었다.

에 금융업자에게 대출금을 상환하는 것은 추가지급으로 보지 않는다.

이미 지급한(또는 지급하기로 정한) 금액 외에 상황변화에 따라 추가로 지급의무가 발생할 가능성이 있는 투자대상은 증권이 아니라 파생상품에 해당한다. 그리고 계약시점에 금전의 지급이 없지만 계약기간 중 일정한 사유의 발생이나 기초자산 가치의 변동에 따라 지급의무가 발생하는 선도 등도 파생상품에 해당한다. 그러나 자본시장법은 "투자자가 기초자산에 대한 매매를 성립시킬 수 있는 권리를 행사" 함으로써 추가지급의무가 발생하는 경우는 명시적으로 제외하고 있다(§4(1)). 이는 옵션 요소를 결합한 증권에서 옵션행사로 인한 대금지급을 추가지급으로 보지 않기 위한 규정이다. 그렇다고 해서 자본시장법이 옵션을 증권으로 보는 것은 아니다. 옵션행사 시의 대금지급을 제외하면 옵션의 매수인은 매입대가인 프리미엄 외에 추가로 지급할 의무는 부담하는 것은 아니다. 그러나 옵션의 매도인의 관점에서는 옵션이 행사되는 경우 상당한 손실을 입을 수 있으므로 위험성의 면에서 증권이라기보다는 파생상품으로 볼 수밖에 없다. 같은 투자대상을 매수인의 관점에서는 증권으로 보고 매도인의 관점에서는 파생상품으로 볼 수는 없기 때문에 결국 옵션은 파생상품으로 보고 있다.[8]

2. 유형

자본시장법상 증권은 ① 채무증권, ② 지분증권, ③ 수익증권, ④ 증권예탁증권, ⑤ 투자계약증권, ⑥ 파생결합증권의 6가지로 구분된다(§4(2)).[9] 이는 ①에서 ④까지의 전통적 증권유형에 ⑤와 ⑥이라는 새로운 증권유형을 추가한 것이다. 이들 각 증권유형은 증권의 내용인 권리의 유형에 따라 구분된다. ① 채무증권은 지급청구권, ② 지분증권은 출자지분, ③ 수익증권은 신탁의 수익권, ④ 증권예탁증권은 예탁된 증권에 관한 권리, ⑤ 파생결합증권은 파생상품적 요소가 결합된 권리, ⑥ 투자계약증권은 공동사업에 대한 투자에서 손익을 귀속받는 계약상의 권리를 각각 내용으로 한다. 새로운 유형인 ⑤ 투자계약증권과 ⑥ 파생결합증권은 시장에 새롭게 등장하는 투자대상을 포섭하기 위하여 도입된 포괄적 개념이다. 특히 ⑤ 투자계약증권은 이론적으로만이 아니라 최근에는 가상자산을 비롯한 새로운 투자대상

8) 온주 §5 Ⅱ.2.가(한민 2024.4.30.).

9) 금융투자상품의 경우와 마찬가지로 증권의 경우에도 법에서 규정한 6가지 유형 이외의 증권은 존재할 수 없다.

과 관련하여 실무적으로도 주목을 받고 있다. 이하 개별적인 증권유형을 차례로 살펴본다. 다만 파생결합증권은 설명의 편의상 파생상품에 관한 설명의 뒤로 미룬다.

3. 자본시장법의 제한적 적용

자본시장법은 특정 유형의 증권에 대해서는 자본시장법의 일부 규정을 적용하는 경우에만 증권으로 본다(§4(1)단서)고 규정함으로써 자본시장법을 제한적으로 적용하고 있다. 이런 증권을 편의상 '불완전증권'이라고 부르기로 한다.[10] 불완전증권은 ① 투자계약증권과 ② 지분증권, 수익증권 또는 증권예탁증권 중 해당 증권의 유통 가능성, 자본시장법 또는 금융관련 법령에서의 규제 여부 등을 종합적으로 고려하여 시행령으로 정하는 증권으로 나뉜다(§4(1)단서). 시행령은 ②를 합자회사·유한책임회사·합자조합·익명조합의 출자지분이 표시된 것으로 정하고 있다(令§3-2).[11] 불완전증권에 대해서는 온라인소액투자중개업자 등에 대한 특례, 증권신고서 관련 규정, 부정거래행위 등에 관한 규정(§§178, 179)만이 적용된다. 그 밖의 규정의 적용을 제한하는 것은 불완전증권이 현실적으로 유통가능성이 거의 없다는 점을 고려한 것이다.[12]

Ⅱ. 채무증권

1. 의의

채무증권은 "국채증권, 지방채증권, 특수채증권, 사채권, 기업어음증권, 그 밖에 이와 유사한 것으로서 지급청구권이 표시된 것을 말한다"(§4(3)). 지급청구권은 사법상의 채권(債權)으로 그에 해당하는 투자대상은 매우 광범하다. 그러나 위에 열거된 대상은 모두 표준적인 내용으로 대량 발행되는 것이다. 따라서 일반 사법상의 거래에서 발생하는 채권(債權)은 이들과 '유사성'을 결여하므로 채무증권으로

10) 적용제한증권이라고 표현하는 문헌도 있다. 온주 §4 Ⅱ.1.다(한민 2024.4.30.).

11) 다만 집합투자증권은 제외된다.

12) 그러나 최근에는 투자계약증권에 해당하는 가상자산(예컨대 증권형 토큰)이 등장하고(뒤 제4절 Ⅲ) 온라인플랫폼의 확산으로 그러한 투자계약증권의 유통성이 높아짐에 따라 유통에 대한 규제를 적용할 수 있도록 불완전증권에 대한 예외를 폐지하자는 법개정 움직임이 있다. 온주 §4 Ⅱ.1.다(한민 2024.4.30.).

볼 수 없다. 이하 각 유형을 차례로 설명한다.

2. 국채증권, 지방채증권, 특수채증권

국채증권은 국채, 즉 "정부가 국채법과 다른 법률에 따라 공공목적에 필요한 자금의 확보 등을 위하여 발행하는 채권(債券)"을 말한다(국채법 §2(i)). 국채는 채무자가 국가라는 점에서 채무불이행위험은 현실적으로 거의 없다고 볼 수 있지만,[13] 금리변동에 따른 시가변동의 위험이 있다는 점에서 투자성이 인정된다. 그러나 정보공시규제를 적용할 실익이 크지 않기 때문에 정보공시규제의 대상에서는 제외하고 있다(§118).

지방채증권은 지방채, 즉 "지방자치단체가 재정수요를 충족하기 위하여 발행하는 채권"을 말한다(지방재정법 §11(1)). 지방채도 국채와 마찬가지로 투자성은 있지만 채무불이행위험이 거의 없다고 보아 정보공시규제의 대상에서 제외하고 있다(§118).

특수채증권은 특수법인이 발행한 채권을 말한다. 특수법인이란 국가가 특별한 정책목표의 수행을 위하여 특별히 마련한 개별 근거법에 따라 직접 설립된 법인을 말한다. 예컨대 한국산업은행법에 따라 직접 설립된 산업은행은 특수법인에 해당하지만, 은행법에 따라 인가된 은행은 은행법에 의해서 직접 설립된 것이라고 볼 수 없으므로 특수법인에 해당하지 않는다. 한편 특수채 중에서 "대통령령으로 정하는 법률에 따라 직접 설립된 법인[14]이 발행한 채권"은 정보공시규제의 대상에서 제외된다(§118, 令§119(1)).

3. 사채권

채무증권 중에서 실무상 특히 중요한 것은 사채권이다. 사채권은 통상 회사채 내지 사채라고 불리는데 그에 대한 법적 정의가 없어서 그 범위에는 다소 불분명한 점이 있다. 가장 넓게는 "주식회사가 채권발행의 형식으로 부담한 채무"를 모두 포함한다고 볼 수 있을 것이다.[15] 그러나 자본시장법은 기업어음(Commercial Paper: CP)과 같이 기업이 단기자금을 융통하기 위하여 발행한 어음은 사채와 구별하여

13) 다만 외화표시 국채는 채무불이행위험을 부정할 수 없을 것이다.
14) 한국은행, 산업은행 등이 이에 속한다.
15) 김/노/천, 699면.

따로 규정하고 있다. 사채는 일반적으로 회사채와 동의어로 사용되는 현실에서 짐작할 수 있는 것처럼 주로 주식회사가 발행하는 것만을 가리킨다. 그러나 신탁법상 수탁자도 일정한 요건[16]을 충족할 경우에는 사채발행이 가능하고(§87(1))[17] 그렇게 발행된 신탁사채도 자본시장법상 사채권에 해당한다. 이러한 차이 외에도 자본시장법상 사채권과 상법상 사채 사이에는 더 중요한 차이가 존재한다. 상법상 사채에는 이익참가부사채, 교환사채, 상환사채, 파생결합사채 등 다양한 유형이 포함된다(§469(2)). 다만 이들 중 파생결합사채는 자본시장법상으로는 채무증권에 속하는 사채권이 아니라 채무증권과 별도의 증권유형인 파생결합증권에 해당한다(§4(7)).[18] 반면에 상법상 사채 중 전환사채 등 주식관련사채는 옵션이 결합된 것이지만 자본시장법은 파생결합증권에서 제외하고 있으므로(§4(7)(iv)) 결국 채무증권에 해당하게 된다.

조건부자본증권[19]

자본시장법은 주권상장법인이 '조건부자본증권'(conditional capital)을 발행하는 것을 명시적으로 허용한다(§165-11(1)). 조건부자본증권은 "해당 사채의 발행 당시 객관적이고 합리적인 기준에 따라 미리 정하는 사유가 발생하는 경우 주식으로 전환되거나 그 사채의 상환과 이자지급 의무가 감면된다는 조건이 붙은 사채"로 정의되고 있다. 일정한 사유(triggering event) 발생 시에 주식으로 전환되는 것은 전환형, 사채상환과 이자지급이 감면되는 것은 상각형이라고 부른다. 일정한 사유는 발행회사의 재무상태가 악화되는 경우를 망라하여 구체적으로 정하는 것이 일반적이다. 조건부자본증권은 그러한 사유가 발생하는 경우 사채금액만큼 부채규모를 감소시킴으로써 특히 도산위기에 처한 발행회사의 회생을 촉진하는 효과가 있다. 자본시장법은 주권상장법인뿐 아니라 주권상장법인이 아닌 은행 등 금융회사가 발행한 조건부자본증권의 경우에도 파생결합증권에서 제외하고 있으므로(§4(7)(iii)~(iii-4)) 조건부자본증권은 채무증권에 해당한다고 볼 것이다.

16) ① 수익증권발행신탁(§78)일 것, ② 유한책임신탁(§114(1))일 것, ③ 수탁자가 상법상 주식회사나 그 밖의 법률에 따라 사채를 발행할 수 있는 자일 것, ④ 신탁행위로 수탁자가 신탁을 위하여 사채를 발행할 수 있다는 정함이 있을 것.

17) 다만 수탁자가 사채를 발행할 수 있는 자여야 하고, 사채의 책임재산은 신탁재산으로 한정된다.

18) 다만 상법상 파생결합사채 중 과실에 대해서만 파생상품의 요소가 결합된 사채는 자본시장법상 파생결합증권에서 배제되고 있다(§4(7)(i)).

19) 상세한 것은 온주 §165-11(천경훈 2024.4.30.).

4. 기업어음증권

기업어음증권(commercial paper: CP)은 "기업이 사업자금을 조달하기 위하여 발행한 약속어음으로서 대통령령으로 정하는 요건을 갖춘 것"을 말한다(§4(3)).[20] 주로 상거래의 지급수단으로 이용되는 통상의 어음과는 달리 기업어음증권은 순전히 기업의 자금조달을 위한 수단으로 이용된다. 과거에는 발행주체, 만기, 최저액면, 신용등급 등에 관해서 엄격한 요건이 적용되었다. 그러나 자본시장법은 그 요건을 대폭 완화하여 기업의 위탁으로 그 지급대행을 하는 은행 등이 교부하고 '기업어음증권'이란 문자가 인쇄된 어음용지를 사용할 것을 요구하는데 그치고 있다(令§4).

기업어음증권도 증권이므로 이론상 공모 시에는 발행공시규제를 받아야 할 것이다. 그러나 초단기자금조달수단으로 이용되는 특성상 실제로는 거의 전적으로 사모로 발행되고 있다.[21]

Ⅲ. 지분증권

1. 의의

지분증권은 "주권, 신주인수권이 표시된 것, 법률에 의하여 직접 설립된 법인이 발행한 출자증권, 상법에 따른 합자회사·유한책임회사·유한회사·합자조합·익명조합의 출자지분, 그 밖에 이와 유사한 것으로서 출자지분 또는 출자지분을 취득할 권리가 표시된 것"을 말한다(§4(4)). "출자지분"이란 회계나 재무상의 자기자본(equity)을 가리키는 개념이다. 지분증권에는 위와 같이 다양한 유형의 출자지분이 포함되지만 전술한 바와 같이 합자회사·유한책임회사·유한회사·합자조합·익명조합의 출자지분에 대해서는 자본시장법을 제한적으로 적용한다(§4(1)단서, 令§3-2)).

20) 자본시장법은 기업어음증권에 대해서는 전자어음법상 전자어음발행강제조항의 적용을 배제하고 있다(§10(3)).

21) 다만 기업어음증권의 매매·중개업무는 금융투자업에 해당하므로(§6(2), (3)) 투자매매업이나 투자중개업의 인가를 요한다(§12).

2. 주권과 신주인수권

주권은 주식회사 주주의 지위, 즉 '주식'을 표창하는 증권이다. 보통주는 물론이고 우선주나 열후주(후배주)도 그에 포함된다. 의결권의 유무와 양도 제한 유무는 불문한다.[22] 법문상 "주권"이라는 용어를 사용하지만 주권의 발행여부를 불문하므로(§4(9)), 주권불소지제도를 채택한 회사의 주식이나 전자증권법에 따라 전자등록된 주식도 이에 해당한다.

"신주인수권이 표시된 것"은 회사가 새로 발행하는 주식을 인수할 권리가 표시된 것을 말한다. 상법상 신주발행회사가 신주인수권에 양도성을 인정하는 경우 발행되는 신주인수권증서(상법 §420-2)는 물론이고 분리형 신주인수권부사채[23]의 경우에 발행되는 신주인수권증권(상법§516-5(1))도 포함한다.[24] 시행령은 신주인수권증서와 신주인수권증권을 파생결합증권에서는 물론이고(§4-2), 파생상품에서도 제외되는(§4-3(2)) 금융투자상품이라고 명시함으로써 결국 지분증권에 해당하는 것으로 본다. 상법상 주식매수선택권(스톡옵션)(§§340-2, 542-3)도 행사시 신주가 발행되는 경우에는 성격상 신주인수권에 해당하는 것으로 볼 수 있지만 투자대상이라기보다는 보수의 성격이 강하다는 점에서 금융투자상품의 정의에서 제외하고 있다(令§3(3)).

신주인수권증권은 업계에서는 흔히 워런트(warrant)라고 부른다. 워런트는 기초가 되는 주식의 발행회사가 발행하기도 하고 증권회사와 같은 제3자가 발행하기도 한다. 상법상 주식회사가 사채와 무관하게 워런트만을 발행할 수 있는지에 대해서는 부정적인 견해[25]가 우세하다. 그러나 상법상 이미 발행된 주식을 기초로 제3자가 워런트를 발행하는 것을 막는 규정은 없다. 다만 제3자가 발행한 주식워런트증권은 자본시장법상 지분증권이 아니라 뒤에 설명하는 파생결합증권에 해당한다.

22) 다만 양도제한이 있는 주식은 원칙적으로 상장할 수 없다(유가증권시장 상장규정 §29(1)(vii)).
23) 주권상장법인은 분리형 신주인수권부사채는 사모방식으로 발행할 수 없다(§165-10(2)).
24) 비분리형 신주인수권부사채의 신주인수권은 사채권과 결합되어 있는 것으로 신주인수권부사채 전체를 사채권에 해당한다고 볼 수밖에 없을 것이다.
25) 반대 견해로는 김건식, "이른바 워런트의 도입을 위한 소론," 서울대학교 법학 제40권 제1호(1999), 241면.

3. 기타의 지분증권

"법률에 의하여 직접 설립된 법인이 발행한 출자증권"은 상법 이외의 법률에 의하여 설립된 법인, 즉 특수법인이 발행한 출자지분을 말한다.

자본시장법은 합자회사 · 유한책임회사 · 유한회사 · 합자조합 · 익명조합의 출자지분도 지분증권으로 규정한다.[26] 합명회사가 제외된 것은 사원이 무한책임을 지기 때문이라고 할 수 있다. 그렇다면 합자회사의 무한책임사원지분도 추가출자의무 때문에 배제된다고 해석해야 할 것이다.

자본시장법은 합자조합과 익명조합의 출자지분은 증권에 포함시키면서 민법상 조합은 제외하고 있다. 이는 조합원의 무한책임이 추가지급의무의 부존재를 요하는 증권개념과 모순되기 때문이다. 그러므로 특정 조합이 합자조합과 민법상의 조합 중 어느 것에 속하는지는 중요한 의미를 갖는다. 그와 관련하여 대표적으로 문제가 되는 것이 "벤처기업육성에 관한 특별법"(벤처기업법)에 따라 설립된 벤처투자조합[27]이다. 벤처투자조합의 법적 성격에 대해서는 합자조합에 속한다고 보는 견해도 있지만[28] 민법상 조합과 유사하다고 보아 소송상의 당사자적격을 부정한 하급심판례들이 존재한다.[29]

한편 익명조합의 출자지분은 2가지로 구분된다. ① 집합투자형은 영업자가 익명조합원이 출자한 재산으로 증권이나 파생상품 등 투자대상자산에 투자하는 경우이고 ② 직접투자형은 영업자가 익명조합원이 출자한 재산으로 직접 사업을 수행하는 경우이다. 집합투자형 익명조합의 출자지분은 집합투자의 정의에 해당할 경우 집합투자증권(§9(21))으로 규제된다. 반면에 직접투자형 익명조합의 지분은 지분증권이면서 투자계약증권에 해당할 수 있다.

---

26) 다만 유한회사의 출자지분을 제외한 나머지 합자회사 · 유한책임회사 · 합자조합 · 익명조합의 출자지분(단, 집합투자증권은 제외)은 제한된 범위에서만 증권으로 본다(§4(1)단서, 令§3-2).

27) 여신전문금융업법상 설립되는 신기술사업투자조합도 포함하는 의미로 사용한다.

28) 이나래, "벤처투자조합을 통한 자금조달시 공모 규제 적용과 투자자 보호," 상사법연구 제43권 제3호(2024), 234면.

29) Id. 279~280면.

Ⅳ. 수익증권

수익증권은 신탁법상 신탁의 수익자가 수탁자에 대하여 가지는 신탁수익권을 표시하는 증권이다. 자본시장법은 수익증권을 "제110조의 수익증권, 제189조의 수익증권 그 밖에 이와 유사한 것으로서 신탁의 수익권이 표시된 것"으로 규정한다(§4(5)). "제110조의 수익증권"은 금전신탁계약에 따라 신탁업자가 발행하는 수익증권[30]을, 그리고 "제189조의 수익증권"은 투자신탁에서 집합투자업자가 발행하는 수익증권을 가리킨다. 투자신탁은 일반 신탁과는 달리 투자의 운용·관리는 위탁자인 집합투자업자가 담당하고(§80(1)) 수탁자인 신탁업자는 신탁재산을 보관하고 일정한 감시역할을 수행할 뿐이다(§247). 수익증권도 수탁회사인 신탁업자가 아니라 위탁회사인 집합투자업자가 발행한다(§189(1)).

"그 밖에 이와 유사한 것으로서 신탁의 수익권이 표시된 것"의 대표적 예로는 신탁을 이용한 자산유동화에서 신탁업자가 발행하는 수익증권(자산유동화법 §32(1))을 들 수 있다. 한편 관리형신탁의 수익권은 명시적으로 금융투자상품의 정의에서 제외되어 있으므로(§3(1)(ii)) 수익증권에 해당하지 않는다.

Ⅴ. 증권예탁증권

자본시장법상 증권예탁증권(depository receipt: DR)은 주권 등 다른 유형의 증권을 예탁받은 자가 "그 증권이 발행된 국가 이외의 국가에서 발행하는 것으로서 그 예탁받은 증권에 관련된 권리가 표시된 것"을 말한다(§4(8)). 최근에는 투자자가 해외에서 발행된 증권(예컨대 Tesla주식)에 직접 투자하는 사례가 증가하고 있다. 그러나 해외증권에 대한 직접투자는 국내외 투자중개기관 및 예탁·보관업무를 지원하는 금융기관 등 다수의 기관을 통해야 하는 불편이 따른다. 증권예탁증권은 국내 투자자가 해외증권을 실질적으로 같은 내용의 국내증권으로 전환하기 위한 수단으로 개발된 것이다. 원래의 증권이 발행된 국가와 증권예탁증권이 발행된 국가가 달라야 하므로 증권예탁증권에는 ① 해외증권을 표시한 국내예탁증권(KDR)은 물론이고 ② 국내증권을 표시한 외국예탁증권도 포함한다. 현재 해외증권에 대한

30) 非금전신탁 경우에도 신탁법상 수익증권의 발행 가능하지만 자본시장법의 증권에는 해당하지 않는다.

국내투자자의 투자는 해외투자펀드와 같은 간접투자를 제외하면 주로 해외증권에 직접투자하는 방식으로 이루어지기 때문에 ①의 사례는 그렇게 많지 않다.[31] 그러나 외국투자자의 국내증권에 대한 투자는 국내 증권회사를 통한 직접투자는 물론이고 ②의 방식으로도 이루어진다. 예컨대 미국의 은행이 우리 상장회사의 주식을 우리나라에서 취득하여 우리나라의 보관기관(custodian)에게 원주(原株)의 보관과 관리를 위탁하고 그 원주를 기초로 예탁증권을 발행하는 경우가 그에 해당한다.[32] 국내예탁증권의 발행주체는 예탁결제원으로 한정하고 있지만(§298(2)) 해외예탁증권의 경우에는 발행주체에 대한 제한이 없다.

Ⅵ. 투자계약증권

1. 의의

자본시장법상의 증권유형 중에서 증권의 특성을 가장 잘 보여주는 것은 투자계약증권이라고 할 것이다. 투자계약증권은 "특정 투자자가 그 투자자와 타인 간의 공동사업에 금전등을 투자하고 주로 타인이 수행한 공동사업의 결과에 따라 손익을 귀속받는 계약상의 권리가 표시된 것"을 말한다(§4(6)). 투자계약증권은 미국 연방증권법상 증권의 정의(§2(a)(1))에 포함된 "투자계약"(investment contract) 개념을 모델로 삼은 것이다. 투자계약은 시장에서 새로이 등장하는 투자대상을 포섭하기 위하여 도입한 포괄개념으로 그 내용의 골자는 미국 연방대법원의 1946년 판결인 SEC v. W. J. Howey Co. 판결[33]에서 제시된 바 있다. 이하에서는 Howey판결의 개요를 정리하고 자본시장법의 정의와 비교하기로 한다.

---

31) 예탁결제원이 운영하는 증권정보포털 세이브로에 의하면 2025년12월19일 현재 15종목이 존재한다.

32) 미국에서 발행되는 경우는 American Depository Receipt(ADR), 유럽에서 발행되는 경우는 European Depository Receipt(EDR) 등으로 불린다. 증권예탁증권, 즉 DR은 DR의 발행기관과 원주 발행회사사이에 예탁계약이 존재하는지 여부에 따라서 Sponsored DR과 Unsponsored DR로 구분된다. Sponsored DR은 원주 발행회사가 자금조달의 촉진을 위해서 원주의 발행 시에 예탁까지 주도하는 경우인데 비하여 Unsponsored DR은 이미 유통되고 있는 원주를 투자은행이 원주의 발행회사와 무관하게 매수하여 보관기관에 예탁한 후에 이를 기초로 발행하는 경우이다.

33) 328 U.S. 293(1946).

2. Howey판결의 검토[34)]

(1) 판결의 개요

피고회사는 투자자들에게 오렌지밭을 분양하면서, 분양한 밭을 회사가 대신 경작·수확·판매 등의 관리를 하는 내용의 서비스계약을 동시에 체결할 것을 권유하였다. 분양계약만 체결할 수도 있었지만, 투자자들은 대부분 다른 지역에 거주하는데다 농사에 대한 기술이나 장비 등을 갖추지 못했기 때문에 현실적으로 서비스계약을 체결할 수밖에 없었다. 또한 피고회사도 서비스계약을 체결하는 것이 유리하다는 쪽으로 유도했기 때문에 실제로 투자자의 85%가 서비스계약을 체결하였다. 서비스계약에 의하면 오렌지밭에 관한 모든 관리권한은 회사가 갖고, 투자자는 수확에 따라 순익을 배분받는 권리만을 가졌다. 미국의 증권규제를 담당하는 SEC (Securities Exchange Commission)는 이러한 분양·서비스계약이 1933년 증권법 제2조(a)(1)의 "투자계약"에 해당하므로, 신고 없이 그러한 계약을 체결하는 것은 증권신고서 제출의무를 정한 제5조의 위반에 해당한다는 이유로 법원에 금지명령을 신청하였다.

연방대법원은 투자계약의 요건으로 다음 네 가지를 제시하였다. "증권법상의 투자계약은 ⓐ 공동사업(common enterprise)에 ⓑ 자금을 투자하여, ⓒ 오로지 사업자나 제3자의 노력으로부터(solely from the efforts of the promoter or a third party), ⓓ 수익을 기대하는 계약·거래·계획(contract, transaction or scheme)을 의미한다." 연방대법원은 피고회사의 행위가 위 네 가지 요건을 모두 충족하므로 투자계약에 해당한다고 판단하였다. 이른바 Howey기준으로 널리 알려진 이 기준은 다소 수정된 형태로 아직도 적용되고 있다.

(2) 자본시장법상 투자계약증권과의 비교

자본시장법상 투자계약증권의 정의는 ① 타인과의 공동사업, ② 금전등의 투자, ③ 주로 타인이 수행한 공동사업, ④ 공동사업의 결과에 따른 손익을 귀속받는 계약상의 권리라는 네 가지 요소로 구성된다. 이들 요소는 앞서 살펴본 Howey기준의 요소와 대동소이하다. 즉 ① 타인과의 공동사업은 ⓐ, ② 금전 등의 투자는

34) Howey판결의 개요에 대해서는 김/송, 145~152면.

ⓑ, ③ 주로 타인이 수행한 공동사업은 ⓒ에 상응한다. 다소 차이가 있는 것은 ④와 ⓓ이다.[35] Howey 기준이 "계약, 거래, 계획"이라는 매우 포괄적인 용어를 사용하고 있는 데 비하여, 자본시장법은 손익을 귀속받는 "계약상의 권리"라는 보다 제한적인 문구를 사용하고 있다.[36]

3. 타인과의 공동사업

공동사업에 관하여 자본시장법은 따로 정의하고 있지 않다. 미국에서는 공동사업을 ① 수평적 공동성(horizontal commonality)과 ② 수직적 공동성(vertical commonality)으로 나누는 것이 보통이다.[37] ① 수평적 공동성은 복수의 투자자들이 투자금을 집합하고(pooling) 손익을 비례적으로 배분하는 관계를 가리킨다. ② 수직적 공동성은 사업적 공동성이 투자자와 사업자와의 사이에서 존재하는 경우를 가리킨다. 자본시장법상 "그 투자자와 타인 간의 공동사업"이란 문언에서 "타인"에는 다른 투자자는 물론이고 사업자도 포함된다고 보아야 할 것이므로 자본시장법상 공동사업은 수평적 공동성은 물론 수직적 공동성도 포함한다고 볼 것이다.

4. 금전등의 투자

금전등에는 금전 외에 "재산적 가치가 있는 것"이 포함되므로(§3(1)) 재산적 가치가 인정되는 한 모든 것, 예컨대 비트코인이나 이더리움과 같은 가상자산을 투자하는 경우도 투자계약에 해당할 수 있다.

5. "주로 타인이 수행한 공동사업"

자본시장법상 투자계약증권은 타인이 주로 사업을 수행하고 투자자는 수동적인 지위에 머무는 것을 전제한다. 이러한 수동적 지위를 요하는 이유는 바로 이런 경우에 흔히 타인, 즉 사업자와 투자자 사이에 정보의 비대칭이 발생하고 자본시장

35) 자본시장법상은 ⓓ의 수익의 기대를 명시하고 있지 않지만 "손익을 귀속받는"이란 표현이나 금융투자상품의 정의에서 이익획득의 목적을 요구하고 있다는 점에서(§3(1)) 그 점에서는 실질적으로 차이가 없다.

36) 심인숙, "자본시장과 금융투자업에 관한 법률」상 '투자계약증권' 개념에 대한 검토," 비교사법 제15권 제1호(2008), 86면.

37) 김/송, 147~148면.

법에 의한 투자자 보호의 필요성이 생겨나기 때문이다.

6. "공동사업의 결과에 따른 손익을 귀속받는 계약상의 권리"

이 요건은 ① "공동사업의 결과에 따른 손익을 귀속받는"다는 요소와 ② "계약상의 권리"라는 요소로 구성된다. ①의 "공동사업의 결과에 따른 손익"이란 일반적으로 운영자가 공동사업을 영위하여 거둔 수익에서 비용을 공제하여 얻은 이익(또는 손실)을 가리킨다고 보는 것이 자연스럽다. 이런 해석에 따르면 설사 사업자의 노력이 투입된 결과라고 하더라도 시장에서 투자대상의 가격이 상승함에 따른 시세차익이나 전매차익은 그런 손익으로 보기 어려울 것이다.

투자계약의 범위를 좁히는 보다 중요한 요소는 ②의 "계약상의 권리"이다. "계약상의 권리"는 그 권리를 주장할 수 있는 상대방의 존재를 전제한다. 그 상대방에는 발행인은 물론 제3자도 포함될 수 있다. "손익을 귀속받는 계약상의 권리"는 손익의 귀속을 청구할 수 있는 권리를 가리킨다. 앞서 소개한 Howey 판결의 사안을 예로 들자면 투자계약증권으로 인정되는 것은 오렌지밭에 대한 소유권이 아니라 오렌지밭의 경작사업의 성과를 토대로 손익을 청구할 수 있는 계약상의 권리인 것이다. 투자자가 소유하는 투자대상이 사업자의 노력으로 가치가 상승하여 투자자가 유통시장에서 투자대상을 직접 매각하여 전매차익을 얻을 수 있는 경우에도 투자자가 갖는 권리는 "계약상의 권리"로 볼 수 없을 것이므로 전매차익만을 기대할 수 있는 경우는 투자계약으로 볼 수 없을 것이다.

7. 다른 증권유형과의 관계

(1) 투자계약증권의 보충성

투자계약증권은 일반추상적인 요소로 정의되어 있기 때문에 자본시장법상 다른 증권유형에 해당하는 투자대상이 투자계약증권의 요건도 아울러 충족하는 경우가 있을 수 있다.[38] 투자계약증권은 구체적으로 열거되지 않은 투자대상을 포섭하기 위하여 도입된 포괄적 증권유형이라는 점에서 그러한 경우까지 투자계약증권에 해당한다고 볼 필요는 없을 것이다.[39]

---

38) 대표적인 예로 익명조합의 출자지분이나 수익증권 등을 들 수 있다.
39) 금융위원회, "투자계약증권의 성격에 대한 질의"에 대한 유권해석(2014.3.16.); 온주 §4 Ⅱ.5.라

(2) 집합투자증권과의 관계

투자계약증권은 “주로 타인이 수행한 공동사업의 결과에 따른 손익을 귀속받는 계약상의 권리”(§4(6))라는 점에서 집합투자(§6(5))와 유사한 면이 있으므로 집합투자증권과의 관계가 문제될 수 있다. 집합투자증권은 투자신탁에서의 수익권과 “집합투자기구에 대한 출자지분”이 표시된 것을 말하고(§9(21)) 집합투자기구(§9(18))는 투자신탁 외에는 모두 지분증권의 발행주체(§4(4))에 해당하므로 원칙적으로 집합투자증권은 모두 수익증권(§4(5)이나 지분증권(§4(4))에 해당한다. 따라서 집합투자증권의 경우에는 투자계약증권으로 볼 필요가 없고 투자계약증권은 집합투자적 성격을 가진 계약 중에서 자본시장법상의 집합투자기구를 이용하지 않는 경우(예컨대 민법상 조합과 같은 조직을 이용하는 경우)에만 인정될 수 있다고 볼 것이다.[40)]

제3절 파생상품

Ⅰ. 서설

1. 의의

자본시장법은 증권과 아울러 파생상품도 금융투자상품에 포함시키고 있다(§3(2)(ii)). 일반적으로 파생상품이란 파생상품거래에서 발생하는 권리·의무의 집합으로 그 거래와 독립적으로 존재하는 ‘기초자산’(underlying assets)의 가치에 따라 그 가치가 결정되는 상품을 가리킨다. 파생상품과 파생상품거래는 이처럼 개념상으로는 구별되지만 실제로는 양자가 혼용되는 경우가 많다. 파생상품거래는 장래 일정한 시점에 결제된다는 점에서 현실매매를 제외한 일반 상거래와 차이가 없다. 파생상품거래는 엄밀한 의미에서 ‘매매’는 아니지만 자본시장법은 파생상품의 매매로 간주하여 규제대상으로 포섭한다(§5(4)).

(한민 2024.4.30.); 이정수, “가상증권의 증권성 판단기준,” 상사판례연구 제36권 제2호(2023), 142면.

40) 금융위원회, “투자계약증권의 성격에 대한 질의”에 대한 유권해석(2014.3.16.).

2. 유형-선도, 옵션, 스왑

파생상품은 거래장소를 기준으로 장내파생상품과 장외파생상품으로 구분한다(§3(2)(ii)). 파생상품은 그 내용에 따라 다양한 유형으로 나뉘고 시장에서는 계속 새로운 상품이 개발되고 있다. 그러나 기본적인 유형은 선도(forwards), 옵션(option), 스왑의 세 가지라고 할 수 있다.[41] 선도, 옵션, 스왑은 거래계나 학계에서 널리 사용되는 용어지만 자본시장법은 그것을 사용하지 않고 있다.

(1) 선도거래와 선물거래

시장에서의 거래는 결제시기를 기준으로 현물거래(spot transaction)와 선도거래(forward transaction)로 나눌 수 있다. 현물거래는 계약이 체결된 당일에 물건의 인도와 대금의 결제가 이루어지는 거래를 말한다.[42] 반면에 선도거래는 장래 특정 시점의 인도를 약정하는 계약으로 이행기를 제외하고는 현물거래와 차이가 없다. 선도거래 중에서 거래조건이 표준화되어 거래소에서 거래되는 것을 따로 선물(futures)이라고 부른다. 다만 자본시장법은 선물에 관해서는 따로 규정을 두고 있지 않다.

(2) 옵션거래

옵션거래란 상품, 증권, 통화 등의 기초자산을 일정 기간 내에 또는 일정 기일에 일정한 가격으로 매수하거나 매도할 수 있는 권리를 매매하는 거래이다. 매수할 수 있는 권리는 콜(call)옵션, 매도할 수 있는 권리는 풋(put)옵션이라고 한다.[43] 상법상의 주식매수선택권은 일종의 콜옵션이라고 할 수 있다. 매수나 매도의 가격으로 정해진 가격을 행사가격이라고 한다. 옵션은 권리이고 의무가 아니기 때문에 옵션보유자는 그 행사를 포기할 수 있다. 예컨대 콜옵션을 보유하는 자는 기초자산

41) 이론상으로는 선도(forwards)와 옵션(option)이 기본 유형이고 스왑은 일련의 선도가 결합된 것으로 본다.

42) 실무상 국제외환시장에서는 거래일로부터 2영업일 이내에 결제가 이루어지는 경우에는 현물거래로 본다.

43) 옵션은 행사기간과 관련해서는 아메리칸 옵션과 유러피언 옵션으로 구분된다. 전자는 행사기간 내에는 언제나 행사가 가능한 것인데 비하여 후자는 정해진 행사기일에만 행사가 가능하다.

의 가격이 행사가격에 미달하는 경우에는 옵션을 행사할 이유가 없다.

(3) 스왑거래

스왑거래는 두 당사자가 장래 일정기간 동안 발생하는 현금흐름(cashflow)을 교환하기로 약정하는 거래이다. 스왑거래는 이론상 다수의 반복적 선도거래가 결합된 거래형태로 볼 수 있지만 자본시장법은 스왑거래를 별도의 파생상품거래 유형으로 규정하고 있다.

스왑거래가 의미를 갖는 것은 교환되는 각 현금흐름의 통화나 적용금리 등이 다른 경우이다. 현금흐름은 **명목원금**(notional principal amount)[44]에 일정한 공식을 적용하여 결정한다. 당사자는 거래 당시 교환되는 현금흐름의 현재가치에 대한 판단에 따라 거래한다.

스왑거래의 유형도 다양하지만 대표적인 것은 금리스왑과 통화스왑이다. 금리스왑은 통화는 동일하지만 금리결정방식이 다른 두 개의 채권을 교환하는 것과 같은 효과를 가져오는 거래이다.[45] 교환되는 금리는 모두 변동금리인 경우도 있지만 고정금리와 변동금리를 교환하는 경우가 많다. 한편 통화스왑은 다른 종류의 통화로 표시된 채권을 교환하는 것과 같은 효과를 가져오는 거래이다. 금리스왑의 경우와는 달리 이자뿐 아니라 원본까지 교환될 수도 있다.

3. 기능

파생상품거래는 위험을 이전하거나 인수하는 기능을 한다. 거래주체들은 파생상품거래를 통해서 기초자산의 가치변동으로 인한 위험을 회피하거나(hedge) 이익을 추구(즉 투기)할 수 있다. 시장주체들 사이에는 위험을 감당하고 관리하는 능력에 차이가 있기 때문에 위험의 회피를 위한 거래는 사회적 유용성이 크지만 그 과정에서 투기가 성행하게 될 우려가 없지 않다. 그러나 현실세계에서 위험회피와 투기를 가르는 선이 불분명한 경우가 많기 때문에 위험회피를 촉진하기 위해서는 어느 정도 투기를 용인할 수밖에 없다.

---

44) 상정원본금액이란 용어가 사용되는 경우도 있다.
45) 교환되는 것은 이자채권이고 명목원본(notional principal)은 교환되는 것이 아니다.

한편 현실적으로 투자 내지 투기와 도박을 가르는 선도 반드시 명확한 것은 아니다.[46] 자본시장법은 "금융투자업자가 금융투자업을 영위하는 경우에는" 형법상 도박(§246)으로 보지 않는다는 규정을 두어 불확실성을 줄이고 있다. 그러나 금융투자업자가 아닌 자가 금융투자업 영위와 무관하게 파생상품거래를 하는 경우에는 도박죄로 처벌될 수 있다.[47] 한편 금융투자업자가 금융투자업을 영위하는 과정에서 체결한 파생상품거래라도 그 사행성이 과도한 경우에는 공서양속(민법 §103)에 반하는 도박에 해당하여 그 사법상 효력이 부정될 여지가 없지 않다.[48]

Ⅱ. 자본시장법상의 정의

1. 정의

전술한 바와 같이 자본시장법은 파생상품의 정의와 관련하여 옵션, 선도, 스왑이란 용어는 사용하지 않지만 그 개념은 그대로 채택되고 있다. 따라서 이 책에서는 편의상 보다 친숙한 그 용어를 그대로 사용하기로 한다. 자본시장법은 파생상품을 원칙적으로 다음 세 가지 기본유형과 및 이들 유형과 유사한 것으로서 시행령으로 정하는 계약[49] 중 어느 하나에 해당하는 "계약상의 권리"로 정의한다(§5(1)).

① 선도: "기초자산이나 기초자산의 가격·이자율·지표·단위 또는 이를 기초로 하는 지수 등에 의하여 산출된 금전 등을 장래의 특정시점에 인도할 것을 약정하는 계약"

② 옵션: "당사자 일방의 의사표시에 의하여 기초자산이나 기초자산의 가격·이자율·지표·단위 또는 이를 기초로 하는 지수 등에 의하여 산출된 금전 등을 수수하는 거래를 성립시킬 수 있는 권리의 부여를 약정하는 계약"

③ 스왑: "장래의 일정기간 동안 미리 정한 가격으로 기초자산이나 기초자산의 가격·이자율·지표·단위 또는 이를 기초로 하는 지수 등에 의하여 산출된 금전 등을 교환할 것을 약정하는 계약"

---

46) 투자와 도박을 구분하는 기준에 관한 논의에 대해서는 KBLN 2025.8.9.자.

47) 사설선물거래사이트를 통한 무허가시장개설행위에 도박개장죄(형법 §247)를 적용한 판례로 대법원 2013.11.28. 선고 2013도10467 판결.

48) 김/정, 86~87면.

49) 아직까지는 정하고 있지 않다.

2. 기초자산

위의 정의에서 보는 바와 같이 파생상품의 범위는 기초자산의 범위에 따라 좌우된다. 자본시장법은 시장에서 새롭게 등장하는 파생상품을 폭넓게 포섭하기 위해서 기초자산을 대폭 확대하였다. 자본시장법상 기초자산은 다음의 어느 하나로 정의한다(§4(10)). ① 금융투자상품, ② 통화(외국통화 포함), ③ 일반상품, ④ 신용위험 ⑤ "그 밖에 자연적·환경적·경제적 현상 등에 속하는 위험으로서 합리적이고 적정한 방법에 의하여 가격·이자율·지표·단위의 산출이나 평가가 가능한 것". 일반의 용어례에 따라 기초자산이란 용어를 사용하고 있지만 ④와 ⑤에서 보는 바와 같이 자산성이 필수적인 것은 아니다.

③ 일반상품은 "농산물·축산물·수산물·임산물·광산물·에너지에 속하는 물품 및 이 물품을 원료로 하여 제조하거나 가공한 물품, 그 밖에 이와 유사한 것"으로 유체물에 한정된다. 따라서 비트코인과 같은 가상자산은 그에 포함되지 않고 단지 ⑤의 해당여부가 문제될 수 있을 것이다. ④ 신용위험은 "당사자 또는 제삼자의 신용등급의 변동, 파산 또는 채무재조정 등으로 인한 신용의 변동을 말한다." 포괄적 유형으로 중요한 것은 ⑤이다. ⑤를 둔 것은 객관적 방법으로 현금흐름 산출이 가능한 것은 모두 기초자산으로 인정하려는 취지에서 이다. 그 예로는 재난이나 자연재해와 같은 자연적 현상, 탄소배출권 등 환경적 현상, 물가상승률 등 경제적 현상 등을 들 수 있다.

3. 장래의 특정시점

파생상품 중에서 선도는 "장래의 특정시점에 인도할 것"이 핵심적 개념요소이다. 그런데 여기서 "장래"가 언제까지를 의미하는지는 불명확한 면이 있다. 입법례에 따라서는 그 범위를 특정하기도 하지만 우리나라는 탄력적인 운용을 위해서 해석에 맡기고 있다. 대법원은 금융투자업인가를 받지 않은 업자가 고객으로부터 일정한 금액을 입금받고 사전에 약정한 일정 폭의 환율 변동이 발생하면 자동으로 거래가 종료되면서 환율 변동의 방향에 따라 금전을 수수하기로 하는 내용의 거래를 체결한 사안에서 "거래가 자동으로 종료되는 환율 변동폭도 0.1% 정도에 불과하여 거래는 아무리 길어도 몇 시간 내에 종료"되는 거래는 "단시간 내에 종료되는 것으로 구 자본시장법 제5조 제1항 제1호에서 말하는 '장래'의 특정 시점에 인도할 것을 약정한 것이라고도 볼 수 없다"고 판단한 바 있다(대법원 2015.9.10. 선고 2012도9660 판결).

4. 증권과의 구별

자본시장법은 "투자자가 취득과 동시에 지급한 금전 등 외에 … 추가로 지급의무를 부담"할 수 있는 투자대상은 증권에서 배제하고 있다(§4(1)).[50] 이에 따르면 지급(예정)금액 외에 상황변화에 따라 추가로 지급의무가 발생할 가능성이 있는 투자대상은 자본시장법상 증권이 아니라 파생상품에 해당한다. 즉 손실이 원본을 초과할 위험이 있는 금융투자상품은 파생상품에 해당한다. 그리고 계약시점에는 지급이 이루어지지 않는다는 점에서 원본은 부존재하지만 계약기간 중 일정한 사유의 발생 또는 기초자산 가치의 변동에 따라 추가적으로 지급의무가 발생할 수 있는 선도나 스왑 등도 당연히 파생상품의 정의에 포함된다.

5. 명시적 제외

자본시장법은 "해당 금융투자상품의 유통 가능성, 계약당사자, 발행사유 등을 고려하여 증권으로 규제하는 것이 타당한 것으로서 시행령으로 정하는 금융투자상품"을 파생상품의 정의에서 제외한다(§5(1)단서). 시행령은 ① 금융투자업자가 발행하는 일정한 파생결합증권과 ② 주주가 주주로서 당연한 권리로서 가지게 되는 신주인수권증서(상법 §420-2) 및 분리형 신주인수권부사채의 신주인수권증권(상법 §516-5)을 그러한 상품으로 규정하고 있다(令§4-3). 위 ①은 인가를 받은 금융투자업자가 발행하는 옵션이 내재된 파생결합증권으로 기초자산이 금융투자상품, 통화, 일반상품, 신용위험인 경우를 의미한다(금투업규정 §1-2(2)). 한편 ②는 성격상 옵션이지만 시행령에 따라 파생상품에 해당하지 않음은 물론이고 자본시장법은 파생결합증권에서도 제외하고 있다(§4(7)(ii)의 괄호; 令§4-3(ii)). 결국 ②는 "출자지분을 취득할 수 있는 권리를 표시하는 것"(§4(4))으로서 지분증권에 속하게 된다.

---

50) 다만 "투자자가 기초자산에 대한 매매를 성립시킬 수 있는 권리를 행사"함으로써 추가지급의무가 발생하는 경우, 즉 파생결합증권에서 콜옵션의 행사를 위하여 행사가격을 지급하는 경우는 예외임을 명시하고 있다.

6. 장내파생상품과 장외파생상품의 구분

자본시장법은 파생상품을 거래장소를 기준으로 장내파생상품과 장외파생상품으로 구분한다. "장내파생상품"은 "① 파생상품시장[51]에서 거래되는 파생상품, ② 해외 파생상품시장[52]에서 거래되는 파생상품, ③ 그 밖에 금융투자상품시장을 개설하여 운영하는 자가 정하는 기준과 방법에 따라 금융투자상품시장에서 거래되는 파생상품"(§5(2))을 말한다. 한편 장외파생상품은 "파생상품으로서 장내파생상품이 아닌 것"을 말한다(§5(3)).

장내파생상품은 파생상품시장에서 거래된다는 점에서 장외파생상품과 다음과 같이 구별된다. ① 자본시장법에 명시적 규정은 없지만 장내파생상품은 시장거래에 적합하기 위해서는 표준화와 대체성(fungibility)의 요건을 갖추어야 한다. ② 장내파생상품은 청산제도의 적용을 받아 결제가 보장된다. 다만 현행 자본시장법상 일부 장외파생상품에 대해서도 청산이 의무화되고 있다(§166-3).

통화선도계약

선도계약의 가장 전형적인 예로는 국내 수출회사가 換차손을 피하기 위하여 은행과 체결하는 통화선도계약(FX forward contract)을 들 수 있다. 통화선도계약은 예컨대 수출로 인하여 달러화채권을 취득한 국내회사가 만기까지의 환율의 변동으로 인한 환차손을 회피하기 위하여 만기에 지급받을 달러화를 미리 정한 환율로 은행에 매도하고 은행으로부터 달러화에 해당하는 원화를 수령하기로 하는 계약을 말한다. 이러한 통화선도계약에 따라 수출회사와 은행이 서로에 대해서 갖는 장래의 지급청구권은 모두 선도계약상의 권리로서 파생상품에 해당된다. 만기일의 결제는 달러화와 원화대금을 실제로 교환하는 현물결제와 약정환율에 따른 원화대금과 실제환율에 따른 원화대금의 차액만을 지급하는 차액결제가 모두 허용된다.[53] 한편 일반상품을 기초자산으로 하는 현물결제형 선도거래의 경우에는 이득취득 또는 손실회피 목적이 있는지 여부에 따라 금융투자상품에 해당되는지 여부가 결정될 것이다.

51) 파생상품시장은 "장내파생상품의 매매를 위하여 거래소가 개설하는 시장"(§8-2(4)(ii))을 말한다(§8-2(4)(ii)).

52) 해외 파생상품시장은 "파생상품시장과 유사한 시장으로서 해외에 소재하는 시장과 대통령령이 정하는 해외파생상품거래가 이루어지는 시장"을 말한다(§5(2)(ii)). 시행령(§5)은 일정한 요건을 충족하는 장외시장을 추가하고 있다.

53) 그러나 일본 금융상품거래법은 선도거래의 정의에 차액결제가 가능할 것을 요건으로 하고 있으므로 현물결제방식만 허용되는 거래는 선도거래의 범위에서 제외된다(§2(22)(i)).

Ⅲ. 파생상품과 증권의 결합 - 파생결합증권[54)]

1. 의의

파생결합증권(derivatives-linked securities)은 지급조건에 파생상품의 요소가 결합된 증권의 유형이다. 자본시장법은 이를 "기초자산의 가격·이자율·지표·단위 또는 이를 기초로 하는 지수 등의 변동과 연계하여 미리 정하여진 방법에 따라 지급하거나 회수하는 금전등이 결정되는 권리가 표시된 것"으로 정의한다(§4(7)).

파생결합증권은 파생상품의 요소가 결합된 것이므로 파생상품과의 구분이 문제될 수 있다. 파생결합증권이 증권으로서의 정체성을 유지하면서도 파생상품의 요소를 반영할 수 있는 한도, 달리 말하면 파생결합증권과 파생상품을 가르는 기준은 앞서 설명한 추가지급의무의 유무이다. 추가지급의무가 없는 범위까지는 증권이고 추가지급의무가 생기는 순간 파생상품이 된다.

파생상품의 요소에 반영된 기초자산의 범위는 파생상품의 경우와 같다. 전술한 바와 같이 자본시장법은 기초자산의 범위를 대폭 확대하고 있을 뿐 아니라(§4(10)) 파생상품의 요소를 결합하는 방법을 "기초자산의 … 변동과 연계하여 미리 정하여진 방법"이라고 일반추상적으로 표현하고 있으므로 파생결합증권의 범위는 매우 넓다. 그리하여 후술하는 바와 같이 자본시장법은 위의 정의에 해당하는 경우에도 과실연계 파생결합증권을 비롯한 일부 투자대상은 파생결합증권에서 제외하고 있다(§4(7)단서). 파생결합증권의 경우에도 "지급하거나 회수하는 금전등이 결정되는 권리"라는 표현에 비추어 차액결제는 물론이고 현물결제도 가능하다고 볼 것이다.

파생결합증권에 포함되는 예로는 주가연계증권(ELS), 주식워런트증권(ELW), 신용연계증권(CLN), 재해연계증권(CAT bond) 등을 들 수 있다. 상법상 파생결합사채(§469(2)(iii))는 상법상으로는 사채에 해당하지만 과실연계 파생결합사채를 제외하면 자본시장법상으로는 채무증권에 속하는 사채권이 아니라 파생결합증권에 해당한다(§4(7)(i)).

54) 파생결합증권은 증권의 한 유형에 해당하지만 파생상품적 요소를 지닌 증권이란 점에서 파생상품에 관한 설명을 마친 후에 설명한다.

2. 명시적 제외

자본시장법은 다음의 증권들을 파생결합증권에서 명시적으로 제외하고 있다(§4(7)단서).

① 과실연계 파생결합증권

② 장외파생상품 중 옵션(다만, 법 제5조 제1항 단서에 따라 증권으로 규제되는 것은 제외)

③ 주권상장법인이나 은행 등 금융회사가 발행하는 조건부자본증권

④ 상법상의 교환사채 · 상환사채 · 전환사채 · 신주인수권부사채

⑤ 그 밖에 위 ①부터 ④까지의 금융투자상품과 유사한 것으로서 시행령이 정하는 금융투자상품

① 과실연계 파생결합증권은 투자대금에 대한 이자 등 과실에 대해서만 파생상품의 요소가 가미된 상품으로 투자원본의 손실위험이 없다는 점에서 제외한 것이다.

② 옵션은 파생결합증권에서 제외되어 파생상품으로 간주된다. 옵션적 성격을 가진 투자대상 중 제5조 제1항 단서가 정하는 두 가지는 제외대상인 옵션에서 다시 제외되고 있다(令§4-3). 하나는 인가받은 금융투자업자가 발행하는 파생결합증권이고 다른 하나는 신주인수권증서와 신주인수권증권이다.

③ 조건부자본증권은 파생결합증권에서 제외되므로 결국 채무증권 중 사채권에 해당하게 된다.

④ 이들 사채는 자본시장에서 일반 파생결합증권과는 달리 취급되고 있음을 고려하여 특별히 제외한 것이다.

⑤와 관련하여 시행령은 신주인수권증서와 신주인수권증권의 두 가지를 규정한다(§4-2). 이들은 이처럼 파생결합증권에서 제외될 뿐 아니라 파생상품에서도 제외되고 있으므로(§5(1)단서, 令§4-3(ii)) 결국 신주인수권이 표시된 것으로 지분증권(§4(4))에 해당하게 된다.[55)]

55) 이러한 복잡한 규제구조는 보다 단순화할 필요가 있을 것이다.

주식워런트증권(ELW)

파생결합증권과 파생상품 사이의 구별과 관련하여 특히 주의할 것은 이른바 주식워런트증권(equity-linked warrant: ELW)이다. ELW는 특정 주식(또는 주가지수)의 변동과 연계하여 일정한 기간이 지나면 미리 약정된 방법에 따라 해당 주식을 매매하거나 차액을 수령할 수 있는 권리가 표시된 증권으로 금융투자업자만이 발행할 수 있다. 예컨대 특정 주식의 시가가 3만원인 시점에 1년 후 그 주식을 3만3천원에 매수할 수 있는 ELW를 2천원에 매수한 투자자는 1년 후 주가가 4만원으로 상승한 경우 워런트를 행사해서 3만3천원에 주식을 취득하거나(현물결제) 현재 주가와의 차액 7천원을 받을 수 있다(차액결제). 다만 현재 국내에서는 차액결제형만 발행되고 있다고 한다.

이처럼 ELW는 성격상 옵션에 해당하지만 자본시장법은 이를 파생결합증권으로 본다. 이러한 결론을 뒷받침하는 법문의 구조는 복잡하다. 자본시장법은 일단 옵션을 파생상품으로 규정하는 한편으로(§5(1)(ii)) 파생상품으로 보는 옵션에서 파생결합증권은 제외한다(令§4-3(i)). 한편 파생결합증권의 정의에서는 옵션을 제외하면서(§4(7)(ii)) 제외대상인 옵션 중에서 시행령이 규정하는 일정한 대상은 다시 제외하고 있다(§5(1) 단서). 시행령은 ELW를 그 대상 중 하나로 지정하고 있기 때문에(§4-3(i)) ELW는 결국 파생결합증권에 해당하는 셈이 된다.[56]

실물자산

사회적으로는 주식, 사채 등 전형적 금융투자상품 외에 실로 다양한 재화가 투자대상으로 이용된다. 토지나 아파트와 같은 부동산은 물론이고 금과 같은 귀금속, 심지어 와인과 같은 기호품 등 실로 다양한 실물자산을 투자목적으로 취득하는 경우가 많다. 이러한 실물자산은 일반적으로 금융투자상품으로 보지 않는다.[57] 이런 실물자산은 물리적인 사용가치가 있다는 점에서 일반적인 금융투자상품과 구별된다. 그러나 이익획득목적과 투자성이 인정됨에도 단지 사용가치가 있다는 이유만으로 금융투자상품으로서의 성격을 부정할 수 있는지는 의문이다. 법해석상으로는 오히려 그것이 증권이나 파생상품의 어느 것에도 해당하지 않기 때문이라고 설명하는 편이 더 명쾌할 것이다. 실물자산의 금융투자상품성을 부정하는 실질적인 근거로는 자본시장법상의 공시규제나 업자규제를 적용할 정책상의 필요가 없다는 점을 들 수 있을 것이다.

---

56) 원금을 상법상 사채의 요소로 파악하는 전통적 견해에 따르면 ELW과 같이 원금이 부존재하는 증권은 상법상 사채로 볼 수 없고 따라서 파생결합사채로 볼 수도 없다.

57) 금융위원회, "조각투자 등 신종증권 사업 관련 가이드라인," 보도자료(2022.4.28.). EU법의 해석상으로도 위스키와 같은 실물자산 자체는 설사 매수인이 가치상승을 노리고 매수한 경우라도 금융상품이 될 수는 없고 그것을 투자로 만들 수 있는 계약적 장치가 필요하다고 보는 견해가 있다. KBLN 2024.11.16.자.

실물자산 자체의 금융투자상품성은 부정되지만 실물자산을 대상으로 하는 '거래'는 금융투자상품에 해당할 가능성이 있다. 그 대표적인 예가 금과 같은 실물자산의 선도거래이다. 금의 선도거래가 결제가 실물로 이루어지는 경우에는 이익획득목적이 없다는 이유로 금융투자상품 해당성을 부정할 가능성이 높을 것이다. 실제로 금에 대한 투자는 은행의 금적립계좌(令§7(2)(i))를 통해서 이루어지는 것이 보통이다.[58] 이 경우 투자자가 은행 등에 금전을 지급하면 기초자산인 금의 가격에 따라 현재 또는 장래에 회수하는 금전 등이 결정되는 권리가 표시된 증권을 얻게 되는데 이는 파생결합증권으로 본다.[59]

제4절 새로운 투자대상의 증권성

Ⅰ. IT기술의 발전과 새로운 투자대상의 등장

최근 IT기술, 특히 블록체인 기술의 진전으로 인하여 세상에는 가상자산을 비롯한 다양한 형태의 재화가 출현하고 있다. 이들 재화에 대한 조심스런 시선에도 불구하고 그 이용이 걷잡을 수 없이 확산됨에 따라 이들에 대한 규제여부나 당사자들 사이의 법률관계에 관한 논의도 폭발적으로 증가하였다. 자본시장법과 관련해서는 투자자 보호를 위해서 이들 새로운 투자대상을 증권으로 보아 자본시장법을 적용할 것인가의 문제가 특히 주목을 받았다.

자본시장법의 증권유형 중에서 이들 새로운 투자대상에 관한 논의의 중심에 있는 것은 투자계약증권이다. 새로운 투자대상으로 주로 논의되는 것은 가상자산이다. 그러나 그보다 훨씬 덜 첨단적이지만 이른바 '조각투자'도 최근 각광을 받고 있다. 양자 모두 투자계약증권의 적용여부가 문제되는 경우이므로 이곳에서는 차례로 설명하기로 한다.

58) 일반적으로 은행을 통해서 금에 대한 투자를 하는 것은 골드뱅킹이라고 하고 금적립계좌는 그중에서 매월 적립식으로 투자금을 납입하는 경우만을 가리킨다.

59) 그 경우 금융위가 정한 일정한 기준을 충족하여야 한다(令§7(2)(i)), 금투업규정 §1-4-3(2)).

Ⅱ. 조각투자와 투자계약증권[60]

조각투자(fractionalized investments)에 관한 기본 정보는 2022년 금융위가 발표한 "조각투자 등 신종증권 사업 관련 가이드라인"(가이드라인)에서 찾아볼 수 있다.[61] 가이드라인에 따르면 조각투자는 "2인 이상의 투자자가 실물자산, 그밖에 재산적 가치가 있는 권리를 분할한 청구권에 투자·거래하는 신종 투자형태"를 가리킨다. 조각투자는 주로 소규모 상업용 빌딩, 음악저작재산권, 미술품, 한우 등 상대적으로 고가의 자산을 여러 개로 쪼개어 소액투자자들에게 자신들의 플랫폼을 통해 판매함으로써 자금조달을 촉진하는 기능을 수행한다.[62] 최근 주목을 받은 것은 주식회사 뮤직카우가 음악 저작권료 참여청구권을 분할판매한 행위에 대해서 2022년 증권선물위원회가 투자계약증권에 해당한다고 판단한 사례이다.[63] 이어서 발표한 가이드라인에서 금융위는 투자계약증권을 유연하게 해석·적용한다는 방침을 밝혔다.[64] 가이드라인은 최근 자산에 대한 소유권 자체를 공동소유구조를 이용하여 분할하는 형태가 아니라 자산에서 발생하는 수익에 대한 청구권 등의 형태로 발행, 유통되는 조각투자상품에 대해서 투자계약증권에 해당하는지 여부의 판단기준을 제시하였다. 가이드라인에 따르면 "투자계약증권 인정 가능성이 높은 경우는 투자자가 얻게 되는 수입에 사업자의 전문성이나 사업활동이 중요한 역할을 하는 경우로서" 다음과 같은 경우이다.

"① 사업자 없이는 조각투자 수익 배분 또는 손실 회피가 어려운 경우,

② 사업자가 운영하는 유통시장의 성패가 수익에 큰 영향을 미치는 경우,

③ 투자자 모집시 사업자의 노력·능력을 통해 사업과 연계된 조각투자 상품의 가격상승이 가능함을 합리적으로 기대하게 하는 경우 등"

---

60) 조각투자에 관한 법적 논의에 관해서는 한서희, 조각투자를 둘러싼 법적 쟁점에 관한 연구, 금융법연구 제20권 제3호(2023), 77면.

61) 금융위원회, "조각투자 등 신종증권 사업 관련 가이드라인," 보도자료(2022.4.28).

62) 온주 §4 Ⅲ.1(한민 2024.4.30.).

63) 다만 투자계약증권의 첫 적용사례로 거래계에서 위법에 대한 인식이 낮았고 투자자 피해도 크지 않았다는 점 등을 고려하여 과징금 등의 제재는 보류하였다. 금융위원회, "저작권료 참여청구권의 증권성 여부 판단 및 ㈜뮤직카우에 대한 조치," 보도자료(2022.4.20), 1면. 반대로 투자계약성을 인정하기 어렵다는 견해로 성희활, "조각투자의 증권성에 대한 연구," 경제법연구 제21권 제3호(2022), 31면, 44~46면.

64) 금융위원회, "조각투자 등 신종증권 사업 관련 가이드라인," 보도자료(2022.4.28).

반면에 증권에 해당할 가능성이 상대적으로 낮은 경우로는 "(증권성이 인정될 가능성이 높은 경우에 해당하지 않으면서) 소유권 등을 직접 분할하거나 개별적으로 사용·수익·처분이 가능한 경우"를 든다.

가이드라인이 제시한 위의 기준은 주로 "타인의 사업수행" 요건을 유연하게 해석함으로써 투자계약증권의 범위를 넓히는 효과가 있다. 그러나 주의할 것은 가이드라인도 기본적으로 투자자가 사업자에 대해서 "자산에서 발생하는 수익에 대한 청구권," 즉 "계약상의 권리"를 갖는 것을 전제하고 있다는 점이다. 따라서 투자자가 조각투자상품을 직접 처분함으로써 차익을 얻을 수 있을 뿐인 경우에는 투자계약증권으로 보기 어려울 것이다.

미술품 조각투자와 투자계약증권[65)]

미술품을 단순히 감상목적으로 공유하는 것이 아니라 가격상승으로 인한 차익을 얻기 위하여 공유하는 미술품 조각투자가 투자계약증권에 해당할 가능성이 있는지 여부를 검토해보자. 그 전형적인 예는 사업자가 투자자로부터 조달한 자금으로 특정 미술품을 매수하여 일정한 기간이 경과한 후에 처분하고 비용을 공제한 매각대금을 투자자들에게 배분하는 경우이다. 미술품의 보관은 사업자가 직접하거나 별도 전문업체가 맡기지만 미술품에 대한 소유권은 사업자가 갖는 것이 아니고 소유권의 귀속주체로서의 SPV(special purpose vehicle)나 집합투자기구가 따로 존재하는 것도 아니다. 사업자는 투자자들이 공유하는 미술품을 처분위탁계약에 따라 매각하고 수익을 배분하는 업무를 수행하고 각 투자자는 ① 미술품에 대한 공유지분과 함께 ② 그 지분으로부터 발생하는 이익에 대한 청구권을 갖는다. 여기서 투자계약증권에 해당하는지 여부를 판단하는 투자자의 권리가 ①과 ②를 포괄하여 가리킨다고 볼 것인지 아니면 ②만을 가리킨다고 볼 것인지에 대해서는 아직 논의가 정리되지 않은 상태이다.[66)] 그러나 어느 쪽의 해석을 따르더라도 투자자가 공유지분의 처분권한을 사업자에게 위탁하는 경우에는 투자자의 권리는 "계약상의 권리"라고 평가할 수 있을 것이다. 그렇다면 남은 문제는 사업자가 투자대상인 미술품의 가치상승을 위하여 어떠한 노력을 기울이는가라고 할 수 있다. 만약 사업자의 노력이 상당한 경우에는 투자자의 권리는 "주로 타인이 수행한 공동사업의 결과에 따른 손익을 귀속받는 계약상의 권리"(§4(6)라는 점에서 투자계약증권에 해당한다고 볼 것이다.[67)]

65) 한서희, 89~91면.

66) Id. 93면.

67) 미술품 조각투자의 경우에는 사업자의 노력이 현저히 결여되었다는 이유로 투자계약성을 부정하는

비슷한 논리는 전술한 포도주와 같은 실물자산에 대한 공동투자의 경우에도 적용될 수 있을 것이다.

Ⅲ. 가상자산의 증권성

1. 의의

'암호자산'(crypto assets)이나 '디지털자산' 등의 명칭으로도 불리는 가상자산(virtual assets)은 내재적 가치를 인정할 수 없는 전자적 존재에 불과하다는 점에서 초기에는 자산성을 부정적으로 보는 견해가 많았다. 그러나 비트코인을 비롯한 가상화폐와 같이 실제 시장에서 수요가 존재하고 거래의 대상이 되고 있는 현실을 고려하여 각국에서는 다소 시차는 있지만 점차 그 자산성을 인정하고 이용자를 보호하는 방향으로 법제를 정비하고 있는 중이다.[68]

가상자산에 대해서는 아직 통일된 정의는 없다. 우리 "가장자산 이용자 보호 등에 관한 법률"(가장자산법)에서는 가상자산을 "경제적 가치를 지닌 것으로서 전자적으로 거래 또는 이전될 수 있는 전자적 증표(그에 관한 일체의 권리를 포함한다)"라고 정의한다(§2(i)). 이 정의에 의하면 가상자산의 요소는 ① 경제적 가치, ② 전자적 거래, ③ 전자적 증표라고 할 수 있다.[69] 가상자산이 새로운 형태의 자산으로 각광을 받게 된 것은 분산원장기술과 암호화기술의 덕이 크다. 그러나 가상자산법은 그러한 기술의 사용을 가상자산의 요건으로 삼고 있지 않으므로 포섭되는 자산의 범위가 넓다.[70] 그리하여 가상자산법은 전자등록주식을 비롯한 다양한 대상을 가상자산에서 제외하면서도 자본시장법상 투자계약증권에 해당하는 증권성 가상자산은 제외하고 있지 않다. 따라서 증권성 가상자산에 대해서는 자본시장법과 아울러 가상자산법이 적용될 수 있다.[71]

견해로 성희활, 전게논문, 50~51면.

68) 이에 관한 포괄적인 해설로는 박준/한민, 1143~1243면.

69) Id. 1211면.

70) Id. 1211면.

71) 이에 대한 비판으로 Id. 1212면.

2. 종류

거래계에서 흔히 코인이나 토큰이란 명칭으로 불리는[72] 가상자산은 여러 가지로 분류된다. ① 지급형, ② 유틸리티형, ③ 증권형의 세 가지로 구분되는 것이 일반적이지만 이들 사이의 혼합형도 존재한다.[73] ① 지급형(교환형)(currency, payment or exchange)은 화폐와 유사하다는 점에서 흔히 가상화폐라고 불리며 그 대표적인 예로는 비트코인을 들 수 있다. 또한 널리 지급형에 속하는 것으로 스테이블 코인(stablecoins)이 있다. 이는 비트코인과 같은 일반적인 지급형 코인이 가격변동성이 크다는 단점을 보완하기 위하여 고안된 새로운 유형의 코인이다. 스테이블 코인은 가격변동성을 완화하는 수단으로 담보를 활용하는지 여부에 따라 담보형과 비(非)담보형으로 구분한다.[74] 또한 최근 주목을 끌고 있는 중앙은행 디지털화폐인 CBDC(Central Bank Digital Currency)도 지급형에 속한다. 한편 ② 유틸리티형은 블록체인 플랫폼을 통해서 제공되는 특정 상품이나 서비스의 이용을 허용하는 유형으로 예컨대 Basic Attention Token(BAT)[75]을 들 수 있다. 끝으로 ③ 증권형(investment or security)은 지분권이나 자산에 대한 권리를 표창하는 것으로 기업이 자금조달을 위해서 발행하는 것이다. 자본시장법의 적용여부가 문제되는 것은 주로 증권형에 한한다.

3. 가상자산의 생성, 이전, 보관

가상자산의 증권성을 판단하기 앞서 가상자산이 어떻게 만들어지고, 거래되며, 보관되는지에 대한 기초적인 이해가 필요하다.[76] 가상자산은 사업자에 의한 발행을 통해서 생성하는 것이 보통이다. 그 이후에는 '채굴'(mining)이란 가상자산에 고유한 절차에 의하여 추가로 생성이 허용되는 경우가 많다. 특정 가상자산의 생태계

72) 코인과 토큰의 연원은 차이가 있지만 양자는 실제로는 동일한 것으로 혼용된다. Id. 1148면.

73) Id. 1148~1150면.

74) 2025년 발효된 미국의 GENIUS법에서 도입된 스테이블 코인은 미국 달러화나 단기국채와 같은 유동성 있는 자산으로 가치를 담보한다는 점에서 담보형 코인에 속하고 수년 전 세계적으로 물의를 빚었던 "테라"는 "루나"라는 자매적 성격의 가상자산과의 알고리즘거래를 통해서 가치의 안정성을 도모했다는 점에서 비담보형 코인에 속한다.

75) 광고주가 브레이브(Brave) 브라우저에서 서비스에 대한 결제 수단으로 사용하는 토큰을 말한다.

76) 보다 자세한 것은 박준/한민, 1160~1166면.

에 유용한 작업을 수행한 채굴자에 대해서는 보상으로 일정량의 가상자산을 새로 부여하는 것이 보통이다. 채굴에 따른 가상자산의 부여는 미리 정해진 프로토콜에 의하여 이루어진다. 그러나 사업자에 의한 발행을 통해 생성된 가상자산은 주로 다음과 같은 방식으로 분배 내지 판매된다.[77] ① 생성 전 판매, ② 보상목적의 배정, ③ ICO(initial coin offering). ①은 가상자산이 생성되기 전에 장차 생성될 예정인 가상자산을 주로 기관투자자에게 사모방식으로 판매하는 경우를 가리킨다. 이 경우에는 개발을 주도하는 사업자가 사전에 개발자금을 조달하는 경우로 증권에 해당한다고 볼 가능성이 높다. ②는 가상자산의 개발자 등 가상자산과 관련하여 일정한 임무를 수행한 자에게 보상으로 부여하는 경우이다. ③은 새로 생성된 코인을 다수의 일반투자자들에게 판매하는 경우이다. 판매대상이 증권형 코인인 경우에는 그 자체를 자본시장법상의 공모로 볼 수 있을 것이다. 판매대상이 유틸리티형인 경우에도 취득자가 사업자의 노력에 의하여 수익을 얻을 수 있는 경우에는 증권에 해당한다고 볼 여지가 있다.

4. 증권에 해당하는지 여부

(1) 가상자산의 투자계약증권 해당성

가상자산에 대한 자본시장법의 적용여부를 판단할 때 먼저 문제되는 것은 그것이 자본시장법상의 투자계약증권(§4(6))에 해당하는지 여부이다. 가상자산이 투자계약증권에 해당하는지 여부를 판단할 때 주로 문제 되는 것은 자본시장법상 ① 주로 타인이 수행한 공동사업과 ② 공동사업의 결과에 따른 손익을 귀속받는 계약상의 권리라는 요건의 충족 여부이다.

(2) "주로 타인이 수행한 공동사업"

자본시장법상 투자계약증권은 타인이 주로 사업을 수행하고 투자자는 수동적인 지위에 머무는 것을 전제한다. 그 이유는 바로 이런 경우에 타인, 즉 사업자와 투자자 사이에 정보의 비대칭이 발생하고 자본시장법에 의한 투자자 보호의 필요성이 생겨나기 때문이다. 가상자산의 개발이 완성되기 전에 장차 개발될 가상자산을 미리 판매하여 개발자금을 조달하는 사전판매형의 경우에는 가상자산의 개발을

77) Id. 1161면.

주도하는 사업자, 즉 타인이 존재하므로 증권성을 인정받을 여지가 있다. 그러나 사후판매형의 ICO에서 이른바 탈(脫)중앙화[78]가 진전된 경우에는 중앙의 운영자가 부재하거나 그 역할이 미미할 수도 있다. 그런 경우에는 타인의 사업수행요건은 충족되지 않고 따라서 투자계약증권에 해당한다고 보기 어려울 것이다.[79]

(3) "공동사업의 결과에 따른 손익을 귀속받는 계약상의 권리"

전술한 "주로 타인이 수행한 공동사업"의 요건보다 더 중요한 것은 "공동사업의 결과에 따른 손익을 귀속받는 계약상의 권리"라는 요건이다. 이 요건은 ① "공동사업의 결과에 따른 손익을 귀속받는"다는 요소와 ② "계약상의 권리"라는 요소로 구성된다. 먼저 ①과 관련해서는 가장자산을 매입한 투자자가 얻는 이익은 "공동사업의 결과에 따른 손익"이라고 보기 어려운 면이 있다. 투자자가 기대할 수 있는 이익은 주로 ⓐ 가격상승으로 인한 시세차익과 ⓑ 가상자산 생태계에 필요한 임무를 수행한 대가로 받는 이익의 두 가지로 구분된다. 여기서 ⓑ는 주로 투자자 자신의 서비스에 대한 보상으로 주어지는 것이라는 점에서 "주로 타인이 수행한 공동사업의 결과에 따른" 것으로 볼 수는 없을 것이다. 그러므로 가상자산의 증권성을 판단할 때 중요한 것은 ⓐ의 가격상승으로 인한 시세차익이다. 그러나 통상 "공동사업의 결과에 따른 손익"이란 표현은 ⓐ와 같은 가격상승으로 인한 시세차익을 포함하지 않는다. "공동사업의 결과에 따른 손익"이란 일반적으로 운영자가 공동사업을 영위하여 거둔 수익에서 비용을 공제하여 얻은 이익을 가리키는 의미로 사용되기 때문이다.

보다 심각한 문제는 ②의 "계약상의 권리"요건과 관련하여 발생한다. 설사 가격상승으로 얻는 시세차익이 ①의 "손익" 요건을 충족한다고 가정하더라도 그것이 ②의 "계약상의 권리"에 해당한다고 볼 수는 없다. "계약상의 권리"는 그 권리를 주장할 수 있는 상대방의 존재를 전제하는데 가상자산의 투자자는 판매계약에 따라 가상자산을 분배받은 시점에 이미 그에 대한 완전한 권리를 취득하기 때문이다.

78) 탈중앙화의 개념에 대해서는 박준/한민, 1158면.

79) 김자봉, "ICO(Initial Coin Offering) 토큰은 자본시장법상 증권인가? - 비정형적 디지털 자산에 대한 증권법리와 원칙중심 적극 규제의 필요성 -," 증권법연구 제20권 제3호(2019), 172면.

(4) 판례

가상자산의 증권성에 관해서는 이미 일부 하급심판결이 존재한다.[80] 이들 판례는 사실관계나 판지가 공통되므로 이곳에서는 2020년 남부지방법원 판결만을 소개하기로 한다. 법원은 가상화폐를 거래하여 손해를 입은 투자자가 가상화폐거래소의 운영자를 상대로 제기한 사안에서 운영자가 발행한 자체 토큰(F)이 투자계약증권에 해당하지 않는다고 판단하였다. 사실관계는 다음과 같다. 피고 회사는 F 보유자에게 거래소의 수수료 수익 중 일정액을 지급하는 방법(수익금 배당)과 거래행위에 사용한 수수료에 따라 토큰을 지급하는 방법(트레이드 마이닝) 등으로 F보유자에게 이익을 제공한다고 약속하고 "거래소 자체 토큰의 단점을 극복하기 위하여 다양한 프로모션 및 사용자 인센티브를 제공하고 토큰 바이백 및 소각을 통해 인플레이션을 감소시킨다"고 광고하며 F매수인을 모집하였다. 가상화폐인 이더리움을 지급하고 F를 취득한 원고들은 자본시장법상 증권발행절차 위반 등을 이유로 손해배상을 청구하였다.

법원은 다음과 같은 이유로 F가 투자계약증권에 해당하지 않는다고 판단하였다. "F을 보유함으로써 피고 회사가 운영하는 거래소의 수익을 분배받기는 하지만, 그러한 수익 분배는 피고 회사가 F의 거래를 활성화하기 위하여 토큰 보유자에게 부수적으로 제공하는 이익일 뿐 F에 내재된 구체적인 계약상 권리라거나 본질적 기능이라고 볼 수 없는 점, 토큰 자체 거래로 발생하는 시세차익의 취득이 코인 매수의 가장 큰 동기이고, 이에 관하여 토큰 보유자(투자자) 사이에 이해관계가 상충하는 점 등에 비추어 볼 때, 이를 자본시장법상 투자계약증권이라고 볼 수 없다."

위 판례의 판지를 투자계약증권의 요건과 관련하여 정리하면 다음과 같다.

① 운영자에 의한 거래소 수익의 분배는 당해 가상화폐의 부수적인 요소에 불과할 뿐 본질적인 요소가 아니다. 또한 위와 같은 수익의 분배는 당해 가상화폐에 "내재된 구체적인 계약상의 권리"가 아니다. 다만 거래소 수익분배의 규모가 크고 그에 대해서 구체적인 계약이 체결된 경우라면 수익분배가 가상화폐의 부수적 기능을 넘어 본질적 기능으로 볼 수 있어 위 "손익" 요건을 충족할 수 있고 "계약상의 권리" 요건도 충족한다고 볼 여지가 있을 것이다.

---

80) 서울남부지방법원 2020.3.25. 선고 2019가단225099 판결(확정); 의정부지방법원 고양지원 2021.9.10. 선고 2019가단78506 판결(확정).

② 토큰 매수의 가장 큰 동기가 시세차익의 취득인 경우에는 "공동사업의 결과에 따른 손익"으로 볼 수 없다. 법원은 그 근거를 구체적으로 제시하고 있지 않지만 바로 투자자 사이의 이해관계 상충을 언급하고 있는 점으로 보아 시세차익을 얻으려는 투자자들 사이에는 이익충돌이 있다고 보는 것으로 짐작된다.

(5) 금융당국의 태도

2023년 2월 금융위는 가상자산의 증권성에 관한 판단을 돕기 위한 가이드라인으로 "토큰 증권 가이드라인"(가이드라인)을 발표하였다. 가이드라인은 특히 가상자산이 투자계약증권에 해당하는지 여부를 판단하기 위한 기준을 다음과 같이 투자계약증권의 요건 별로 제시하였다.[81)]

가. 공동사업

- 수평적 공동성 또는 수직적 공동성이 있는 경우 공동사업에 해당

- 수평적 공동성: 2인 이상 투자자 간의 수익 관련성이 있는 경우

- 수직적 공동성: 투자자와 발행인 간의 수익 관련성이 있는 경우

나. 금전등을 투자

- 투자되는 금전등은 반드시 법정통화(금전)일 필요는 없으며, 법정통화와의 교환 가능성, 재산적 가치의 유무 등을 종합적으로 고려

다. 주로 타인이 수행

- 타인(발행인)의 노력이 부정할 수 없을 정도로 중대하고 사업의 성패를 좌우하는 필수적인 경영상의 노력이어야 함

- 발행인이 모든 사업을 직접 수행하지 않더라도, 투자자 외에 사업주체의 공동적·집단적 노력이 있는 경우를 포함

- 발행주체와 사업주체가 형식적으로만 상이한 경우 공동 발행인으로 볼 수 있음

- 투자자가 사업 일부를 수행하는 경우에도 사업의 대부분의 사항에 대한 정보비대칭성이 있는 경우 주로 타인이 수행한 것으로 볼 수 있음

라. 공동사업의 결과에 따른 손익을 귀속 받는 계약상의 권리

- 장래 일정 시점이 도래하거나 일정한 객관적 조건(예: 매출액 목표)이 달성될

81) 그 밖에도 증권에 해당할 가능성이 높은 경우와 낮은 경우를 예시하고 있다.

경우 사업 결과에 따른 손익을 귀속 받기로 계약한 경우도 포함될 수 있음

- 투자자의 권리가 스마트계약을 통해 이행되나 그 스마트계약의 구현을 계약으로 약속한 발행인이 있다면 발행인에 대한 계약상 권리로 해석 가능

- 발행인 등이 투자자의 금전등으로 사업을 수행하고, 수행한 사업의 성과에 따른 수익을 귀속시키기로 약속한 경우 해당함. 특히 약속한 수익이 사업에서 발생한 매출 이익과 비례관계에 있거나, 사업에서 발생한 매출 이익을 환산하여 분배하기로 약속한 경우 공동사업의 결과에 따른 손익에 해당함

- 발행인이 투자자에게 사업 수익을 직접 분배할 것을 명시적·묵시적으로 약속하거나, 발행인이 제3자와의 계약 등을 바탕으로 해당 제3자가 투자자에게 사업 수익을 분배할 것을 약속하는 등 투자자와 발행인 간 계약에 따른 수익 청구권이 인정되어야 함

마. 이익획득 목적

- 투자자는 투자 이익을 목적으로 금전 등을 투자하였어야 함

NFT(non-fungible token: 대체불가능토큰)

블록체인상에서 발행되는 토큰은 각각의 개성이 없이 동일한 토큰이 다수 존재하는 것이 일반적이다. NFT는 블록체인상에서 발행되는 토큰 중에서 각 토큰 자체가 고유한 값과 속성을 갖기 때문에 다른 토큰으로 대체할 수 없는 토큰을 말한다. NFT는 무한복제가 가능하여 원본 개념이 존재하지 않은 디지털자산에 대한 소유권의 증명과 거래를 용이하게 해주는 기능이 있다. NFT의 용도는 디지털 아트 작품을 NFT로 발매하는 것에서 출발하여 다양한 분야로 확산되고 있지만[82] 두드러진 것은 미술품이나 디지털 아트 작품을 NFT로 발매하는 경우이다. 미술품은 앞서 설명한 조각투자의 대상이 될 수 있다. 조각이 동일성을 갖는 조각투자의 경우에는 대체성이 있기 때문에 NFT로 볼 수 없을 것이다.

금융당국은 2024년 "NFT의 가상자산 판단 가이드라인"이란 문건을 발표하여 가상자산법상 가상자산에 해당하는지 여부를 판단할 수 있는 기준으로 삼고 있다. 그에 의하면 NFT를 발행 · 유통 · 취급하고자 하는 자는 다음의 순서에 따라 그 법적 성격을 판단하여 관련 규제를 준수해야 한다. ① 먼저 그것이 자본시장법상의 증권에 해당하는지 여부를 판단해야 한다. NFT의 증권해당 여부는 금융당국이 발표한 "토큰 증권

82) 송화윤, "NFT 규제에 대한 비교법적 고찰 - 증권형 및 가상자산형 NFT를 중심으로 -," 증권법연구 제23권 제1호(2022. 4), 259면.

가이드라인"을 참고함과 동시에 투자계약증권의 해당여부도 검토하여 결정해야 한다. 사업자가 탈중앙화된 자금모집 기구인 DAO를 이용하여 자금을 모집하고 사업자의 노력에 따라 DAO의 손익이 결정되고 그것이 투자자에게 귀속되는 경우에는 투자계약성을 인정받을 여지가 있다고 보는 견해도 있다.[83] 그러나 NFT의 경우에는 자본시장법상 투자계약증권에 요구되는 "계약상의 권리"요건을 충족할 수 있는 경우는 많지 않을 것으로 판단된다.[84]

② NFT가 증권에 해당하지 않는 경우에는 가상자산법상 가상자산(§2(1))에 해당하는지 여부를 검토해야 한다. 가상자산법은 NFT를 가상자산에서 제외하면서 제외대상인 NFT를 다음과 같이 정의한다(令§2(iv)). "수집을 주된 목적으로 하는 전자적 증표, 거래 당사자 간의 거래 확인만을 목적으로 하는 전자적 증표 등 단일하게 존재하여 다른 전자적 증표로 대체할 수 없는 전자적 증표. 다만, 특정 재화나 서비스의 지급수단으로 사용될 수 있는 전자적 증표 등 금융위원회가 정하여 고시하는 전자적 증표는 제외한다." 즉 어떠한 기술적 기반을 가진 것인지와 무관하게 고유성과 대체불가능성이 있으면 NFT로 보아 원칙적으로 가상자산에서 제외된다.

---

83) Id. 273~276면.

84) 일부 NFT를 증권법상의 투자계약에 해당한다고 본 SEC의 결정에 대해서 투자계약 개념의 입법연혁에 비추어 "계약상의 권리"(contractual right)가 없이는 투자계약을 인정할 수 없다고 비판하는 견해도 있다. KBLN 2024.6.8.자.

제3장 금융투자업과 투자자

제1절 금융투자업[1)]

Ⅰ. 서설

자본시장의 주체로는 자금을 조달하는 회사와 자금을 공급하는 투자자 외에 이들 사이에서 영업을 영위하는 업자를 들 수 있다. 자본시장법은 이들이 영위하는 영업을 "금융투자업", 그리고 그 업자를 "금융투자업자"라고 한다(§§6, 8). 자본시장법은 금융투자업을 "이익을 얻을 목적으로 계속적이거나 반복적인 방법으로 행하는 행위로서" 다음 여섯 가지 중 하나에 해당하는 업으로 정의한다(§6(1)). ① 투자매매업, ② 투자중개업, ③ 집합투자업, ④ 투자자문업, ⑤ 투자일임업, ⑥ 신탁업. 위 정의에 담겨 있는 영리성과 계속성 또는 반복성은 '영업성'을 구성하는 요소로 볼 수 있다. 그러므로 비록 영리성이 있더라도 그것이 단발성의 행위라면 계속성이나 반복성을 결하므로 금융투자업으로 볼 수 없다. 반면에 일반 기업이 헤지목적으로 행하는 장외파생상품거래와 같이 영리성이 부정되는 행위는 설사 반복적으로 행해지는 경우에도 금융투자업에 해당한다고 볼 수 없다. 또한 영업성이 인정되더라도 위에 제시한 6가지 유형 중 어느 것에도 해당되지 않는 경우에는 금융투자업으로 볼 수 없다. 금융투자업자가 금융투자업을 영위하는 경우는 도박죄(형법

1) 상세한 것은 김/정, 93~157면.

§2467)의 대상에 해당하지 않는다.

Ⅱ. 투자매매업

1. 의의

자본시장법상 투자매매업은 "누구의 명의로 하든지 자기의 계산으로 금융투자상품의 매도·매수, 증권의 발행·인수 또는 그 청약의 권유, 청약, 청약의 승낙을 영업으로 하는 것"을 말한다(§6(2)). 투자매매업은 "자기의 계산"으로 영업한다는 점에서 "타인의 계산"으로 영업하는 투자중개업과 구별된다. "자기의 계산"을 기준으로 삼다 보니 증권발행업무나 인수업무와 같이 과거에는 '매매'에 해당하지 않는다는 점에서 일반적으로 투자매매업으로 보지 않았던 업무까지 투자매매업에는 포함시키고 있다. 이하 이들 업무를 차례로 살펴본다.

2. 매매업

매매업은 자기의 계산으로 금융투자상품의 매매를 영업으로 하는 것, 즉 자기매매업무를 말한다. "자기의 계산"으로 하는 것인 한 장내에서의 거래인지 장외에서의 거래인지를 불문한다. 이러한 자기매매는 금융투자업자는 물론이고 기관이나 개인투자자를 비롯한 다양한 주체가 행하고 있다. 개인의 거래라도 그것을 "계속적이거나 반복적인 방법으로" 행하는 경우에는 법문상 자칫 매매업에 해당한다고 볼 여지가 있다.[2] 그러나 매매업을 규제하는 이유가 결국 투자자 보호를 위한 것이라는 점을 고려하면 일반 기업이나 개인이 금융투자업자를 상대로 하는 거래까지 구태여 기업이나 개인을 업자로 규제할 필요는 없을 것이다. 그리하여 자본시장법은 "투자매매업자를 상대방으로 하거나 투자중개업자를 통하여 금융투자상품을 매매하는 경우"를 금융투자업에서 명시적으로 배제하고 있다(§7(6)(ii)).[3] 따라서 자본시장법의 규제대상인 자기매매업이란 거래소에서 자신의 계산으로 직접 매매하거

2) 그러나 선진 입법례중에서 일반 회사나 개인의 자기매매를 투자매매업으로 보아 규제당국의 인가를 요하는 경우는 찾기 어렵다.

3) 나아가 외국투자매매업자 또는 외국투자중개업자가 해외에서 국내 투자매매업자나 투자중개업자를 상대로 영업하는 경우도 투자매매업에서 제외하고 있다(§7(6)(iv): 令§7(4)(vi)(가)). 이 경우 투자중개업자를 통한다는 것의 의미에 대해서는 다툼이 존재한다.

나(dealing) 거래소 밖에서 직접 불특정 투자자를 상대로 매도가격과 매수가격을 제시하고 증권이나 파생상품을 매매하는 이른바 시장조성업무(market making)에 종사하는 경우에 한정된다고 할 것이다.[4)]

3. 발행업

자본시장법은 특이하게도 투자매매업에 증권의 발행도 포함시키고 있다. "발행"의 의미는 자본시장법이 따로 규정하는 바가 없으므로 상법과 같은 관련법령에 따라 증권을 새로이 창출하여 특정인에게 취득시키는 행위를 가리킨다고 할 것이다. 증권을 새로이 창출하는 행위라는 점에서 이미 창출된 증권을 매매하는 자기매매업무와는 구별된다.

일반기업의 자금조달을 위한 증권발행은 영업을 위한 수단에 불과한 것이지 그 자체를 영업이라고 볼 수는 없으므로 투자매매업으로 규제할 수 없다. 자본시장법도 자기가 증권을 발행하는 경우는 원칙적으로 투자매매업에 해당하지 않음을 명시한다(§7(1)본문). 다만 파생결합증권 등 신종상품의 발행과 같이 투자자 보호의 필요성이 인정되는 경우에는 투자매매업으로 본다(§7(1)단서).

4. 인수업

자본시장법상 "인수"는 다음 두 가지 중 하나의 행위를 말한다(§9(11)). ① 하나는 제3자에게 증권을 취득시킬 목적으로 그 증권의 일부 또는 전부를 취득하거나 소화되지 못한 증권을 취득하는 행위이고 ② 다른 하나는 ①의 행위를 전제로 발행인이나 매출인을 위하여 증권의 모집·사모·매출을 하는 행위이다. ①은 총액인수와 잔액인수로 나뉘지만 양자는 처음부터 취득자가 되는가 아니면 취득자가 없을 때 비로소 취득자가 되는가의 차이가 있을 뿐 모두 제3자에게 취득시킬 목적을 가지며 미(未)매각위험을 부담한다는 점에서는 차이가 없다.[5)] 제3자에 대한 분매목적 없이 순수한 투자목적으로 전량을 취득하는 것은 자본시장법상 인수에 해

4) 증권거래법 시절의 판례도 유가증권의 매매를 "영리목적으로 불특정 일반고객을 상대로 하는 반복적인 영업행위"라고 좁게 해석하였다(대법원 2002.6.11. 선고 2000도357 판결).

5) 총액인수의 경우에도 반드시 발행되는 증권의 전부를 취득해야 하는 것은 아니다. 잔액인수는 주주배정유상증자에서 실권주를 처리하는 경우에 유용하다.

당하지 않는다.[6] 제3자에게 "취득시킬 목적"은 결국 인수계약서의 유무, 사후의 현실적인 매출 유무 등에 의하여 판정할 수밖에 없다. 한편 ②는 ①에 추가로 청약의 권유를 하는 행위이다. 과거 증권거래법 시절에는 미매각위험을 부담하지 않고 단순히 공모를 돕는 '모집주선'도 인수의 한 유형으로 규정하였다. 그러나 자본시장법이 미매각위험의 부담을 인수의 요건으로 삼음에 따라 모집주선은 인수에서 제외되는 대신 해석상 투자중개업의 일부로 보고 있다(§6(3)). 인수를 영업으로 하는 경우는 투자매매업에 해당하고(§6(2)) "증권을 모집·사모·매출하는 경우 인수를 하는 자"는 인수인이라고 한다(§9(12)).

Ⅲ. 투자중개업

1. 의의

자본시장법상 투자중개업은 "누구의 명의로 하든지 타인의 계산으로 금융투자상품의 매도·매수, 그 중개나 청약의 권유·청약·청약의 승낙 또는 증권의 발행·인수에 대한 청약의 권유·청약·청약의 승낙을 영업으로 하는 것"을 말한다(§6(3)).[7] 그에 의하면 투자중개업은 ① 자기의 명의, 타인의 계산으로 하는 위탁매매업무, ② 중개업무, ③ 타인의 명의, 타인의 계산으로 하는 대리업무, ④ 발행·인수에 대한 청약의 권유 등을 하는 발행주선업무로 구분된다. 이하 각 업무를 차례로 살펴본다.

2. 위탁매매업무

위탁매매업무(brokerage)는 금융투자상품의 매매를 고객의 계산으로 하는 업무를 말한다. 위탁매매는 거래소 회원인 금융투자업자가 투자자의 위탁을 받아 자기명의로 하는 매매로 과거에는 증권회사 업무의 대부분을 차지하는 업무였다. 자

6) 따라서 제3자에 대한 매출목적 없이 상법상 사채의 총액인수(§475)를 하는 것이나 은행이 사모사채를 인수하는 것은 자본시장법상의 인수에 해당하지 않는다.

7) 자본시장법은 투자중개업에서 제외되는 몇 가지 예외를 명시적으로 규정한다. ① 투자권유대행인이 투자권유를 대행하는 경우(§7(2)), ② 거래소가 증권시장 및 파생상품시장을 개설·운영하는 경우(§7(6)(i); 슈§7(5)(i)), ③ 금융투자협회가 비상장주권 및 그 밖의 비상장지분증권의 장외매매거래에 관한 업무를 하는 경우(§7(6)(iv); 슈§§7(4)(iv), (5)(iv)(나)), ④ 일부 역외영업행위(§7(6) (iv), 슈§§7(5)(iv)(나), (다), 7(4)(iv)~(vi-2)).

본시장 발전에 따라 증권회사 업무가 다양해졌지만 여전히 위탁매매는 증권회사의 주요 업무에 속한다. 금융투자업자는 투자자로부터 매매주문을 받아 그것을 투자자의 계산으로 집행하여 경제적 효과를 투자자에게 귀속시키는 대가로 수수료를 받는다. 수수료는 투자자의 주문을 투자자에게 유리하게 효과적으로 집행하는 것과 투자자에게 적절한 투자관련정보를 제공하는 것에 대한 대가라고 할 수 있다.[8] 그러나 최근에는 특히 개인투자자들의 모바일 거래가 활성화되고 그에 대한 수수료가 인하됨에 따라 증권회사에서 위탁매매 수수료수입의 비중은 하락하는 추세이다.

3. 중개업무

무릇 중개업무는 타인간에 매매가 성립되도록 중간에서 진력하는 사실행위를 말한다.[9] 사실행위로는 소개나 알선이 중요한 의미를 갖지만 자본시장법은 중개업무의 개념을 보다 폭넓게 파악하여[10] 계약의 성립에 진력하는 행위뿐 아니라 계약의 이행, 유지, 관리, 종결을 뒷받침하는 행위에 이르기까지 금융투자상품의 매매를 원활하게 하는 모든 사실행위가 포함된다고 보고 있다. 중개는 중개인이 간접적으로도 매매의 당사자가 되지 않는다는 점에서 대리와 구별된다. 중개는 주로 대규모 투자자 사이에서 주식을 대량으로 거래하는 경우에 많이 행해진다.

중개업무와 관련해서는 M&A중개업무가 포함되는지 여부가 문제된 바 있다. 과거에는 금융투자업 인가를 받지 않은 회사나 개인이 그 업무를 수행하는 사례가 많았다. M&A가 지배주식 매각의 형태를 취할 경우에는 M&A중개가 증권매매의 중개로서 투자중개업에 해당한다고 볼 여지가 없지 않다. 그러나 주로 기업을 상대로 이루어지는 M&A중개업무를 구태여 투자중개업으로 규제하는 것은 규제의 실익 면에서 정당화하기 어렵다. 따라서 M&A중개는 '주식'보다는 '기업'의 매매를 중개하는 것으로 투자중개업에 해당하지 않는다고 보는 것이 합리적일 것

8) 자본시장법은 투자중개업자가 위탁매매과정에서 무보수로 한 상담행위를 투자자문업에서 제외하고 있다(§7(6)(iv); 令§7(4)(viii), (5)(iv)(마)).

9) 특수한 형태의 투자중개업자로 다자간매매체결회사(§78), 채권중개전문회사(令§179), 온라인소액투자중개업자(§9(27))가 있다.

10) 자본시장법은 투자중개업의 정의규정(§6(3))과는 별도로 다음의 업무를 투자중개업의 "본질적" 업무로 규정하고 있다(令§47(1)(ii)). ① 투자중개업 관련 계약의 체결 및 해지업무, ② 일일정산업무, ③ 증거금관리와 거래종결업무, ④ 매매주문의 접수, 전달, 집행 및 확인업무.

이다. 舊증권거래법 시절의 판결이긴 하지만 대법원도 "기업의 인수·합병(m&a)에 주식매매의 중개가 포함되어 있다 하더라도 이는 어디까지나 기업의 인수·합병(m&a)에 수반하여 이루어진 것에 불과하다고 할 것이므로 그 부분만을 따로 떼어 … 유가증권매매의 중개행위를 한 것이라고 할 수는 없다고 할 것이라고 하여 피고인들에 대해 무죄를 선고"한 원심판결을 유지한 바 있다(대법원 1997.4.22. 선고 96도3393 판결).[11]

4. 대리업무

대리업무는 업자가 위탁자의 명의로 금융투자상품의 매매를 해주는 대가로 수수료를 받는 업무이다. 거래소가 개설한 증권시장이나 파생상품시장에서의 매매는 회원만이 할 수 있다(§388(1)). 따라서 투자자로부터 위탁을 받은 비(非)회원은 자신이 집행할 수 없고 회원인 금융투자업자에게 위탁해야 한다. 거래소 회원에 대한 위탁의 중개·주선·대리도 투자중개업에 포함된다.

5. 발행주선업무

종래 발행인의 위탁을 받아 발행인의 계산으로 발행 및 판매를 수행하면서도 발행된 증권이 소화되지 않는 미매각위험은 맡지 않는 업무형태는 모집주선이라고 불렀다. 모집주선은 舊증권거래법에서는 인수에 포함되었으나 자본시장법상 인수는 증권의 취득을 전제하고 있으므로(§9(11)) 인수에서 제외된다. 자본시장법은 주선인을 "발행인 또는 매출인을 위하여 해당 증권의 모집·사모·매출을 하거나 그 밖에 직접 또는 간접으로 증권의 모집·사모·매출을 분담하는 자"로 정의한다(§9(13)).[12] 자본시장법상 투자중개업의 정의에는 "주선"이란 용어가 포함되고 있지 않으므로 주선인의 업무가 투자중개업에 해당하는지에 관해서는 의문이 있을 수 있다. 그러나 주선인의 업무인 모집, 매출에서 핵심은 청약의 권유라고 할 것이고 투자중개업에는 "증권의 발행·인수에 대한 청약의 권유를 영업으로 하는 것"이

11) 다만 M&A중개는 그 중개업무에 대한 인가를 받은 금융기관만이 행할 수 있다.

12) 주선인은 공모를 위한 사실행위를 할 뿐이라는 점에서 상행위편에서 말하는 주선(§46(xii)이나 운송주선인(§114)이 아니라 중개(§46(xi)나 중개인(§93)에 해당한다고 볼 수 있다. 이정수, "자본시장법상 주선인 제도에 관한 연구," 상사판례연구 제37권 제2호(2024), 77면, 83~84면.

포함되고 있다는 점(§6(3))에서 주선도 투자중개업에 해당하는 것으로 보아야 할 것이다.[13] 과거 증권거래법에서는 "모집 또는 매출을 주선"한다고 규정하여(§2(6)(iii)) 공모만을 주선의 대상으로 보았지만 자본시장법은 사모까지 주선인의 정의에 포함시킴으로써(§9 (13)) 사모도 포함됨을 분명히 하고 있다.[14]

크라우드펀딩과 온라인 소액투자중개업자

온라인 소액투자중개업자는 크라우드펀딩에서 증권발행인과 투자자 사이에서 중개업무를 담당하는 투자중개업자를 말한다. 자본시장법은 온라인 소액투자중개업자를 "온라인상에서 누구의 명의로 하든지 타인의 계산으로 [일정한 자가] 대통령령이 정하는 방법으로 발행하는 채무증권, 지분증권, 투자계약증권의 모집 또는 사모에 관한 중개를 영업으로 하는 투자중개업자"로 정의한다(§9(27)).[15] ① 온라인소액투자중개에서 증권의 발행주체는 온라인소액증권발행인이라고 한다. 온라인소액증권발행인이 될 수 있는 자는 일정한 요건을 충족한 창업기업, 벤처기업, 중소기업, 사회적기업에 한정된(§9(27), 令§14-5). ② 증권의 발행방법은 "온라인소액투자중개업자의 인터넷 홈페이지"에서 발행인과 투자자 간, 그리고 투자자 상호 간에 의견의 교환이 이루어질 수 있도록 한 후에 발행하는 방법으로 해야 한다((§9(27), 令§14-4(1)). ③ 위에서 중개는 새로 발행되는 증권에 대하여 발행인을 위하여 ⓐ"투자자에게 그 증권 취득에 관한 청약을 권유하는 행위," ⓑ 그 외에 "직접 또는 간접으로 온라인소액증권발행인과 그 증권의 모집 또는 사모를 분담하는 행위"를 의미한다(§9(27), 令§14-4(2)). 다만 온라인소액투자중개업자는 자신이 온라인소액투자중개를 하는 증권을 자기계산으로 취득하거나, 증권발행 또는 그 청약을 주선 또는 대리할 수 없다(§117-7(2)).

Ⅳ. 집합투자업

1. 집합투자와 집합투자업

자본시장법상 집합투자업(collective investment)은 "집합투자를 영업으로 하는

13) 이정수, 전게논문, 90면.

14) 최근에는 증권회사가 저축은행 등의 투자자들을 확보한 후 기업에 사모사채발행을 권유하는 방식으로 사모를 주선하는 사례가 늘고 있다고 한다. 인베스트 조선 2025.8.6.자 기사. https://www.investchosun.com/site/data/html_dir/2025/08/05/2025080580201.html?utm_source=chatgpt.com

15) 예탁결제원 크라우드넷에는 2025년 9월 현재 7개의 업자가 소개되고 있다.

것을 말한다”(§6(4)). 여기서 집합투자는 “2인 이상의 투자자로부터 모은 금전등을 투자자로부터 일상적인 운용지시를 받지 아니하면서 재산적 가치가 있는 투자대상자산을 취득·처분, 그 밖의 방법으로 운용하고 그 결과를 투자자에게 배분하여 귀속시키는 것”을 말한다(§6(5)).[16)]

2. 집합투자의 4가지 요소

(1) 서설

앞서 살펴본 자본시장법상 집합투자의 정의는 다음 4가지 요소로 구성된다. ① 2인 이상의 투자자로부터 모은 금전등, ② 투자자로부터의 일상적인 운용지시의 배제, ③ 투자대상자산의 취득·처분, 그 밖의 방법에 의한 운용, ④ 운용실적의 투자자 귀속. 이하 각 요소를 차례로 설명한다.

(2) “2인 이상의 투자자로부터 모은 금전등” - 자산의 집합

집합투자를 위해서는 먼저 자산의 집합(pooling)이 필요하다. 즉 복수의 투자자의 금전등을 모아서 하나의 투자자산, 즉 펀드를 조성할 필요가 있다. 복수의 투자자의 자금을 요하기 때문에 1인의 투자자의 자산만으로 조성하는 사모단독펀드는 개념상 집합투자에 해당하지 않는다. 다만 자본시장법은 예외적으로 국가재정법상의 기금관리주체 등 일정한 기관투자자의 경우에는 투자자가 1인인 경우에도 집합투자로 본다(§6(6)단서).

(3) 일상적인 운용지시의 배제 - 투자자와 투자관리자의 분리

투자자의 일상적인 운용지시가 있는 경우에는 집합투자로 볼 수 없다.[17)] 법문상으로는 투자자 수가 적은 사모펀드의 경우에도 이같은 사정은 달라질 수 없다. 자본시장법은 “투자자와의 이면계약 등에 따라 그 투자자로부터 일상적으로 명령·

16) 집합투자업 중 일반사모집합투자기구를 통한 집합투자를 영업으로 하는 것을 일반사모집합투자업, 이를 영업으로 하는 자를 일반사모집합투자업자라고 한다(§9(28), (29)). 일반적으로 집합투자업은 인가(§12)를 요하는 데 비하여, 일반사모집합투자업은 등록을 요한다(§249-3).

17) 대법원은 과거 간접투자자산운영업법상 간접투자기구를 운용하면서 투자자가 투자형식, 투자대상의 종류, 수량, 매매방법과 시기 등 주된 요소를 모두 결정하고 자산운용사는 위탁자로서 투자자가 설정한 취지에 따라서 운용하는 것에 불과한 경우에는 간투법상 ‘투자신탁’에 해당한다고 단정하기 어렵다고 판시한 바 있다(대법원 2012.10.11. 선고 2010도2986 판결).

지시·요청 등을 받아 집합투자재산을 운용하는 행위"를 집합투자업자의 불건전영업행위로 규정한다(§85(8); 令§87(4)(v))[18]

(4) 투자대상자산의 취득·처분, 그 밖의 방법에 의한 운용－투자자산의 관리

집합투자는 집합투자업자가 투자자로부터 모은 금전등으로 "재산적 가치가 있는 투자대상자산을 취득·처분, 그 밖의 방법으로 운용하여" 수익을 창출하는 간접투자행위이다. 취득·처분, 그 밖의 방법으로 운용하는 것은 상품의 제조와 같이 자산의 성질을 변화시키는 능동적인 사업수행이 아니라 투자대상자산의 가격상승으로 인한 차익을 노리는 수동적인 사업수행을 말한다. 그러나 집합투자와 일반사업회사의 구별이 항상 용이한 것은 아니다.

(5) 운용 결과의 투자자에 대한 배분과 귀속－투자자의 위험부담

집합투자에서의 투자성과는 투자자에게 귀속된다('실적배당원칙'). 투자성과와 무관하게 원본보전이나 수익보장을 하는 경우에는 집합투자로 볼 수 없다.

3. 집합투자에서 배제되는 경우

자본시장법은 정의상으로는 집합투자에 해당함에도 불구하고 다음과 같은 경우에는 정책상의 고려에 따라 예외적으로 집합투자에서 배제하고 있다(§6(5)단서).

① 시행령이 정하는 법률에 따라 사모의 방법으로 금전등을 모아 운용하는 펀드

② 자산유동화법상의 자산유동화

③ 기타 행위의 성격 및 투자자 보호의 필요성 등을 고려하여 시행령으로 정하는 경우

①은 이른바 '타법펀드'이다. 국내에는 해양수산부나 국토건설부와 같이 금융위가 아닌 정부부처의 관할에 속하는 법률에 근거한 타법펀드가 상당수 존재한다. 자본시장법상의 정의에 따르면 타법펀드들도 당연히 집합투자에 해당하여 자본시장법이 적용될 것이다. 그러나 자본시장법은 특별한 산업정책목적에 따라 조성된 타법펀드의 취지를 살리기 위하여 사모의 방법으로 자금을 조달한 펀드로 일정한

18) 위반행위에 대해서는 1억원 이하의 과태료를 부과한다(§449(1)(xxix)).

투자자의 총수가 일정 수 이하인 경우에는 집합투자에서 제외하고 있다(§6(5)(i)). 그러한 펀드의 경우에는 투자자가 주로 전문투자자라는 점을 고려한 것이다.

②의 자산유동화를 집합투자의 개념에서 제외한 것은 양자의 구조적 차이점을 고려하여 자산유동화를 별개의 법률(자산유동화법)에서 규율하기 때문이다. 집합투자는 투자자로부터 모은 금전등을 투자대상자산에 투자하여 수익을 도모하는 구조라면, 자산유동화는 거꾸로 투자대상자산을 토대로 발행한 증권을 투자자에게 처분하여 자금을 모으는 구조라는 점에 차이가 있다. 같은 취지에서 자산유동화법에 의하지 않는 이른바 비(非)정형유동화도 특히 유동화자산의 관리나 운용의 측면에서 자산유동화법상 정형유동화와 동일한 수준을 유지할 경우에는 집합투자에서 제외된다고 보아야 할 것이다.[19]

③의 경우와 관련하여 시행령에서는 실로 다양한 경우를 집합투자에서 제외하고 있다(令§6(4)). 지주회사(§6(4)(vi)), 일반 사업회사(§6(4)(ix)), 기업인수목적회사(special purpose acquisition company: SPAC)(§6(4)(xiv) 등이 대표적인 예이다.[20]

Ⅴ. 투자자문업

1. 의의

자본시장법상 투자자문업은 금융투자상품 기타 시행령으로 정하는 투자대상자산("금융투자상품등")의 가치 또는 금융투자상품등에 대한 투자판단에 관한 자문에 응하는 것을 영업으로 하는 것"을 말한다(§6(7)). 시행령으로 정하는 투자대상자산에는 부동산 등 실물자산도 포함된다(令§6-2). 여기서 "금융투자상품등에 대한 투자판단"이란 금융투자상품등의 "종류와 종목, 취득·처분, 취득·처분의 방법·수량·가격 및 시기 등에 대한 판단"을 말한다. 투자자문은 최종적인 투자판단을 투자자가 한다는 점에서 투자일임과 구별된다.

19) 반대: 김홍기, 90면(자산유동화법에 따라 금융위에 등록한 자산유동화만 제외).

20) 투자자로부터 모은 금전을 투자자 전원의 합의에 따라 운용, 배분하는 투자클럽은 투자자의 일상적 운용지시가 있는 경우이므로 개념상 집합투자에서 제외되나 시행령은 그 경우도 제외대상으로 명시하고 있다(§6(4)(xiii).

2. 투자자문의 방법

투자자문은 특정 투자자의 투자수요를 고려하여 개별적으로 진행되는 것을 전제한다. "'특정'이란 투자판단을 제공받는 상대방의 범위가 한정되어 있다는 의미가 아니라, 투자판단을 제공받는 과정에서 면담·질문 등을 통해 투자판단을 제공받는 상대방의 개별성, 특히 투자목적이나 재산상황, 투자경험 등이 반영된다는 것"을 말한다(대법원 2022.10.27. 선고 2018도4413 판결). 따라서 투자자문을 받는 상대방의 개별적 투자수요가 반영되는 한 투자자문은 반드시 특정 투자자와 1:1로 행해져야 하는 것은 아니다. 그러나 투자자문이 "불특정다수인을 상대로 한 경우가 아니라 문의자와 상담자 사이에 1:1 상담 혹은 자문이 행해지는 한 이는 투자자문업에 해당하는 것"이고, "비록 그 투자상담이 전화를 통하여 이루어지는 경우"에도 유사투자자문업이라고 할 수 없다(대법원 2007.11.29. 선고 2006도119 판결).

주식자동매매 프로그램

주식 자동매매(algorithmic trading) 프로그램이란 일종의 소프트웨어로 사용자가 투자판단의 기초가 되는 설정값을 미리 입력하면 기계적인 연산작용을 통해 입력한 설정값에 따른 주문을 자동적으로 집행함으로써 신속한 거래를 뒷받침하는 프로그램이다. 대법원은 주식 자동매매 프로그램을 판매·대여하면서 "프로그램 작동에 필수적인 입력 설정값 등도 제공하였다면, 이러한 일련의 행위는 해당 프로그램을 도구로 이용하여 프로그램 사용자들에게 투자판단을 제공한 것"으로 볼 수 있다는 이유로 투자자문업에 해당한다고 판단한 바 있다(대법원 2022.10.27. 선고 2018도4413 판결).

---

3. 투자자문업에서 명시적으로 제외되는 경우

(1) 불특정다수인을 상대로 한 조언 - 유사투자자문업자

투자자문업은 특정 투자자의 개별적인 투자수요를 고려하여 특정 투자자를 상대로 자문하는 것이므로 불특정다수인을 상대로 조언하는 경우는 투자자문업으로 보지 않는다. 자본시장법은 간행물, 통신, 방송 등과 같이 불특정다수인이 접근할 수 있는 매체를 통하여 금융투자상품[21]에 관하여 개별성 없는 조언[22]을 하는 경

21) 투자자문업자의 경우와 달리 금융투자상품등이 아니라 금융투자상품에 한정된다.

우는 투자자문업에서 제외하고 있다(§7(3)).[23] 다만 고객으로부터 대가를 받고 이러한 조언을 하는 경우는 유사투자자문업으로 규제한다(§§101~101-3).

(2) 다른 영업에 수반되는 무보수 상담

자본시장법은 "따로 대가 없이 다른 영업에 부수하여 … 금융투자상품등의 가치나 그 금융투자상품등에 대한 투자판단에 관한 자문에 응하는 경우"를 투자자문업에서 명시적으로 제외하고 있다(§7(6)(iv); 令§7(4)(viii), (5)(iv)(마)).[24] 그 대표적인 예로는 투자중개업자의 임직원이 금융투자상품의 위탁매매에 부수하여 투자자에게 행하는 무보수의 투자상담행위와 은행이 이른바 '로보어드바이저'를 활용하여 무보수로 상품을 추천하는 상품추천형 로보어드바이저 서비스를 들 수 있다.[25]

(3) 자문용역과 관련한 분석정보 제공

자본시장법은 채권평가회사, 공인회계사, 변호사 등 일정한 전문가들이 제공하는 자문용역과 관련하여 분석정보 등을 제공하는 것을 투자자문업에서 명시적으로 제외하고 있다(§7(6)(iv); 令§7(4)(ix), (5)(iv)(마)).

(4) 부동산 관리대행 업무 등

자본시장법은 다른 법령에 따라 건축물 및 주택의 임대관리 등 부동산의 관리대행, 이용·개발·거래상담, 그 밖에 투자·운용자문 등의 업무를 영위하는 경우도 투자자문업에서 제외한다(§7(6)(iv); 令§7(4)(x), (5)(iv)(바)).

---

22) 개별 투자자를 상정하지 아니하고 다수인을 대상으로 일방적으로 이루어지는 투자에 관한 조언을 말한다.

23) 다만, 조언과 관련하여 온라인상에서 일정한 대가를 지급한 고객과 의견을 교환할 수 있는 경우에는 그러하지 아니하다(§7(3)단서). 다른 유료회원들이 청취할 수 있는 상황에서 개별투자자들로부터 고액 가입비를 받고 개별종목을 상담하는 전문가방송을 투자자문업으로 본 하급심판결(서울남부지방법원 2011.4.28. 선고 2010노2044 판결)은 같은 취지를 따른 것으로 볼 수 있다.

24) "다른 영업"을 투자매매업이나 투자중개업에 한정하자는 견해로 김/정, 123~124면.

25) 로보어드바이저 서비스를 이용하는 고객을 보호할 필요성에 대해서는 박준/한민, 1117~1118면.

Ⅵ. 투자일임업

1. 의의

자본시장법상 투자일임업은 "투자자로부터 금융투자상품등에 대한 투자판단의 전부 또는 일부를 일임받아 투자자별로 구분하여 그 투자자의 재산상태나 투자목적 등을 고려하여 금융투자상품등을 취득·처분, 그 밖의 방법으로 운용하는 것을 영업으로 하는 것"을 말한다(§6(8)). 투자자문업의 경우와 마찬가지로 대상자산은 금융투자상품 외에 부동산 등의 자산까지 포함한다. 투자일임업은 투자자 재산이 금융투자업자에 위탁된 상태에서 수행되고 최종적인 투자판단도 투자일임업자가 담당한다는 점에서 투자자문업과 구별된다. 또한 "투자자별로 구분하여" "그 투자자의 재산상태나 투자목적 등을 고려하여" 개별적으로 운용한다는 점에서 자산을 집합하여 운용하는 집합투자업과 구별된다.

2. 명시적으로 제외되는 경우

자본시장법은 다음과 같이 투자일임업에서 제외되는 경우를 명시하고 있다.

① 투자중개업자가 "투자자의 매매주문을 받아 이를 처리하는 과정에서 금융투자상품에 대한 투자판단의 전부 또는 일부를 일임받을 필요가 있는" 일정한 경우(§7(4); 令§7(3)).

② 투자매매업자나 투자중개업자 중 일부의 자가 상장지수 집합투자기구의 설정·설립을 위하여 자기 또는 타인의 계산으로 증권을 매매하는 경우는 투자일임업을 영위하는 것으로 보지 않는다(§234(2)).

일임매매제도의 폐지

과거 증권거래법 시절에는 증권회사의 일임매매가 제한적으로 허용되었다. 당시 법률상 허용되는 일임의 범위는 수량·가격·매매시기에 한정되었으나(§107) 현실적으로는 투자자가 그러한 범위의 제한 없이 증권회사 직원에게 포괄적으로 일임하는 경우가 많았다. 그리하여 일임매매의 남용을 둘러싼 분쟁이 끊임없이 발생하였다. 자본시장법은 일임매매의 남용으로 인한 폐해를 원천적으로 제거하기 위하여 기존의 일임매매제도를 폐지하는 한편으로 일임매매에 대한 시장의 수요는 투자일임업으로 대처하고 있다.

Ⅶ. 신탁업

1. 의의

자본시장법상 신탁업은 "신탁을 영업으로 하는 것"을 말한다(§6(9)). 영업의 대상으로 명시한 "신탁"은 엄밀히 말하면 '신탁 자체'가 아니라 '신탁의 인수'라고 할 것이다. 여기서 신탁은 신탁법상의 신탁(§2)을 말한다(§9(24)). 다른 금융투자업과는 달리 신탁업의 정의는 금융투자상품을 기초로 하지 않고 있어 잠정적으로 모든 재산을 포섭할 수 있다. 그러나 자본시장법은 신탁업자의 영업행위를 규정하며 신탁재산을 금전, 증권 등의 재산으로 제한하고 있다(§103(1)).

2. 특정금전신탁과 불특정금전신탁

우리 신탁업에서 압도적 비중을 차지하는 것은 금전신탁이다. 자본시장법은 금전신탁을 특정금전신탁과 불특정금전신탁으로 구분한다(§103(3); 令§103). 위탁자가 신탁재산인 금전의 운용방법을 지정하는 것이 특정금전신탁이고, 지정하지 않는 것이 불특정금전신탁이다. 금전신탁은 대부분 특정금전신탁으로 구성된다. 자본시장법은 신탁업자가 특정금전신탁 계약을 체결하거나 운용방법을 변경할 때에는 위탁자로 하여금 신탁재산인 금전의 운용방법으로서 운용대상의 종류·비중·위험도 등을 계약서에 자필로 적도록 하는 등의 조치를 취하도록 요구한다(令§104 (6)).

다수의 위탁자로부터 모은 금전으로 특정이나 불특정금전신탁을 설정하여 신탁업자가 합동운용하는 경우에는 원칙적으로 자본시장법상 투자신탁에 해당하므로 집합투자업 인가를 요한다.[26] 또한 신탁업자가 신탁재산을 집합하여 운용하는 행위는 원칙적으로 불건전영업행위로 금지된다(§108(ix), 令§109(3)(v)). 결과적으로 1인 위탁자가 위탁한 금전을 특정이나 불특정금전신탁으로 단독운용하는 것만이 신탁업에 해당하게 된다.

---

26) 자본시장법은 신탁업자가 금전을 공동운용하는 경우 중 예외적으로 집합투자에서 제외되는 경우를 규정함으로써(§6(5)(iii), 令§6(4)(ii)) 공동운용하는 경우가 집합투자에 해당한다는 전제에 서 있다.

3. 명시적으로 제외되는 경우

자본시장법은 신탁업에서 담보부사채신탁법상 담보부사채신탁업과 저작권법상 저작권신탁관리업을 명시적으로 배제하고 있다(§7(5)).

Ⅷ. 외국금융투자업자

1. 외국금융투자업자에 대한 자본시장법 적용

자본시장법은 국외에서 이루어진 행위라도 그 효과가 국내에 미치는 경우에는 적용된다(§2). 따라서 ① 외국금융투자업자가 국내에서 영업하는 경우에는 물론이고 ② 국외에서 내국인을 상대로 영업하는 경우에도 원칙적으로 자본시장법이 적용된다. 따라서 외국금융투자업자가 내국인을 상대로 영업을 하기 위해서는 원칙적으로 자본시장법에 따른 인가를 받거나 등록을 하여야 한다(§§11, 17). 다만 외국금융투자업자의 역외 영업행위에 대해서는 감독의 어려움 등 현실적인 고려에 따라 일부 영업행위를 명시적으로 금융투자업에서 제외하고 있다. 이하 차례로 살펴본다.

2. 해외증권발행관련 인수계약의 협의 등

내국인이 국외에서 증권을 공모나 사모하는 경우 외국투자매매업자 또는 외국투자중개업자가 국내에서 인수계약[27]을 협의하거나 체결하는 경우는 투자매매업 또는 투자중개업에서 제외된다(§7(6)(iv); 令§7(4)(v), (5)(iv)(다)).[28]

3. 외국투자매매업자에 의한 국외에서의 파생결합증권 발행

자본시장법은 파생결합증권 발행을 투자매매업으로 규정하고 있으므로(§6(2)) 외국투자매매업자의 국외에서의 파생결합증권 발행도 투자매매업에 해당한다고 볼 가능성이 있다. 그리하여 자본시장법은 외국투자매매업자가 국외에서 파생결합증

27) 그 내국인을 위하여 해당 증권의 모집·사모·매출을 하거나 그 밖에 직접 또는 간접으로 증권의 모집·사모·매출을 분담하기로 하는 내용의 계약(주선계약)을 포함한다(令§7(4)(v)(가)).

28) 다만 그 내국인과 인수계약의 내용을 확정하기 위한 협의만을 국내에서 하는 경우에는 금융위에 관련자료를 제출해야 하고, 국내에서 체결하는 경우에는 금융위의 인정을 요한다(令§7(4)(v)).

권을 일정한 기준을 충족하여 발행하는 경우를 투자매매업에서 제외한다(§7(6)(iv); 令§7(4)(v-2), (5)(iv)(가)).

4. 국내 투자매매업자 등을 상대로 하는 영업

자본시장법상 외국금융투자업자가 국내에서 투자매매업자를 상대방으로 하거나 투자중개업자를 통하여 금융투자상품을 매매하는 것은 금융투자업에서 제외된다(§7(6)(ii)).[29] 또한 외국의 투자매매업자나 투자중개업자가 국외에서 투자매매업자를 상대방으로 하여 금융투자상품을 매매하거나 투자중개업자를 통하여 금융투자상품의 매매를 중개·주선 또는 대리하는 행위도 투자매매업이나 투자중개업에서 제외된다(§7(6)(iv); 令§7(4)(vi)(가), (5)(iii)(다)).

5. 국내거주자의 자발적 거래 등

외국의 투자매매업자나 투자중개업자가 투자매매업자나 투자중개업자가 아닌 국내거주자를 상대로 투자권유 또는 투자광고[30] 없이 국내거주자의 매매주문을 받아 투자매매업이나 투자중개업을 영위하는 경우는 각각 투자매매업과 투자중개업에서 제외된다(§7(6)(iv); 令§7(4)(vi)(나), (5)(iii)(다)).[31]

6. 일정한 외국 집합투자증권의 국내판매

일정한 외국의 집합투자업자 등이 일정한 기준에 따라 일정한 외국집합투자증권을 국내에서 판매하는 경우도 투자매매업 또는 투자중개업에서 제외된다(§7(6)(iv); 令§7(4)(vi-2), (5)(iv)(다)).

---

29) 실무상 특히 문제되는 것은 "투자중개업자를 통하여"의 의미이다. 금융당국은 외국금융투자업자가 국내 투자중개업자와 중개계약을 체결하고 계좌를 개설하여 거래하였으나 그 소개나 알선 없이 단순히 계약의 성립, 이행, 유지, 관리, 종결을 촉진하기 위한 여러 업무를 수행하는데 그친 경우에는 무인가행위로 위법하다고 보는 엄격한 태도를 취하고 있는 것으로 보인다.

30) 투자광고는 투자성 상품을 취급하는 금융상품판매업자나 금융상품자문업자의 업무에 관한 광고 또는 투자성 상품에 관한 광고를 말한다(令§7(4)(vi)(나); 금소법 §22).

31) 다만 자본시장법은 일반투자자와 일정한 전문투자자가 해외의 증권시장이나 파생상품시장에서 외화증권이나 장내파생상품의 매매거래를 하기 위해서는 국내 투자중개업자를 통할 것을 요한다(令§184(1)).

7. 외국투자자문업자 등의 국외투자자문 등

외국의 일정한 투자자문업자나 외국투자일임업자가 국외에서 국가나 일정한 기관 등을 상대로 투자권유 또는 투자광고를 하지 않고 투자자문업이나 투자일임업을 하는 경우는 투자자문업 또는 투자일임업에서 제외된다((§7(6)(iv); 令§7(4)(vii), (5)(iv)(라)).

제2절 투자자[32]

Ⅰ. 서설

투자자 보호는 전통적으로 자본시장법의 주된 목표로 여겨져 왔다. 투자자 보호가 필요하다는 인식의 밑바닥에는 투자자가 자기방어능력이 없는 취약한 존재라는 사고가 깔려 있다. 그리하여 자본시장법은 회사의 증권 공모 시에 투자자에 대한 정보공시를 강제할 뿐 아니라 금융투자업자가 투자자를 상대로 영업활동을 하는 경우 여러 면에서 투자자를 배려할 의무를 부과한다. 나아가 자본시장의 발전으로 금융투자상품의 복잡성과 위험성이 점점 높아짐에 따라 투자자 보호를 위한 규제의 요구도 커지고 있다. 한편 자본시장에 참여하는 투자자의 구성이 다양해지면서 기관투자자는 물론이고 개인 중에서도 전문성을 갖춘 투자자들이 늘어나게 되었다. 이러한 자본시장의 변화를 반영하여 한편으로는 금융투자상품의 복잡성과 위험성을 고려하여 규제를 강화하면서도 그 규제의 비용이 거래를 위축시킬 정도로 지나치지 않도록 규제의 수준을 적절히 조정하는 작업이 중요한 과제로 떠오르고 있다. 그 작업은 주로 자본시장법과 금소법을 통해서 이루어지고 있다. 그 작업에서 특히 부각되는 요소는 바로 투자자의 전문성이다. 현행 자본시장법은 이미 투자자를 전문투자자와 일반투자자로 구분하여 규제수준을 달리함으로써 한편으로는 일반투자자에 대한 보호를 강화하면서도 다른 한편으로는 전문투자자와의 거래에 대한 규제를 완화함으로써 전반적인 규제의 효율성을 높이기 위한 노력을 기울이

32) 자세한 것은 김/정, 158~167면.

고 있다.[33)]

Ⅱ. 자본시장법상 투자자의 구분

1. 일반투자자와 전문투자자

자본시장법은 전문투자자와 일반투자자를 구분한다. 일반투자자는 "전문투자자가 아닌 투자자"로 정의되고 있기 때문에(§9(6)) 먼저 전문투자자의 정의를 확정할 필요가 있다. 자본시장법상 "전문투자자"란 금융투자상품에 관한 전문성 구비 여부, 소유자산규모 등에 비추어 투자에 따른 위험감수능력이 있는 투자자로서" 다음의 자를 말한다(§9(5)).

① 국가

② 한국은행

③ 대통령령으로 정하는 금융기관

④ 주권상장법인[34)]

⑤ 그 밖에 시행령으로 정하는 자

위에서 위험감수능력은 금융투자상품 거래에 따라 필연적으로 발생하는 각종 위험을 스스로 감수할 수 있는 능력으로 "금융투자상품에 대한 전문성 구비 여부, 소유자산 규모 등"을 기준으로 판단한다(§9(5)본문). 위 ③의 경우 시행령은 은행, 보험회사, 금융투자업자, 금융지주회사 등과 이에 준하는 외국금융기관을 전문투자자의 범위에 포함하고 있다(§9(5)(iii); 令§10(2)).[35)]

또한 위 ⑤의 경우 시행령은 예금보험공사, 한국자산관리공사, 한국주택금융공사, 예탁결제원, 거래소, 금융감독원, 집합투자기구, 법률에 따라 설립된 기금,[36)] 지방자치단체 등에 추가하여 일정한 요건을 충족한 법인 또는 개인, 일정한 외국인

33) 이에 관하여 보다 상세한 것은 이정두/김민석, "개인인 전문투자자 및 전문금융소비자의 분류기준과 보호수준에 대한 고찰," 증권법연구 제23권 제3호(2022), 1면.

34) 다만, 금융투자업자와 장외파생상품 거래를 하는 경우에는 전문투자자와 같은 대우를 받겠다는 의사를 금융투자업자에게 서면으로 통지하는 경우에 한한다.

35) 한편 금소법은 모든 금융회사라고 규정하고 있다(§2(ix)(다), 令§2(8)).

36) 법률 자체에 의하여 직접 설립하는 경우에 한정된다.

등 앞서 명시된 전문투자자와 유사한 수준의 위험감수능력을 가진 것으로 판단되는 자들을 전문투자자로 열거하고 있다(§9(5)(v); 슈§10(3)).

2. 자발적 전문투자자

이른바 '자발적 전문투자자'는 위에 열거한 전문투자자 중에서 자발적으로 일정한 요건을 갖추어 전문투자자의 지위를 선택한 법인과 개인을 말한다(슈§10(3)(xvi), (xvii)). 법인의 경우에는 관련자료제출일 전일을 기준으로 금융투자상품 잔고가 100억원(외감법상 외부감사를 받는 주식회사는 50억원) 이상으로서 제출일로부터 2년이 지나지 않을 것을 요한다. 한편 개인은 소정의 금융투자상품을 일정기간동안 월말 평균잔고기준으로 5천만원 이상 보유한 경험이 있고 소정의 소득액·자산기준이나 전문성요건을 충족할 것을 요한다.[37] 이러한 요건을 충족한 개인을 실무상 '개인전문투자자'라고 한다.

3. 전문투자자의 일반투자자 전환

자본시장법은 전술한 바와 같이 일반투자자가 전문투자자의 지위를 선택하는 것을 허용함과 아울러 일부 전문투자자의 경우 일반투자자와 같이 대우받는 것을 선택할 수 있는 길을 열어주고 있다(§9(5)단서). 일반투자자로 전환할 수 있는 전문투자자는 국가, 한국은행, 금융기관, 일정한 기타 전문투자자 등을 제외한 전문투자자로 국내외 주권상장법인, 기금관리·운용법인, 공제사업자, 지방자치단체, 자발적 전문투자자 등을 포함한다(슈§10(1)).

일반투자자와 같은 대우를 받기를 원하는 전문투자자는 그 의사를 금융투자업자에게 서면으로 통지해야 한다(§9(5)단서). 전문투자자로부터 전환요청서를 받은 금융투자업자는 정당한 사유가 있는 경우를 제외하고는 이에 동의해야 하며 금융투자업자가 동의하면 당해 투자자는 일반투자자로 본다. 전환이 효력이 미치는 금융투자업자는 전환에 동의한 자에 한정된다. 다만 전환의 효력은 동의한 금융투자업자와의 사이에서 행해지는 모든 거래에 미친다.[38]

37) 이러한 요건이 충족되지 않았음을 알면서도 전문투자자로 대우하는 행위(§71(7); 슈§68(5)(i-3))는 과태료 부과대상이다(§449(1)(xxix).

38) 투자자와 금융투자업자의 약정으로 그 적용범위를 특정한 금융거래로 한정할 수 있다.

4. 전문투자자에 대한 자본시장법 적용의 제한

자본시장에서 투자자 보호가 특히 필요한 것은 일반투자자의 경우이다. 자본시장법상의 각종 투자자 보호장치는 일반투자자에 집중되고 전문투자자의 경우에는 적용이 제한된다. 전문투자자에 대한 자본시장법 적용의 제한은 주로 ① 공모규제, ② 영업행위규제,[39] ③ 투자적격규제의 세 방면에서 이루어지고 있다.[40] 먼저 ①의 공모규제와 관련해서는 개인전문투자자의 경우에도 공모규제 적용의 기준인 청약권유대상 50인을 산정할 때 제외된다(令§11(1)(i)(가)). ②의 영업행위규제와 관련해서는 금융소비자보호법(금소법)에 따라 전문금융소비자에게는 적합성 원칙, 적정성 원칙, 설명의무 등 투자권유 규제가 적용되지 않고,[41] 투자매매업자 및 투자중개업자에게 적용되는 불건전영업행위규제(§71)와 관련해서도 일반투자자에게는 보다 강화된 기준을 적용한다(令§68(5), 금융투자업규정 §4-20). ③의 투자적격규제와 관련해서 전문투자자에게는 최저투자금액의 제한없이 사모펀드에 투자할 수 있다(§249-2).[42]

Ⅲ. 금소법상 금융소비자

1. 금소법의 제정

자본시장법상의 투자자 보호 규정은 크게 공시와 관련한 규정, 불공정거래와 관련한 규정, 금융투자업자와의 관계에 관한 규정의 세 가지 유형으로 나눌 수 있다. 특히 금융투자업자와의 관계의 면에서는 자본시장의 두 가지 변화를 주목할 필요가 있다. 하나는 글로벌 금융위기를 계기로 현실적으로 투자자를 금융소비자로 보호해

---

39) 영업행위규제에 관한 상세한 설명은 제12장 제2절 참조.

40) 자본시장법이 전문투자자에 대해서 특례를 적용하는 범위가 너무 넓다는 지적도 있다. 이정두/김민석, 전게논문, 26면.

41) 다만 대법원은 "투자권유단계에서 판매회사의 투자자 보호의무는 투자자가 일반투자자가 아닌 전문투자자라는 이유만으로 배제된다고 볼 수는 없고, 다만 투자신탁재산의 특성과 위험도 수준, 투자자의 투자 경험이나 전문성 등을 고려하여 투자자 보호의무의 범위와 정도를 달리 정할 수 있다고 할 것이다"라고 판시한 바 있다(대법원 2010.11.11.선고 2010다55699 판결 등).

42) 개인전문투자자가 금융투자업자와 장외파생상품거래를 하는 경우에는 전문투자자와 같은 대우를 받겠다는 의사를 서면으로 표시한 경우에만 전문투자자로 본다(令§10(3)단서).

야 할 필요성이 대두되었다.[43] 다른 하나는 금융투자업, 은행업, 보험업 사이의 장벽이 낮아지고 상호 간의 경쟁이 진행 중인 시장환경이다. 투자자와 금융투자업자와의 관계에서 발생하는 문제들은 자본시장에 독특한 것이라기보다 은행이나 보험회사와의 관계에서 발생하는 문제들과도 유사한 면이 있다. 이러한 점을 고려하면 이들 각 금융분야의 일반 소비자에 대한 법적 보호수준을 맞출 필요가 있다. 그리하여 2020년 정책당국은 이들 각 금융업자와 상대하는 일반 고객을 "금융소비자"라는 새로운 범주로 포섭하여 이들을 특별히 보호하는 "금융소비자 보호에 관한 법률"(금소법)이란 특별법을 제정하였다.[44] 그 결과 종래 자본시장법에 존재하던 금융투자업자의 영업행위와 관련한 투자자 보호규정들은 한꺼번에 금소법에 이관되었다.

2. 금소법상 금융소비자의 의의

금소법은 금융소비자를 "금융상품에 관한 계약의 체결 또는 계약 체결의 권유를 하거나 청약을 받는 것에 관한 금융상품판매업자의 거래상대방 또는 금융상품자문업자의 자문업무의 상대방인 전문금융소비자 또는 일반금융소비자"로 정의한다(§2(viii)). 이 정의에 따르면 은행법상의 예금자나 대출채무자, 보험업법상의 보험계약자, 자본시장법상의 투자자는 모두 금융소비자에 해당한다. 금소법은 금융소비자가 금융회사와 금융상품에 관한 계약을 체결하거나 자문을 받는 단계에서 자기방어능력이 떨어지는 금융소비자를 보호하기 위한 규정을 두고 있다.

3. 전문금융소비자와 일반금융소비자의 구별

자본시장법이 일반투자자와 전문투자자를 구별하여 규제수준을 달리하는 것과 마찬가지로 금소법도 전문금융소비자와 일반금융소비자를 구별하고 있다. 일반금융소비자는 전문금융소비자가 아닌 자를 의미하므로(§2(x)) 먼저 전문금융소비자의 범위를 확정할 필요가 있다. 금소법은 전문금융소비자를 "금융상품에 관한 전문성 또는 소유자산규모 등에 비추어 금융상품 계약에 따른 위험감수능력이 있는 금융소비자"로 정의한다(§2(ix)본문). 금소법은 금융회사나 주권상장법인 외에 시행령으로 금융상품의 유형 별로 전문금융소비자를 추가할 수 있도록 하고 있다(§2

43) 이정두/김민석, 전게논문, 5면.

44) 시행은 2021년.

(ix)(마)). 시행령은 투자성 상품의 경우에는 자본시장법상의 전문투자자 개념을 원용하여 전문금융소비자를 추가하고 있어(令§2(10)(iii)) 전문금융소비자와 전문투자자와의 사이에 별 차이가 없다.[45]

45) 이정두/김민석, 전게논문, 11면.

제4장 발행시장과 공시

제1절 서론

Ⅰ. 발행시장의 개요

1. 발행시장과 자금조달

발행시장은 기업이 발행한 증권을 투자자가 처음으로 취득하는 시장으로[1] 이미 발행된 증권이 투자자 사이에서 거래되는 유통시장과 구별된다.[2] 투자자의 관점에서는 발행시장이나 유통시장은 모두 투자를 실행하는 시장이라는 점에 차이가 없지만 자금을 조달하는 기업의 관점에서는 양자는 큰 차이가 있다. 기업에게 발행시장은 투자자로부터 자금을 조달하는 통로의 기능을 하는데 비하여 유통시장은 기업의 자금조달과 적어도 직접적인 관련은 없다.[3] 발행시장에서 자금조달의 주체는 대규모 공개회사로부터 혁신적인 스타트업 기업에 이르기까지 다양하다. 국가경제의 활력을 북돋우기 위해서는 스타트업에 의한 자금조달, 특히 '기업공개'

1) 발행시장에서의 '발행'은 투자자에게 투자대상으로 제공된다는 의미가 더 강하다는 점에서 증권이 새로이 창출된다는 의미의 상법상 발행과 차이가 있다.

2) 대주주의 보유주식을 일반투자자에게 분매하는 것과 같이 이미 발행된 후 상당한 시간이 경과한 증권이라도 대량으로 투자자에게 분산매매하는 경우에는 발행시장거래에 속한다.

3) 다만 투자자의 투자회수는 유통시장에서 이루어진다는 점에서 유통시장이 발행시장의 발전을 뒷받침하는 측면이 있다.

(initial public offering: IPO)가 중요하다. 그것을 촉진하려면 성숙한 발행시장을 가질 필요가 있다. 이러한 인식이 확산됨에 따라 각국은 모두 발행시장의 육성에 관심을 기울이고 있다.

2. 발행의 다양한 형태

발행시장에서 기업이 증권을 발행하는 모습은 실로 다양하다. 이하에서는 대표적인 기업형태인 주식회사가 대표적인 증권 유형인 주식을 발행하는 경우를 중심으로 서술한다. 주식발행은 먼저 기본적으로 투자자의 수에 따라 '공모'(public offering)와 '사모'(private offering 또는 private placement)로 나눌 수 있다. 공모는 널리 일반투자자로부터 자금을 조달하는 것으로 발행시장규제는 공모에 초점을 맞추고 있다. 공모는 크게 ① 공모를 통하여 회사를 설립하는 경우(공모설립)[4]와 ② 일단 설립된 회사가 공모를 통하여 증자하는 경우(공모증자)로 나눌 수 있다. ②의 공모증자는 다시 최초의 공모, 즉 기업공개(IPO)[5]와 공개 후의 공모증자로 나눌 수 있다.

IPO에 의하여 발행된 주식은 거래소에 상장되는 것이 보통이지만 이론상으로는 상장되지 않은 상태로 장외에서 거래되는 것도 가능하다. 이처럼 IPO는 논리적으로는 반드시 상장을 수반하는 것이 아니지만 과거 우리나라에서 IPO는 상장을 포함하는 의미로 이해되어 일방만이 이루어지는 경우는 생각하지 못했다. 그러나 근래에는 양자가 실무상으로도 확연히 구별되고 있다. 그것을 보여주는 예가 바로 상장을 수반하지 않는 IPO와 IPO가 선행되지 않는 이른바 '직(直)상장'(direct listing)이다.

IPO 이후의 공모증자도 다시 다양한 형태로 나뉜다. 신주인수권을 가진 다수의 주주에게 배정하여 증자하는 '주주배정증자'(rights offering), 일반투자자를 상대로 공모하는 '일반공모증자', 주주에게 우선배정하고 실권된 부분을 투자자에게 모집하는 '주주우선공모' 등이 그 대표적인 예이다.

---

4) 실제로 이러한 경우는 거의 없다.

5) 이론적으로는 대주주가 자신의 보유주식을 최초로 일반에 매출하는 것도 IPO에 해당하지만, 여기에서는 신규로 발행되는 주식이 공모되는 경우를 중심으로 설명한다.

[표 Ⅳ-1] 주식발행의 다양한 형태

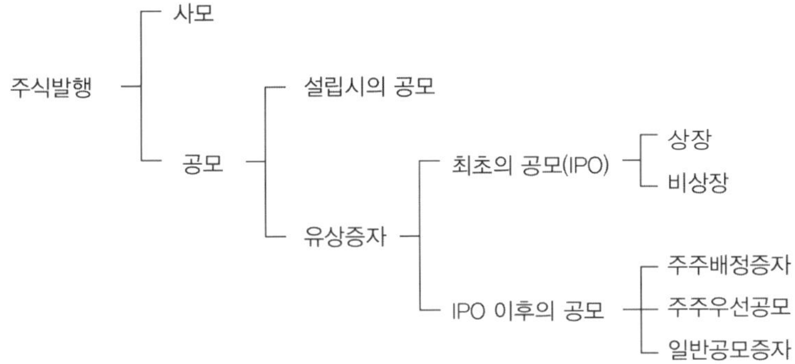

⁝ 기업자금조달과 발행시장

기업이 창업으로부터 상장을 거쳐 성숙기에 접어들기까지 자금조달의 방법은 변화한다.

① 창업 초기 단계: 이 단계에서는 창업자와 그 가족, 엔젤투자자의 자금을 이용하는 것이 보통이고 증권형 크라우드펀딩에 의존하는 경우도 있다.

② 제품의 개발단계: 친지나 일부 '엑셀러레이터'(accelerator)로부터 사모투자를 받는 경우가 많다.

③ 시제품의 개발과 생산단계: 벤처캐피탈의 사모투자를 받는 경우가 많다.

④ 영업이익의 창출단계: 사업모델이 검증되어 영업이익이 창출될 전망이 있는 경우에는 영업이익이 발생하기 전이라도 IPO를 거쳐 상장하는 경우가 있다.

⑤ 대량생산을 위한 추가투자의 단계: 기존 상장법인에 의한 유상증자(seasoned offering)로 주로 공모의 형태를 취한다.

특히 미국에서는 사모투자시장이 활성화됨에 따라 점차 스타트업의 IPO시기가 늦어지고 그 수도 감소하는 추세이다.[6)]

---

6) KBLN 2020.7.12.자.

Ⅱ. 발행시장규제의 필요성

1. 발행시장에서의 두 가지 문제

투자자가 증권을 취득하는 경로는 발행시장과 유통시장의 두 가지로 나눌 수 있다. 자본시장법은 전자를 후자에 비하여 더 엄격히 규제한다. 그 이유는 발행시장거래가 지닌 두 가지 문제 때문이다. ① 하나는 투자자와 발행회사 사이에 존재하는 '정보의 비대칭'(information asymmetry)이다. 특히 IPO를 통하여 자금을 조달하는 기업은 상대적으로 덜 알려진 기업인 경우가 많다. 정보의 비대칭을 방치하면 투자자는 투자를 외면하거나 투기목적으로만 접근할 것이다. 그런 상황이 지속되면 우량기업은 발행시장을 회피하고 불량기업만 몰려드는 현상(이른바 逆선택 내지는 레몬시장(lemon market)[7]의 현상)이 발생하기 쉽다. 이처럼 정보의 비대칭은 결국 우량한 스타트업의 자금조달을 저해한다는 점에서 정부로서는 그것을 해소할 정책상의 필요가 존재한다.

② 다른 하나는 특히 발행시장에 특유한 '판매압력'(selling pressure)의 존재이다. 판매압력이란 투자자를 적절한 정보에 기초하지 않은 경솔한 투자로 이끌 수 있는 일체의 요인을 가리킨다. 판매압력이 발생하는 이유는 여러 가지이다. 먼저 인수나 판매를 맡은 증권회사가 수수료수입을 얻을 목적으로 투자자에게 낙관적인 정보만을 제시하여 무모한 투자를 유도할 위험이 크다. 특히 IPO에서 인수회사는 미매각위험을 최소화하기 위하여 발행가액을 낮게 설정할(underpricing) 인센티브가 있다. 그 결과 IPO 직후 주가가 급등하는 사례가 종종 발생하므로 그로 인한 단기차익을 노린 투자자들이 몰려들기 쉽다. 또한 시세가 존재하는 유통시장의 경우와는 달리 시세가 없는 주식에 대해서 단기간 내에 투자여부를 결정해야 하는 IPO투자의 경우 이른바 "묻지마" 투자가 일어날 가능성이 높다. 위 ①과 ②는 모두 투자자가 적절한 정보에 기초한 투자결정을 하는 것을 방해한다는 점에는 차이가 없다.

2. 규제의 필요성

전술한 바와 같이 정보의 비대칭과 판매압력은 무모한 투자를 유발하기 쉽고

7) 미국에서 레몬이 결함 있는 중고차를 가리키는 은어로 사용된 것에서 비롯된 개념이다.

무모한 투자는 결국 자원의 효율적 배분을 해치는 결과를 초래한다. 또한 무모한 투자로 인한 투기열풍과 그 후 필연적으로 따를 수밖에 없는 폭락이 반복되다 보면 신뢰를 상실한 투자자들은 증권시장을 이탈하게 된다. 투자자들의 이탈은 기업자금조달의 통로인 발행시장을 위축시키고 그 결과 벤처투자와 창업은 후퇴할 수밖에 없다. 이러한 상황은 결국 스타트업에 의한 기술혁신과 국민경제의 성장을 저해하는 결과로 이어진다.

이처럼 발행시장은 정보비대칭과 판매압력의 문제로 인하여 규제의 필요성이 존재하지만 과도한 규제는 오히려 발행시장의 위축을 가져올 수 있다. 그러므로 발행시장의 규제를 설계할 때에도 투자자에게 주는 이익이라는 규제의 '편익'(benefit)과 발행회사의 공시비용이라는 규제의 '비용'(cost) 사이의 균형을 맞출 필요가 있다.

Ⅲ. 발행시장규제의 방식

1. 두 가지 규제방식: 공시규제와 내용규제

발행시장의 규제방식은 크게 ① 내용규제(merit regulation)와 ② 공시규제(disclosure regulation)의 두 가지로 나눌 수 있다. ① 내용규제는 금융당국이 부실한 투자대상이라고 판단하는 증권을 투자자로부터 격리시키는 방식이다. 이는 직접적 규제로 간섭의 정도가 높다. 한편 ② 공시규제는 금융당국이, 증권이 투자자의 투자대상으로서 적절한지에 대해서는 간여하지 않고 증권정보가 투자자들에게 충분히 제공되는 것만을 담보하는 방식이다. 공시규제의 저변에는 아무리 부실하고 위험한 증권이라도 투자자가 이를 충분히 알면서 취득하는 경우에는 구태여 막을 이유가 없다는 자유주의적 사고가 깔려 있다. 즉 정확한 정보가 충실히 공시되기만 한다면 나머지는 투자자가 스스로 판단할 수 있다고 본다는 점에서 사적자치의 관점에서 수용하기 용이한 규제방식이기도 하다. 그리하여 자본주의를 추구하는 선진국에서는 대부분 공시규제방식을 취하고 있다.

2. 공시규제의 합리성 논의

공시규제는 내용규제에 비하여 간섭의 정도가 약해서 규제비용은 상대적으로 덜한 편이다. 그러나 공시규제도 공모를 하는 발행회사에게 증권신고서와 투자설명서 등의 공시서류를 작성할 것을 요구하고 공모를 마친 회사에게는 사업보고서 등을 통해서 계속적으로 정보를 제공할 것을 요구한다는 점에서 그 규제의 부담은 무시할 수 없다. 비교적 최근까지 발행시장의 공시가 형식적으로 이루어져 왔던 탓인지 우리나라에서는 공시규제의 부담에 관한 논의가 별로 없었다. 그러나 전술한 바와 같이 공시로 인한 비용부담이 큰 미국에서는 과연 그 비용이 그로 인한 편익에 비추어 합당한 것인가에 대해서 논의가 끊이지 않고 있다.[8] 미국에서 공시규제의 필요를 부정하는 학자들은 법으로 공시를 강제하지 않더라도 어차피 회사는 시장의 압력에 따라 자발적으로 정보를 공시할 것이라고 주장한다. 그러나 과연 시장의 압력에 대한 그런 낙관적인 기대가 과연 여건이 다른 우리나라에서도 통할 수 있을지는 의문이다. 그런 이유에서인지 아직 우리나라에서는 강제공시를 폐지하자는 식의 주장은 찾아보기 어렵고 공시규제의 합리성은 널리 인정되고 있다. 물론 일반투자자들이 증권에 투자할 때 반드시 공시서류를 참고하는 것은 아니다. 그러나 이들은 애널리스트와 같은 전문가들의 판단에 의존하는데 강제공시는 전문가들의 정보취득을 촉진하는 효과가 있다. 또한 공시규제는 공시의 내용, 형식, 시점 등을 통일시킴으로써 투자자의 혼란을 막는 기능도 있다.

이처럼 강제공시의 폐지론은 적어도 아직은 따르기 어렵다. 그러나 그러한 논의가 공시규제의 '비용'에 대한 인식을 높인 점은 평가해야 할 것이다. 공시규제도 결국은 그 효용이 비용을 초과하는 범위에서만 정당성을 인정받을 수 있다는 점에서 공시규제의 합리화를 통해서 기업의 공시비용을 줄이려는 노력을 소홀히 해서는 안 될 것이다.[9]

3. 공시규제의 부정억지기능

공시규제는 투자판단에 필요한 정보를 제공하는 기능과 아울러 부정행위를 억지하는 기능도 수행한다. 즉 공시를 해야 한다면 사기적인 투자대상은 저절로 시장에서 사라질 것이라는 점이다. 이러한 사고는 후일 미국 연방대법원 대법관을 지낸 브랜다이스(Louis Brandeis)의 "햇빛은 가장 훌륭한 소독제이고 전기불은 가장 효

8) 제1장 제1절 Ⅲ.1.(1).

9) 미국의 JOBS Act와 같이 스타트업의 공시비용을 절감하기 위한 입법은 바로 이러한 노력의 예라고 할 것이다. 이러한 규제완화에 대한 비판에 대해서는 KBLN 2020.6.4.자.

과적인 경찰관이다"[10]라는 말에서 가장 잘 드러난다.

4. 상법상 공시와의 차이

증권에 대한 정보공시가 자본시장법에 의해서만 이루어지는 것은 아니다. 상법도 주식이나 사채를 발행하는 경우 일정한 정보공시를 요구하고 있다. 그러나 양자 사이에는 다음과 같은 차이를 확인할 수 있다. ① 규제목적이 다르다. 상법은 주주와 채권자 사이의 이해조정을 위한 기존 주주나 채권자보호를, 그리고 자본시장법은 전통적인 투자자 보호를 목적으로 한다. ② 규제대상인 금융상품의 기능에 대한 인식도 다르다. 같은 주식이나 채권이라도 상법은 자금조달수단의 측면을, 그리고 자본시장법은 투자의 측면을 주목한다. ③ 규제내용도 다르다. 상법은 주로 발행규제를 대상으로 증권의 형식적 내용을 공모에 해당하는지 여부와 관계없이 주식이나 사채청약서에 의하여 공시한다(§§302, 474).[11] 상법은 자본시장법상 매출(§9(9))에 대해서는 규정을 두고 있지 않다. 그러나 자본시장법은 주로 증권의 유통을 전제로 투자자의 투자판단에 필요한 정보를 공시한다. ④ 자본시장법에서는 금융위가 공시정보의 완전성을 심사하지만, 상법에는 그런 장치가 없다.

Ⅳ. 현행 발행시장규제의 개요

현행 자본시장법상 발행시장의 공시규제는 크게 다음 3가지 요소로 구성된다: ① 공시의무의 부과, ② 공모 시의 행위규제, ③ 규제위반에 대한 제재. ①은 발행회사와 투자자 사이에 존재하는 정보의 비대칭을 해소하는 것을 목적으로 한다. 그 수단으로 동원되는 것은 감독당국에 제출하는 증권신고서와 투자자에게 교부하는 투자설명서이다. 신고서에는 증권의 모집·매출에 관한 사항, 발행회사의 기업내용 등에 대한 사항을 기재한다(§119(7); 令§§125, 128). 금융위는 이를 심사한 후 일정한 장소에 비치하고 인터넷 등을 통하여 공시한다(§§120, 129). 신고서와는 별도로 발행회사는 일정한 정보가 기재된 투자설명서를 작성하여 금융위에 제출해야 하며

---

10) Louis Brandeis, Other People's Money and How the Bankers Use It (Frederick A. Stokes Company, 1914), 92.

11) 다만 사채총액인수나 채권매출을 하는 경우에는 사채청약서를 작성할 필요가 없다(§475).

일정한 장소에 비치하고 일반인이 열람할 수 있도록 해야 한다(§123(1)).

②는 판매압력을 완화하기 위하여 발행회사의 행위를 통제하는 것을 목적으로 한다. 행위의 통제는 크게 증권신고서의 '수리'와 신고서의 '효력발생'이란 두 시점을 기준으로 이루어진다. 먼저 증권의 공모는 원칙적으로 발행회사가 당해 증권에 대한 신고서를 금융위에 제출하여 수리된 후에만 할 수 있다(§119(1)). 다만 예외적으로 적용면제증권이나 적용면제거래의 경우에는 신고가 면제된다(§118, 슈§§119, 120, 124-2). 이어서 신고서의 수리 후 효력이 발생하기까지는 청약이나 청약의 권유행위는 허용되지만, 투자자와 계약을 체결할 수는 없다(§121(1)). 계약의 체결은 신고서의 효력발생 후에야 비로소 가능하다. 발행회사는 전문투자자를 제외하고는 투자설명서를 교부한 후가 아니면 증권을 취득하게 하거나 매도할 수 없다(§124(1)). 이러한 행위의 통제는 결국 투자자의 투자가 적절한 정보에 근거하여 결정될 수 있도록 담보하기 위한 장치라는 점에서 정보공시규제의 일부를 이룬다.

③ 공시의무위반에 대해서 자본시장법은 행정상, 형사상, 민사상의 제재수단을 규정한다. 자본시장법은 특히 투자자의 손해배상청구를 용이하게 하기 위한 특별규정을 두고 있다.

Ⅴ. 발행회사의 지원기관 - 인수인을 중심으로

1. 정보의 완전성과 정확성을 담보하는 장치

발행시장의 공시규제는 시장과 투자자에게 공시되는 정보의 완전성과 정확성을 추구하는 것을 목적으로 한다. 발행회사가 발행하는 증권에 대한 정보를 가장 많이 가진 쪽은 역시 발행회사일 것이므로 정보를 공시할 제1차적 책임은 발행회사에게 지우는 것이 당연하다. 그러나 정보제공의 책임을 발행회사에게만 맡긴다면 자신에 불리한 정보는 축소하고 유리한 정보도 과장할 우려가 있다. 따라서 자본시장에는 정보의 완전성과 정확성을 담보하는 장치가 작동하고 있다. 가장 중요한 장치로는 감사인과 인수인을 들 수 있다. 감사인의 업무는 주로 재무정보의 정확성 담보에 집중되고 있는데 비하여 인수인의 업무는 훨씬 더 다양한 방면에 걸쳐 있다. 인수인의 업무를 빼놓고는 발행시장의 전모와 그 일부인 공시규제를 제대로 이해하기 어렵다는 점에서 이하에서는 발행시장에서의 인수인의 역할은 간단히 살펴보기로 한다.

2. 공모와 인수인의 역할

공모는 직접공모와 간접공모로 구분된다. 직접공모는 발행인이 인수인의 도움을 받지 않고 직접 투자자를 상대로 증권을 공모하는 것인데 비하여, 간접공모는 미매각위험을 인수하고 청약의 권유를 맡는 등의 업무를 수행하는 인수인의 도움을 받아 공모하는 것을 말한다. 우리법상 직접공모는 가능한가? 자본시장법상 공모에 인수인이 강제된다고 볼 근거는 없다. 오히려 시행령은 주권비상장법인이나 설립중인 법인이 인수인의 인수 없이 지분증권을 공모하는 경우(직접공모: direct public offering)를 상정하고 있다(令§125(1)(ii)(바), (2)(ix)). 따라서 법적으로는 인수인을 통하지 않고서도 공모할 수 있다.

공모는 ① 최초의 공모(기업공개), ② 일단 공개된 기업이 하는 공모로 나눌 수 있다.[12] 직접공모가 현실적으로 가능한 경우는 바로 공개기업이 기존의 주주들을 대상으로 하는 증자라고 할 수 있다. 그러나 예외적으로 특별히 신용이 두터워 투자자를 확보할 수 있다면 이론상 일반공모나 심지어 기업공개도 인수인의 도움을 받지 않고 할 수 있을 것이다. 그러나 발행인은 증권발행의 전문가가 아니라 증권시장의 동향에 어둡고, 증권을 투자자에게 널리 판매할 능력을 갖추지 못한 경우가 보통이다. 만약 발행인이 직접공모에 나섰으나 계획과는 달리 시장에서 해당 증권이 소화되지 못할 경우 발행인의 자금조달은 차질을 빚게 된다. 따라서 특히 기업공개 시에는 물론이고 일반적인 공모 시에도 주식의 직접공모의 사례는 찾기 어렵다.[13]

투자자에 대한 관계에서 인수인은 일종의 '문지기'(gatekeeper) 역할을 수행한다. 인수인은 미매각위험을 부담하므로 공모의 성공여부에 커다란 이해관계를 갖는다. 후에 발행된 증권의 가치가 예상보다 하락하는 경우에는 평판이 훼손되고 부실공시가 드러나는 경우에는 손해배상책임까지 질 수 있으므로 실사(due diligence)를 통해서 발행회사의 정보를 적극적으로 수집하여 그 정확성을 꼼꼼히 따

12) 일단 공모실적이 있는 회사가 주주에게 배정하여 주식을 발행하는 경우에는 일반적으로 공모에 해당할 것이다(令§11(1)(ii)(라)).

13) 1990년대에는 등록법인의 직접공모가 간혹 행해진 바 있다. 매일경제 1996.1.4.자(https://www.mk.co.kr/news/all/1664855).

져볼 인센티브가 있다. 인수인은 실사결과 증권이 투자대상으로 부적절하다고 판단하는 경우에는 걸러내고 과대평가되었다고 판단하는 경우에는 발행가격을 조정할 것이 기대된다. 그러므로 투자자들은 평판 높은 인수인이 공모에 관여하는 경우에는 인수인을 믿고 투자할 가능성이 있다. 인수인은 이처럼 자신의 평판으로 발행회사의 부족한 평판을 보완하는 기능으로 인하여 이른바 '평판중개인'(reputational intermediary)이라고 불리기도 한다.[14)]

3. 인수의 의의 및 종류

(1) 자본시장법상의 인수

상법상 인수는 새로이 발행되는 증권을 취득하는 행위(subscription)를 말한다. 그러나 자본시장법상 인수는 다음 두 가지 중 하나의 행위를 말한다(§9(11)). ① 하나는 제3자에게 증권을 취득시킬 목적으로 그 증권의 일부 또는 전부를 취득하거나 소화되지 못한 증권을 취득하는 행위이고 ② 다른 하나는 ①의 행위를 전제로 발행인이나 매출인을 위하여 증권의 모집·사모·매출을 하는 행위이다. ①은 발행된 증권이 소화되지 않는 경우에 발행인이 부담하는 위험, 즉 미매각위험의 인수(underwriting)를 의미하고 ②는 ①에 추가로 청약의 권유를 포함하여 발행을 지원하는 행위를 의미한다.

(2) 총액인수와 잔액인수

자본시장법은 인수를 위험부담형태에 따라 2가지로 나누고 있다(§9(11)). ① 하나는 총액인수(firm commitment underwriting)로 인수단이 발행증권을 자기명의로 매입하여 투자자들에 분매하는 경우로 발행증권이 소화되지 못하는 위험은 인수인이 부담한다.[15)] ② 다른 하나는 잔액인수(stand-by underwriting)로 인수인이 투자자에 소화되지 않고 남은 증권을 인수할 책임을 지는 경우이다.[16)] 한편 舊증

14) 그러나 우리나라에서 실제로 인수인이 그러한 역할을 충실히 수행하고 있는지는 의문이다. 인수인의 문지기 역할에 대해서는 허유경, "게이트키퍼로서의 증권인수인의 책임," BFL 제82호(2017.3) 23면.

15) 발행총액이 아니라 그 일부라도 확정된 금액을 인수한다는 점에서 '확정액인수'라는 표현이 더 적합할 것이다.

16) 발행인이 공모업무를 담당하고 인수인은 잔액만을 인수하기도 하지만 공모도 취급하는 경우가 많다.

권거래법상 인수의 한 유형으로 규정하고 있던 '모집주선'(best efforts underwriting), 즉 발행인의 위탁을 받아 그의 계산으로 단순히 사실상의 발행 및 판매사무만을 맡을 뿐이며, 발행증권의 미매각위험은 발행인이 지는 경우는 자본시장법상으로는 인수(투자매매업)가 아니라 중개(투자중개업)에 해당한다.[17]

4. 인수인과 대표주관회사의 업무

(1) 인수인과 대표주관회사

증권의 발행규모가 작은 경우에는 하나의 인수인이 발행되는 증권의 전부를 인수할 수도 있다. 그러나 실제로 규모가 큰 공모 시에는 여러 인수인이 공동으로 참여하여 위험을 분담하는 것이 보통이다. 이들 인수인들은 "인수단"을 구성한다. 인수단을 대표하는 것이 바로 '대표주관회사'(주간사인수인)이다.[18] 실무상으로는 인수인들이 자신들을 대표할 대표주관회사를 선정하는 것이 아니라 거꾸로 발행회사가 대표주관회사를 먼저 정하고 나머지 인수인들은 대표주관회사가 선정하는 것이 일반적이다. 이 경우 금융투자업자는 발행회사의 접근을 수동적으로 기다리기보다 오히려 발행예상기업들을 적극적으로 찾아 나서서 발행을 권유하는 경우가 많다.

위에서 언급한 미매각위험의 인수는 인수단이 분담하는 것이 보통이지만 발행업무의 지원은 대표주관회사가 전담하는 경우가 많다. 인수단은 미매각위험을 부담하므로 대표주관회사는 한편으로는 공모가 성공적으로 종결되도록 발행회사를 지원함과 동시에 다른 한편으로는 평판의 훼손이나 배상책임의 발생가능성을 피하기 위하여 정보의 완전성과 정확성을 확보할 인센티브가 있다.

(2) 대표주관회사의 업무

공모와 관련한 인수인의 발행지원업무는 기업실사, 발행가격결정, 공모주배정, 시장조성의 단계로 구분할 수 있다. 그와 관련하여 대표주관회사는 대체로 다음과 같은 업무를 수행한다(인수업무규정 §3(2) 등 참조).[19]

17) 그러나 업무의 본질상 인수와 같은 기능과 위험을 수반할 수 있으므로 인수에 준하는 규제가 적용된다(§§125(1)(v), 132, 인수업무규정 §21).

18) 대표주관회사 외에 '공동주관회사'를 두기도 한다. 대표주관회사와 주관회사들은 '간사단'을 구성한다.

19) 협회는 대표주관계약의 성실한 이행을 위한 모범규준을 정하여 권고할 수 있다(인수업무규정

① 발행회사의 경영실적, 영업관련사항 및 재무건전성 등에 대한 확인 및 조사
② 발행회사의 재무, 회계 및 세무관리에 대한 지도 및 점검
③ 거래소증권시장 상장요건과 관련한 협의 및 지도
④ 증권신고서의 기재사항 점검 등
⑤ 발행회사 및 그 최대주주 등에 대한 평판 점검 등
⑥ 대안적인 자금조달방안의 모색
⑦ 발행규모·시기·수수료 등 적절한 발행조건의 제시
⑧ 발행회사와 협의를 통한 인수조건의 결정
⑨ 공동주관회사의 선정과 인수단 및 판매단의 조직
⑩ 발행회사를 대신하여 금융당국을 접촉
⑪ 대금납입·증권의 교부 등과 관련된 업무수행
⑫ 발행회사와 인수단, 판매단 등 관련자 사이의 연락담당
⑬ 발행 후 시장조성

이들 업무는 대부분 발행회사를 위한 것이지만 ①, ④, ⑤, ⑬ 등은 주로 투자자 보호를 위한 것으로 볼 수 있고 그중에서도 특히 ①의 실사업무와 ④ 증권신고서 검토는 정보공시의 완전성과 정확성을 높이기 위한 정보공시의 통제에 해당한다. 정보공시의 통제를 위한 실사, 조사, 신고서 검토 업무는 대표주관회사를 비롯한 인수인의 자기 이익을 위한 자발적 활동인 동시에 법적 의무이기도 하다.[20] 법적 의무를 뒷받침하는 구체적 근거로는 자본시장법상 투자매매업자의 불건전 영업행위를 금지하는 규정(§71(vii), 令§68(5)(iv)(가))을 들 수 있다. 그에 따르면 "[부실표시를] 방지하는데 필요한 적절한 주의를 기울이지 않는 행위"는 불건전 영업행위에 해당한다.[21]

---

§3(3)). 이에 따라 작성된 것이 "대표주관업무 모범기준"이다.

20) 당해 사항은 대표주관계약서의 의무적 기재사항이기도 하다(인수업무규정 §3(2)(i), (iv)).

21) 하급심판례 중에는 금융투자업자의 신의성실의무(§37(1))와 투자자이익우선의무(§37(2))를 근거로 "주관사에게는 기초자산 등의 위험에 대하여 충분하게 실사 내지 조사하고, 투자자에게 그로부터 얻은 정보를 제공할 실사 내지 조사의무가 있다"고 선언하고 이러한 의무는 사모의 경우에도 인정되며 전문투자자를 상대방으로 하는 경우에도 범위와 정도의 차이가 있을 뿐 그 의무가 완전히 면제되는 것은 아니라고 밝힌 판례도 존재한다(서울고등법원 2023.1.13. 선고 2021나2046187 판결).

5. 판매단(청약사무취급단)

인수단은 발행인으로부터 증권을 인수하여 이를 일반대중에게 분산하여 매도한다. 인수인은 발행위험을 부담할 뿐 아니라 판매도 담당하는 것이 보통이다. 다만 원활한 판매를 위하여 판매만을 담당하는 기관을 참여시키기도 한다. 이러한 판매전담기관을 업계에서는 '청약취급기관'이라고 한다. 청약취급기관은 단순히 증권을 투자자들에게 판매하는 업무만을 담당하고 일정한 수수료를 받는 데 그칠 뿐, 그에 따른 위험을 부담하지는 않는다. 보통 청약취급기관은 투자중개업자가 맡고 있다. 주관회사와 청약취급기관은 함께 청약사무취급단을 구성한다.

제2절 공시의무의 발생

Ⅰ. 서설

자본시장법은 증권을 공모하는 발행회사에 대해서 금융위에 증권신고서를 제출하도록 할 뿐 아니라(§119(1)) 투자자에게는 투자설명서를 교부하도록 함으로써(§124(1)) 정보공시를 강제하고 있다. 미국 연방증권법은 원칙적으로 모든 증권의 매매에 대해서 신고서의 제출을 요하고 신고대상에서 제외되는 거래와 증권을 정하는 방식을 택하고 있으나 자본시장법은 공시가 요구되는 거래를 명시한 후 일정한 증권과 거래를 신고대상에서 제외하는 방식을 택하고 있다. 따라서 공시의무가 면제되는 거래는 공시의무의 대상이 되는 거래인 모집과 매출의 범위를 확정함으로써 비로소 파악할 수 있다. 공시의무와 부실공시에 대한 책임이 강화될수록 면제대상거래에 해당하는지 여부가 실무상 중요해질 것이다.

Ⅱ. 공모-모집과 매출

1. 모집과 매출의 의의

공모는 증권을 일반 투자자에게 분산매각하는 행위(distribution)를 말한다. 자본시장법은 공모라는 거래계의 용어 대신 "모집"과 "매출"이란 특별한 용어를 사용한다.[22] 자본시장법상 모집은 "대통령령으로 정하는 방법에 따라 산출한 50인 이상의 투자자에게 새로 발행되는 증권의 취득의 청약을 권유"하는 것을 말한다(§9(7)). 한편 매출은 "대통령령으로 정하는 방법에 따라 산출한 50인 이상의 투자자에게 이미 발행된 증권의 매도의 청약을 하거나 매수의 청약을 권유"하는 것을 말한다(§9(9)). 여기서 "매도의 청약"과 "매수의 청약"의 권유는 개념상으로는 구별되지만 실제로는 거의 같은 의미로 이해할 수 있다. 모집뿐 아니라 매출도 규제의 대상으로 삼는 이유는 발행인의 관점에서는 '이미 발행된 증권'이 분매되는 경우지만 이를 최초로 매수하는 투자자의 관점에서는 '새로 발행되는 증권'을 취득하는 것과 실질적으로 차이가 없다는 판단에 따른 것이다.[23]

2. 모집과 매출의 차이점

모집과 매출의 차이점은 다음과 같다. ① 가장 두드러진 차이는 공모대상인 증권이 새로 발행되는 것인가(모집), 아니면 이미 발행된 것인가(매출)에서 찾아볼 수 있다. ② 또한 모집의 주체는 발행인인데 비하여 매출의 주체는 매출하고자 하는 증권의 소유자, 즉 매출인이라는 점도 차이로 들 수 있다. ③ 나아가 자본시장법은 모집의 경우 매도나 매수라는 용어 대신 "취득"이란 용어를 사용한다(§9(7)). 미발행상태의 증권을 대상으로 하는 거래는 엄격히 말해서 민법상 매매계약(§563)으로 볼 수 없기 때문이다. 취득이란 용어에 비추어 모집에는 금전을 대가로 하지 않은 취득, 예컨대 교환도 포함된다고 볼 수 있다.[24] 반면에 일반적인 용어례에 의하면 매출에는 교환이 포함된다고 볼 수 없을 것이다. 그러나 대가의 내용이나 종류에 따라 공시의무가 좌우되는 것은 불합리하다는 점에서 모집은 물론 매출도 교환을 포함하는 의미로 해석해야 할 것이다.

---

22) 시행령에서는 '직접공모'(令§125(1)(ii)(바))나 '일반공모증자'(令§176-2(2)(ii)) 등과 같이 모집과 매출을 합쳐 공모라고 하는 경우가 있다.

23) 후술하는 바와 같이 자본시장법은 그러한 정보비대칭이 존재하지 않는다고 판단되는 일정한 매출의 경우에는 증권신고서 제출을 면제하고 있다(§119(6)).

24) 인수회사가 발행하는 신주를 대가로 하는 교환공개매수가 그 예에 해당할 것이다.

3. 사모의 의의

공모가 모집과 매출을 의미하는 것이라면 공모의 반대개념인 "사모"는 모집이나 매출에 해당하지 않는 발행을 가리켜야 할 것이다. 그러나 자본시장법은 새로 발행되는 증권의 취득의 청약을 권유하는 것 중에서 모집이 아닌 것만을 사모라고 부르고(§9(8)) 이미 발행된 증권을 소수의 투자자에게 매각하는 것은 사모로 부르지 않는다.[25] 이 책에서는 특히 모집과 매출을 구별해야 할 경우가 아닌 한 양자를 모두 포괄하는 의미로 편의상 공모라는 용어를 사용한다. 공모는 발행시장 공시규제의 적용을 받을 뿐 아니라 유통시장의 공시의무도 발생시킬 수 있다(§159(1), 令 §167(1)). 따라서 공모의 결정은 공시규제의 부담을 고려하여 신중하게 이루어지며 실제로는 이미 상장된 회사가 공모의 주체가 되는 경우가 많다. 이하에서는 모집과 매출에 공통되는 사항에 대해서 차례로 설명한다.

Ⅲ. 공모의 상대방: 50인 이상의 투자자

1. 서설

(1) 50인 기준

자본시장법은 공모의 상대방인 투자자가 "50인 이상"일 것을 공모의 요건으로 규정하며 그 산정방법을 시행령에 위임한다(§9(7), (9)).[26] 공모에 대해서 공시의무를 부과하는 근거는 무엇인가? 그 근거로는 무엇보다도 동일한 투자대상에 대한 투자자가 50인 이상의 다수인 경우에는 '군중행동'(herd behaviror)에 휩쓸려 정보에 대한 충분한 검토 없이 경솔하게 투자를 결정할 위험이 크다는 점을 들 수 있다. 투자자가 소수이고 각자의 투자규모가 큰 경우라면 필요한 정보의 제공을 기업에 요구하거나 전문가의 도움을 받을 수도 있을 것이므로 일반 사법상의 보호장치와 별도로 공시규제로 보호할 필요가 없을 것이다.

---

25) 일본에서는 매출에 해당하지 않는 이러한 매각을 사매출(私賣出)이라고 하여 사모와 구별한다.

26) 과거 증권거래법은 "불특정다수인"이란 일반개념을 채택하였던 적도 있었지만 자본시장법에서는 구체적인 수치를 기준으로 채택함으로써 해석상의 불확실성을 최소화하고 있다.

(2) 투자자 수의 합산

공모의 판단에는 위에서 말한 50인의 인원수 기준이 중요하다. 그러나 발행인이 증권을 형식적으로 분할발행함으로써 50인 기준을 회피할 우려가 있으므로 시행령은 그에 대비한 합산조항을 두고 있다. 즉 시행령에 의하면 50인 기준을 적용할 때에는 "청약의 권유를 하는 날 이전 6개월 이내에 해당 증권과 같은 종류의 증권에 대하여 모집이나 매출에 의하지 아니하고 청약의 권유를 받은 자를 합산"한다(令§11(1)).[27] 법문이 "청약의 권유를 받은 자"라고 하고 있으므로 실제로 투자한 자는 50인 미만이라도 권유의 상대방이 50인 이상이면 공모에 해당한다.

주의할 것은 매출의 경우에 대한 특칙이다. 그에 따르면 50인의 수를 산정할 때에는 거래소증권시장 및 다자간매매체결회사 밖에서 취득하는 자들만을 고려하게 되어 있다(令§11(4)). 거래소증권시장에서 주식을 대량으로 처분할 때 그것을 매수한 투자자가 우연히 50인 이상이 되었다는 이유만으로 매출에 따르는 규제를 적용한다면 현실적으로 매매가 크게 위축될 것이기 때문이다. 상장주식의 경우에는 이미 시장에 정보가 많이 존재할 뿐 아니라 판매압력이 존재하는 것도 아니므로 구태여 매출에 따른 규제를 적용할 필요가 없을 것이다.[28]

이하 50인의 산정과 관련한 주요 논점들을 차례로 설명한다.

법인격 없는 조합 등

50인의 인원수는 자연인과 법인을 기준으로 산정한다. 법인격이 없는 조합이나 컨소시엄 등은 그 구성원 각각을 1인으로 산정한다.[29] 엔젤클럽에 대해서 청약을 권유하는 경우에도 회원을 각각 1인으로 산정한다.[30] 그러므로 공시의무자는 관련 규약이나 구성원명부 등을 요구하여 인원수를 확인해야 한다. 실무상 보다 중요한 것은 스타트업이 벤처투자조합에 대해서 청약을 권유하는 경우이다. 금감원은 이 경우에도 엔젤클럽과 마찬가지로 벤처투자조합원이 후술하는 전문가가 아닌 경우에는 각각의

---

27) 6개월 사이에 있었던 권유의 대상자라도 이미 증권신고서에 의한 신고가 이루어졌다면 계산에서 제외한다. 또한 합산대상인 복수의 발행에서 중복하여 투자한 투자자는 1인으로 계산한다.

28) 반면에 비상장주권을 이른바 호가중개시스템(令§178(1)(i))을 통해서 매도하는 경우는 매출에 포함시켜서 수를 산정한다. 호가거래시스템에 관해서는 제10장 제6절 Ⅳ. 참조.

29) 실무안내, 294면.

30) Id. 299면.

조합원을 1인으로 산정해야 한다는 태도를 견지하고 있다.[31] 이러한 금감원의 태도에 대해서는 스타트업의 자금조달을 활성화하고자 하는 벤처투자법의 취지에 반하므로 벤처투자조합의 법적 실체를 인정하여 그것을 전문투자자로 보고 공모에 해당하는지 여부를 판단해야 한다는 주장이 유력하다.[32]

2. 공모의 주체

투자자 수는 공모의 주체별로 산정하는 것이 원칙이다. 모집의 경우에는 발행인을 기준으로 산정하고 매출의 경우에는 매도하는 주주별로 산정한다. 매출의 경우 설사 매도하는 주주가 복수인 경우에도 원칙적으로 이들의 매도를 통합하여 투자자 수를 합산하지는 않는다.[33] 그러나 복수의 발행인이 각각 행하는 증권발행이 실질적으로는 동일한 증권발행으로 인정할 수 있는 경우에는 예외가 인정된다. 이 문제는 2016년 해외 부동산을 기초로 ABS발행을 추진한 증권회사가 형식적으로 별개인 15개의 특수목적법인을 설립하여 각각 사모방식의 발행을 진행함으로써 공모에 따른 공시규제를 회피하려 시도한 사례에서 부각된 바 있다. 이러한 편법에 대처하기 위해서 자본시장법은 "자금조달 계획의 동일성 등 대통령령으로 정하는 사항을 종합적으로 고려하여 둘 이상의 증권의 발행 또는 매도가 사실상 동일한 증권의 발행 또는 매도로 인정되는 경우에는 하나의 증권의 발행 또는 매도로 (본다)"는 규정을 도입하였다(§§119(8), 130(2)). 동일성은 다음 사항을 고려하여 판단한다(令§129-2).

① 발행이 "동일한 자금조달 계획에 따른 것인지 여부"
② 발행 시기가 "6개월 이내로 서로 근접한지 여부"
③ 발행 "증권이 같은 종류인지 여부"
④ 발행인이 "수취하는 대가가 같은 종류인지 여부"
⑤ 복수의 "증권의 발행인이 다르더라도 모집 또는 매출하는 자가 동일한지 여부"

31) 금감원 보도자료(2023.11.9.자), "투자조합에 대한 청약권유시 공시위반 유의사항 안내." 이에 따르면 벤처투자조합을 1인으로 오해하여 증권신고서 미제출에 따른 과징금 등의 제재를 받는 사례가 꾸준하게 증가하고 있다.

32) 이나래, "벤처투자조합을 통한 자금조달시 공모 규제 적용과 투자자 보호," 상사법연구 제43권 제3호(2024) 219면.

33) 실무안내, 303면.

특히 ⑤는 발행인을 복수의 SPC로 나누는 경우에 대비하기 위한 것이다. 그러나 현재 이 규정에 따라 다른 발행인의 복수의 증권 발행을 동일한 증권 발행으로 보는 경우에 이들 증권발행을 합법적으로 통합하여 신고서를 제출할 수 있는 방법은 없다.[34]

3. 같은 종류의 증권의 의미

시행령의 50인을 산정할 때 적용되는 "같은 종류의 증권"이 정확히 무엇을 의미하는지는 분명치 않다. 자본시장법은 증권을 먼저 채무증권, 지분증권, 수익증권, 투자계약증권, 파생결합증권, 증권예탁증권의 6가지로 구분하고 다시 각 유형을 세분화하고 있다. 금감원 실무는 채무증권, 지분증권 등의 상위차원의 구분은 물론이고 하위차원의 구분인 (채무증권에 속하는) 사채권, 기업어음증권, (지분증권에 속하는) 우선주, 보통주 등도 모두 '다른 종류'의 증권으로 판단하고 있다.[35] 그러나 동일한 발행인에 의해서 발행된 채무증권이나 지분증권은 그 세부적인 유형이 다르다고 하더라도 실질적으로는 비슷한 내용으로 구성할 수 있고 투자자의 관점에서도 이들을 비슷한 투자대상으로 인식하는 것이 보통일 것이다. 따라서 투자자 보호의 관점에서도 법문에서 말하는 종류는 원칙적으로 동일한 발행인에 의하여 발행된 6가지 유형의 구분을 의미한다고 볼 것이다.

4. 전문가와 연고자의 제외

모집과 매출의 정의에서 가장 두드러지는 것은 투자자의 수이다. 투자에 참여하는 자의 수가 많은 경우에는 군중행동에 휩쓸릴 위험이 높은 것이 사실이다. 그러나 정보제공의 필요성이란 관점에서 중요한 것은 투자자의 수만이 아니다. 투자자가 이미 정보를 확보하고 있거나 확보할 수 있고 정보를 판단할 수 있는 전문성이 있다면 투자자의 수는 별로 문제될 수 없을 것이다. 그리하여 자본시장법은 자기방어가 가능한 투자자는 50인의 청약권유대상자의 수에서 제외하고 있다(令 §11(1)). 따라서 청약의 권유를 이들 투자자에게만 한정하는 경우에는 공모규제를

---

34) 결국 현행 규정은 그런 복수의 발행을 금지하는 효과만을 가질 뿐이다. 김연미, "의도적 분할발행의 규제," 증권법연구 제21권 제2호(2020), 1면, 26면.

35) 실무안내, 204면.

회피할 수 있다.[36)]

자본시장법이 자기방어능력 있다고 보는 투자자는 일정한 범위의 "전문가"와 "연고자"이다. 전문가가 자기방어가 가능한 전문성을 갖춘 자라면 연고자는 자본시장법에 따른 정보제공이 없더라도 다른 경로를 통해서 정보접근이 가능한 자이다.[37)] [표 Ⅳ-2]은 전문가와 연고자에 포함되는 자들을 보여준다(令§11(1)(i), (ii)).

[표 Ⅳ-2] 전문가와 연고자

구 분	구체적 대상
전문가(令§11(1)(i))	가. 전문투자자 나. (삭제) 다. 공인회계법인 라. 신용평가회사 마. 발행인에게 회계·자문 등의 용역을 제공하고 있는 공인회계사·감정인·변호사·변리사·세무사 등 자격증 보유자 바. 그 밖에 발행인의 재무상황 또는 사업내용 등을 잘 알 수 있는 전문가로서 금융위원회가 정하여 고시하는 자
연고자(令§11(1)(ii))	가. 최대주주 및 발행주식 총수의 5% 이상을 소유한 주주 나. 임원(상법§401-2(1)의 업무집행관여자 포함) 및 우리사주조합원 다. 계열회사 및 그 임원 라. 주권비상장법인(공모실적 있는 경우 제외)인 경우의 그 주주 마. 외국 법령에 따라 설립된 발행인이 종업원 복지증진 등을 위한 주식매수제도 운영 시 국내 계열회사 임직원 바. 설립 중인 회사인 경우 그 발기인 사. 그 밖에 발행인의 재무상황 또는 사업내용 등을 잘 알 수 있는 연고자로서 금융위가 정하여 고시하는 자

위 연고자에서 특히 중요한 것은 공모실적이 없는 주권비상장법인(令§11(1)(ii)(라)), 즉 비공개법인의 주주이다. 그에 따르면 비공개법인이 주주배정증자를 실시하는 경우에는 그 주주들은 제외되므로 공시의무가 발생하지 않는다. 대법원은

36) 따라서 사모발행을 통해서 공모규제를 피하고자 하는 발행인으로서는 피권유자의 명단을 세심하게 관리할 필요가 있을 것이다.

37) 대법원 2005.9.30. 선고 2003두9053 판결("예외적으로 발행인으로부터 설명을 듣지 아니하고도 발행인의 재무상황이나 사업내용 등의 정보에 충분히 접근할 수 있는 위치에 있을 뿐만 아니라, 그것을 판단할 수 있는 능력을 갖추고 있어 스스로 자기이익을 방어할 수 있는 자는 50인의 청약권유 대상자 수에서 제외해야 할 것").

위에 열거된 전문가와 연고자는 정보공시의무를 면제하는 기능을 갖기 때문에 제한적으로 해석해야 한다고 본다(대법원 2005.9.30. 선고 2003두9053 판결).

5. 전매가능성

(1) 변칙적인 모집에 대한 대처

공모의 상대방의 수는 청약의 권유(내지 청약)를 받는 자를 기준으로 산정하는 것이 원칙이다. 이 원칙을 고수한다면 1차적으로 50인 미만에게 청약을 권유하고 이들이 다시 다른 투자자들에게 전매하는 방식으로 공시규제를 회피할 수 있을 것이다. 이러한 편법에 대처하기 위하여 자본시장법은 모집의 경우 청약의 권유를 받는 상대방이 50인 미만이라 하더라도 금융위 기준에 의하여 증권이 1년 이내에 50인 이상의 자에게 전매될 가능성이 있는 경우에는 모집에 해당하는 것으로 본다(令 §11(3)본문). 그러나 매출의 경우에 투자자의 출자회수를 저해할 위험을 피하기 위하여 전매가능성의 예외를 고려하지 않는다.

(2) 금융위의 전매기준

금융위의 발행공시규정은 "증권의 종류 및 취득자의 성격 등을 고려하여" 상세한 전매기준을 정하고 있다(§2-2). 예컨대 지분증권에 대해서는 이미 같은 종류의 지분증권이 상장,[38] 모집, 매출된 사실이 있다면 전매가능성이 있는 것으로 본다(§2-2(1)(i)). 따라서 상장회사의 신주발행은 1인에 배정하는 경우에도 전매가능성이 인정되어 모집에 해당하게 되므로 증권신고서제출의무가 발생한다. 또한 해외에서 발행되는 증권이라도 발행일로부터 1년 이내에 거주자가 취득가능한 조건으로 발행되는 경우에는 전매가능성이 인정된다.[39]

(3) 전매가능성의 배제-전매제한조치 등

이처럼 전매가능성은 모집의 범위를 크게 확대시킬 수 있기 때문에 자본시장법은 그것을 배제함으로써 공시규제를 피할 수 있는 길을 열어두고 있다. 가장 중요한 것은 전매제한조치를 취하는 방법이다. 발행공시규정은 일정한 전매제한조치

38) 코넥스시장에 상장된 경우는 제외한다.
39) 실무안내, 311면.

를 취하는 경우에는 전매가능성이 없는 것으로 간주한다. 전매제한조치의 내용은 증권의 종류별로 차이가 있다. 대표적인 것은 모든 증권에 공통된 조치로 증권의 발행 후 지체 없이 예탁결제원에 예탁하고 예탁 후 1년간 인출이나 매각하지 않기로 예탁계약을 체결하는 방법이다(발행공시규정 §§2-2(2)(i), 2-2-2(2)).[40]

채무증권의 경우 전매가능성을 피할 수 있는 또 하나의 방법은 적격기관투자자시장에서 매각하는 것이다(발행공시규정 §2-2(2)(iv)). 적격기관투자자가 발행인 또는 인수인으로부터 직접 취득하고, 적격기관투자자 사이에서만 양도·양수되는 채무증권으로서 일정한 요건을 충족하는 경우에는 전매기준에 해당되지 않는 것으로 본다.

상장회사의 제3자배정증자

전술한 바와 같이 상장회사의 제3자배정증자는 전매가능성이 존재하기 때문에 사전에 전매제한조치를 취하지 않는 경우에는 모집에 해당할 수 있다. 특히 청약의 권유는 폭넓게 해석되기 때문에 당해 투자자와의 교섭하는 행위 자체가 모집으로 간주될 여지가 있다. 그러나 투자자와 교섭하기도 전에 신고서를 제출하거나 전매제한조치를 취하는 것은 현실적으로 쉽지 않다.[41] 입법론상으로는 앞으로 전매제한조치를 취한다는 것을 전제로 제3자배정에 대한 교섭이 이루어지는 경우에는 권유에 해당하는 것으로 보지 않는다는 점을 명시하는 것이 좋을 것이다.

40) 전매제한조치를 취한 경우에도 전환권행사나 합병 등 일정한 사유가 있는 경우에는 예외적으로 인출이 허용된다(규정 §2-2(3)). 실무안내, 213면.

41) 일본의 감독당국은 투자자가 한정되어 있고 바로 전매할 우려가 적은 경우에는 투자자와의 교섭은 권유에 해당하지 않는다는 해석을 명시하고 있다(金融庁 企業内容等開示 ガイドライン §2-12(1)).

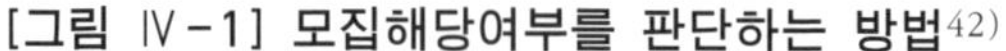
[그림 Ⅳ-1] 모집해당여부를 판단하는 방법[42)]

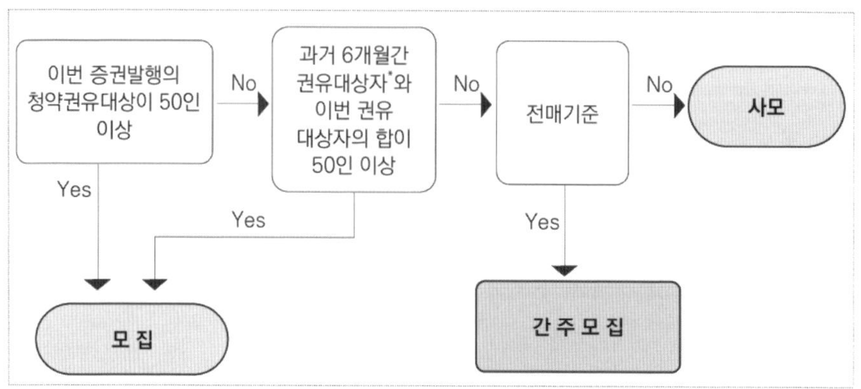

* 같은 종류의 증권에 대해 모집이나 매출에 의하지 아니하고 청약의 권유를 받은 자

Ⅳ. 청약과 청약의 권유

1. 자본시장법상의 정의

모집과 매출의 정의에 의하면 청약은 물론 청약의 권유도 포함한다. 미국의 연방증권법은 청약(offer)을 일반 계약법에서보다 훨씬 넓게 정의함으로써 공시의무가 부과되는 범위를 확대하고 있다. 즉 연방증권법은 매도청약에 "증권을 처분하려는 모든 시도와 청약, 그리고 매수청약의 권유"를 포함시키고 있다(§2(a)(3)). 나아가 SEC는 고시에서 공모에 대한 "공중의 심리를 조성하거나 그에 대한 공중의 관심을 일으키는데 기여할" 수 있는 모든 홍보는 청약에 해당할 수 있음을 밝힌 바 있다.[43)] 투자자 보호의 취지를 살리려면 청약의 권유를 특정증권에 대한 투자자의 관심을 높이고 그 취득이나 매수를 촉진하는 효과가 있는 일체의 행위를 의미하는 것으로 볼 필요가 있다. 현재 시행령상의 정의규정도 청약의 권유를 넓게 정의하고 있다. 그에 의하면 청약의 권유란 "권유받는 자에게 증권을 취득하도록 하기 위하여 신문·방송·잡지 등을 통한 광고, 안내문·홍보전단 등 인쇄물의 배포, 투자설명회의 개최, 전자통신 등의 방법으로 증권 취득청약의 권유 또는 증권 매도청약이

42) 실무안내, 204면.
43) Securities Act Rel. No. 3844(1957).

나 매수청약의 권유 등 증권을 발행 또는 매도한다는 사실을 알리거나 취득의 절차를 안내하는 활동"을 말한다(令 §2(ii)).

2. 해석상의 문제

시행령의 "발행 또는 매도한다는 사실을 알리거나 취득의 절차를 안내하는 활동"이란 문구는 단순히 당해 증권에 대한 투자를 유도하는 정도의 활동도 포함하는 의미라는 점에서 매우 폭넓은 정의이다.[44] 한편 시행령의 정의에 포함된 구체적 행위유형은 모두 다수를 대상으로 하는 대중적 정보전달수단을 전제하고 있다. 광고나 인쇄물이 대중적 전달수단임은 분명하다. 공모에 대한 규제가 투자자의 부화뇌동(附和雷同)적 투자를 막기 위한 것이란 점을 고려하면 대중적 전달수단을 중시하는 것은 정책적으로 설득력이 없지 않다.[45] 그렇다면 이런 대중적 전달수단의 활용이 없는 경우에는 청약의 권유를 인정할 수 없는 것인가? 판례 중에는 그런 취지로 보이는 것도 있다. 사안에서 발행회사는 중개회사를 통해서 주식을 발행하였는데 중개회사가 발행회사로부터 인수한 주식을 투자자에게 양도한 것인지 아니면 발행회사를 대행하여 투자자들로 하여금 직접 발행회사를 상대로 주식을 인수하도록 한 것인지는 분명치 않다. 대법원은 후자의 경우라고 보았는데 대중적 전달수단이 사용된 경우라면 모집이 될 가능성이 있다는 전제하에 원심이 대중적 전달수단이 사용되었다고 볼 만한 자료가 없음에도 단순히 유치한 주주가 55명에 달한다는 이유만으로 모집에 해당한다고 본 것은 잘못이라고 선언하며 원심판결을 파기환송하였다(대법원 2004.2.13. 선고 2003도7554 판결).[46] 그러나 금감원은 이와 다른 태도를 취하고 있다. 금감원의 실무안내에 따르면 "구두로 권유하는 경우도 청약의 권유행위이며 청약 권유대상자의 수가 50인 이상이면 모집 또는 매출에 해당"되고[47] 한 번

44) 입법례에 따라서는 청약의 권유에 대해서 투자자가 개별적인 투자결정을 내릴 수 있을 정도로 회사의 표시가 구체적일 것을 요하는 경우도 있으나(예컨대 Poelzig, 125) 시행령의 정의는 훨씬 더 유연하다고 할 수 있다.

45) 권유가 다수의 투자자를 상대로 한 경우에는 군중행동에 휩쓸릴 우려도 클 것이다.

46) 사안에서 발행회사는 투자자를 직접 만났거나 다른 투자자를 통해서 간접적으로 만났으나 직접 만난 투자자가 50명에 미달한 경우인지 여부는 분명히 않다. 대법원은 그러한 경우에도 공개적 전달수단의 사용이 없는 경우에는 모집에 해당한다고 볼 수 없다는 취지로 판시하였다. 이 판결에 대한 비판으로, 박준/정순섭, 47~48면.

47) 실무안내, 291면.

의 매도절차 중 상이한 시간에 순차적으로 투자자를 개별 접촉하거나 전화통화하여도 그 대상자가 50인 이상인 경우에는 매출에 해당할 수 있다고 본다.[48]

3. 단순광고의 예외

시행령의 "증권을 발행 또는 매도한다는 사실을 알리거나 취득의 절차를 안내하는 활동"이란 문구는 상당히 범위가 넓어서 투자자의 관심을 야기할 수 있는 여러 활동이 그에 해당할 여지가 있다. 그러나 시행령은 투자자의 주의를 환기하는 정도의 정보전달은 일정한 조건 아래 허용하고 있다(令§2(ii)단서). 그에 따르면 이른바 "단순광고"로서 발행인의 명칭, 발행증권의 종류 및 발행예정총액, 증권발행의 일반적인 조건, 예상 공모일정 등의 정보를 전달하는 것은 청약의 권유에서 제외된다(발행공시규정 §1-3).[49]

상장회사가 증권발행을 앞두고 회사의 신제품이나 서비스에 관한 광고를 하는 경우에는 증권에 대한 관심을 불러일으킬 가능성이 있다는 점에서 문제가 된다. 이는 투자자에 대한 정보제공이라는 긍정적 기능을 하기 때문에 미국에서도 예외를 인정하고 있다.[50] 전술한 바와 같이 우리나라에서는 공모에 대한 단순광고도 허용되고 있기 때문에 공모에 대한 언급이 없는 일반 회사정보의 제공은 문제가 없다고 할 것이다.

4. 조직재편거래

권유의 요소가 존재하는 조직법적 거래의 경우에도 증권신고서의 제출이 요구된다. 대표적인 조직법적 거래인 합병의 경우 과거에는 증권신고서 대신 합병신고서를 제출하게 한 시절도 있었다. 그러나 현행 자본시장법은 합병으로 인하여 증권을 공모하는 경우에는 증권신고서를 제출하도록 하되 발행공시규정에서 내용을 따

48) 실무안내, 303면. 그리하여 한 번의 발행절차에서 30인의 청중을 대상으로 투자설명회를 1회 개최하고 다시 다른 시간에 다른 35인의 청중을 대상으로 투자설명회를 1회 개최하였다면 65인에게 청약의 권유를 한 것이므로 모집에 해당한다(Id. 302면).

49) 다만 투자자의 경솔한 판단을 막기 위하여 인수인의 명칭과 증권의 발행금액 및 발행가액은 표시하지 못하도록 하고 있고 청약의 권유는 투자설명서(예비투자설명서 또는 간이투자설명서)에 따른다는 취지도 명시하도록 하고 있다.

50) 통상의 단순광고는 이른바 "factual business information"의 예외(SEC Rule §§168, 169)에 해당하는 것으로 본다.

로 정하고 있다(§2-9). 또한 영업 및 자산의 양수도, 주식의 포괄적 교환·이전, 분할 및 분할합병과 같은 조직법적 거래로 인하여 증권을 모집 또는 매출하는 경우도 마찬가지다(발행공시규정 §2-10).

V. 적용면제증권

1. 법규정

자본시장법상 공모에 해당한다고 해서 언제나 정보공시의 필요성이 인정되는 것은 아니다. 증권의 종류에 따라서는 구태여 정보공시를 강제하지 않더라도 투자자 보호에 별로 문제가 없는 것도 있을 수 있다. 그러한 관점에서 자본시장법은 다음과 같은 증권을 공시규제의 대상에서 제외하고 있다(§118).

① 국채증권

② 지방채증권

③ 대통령령에서 정하는 법률에 따라 직접 설립된 법인이 발행한 채권(특수채)

④ 그 밖에 다른 법률에 따라 충분한 공시가 행하여지는 등 투자자 보호가 이루어지고 있다고 인정되는 증권으로서 대통령령으로 정하는 증권

위에 제시한 적용면제증권에 대해서 공시규제를 면제하는 이유는 증권의 종류에 따라 차이가 있다. 이하 차례로 살펴본다.

2. 국채와 지방채

국채와 지방채는 사실상 채무불이행위험이 없다는 점을 고려한 것이다. 다만 지방채에 대해서는 상대적으로 위험성이 있다는 점에서 재고의 여지가 있다는 지적이 존재한다.[51] 외국정부가 발행한 국채는 위 ①의 국채증권에 해당하지 않는다.[52] 그러나 외국정부가 발행한 국채는 일정한 요건을 충족하면 매출 시에 신고서의 제출이 면제되므로(令§124-2(2), 발행공시규정 §2-4-2) 증권회사가 외국국채를 매입하여 국내에서 매출하는 것은 신고서의 제출 없이도 가능하다.[53]

51) 임재연, 471면 주 5); 黒沼, 65면.

52) 온주 §118 Ⅱ.1(안수현/정재은 2024.4.30.).

53) 실제로 국내에서 외국국채에 대한 투자는 흔히 이루어지고 있다. 외국국채와 외국지방채는 유통시

3. 특수채

시행령은 위 ③의 특수채를 발행할 수 있는 법인의 설립근거법으로 한국은행법 등 30여 개의 법률을 지정하고 있다(令§119(1)). 특수채를 면제증권으로 삼은 것은 설립근거법에서 감독관청에 대한 발행신고를 요구하는 등 나름의 투자자 보호방안을 두고 있다는 점을 고려한 것이다.

4. 기타의 증권

위 ④의 투자자 보호가 이루어지고 있다고 인정되는 증권으로는 다음 여섯 가지를 지정하고 있다(令§119(2)).

ⓐ 국가 또는 지방자치단체가 원리금을 지급보증한 채무증권

ⓑ 국가 또는 지방자치단체가 소유하는 증권을 미리 금융위원회와 협의하여 매출의 방법으로 매각하는 경우의 그 증권

ⓒ 지방공사가 발행하는 일정한 채권

ⓓ 국제금융기구가 금융위원회의 협의와 기획재정부의 동의를 거쳐 발행하는 증권

ⓔ 주택금융공사가 발행하고 원리금 지급을 보증하는 주택저당증권 및 학자금대출증권

ⓕ 만기가 3개월 이내인 전자단기사채

ⓐ는 실질적으로 ①과 ②와 유사하다는 점에서 면제대상으로 보는데 문제가 없다. ⓑ의 대표적인 예로는 정부보유 공기업주식이나 정부재정을 투입하여 취득한 부실금융회사의 주식을 매각하는 경우를 들 수 있다. 그러나 정부가 매각의 주체라고 해서 공시를 면제하는 것에는 의문이 없지 않다. 정부가 증권을 발행하는 경우와는 달리 정부가 보유증권을 매각하는 경우에는 당해 증권의 가치를 정부가 보장하는 것이 아니기 때문이다. 다만 금융위와의 사전협의를 요건으로 하고 있다는 점에서 금융위의 역할을 기대해 볼 여지는 있을 것이다. ⓒ는 채권발행에 지방자치단체의 장과 행정안전부의 승인을 요하는 점(지방공기업법 §68(1), (3)) 등을 고

장공시의 대상에서도 제외된다(令§176(1)(i)).

려한 것이다. ⓓ는 국제금융기구의 신용과 아울러 금융위 협의와 기획재정부 동의라는 절차에 대한 기대를 반영한 것으로 볼 수 있다. ⓔ는 주택금융공사의 신용도를 고려한 것이다. 끝으로 ⓕ는 발행시점부터 일정기준에 따른 등록과 공시가 이루어지므로 공시규제를 적용할 실익이 크지 않다는 판단에 따른 것이다.

Ⅵ. 적용면제거래

1. 개요

공시규제의 적용이 면제되는 거래로는 다음의 경우를 들 수 있다. ① 사모, ② 소액공모, ③ 일괄신고서를 제출한 경우(§119(2)), ④ 청약이나 청약의 권유가 수반되지 않는 경우, ⑤ 일정한 요건을 충족하는 매출. 이하 차례로 설명한다.

2. 사모

자본시장법은 사모를 "새로 발행되는 증권의 취득의 청약을 권유하는 것으로서 모집에 해당하지 않는 것"(§9(8))으로 정의하지만 일반적으로는 공모에 해당하지 않는 경우를 모두 포함하는 의미로 사용한다. 자본시장법에서 명시적으로 사모에 대하여 신고의무를 면제하는 규정은 없다. 그러나 신고의무가 공모, 즉 모집과 매출의 경우에만 부과되기 때문에(§119) 그 반대해석으로 사모는 공시의무가 면제된다(대법원 2003.4.11. 선고 2003도739 판결). 자본시장법상 공모와 사모를 구분하는 기준에 대해서는 전술한 바 있으므로 설명을 생략한다.

3. 소액공모

(1) 의의

공모에 해당하더라도 자금조달의 규모가 작은 경우에는 신고의무를 이행하는 시간과 비용에 비하여 투자자 보호의 효과는 그리 크지 않을 것이다. 자본시장법은 공시의 비용과 편익을 고려하여 조달금액이 일정 기준에 미달하는 소액공모의 경우에는 신고의무를 면제하고 있다(§119(1)).[54] 시행령은 소액공모의 기준금액을

54) 한편, 투자자 보호를 강화하기 위해 투자계약증권과 금소법(§18(1))에 따라 적정성원칙이 적용되는 증권을 모집·매출하려는 경우에는 10억원 미만인 경우에도 증권신고서를 제출하도록 하였다(令§120(1)(iii)).

일응 10억원으로 정하고 공모의 가액을 산정하는 방법을 상세히 규정하고 있다(令§120(1)(i), (ii)). 이 기준금액은 한때 20억원으로 인상되기도 했으나 20억원에 약간 미달한 금액의 공모가 성행함에 따라 2012년 투자자보호 차원에서 다시 10억원으로 인하되었다. 그러나 현재의 물가수준을 고려하면 과연 10억원 규모의 공모에 대해서 신고서 제출을 강제하는 것이 합리적인지는 의문이다.[55)]

(2) 공모금액의 산정방법

시행령은 소액공모기준의 충족여부를 판단하기 위한 공모금액의 산정방법을 다음과 같이 2가지로 나누어 규정한다.

① 모집 또는 매출하려는 증권[56)]의 모집가액 또는 매출가액과 해당 공모일부터 과거 1년 동안 이루어진 증권의 모집 또는 매출로서 그 신고서를 제출하지 않은 모집가액 또는 매출가액 각각의 합계액(令§120(1)(i))[57)]

② 과거 6개월 이내의 권유대상자 수가 50인을 넘게 되어 모집이나 매출에 해당하는 경우(令§11(1))에는 그 합산의 대상이 되는 모든 청약의 권유 각각의 합계액(令§120(1)(ii))[58)]

위 ① 공모끼리의 합산을, 그리고 위 ②는 사모끼리의 합산을 규정한다. 따라서 10억원에 달하는지 여부를 판단할 때 공모와 사모를 합산하는 것은 아니다. 그리하여 공모와 사모가 섞여서 행해지는 경우에는 신고서제출을 피할 수 있다는 문제점이 있다.[59)] 입법론상으로는 공모와 사모를 구분하지 않고 합산하는 것이 합리적일 것이다. 다만 현재의 기준금액인 10억원이 낮은 수준이란 점을 고려하면 실무상 공모와 사모의 합산이 문제될 수 있는 상황은 많지 않을 것으로 예상된다.

---

55) 2019년 금융위는 기준금액을 30억원으로 인상하려는 계획을 발표한 바 있으나 실현되지 못하였다. 금융위, 사모 및 소액공모제도 개편방안(2019.10.7.).

56) 투자계약증권과 금소법(§18(1))에 따라 적정성원칙이 적용되는 증권은 제외한다. 단순히 "증권"이라는 표현이 사용된 것에 비추어 반드시 같은 종류의 증권만이 아니라 모든 종류의 증권을 합산대상으로 보아야 할 것이다. 온주 §119 I.2.나(안수현/정재은 2024.4.30.).

57) 다만 소액출자자(令§120(2))가 장외거래 방법으로 증권을 매출하는 경우에는 제외한다(令§120(1)(i)).

58) 이 경우 청약권유금액은 50명 산정대상에서 제외되는 자에게 권유한 금액도 합산하여야 한다. 실무안내, 295면.

59) 임재연, 470면. 그 구체적인 예에 대해서는 유석호, "증권거래법상 공모규제의 문제점과 개선방안," 증권법연구 제3권 제2호(2002), 199~200면.

또한 신주의 모집과 대주주의 보유주식 매출이 공존하는 경우에도 모집가액과 매출가액을 합산할 것인가의 문제가 있다. 이론적으로 판매압력의 관점에서 본다면 모집과 매출은 합산하는 것이 합리적일 것이다. 그러나 법문상으로는 "모집가액 또는 매출가액 각각의 합계액"이란 표현에 비추어 모집과 매출을 각각 합산하도록 하는 것으로 판단된다.[60)]

합산의 대상인 공모가액(모집가액 또는 매출가액)은 실제 거래가액이 아니라 청약(또는 청약의 권유)가액을 기준으로 산정하므로 실제로 거래가 이루어지지 않은 경우에도 신고서 제출의무가 발생할 수 있다.[61)]

한편 소액공모의 해당여부를 판단할 때에도 자금조달계획의 동일성 등 시행령으로 정하는 사항을 종합적으로 고려하여 둘 이상의 증권의 발행 또는 매도가 사실상 동일한 증권의 발행 또는 매도로 인정되는 경우에는 하나의 증권의 발행 또는 매도로 본다(§130(2), 令§§137(6), 129-2).

(3) 투자자 보호를 위한 조치

소액공모의 경우에는 원칙적으로 증권신고서 제출과 같은 정식의 공시의무는 면제된다. 그리하여 과거 인터넷공모가 유행했던 시절에는 공시의무를 피하기 위하여 공모금액을 당시 소액공모 기준금액인 10억원 미만으로 하는 예가 많았다. 현행 자본시장법은 소액공모에 해당하는 경우에도 다음과 같이 최소한의 공시의무를 부과함으로써 투자자 보호를 도모하고 있다. ① 발행인의 재무상태, 영업실적 및 공모의 개요 등에 관해 최소한의 공시를 해야 한다(§130 (1)). ② 소액공모개시 전에는 발행인에 관한 기초정보를 알 수 있도록 감사보고서 등을 제출해야 한다(令§137(1)(i)). ③ 소액공모개시 시에는 공모개시일 3일 전까지 청약의 권유방법 및 청약을 권유한 문서 등 소액공모공시서류를 금융위에 제출해야 한다(令§137(1)(ii)), (iii)). ④ 공모를 종료한 후에는 소액공모실적보고서를 금융위에 제출해야 한다(令 §137(1)(iv)).[62)] ⑤ 결산서류[63)]를 매 사업연도 경과 후 90일 이내에 금융위

60) 임재연, 470면. 그러나 감독원실무에서는 양자를 합산하는 것으로 본다. 실무안내, 295면. 일본에서도 양자를 합산하도록 하고 있다. 黑沼, 100면.

61) 임재연, 470면.

62) 예외적으로 소액출자자의 매출에 대해서는 장외거래방법으로 이루어지고, 발행인이 발행인에 관한 사항과 발행인의 재무상태와 영업실적에 관한 사항을 기재한 서류를 금융위가 정한 방법에 따라

에 제출해야 한다(令 §137(1)(v)).

(4) 호가중개시스템을 통한 소액매출의 특례

금융투자협회의 호가중개시스템을 통하여 비상장주권을 장외거래하는 경우(令 §178(1)(i)) 불특정다수에게 매도호가를 제시하므로 증권의 매출에 해당할 수 있다. 그러나 호가중개시스템의 매매체결방식은 실제 장내시장에서의 거래의 경우와 크게 다르지 않고, 소액공모의 공시서류 제출 등 조치를 취하게 하는 것은 공시에 관한 비용·편익의 관점에서도 비합리적이기 때문에 일정한 공시요건을 충족하는 경우 이를 이행한 것으로 본다(令§137(3)).

4. 일괄신고서를 제출하는 경우

증권시장의 상황에 따라 증권을 수시로 신속하게 발행할 필요가 있는 회사에게는 신고의무는 큰 부담이 될 수 있다. 한번에 전액을 발행하기보다 자금수요와 시장상황에 맞춰 수시로 분할발행할 필요가 있는 회사채의 경우가 그 대표적인 예이다. 이러한 경우에는 증권을 발행할 때마다 신고를 하도록 하기보다 승인받은 한도에 대해서 일괄적으로 신고하는 것을 허용할 필요가 있다. 자본시장법은 일정한 요건을 충족하는 경우 일괄신고를 허용한다(§119(2)). 일괄신고제도는 엄밀히 말하면 신고가 면제되는 것이 아니라 신고를 합리화한 경우라고 할 수 있다. 일괄신고제도의 구체적 내용에 대해서는 따로 후술한다.

5. 청약이나 청약의 권유가 수반되지 않는 거래

무상증자나 주식배당과 같이 "청약의 권유"가 수반되지 않는 신주발행은 법문상 모집에 해당할 여지가 없다. 과거 법이 그런 거래를 증권신고서 제출이 면제되는 거래로 명시하였던 시절도 있었으나 현재 그런 규정은 삭제된 상태이다. 이처럼 청약의 권유가 수반되지 않아 모집에 해당할 여지가 없는 거래로는 무상증자와 주식배당 외에 전환사채의 전환권 행사, 신주인수권부사채의 신주인수권 행사, 주

공시한 경우 그러한 공시의무도 면제한다(令§137(3)).

63) 재무상태표 및 손익계산서와 그 부속명세서, 이익잉여금처분계산서 또는 결손금처리계산서, 회계감사인의 회계감사를 받은 법인의 경우 회계감사인의 감사보고서.

식의 병합·분할 등에 따른 신주발행 등을 들 수 있다.

전술한 바와 같이 합병을 비롯하여 "권유"적 요소가 존재하는 조직법적 거래의 경우에는 증권신고서 제출이 면제되지 않는다.[64)]

6. 일정한 요건을 충족하는 매출

기존 증권을 분매하는 경우에는 모집의 경우와 달리 전매가능성이 적용될 여지가 없으므로 매출로 간주될 가능성은 낮다. 그러나 설사 법문상 매출에 해당하는 경우에도 이미 발행인과 증권에 대한 정보가 시장에 충분히 제공되고 있는 상태라면 구태여 공시의무를 부과할 필요가 없을 것이다. 자본시장법은 그러한 경우 매출에 관한 증권신고서 제출이 면제됨을 명시하고 있다(§119(6)).[65)] 자본시장법이 염두에 둔 것은 일반 투자자가 상장회사 주식을 증권회사를 통해서 매각하는 경우이다. 시행령은 그 경우 지켜야 할 요건을 다음과 같이 제시하고 있다(令§124-2(1)).[66)]

① 발행인이 사업보고서 제출대상법인으로서 최근 1년간 사업·반기·분기보고서를 기한 내에 제출했을 것

② 발행인이 최근 1년간 공시위반으로 과징금 등의 제재조치를 받은 사실이 없을 것

③ 최근 2년 이내에 매출하려는 증권과 같은 종류의 증권에 대한 증권신고서가 제출되어 효력이 발생한 사실이 있을 것

④ 증권시장에 상장하기 위한 목적의 매출이 아닐 것

⑤ 투자매매업자 또는 투자중개업자를 통하여 매출이 이루어질 것

⑥ 그 밖에 금융위가 고시하는 요건을 충족할 것

64) 앞의 Ⅳ.4.

65) 잘 알려진 기업에 대한 일괄신고제도와 같은 취지이다. 이 경우에는 증권신고서를 제출하지 않는 모집·매출에 적용되는 재무상태에 관한 사항의 공시 등의 조치도 취할 필요가 없다(§130(1)단서).

66) 다만 외국정부가 발행한 국채증권 또는 일정한 국제기구(§9(16)(v))가 발행한 채무증권의 경우에는 다소 상이한 요건을 적용한다(§119(6); 令§124-2(2)).

7. 기타

(1) 적격기관투자자시장

'적격기관투자자시장'이란 일정요건을 충족하는 발행회사가 발행한 일정한 채권을 '적격기관투자자'(Qualified Institutional Buyer: QIB)만이 참여하여 거래하는 시장으로 이 시장에서의 거래에 대해서는 증권신고서 제출 등 공시의무가 면제된다(발행공시규정 §2-2(2)(iv), (v)). 적격기관투자자시장은 회사채발행이 어려운 기업의 채권발행을 촉진하여 자금조달을 지원하기 위하여 도입된 것이다. 발행회사는 직전사업연도말 총자산 2조원 미만의 법인에 한정된다. 대상증권은 일반회사채(SB), CB, BW, 기초자산에 대상채권이 80% 이상 포함된 유동화증권(ABS)을 말한다. 적격기관투자자에는 은행 보험 등 금융회사, 예보, 캠코, 벤처캐피탈, 주권상장법인, 일정 규모 이상의 일반법인, 국내 적격기관투자자에 준하는 외국기관투자자가 포함된다.

(2) 온라인소액투자중개의 경우의 공시의무 면제

자본시장법은 일정한 요건을 갖춘 소규모 발행회사(온라인소액증권발행인)가 온라인펀딩포탈을 통해 다수의 소액투자자에게 증권을 발행하여 일정 금액 이하의 자금을 조달하는 경우에는 증권신고서의 제출의무(§119)와 소액공모서류의 제출의무(§130)를 면제한다(§117-10(1)). 그러한 소규모 발행의 경우에는 공시의무의 비용이 편익을 초과한다는 판단에 따른 조치이다. 대신 소액투자자의 보호를 위하여 완화된 공시의무를 부과하고 있다. 온라인소액증권발행인은 투자자를 보호하기 위하여 증권의 발행조건과 재무상태, 사업계획서 및 그 밖에 대통령령으로 정하는 사항을 온라인소액투자중개업자가 개설한 홈페이지에 게재하고, 기타 시행령으로 정하는 조치를 하여야 한다(§117-10(2)).[67] 자본시장법은 온라인소액투자중개업자에게 온라인소액투자중개 전에 발행인에 관한 일정 사항을 확인할 의무를 부과한다(§117-11(1)).

67) 온라인소액증권발행인은 증권의 청약기간의 종료일부터 7일 전까지 제117조의7 제10항 제3호에 따라 온라인소액투자중개업자가 관리하는 인터넷 홈페이지를 통하여 투자자의 투자판단에 도움을 줄 수 있는 정보를 제공할 수 있다(§117-10(4)본문).

제3절 공시의무의 내용

Ⅰ. 신고의무자

1. 발행인

증권신고서를 제출할 의무, 즉 신고의무를 지는 자는 모집·매출의 대상인 증권의 발행인이다(§119(1)).[68] 여기서 발행인은 증권을 "발행하고자 하는 자"도 포함하므로(§9(10)) 설립 중의 법인도 신고의무를 질 수 있다. 자연인은 자본시장법상 증권을 발행할 수 없으므로 발행인은 회사 그 밖의 법인에 한정된다.

집합투자증권의 발행인

집합투자증권의 발행인은 집합투자기구의 유형에 따라 다르다. 먼저 ① 투자회사와 같은 회사형 집합투자의 경우 발행인은 당해 주식회사이다. ② 투자신탁의 경우에는 일반 수익증권발행신탁의 경우 신탁업자가 수익증권의 발행인이 되는 것(§110(1))과 달리 위탁회사인 집합투자업자가 발행인이 된다(§189(1)). ③ 조합형 집합투자의 경우 투자합자조합에서는 지분증권의 발행인은 상법상의 합자조합이고[69] 투자익명조합의 경우에는 집합투자업자인 영업자가 발행인이 된다(§119(3)).

2. 매출의 경우

모집의 경우에는 그 주체가 발행인이므로 모집의 주체와 신고의 주체가 일치한다. 그러나 대주주가 보유주식을 분매하는 경우 매출의 주체는 발행인이 아닌 대주주이다. 따라서 매출의 경우에는 그 주체와 신고의 주체와 사이에 괴리가 발생한다. 매출의 경우 그 주체인 대주주 대신 발행인이 신고하도록 한 것은 기업내용에 관한 정보는 발행인이 가지고 있다는 판단에 따른 것이다. 신고의 주체가 발행인이므로 증권의 매출을 원하는 자는 사전에 회사에 신고에 관한 협조를 확보할 필요가

68) 다만 증권예탁증권을 발행하는 경우에는 증권예탁증권의 발행인이 아니라 그 기초가 되는 증권의 발행인이 신고의무자가 된다(§9(10)단서).

69) 투자합자조합의 지분증권 발행에 대해서는 투자회사의 주식발행에 관한 절차가 준용되므로 발행인은 투자합자조합이 된다(§§222(2), 208(3), 196).

있다. 회사가 신고를 거부하는 경우에는 매출을 적법하게 진행할 수 없기 때문이다. 매출인이 회사의 지배주주나 대주주인 경우라면 회사의 협조를 얻는 일은 통상 어렵지 않을 것이다. 매출인이 소수지분만을 보유하는 경우라도 증권을 취득할 시점에 회사의 신고협조의무를 명시한 계약을 회사와 체결해 둔 경우라면 문제는 없을 것이다.[70]

3. 발행인의 신고협조의무

문제는 회사의 신고협조의무를 계약으로 확보해두지 못한 경우에 발생한다. 회사는 주주가 매출의 방법으로 보유주식을 처분하고자 하는 경우에 그 주주를 위하여 신고절차를 이행할 법적 의무가 있다고 볼 것인가? 자본시장법상 회사가 공모를 거쳐 공개법인이 되면 각종의 공시의무를 부담하게 된다. 그렇지만 상법상 주식양도자유의 원칙(§335(1)본문)이 그대로 적용되는 상황에서 회사가 폐쇄회사의 성격을 유지할 권리가 있다고 보기는 어려울 것이다. 따라서 매출인이 신고절차의 이행에 소요되는 비용을 부담하는 경우에는 회사가 신고를 거부할 수는 없다고 볼 것이다.

Ⅱ. 증권신고서의 내용

1. 서설

증권신고서의 기재사항과 첨부서류는 시행령으로 정하고(§119(7)), 보다 상세한 사항은 발행공시규정(§§2-4, 2-6)이 정하고 있다.[71] 시행령은 증권의 유형에 따라 증권신고서의 기재사항과 첨부서류를 달리 정하고 있다. 먼저 집합투자증권과 유동화증권을 제외한 일반증권에 대해서 규정한 후(令§125) 집합투자증권 및 자산유동화증권에 대해서 각각 규정한다(令§§127, 128). 일괄신고서에 대해서는 별도의 규정을 두고 있다(令§126). 이처럼 증권유형별로 규정을 달리한 것은 투자자의 관점에서 볼 때 일반증권은 기업금융형 증권으로 발행인에 관한 사항이 중요한 것에 비하여 집합투자증권과 자산유동화증권은 자산금융형 증권으로 자산의 내용이

70) 실제로 미국에서는 벤처캐피탈이 스타트업에 투자할 때 나중에 보유주식의 매출이 가능하도록 계약서에 스타트업의 협조의무(이른바 registration right)를 명시하는 것이 실무관행이라고 한다.

71) 보다 구체적인 작성지침은 금감원 기업공시국이 발간하는 기업공시서식 작성기준(2024.12)에 담겨있다.

더 중요하다는 차이에서 기인한다. 이하에서는 일반증권의 경우를 중심으로 설명한다.

2. 증권신고서의 기재사항과 첨부서류

증권신고서는 기재사항과 첨부서류로 구성되며 기재사항은 다시 모집 또는 매출에 관한 사항(제1부)와 발행인에 관한 사항(제2부)으로 나누어 기재하고 대표이사 등이 서명해야 한다.

(1) 모집 또는 매출에 관한 사항

시행령은 모집 또는 매출에 관해서는 다음 사항을 기재할 것을 요구한다(§125(1)(ii)).

① 모집 또는 매출에 관한 일반사항

② 모집 또는 매출되는 증권의 권리내용

③ 모집 또는 매출되는 증권의 취득에 따른 투자위험요소

④ 모집 또는 매출되는 증권의 기초자산에 관한 사항(파생결합증권에 한함)

⑤ 모집 또는 매출되는 증권에 대한 인수인의 의견(인수인이 있는 경우)[72]

⑥ 주권비상장법인의 직접공모에 관한 신고서를 제출하는 경우에는 증권분석기관의 평가의견

⑦ 자금의 사용목적

⑧ 그 밖에 투자자보호에 필요한 사항으로서 금융위가 정하여 고시하는 사항

위 ①모집 또는 매출에 관한 일반사항에서 중요한 것은 모집 또는 매출가액이다. 그러나 실제로는 그 가액을 정하기 전에 신고서를 제출하는 경우도 있다. 발행공시규정은 그 산정방법이나 인수인이 추후 기재한다는 사실을 기재할 수도 있다고 규정한다(§2-12).[73] 발행가액과 관련하여 보다 중요한 것은 주권상장법인의 유상증자에 적용되는 제한이다. 발행공시규정은 증자방식에 따라 발행가액의 산정방

72) 인수인은 공모가격이나 희망공모가격의 적정성에 대한 의견을 제시해야 한다(작성기준 §2-4-5(1)).

73) 이후에 가액이 확정되면 정정신고서를 제출하는 방법으로 보완한다. 이 경우는 신고서의 효력발생일에는 영향을 미치지 않는다.

법을 달리 규정하고 있다(§5-18(1)). 즉 일반공모증자방식의 경우에는 기준주가[74)]에 30% 이내의 할인율 적용하고, 제3자배정증자방식의 경우에는 기준주가에 10% 이내의 할인율을 적용해야 한다.[75)]

③의 투자위험요소는 사업위험,[76)] 회사위험, 기타 투자위험[77)] 등 3가지로 구분하여 중요사항 순으로 기재하도록 하고 있다(작성기준 §2-3-2(1)).

⑦의 자금의 사용목적의 기재는 점점 구체성을 요하는 추세이다. 금감원의 작성기준에 따르면 자금의 사용 목적은 시설자금, 영업양수자금, 운영자금, 채무상환자금, 타법인 증권 취득자금, 기타 등으로 구분하여 기재한다(§2-5-1 작성지침 iv).[78)]

(2) 발행인에 관한 사항

시행령은 발행인에 관해서는 다음 사항을 기재할 것을 요구한다(§125(1)(iii)).

① 회사의 개요

② 사업의 내용

③ 재무에 관한 사항

④ 회계감사인의 감사의견

⑤ 이사회 등 회사의 기관 및 계열회사에 관한 사항

⑥ 주주에 관한 사항

⑦ 임원 및 직원에 관한 사항

⑧ 계열회사 등에 관한 사항

⑨ 이해관계자와의 거래내용

⑩ 그 밖에 금융위가 정하여 고시하는 사항

---

74) 청약일 전 3거래일부터 5거래일의 가중산술평균주가.

75) 주주배정증자에 대해서는 아무런 규정이 없으므로 자율적으로 결정한다.

76) 회사가 속해있는 산업, 업종 및 영업의 특성에 따라 회사가 직면하게 되는 위험(작성기준 §2-3-1 작성지침 i.가).

77) 기타 투자위험요소의 최상단에는 상장 이후 유통가능물량 관련정보를 상세하게 기재하도록 하고 있다(작성기준 §2-3-1 작성지침 iv).

78) 시설자금의 경우에도 "해당 시설투자의 개요(사업의 명칭, 생산규모 등), 투자기간, 총 투자금액(이미 조달한 금액 및 조달방법과 향후 조달할 금액 및 조달방법을 포함한다) 등을 기재"하도록 함으로써 매우 구체적인 기준을 제시하고 있다(작성기준 §2-3-1 작성지침 v).

(3) 첨부서류

발행인은 증권신고서의 기재내용을 증빙하고 해당 공모의 적정성을 입증하기 위하여 증권신고서에 관련서류를 첨부하여 제출해야 한다. 시행령은 공모하는 증권의 성격에 따라 첨부서류를 달리 정하고 있다. 첨부서류는 다음과 같다(令§125(2), 발행공시규정 §§2-4, 2-6, 2-11)).

① 정관

② 증권의 발행을 결의한 주주총회 또는 이사회 의사록의 사본

③ 법인 등기사항증명서

④ 증권의 발행에 관하여 행정관청의 인허가나 승인을 요하는 경우 그 사실을 증명하는 서류

⑤ 증권의 인수계약서 사본

⑥ 일정한 지분증권 등을 상장하고자 할 경우 그 증권이 상장적합하다고 하는 상장예비심사결과서류

⑦ 예비투자설명서

⑧ 간이투자설명서

⑨ 직접공모의 경우 증권분석기관의 평가의견서 등

⑩ 그 밖에 금융위가 정하여 고시하는 서류

3. 예측정보

(1) 의의

'예측정보' 내지 '소프트정보'(soft information)는 의견이나 예측 그 밖에 주관적 평가 등에 관한 불확정정보로, 객관적으로 증명가능하며 확정된 사항에 관한 정보인 확정정보(hard information)에 대응하는 개념이다. 예측정보는 허황된 장밋빛 미래를 약속함으로써 투자자를 현혹시킬 위험이 큰 것이 사실이다. 그러나 증권가치의 판단은 결국 '미래'의 현금흐름을 예측하는 것이라는 점에서 예측정보가 합리적 근거를 갖는 것이라면 투자자의 판단에 도움이 될 수 있다. 국내외적으로 예측정보에 대한 평가와 관심이 높아진 상황을 반영하여 우리나라도 1999년 예측정보의 범위와 공시방법을 제한하는 형태로 예측정보의 공시제도를 도입하였다.

(2) 예측정보의 범위

자본시장법은 예측정보의 공시를 강제하고 있지는 않다(대법원 2015.12.23. 선고 2013 다88447 판결). 다만 발행회사는 증권신고서에 "발행인의 미래의 재무상태나 영업실적 등에 대한 예측 또는 전망에 관한 사항" 중 다음 사항을 예측정보로서 공시할 수 있다(§119(3)).[79)]

① 매출규모·이익규모 등 발행인의 영업실적 그 밖의 경영성과에 대한 예측 또는 전망에 관한 사항[80)]

② 자본금규모·자금흐름 등 발행인의 재무상태에 대한 예측 또는 전망에 관한 사항

③ 특정사실의 발생 또는 특정계획의 수립으로 인한 발행인의 경영성과 또는 재무상태의 변동 및 일정시점에서의 목표수준에 관한 사항

④ 그 밖에 발행인의 미래에 대한 예측 또는 전망에 관한 사항으로서 시행령이 정하는 사항

(3) 공시방법

예측정보의 공시는 다음 방법에 따라야 한다(§§119(3)후단, 125(2)(i), (ii), (iv)).

① 그 기재 또는 표시가 예측정보라는 사실이 밝혀져 있을 것

② 예측 또는 전망과 관련된 가정 또는 판단의 근거가 밝혀져 있을 것

③ 그 기재 또는 표시에 대하여 예측치와 실제 결과치가 다를 수 있다는 주의문구가 밝혀져 있을 것

(4) 부실공시로 인한 손해배상책임

예측정보의 부실공시로 인한 손해배상책임에 대해서는 특칙이 존재한다(§125(2)). 예측정보가 위의 공시방법에 따라 기재되고, 그 기재가 합리적 근거나 가정에 기초하여 성실하게 행하여진 경우에는 자본시장법 제125조 제1항에 따른 손해배상책임은 발생하지 않는다. 다만, 그 증권의 취득자가 취득의 청약 시에 예측

---

79) 예측정보를 공시할 의무가 있는 것은 아니다.

80) 증권신고서에 기재된 "분석기관의 유가증권에 대한 평가의견"이 예측정보에 해당한다는 주장을 배척한 판결로 대법원 2010.1.25. 선고 2007다16007 판결.

정보 중 중요사항에 관한 부실공시에 대해서 알지 못하였고 피고에게 부실공시에 대한 고의 또는 중과실이 있었음을 증명한 경우에는 배상책임이 발생한다. 이 특칙은 기업공개를 위하여 주식을 최초로 공모하는 경우에는 적용이 없다(§125(3)).

4. 기재방식의 특례

(1) 참조방식

공시비용은 발행인에게 상당한 부담이 될 수 있다. 이러한 공시비용 절감의 차원에서 자본시장법은 신고서의 기재사항과 첨부서류에 이미 제출된 것과 동일한 부분이 있는 경우 그 부분을 적시하여 참조시키는 방식(incorporation by reference)을 채택하는 것을 허용한다(§119(4)).

(2) 미확정기재

증권신고서는 공모를 개시하기 전에 작성하여 제출하여야 한다. 그러나 증권신고서를 제출하는 시점에는 공모의 발행조건이 아직 미확정상태인 경우가 많다. 그리하여 발행공시규정은 발행인이 증권신고서 기재사항 중 발행가액 등 일부 사항에 대해 그 산정방법만을 기재하여 제출하는 것을 허용한다(§2-12). 예컨대 지분증권의 경우에는 발행가액, 청약증거금, 인수증권수, 인수조건, 인수인(단, 주관회사는 제외)에 대한 기재를 생략하고 그 산정방법 또는 인수인 확정 후 추후 기재한다는 사실만을 기재하여 신고서를 제출할 수 있다(§2-12(1)). 이후 발행가액이나 인수인 등이 확정된 때에는 지체없이 정정신고서를 제출하여야 한다(§2-12(4)). 정정신고서를 제출한 경우에도 이미 제출한 증권신고서의 효력발생일에는 영향을 미치지 아니하므로 발행인으로서는 실질적으로 불리한 점이 없다.

5. 대표이사 등의 확인·검토·서명의무

증권신고서 등의 공시서류는 회사 내부적으로 대표이사 결재를 받아 제출하는 것이 원칙이다. 그러나 과거 이 절차는 형식적으로 이루어지는 경우가 많았다. 그리하여 미국에서는 부실공시책임이 문제되는 경우 대표이사가 부실사실을 알지 못하였음을 주장하며 책임회피를 시도하는 사례가 적지 않았다. 그리하여 엔론사태 이후 제정된 미국의 사베인 옥슬리(Sarbanes-Oxley)법은 최고경영자 등이 책임을 회피하는 것을 막기 위하여 고위임원의 확인·검토·서명의무를 도입하였다. 미국의 영향을 받아 자본시장법도 대표이사와 신고업무를 담당하는 이사에 증권신고서와 사업보고서 등에 대한 확인·검토·서명의무를 부과하였다(§§119(5), 159(7), 160후단, 161(1)후단).[81]

대표이사가 확인·검토할 대상은 "증권신고서의 기재사항 중 중요사항에 관하여 거짓의 기재 또는 표시가 있거나 중요사항의 기재 또는 표시가 누락되어 있지 않다는 사실 등" 시행령으로 정하는 사항이다(§119(5)).[82]

Ⅲ. 증권신고서의 심사

1. 신고서의 수리와 심사

자본시장법상 증권의 공모는 신고서를 금융위에 제출하여 수리되기 전에는 할 수 없다(§119(1)).[83] 자본시장법상 "금융위원회는 증권신고서의 형식을 제대로 갖추지 아니한 경우 또는 그 증권신고서 중 중요사항에 관하여 거짓의 기재 또는 표시가 있거나 중요사항이 기재 또는 표시되지 아니한 경우를 제외하고는" 그 수리를 거부할 수 없다"(§120(2)). 이 규정은 두 가지를 의미한다. ① 하나는 발행인이 제출한 증권신고서의 형식상 불비가 없고 중요사항에 부실표시가 없는 한 신고서를 수리해야 한다는 점이고 ② 다른 하나는 금융위가 적어도 수리여부를 판단하는 범위에서 신고서에 대한 심사권을 갖는다는 점이다.

2. 심사의 범위

(1) 형식적 심사권과 내용적 심사권

자본시장법상 금융위는 "증권신고서의 형식을 제대로 갖추지 아니한 경우"에

81) 고창현/김연미, "기업회계관련법의 분석과 평가," BFL 제4호(2004.3), 41면 이하.

82) 시행령은 확인·검토대상으로 다음 사항을 추가하고 있다(令§124).
① 증권신고서의 이용자에게 중대한 오해를 일으키는 내용이 표시되어 있지 않다는 사실
② 증권신고서의 기재사항에 대하여 상당한 주의를 다하여 직접 확인·검토하였다는 사실
③ 외부감사대상법인인 경우에는 외감법에 따라 내부회계관리제도가 운영되고 있다는 사실

83) 실무적으로 발행인이 증권신고서를 제출하면 즉, 물리적으로 도달하면 금융감독원 증권신고서 심사담당자는 이를 접수한 후, 그 수리 사실을 발행인 등에게 서면, 전자문서 또는 모사전송(FAX)의 방법으로 통지-제출하면 청약의 권유가 가능해짐.

는 수리를 거부할 수 있으므로 형식의 충족여부를 따져볼 수 있는 형식적 심사권이 있음은 분명하다. 그렇다면 기재내용의 진실성과 완전성에 대한 심사권, 즉 내용적 심사권[84)]은 어떠한가? 자본시장법은 "그 증권신고서 중 중요사항에 관하여 거짓의 기재 또는 표시가 있거나 중요사항이 기재 또는 표시되지 아니한 경우"에는 수리를 거부할 수 있음을 전제하고 있으므로(§120(2)) 금융위는 그 범위에서 내용적 심사권을 갖는다고 볼 것이다.[85)] 또한 자본시장법이 "중요사항에 관하여 거짓의 기재 또는 표시가 있거나 중요사항이 기재 또는 표시되지 않은 경우와 중요사항의 기재나 표시내용이 불분명하여 투자자의 합리적인 투자판단을 저해하거나 투자자에게 중대한 오해를 일으킬 수 있는 경우"에 정정신고서 제출을 요구할 수 있다고 규정한 것(§122(1))[86)]도 내용적 심사권을 전제한 것으로 본다.[87)]

(2) 내용적 심사의무

금융위에게 내용적 심사의 권한을 넘어 '의무'까지 존재한다고 볼 수 있는가? 이에 대해서는 원칙적으로 부정하지만 '특별한 사정'이 인정되는 경우에는 그런 의무가 존재할 수 있음을 인정한 하급심판례가 있다. 서울고등법원은 공모발행주식에 대한 가장납입으로 인하여 손해를 입은 투자자가 신고서에 대한 심사를 담당한 금감원을 상대로 손해배상을 청구한 사안에서 금감원은 "유가증권신고의 신고인, 유가증권의 발행인·인수인 기타 관계인에 대하여 조사를 할 수 있으나 … 위와 같은 규정만으로는 유가증권신고서 … 등의 실체적인 진위 여부를 조사해야 할 의무가 있다고 보기 어렵[다]"고 함으로써 원칙적으로 "실체적인 진위 여부"에 관한 전반적인 심사의무, 즉 내용적 심사의무를 부정하면서도 "다만 피고 금융감독원이 위 업무를 처리함에 있어 유가증권신고서 … 에 허위사실의 기재가 있다는 등의 사실을 알았거나 알 수 있었을 특별한 사정이 있음에도 불구하고 그에 관하여 아무런 조치를 취하지 아니하였다면, 이는 법령에 위반되는 것이라고 인정할 수 있다"고 판시함으로써 예외적으로 "특별한 사정"이 있는 경우에는 심사의무가 존재함을 인정하였다

84) 때로는 실질적 심사권이란 용어가 사용되기도 하는데 이 책에서는 실질적 심사권을 증권의 가치에 대한 심사라는 의미로 사용하기로 한다.
85) 이명수, "자본시장법상 공시제도," BFL 제41호(2010.5), 6면, 8면.
86) 이 규정은 기재가 불분명한 경우도 기재누락과 동등하게 취급하고 있다.
87) 반대: 김홍기, 239~240면.

(서울고등법원 2008.9.12. 선고 2006나43240 판결(확정)).[88] 즉 금감원은 내용적 심사권은 있지만 심사의무는 특별한 사정이 있는 경우에만 인정된다고 본 것이다.

심사의무를 발동시키는 "특별한 사정"은 어떠한 경우에 인정할 수 있을까? ① 예컨대 규제당국에 대한 민원 등에 의해서 부실공시의 존재에 관한 합리적인 의심을 뒷받침하는 정보가 존재하고, ② 그 정보를 토대로 규제당국이 자본시장법상의 조사권한을 행사하면 부실공시의 존재여부를 확인할 수 있을 정도로 그 정보가 충분히 구체적인 경우에는 특별한 사정이 있다고 볼 수 있을 것이다.

(3) 실질적 심사권

나아가 금융위는 공모대상인 증권의 실질적인 가치에 대한 심사권, 즉 실질적 심사권을 갖는다고 볼 것인가? 증권이 실질적으로 발행가액에 상당하는 가치를 지니는지 여부를 심사할 규제당국의 권한을 긍정하는 견해는 찾기 어렵다.[89] 자본시장법에서 증권신고의 효력발생이 "그 증권신고서의 기재사항이 진실 또는 정확하다는 것을 인정하거나 정부에서 그 증권의 가치를 보증 또는 승인하는 효력을 가지지 아니한다"는 점을 명시한 것(§120(3))은 이를 확인하는 것으로 볼 수 있다.

(4) 심사와 관련한 권한

금융위는 심사와 관련하여 필요한 때에는 신고인, 발행인, 매출인, 인수인, 그 밖의 관계인에게 보고 또는 자료제출을 명할 수 있고, 금감원장에게 조사하게 할 수도 있다(§131(1)).

3. 심사 후의 조치

(1) 신고서의 수리

심사결과 신고서가 형식적이나 내용적으로 흠이 없다면 신고서를 수리해야 할

88) 다만 사안에서는 특별한 사정을 인정할 수 없다고 하여 청구를 기각하였다. 같은 취지의 판결로 대법원 2008.7.10. 선고 2008다23637(병합) 판결(舊증권거래법상 협회등록법인의 가장납입 여부에 대하여 금감위와 금감원의 조사의무를 부정한 사례). 이에 관해서는 정순섭, "금융감독기관의 감독배상책임에 관한 연구," 상사법연구 제31권 제4호(2013), 192~193면.

89) 그러나 금융위가 기재내용의 진실성에 대한 심사를 통해서 증권의 가치평가에 사실상 영향을 미칠 여지는 없지 않다.

것이다(§120(2)).[90] 신고서는 금융위가 신고서를 수리하면 접수된 날에 수리된 것으로 본다(발행공시규정 §2-3(6)전단). 수리는 기재내용이 적정하다는 것을 인정하거나 그 증권의 가치를 보증하는 것이 아니다(§120(3)).

(2) 정정요구 그 밖의 조치권

금융위가 심사 결과 형식적인 불비나 중요사항의 허위기재나 기재누락 또는 불분명한 기재를 발견한 때에는 그 증권신고서에 기재된 증권의 취득 또는 매수의 청약일 전일까지 그 이유를 제시하고 정정신고서의 제출을 요구할 수 있다(§122(1)). 일단 정정요구가 이루어진 경우에는 신고서는 그 요구를 한 날로부터 수리되지 않은 것으로 본다(§122(2)). 이처럼 법문은 정정요구가 신고서의 수리 후에 행해지는 경우를 전제하고 있다. 수리 전이라면 단순히 수리를 거부할 수도 있지만 실제로 그런 경우는 찾기 어렵다.

수리 후에 정정요구를 받게 되면 발행회사로서는 불의의 타격이 될 수 있다. 그리하여 실무상으로는 신고서를 정식으로 제출하기 전에 금감원 담당실무자와 의견교환의 기회를 갖는 경우가 많다. 정정요구를 받은 후 3개월 이내에 발행인이 정정신고서를 제출하지 않는 경우에는 그 증권신고서를 철회한 것으로 본다(§122(6); 令§130(5)). 또한 기재내용이 부정확한 경우에는 금융위는 정정요구 외에, 증권발행의 정지 등 각종 조치를 할 수 있다(§132).[91]

4. 정정신고서

정정신고서는 전술한 금융위의 요구가 있는 경우에는 의무적으로 제출해야 하지만 발행인이 자발적으로 제출하는 것도 가능하다. 증권신고서를 제출한 발행인이 "증권신고서의 기재사항을 정정하고자 하는 경우에는 그 증권신고서에 기재된 증권의 취득 또는 매수의 청약일 전일까지"[92] 정정신고서를 제출할 수 있다(§122

---

90) 신고서를 수리한 경우 금융위는 발행인에게 서면이나 전자문서 또는 팩스의 방법으로 통지해야 한다(발행공시규정 §2-3(6)후단).

91) 금감원 보도자료에 따르면 2017년에서 2021년 사이에 제출된 증권신고서 총 2,680건 중 180건에 대해서 정정요구가 이루어졌다. 정정요구비율은 채권(0.8%)보다 주식(9.8%)의 경우에 훨씬 더 높았고 주관사가 인수책임을 지지 않는 모집주선 방식의 경우(32.6%)가 총액인수 방식의 경우(0.9%)보다 훨씬 더 높았다. 금감원 "최근 5년간 증권신고서 정정요구 현황 및 시사점",(2022.9.27.) 최근의 사례분석에 관해서는 금감원, 증권신고서에 대한 정정요구 사례집(2022.12).

(3)전단).[93] 또한 ① 시행령으로 정하는 중요한 사항을 정정하고자 하는 경우 또는 ② 투자자 보호를 위하여 그 증권신고서에 기재된 내용을 정정할 필요가 있는 경우로서 시행령으로 정하는 경우에는 제출이 강제된다(§122(3)후단).[94] 정정신고서가 제출된 때에는 그 정정신고서가 수리된 날에 증권신고서가 수리된 것으로 본다(§122(5)).[95]

Ⅳ. 신고서의 효력발생

1. 서설

증권신고서에 관해서는 신고서의 '수리시점'과 '효력발생시점'이 중요하다. 후술하는 바와 같이 신고서 수리가 있으면 청약(또는 청약의 권유)이 가능하지만, 효력발생 전에는 청약에 대한 승낙은 할 수 없다(§121(1)). 수리시점과 효력발생시점 사이의 대기기간[96]은 증권신고서에 대한 심사시간을 확보함과 아울러 신고서에 포함된 정보가 시장에 충분히 확산되고 소화될 수 있는 시간을 갖기 위한 것이다.[97] 그 기간은 증권의 유형과 발행인의 종류에 따라 다르게 설정되어 있다.

---

92) 다만 일괄신고서를 제출한 자는 그 발행예정기간 종료 전까지 정정신고서를 제출할 수 있다(§122(4)).

93) 이 경우의 증권신고서에는 일괄신고서(§119(3)) 이외에 일괄신고추가서류(122(3)전단)도 포함된다.

94) 위 ②에는 증권신고서의 기재 또는 표시내용이 불분명하여 그 증권신고서를 이용하는 자에게 중대한 오해를 일으킬 수 있는 내용이 있는 경우나 발행인에게 불리한 정보를 생략하거나 유리한 정보만을 강조하는 등 과장되게 표현된 경우 등이 포함된다(令§130(2)).

95) 다음의 경우에는 정정신고서를 제출하더라도 당초의 효력발생일에 영향을 미치지 않음(규정 §2-3②·③, §2-12④)

- ㅇ 상장을 위하여 지분증권을 모집·매출하는 경우로서 당초 신고서의 모집·매출 주식수의 ±20% 범위 내에서 주식수를 변경하는 경우
- ㅇ 초과배정옵션계약을 추가로 체결하거나 초과배정 수량을 변경하는 경우
- ㅇ 공개매수의 대가로 교부하기 위하여 신주를 발행함에 있어서 발행예정주식수가 변경되는 경우
- ㅇ 채권 발행총액을 기존 증권신고서상 금액의 80%~120% 수준에서 변경하는 경우
- ㅇ 사소한 문구수정 등 투자판단에 영향이 없는 경미한 사항을 정정하는 경우
- ㅇ 발행가액·인수인, 전환가액, 채무증권의 발행이자율 등의 산정방법을 기재한 경우로서 그 기준에 따라 확정된 가액으로 신고서의 기재내용을 정정하는 경우]]

96) 숙려기간이라고도 한다.

97) 실무안내, 225면. 종전에는 신고서의 발효 후에도 추가로 7일 동안 거래를 금지함으로써 투자자의 신중한 판단을 유도하였으나 1988년 증권법 개정으로 폐지되었다.

2. 효력발생기간(대기기간)

신고서는 수리일로부터 증권 종류 또는 거래특성을 고려하여 시행규칙이 정하는 기간이 경과한 날에 그 효력이 발생한다(§120(1)). 시행규칙이 정한 기간은 표와 같다(규칙 §12(1)).

[표 Ⅳ-3] 신고서의 효력발생기간

증권 / 발행인	지분증권		채무증권		환매금지집합투자기구의 집합투자증권	기타 증권
	일반공모 주주우선 공모	주주배정 제3자 배정	보증, 담보 부, ABS	무보증		
주권상장법인	10일	7일	5일	7일	10일	15일
일반법인	15일					

* 효력발생기간 및 그 단축 및 연장은 영업일 기준으로 산정
자료: 금감원 실무안내(2024), 224면.

발행가액이나 발행금리 등의 변경으로 정정신고서를 제출하는 경우에는 위의 기간이 아니라 정정신고서의 수리일로부터 3일이 경과한 날에 효력이 발생한다(규칙 §12(2)(i)).

3. 효력발생기간의 단축·연장

이러한 효력발생기간은 시장에서의 정보확산과 소화를 위한 것이므로 금융위는 구체적인 사정에 따라 단축하거나 연장하고 있다. ① 신고서 내용이 널리 알려져 있거나 쉽게 이해될 수 있는 경우와 같이 장기의 대기기간을 둘 필요가 없다고 판단되는 일정한 경우에는 금융위가 그것을 단축할 수 있다(규칙 §12(3)(i), (iii)).[98] ② 반대로 감사의견이 적정의견이 아닌 경우 등 장기의 대기기간이 필요하다고 판단되는 경우에는 금융위가 당초의 효력발생기간에서 3일을 연장할 수 있다(규칙 §12(4)(i), (iv)).

98) 발행공시규정은 일괄신고서의 정정신고서와 일정한 사채발행 등에 대한 특례를 규정하고 있다 (§2-3).

Ⅴ. 투자설명서

1. 의의

자본시장법은 '투자설명서'(prospectus)[99]를 "대통령령으로 정하는 방법에 따라 작성한 투자설명서"라고 하여 그 작성방법을 정하고 있을 뿐(§123(1)) 정작 그 문서의 핵심에 대해서는 따로 정의하고 있지 않다.[100] 그러나 기능적인 면에서 접근한다면 사업설명서는 청약의 권유를 위하여 투자자에게 제공하는 문서라고 할 수 있다. 그런 의미의 사업설명서는 사모 시에도 사용될 수 있으나 자본시장법상의 규제는 공모 시의 사업설명서만을 대상으로 한다. 증권 공모의 경우 증권신고서도 정보제공기능을 수행하지만 증권신고서는 금융위에 제출하고 제출된 증권신고서는 일정한 장소에 비치하는 동시에 인터넷 등을 통하여 공시되는 '간접공시수단'인데 비하여 투자설명서는 투자자에게 직접 전달되는 '직접공시수단'이라는 점에서 차이가 있다. 다만 오늘날 증권신고서는 투자자가 금감원 전자공시시스템(DART)[101]을 통해서 쉽게 열람할 수 있고 투자설명서는 전자적 방식으로 교부할 수도 있다는 점에서 양자의 차이는 실질적으로 그렇게 크지 않다.

투자설명서의 목적도 기본적으로는 투자자의 투자가 적절한 정보를 토대로 이루어지도록 담보하는 것이다. 이는 두 가지 측면으로 나누어 볼 수 있다. ① 하나는 투자판단에 필요한 정보를 투자자에게 제공하는 것이다(정보제공기능). ② 다른 하나는 허황된 정보가 투자판단에 영향을 주지 않도록 투자자로부터 차단하는 것이다(정보차단기능). 특히 ②를 중시하는 미국에서는 투자설명서를 아주 넓게 정의하여 발행인의 정보제공행위를 모두 투자설명서에 해당하는 것으로 보아 투자설명서에 대한 법규제를 적용하고 있다. 그러나 투자설명서에 대한 정의가 없는 우리 자본시장법의 해석상으로는 "대통령령으로 정하는 방법에 따라 작성한" 것이 아닌 문서는 투자설명서가 아니기 때문에 투자설명서에 대한 규제는 적용될 여지가 없다는 주장도 성립될 수 있다. 실제로 과거 시장에서는 발행회사나 인수인이 투자설명서란 명칭만 붙어있지 않을 뿐 사실상 유사한 투자권유문서를 사용하는 사례

99) 舊증권거래법에서는 투자설명서 대신 사업설명서란 용어를 사용하였다.

100) 만약 그것을 문자 그대로 해석한다면 시행령이 제시한 사항을 하나라도 누락한 문서는 자본시장법상 사업설명서가 아니라는 불합리한 결론에 이르게 된다.

101) https://dart.fss.or.kr/

가 많았다.

2. 범위

투자설명서는 기본적으로 투자의 권유를 위한 문서이다. 자본시장법은 청약의 권유를 넓게 정의한다. "권유받는 자에게 증권을 취득하도록 하기 위하여 신문·방송·잡지 등을 통한 광고·안내문·홍보전단 등 인쇄물의 배포, 투자설명회의 개최, 전자통신 등의 방법으로 증권 취득청약의 권유 또는 증권 매도청약이나 매수청약의 권유 등 증권을 발행 또는 매도한다는 사실을 알리거나 취득의 절차를 안내하는 활동"은 원칙적으로 청약의 권유에 해당한다(令§2(ii)). 이러한 방법으로 투자권유의 목적으로 제공되는 문서는 반드시 투자설명서라는 명칭이 적혀 있지 않아도 자본시장법상 투자설명서로 보아야 할 것이다.[102] 따라서 모집안내서, 매출안내서, 신주청약안내서와 같은 명칭이 붙어 있는 문서는 물론이고 다른 명칭이 붙어 있더라도 일단 투자권유목적으로 작성된 문서는 모두 투자설명서에 해당한다고 볼 것이다. 따라서 이들 문서는 적어도 뒤에 설명하는 간이투자설명서의 요건을 갖추어야 할 것이다.

미국법에서는 투자설명서가 문서에 한정되지 않고 라디오나 텔레비전을 통해서 청약을 권유하는 경우도 포함한다.[103] 그러나 '書'라는 문자가 사용되고 있는 우리법의 해석상으로는 따로 특별규정이 없는 한 구두의 권유를 투자설명서에 해당한다고 보기는 어려울 것이다. 다만 이러한 투자설명서의 "문서성"은 가급적 유연하게 해석할 필요가 있다. 자본시장법은 인터넷을 통한 증권발행의 확산을 고려하여 전자문서도 투자설명서로 볼 수 있는 근거를 마련하였다(§124(1)후단). 또한 자본시장법은 발행인의 명칭, 발행이나 매도의 일반적 조건 등 투자자 보호에 저해될 염려가 없는 사실을 광고를 통해서 알리거나 안내하는 것은 '청약의 권유'에서 제외한다(令§2(ii)단서). 이러한 단순광고는 권유를 위한 것이 아니므로 투자설명서로 볼 수 없다.

102) 임재연, 518~519면.
103) 김/송, 78면.

3. 종류

증권신고의 대상이 되는 공모 시에 사용하는 투자설명서는 ① 정식의 투자설명서, ② 예비투자설명서, ③ 간이투자설명서의 3가지로 나눌 수 있다(§124(2)). ②의 예비투자설명서는 신고서가 수리된 후 효력이 발생하기까지의 기간 동안 청약을 권유하기 위하여 사용되는 서류로서 장차 기재사항 중 일부가 변경될 가능성이 있다는 점이 표시되는 점 등을 제외하고는 정식의 투자설명서와 차이가 없다.[104) ③의 간이투자설명서는 정식의 투자설명서에서 일부사항을 생략하거나 중요사항만을 발췌하여 표시한 문서·전자문서 그 밖에 이에 준하는 기재 또는 표시를 말한다(§124(2)(iii)). 간이투자설명서는 신문·방송 등을 이용한 광고나 전자전달매체를 통하여 제공될 수 있다. 간이투자설명서의 작성 시 발행인에게 불리한 정보를 생략하거나 유리한 정보만을 발췌해서는 아니 된다(令§134(2)).

4. 작성 및 제출과 공시

증권을 공모할 때는 발행인이 증권신고서 외에 투자설명서를 작성하여 신고서의 효력발생일에 금융위에 제출해야 한다(§123(1)).[105) 신고서의 효력발생 전에 예비투자설명서나 간이투자설명서를 사용하는 경우에는 신고서를 제출할 때 이들도 함께 제출해야 한다(令§125(2)(vii), (viii)). 발행인은 제출된 투자설명서를 발행회사 본점과 청약사무취급처 등에 비치하고 일반인이 열람할 수 있게 해야 한다(§123 (1); 규칙§13(1)).

5. 기재사항

(1) 정식의 투자설명서

투자설명서는 시행령에 따라 작성하며(§123(1)), 표제부와 본문으로 구분하여 작성한다(令§131(1)). 투자설명서의 표제부에는 다음 사항을 기재한다(令§131(2)).

① 증권신고의 효력발생일

104) 증권신고서의 효력발생일까지 기재사항에 변경이 없으면 예비투자설명서를 표제부만 바꾸어 투자설명서로 사용할 수 있다(令§131(4)).

105) 일괄신고추가서류를 제출할 경우에는 일괄신고추가서류 제출일에 제출해야 한다.

② 공모가액

③ 청약기간

④ 납부기간

⑤ 증권신고서의 사본 및 투자설명서의 열람장소

⑥ 증권시장에서 안정조작 또는 시장조성이 행해질 수 있다는 뜻

⑦ 증권신고서의 기재사항 중 일부가 청약일 전일까지 변경될 수 있다는 뜻

⑧ 정부가 신고서 기재사항의 진실성이나 정확성을 인정하거나 증권 가치를 보증 또는 승인한 것이 아니라는 뜻

⑨ 그 밖에 투자자 보호를 위하여 필요한 사항으로서 금융위가 고시한 사항

투자설명서의 본문에는 증권신고서를 제출한 경우에는 그 종류에 따라 신고서에 기재한 사항을 기재한다(令§131(3)).[106] 투자설명서에는 증권신고서에 기재한 사항과 다른 사항을 표시하거나 기재사항을 누락해서는 아니 된다(§123(2)본문). 다만 기업경영 등 비밀유지와 투자자 보호와의 형평 등을 고려하여 기재를 생략할 필요가 있는 사항으로 시행령이 정한 사항[107]은 기재를 생략할 수 있다(§123(2)단서, 令§131(5)).

(2) 예비투자설명서와 간이투자설명서

예비투자설명서의 기재사항도 해당 증권신고의 효력이 발생하지 않았다는 점과 기재사항이 변경될 가능성이 있다는 점을 표시하는 것을 제외하고는 대체로 정식의 투자설명서와 유사하다(令§133(1)). 간이투자설명서의 기재사항에 대해서 시행령은 해당 증권신고의 효력이 발생하기 전과 발생한 후로 나누어 규정한다(令§134). 효력발생 전 기재사항으로는 투자설명서의 표제부와 본문의 일정한 기재사항 외에 증권신고의 효력이 발생하지 않았다는 점과 기재사항이 변경될 가능성이 있다는 점, 상장을 예정한 경우에는 상장예비심사결과, 구체적인 내용은 투자설명서나 예비투자설명서를 참조하라는 점 등을 기재해야 한다(令§134(1)(i)). 한편 효

106) 일괄신고추가서류를 제출한 경우에는 그 서류에 기재한 사항을 기재한다.

107) 군사기밀보호법상의 군사기밀에 해당하는 사항과 발행인의 업무 또는 영업에 관한 것으로서 금융위의 확인을 받은 사항.

력발생 후 기재사항도 효력발생 전 기재사항과 대체로 비슷하지만 정부가 신고서 기재사항의 정확성을 인정하거나 증권가치를 보증한 것이 아니라는 점을 기재해야 하는 등의 차이가 있다(令§134(1)(ii)).

6. 투자설명서의 교부의무와 그 면제

자본시장법은 원칙적으로 투자자에게 투자설명서를 미리 교부하지 않고는 증권을 취득하게 하거나 매도하지 못하도록 하고 있다(§124(1)). 이는 투자자의 청구가 있는 경우에 한해서 투자설명서의 교부의무를 인정했던 舊증권거래법(§13(1))에서 방향을 전환하여 무조건 교부를 요하는 미국법의 태도를 따른 것이다. 그러한 변화는 투자판단에 필요한 기본 정보가 투자자에게 직접 전달되도록 함으로써 정보에 근거한 투자결정을 촉진하기 위한 것이다. 투자설명서 교부의무를 위반한 경우는 형사처벌 대상은 아니지만 금융위는 증권발행이나 기타 거래의 정지 등 제재조치를 취할 수 있다(§132(iv); 令§138).[108]

한편 자본시장법은 전문투자자와 시행령에서 정하는 자를 상대로 할 경우에는 투자설명서의 교부를 면제한다(§124(1)). 전문투자자는 자기방어능력이 있으므로 구태여 교부를 의무화할 필요가 없다는 판단에 따른 것이다. 시행령에서 정한 예외에는 다음과 같은 자들이 포함된다. ① 회계법인, 신용평가회사, 공인회계사나 변호사 등의 전문가와 발행인의 최대주주와 임원 등 일정한 연고자(令§132(i)), ② 투자설명서를 받기를 거부한다는 의사를 표시한 자이다(令§132(ii)). ①은 전문성이 있거나 발행인과의 관계에 비추어 정보에 대한 접근성이 있다고 판단되는 경우이고 ②는 교부의무를 인정할 실익이 없다고 판단되는 경우이다.

7. 교부의무의 이행

교부의무를 이행할 주체는 투자자에게 증권을 "취득하게 하거나 매도하고자 하는 자"이다(§124(1)) 발행인, 인수인, 주선인 등이 이에 해당한다. 교부의 상대방은 증권을 취득 또는 매수하고자 하는 자이다. 교부의 대상인 투자설명서는 정식의 투자설명서를 말하며, 예비투자설명서나 간이투자설명서를 교부하는 것만으로는

108) 투자설명서 교부의무를 위반한 경우에는 투자자에게 거래취소권을 부여하는 방안도 고려할 수 있을 것이다.

교부의무를 이행한 것으로 볼 수 없다.[109] 투자설명서를 교부해야 하는 시기는 투자자가 증권을 취득하거나 매수하기 전이다. 교부의 방법은 원칙적으로 서면에 의해야 하지만, 인터넷 사용이 보편화되고 있는 현실을 고려하여 전자문서의 내용이 서면에 의한 투자설명서의 내용과 동일한 경우에는 투자설명서를 전자문서로 교부하는 것도 허용된다(§124(1)후단).[110] 그리하여 현재 사업설명서는 영업점에 내방한 투자자에 대한 서면이나 USB 같은 휴대용 저장매체의 현실교부, 우편, 이메일 등의 방법으로 교부할 수 있다.

8. 투자설명서 사용의 강제

자본시장법은 공모를 위한 청약의 권유를 하는 방법을 다음 3가지로 제한하고 있다(§124(1)).

① 신고서의 효력이 발생한 후 투자설명서를 사용하는 방법
② 신고서의 수리 후 효력이 발생하기 전 예비투자설명서를 사용하는 방법
③ 신고서의 수리 후 간이투자설명서를 사용하는 방법

이 규정은 해석하기 따라서는 청약의 권유를 할 때 위 3가지 투자설명서 외에 다른 문서는 명칭에 관계 없이 사용할 수 없다고 볼 수도 있다.[111] 그러나 우리나라에서는 실무상 투자설명서를 요약하거나 시각적으로 재구성한 자료를 영업과정에서 널리 사용되고 있다. 엄격히 해석하자면 이들 판매용자료도 모두 적어도 간이투자설명서의 요건을 충족해야 할 뿐 아니라 증권신고서의 첨부서류로 금융위에 제출해야 할 것이다. 그러나 금감원의 실무는 그 내용이 투자설명서의 내용과 부합해야 하고 그것만으로는 투자설명서 교부의무를 이행한 것으로 볼 수 없다는 정도에 그치고 있다.[112]

109) 청약자에게 투자설명서를 실제로 교부함이 없이 구두로 투자설명서 내용을 설명하고 확인을 받는 것만으로는 투자설명서를 교부한 것으로 볼 수 없다.

110) 그 밖에 다음 요건도 충족해야 한다.
① 전자문서수신자의 사전 동의가 있을 것
② 전자문서를 수신할 전자전달매체의 종류와 장소를 지정할 것
③ 전자문서의 수신사실이 확인될 것

111) 미국에서는 판매용자료는 원칙적으로 투자설명서에 해당한다고 간주하므로 소정의 요건을 갖추지 않은 자료는 사용이 금지되는 것으로 본다. 김/송, 78면.

112) 실무안내, 322면.

이러한 투자설명서를 사용하지 않고 청약의 권유를 한 경우에는 증권발행의 정지 등 제재조치를 부과할 수 있다(§132).

Ⅵ. 일괄신고제도

1. 의의

발행시장에서의 공시의무는 원칙적으로 증권을 공모할 때마다 발생한다. 따라서 수시로 반복하여 공모를 행할 필요가 있는 회사에게는 공시의무가 큰 부담이 아닐 수 없다. 이러한 회사의 부담을 덜어주기 위하여 1992년 미국의 "shelf registration"제도를 모델로 하여 도입한 것이 바로 일괄신고제도이다. 일괄신고제는 회사가 일정기간 동안 공모할 증권의 총액에 대해서 일괄적으로 신고하면 그 기간 중 공모할 때마다 신고서를 따로 제출함이 없이 공모하는 것을 허용하는 제도이다(§119(2)전단). 처음 주된 적용대상으로 삼은 것은 회사채 발행이었으나 2009년 이른바 "잘 알려진 기업"도 일괄신고서를 이용할 수 있도록 길을 열어줌으로써 그 적용범위가 대폭 확장되었다.[113] 일괄신고서에 의한 공시는 발행되는 증권 자체보다는 그것을 발행하는 회사에 초점을 맞춘 것이다. 그러나 일괄신고서도 증권신고서의 일종이란 점에서 그 수리, 발효시기, 거래제한 등은 원칙적으로 일반 신고서의 경우와 같다.

2. 요건

일괄신고서를 사용하기 위해서는 대상증권의 종류, 발행예정기간, 발행횟수, 발행인의 요건 등을 고려하여 시행령에서 정하는 기준과 방법을 따라야 한다(§119(2)).

(1) 대상증권

시행령은 일괄신고서를 제출할 수 있는 증권으로 ① 주권, ② 주권 관련 사채권 및 이익참가부사채권, ③ ②를 제외한 사채권, ④ 일정한 파생결합증권, ⑤ 일정한 집합투자증권을 규정한다(令§121(1)).[114] 과거 주권에 대해서는 수시발행에 대

113) "잘 알려진 기업"이란 미국의 "well-known seasoned issuer"(WKSI)란 개념을 모델로 삼은 것이다.

114) 다만 조건부자본증권은 투자위험도가 높다는 점에서 명시적으로 제외된다(令§121(1)단서).

한 수요도 크지 않고 주가에 악영향을 미칠 수 있다는 점을 고려하여 일괄신고를 허용하지 않았다. 그러나 2009년 시행령 개정으로 주권과 주권관련사채권까지 일괄신고대상에 포함되었다. 구체적으로 일괄신고의 대상으로 삼을 수 있는 증권의 범위는 발행법인의 종류에 따라 차이가 있다.

(2) 제출가능법인

시행령은 일괄신고서를 제출할 수 있는 자는 일반법인과 일정한 적격요건을 갖춘 기업(이른바 "잘 알려진 기업")의 두 가지로 나누고 각각에 대해서 허용되는 대상증권과 적격요건 등을 달리 규정한다(§121(4), (6)). 먼저 일반법인은 위 ③과 ④의 증권을 발행하는 경우에 일괄신고서를 제출할 수 있는데 다음과 같은 적격요건을 갖춰야 한다(令§121(4)).

ⓐ 최근 1년간 사업보고서와 반기보고서를 제출한 자 또는 최근 1년간 분기별 업무보고서 및 월별 업무보고서를 제출한 금융투자업자로서 위 ③과 ④ 중 같은 종류에 속하는 증권을 최근 1년간 공모한 실적이 있을 것[115]

ⓑ 최근 사업연도의 재무제표에 대한 회계감사인의 감사의견이 적정일 것

ⓒ 최근 1년 이내에 금융위원회로부터 증권의 발행을 제한하는 조치를 받은 사실이 없을 것

한편 "잘 알려진 기업"은 위 ①, ②, ③의 증권에 대해서 일괄신고서를 제출할 수 있다(令§121(6)). 잘 알려진 기업에 해당하기 위한 적격요건은 다음과 같이 일반법인의 경우보다 엄격하다.

ⓐ 주권상장법인으로서 주권이 상장된 지 5년이 경과하였을 것

ⓑ 최근 사업연도의 최종 매매거래일 현재 시가총액이 5천억원 이상일 것

ⓒ 최근 3년간 사업보고서·반기보고서 및 분기보고서를 기한 내에 제출하였을 것

ⓓ 최근 3년간 공시위반으로 금융위나 거래소로부터 일정한 제재를 받은 사실이 없을 것

ⓔ 최근 사업연도의 재무제표에 대한 회계감사인의 감사의견이 적정일 것

115) 최근 1년간 업무보고서를 제출한 금융투자업자를 포함한 것은 최근 1년간 사업보고서와 분기보고서를 제출할 수 없었던 신설 금융투자업자를 고려한 것이다.

ⓕ 최근 3년간 자본시장법에 따라 벌금형 이상의 형을 선고받거나 외감법상 회계처리기준의 위반과 관련하여 외감법상 벌금형 이상의 형을 선고받은 사실이 없을 것

(3) 발행예정기간과 발행횟수

발행예정기간은 원칙적으로 일괄신고서 효력발생일로부터 2개월 이상 1년 이내이다(令§121(2)). 다만 "잘 알려진 기업"인 발행인의 발행예정기간은 2년 이내로 하며 최단기간은 적용하지 않는다(令§121(6)후단). 잘 알려진 기업의 경우에는 발행횟수에 제한이 없지만 일반법인인 경우에는 발행횟수는 발행예정기간 중 3회 이상으로 제한된다(令§121(3), (6)).

3. 일괄신고에 필요한 공시

(1) 일괄신고서의 기재사항과 첨부서류

일괄신고서에는 발행예정기간, 발행예정금액, 발행인에 관한 사항, 그 밖에 투자자 보호를 위하여 필요한 사항으로서 금융위가 고시하는 사항을 기재해야 한다(令§126(1)). 또한 회계감사인의 감사보고서 등 관련서류도 첨부해야 한다(令§126(2)).[116]

일반적으로 정정신고서는 증권신고서에 기재된 증권의 취득 또는 매수의 청약일 이전에만 제출할 수 있지만(§122(3)전단), 일괄신고서를 제출한 자는 발행예정기간 종료 전에는 언제든지 정정신고서를 제출할 수 있다(§122(4)).[117]

(2) 일괄신고추가서류

일괄신고서는 일정기간의 예정물량을 일괄하여 신고하는 것이므로 발행금액이나 금리 등 발행조건은 개별적인 발행이 이루어질 때 비로소 확정된다. 따라서 자본시장법은 발행금액과 금리 등 발행조건에 관한 서류를 추가로 제출하지 않고는

116) 일괄신고서의 서식 및 작성방법 등에 관해서는 금융위의 고시로 정한다(令§126(3), 발행공시규정 §2-4).

117) 그러나 개방형 집합투자증권을 제외하고는 발행예정금액과 기간을 정정할 수는 없다. 다만 일괄신고서 제출 이후 발생한 자금사정 변화를 반영할 수 있도록 발행예정금액의 20% 한도에서 감액정정은 허용하고 있다(§122(4)단서, 令§130(4)).

거래를 할 수 없도록 하고 있다(§§119(2)후단, 121(2)). 일괄신고추가서류의 기재내용은 일괄신고서의 기재내용을 변경할 수 없으며(令§122(3)), 공모의 개요 등 일정한 사항을 기재해야 한다(令122(2)).[118]

(3) 투자설명서

일괄신고서를 제출한 경우에도 개별 공모 시마다 투자설명서를 제출해야 한다. 이 경우 일괄신고서와 일괄신고추가서류에 기재된 내용과 다른 내용을 표시하거나 누락해서는 아니 된다(§123(2)).

4. 일괄신고서 제출에 따른 모집·매출 가능 시기

일괄신고서를 제출한 경우에는 발행예정기간[119] 동안 모집·매출할 수 있지만 모집·매출은 일괄신고서 자체의 효력발생기간이 경과한 후에야 비로소 가능하다. 일괄신고서의 효력발생 후에 실제 발행을 하는 경우에는 추가서류만 제출하면 된다. 다만 추가서류 자체에는 효력발생기간이 없으므로 일반적으로 추가서류의 제출일 당일부터 청약의 승낙을 개시할 수 있다.

Ⅶ. 기타

1. 증권신고의 철회

발행인은 증권신고를 철회할 수 있다. 철회를 원하는 발행인은 증권의 취득 또는 청약일 전일까지 철회신고서를 금융위에 제출해야 한다(§120(4)).

2. 발행실적보고서

공모를 완료한 발행인은 금융위 고시에 따라 작성한 증권발행실적보고서를 금융위에 제출해야 한다(§128).[120] 증권발행실적보고서에는 청약 및 배정에 관한 사

118) 일괄신고추가서류의 첨부서류에는 정관, 이사회의사록 사본, 감사보고서 등이 포함된다(令§122(4), 규정 §2-4(6)).

119) 일괄신고서의 발행예정기간은 일반법인의 경우 효력발생일로부터 2월 이상 1년 이내의 기간, 잘 알려진 기업의 경우에는 2년 이내의 기간으로 하여야 한다(令§121(6)).

120) 이를 위반하면 1,000만원 이하의 과태료가 부과된다(§449(2)(vii)).

항, 유상증자 전후의 주요주주의 지분변동상황, 실권주식의 처리내역, 조달자금의 사용내역 등을 기재해야 한다(발행공시규정 §2-19(2)).

3. 증권신고서 등의 공시

금융위는 증권신고서, 투자설명서, 증권발행실적보고서 등을 3년간 일정 장소에 비치하고 인터넷 홈페이지 등을 이용하여 공시해야 한다(§129전단).[121] 다만 기업경영 등 비밀유지와 투자자 보호와의 형평 등을 고려하여 시행령이 정하는 일정 사항은 그 대상에서 제외할 수 있다(§129후단, 슈§136).

4. 전자공시

자본시장법은 금융위, 증선위, 금감원장, 거래소, 협회 또는 예탁결제원에 신고서 등의 서류를 제출하는 경우 전자문서를 이용하는 것을 허용하고 있다(§436(1)). 전자문서에 의한 신고 등의 방법 및 절차 등 기타 필요한 사항은 시행령으로 정한다(§436(2)).[122] 전자공시제도의 도입으로 공시의무자의 부담이 줄어든 것과 동시에 투자자들의 정보접근도 한결 용이해졌다. 이들 공시서류는 금감원의 전자공시시스템(DART: Data Analysis, Retrieval and Transfer System)이나 한국거래소의 상장공시시스템(KIND: Korea Investor's Network for Disclosure System)을 통해서 열람할 수 있다.[123] DART에서는 발행시장과 유통시장의 법정공시사항을 중심으로 공시하게 되어 있는데 비하여 KIND는 거래소 자율규제에 따른 상장기업의 공시사항을 중심으로 공시한다.

121) 투자설명서는 발행인도 본점이나 청약사무취급처 등에 비치하여 일반인이 열람할 수 있게 해야 한다(§123(1)).

122) 전자문서의 이용에 필요한 표준서식·방법·절차 등은 금융위가 정한다(슈§385(2)전단).

123) DART의 주소는 〈http://dart.fss.or.kr〉이고 KIND의 주소는 〈http://kind.krx.co.kr〉이다.

제4절 공모 시의 행위규제

Ⅰ. 행위규제의 필요성

자본시장법상 발행시장규제의 중심은 정보의 공시이다. 발행회사와 투자자 사이에 존재하는 정보비대칭을 해소하기 위하여 자본시장법은 발행회사로 하여금 투자자에 정보를 제공할 의무를 부과한다. 그러나 정보의 제공만으로 정보를 토대로 하는 투자결정을 담보할 수 있는 것은 아니다. 투자자들은 공모에 수반되는 투자압력에 휩쓸려 성급하게 투자를 결정할 우려가 있다. 이러한 경솔한 투자를 억제하기 위하여 자본시장법은 발행회사의 행위를 제한하는 규정을 두고 있다. 이러한 행위규제는 신고서의 수리시점과 효력발생시점이라는 두 개의 시점을 기준으로 3단계로 구분된다. 이하 차례로 살펴본다.

Ⅱ. 신고서의 수리 전

1. 청약의 권유의 금지

자본시장법상 증권의 모집이나 매출은 금융위가 증권신고서를 수리하기 전에는 할 수 없다(§119(1)). 모집이나 매출은 정의상 청약의 권유를 포함하므로 증권신고서의 수리 전에는 청약의 권유를 할 수 없다. 미국에서는 이를 흔히 'gun jumping'[124]을 막기 위한 규제라고 부른다. 이를 위반한 발행인 등에게는 형사처벌(§444(xii))이나 과징금(§429(1)(ii))이 부과될 수 있으므로[125] 어떤 행위가 청약의 권유에 해당할 것인지는 중요한 의미를 갖는다.

2. 청약의 권유의 범위

전술한 바와 같이 우리 자본시장법상으로도 청약의 권유는 폭넓게 정의되고

124) 육상경기에서 출발을 알리는 총성이 울리기 전에 출발하는 부정행위에서 비롯된 용어이다.

125) 실제로 사기성이 있는 공모의 경우를 제외하고는 실수로 인한 신고서 미제출을 이유로 형사처벌이 부과되는 경우는 드물다.

있다.[126] 시행령의 "증권을 취득하도록 하기 위하여 … 발행 또는 매도한다는 사실을 알리거나 취득의 절차를 안내하는 활동"(令§2(ii))이란 문구는 단순히 당해 증권에 대한 투자를 유도하는 정도의 활동도 포함하는 의미라는 점에서 매우 광범하다. 그러나 기본적으로 "증권을 취득하도록 하기" 위한 활동에 한정하고 있으므로 증권취득을 유도할 목적을 인정할 수 없는 발행회사의 정보제공은 청약의 권유에 해당하는 것으로 보기 어려울 것이다. 예컨대 공개회사가 행하는 정기공시나 수시공시는 물론 특정 상품의 홍보를 포함한 통상의 홍보활동은 증권공모에 임박하여 이루어지더라도 청약의 권유에 해당하는 것으로 볼 수는 없다.

청약의 권유에 해당하는지가 문제되는 상황으로는 다음 두 가지를 더 들 수 있다. ① 하나는 인수인과의 사전접촉이 청약의 권유에 해당하는지 여부이다. 모집을 원하는 발행인은 증권신고서를 제출하기에 앞서 인수를 담당할 금융투자업자와 접촉을 시작하는 것이 일반적이다. 그러나 발행인이 금융투자업자 사이의 교섭하는 단계에서는 아직 모집이 존재한다고 볼 수는 없을 것이다. 소수의 금융투자업자와 교섭하는 것만으로는 50인 기준을 충족할 수 없고 금융투자업자가 50인 이상의 투자자에게 분매하는 것을 예정한 경우에는 아직 다수의 투자자에 대한 권유가 시작된 것으로 볼 수 없기 때문이다.

② 다른 하나는 단순광고의 예외이다. 청약과 권유를 넓게 해석하는 미국에서도 회사가 증권공모계획이 있다는 사실 정도는 공표하는 것을 허용하고 있다(1933년 증권법 Rule 135). 우리나라에서도 발행인의 명칭과 공모대상증권의 종류와 규모 등 일정사항을 광고 등의 방법으로 단순히 알리거나 안내하는 경우(단순광고)는 "청약의 권유"에서 제외되므로(令§2(ii)) 신고서의 효력발생 전에도 허용된다.

Ⅲ. 신고서의 수리 후 효력발생 전 - 대기기간

금융위가 신고서를 수리한 후에는 청약의 권유를 할 수 있다. 다만 청약의 권유에는 전술한 바와 같이 투자설명서에 대한 규제가 적용되므로 반드시 3가지 중 하나의 투자설명서를 사용하여야 한다(§124(2)). 신고서의 수리 후에도 효력발생

126) 미국에서는 증권에 대한 관심을 불러일으킬 수 있는 행위는 모두 권유에 해당한다고 볼 정도로 넓게 해석하고 있다. 김/송, 72~73면.

전까지의 대기기간중에는 청약이나 권유는 가능하지만 발행인이나 매출인이 투자자의 청약에 대해서 승낙하는 것은 허용되지 않는다(§121(1)).[127)]

Ⅳ. 신고서의 효력발생 후

신고서의 효력발생 후에는 당연히 모든 공모행위를 할 수 있음은 물론이고 계약체결도 가능하다. 다만 투자자의 청구를 불문하고 투자설명서를 교부한 후에야 계약을 체결할 수 있다(§124(1)전단).

제5절 기업공개의 실무

Ⅰ. 서설

위에서는 주로 증권의 공모발행에 대한 자본시장법상의 공시규제를 살펴보았다. 그러나 자본시장법상 공시규제만으로는 실제로 공모발행이 어떠한 과정을 거쳐 진행되는지를 짐작하기 어렵다. 실무상 증권공모는 자본시장법이 정한 증권신고서 제출과 사업설명서 교부 이외에도 여러 단계를 거쳐서 진행될 뿐 아니라 관여하는 주체들이나 동원되는 수법들도 다양하다. 이제까지의 서술이 주로 정보비대칭과 판매압력에 대처하기 위한 자본시장법 규정의 해석에 초점을 맞췄다면 이하에서는 실무적 관점에서 공모발행의 진행과정을 입체적으로 조명해보기로 한다.

증권이 공모로 발행되는 모습은 다양하다. 발행대상인 증권이 주식이냐, 사채냐, 전환사채와 같은 주식관련사채냐, 아니면 그도 아닌 새로운 유형의 증권인가에 따라 구체적으로 거치는 절차에는 차이가 있다. 또한 주식의 공모에 한정하여 보더라도 기업공개인지 아니면 유상증자인지, 그리고 인수인의 개입여부에 따라 절차가 달라진다. 공모발행 중에서 가장 복잡하고 논점이 많은 형태는 기업공개라고 할 것이므로 이곳에서는 그것을 중심으로 설명하기로 한다.

---

127) 이에 위반한 자는 1년 이하의 징역이나 3천만원 이하의 벌금에 처한다(§446(xx)).

Ⅱ. 일반적인 기업공개의 진행과정[128]

통상의 기업공개절차는 다음과 같은 단계로 진행되며 총 약 6개월에서 1년이 소요된다.

① 회사내부의 결정과 대표주관회사 선정

회사는 먼저 내부적으로 이사회 결의로 기업공개여부를 결정한다. 회사가 가장 먼저 할 일은 기업공개과정을 통해서 회사를 도와줄 대표주관회사를 선정하는 일이다. 인수업무규정은 원칙적으로 상장예비심사신청일로부터 2개월 전까지 대표주관계약을 체결할 것을 요구한다(§3(4)). 대표주관회사는 회사의 상장적격성, 시장성, 재무구조 등을 평가하고, 기업공개일정을 수립하는 등 사전 점검과 준비를 담당한다.

② 기업실사(Due-Dilligence)

대표주관회사는 상장예비심사 전까지 기업실사를 실시하여 다양한 사항을 검토하고 보완한다.

③ 상장예비심사 신청 → 증권신고서 효력발생까지 3-4개월

회사는 대표주관회사의 도움을 받아 한국거래소에 상장예비심사를 신청한다.[129] 거래소는 신청 후 45영업일 내에 회사가 공시 및 회계기준을 충족하는지 여부 등 상장의 적정성을 심사하여 결과를 통보한다(상장규정 §22(1)).

④ 증권신고서 제출

금감원의 심사는 약 15일이 소요된다.

⑤ 기관투자자를 상대로 한 수요예측(book building)

⑥ 일반 공모청약의 진행

기관투자자 수요예측이 마무리된 후 일반 투자자를 상대로 청약절차를 진행한다. 투자자는 대표주관회사나 인수인을 통해서 청약할 수 있다.

⑦ 상장신청 및 매매개시

---

128) 이하의 서술과 인용된 표는 KB증권, Initial Public Offering(2025.2)에 의존하였다.

129) 상장신청인은 상장예비심사의 신청 전에 상장의 절차, 시기 등을 미리 거래소와 협의해야 한다(§상장규정 §20).

이상의 과정을 도표로 표시하면 다음과 같다.[130)]

[그림 Ⅳ-2] 일반적인 기업공개의 진행과정

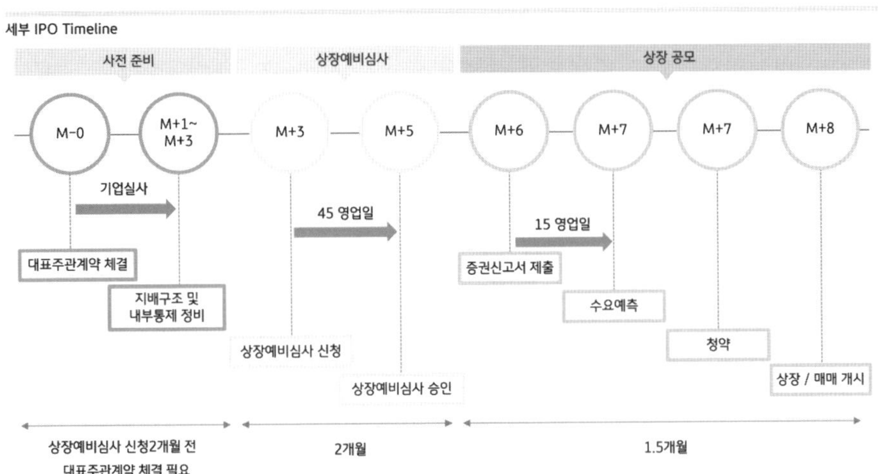

또한 증권신고서 제출 이후의 절차를 보다 상세히 표시하면 다음과 같다.[131)]

[그림 Ⅳ-3] 증권신고서 제출 이후의 절차

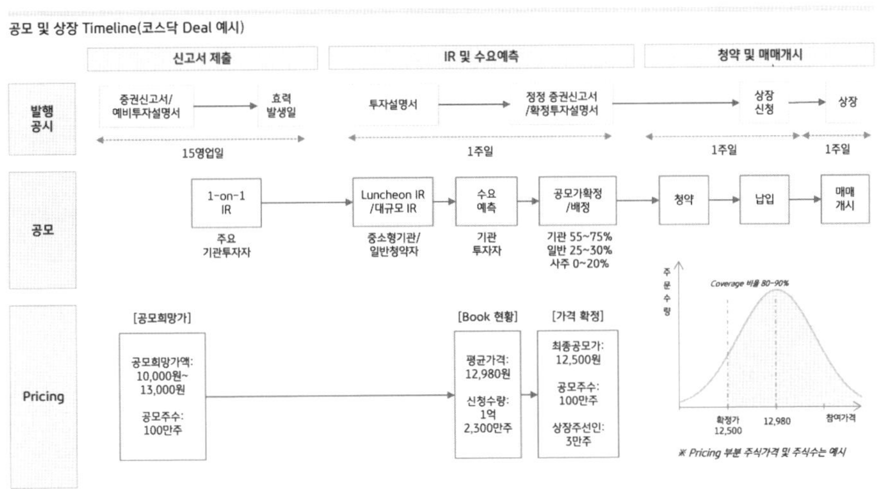

---

130) KB증권, Intial Public Offering 8.

131) KB증권, Intial Public Offering 11.

Ⅲ. 기업공개절차와 관련된 실무상 논점

1. 서설

자본시장법상 공모규제는 주로 정보공시를 중심으로 이루어져있다. 그러므로 실제로 발행회사와 투자자에게는 중요한 의미를 가짐에도 자본시장법은 정면으로 다루지 않는 논점들이 존재한다. 이하에서는 그중에서 ① 공모가격결정, ② 공모주 배정, ③ 상장 후의 시장조성에 관해서 간단히 살펴본다.

2. 공모가격결정

인수업무규정은 공모가격의 결정과 관련하여 인수인과 발행회사 사이의 자율적 협의, 기관투자자를 대상으로 한 "수요예측"(이른바 book building)을 토대로 한 협의, 경매 등의 방법을 규정한다(§5(1)). 이들 중 수요예측을 거쳐 결정하는 방법이 일반적으로 사용되고 있다.[132] 수요예측이란 주식(무보증사채 포함)의 공모 시에 공모가격을 결정하기 위하여 대표주관회사가 공모예정기업의 공모희망가격을 제시하고, 매입희망 가격, 금리 및 물량 등의 수요상황을 파악하는 것을 말한다(인수업무규정 §2(vii)).[133] 증권신고서에는 공모증권에 대한 인수인의 의견을 기재해야 하는데(令§125(1)(ii)(마)), 인수인은 그곳에 "공모가격 또는 희망공모가격의 적정성에 대한 의견을 제시하고 공모가격 평가에 사용한 평가방법, 주요한 가정 등 고려요소와 이러한 평가방법과 가정을 채택한 근거 및 한계 등을 구체적으로 기재"해야 한다(작성기준 §2-4-5(1)). 그러나 이처럼 공모가격 결정방법을 신고서에 구체적으로 공시하도록 하는 경우 나중에 평가방법이나 가정과 관련하여 부실공시라는 주장이 제기될 우려가 있기 때문에 발행회사별로 특화된 방법 대신 획일적인 방법이 채택되고 있다는 비판이 존재한다.[134]

132) 김갑래/이한상, "증권 인수업 선진화를 위한 개선방향," 자본시장연구원 이슈보고서(2018), 9면(주 10).

133) 기업공개에서의 수요예측제도에 관해서는 이석훈, 최근 IPO 시장의 개인투자자 증가와 수요예측 제도의 평가, 자본시장연구원 이슈보고서 21-14(2021).

134) 김갑래/이한상, 전게논문, 8면.

3. 공모주 배정

인수업무규정은 청약자의 유형별로 의무배정비율을 정하고 있다(§9). 유가증권시장 상장을 위한 기업공개의 경우 원칙적으로 우리사주조합원에게 20%, 일반청약자에게 25%이상, 15일 이상 의무보유를 확약한 고위험고수익투자신탁등에 5%이상, 잔여주식은 일반기관투자자에게 배정하게 되어 있다(§9(1)). 특히 일반기관투자자에 배정할 물량의 40%이상은 의무보유를 확약한 일반기관투자자에게 배정하도록 함으로써(§9(1)(vii)(나)) 상장 후의 가격안정을 도모하고 있다.

4. 상장 후의 시장조성

상장 후 바로 주가가 급락하는 경우 공모에 응했던 일반투자자는 공모절차에 대한 불신을 가질 수 있고 그런 상황이 반복되면 아예 공모에 대한 응모자체를 포기할 수도 있다. 그러한 상황을 막기 위해서 인수인은 일정한 요건을 갖춘 경우에는 상장된 날로부터 일정 기간 동안 수요공급을 조성하는 행위를 할 수 있다(§176(3)(ii), 令§§203, 205). 이러한 인수인의 임의적 시장조성과는 별도로 과거에는 인수업무규정이 인수인이 공모 후 일정기간 시장조성할 것을 의무화했던 시기가 있었다. 인수인은 공모한 주식을 일정기간 공모가로 매입할 의무를 부담하였다. 그러나 주가의 하락 시에는 공모에 응하여 취득한 투자자뿐 아니라 그 밖의 모든 투자자들도 매도에 나설 것이므로 인수인에게 과중한 부담이 되었다.[135] 그리하여 1999년 인수업무규정을 개정하여 시장조성의무는 인수계약에서 명시한 경우에만 부담하도록 하였다. 그러자 이제는 인수인이 공모가격을 과도하게 높이 설정하는 사례가 빈발하였다. 이러한 폐해를 막기 위하여 2003년 다시 규정을 개정하여 일반청약자에 대해서 공모주식을 일정한 조건으로 인수회사에 매도할 수 있는 환매청구권(이른바 put-back option)을 부여하였다. 현재 일반청약자의 환매청구권은 인수인이 발행회사와 자율적으로 공모가격을 결정한 경우 등 일정한 경우에 한하여 인정되고 있다(인수업무규정 §10-3).

---

135) 이에 관한 분쟁의 대표적인 예로 대법원 2002.9.24. 선고 2001다9311(병합) 판결.

Ⅳ. 인수의 법률문제

1. 계약구조

증권의 인수와 관련한 계약으로는 일반적으로 ① 발행인과 인수단과의 인수계약, ② 인수단계약, ③ 판매단계약의 3가지를 생각해 볼 수 있다. 위 ①의 인수계약(underwriting agreement)은 발행회사와 인수단 사이에 체결된다. 발행회사는 증권을 발행하고 인수인들은 일정한 수수료를 받고 그 증권을 인수하는 것을 내용으로 한다. 위 ②의 인수단계약과 관련하여 대표주관회사는 인수위험을 분산시키기 위하여 인수위험을 공동부담할 인수인을 모집한다. 대표주관회사는 인수인들과의 사이에 인수책임의 분담을 내용으로 하는 인수단계약을 체결한다. 인수단계약은 인수계약의 체결 전에 그 체결을 조건으로 하여 체결된다. 위 ③의 판매단계약은 발행증권의 판매를 담당하는 판매단구성원과 대표주관회사 사이에 체결된다.

우리나라에서는 실무상 이들 3가지 계약이 별도로 체결되지 않고 '총액인수 및 모집매출계약서'라는 하나의 계약서에 의하여 체결되고 있다(대법원 2020.2.27. 선고 2016두30750 판결). 이 계약서에는 발행회사와 대표주관회사뿐 아니라 인수인의 수가 많지 않은 경우에는 공동주관회사들도 당사자로 참여하고 있다. 이처럼 작성되는 계약서는 하나지만 각 당사자 사이에는 별도로 계약관계가 성립할 수 있다.

각 당사자 사이의 정확한 법률관계는 결국 구체적인 계약에 따라 정해질 것이다. 그러나 이론상 여러 가능성을 생각해 볼 수 있다. 먼저 가장 근본적으로 해결해야 할 문제는 증권이 발행인에서 투자자로 직접 넘어가는 것인지 아니면 인수단 등의 중개기관을 거쳐서 넘어가는 것인지 여부이다. 논리적으로는 중개기관을 거쳐서 투자자에게 넘어가는 형태도 여러 가지가 있을 수 있다. 가장 복잡한 형태는 증권이 발행인으로부터 공동주관회사로 넘어가고 공동주관회사에서 다시 인수단으로, 인수단에서 판매단을 거쳐서 투자자로 넘어가는 경우일 것이다.

발행인 → 공동주관회사 → 인수단 → 판매단 → 투자자

그러나 법적으로 매매거래가 이처럼 여러 단계에서 발생되는 형태는 비현실적

일 것이다.[136] 따라서 극히 예외적인 경우가 아닌 한 증권은 발행인에서 투자자에게로 직접 이전된다고, 즉 발행인과 투자자 사이에 계약관계가 성립하는 것으로 보는 것이 합리적이다.[137] 과거 표준인수계약서도 투자자를 청약자로 보아 직접 배정하는 형식을 취하고 있었다.

2. 발행인과 인수인의 관계

발행인과 인수인 사이의 관계를 어떻게 이해할 것인가? 먼저 발행인의 상대방을 대표주관회사(내지 공동주관회사)만으로 볼 것인가 인수단 전체로 볼 것인가가 문제된다. 전자라면 발행인에 대해서 책임을 지는 것은 대표주관회사(내지 공동주관회사)뿐이고 인수인은 대표주관회사와의 내부관계상으로만 책임을 진다. 이어서 발행인의 상대방이 인수단 전체라고 보는 경우에는 이들 인수인들이 발행인에 대해서 지는 책임이 연대책임인가 아니면 각자의 부담부분의 한도 내에서 지는 책임인가가 문제될 것이다.[138] 이러한 문제는 일률적으로 말하기는 어렵고 결국 구체적인 계약의 내용에 따라 판단할 수밖에 없다.[139]

3. 인수인과 투자자의 관계

인수인과 투자자 사이의 관계는 어떻게 볼 것인가? 인수인은 자본시장의 문지기로서 인수대상 증권을 취득한 투자자에 대하여 직접 다양한 의무를 부담한다. 자본시장법은 특히 공모발행의 인수인에 대하여는 다양한 규제상 의무(§125(1), 令 §§128(1), 131(3))를 직접 부과한다.

이들 규정은 사모발행에서의 인수인에 대해서는 적용될 수 없다. 그렇다고 해서 사모발행에서의 인수인이 투자자에 대하여 아무런 의무도 부담하지 않는 것은 아니다. 인수인은 금융투자업자로서 신의성실의무 내지 고객이익우선의무(§37)를 부담한다. 인수인의 이러한 의무는 전문투자자를 상대방으로 하는 경우에도 적용

136) 증권거래세법은 과세대상인 양도에서 잔액인수에서 인수인이 소화되지 못한 증권을 인수하는 경우를 포함한 중개기관의 중개행위를 제외하고 있다(§6(ii)).

137) 증권업계에서 '판매인'이나 '판매단'이란 용어 대신 '청약사무취급회사'나 '청약사무취급단'이란 용어를 사용하고 있는 것도 이러한 관점을 뒷받침한다.

138) 비슷한 문제는 발행인이 공동주관회사와 인수계약을 체결하는 경우에도 발생한다.

139) 과거 표준인수계약서는 각 인수인이 인수부분에 한하여 개별적으로 채무를 부담하는 것으로 규정하고 있었다.

되며 단지 그 범위와 정도를 정할 때 "투자자의 투자경험이나 전문성 등이 고려될 뿐"이다(대법원 2015.3.26. 선고 2014다214588(본소)·214595(반소) 판결).

제5장 유통시장에서의 계속공시

제1절 서론

Ⅰ. 유통시장공시의 필요성

전술한 바와 같이 자본시장법은 증권의 공모 시에 투자자의 투자판단에 필요한 정보의 제공을 강제하고 있다. 발행시장에서와는 달리 유통시장의 경우에는 판매압력의 문제는 없지만 투자자가 정보를 필요로 한다는 점에는 차이가 없다. 발행시장에서는 발행회사와 투자자사이에 정보 비대칭이 존재한다. 그러나 유통시장의 경우에는 거래당사자인 투자자들 사이에서 내부자거래의 경우를 제외하고는 구조적으로 정보의 비대칭이 존재하는 것은 아니다. 따라서 유통시장의 경우 거래의 당사자도 아닌 발행회사에 공시의무를 부과하는 것에 대해서는 반대론도 없지 않다. 발행회사로서는 투자의 유치를 위해서는 공모 시에만 일시적으로 정보를 제공하는데 그치지 않고 그 이후에도 자발적으로 계속 정보를 제공할 인센티브가 있다는 이유로 구태여 법으로 공시를 강제할 필요가 없다는 주장도 유력하다. 그러나 현실적으로는 유통시장에서도 공시의무를 강제하는 것에 대해서는 다음과 같은 이유로 찬성론이 압도적이라고 할 수 있다. ① 거래당사자가 아닌 발행회사의 자발적 공시에만 의존한다면 제공되는 정보(특히 부정적 정보)의 양이 과소하게 될 우려가 있다. ② 강제공시는 전문적 투자자들이 정보수집비용을 중복적으로 지출하는 것을 방지한다. ③ 강제공시는 공시의 형식을 통일하여 비교가능성을 높이고 공시의 정확성을 높인다. 그리하여 강제공시는 자본시장에서의 정확한 가격형성을 촉진함으로써 궁극적으로 자원의 효율적 배분에 기여한다는 견해가 우세하다.

Ⅱ. 유통시장공시의 종류

발행시장 공시가 공모 시점에 투자자를 상대로 하는 공시라고 한다면 유통시장에서의 공시는 공모 후에 계속적으로 행하는 공시, 즉 '계속공시'라고 할 수 있다. 계속공시는 크게 두 가지로 나눌 수 있다. 하나는 회사의 사업과 재무상황 및 경영실적 등 기업내용의 전반적인 사항을 정기적으로 공시하는 '정기공시'이고 다른 하나는 증권의 가치에 영향을 미칠 수 있는 주요사항이 발생할 때마다 수시로 행하는 '수시공시'(또는 적시공시)가 그것이다. 그 밖에 '특수공시'와 '공정공시'도 유통시장공시에 포함시키기도 한다. 특수공시는 공개매수, 의결권대리행사권유 등의 특수한 거래와 관련하여 요구되는 공시로 그에 대해서는 해당 거래를 설명하면서 따로 설명하기로 한다. 공정공시는 선별적 공시로 인한 투자자들 사이의 불공정한 정보비대칭을 방지하기 위하여 특별히 도입된 예외적인 공시이다.

자본시장에서의 정보의 비대칭을 해소하고 정보수집비용을 절감한다는 관점에서 정기공시나 수시공시는 모두 중요하다. 그러나 정기공시와 수시공시를 대하는 각국의 입법태도는 차이를 보인다. 정기공시는 법률에 의하여 요구하는 것이 보편적인 경향이지만 수시공시에 대해서는 EU와 같이 법률로 공시의무를 부과하는 입법례도 있지만 미국, 일본과 같이 거래소의 자율규제에 맡기는 입법례도 있다. 우리나라는 일부 중요한 사항에 대해서는 자본시장법이 공시의무를 부과하면서도(주요사항보고서) 나머지 사항은 거래소의 자율규제에 맡기고 있다.

Ⅲ. 유통시장공시에 관한 규제

유통시장공시에 관한 규제는 먼저 자본시장법령과 자율규제기관인 한국거래소 규정으로 나눌 수 있다. 자본시장법령은 자본시장법, 시행령, 시행규칙, 그리고 금융위규정으로 나눌 수 있다. 금융위의 "증권의 발행 및 공시 등에 관한 규정"(발행공시규정)은 유통시장공시에 관해서도 상세한 규정을 두고 있다.[1)] 자율규제기관인 한국거래소도 시장별로 상세한 공시규정과 시행세칙을 두고 있다. 거래소 공시규정은 특히 수시공시에 관해서 매우 상세한 규정을 담고 있을 뿐 아니라 공정공시에 관해서도 규정하고 있다.

Ⅳ. 전자공시

금융위 등 금융당국이나 거래소, 협회 등에 신고서 등 공시서류를 제출하는 경우에는 전자문서를 이용할 수 있다(§436, 令§385). 전자공시는 발행시장 공시와 유통시장 공시에 모두 가능하지만 신속한 공시가 절실한 유통시장의 공시에서 더 의미를 갖는다.

제2절 정기공시

Ⅰ. 서설

증권의 가치를 좌우하는 회사의 경영성적과 재산상태는 일정한 기간을 단위로 일정한 시점에 측정할 필요가 있다. 정기공시는 이러한 회사의 운영상황에 관한 정보를 정기적으로 공시하게 함으로써 투자자의 합리적인 투자를 도모할 뿐 아니라 정확한 주가형성을 통하여 자원의 효율적 배분에 기여하기 위한 제도이다. 정보를 이용하는 투자자의 관점에서는 공시의 빈도가 높을수록 좋을 것이다. 그러나 정보를 마련하는 회사의 관점에서는 그에 소요되는 시간과 비용을 고려하면 빈도를 늘리는 것이 부담스러울 수밖에 없다. 결국은 정보의 효용와 정보생성비용 사이에서 균형을 찾을 필요가 있다. 과거에는 사업연도마다 제출하는 사업보고서와 반년에 한 번씩 제출하는 반기보고서만이 존재하였으나 1997년 외환위기 후에 경영투명성을 높인다는 관점에서 분기보고서를 도입하였다.

1) 금감원이 출간하고 있는 "기업공시서식 작성기준"과 "기업공시실무안내"는 이들 규정을 보완한다는 점에서 실무상 매우 중요하다.

Ⅱ. 제출대상법인

1. 원칙

자본시장법은 사업보고서 등 정기공시서류의 제출의무자, 즉 제출대상법인을 주권상장법인과 시행령이 정하는 법인으로 규정한다(159(1)).[2] 시행령은 다음의 법인을 제출대상법인으로 추가하고 있다(令§167(1)).

① 주권 외의 지분증권 등 일정한 증권을 상장한 발행인

② 주권과 위 ①의 증권을 모집 또는 매출[3]한 발행인(공모발행인)

③ 위 ②의 각 증권별로 그 소유자 수가 500인 이상인 외감법상 외부감사대상법인(외형기준발행인)

위에서 주권상장법인이 상장을 폐지한 경우에도 ②의 공모발행인의 지위를 상실하는 것은 아니기 때문에 사업보고서 제출의무는 계속 부담할 수 있다(令§167(1)(ii)).[4] 이처럼 공모발행은 지속적인 공시의무를 발생시킬 수 있다는 점에서 신중을 요하는 결정이다.[5]

위 ③의 외형기준발행인은 증권의 유통성에 따른 투자자 보호의 필요성이 크다는 점을 고려한 유형이라고 할 수 있다. 그러나 위 ①이나 ②의 경우와는 달리 발행인의 의사나 행위와 무관하게 공시의무가 부과될 가능성이 있다는 점에서 발행인으로서는 뜻밖의 부담을 지게 될 수 있다.[6]

소유자 수의 산정

위 ③의 외형기준발행인에 해당하는지 여부는 소유자의 수에 따라 결정한다. 주권의 경우에는 주주명부와 아울러 실질주주명부상의 주주 수에 따라 산정한다(발행공

2) 실제 사업보고서 제출의무는 금융위와 거래소에 제출할 당시 사업보고서 제출대상법인의 대표이사나 제출업무를 담당하는 이사가 부담한다(대법원 2012.8.23. 선고 2011도14045 판결).

3) 온라인소액투자중개의 방법에 따른 모집(§117-10(1))과 소액공모(§130(1)본문)는 제외한다.

4) 실무안내, 110면.

5) 공모발행인의 지위는 조직재편을 통해서도 승계될 수 있다. 사채를 공모 발행한 회사로부터 물적분할로 설립된 회사가 당해 공모사채를 승계한 경우에는 자본시장법 시행령 (§167(1)(ii))에 따른 사업보고서 제출대상법인에 해당한다. 실무안내, 76면. 채권상환을 완료한 법인은 채권상환을 완료한 시점 이후에는 사업보고서 및 분기·반기보고서의 제출의무가 없다. 실무안내, 111면.

6) 일본에서는 이러한 사정을 고려하여 당초 500인이었던 기준을 1000인으로 인상하였다. 黑沼, 152면.

시규정 §4-2(i)). 또한 실무상 우리사주조합의 경우에는 주주명부나 실질주주명부상에 조합의 명의로 등재되어 있으면 그 조합원의 수와 무관하게 1인으로 산정한다.[7]

2. 예외

사업보고서의 제출의무가 영구적인 것은 아니다. 자본시장법은 파산, 기타의 사유로 인하여 "사업보고서의 제출이 사실상 불가능하거나 실효성이 없는 경우"로서 시행령으로 정하는 경우에는 제출의무를 면제하고 있다(§159(1)단서). 시행령은 다음과 같은 경우를 예외로 규정한다(§167(2)).

① 파산하거나 해산사유가 발생한 경우

② 상장의 폐지요건에 해당하는 발행인이 귀책사유 없이 사업보고서의 제출이 불가능하다고 금융위가 확인한 경우

③ 위의 공모발행인의 경우 소유자 수가 25인 미만으로 감소된 경우로서 금융위가 인정한 경우

④ 위의 외형기준발행인의 경우 소유자 수가 300인 미만인 경우

그러나 위 ③에서 소유자 수의 기준을 25인으로 정한 것은 공시의 효용과 공시비용의 부담을 고려하면 너무 낮은 것으로 여겨진다. 특히 외형기준발행인의 경우 300인 미만인 경우 공시의무가 소멸한다는 점에 비하면 그 기준이 너무 엄격한 것으로 판단된다.[8]

Ⅲ. 사업보고서

1. 의의

사업보고서는 사업연도마다 금융위와 거래소에 제출해야 하는 공시서류이다(§159(1)본문). 제출기한은 사업연도 경과 후 90일 이내이다.[9] 최초로 사업보고서

7) 실무안내, 77면.
8) 참고로 일본에서는 5년 이상 300인 미만인 경우에는 면제받을 수 있는 길을 열어줌으로써 위 ④의 요소를 가미하고 있다. 黑沼, 153면.
9) 일정한 요건을 충족하는 경우에는 제출기한을 5영업일 이내에서 연장할 수 있다(§165(3)).

를 제출하여야 하는 법인은 사업보고서 제출대상법인에 해당하게 된 날로부터 5일 이내 제출해야 한다(§159(3)).[10)]

2. 기재사항과 첨부서류

(1) 기재사항

사업보고서의 기재사항은 법률, 시행령, 그리고 금융위의 발행공시규정의 3단계로 상세히 규정하고 있다. 먼저 자본시장법이 정한 기재사항은 다음과 같다(§159(2)).

① 회사의 목적, 상호, 사업내용

② 임원보수[11)]

③ 임원 개인별 보수와 그 구체적인 산정기준 및 방법(5억원이상인 경우)

④ 보수총액 기준 상위 5명의 개인별 보수와 그 구체적인 산정기준 및 방법(5억원이상인 경우)[12)]

④ 재무에 관한 사항

⑤ 그 밖에 시행령으로 정하는 사항

이어서 시행령이 정한 기재사항은 다음과 같다(令§168(3)).

① 대표이사와 제출업무를 담당하는 이사의 서명

② 회사의 개요

③ 이사회 등 회사의 기관 및 계열회사에 관한 사항

④ 주주에 관한 사항[13)]

⑤ 임원 및 직원에 관한 사항

⑥ 회사의 대주주(특수관계인 포함) 또는 임직원과의 거래내용

10) 다만 그 법인이 증권신고서 등을 통하여 이미 직전 사업연도의 사업보고서에 준하는 사항을 공시한 경우에는 제출의무가 면제된다.

11) 임원보수는 상법 그 밖의 법률에 따른 주식매수선택권을 포함하되, 임원 모두에게 지급된 그 사업연도의 보수총액을 말한다(令§168(1)).

12) 임원 및 보수총액 기준 상위 5명의 개인별 보수 및 그 구체적인 산정기준 및 방법은 개인에게 지급된 보수가 5억원 이상인 경우에 한한다(§159(2)(iii), (iii-2), 令§168(2)).

13) 예컨대 최대주주가 주식을 양도함으로써 경영권에 변동이 생긴 경우가 이에 해당할 것이다. 실무안내, 86면.

⑦ 재무에 관한 사항과 그 부속명세

⑧ 회계감사인의 감사의견

⑨ 그 밖에 투자자에게 알릴 필요가 있는 사항으로서 금융위가 정하여 고시하는 사항[14]

이사의 경영진단 및 분석의견(MD&A)

발행공시규정은 사업보고서의 기재사항으로 "이사의 경영진단 및 분석의견"을 들고 있다(§4-3(1)(ii)). 이는 미국 연방증권규제법상 연차보고서에 기재가 요구되는 MD&A(management discussion and analysis)을 모델로 하여 도입한 것이다. 기본적으로 사업보고서의 기재사항은 회사의 경영실적이나 재무상태와 같은 객관적인 사실로 구성되어 있다. 그러나 투자자가 투자를 판단할 때에는 이러한 객관적 사실만이 아니라 그에 대한 경영자의 주관적인 분석이나 검토도 도움이 된다. 원래 MD&A는 회사의 경영실적과 재무상태를 경영자가 어떻게 보고 있는지에 관한 정보를 제공함으로써 경영진과 투자자 사이의 정보 비대칭을 해소하는 것을 목적으로 한다. 감독원은 현재의 경영상황만이 아니라 "향후 사업전망 및 계획 등"에 대해서도 분석 공시하도록 함과 아울러 "회사에 대한 이해를 증진시킬 수 있는 계량·비계량적 정보를 수치, 도표, 구체적인 사례를 제시하면서 서술식으로 기재"할 것을 촉구하고 있다.[15]

---

(2) 첨부서류

사업보고서에는 시행령이 정하는 다음 서류를 첨부해야 한다(§159(2), 令§168(6)).

① 회계감사인의 감사보고서[16]

② 감사의 감사보고서(상법 §447-4)

③ 법인의 내부감시장치[17]의 가동현황에 대한 감사의 평가의견서

④ 기타 금융위가 정하는 서류[18]

---

14) 발행공시규정 §4-3(1). 발행공시규정은 이사의 경영진단 및 분석의견을 명시하고 있다(§4-3(1)(ii)).

15) 실무안내, 130~131면. 작성기준은 제6장에서 이사의 경영진단 및 분석의견에 대해서 상세한 기준을 제시하고 있다.

16) 외감법(§3(1))에 열거된 회계법인과 감사반이 감사한 감사보고서를 의미한다. 실무안내, 79면.

17) 이사회의 이사직무집행의 감독권과 감사 또는 감사위원회의 권한 그 밖에 법인의 내부감시장치를 말한다(令§168(6)(iii)).

18) 발행공시규정 §4-3(4); 외부감사 및 회계 등에 관한 규정 7조.

3. 증권신고서와의 공통사항

(1) 예측정보

기업가치평가에는 미래의 현금흐름에 관한 정보가 특히 중요하며 이런 사정은 발행시장과 유통시장에 공통된다. 그리하여 자본시장법은 증권신고서의 경우 뿐 아니라 사업보고서의 경우에도 예측정보의 공시제도를 도입하고 있다(§159(6)).[19] 예측정보 공시방법은 증권신고서에서와 같다(§§159(6), 125(2)(i), (ii), (iv)). 또한 손해배상책임을 면하기 위한 요건도 증권신고서에서와 같다(§162(2)).

(2) 대표이사 등의 확인 · 검토 · 서명의무

자본시장법은 증권신고서의 경우와 마찬가지로 사업보고서등에 관해서도 대표이사와 신고업무를 담당하는 이사에게 확인 · 검토 · 서명의무를 부과하고 있다(§159(7), 令§169).

4. 연결재무제표

오늘날 기업, 특히 대기업은 독립적으로 운영되기보다는 다른 기업과 더불어 하나의 기업집단을 구성하는 경우가 많다. 이런 경우 법률상으로는 각 기업이 별개의 법인이지만 경제적으로는 기업집단 전체가 마치 하나의 기업처럼 운영되는 사례가 많다. 따라서 이런 기업의 실제 경영내용을 제대로 파악하기 위해서는 개별기업의 재무제표뿐 아니라 계열회사의 재무제표까지 아울러 살펴볼 필요가 있다. 그리하여 외감법은 종속회사를 지배하는 지배회사에게 연결재무제표[20]를 작성할 의무를 부과하고 있다(§2(iii)).[21] 자본시장법은 이러한 연결재무제표 작성대상법인이 사업보고서를 제출하는 경우에는 재무에 관한 사항과 그 부속명세 그 밖에 금융위가 고시하는 사항은 연결재무제표를 기준으로 기재하되 그 법인의 재무제표를 포함하게 하고 있다(令§168(4)).[22] 또한 회계감사인의 감사의견도 연결재무제표와

19) 특히 MD&A에서는 예측정보의 공시를 의무화하고 있다.

20) 연결재무제표는 지배회사와 종속회사 사이의 내부거래를 무시하고 각 회사의 재무제표를 결합하여 작성한 재무제표로 연결재무상태표, 연결(포괄)손익계산서, 연결자본변동표, 연결현금흐름표, 주석을 말한다(외감법 2(iii), 외감법시행령 3(2)).

21) 지배 · 종속관계는 외감법상 기준에 따라 판단한다(외감법 §2(iii), 令§3(1)).

22) 이 경우 연결재무제표 작성대상법인은 사업보고서등의 작성을 위하여 필요한 범위에서 종속회사에

개별재무제표 모두를 대상으로 해야 한다.

5. 금융위의 조치

금융위는 증권신고서의 경우(§132)와 마찬가지로 사업보고서 제출대상법인등에 대해서도 각종 조치를 취할 권한이 있다. 사업보고서 제출대상법인 등에게 보고나 자료의 제출을 명하거나 금감원장에게 장부 등을 조사하도록 명할 수 있고(§164(1)) 사업보고서등을 제출하지 않거나 사업보고서등의 중요사항에 관한 거짓기재나 기재누락이 있는 경우 정정을 명하거나 증권의 발행 등의 거래를 금지할 수도 있다(§164(2)전단). 또한 금융위와 거래소는 사업보고서등을 3년간 일정한 장소에 비치하고, 인터넷 홈페이지 등을 이용하여 공시해야 한다(§163전단).[23]

6. 외국법인등에 대한 특례

자본시장의 국제화에 따라 외국법인이 사업보고서 제출의무의 주체가 되는 경우도 있다. 자국에서의 공시의무 외에 국내에서도 추가로 공시의무를 이행해야 하는 외국법인의 부담을 덜기 위하여 자본시장법은 의무를 면제하거나 제출기한을 연장하는 등의 특례를 인정하고 있다(§165(1)).

Ⅳ. 반기보고서와 분기보고서

사업보고서는 1년에 1회 공시하는 서류이기 때문에 투자자에게 발행회사의 최신 기업정보를 전달하는 데는 한계가 있다. 이러한 한계를 극복하기 위해서 공시의 빈도를 늘릴 필요가 있을 것이다. 그러나 공시의 빈도를 늘리는 경우에는 그에 따라 공시의 부담도 늘어나므로 결국 효용과 비용의 균형점을 찾을 필요가 있다. 우리나라에서는 처음에는 사업연도 개시일부터 6개월간의 정보를 기재한 반기보고서의 제출을 요구하였으나 세계적인 추세에 따라 3개월간 및 9개월간의 정보를 기재한 분기보고서의 제출도 요구하고 있다. 그러나 최근에는 분기보고서가 경영자들

게 관련 자료의 제출을 요구하거나 종속회사의 업무와 재산상태를 조사할 수 있다(§161-2).

23) 증권신고서와 마찬가지로 기업경영 등 비밀유지와 투자자 보호의 형평 등을 고려하여 군사기밀에 해당하는 사항이나 사업보고서 제출대상법인 또는 그 종속법인의 업무나 영업에 관한 것으로서 금융위의 확인을 받은 사항을 제외하고 비치 및 공시할 수 있다(§163후단, 令§174).

의 단기실적주의를 강화하는 폐단이 있다는 인식이 확산됨에 따라 EU국가들이 분기보고서제도를 폐지하였고 2024년에는 일본도 폐지함에 따라 우리도 폐지여부를 검토할 단계에 이른 것으로 보인다.[24)]

자본시장법은 사업보고서 제출대상법인으로 하여금 사업보고서 외에 반기보고서와 분기보고서를 반기와 각 분기 경과 후 45일 이내에 금융위와 거래소에 제출하도록 요구한다(§160).[25)] 이들 서류의 기재사항과 방법에 대해서는 사업보고서를 준용한다(§160후단, 슈§170(1)). 반기보고서의 경우 회계감사인의 감사의견은 회계감사인의 확인 및 의견표시로 갈음할 수 있고, 분기보고서의 경우에는 기재를 생략할 수 있다(슈§170(1)). 반기보고서에는 회계감사인의 반기감사보고서나 반기검토보고서를, 그리고 금융기관 또는 최근 사업연도말 현재의 자산총액이 5천억원 이상인 주권상장법인의 분기보고서에는 회계감사인의 분기감사보고서나 분기검토보고서를 첨부해야 한다(슈§170(3)).

제3절 수시공시

Ⅰ. 서설

실제의 기업경영에서 신제품 발명이나 M&A 등과 같이 기업가치에 영향을 주는 사건은 수시로 발생한다. 정기공시의 빈도를 늘리는 것만으로는 그런 정보를 신속하게 투자자에게 전달하는데 한계가 있다. 따라서 투자자의 투자판단에 영향을 줄 정보가 발생하면 바로 공시할 필요가 있고 그런 필요를 충족시키기 위한 공시가 바로 '수시공시' 내지 '적시공시'(timely, or ad-hoc, disclosure)제도이다. 중요정보가 발생할 때마다 바로 공시될 수 있다면 정보 비대칭의 개선으로 자본시장의 효율이 높아질 것이다. 또한 중요정보의 신속한 공시는 내부자거래의 여지도 감소시킬 것이다. 그러나 그렇다고 해서 수시공시를 무작정 강화할 수만은 없다. 공시를 실

24) 최근에는 미국에서도 Trump대통령의 발언에 힘입어 폐지하자는 움직임이 일고 있다.

25) 자본시장법은 중소기업의 공시의무부담을 덜기 위한 특례로 코넥스시장 주권상장법인의 경우에는 반기·분기보고서의 제출의무를 면제하고 있다(§165(2); 슈§176(8), (9)).

행하는데 드는 비용도 문제지만 공시로 인하여 회사의 비밀유지가 어려워지는 것도 문제이기 때문이다. 예컨대 M&A거래의 교섭상황이나 신제품의 개발상황 등에 관한 정보는 투자자의 투자판단에 중대한 영향을 미치지만 회사가 그것을 조기에 공시해야 한다면 회사와 그 주주의 이익이 크게 훼손될 우려가 있다. 수시공시제도를 설계할 때에는 이러한 상충하는 이익들을 적절히 고려할 필요가 있다. 그리하여 수시공시에 대한 법제의 내용은 나라에 따라 상당한 차이를 보인다. 한편으로는 회사의 일반적인 수시공시의무를 인정하는 법제가 있다. 그 대표적인 예로 EU의 시장남용규정(Market Abuse Regulation)은 발행회사에 내부정보[26]를 "가능한 한 조속히 공시"할 의무를 부과하고 있다(§17(1)). 우리 법제는 그와는 반대의 태도를 취하고 있다.[27] 우리 법제는 일반적인 수시공시의무를 인정하는 대신 구체적인 사항별로 공시의무를 정하고 있다. 현행 자본시장법은 발행회사의 가치에 영향을 미칠 수 있는 사항 중 일부 중요사항에 대해서는 금융위에 주요사항보고서를 제출하도록 함으로써 법적인 공시규제에 포함하는 한편 나머지 사항에 대해서는 거래소의 자율규제에 맡기고 있다. 이하 차례로 살펴본다.

Ⅱ. 법정공시 - 주요사항보고서

1. 개요

사업보고서 제출대상법인은 일정한 주요사항이 발생한 경우에는 그 내용을 기재한 '주요사항보고서'(current report)를 금융위에 제출해야 한다(§161(1)전단). 제출기한은 원칙적으로 주요사항이 발생한 날의 다음 날까지이다.[28] 공시의무 위반에 대한 제재는 정기공시의 경우와 동일하다.[29]

---

26) 시장남용규정은 내부정보를 "하나 이상의 발행자나 하나 이상의 금융상품과 직접 또는 간접으로 관련되고, 공개되는 경우에는 그 금융상품이나 관련 파생금융상품의 가격에 중대한 영향을 줄 가능성이 큰, 미공개의 명확한 성격의 정보"(information of a precise nature)라고 정의한다(§7(1)). 일반적으로 정보의 명확성(precision)과 가격관련성(price-sensitivity)을 내부정보의 양대 핵심요소로 파악한다. 시장남용규정은 정보가 제시하는 상황이나 사건이 금융상품 등의 가격에 미칠 가능성 있는 효과에 대해서 결론을 도출하기에 충분한 정도로 구체적인 경우에는 명확한 성격의 정보로 간주한다고 규정한다(§7(2)).

27) 미국과 일본도 우리와 마찬가지이다.

28) 다만 합병, 분할 등의 경우에는 3일 이내.

29) 이러한 공적 제재야말로 거래소 자율규제에 추가로 주요사항보고서의 제출을 요구하는 실익이라고

2. 보고의 대상인 주요사항

자본시장법이 주요사항으로 제시하고 있는 것은 다음과 같다(§161(1)).

① 발행한 어음 또는 수표의 부도나 은행당좌거래의 정지 또는 금지

② 영업활동의 전부 또는 중요한 일부 정지 또는 그 정지에 관한 이사회 등의 결정

③ 회생절차개시 또는 간이회생절차개시의 신청이 있은 때

④ 상법 등 법률에 따른 해산사유의 발생

⑤ 일정한 자본 또는 부채의 변동에 관한 이사회 등의 결정

⑥ 포괄적 주식교환, 이전, 합병, 분할, 분할합병이 발생한 때

⑦ 중요한 영업 또는 자산의 양수나 양도 결의

⑧ 자기주식의 취득 또는 처분의 결의

⑨ 그 밖에 그 법인의 경영·재산 등에 관하여 중대한 영향을 미치는 사항으로서 시행령으로 정하는 사실이 발생한 때

시행령은 기업구조조정촉진법상의 관리절차 개시, 증권에 관하여 중대한 영향을 미칠 소송의 제기, 전환사채 사모발행의 결정 등의 사유를 추가하고 있다(令§171(3)).

3. 보고의 이행

주요사항보고서에도 예측정보를 기재할 수 있다. 예측정보의 기재방법은 증권신고서의 경우와 같다(§§161(1)후단, 159(6)).[30] 주요사항보고서에는 사유별로 시행령으로 정하는 서류를 첨부해야 하고(§161(2), 令§171(4)) 금융위가 정하는 기재방법 및 서식에 따라야 한다(§161(3)).[31] 현실적으로 주요사항보고서는 금감원 전자공시시스템(DART)를 통해서 제출된다. 금융위는 주요사항보고서가 제출된 경우 이를 거래소에 지체없이 송부해야 한다(§161(5)). 거래소의 수시공시와 동일한 서

할 수 있다.

30) 주요사항보고서를 제출하는 경우에도 대표이사 등이 확인·검토할 의무가 있다(§§161(1)후단, 159(7)).

31) 이에 따라 작성한 것이 금감원의 기업공시서식 작성기준이라고 할 수 있다.

식을 사용하는 항목인 경우에는 상장법인이 하나의 서식을 작성하여 DART에 제출하면 감독원이 즉시 거래소 상장공시시스템(KIND)으로 전송함으로써 결과적으로 주요사항보고 및 수시공시의무를 동시에 이행할 수 있다.

Ⅲ. 자율규제-거래소 공시규정에 따른 공시

1. 서설

(1) 거래소의 공시규정

수시공시와 관련하여 자본시장법은 법정공시에 속하는 주요사항보고서와 아울러 거래소의 자율규제의 근거를 규정하고 있다(§391(1)). 자본시장법은 거래소가 각 증권시장별로 공시규정을 따로 정하는 것을 허용함(§391(1)후단)과 동시에 공시규정에 포함할 사항을 규정한다(§391(2)). 거래소는 각 증권시장별로 공시규정과 시행세칙을 따로 제정하고 있지만 내용은 대동소이하다. 이하에서는 유가증권시장의 공시규정(공시규정)을 중심으로 설명한다.

(2) 공시의무의 주체

자본시장법상 수시공시의무를 부담하는 주체는 주권 기타 일정한 증권[32]을 상장한 법인(통칭하여 주권등상장법인)이다(§391(1)). 한편 거래소는 수시공시 결과를 지체없이 금융위에 송부해야 한다(§392(3)).

(3) 공시사항의 종류

공시규정에 따르면 수시공시사항은 일단 ① 의무공시(2장)와 ② 자율공시(3장)로 구분되고 의무공시는 다시 ⓐ 주요경영사항공시, ⓑ 조회공시, ⓒ 공정공시로 구분된다. 이하에서는 이들 수시공시의 유형을 차례로 설명한다.

32) 시행령에 따르면 사채권, 파생결합증권, 증권예탁증권 기타 거래소 공시규정에서 정하는 증권이 그러한 증권에 포함된다(令§360).

2. 주요경영사항의 공시

(1) 주요경영사항의 4가지 유형

공시규정에 따르면 주요경영사항의 경우 발행회사는 "그 사실 또는 결정"의 내용을 원칙적으로 그 사유발생일 당일에 거래소에 신고할 의무가 있다(§7(1)).[33] 여기서 "결정"이란 이사회나 대표이사는 물론이고 "사실상의 권한이 있는" 임원이나 주요주주 등의 결정을 말하고 이사회의 결의는 상법상의 이사회 내 위원회(§393-2)의 결의도 포함한다.

공시규정은 주요경영사항을 다음의 유형으로 나누고 각 유형을 다시 세부유형으로 구분하여 기준을 제시하고 있다(§7(1)).[34]

① 상장법인의 영업 및 생산활동에 관한 사항

② 재무구조변경을 초래하는 사항

③ 기업경영활동에 관한 사항

④ 위 ①, ②, ③의 사항으로 그곳에서 정한 기준에 미달하더라도 "주가 또는 투자자의 투자판단에 중대한 영향을 미치거나 미칠 수 있는" 사항[35]

(2) 영업 및 생산활동에 관한 사항(§7(1)(i))

위 ①의 영업 및 생산활동에 관한 사항에는 다음과 같은 사항들이 포함된다. 그 양적기준은 매출액의 5%(대규모법인의 경우에는 2.5%)이다.

- 영업 또는 주된 영업의 일부 또는 전부의 정지 등
- 거래처와의 거래 중단
- 단일판매계약 또는 공급계약 체결·해지
- 제품 수거·파기등
- 생산활동 중단·폐업 및 생산활동 재개

33) 예외적으로 일부 사항의 경우에는 사유 발생일 다음 날까지 신고하도록 하고 있다.
34) 이러한 공시사항의 범위는 내부자거래의 중요정보의 범위보다는 좁을 것이다.
35) 구체적인 기준은 시행세칙으로 정한다(공시규정 §7(3)).

(3) 재무구조변경을 초래하는 사항(§7(1)(ii))

위 ②의 재무구조변경을 초래하는 사항에는 다음과 같은 사항들이 포함된다.

- 상장법인이 발행한 증권 관련사항: 증자 또는 감자, 주식의 소각, 자기주식의 취득·처분 등
- 상장법인의 투자활동 관련사항: 신규시설투자, 시설증설 또는 별도공장의 신설, 유형자산의 취득 또는 처분 등
- 상장법인의 채권·채무 관련사항: 단기차입금의 증가, 채무인수 또는 면제, 담보제공 또는 채무보증 등
- 상장법인의 손익 관련사항: 재해발생, 벌금·과태료·추징금 또는 과징금 등의 부과, 임·직원등의 횡령·배임관련사항, 파생상품 거래로 인한 손실발생 등
- 상장법인의 결산 관련사항: 감사의견 또는 반기검토보고서상 검토의견의 부적정 또는 의견거절, 매출액 및 손익구조 변경, 주식배당 결정 등[36)]

(4) 기업경영활동에 관한 사항(§7(1)(iii))

위 ③의 기업경영활동에 관한 사항에는 다음과 같은 사항들이 포함된다.

- 상장법인의 지배구조 또는 구조개편 관련사항: 최대주주 변경사실의 확인 등
- 상장법인의 존립 관련사항: 부도의 발생, 은행거래의 정지, 회생절차 개시 등
- 상장법인에 대한 소송 관련사항
- 주총소집을 위한 이사회결의 또는 주주총회결의

(5) 포괄조항

위 ①, ②, ③의 사항으로 그곳에서 정한 기준에 미달하더라도 "주가 또는 투자자의 투자판단에 중대한 영향을 미치거나 미칠 수 있는" 사항도 주요공시사항에 속한다(§7(1)(iv)). "주가 또는 투자자의 투자판단에 중대한 영향을 미치는지에 대한 구체적인 기준은 세칙(§4-5)으로 정한다"(§7(3)).

---

36) 매출액, 영업손익, 당기순손익이 직전 사업연도 대비 30%(대규모법인의 경우에는 15%) 이상 변동하는 경우에는 결산주주총회의 소집 통지·공고 전에 신고하도록 하고 있다(§7(1)(ii)(마)③).

3. 조회공시

이상의 수시공시는 상장법인측의 주도로 행해지는 것이지만 거래소가 주도하는 것도 가능하다. 자본시장법은 거래소가 공시가 필요하다고 판단하는 경우에는 주권등상장법인에 공시를 요구할 수 있음을 규정한다(§391(2)(iii)). 자본시장법이 상정하는 경우는 2가지이다. ① 풍문이나 보도의 사실 여부의 확인이 필요한 경우와 ② 증권의 가격이나 거래량의 현저한 변동의 원인에 대한 확인이 필요한 경우가 그것이다. 한편 공시규정에서도 위 두 가지 경우에 거래소의 조회공시요구권을 명시하고 있다(§12). 공시규정에 의하면 상장법인은 다른 법령에 의하여 불가피한 경우나 천재지변 기타 이에 준하는 사태가 발생한 경우를 제외하고는 조회공시에 응해야 한다(§12(3)).

4. 공시의 유보

수시공시에 관해서는 투자자 보호의 필요와 경영상 비밀유지의 필요가 상충하는 경우가 발생할 수 있다. 자본시장법은 후자가 전자를 압도한다고 판단되는 경우에는 공시를 유보할 수 있는 길을 열어주고 있다(§391(2)(iv)). 공시가 유보되는 경우는 크게 두 가지로 나눌 수 있다. ① 하나는 발행회사의 신청에 의한 유보이고 ② 다른 하나는 거래소의 주도에 따른 유보이다. ①의 경우에는 사전에 거래소와 협의해야 하고 거래소는 기업의 비밀유지와 투자자 보호와의 형평을 고려하여 공시유보를 승인할 수 있다(공시규정 §43-2(1), (2)).[37] ②는 거래소가 공시내용이 군사기밀에 해당하거나 근거사실이 미확인이거나 투자판단에 혼란을 야기시킬 수 있다고 판단하는 경우 등 일정한 경우에 해당사유가 해소될 때까지 잠정적으로 유보하는 경우이다(공시규정 §43).

37) 상장법인은 공시유보사항에 대해서 비밀준수의무가 있고 유보기간이 경과하거나 유보조건이 해제되는 경우에는 다음 날까지 신고해야 한다(공시규정 §43-2(3)).

Ⅳ. 공정공시

1. 의의

'공정공시'(fair disclosure)는 주권상장법인이 중요정보를 애널리스트와 같은 특정인에게 선별적으로 제공함으로써 투자자들 사이에 정보의 비대칭이 발생한 경우에 그것을 해소하기 위하여 동일한 정보를 공시하도록 하는 제도이다. 중요정보를 특정인에게만 선별적으로 제공하는 것은 후술하는 내부자거래에 해당할 여지가 있다. 그러나 미국에서는 그러한 정보제공(tipping)을 내부자거래로 처벌하려면 정보제공자의 '개인적 이익'(personal benefit)이 필요하지만, '선별적 공시'(selective disclosure)의 경우 그 증명의 어려움 때문에 처벌할 수 없었다. 그리하여 과거에는 상장법인이 일부 애널리스트에게만 중요정보를 제공함으로써 우호적인 평가를 유도하는 관행이 확산되었다. 그에 따른 시장에 대한 투자자 신뢰의 훼손을 막기 위하여 미국은 이른바 공정공시규정(Regulation FD)을 도입하였다.[38] 우리 자본시장법상으로 선별적 공시는 내부자거래에 해당할 여지가 있지만[39] 2002년 미국의 입법례를 참고하여 한국거래소의 공시규정으로 공정공시제도를 도입하였다. 따라서 적어도 거래소수준에서는 미국 등과 유사한 접근이 이루어지고 있다고 평가할 수 있다.

2. 규제대상자

공정공시의 규제를 받는 대상자는 주권상장법인과 그 대리인, 임원, 그리고 대상정보에 접근이 가능한 직원이다(공시규정 §15(2)). 직원은 대상정보와 관련이 있는 업무수행부서 및 공시업무 관련부서의 직원을 말한다.

3. 대상정보

일반적으로 주요경영사항에 관한 정보는 수시공시의 대상이 될 것이기 때문에 선별적 공시가 문제되는 것은 주로 예측정보이다. 공시규정은 대상정보에 다음 사항을 포함시키고 있다(§15(1)).

---

38) 김/송, 361~362면.

39) 선별적 공시를 행한 임직원은 형사처벌(§443(1)(i))이나 과징금(§429-2(1)(ii))의 대상이 될 수 있다. 또한 회사도 양벌규정에 따라 처벌대상이 될 수 있다(§448).

① 장래 사업계획이나 경영계획

② 매출액, 영업손익, 당기순손익 등 경영실적에 대한 전망이나 예측

③ 사업보고서 등 정기공시서류의 제출 이전의 당해 서류와 관련된 매출액 등 영업실적

④ 주요경영사항과 관련된 것으로 신고기한이 경과되지 않은 사항

4. 정보제공대상자

선별적 공시가 행해졌다고 해서 모두 공정공시의무가 발생하는 것은 아니다. 공시규정은 특정한 대상자에 정보를 제공하는 경우에만 신고의무를 부과한다(§15(3)). 공시규정에서 정보제공대상자로 지정된 자는 다음과 같다.

① 투자매매업자·투자중개업자 등과 그 임·직원

② 전문투자자 및 그 임·직원

③ 외국의 전문투자자 및 그 임·직원

④ 일정한 언론사및 그 임·직원

⑤ 증권정보사이트 등의 운영자 및 그 임·직원

⑥ 공정공시대상정보를 이용하여 증권을 매수 또는 매도할 것으로 예상되는 당해 증권의 소유자

⑦ 위 ①-⑥에 준하는 자로서 거래소가 정하는 자

5. 공정공시의무의 이행

공시규정은 규제대상자가 대상정보를 선별적으로 제공하기 전에 거래소에 신고하는 것을 전제하고 있다(§15(1), (4)본문). 그러나 경미한 과실이나 착오로 선별적 제공을 한 경우에는 당일 신고해야 하고 선별적 제공사실을 알 수 없었음을 소명하는 경우에는 알게 된 날에 신고한다(§15(4)단서). 대상정보가 주요경영사항과 관련된 것인 경우에는 주요공시사항의 신고에 관한 규정에 따라 신고해야 한다(§17(1)).[40] 대상정보를 선별적으로 제공받은 자가 대상정보의 공시 전에 그 정보를 이용한 경우에는 내부자거래에 해당할 가능성이 있다.

40) 신고는 문서나 전자문서로 할 수 있지만(§6(1)), 신고내용이 방대한 경우에는 요약본을 제출 후에 회사 홈페이지에 원문과 요약본을 게재할 수 있다(§17(2)).

6. 공정공시의무의 적용예외

공시규정은 공정공시의무가 적용되지 않는 예외를 다음과 같이 규정한다(§18).

① 정보제공자가 보도목적의 취재에 응하여 언론기관종사자에게 공정공시대상정보를 제공하는 경우

② 정보제공자가 다음의 자에게 대상정보를 제공하는 경우

ⓐ 변호사·공인회계사 등 당해 법인과의 위임계약에 따른 수임업무의 이행과 관련하여 비밀유지의무가 있는 자

ⓑ 합법적이고 일상적인 업무의 일환으로 제공된 정보에 대하여 비밀을 유지하기로 명시적으로 동의한 자

ⓒ 신용평가업 인가를 받은 자

ⓓ 위 ⓐ, ⓑ, ⓒ에 준하는 자로서 거래소가 정하는 자

V. 자율공시

공시규정은 주요경영사항에 해당하지 않는 경우에도 상장법인이 자발적으로 공시할 수 있는 길을 열어주고 있다. 공시규정은 자율공시라는 제목하에 상장법인은 "주요경영사항 외에 투자자에게 알릴 필요가 있다고 판단되는 사항으로서 세칙에서 정하는 사항의 발생 또는 결정이 있는 때에는 그 내용을 거래소에 신고할 수 있다"고 규정한다(§28).[41] 세칙은 회사의 합병, 영업양수도 등에 관한 주주총회결의를 다투는 소송의 제기, 주요주주나 계열회사의 변경 등 다양한 사항을 규정하고 있다(§8).

또한 공시규정에 의하면 일정한 사항에 대한 풍문이나 보도 등과 관련해서는 조회공시요구가 없더라도 자율적으로 거래소에 해명하는 신고를 할 수 있다(§27). 대상이 되는 사항은 주요경영사항, 공정공시사항 기타 당해법인의 주가와 거래량에 영향을 미칠 수 있다고 인정되는 사항이다. 또한 자율공시를 한 상장회사는 "해당 공시내용이 취소 또는 변경되는 경우"에는 원칙적으로 사유발생일 당일까지 변경공시를 해야 한다(§45).

41) 이 경우 그 신고는 사유발생일 다음 날까지 하여야 한다.

ESG공시

ESG는 지난 수년간 국내외 기업계와 학계를 뒤흔든 가장 큰 화두라고 할 수 있다. 법학분야에서는 주로 회사의 목적에 관한 논의가 두드러졌지만 자본시장법 분야에서는 특히 ESG공시가 주목의 대상이 되었다. 일찍이 정부는 2025년부터 자산총액이 2조원 이상인 유가증권시장 상장사를 대상으로 ESG공시를 의무화할 예정임을 발표한 바 있으나 최근에는 2026년 이후로 미루는 등 그에 대한 열기는 식어가는 느낌이다. 현재 ESG공시는 공시규정 시행세칙에서 자율공시사항으로 운영되고 있다(§8(vii))

다만 ESG의 "G"에 해당하는 기업지배구조에 대한 공시는 기업지배구조보고서란 형태로 의무화되고 있다. 공시규정은 일정한 상장법인은 기업지배구조 핵심원칙의 준수현황과 미(未)준수시 그 사유 등을 기재한 기업지배구조 보고서를 매년 5월 31일까지 거래소에 신고하도록 하고 있다(§24-2(1)). 거래소는 "기업지배구조보고서 가이드라인"을 발간하여 상장법인의 보고서 작성을 돕고 있다.

Ⅵ. 불성실공시에 대한 제재

1. 의의

불성실공시는 일반적으로 거래소가 정한 수시공시의무를 위반한 경우를 말한다. 공시규정은 불성실공시의 유형을 ① 공시불이행(§29), ② 공시번복(§30), ③ 공시변경(§31)의 3가지로 구분한다. ①의 공시불이행에는 신고기한까지 신고하지 않은 경우는 물론이고 허위공시의 경우도 포함한다. ②의 공시번복의 전형적인 경우는 이미 공시한 내용을 취소·부인하거나 그에 준하는 내용을 공시하는 경우를 말하고 ③의 공시변경은 이미 공시한 내용을 중요하게 변경하는 경우를 말한다.

다음의 경우에는 불성실공시로 보지 않을 수 있다(§32(1)).

① 다른 법령, 규정 등에 의해 불가피한 경우

② 천재·지변·전시·사변·경제사정의 급격한 변동 그 밖에 이에 준하는 사태가 발생하는 경우

③ 공익 또는 투자자보호를 위해 필요하다고 인정하는 경우

④ 공정공시의 경우에는 공시번복과 공시변경에 해당하지 않는 것으로 봄

⑤ 해당 상장법인이 귀책사유가 없음을 입증하는 경우

⑥ 그 밖에 경미한 사항으로서 주가에 미치는 영향이 크지 않다고 거래소가 인

정하는 경우

2. 제재의 종류

공시규정상 가장 약한 제재는 불성실공시법인의 지정이다(§35(1)). 상장법인이 불성실공시에 해당하는 경우에는 해당 법인에 대해서 불성실공시법인의 지정예고를 하고 그 사실을 당해 법인에 통보한다(§33). 거래소는 해당 법인에게 이의신청 기회를 부여한 후 최종적으로 상장·공시위원회의 심의를 거쳐 지정여부, 부과벌점, 공시위반제재금의 부과여부, 공시책임자·공시담당자의 교체요구 등을 결정해야 한다(§34(1), (2)). 거래소가 불성실공시법인을 지정하는 경우에는 공시위반내용의 경중 등을 고려하여 벌점을 부과한다(§35(2)). 거래소는 상장법인을 불성실공시법인으로 지정하는 경우 벌점부과 외에 공시위반제재금을 부과할 수도 있고(§35-2(1)) 매매거래를 상장법인이 발행한 주권등에 대하여 매매거래를 정지할 수 있다(§40(1)(iii)). 거래소는 보통주권 상장법인이 공시의무 위반으로 벌점을 부과받는 경우 과거 1년 이내의 누계벌점이 15점 이상이 되는 경우에는 당해 보통주권을 관리종목으로 지정한다(상장규정 §47(1)(xii)). 관리종목으로 지정된 상태에서 다시 불성실공시가 반복되는 경우에는 당해 보통주권의 상장을 폐지한다(상장규정 §48(2)(iv)).

3. 부실공시에 대한 손해배상책임

자본시장법은 공시의무 위반에 대해서 형사상, 행정상 제재와 아울러 민사상 제재로 손해배상책임을 규정하고 있지만 거래소의 공시규정은 이른바 자율규제에 해당하는 것으로 엄밀한 의미의 '법'에 해당하는 것은 아니다. 그러므로 공시규정상 공시의무의 위반에 대해서는 전술한 바와 같이 공시규정과 상장규정에서 정하는 제재가 적용될 뿐이다. 그러나 공시규정은 규정위반으로 인하여 투자자가 입은 손해를 배상할 책임에 대해서는 아무런 규정도 두고 있지 않다. 그러므로 투자자가 회사에 대해서 공시규정상 공시의무위반으로 인한 손해배상책임을 묻기 위해서는 민법 제750조의 불법행위책임규정에 의존할 수밖에 없다. 민법 제750조는 가해행위의 '위법성'을 요건으로 하고 있기 때문에 정식의 법률이 아닌 공시규정에 위반한다고 해서 바로 위법성 요건이 충족된 것으로 볼 수는 없을 것이다. 공시규정의 위반만으로 바로 위법성 요건이 충족되는 것이 아니라면 추가로 어떠한 사정이 존재하는 경우에 위법성 요건을 충족하는 것으로 볼 수 있을지 문제된다.42) 그러한 경우에 포함되는 사례로는 ① 자기주식 취득과 같이 회사가 거래의 당사자가 되는 경우, ② 회사의 자발적인 공시가 부실표시를 포함하는 경우 등을 들 수 있을 것이다.43)

제4절 주권상장법인 특례에 따른 공시

Ⅰ. 서설

舊증권거래법은 주권상장법인에 관한 특례규정을 다수 포함함으로써 상장법인의 회사법으로 기능하였다. 그러나 상장법인이 비록 자본시장의 주체이긴 하지만 주로 거래를 규율하는 증권거래법에서 회사법적 논점까지 포괄하는 것은 어색할 뿐 아니라 회사법규범이 상법과 증권거래법으로 양분됨으로써 발생하는 불합리 때문에 비판이 많았다. 그리하여 자본시장법을 제정하면서 주권상장법인에 관한 특례규정은 대폭 상법으로 이관하였다. 그럼에도 불구하고 재무에 관한 특례는 여전히 자본시장법의 여러 곳에 남아 있다. 이하에서는 이들 특례 규정 중 공시와 관련된 규정들만을 간단히 소개한다.

Ⅱ. 사외이사 선·해임에 관한 신고

주권상장법인은 사외이사를 선임 또는 해임하거나 사외이사가 임기만료 외의 사유로 퇴임한 경우에는 그 내용을 그 사유 발생 다음 날까지 금융위와 거래소에 신고해야 한다(§165의17(3)).

42) 이에 관한 논의에 대해서는 김건식, "기업내용공시의 법적규제 - 적시공시를 중심으로 -," 상장협 제19호(1989.5), 10~15면.

43) 黒沼, 260~262면.

Ⅲ. 스톡옵션 부여 관련 신고

상법에 따라 주식매수선택권(스톡옵션)을 부여한 주권상장법인은 주주총회 또는 이사회에서 주식매수선택권을 부여하기로 결의한 경우 시행령으로 정하는 방법에 따라 금융위와 거래소에 그 사실을 신고해야 하고 금융위와 거래소는 신고일부터 주식매수선택권의 존속기한까지 그 사실에 대한 기록을 비치하고, 인터넷 홈페이지 등을 이용하여 그 사실을 공시하여야 한다(§165의17(1)).[44)]

Ⅳ. 자기주식의 취득·처분 관련 공시

자본시장법상 자기주식의 취득·처분은 전술한 주요사항보고서와 거래소의 수시공시에 의하여 공시되는 것이 보통이다.[45)] 상장회사가 이사회에서 자기주식 취득을 결의하면, 먼저 자기주식 취득결정 보고서를 제출하고 그 이후 취득을 완료하거나 취득기간이 만료한 때에는 실제로 몇 주를 얼마에 샀는지를 기재한 자기주식취득결과보고서를 제출해야 한다. 또한 2024년에는 시행령 개정으로 자기주식보고서(§176-2(6))제도가 도입되었다. 그에 따르면 주권상장법인이 5% 이상의 자기주식을 보유한 경우 자기주식 보유 현황, 목적, 취득, 소각 및 처분계획 등을 포함한 보고서를 작성하여 이사회 승인을 받아야 한다. 주권상장법인이 자기주식을 취득 또는 처분하려는 경우에는 이사회 결의를 거쳐야 한다(令§176-2(1)). 발행공시규정은 자기주식보고서 기재사항을 사업보고서에 기재하도록 하고 있다(§4-3(1)(iii)거).

Ⅴ. 합병 등 관련 공시

합병, 분할 등의 기업재편은 주요사항보고서(§161(1))를 제출해야 하는 사유이다. 발행공시규정에 따르면 주권상장법인은 합병, 분할, 분할합병의 등기를 한 때, 중요한 영업자산양수도를 사실상 종료한 때 및 주식교환을 한 때 또는 주식이전에 따른 등기를 한 때에는 지체없이 합병등종료보고서를 제출해야 한다(§5-15). 또한

44) 시행령은 의사록을 첨부하여 결의 내용을 지체없이 신고하도록 하고 있다(§178의18(1)).
45) 사업보고서와 같은 정기공시서류에 의해서도 공시될 수 있다.

합병등으로 인한 신주의 발행 및 주식의 교부가 모집·매출에 해당하는 경우에는 별도로 증권신고서 및 증권발행실적보고서를 제출해야 한다.[46]

46) 이 경우 합병등종료보고서의 제출은 불필요하다.

제6장 공시의 실효성 확보

제1절 서론

발행시장과 유통시장의 공시에서는 공시가 적시에 이루어지는 것도 중요하지만 공시되는 정보의 정확성도 중요하다. 자본시장법은 공시규제의 실효성을 확보하기 위하여 다양한 제도를 마련하고 있다. 앞서 설명한 증권신고서 등 공시서류의 심사제도, 재무제표에 대한 외부감사인의 감사, 그리고 내부회계관리제도 등은 모두 정보의 정확성을 담보하기 위한 제도이다. 그러나 공시의 실효성을 담보하는 최후의 보루는 공시의무의 위반에 대해서 부과되는 행정상, 형사상, 민사상의 제재라고 할 수 있다. 이하 차례로 살펴본다.

제2절 행정제재

Ⅰ. 발행시장

자본시장법은 발행시장에서의 공시의무의 위반에 대해서 다양한 행정제재를 규정하고 있다.

1. 정정신고서 제출명령

증권신고서의 형식미비, 중요사항의 허위기재, 기재누락, 불분명한 기재가 있는 경우 금융위가 취할 수 있는 가장 간편한 조치는 정정신고서의 제출을 요구하는 것이다(§122(1)).[1]

2. 증권의 발행·모집·매출 기타 거래의 정지 또는 금지 기타 시행령이 정하는 조치

금융위는 증권신고서나 정정신고서 등의 미제출이나 중요사항의 허위기재, 기재누락, 또는 투자설명서에 관한 규제의 위반 등의 경우에는 증권의 발행·모집·매출 기타 거래의 정지 또는 금지 기타 시행령이 정하는 조치[2]를 취할 수 있다(§132).

3. 과징금

금융위는 증권신고서, 정정신고서, 사업설명서 등의 미제출이나 중요사항의 허위기재, 기재누락이 있는 경우에는 20억원을 초과하지 않는 범위에서 공모가액 3%까지 과징금을 부과할 수 있다(§429(1)). 과징금의 부과대상은 후술하는 손해배상책임의 주체(§125(1))이다. 그중 인수인의 경우 인수인의 책임이 미치는 대상은 증권신고서에 기재한 자신의 의견(令§125(1)(ii)(마))에 한정되는 것은 아니다. 대법원은 인수인이 "고의 또는 중대한 과실로 말미암아 발행인이 작성, 제출한 증권신고서나 투자설명서 중 중요사항에 관하여 거짓의 기재 또는 표시를 하거나 중요사항을 기재 또는 표시하지 아니한 행위를 방지하지 못한 때에는 과징금 부과대상이 된다"고 판시한 바 있다(대법원 2020.2.27. 선고 2016두30750 판결).[3]

---

1) 실제 사례는 상당히 많다. 실무안내, 264~290면에 제시된 사례 참조.

2) 1년의 범위 내의 증권발행제한, 임원에 대한 해임권고 등이 규정되어 있다(令§138). 증권신고서 미제출에 대해서 1년의 증권발행제한조치가 부과된 사례로 실무안내, 260면 사례②.

3) 이 판결 1심에서는 인수인이 "증권신고서 중 '인수인 의견' 란에 중요사항에 관하여 직접 거짓의 기재 또는 표시를 하거나 중요사항을 기재 또는 표시하지 아니한 때와 같은 경우에만" 과징금 부과대상이고 단지 증권신고서상 중요사항의 거짓 기재를 방지하지 못한 중대한 과실이 있는 경우에는 과징금 부과대상이 아니라고 판단하였다(서울행정법원 2015.2.5. 선고 2013구합65090 판결).

민사책임을 묻는 소송이 쉽지 않은 상황에서 과징금은 실제 사례가 많고[4] 공시의무의 실효성을 확보하는 수단으로 중요한 의미를 갖는다.

Ⅱ. 유통시장

사업보고서등(즉, 사업보고서, 반기·분기보고서, 주요사항보고서)의 미제출, 허위기재, 기재누락 등의 경우 금융위는 제출대상법인에 대하여 그 사실을 공고하고 정정을 명할 수 있으며 필요한 경우에는 증권의 발행 그 밖의 거래를 정지 또는 금지하거나 시행령이 정하는 조치를 취할 수 있고(§164(2)),[5] 과징금도 부과할 수 있다(§429(3)).

제3절 형사책임

Ⅰ. 발행시장

자본시장법은 발행시장에서의 공시의무 위반에 대해서 그 위법성의 정도에 따라 처벌의 강도를 달리 규정하고 있다. 예컨대 증권신고서의 미제출이나 각종 신고서의 허위기재 등에 대해서는 5년 이하 징역이나 2억원 이하의 벌금에 처하고(§444(xii), (xiii)), 신고서 효력발생 전의 승낙이나 투자설명서의 사전 교부 없이 증권을 취득하게 하거나 매도한 행위 등에 대해서는 1년 이하의 징역이나 3천만원이하의 벌금에 처한다(§446(xx), (xxii)).

Ⅱ. 유통시장

자본시장법은 유통시장에서의 공시의무 위반에 대해서도 그 위법성의 정도에 따라 처벌의 강도를 달리 규정하고 있다. 예컨대 사업보고서등의 허위기재 등에

4) 예컨대 실무안내, 260~263면.
5) 시행령은 임원에 대한 해임권고, 고발, 경고 또는 주의 등의 조치를 규정하고 있다(§175).

대해서는 5년 이하의 징역 또는 2억원 이하의 벌금에 처하고(§444(xiii)), 사업보고서등의 미제출에 대해서는 1년 이하의 징역 또는 3천만원이하의 벌금에 처한다(§446(xxviii)).

제4절 민사책임 - 발행시장

Ⅰ. 서설

우리나라에서 현실적으로 공시규제의 실효성을 담보하는 것은 주로 행정제재나 형사제재라고 할 수 있다. 그러나 규제위반의 경우 사법(私法)상 효력을 부인하거나 손해배상책임을 물을 수 있다면 그것을 보다 효과적으로 억제할 수 있을 것이다. 특히 미국에서는 손해배상책임을 묻는 소송이 실로 막중한 역할을 수행하고 있고 이제 우리나라에서도 실무상 그 중요성은 차츰 커지고 있다. 사법상 구제수단은 원칙적으로 민법의 영역에 속한다. 그러나 자본시장법은 공시규제의 실효성을 높이기 위하여 손해배상책임에 대한 특별 규정을 두고 있다(§§125~127). 이하에서는 규제위반행위의 사법상 효력에 대해서 간단히 언급한 후 손해배상책임을 중심으로 설명하기로 한다.

1. 규제위반행위의 사법상 효력

미국 증권법은 신고서 제출 없이 공모가 행해지거나 공모에 관한 부실공시가 있는 경우 증권을 취득한 투자자의 취소권을 명시하고 있지만[6] 자본시장법은 위반행위의 사법상 효력에 대해서 아무런 규정도 없다. 따라서 우리나라에서는 그 효력은 민법상의 일반원칙에 따라 결정된다. 공모에 관한 부실공시가 있는 경우 투자자는 사기(민법 §110)를 이유로 거래의 취소를 주장해 볼 수 있다. 그러나 사기의 성립이 인정되기 위해서는 발행인의 고의와 부실공시에 대한 투자자의 신뢰를 증명해야 하는 부담이 있다. 한편 증권신고서의 제출이나 투자설명서의 교부 없이 공모

6) 1933년 증권법 §12(a)(i). 간단한 설명으로 김/송, 131면.

가 진행된 경우는 법령위반행위에 해당한다.[7] 일반적으로 법령위반행위는 그 법령이 효력규정이면 무효, 단속규정이면 유효로 본다. 법령 자체에서 위반행위의 사법상 효력을 부정하는 경우는 효력규정에 해당할 것이다. 법령상 사법상 효력에 대한 언급이 없다면 결국 민법 제103조의 공서양속 위반 여부를 기준으로 효력을 가릴 수밖에 없다. 공시에 관한 규제를 위반한 행위의 효력을 모두 부정하기는 어렵겠지만 적어도 증권신고서 제출 없이 진행된 공모를 통해서 체결된 계약의 효력은 다음과 같은 사정을 고려하면 무효로 보는 것이 옳을 것이다.[8] ① 그러한 행위는 형사처벌의 대상이다(§444(xii)). ② 자본시장법이 증권신고서의 효력발생 전에는 매수인의 청약이 있더라도 매도인의 승낙을 명시적으로 금지하고 있는 점(§121(1))을 고려하면 계약의 이행이 허용된다는 해석은 취하기 어렵다. ③ 또한 손해배상을 통한 구제가 현실적으로 쉽지 않다는 점도 고려할 필요가 있다. 다만 이미 계약이 이행된 경우라면 증권신고서가 제출되지 않았다고 해서 바로 그 매매계약을 공서양속에 반한다고 볼 것은 아니라는 점에서 효력을 부정하기 어려울 것이다.

2. 손해배상책임

공시규제위반에 대한 손해배상책임은 투자자의 손해를 전보하는 기능과 아울러 그 위반행위를 억지하는 기능을 갖는다는 점에서 중요하다. 그러나 민법상 불법행위규정(§750이하)은 그 위반행위로 인하여 손해를 입은 투자자가 가해자(발행인)의 과실과 손해액을 증명할 것을 요한다는 점이 부담으로 작용한다. 자본시장법은 이러한 투자자의 증명부담을 덜기 위하여 민법상 불법행위책임에 대한 특칙(§§125~127)을 두고 있다.[9] 자본시장법 제125조의 책임과 민법상 불법행위책임은 서로 배척하는 것이 아니라 경합적으로 적용된다(대법원 1997.9.12. 선고 96다41991 판결). 이하에서는 자본시장법의 특칙을 중심으로 발행시장의 부실공시에 대한 손해배상책임의 주요 논점들을 설명한다.

---

7) 신고서의 허위기재도 법령위반행위에 해당한다.

8) 일본에서는 하급심판례는 유효설을 취하지만 학설은 반대로 무효설이 우세한 것으로 보인다. 黑沼, 115~116면.

9) 대법원 2015.11.27. 선고 2013다211032 판결("자본시장법 제125조 제1항에서 정한 손해배상책임은 민법상 불법행위책임과는 별도로 인정되는 법정책임이지만 실질은 민법상 불법행위책임과 다르지 아니하고").

Ⅱ. 대상행위

1. 대상공시서류

자본시장법상 손해배상책임을 발생시키는 행위의 대상이 되는 것은 증권신고서와 투자설명서이다(§125(1)). 위의 증권신고서에는 정정신고서와 첨부서류가 포함되고 투자설명서에는 예비투자설명서와 간이투자설명서가 포함된다(§125(1)).[10] 나아가 명칭에 관계없이 증권공모를 위하여 공중에 제공하는 투자권유문서도 모두 투자설명서에 포함된다고 볼 것이다. 투자설명서를 좁게 해석할수록 공모 시의 부실공시에 대한 손해배상책임을 인정하기 어려워지기 때문이다.[11] 위에 언급한 증권신고서와 투자설명서 이외의 서류에 부실공시가 있거나 구두의 부실공시가 있는 경우에는 적어도 자본시장법 제125조의 손해배상책임은 발생하지 않는다.[12]

2. 부실공시

손해배상청구를 위해서는 부실공시, 즉 "중요사항에 관하여 거짓의 기재 또는 표시가 있거나 중요사항이 기재 또는 표시되지 아니하였음"을 증명해야 한다.[13] 부실공시 외에 투자자의 중대한 오해를 야기할 수 있는 '오인표시'(misleading statement)도 부실공시에 포함되는가? 오인표시에는 표시 자체가 한편으로는 진실하지만 다른 한편으로는 거짓인 '애매한 표시'와 표시된 사실은 진실하지만 투자자의 오인을 막기 위해서 필요한 사실이 누락됨으로써 오해를 야기하는 '반(半)진실표시'가 포함된다. 자본시장법은 오인표시를 금융위가 정정신고서의 제출을 요구할 수 있는 사유에는 명시적으로 포함하고 있지만(§122(1)) 부실공시의 범위에는 명시적으로 포함시키고 있지 않다. 그러나 오인표시도 투자자의 잘못된 판단을 야기하는

10) 또한 이미 제출된 신고서의 일부를 참조하라는 방식으로 신고서를 제출하는 경우(§119(4))에는 참조대상인 신고서도 이에 포함된다고 볼 것이다. 자본시장법은 일괄신고서는 물론이고 일괄신고 후 개별적인 공모시에 제출하는 일괄신고추가서류(§119(2)후단)도 증권신고서에 포함된다고 규정한다(§123(2)).

11) 일본 금융상품거래법에는 공모시의 일반 부실공시에 대한 규정(§17)이 있어 투자설명서를 좁게 해석해도 문제가 없지만, 우리 법에는 그러한 규정이 없다.

12) 대상공시서류 이외의 서류의 부실공시에 대해서는 후술하는 부정거래(§178(1)(ii))로 제179조상의 손해배상책임이 인정될 여지가 있다.

13) 부실공시에 해당하는지 여부는 대상공시서류의 제출시점을 기준으로 판단한다.

점에서는 거짓기재나 기재누락과 다를 바 없고 만약 그것을 제외하는 경우에는 남용될 위험도 있다는 점에서 포함된다고 볼 것이다.[14] 반면에 신고서를 제출하지 않거나 투자설명서를 교부하지 않고 공모한 경우는 여기서 말하는 부실공시에 해당하지 않는다.[15]

3. 중요성

자본시장법상 부실공시는 "중요사항"에 관한 것이어야 한다. 과거 자본시장법은 중요사항을 "투자자의 합리적인 투자판단 또는 해당 금융투자상품의 가치에 중대한 영향을 미칠 수 있는 사항"으로 정의한 바 있다(개정 전 법 §47(3)). 이 규정은 2020년 개정 시에 금소법으로 이관되었지만(§19(3)), 그 규정이 금소법으로 이관되었다고 해서 중요사항의 의미를 달리 해석할 이유는 없을 것이다. 위 정의는 ①투자자의 투자판단이나 ② 금융투자상품의 가치라는 두 가지 차원에서 중대한 영향을 미치는지 여부를 기준으로 삼고 있다. 그러나 ② 금융투자상품의 가치는 투자자의 투자판단에서 고려할 중요한 요소이기는 하지만 유일한 요소는 아니라는 점에서 보다 결정적인 것은 결국 ① 투자자의 투자판단에 미치는 영향이라고 할 수 있다. 대법원도 중요사항을 "합리적인 투자자가 금융투자상품과 관련된 투자판단이나 의사결정을 할 때에 중요하게 고려할 상당한 개연성이 있는 사항"(대법원 2015.12. 10. 선고 2012다16063 판결)이라고 판시함으로써 비슷한 태도를 취하고 있다.

중요성은 결국 개별사안에서 구체적인 사실관계에 비추어 판단할 수밖에 없다.[16] 대법원은 중요성에 관한 판단은 원칙적으로 "그 사항이 거짓으로 기재·표시되거나 그 기재·표시가 누락됨으로써 합리적인 투자자의 관점에서 이용할 수 있는 정보의 전체 맥락을 상당히 변경하는 것으로 볼 수 있는지에 따라"야 한다는 점을 기준으로 제시하고 있다(대법원 2015.12.23. 선고 2013다88447 판결).

14) 대표이사 등의 확인·검토의무와 관련해서는 기재누락, 부실공시와 별도로 오인표시도 없음을 확인하도록 하고 있다(令§124(ii)). 일본 금융상품거래법은 "오해를 일으키지 않기 위하여 필요한" 사실의 누락이 부실공시에 포함됨을 명시한다(§§10(1), 17).

15) 그리하여 신고서의 미제출이나 투자설명서의 미교부에 대해 따로 손해배상책임을 규정해야 한다는 주장도 존재한다. 일본 금융상품거래법은 투자설명서의 미교부에 대해 따로 손해배상책임을 인정한다(§16).

16) 중요성을 판단하는 기준시점은 증권신고서의 제출시점으로 보아야 할 것이다.

중요성에 관한 판례

중요사항의 부실공시로 인정된 사례로는 다음과 같은 경우를 들 수 있다.

- 상법상 주금가장납입행위(대법원 2006.10.26. 선고 2006도5147 판결)

- 회사보유주식 200만주를 최대주주의 채권자를 포함 총 6회 담보제공했음에도 담보제공내역란에 해당사항 없음으로 기재한 경우(서울고등법원 2006노1400 판결(확정))

- 최대주주의 자본금 변동이 없었음에도 최대주주의 차입금 중 일부(270억원 중 220억원)가 자본금으로 전환되었다고 기재한 경우(대법원 2016.2.18. 선고 2014두36259 판결; 대법원 2020.2.27. 선고 2019다223747 판결)

- '자기계산으로 주식을 소유하고 있는 자'와 '명의상 주주'가 상이함에도 명의상 주주를 최대주주로 기재한 경우(대법원 2018.8.1. 선고 2015두2994 판결)

- 유상증자대금 중 해외부동산투자자금(60억원)에 대해서 임시주총 이후로 자금인출을 제한하겠다고 정정신고서에 기재하였으나 임시주총 이전에 동 자금을 인출 사용한 것, 모집총액 160억원 중 30억원을 가장납입한 것 등[17]

한편 중요사항의 기재누락으로 인정된 사례로는 다음과 같은 경우를 들 수 있다.

- 유상증자자금의 일부를 담보 제공하기로 하였음에도 기재하지 않은 경우(서울고등법원 2006.5.25. 선고 2006노252 판결(확정))

- 증자자금의 용도변경의 미기재, 유상증자 시 해외子회사의 파산신청사실 기재누락(대법원 2018.12.13. 선고 2018도13689 판결(§178(1)(ii)의 중요사항))

- 보증채무 16,121백만원(자기자본 대비 45.82%)을 대위변제하고 피보증회사가 파산하였음에도 이를 기재하지 않은 것[18]

Ⅲ. 손해배상책임의 주체

1. 개요

자본시장법은 손해배상책임의 주체로 다음 7가지를 규정한다(§125(1)).

① 그 증권신고서의 신고인과 신고 당시의 발행인의 이사

② 업무집행관여자로서 그 증권신고서의 작성을 지시하거나 집행한 자

③ 그 증권신고서의 기재사항 또는 그 첨부서류가 진실 또는 정확하다고 증명하여 서명한 공인회계사·감정인 또는 신용평가를 전문으로 하는 자 등 대통령령으

17) 실무안내, 261~262면.

18) 실무안내, 263면.

로 정하는 자

④ 그 증권신고서의 기재사항 또는 그 첨부서류에 자기의 평가·분석·확인의견이 기재되는 것에 대하여 동의하고 그 기재내용을 확인한 자

⑤ 그 증권의 인수인 또는 주선인

⑥ 그 투자설명서를 작성하거나 교부한 자

⑦ 매출의 방법에 의한 경우 매출신고 당시의 매출인

이하 이들 주체를 차례로 설명한다.

2. 신고인과 신고 당시의 발행인의 이사 등

신고인은 자본시장법상 발행인으로 되어 있으므로(§119(1)) 발행인이 책임주체가 된다. 매출의 경우에는 매출인도 독자적인 책임주체로 규정되어 있다(§125(1)(vii)). 신고 당시의 발행인의 이사는 신고에 관여했는지 여부와 관계없이 책임주체가 된다.[19] 이사에는 당연히 사외이사도 포함된다.[20] 이사가 없는 경우에는 "이에 준하는 자"가 책임을 진다(§125(1)(i)). 그러나 이사가 존재하는 경우에는 이사가 아닌 자는 업무집행관여자에 해당하지 않는 한 책임의 주체가 될 수 없다. 따라서 주주총회에서 선임된 정식의 이사가 아닌 이른바 비등기이사[21]는 설사 신고서작성에 관여한 경우라도 책임의 주체가 될 수 없다.[22] 또한 감사도 책임주체가 아니다.[23] 신고인이 설립중의 법인인 경우에는 이사 대신 발기인이 책임을 진다(§125(1)(i)).

자본시장법은 책임주체에 이사 외에 상법상의 업무집행관여자(§401-2(1))도 포함시키고 있다(§125(1)(ii)). 업무집행관여자는 업무집행에 관여한 경우, 즉 "증

19) 미국법상 발행공시와 관련하여 사외이사는 '악의로 행한'(knowingly committed) 경우에만 연대책임을 진다(증권법 제11조(f); 증권거래소법 제21D조(f)). 김/송, 129면.

20) 사업보고서 허위기재에 대한 제162조의 손해배상책임과 관련하여 사외이사의 책임을 인정한 사례가 있다(대법원 2014.12.24. 선고 2013다76253 판결).

21) 법률상 이사인지는 주주총회에서 이사로 선임되었는지가 중요하고 등기 여부는 이사인지 여부의 판단에 영향을 주지 못하지만 업계에서는 '비등기이사'라는 용어를 아직 사용하고 있다. 김/노/천, 371면.

22) 신고서작성에 관여한 비등기이사도 책임주체에 포함하자는 견해가 있으나 찬성하기 어렵다. 만약 신고서작성에 관여한 것을 이유로 책임을 물어야 한다면 어느 정도의 하위자까지 포함할지가 불명확할 것이기 때문이다.

23) 일본의 금융상품거래법은 감사를 책임주체에 포함시키고 있다(§21(1)(i)).

권신고서의 작성을 지시하거나 집행한" 경우에만 책임을 진다.[24]

3. 공인회계사·감정인 또는 신용평가를 전문으로 하는 자

자본시장법은 "증권신고서의 기재사항 또는 첨부서류가 진실 또는 정확하다고 증명하여 서명한 공인회계사·감정인 또는 신용평가를 전문으로 하는 자 등(그 소속단체를 포함한다) 대통령령으로 정하는 자"도 책임의 주체로 정하고 있다(§125(1)(iii)). 시행령은 "변호사, 변리사 또는 세무사 등 공인된 자격을 가진자(그 소속단체를 포함한다)"를 추가하고 있다(令§135(1)). 시행령의 문언에 의하면 "공인된 자격"으로 인정되는 자격을 가진 전문가도 책임의 주체가 될 여지가 있다. 이들 전문가는 단독으로 일하는 경우도 있지만 단체를 조직하여 일하는 경우도 있다. 법이 소속단체를 책임주체에 포함시키고 있으므로 전문가가 속한 로펌이나 회계법인도 책임의 주체가 될 수 있다.

법문상 제한이 없으므로 이들 전문가는 신고서 기재사항 중 자신이 "진실 또는 정확하다고 증명"한 사항 외의 기재사항에 관한 부실공시에 대해서도 책임질 수 있는 것처럼 보이기도 한다. 그러나 이들의 책임은 자신이 "진실 또는 정확하다고 증명"한 사항에 한정된다고 볼 것이다.[25] 자신에게 권한이나 의무가 없는 사항에 대해서도 부실공시에 대한 책임을 지우는 것은 부당하기 때문이다.

공인회계사와 관련하여 문제가 되는 것은 감사인으로 작성한 감사보고서가 책임의 대상이 될 수 있는지 여부이다.[26] 이에 관한 판례의 태도는 아직 정리되지 않은 상태이다. 舊증권거래법 시절의 대법원 판례 중에는 증권신고서에 첨부된 감사보고서가 당연히 대상이 되는 것으로 전제한 것도 존재한다(대법원 2007.9.20. 선고 2006두11590 판결). 자본시장법하에서는 아직 대법원판결은 없고 하급심판결은 엇

24) 미국 1933년 증권법(§15)은 부실공시에 관한 손해배상책임(§14)에서 일차적인 위반자를 사실상 지배하는 지배자(controlling person)에 대해서는 구체적인 관여가 없는 경우에도 책임을 인정한다. 상세한 것은, 안수현, "미국 증권법상의 감독자책임," 서울대학교 법학 제43권 제1호(2002), 447면 이하.

25) 공모증자를 위한 증권신고서에 기재된 주식가치 평가의 부적정 등을 이유로 발행인은 물론 분석기관인 회계법인의 손해배상책임을 인정한 사례가 있다. 대법원 2010.1.28. 선고 2007다16007 판결.

26) 검토보고서에 관해서는 회계법인이 손해배상의무자에 해당하지 않는다고 판단한 판례로 서울남부지방법원 2014.1.17. 선고 2011가합18490 판결.

갈리고 있다. 이른바 고섬판결에서 법원은 다음과 같이 판시하며 위 대법원판결을 따른 바 있다. "피고 한영회계법인이 이 사건 감사보고서의 기재와 같이 … 회계감사기준에 따라 … 감사를 실시하여, '연결재무제표가 회계기간의 경영성과 그리고 자본의 변동과 현금흐름의 내용을 중요성의 관점에서 적정하게 표시하고 있다는 의견을 표명하고 서명한 것은 … 증권신고서의 기재사항 또는 그 첨부서류가 진실 또는 정확하다고 증명하여 서명한 것에 포함한다"(서울남부지방법원 2014.1.17. 선고 2011가합18490 판결). 반면에 비슷한 시기에 나온 하급심판결에서 법원은 감사보고서가 증권신고서에 첨부되어 있지만 회계법인이 증권신고서의 기재사항이나 첨부서류의 진실성을 증명하여 서명한 것이 아니라는 이유로 제125조의 손해배상책임을 부정한 경우도 있다(서울고등법원 2016.4.15. 선고 2014나2000572 판결; 서울중앙지방법원 2013.10.16. 선고 2011가합56779 판결).[27)]

이처럼 회계감사인에 대해서 제125조의 적용이 부정되는 경우 그 다음의 문제는 회계감사인의 손해배상책임에 관한 제170조의 적용여부이다. 제170조의 적용여부를 판단하는 것은 의외로 쉽지 않다. 유통시장의 공시수단인 사업보고서의 부실공시에 의한 손해배상책임에 대한 규정인 제162조는 회계감사인의 감사보고서를 적용대상인 첨부서류에서 명시적으로 배제하고 있기 때문에 별도의 규정인 제170조의 적용을 받게 된다.[28)] 제170조는 사업보고서등에 첨부된 회계감사인의 감사보고서에 대해서는 외감법의 관련규정(§31(2)-(9))을 준용한다. 제170조는 책임대상을 "사업보고서등"에 첨부되는 감사보고서로 제한하고 있기 때문에 엄격히 해석한다면 "증권신고서"에 첨부되는 서류에 불과한 감사보고서에 대해서는 적용할 수 없다는 해석도 가능할 것이다. 그러나 하급심판결 중에는 별다른 근거를 제시함이 없이 제170조가 적용되는 것으로 처리한 사례도 존재한다(서울고등법원 2016.4.15. 선고 2014나2000572 판결).[29)]

---

27) 이들 판결에서 법원은 후술하는 제125조 제1항 제4호의 적용도 부정하였다. 고법판결 중에는 앞의 지법판결과 같은 결론을 따르면서 다음과 같은 점을 밝힌 것이 있다(서울고등법원 2016. 4.15. 선고 2014나2000572 판결). ① 재무제표에 대한 감사보고서나 검토보고서는 증권신고서에 첨부될 것을 직접 목적으로 작성되는 서류라고 볼 수 없음, ② 당해 보고서는 감사 또는 검토 기준일 당시의 의견이 기재되어 있을 뿐이고 증권발행당시의 재무상태에 대해 확인한 것은 아님.

28) 자본시장법 제162조와 제170조는 감사인 대신 회계감사인이란 용어를 쓰고 있다.

29) 제170조를 적용한 원심의 판단을 문제삼지 않은 대법원판결도 있다(대법원 2020.7.9. 선고 2016다268848 판결).

부실감사와 외감법상 감사인의 책임

외감법은 부실감사와 관련한 감사인의 책임에 대해서 상세한 규정을 두고 있다. 먼저 행정제재로 고의 또는 중대한 과실로 회계감사기준을 위반하여 감사보고서를 작성한 감사인에 대해서는 감사보수의 5배를 초과하지 않는 범위에서 과징금을 부과할 수 있다(§35(2)). 여기서 회계감사기준은 "일반적으로 공정·타당하다고 인정되는" 회계감사기준을 말한다(§16(1)).

이어서 형사제재로 감사보고서에 기재하여야 할 사항을 기재하지 아니하거나 거짓으로 기재한 감사인(또는 그에 소속된 공인회계사)에 대해서는 원칙적으로 10년 이하의 징역 또는 그 위반행위로 얻은 이익 또는 회피한 손실액의 2배 이상 5배 이하의 벌금에 처한다(§39(1)).

끝으로 민사제재에 대한 규정은 한층 상세하다. 먼저 임무를 게을리 한 감사인은 회사에 대해서 손해를 배상할 책임이 있다(§31(1)). 중요한 사항에 관하여 감사보고서에 적지 아니하거나 거짓으로 적은 감사인은 "이를 믿고 이용한 제3자"에게 손해를 배상할 책임이 있다(§31(2)).[30] 감사인이 감사반인 경우에는 해당 회사에 대한 감사에 참여한 공인회계사가 연대하여 손해를 배상할 책임을 진다(§31(3)). 이 경우 피고인 감사인이나 공인회계사는 자신이 그 임무를 게을리하지 아니하였음을 증명함으로써 책임을 면할 수 있다(§31(7)본문).[31] 다만, 원고가 피감회사나 은행, 보험회사 등 일정한 금융기관인 경우에는 원고가 피고의 임무해태를 증명해야 한다(§31(7)단서).

한편 감사인과 아울러 해당 회사의 이사 또는 감사(또는 감사위원회 위원)도 책임이 있는 경우 이들은 연대하여 손해를 배상할 책임이 있다(§31(4)본문). 다만 고의가 없는 경우에는 "법원이 귀책사유에 따라 정하는 책임비율에 따라 손해를 배상할 책임"(비례책임)이 있다((§31(4)단서).[32]

---

30) 자본시장법과는 달리 원고는 거래인과관계를 증명할 책임이 있다.

31) 감사인은 감사업무를 수행하는 과정에서 부정이나 오류를 시사하는 사정이 발견된 경우에는 이를 간과하여서는 안 되고 그로 인해 실제로 재무제표가 중요하게 왜곡되었는지를 결정하는 데 적합한 정도의 감사절차를 진행해야 하므로, 경영자의 진술이나 피감사회사가 제출한 자료 등을 신중한 확인절차없이 그대로 신뢰해서는 안 된다(회계감사기준 §240-3, 500-1.2 등). 마찬가지로, 회계업무나 피감사회사가 속한 업종의 특성, 피감사회사가 속한 경영상황 등에 비추어 회계업무가 처리되는 과정에서 부정이나 오류가 개입되기 쉬운 사항이 있다면 그에 대한 감사절차도 통상의 경우보다 엄격하게 진행해야 한다(대법원 2022.7.28. 선고 2019다202146 판결 등).

32) 외감법은 비례책임의 예외도 규정하고 있다(§31(5), (6)).

4. 자기의 평가·분석·확인의견이 기재되는 것에 대하여 동의하고 그 기재내용을 확인한 자

자본시장법은 신고서에 "자기의 평가·분석·확인 의견이 기재되는 것에 대하여 동의하고 그 기재내용을 확인한 자"를 책임주체에 포함한다(§125(1)(iv)). 이에 해당하는 자들은 대부분 위 3에서 제시한 전문가들과 중복될 것이다. 그 대표적인 예로는 공모증자를 위한 증권신고서에 기재된 주식가치 평가의 부적정에 대한 손해배상책임을 부담하는 회계법인을 들 수 있다. 이들의 의견은 주로 회사가 제공한 자료에 기초하여 작성될 것이다. 그 자료의 허위나 부실로 인하여 이들이 잘못된 의견을 내는 경우에도 그 사실만으로 면책을 주장할 수는 없고 상당한 주의를 다 하였음에도 기초자료의 허위나 부실을 알 수 없었다는 점을 증명해야 한다.[33] 신용평가회사에 대해서 같은 취지를 밝힌 판례도 있다. 사안은 신용평가회사가 증권신고서에 기재된 허위의 재무정보를 토대로 신용등급에 관한 의견을 낸 경우로 법원은 "자본시장법 제125조 제1항 제4호는 중요사항에 관하여 허위의 기재가 있는 증권신고서에 자신의 의견 등을 기재하는 데 동의했을 것을 요건으로 하고 있을 뿐, 그 의견이 허위일 것을 요구하지 않는다"고 판시하였다(서울중앙지방법원 2014.2.14. 선고 2012가합501894 판결).[34] 이 판결에 따르면 신용평가회사는 자신의 의견에 부실이 없어도 당해 증권신고서에 부실이 있으면 그 부실을 "상당한 주의를 하였음에도 불구하고 이를 알 수 없었음을 입증해야만 손해배상책임을 면할 수 있[다]". 다만 당해 사안에서는 피고가 상당한 주의를 다했다는 점을 인정하여 책임이 부정되었다. 그러나 이처럼 전문가의 수비범위를 넓히는 해석에 대해서는 의문이 있다.

증권신고서에 첨부된 감사보고서나 검토보고서를 작성한 회계법인의 책임과 관련하여 "회계법인이 위 각 증권신고서의 첨부서류에 위 각 감사보고서 내지 검토보고서에 기재되어 있는 자기의 평가·분석·확인의견이 기재되는 것에 동의하였다거나 그 기재내용을 확인하였다는 취지의 기재를 찾아볼 수 없다"는 이유로 회계법인은 자본시장법 제125조 제1항 제3호나 제4호의 손해배상책임을 질 자에 해당

33) 고창현/김연미, "기업회계관련법의 분석과 평가," BFL 제4호(2004.3.), 45면.

34) 대법원 2015.12.23. 선고 2015다222852 판결로 파기환송된 후 서울고등법원 2016.3.31. 선고 2016나2001951 판결로 확정.

되지 않는다고 판시한 사례가 있다(서울고등법원 2016.4.15. 선고 2014나2000572 판결(확정)). 이 판결은 책임을 질 자의 범위를 제한적으로 해석하려는 입장으로 이해된다. 그러나 실무상 감사보고서등을 작성하는 회계법인은 그 보고서가 증권신고서에 첨부될 수 있음을 당연히 인식할 것이다. 필요한 경우에는 증권신고서에 첨부될 감사보고서등을 작성한 회계법인의 동의나 확인서를 첨부하게 해야 할 것이다.[35] 한편 앞서 언급한 하급심판결은 신용평가회사가 증권신고서에 첨부되어 있는 신용평가서에 후순위사채의 신용평가에 대해 의견을 기재한 것은 제4호의 "첨부서류에 자기의 평가·분석 의견이 기재되는 것에 대하여 동의하고 그 기재내용을 확인"한 것에 해당한다고 판시하였다(서울중앙지방법원 2014.2.14. 선고 2012가합501894 판결).

5. 그 증권의 인수인 또는 주선인

(1) 문지기로서의 인수인과 주선인

전술한 바와 같이 인수인과 주선인은 발행시장에서 부실한 투자대상을 걸러내는 이른바 문지기(gatekeeper) 기능을 수행한다. 투자자는 이들의 신용과 평판을 신뢰하여 투자하는 경우가 많다는 점에서 투자자보호를 위하여 자본시장법은 이들도 책임주체에 포함시키고 있다(§125(1)(v)).

(2) 인수인

자본시장법상 "인수인"은 "증권을 모집·사모·매출하는 경우 인수를 하는 자"를 말한다(§9(12)). 인수는 다음 두 가지 중 하나의 행위를 말한다(§9(11)). ① 하나는 제3자에게 증권을 취득시킬 목적으로 그 증권의 일부 또는 전부를 취득하거나 소화되지 못한 증권을 취득하는 행위이고 ② 다른 하나는 ①의 행위를 전제로 발행인이나 매출인을 위하여 증권의 모집·사모·매출을 하는 행위이다. ①은 미매각위험을 인수하는 행위이고 ②는 ①에 추가로 청약의 권유를 하는 행위이다.[36] 인수는 투자매매업에 해당하므로(§6(2)) 인수인은 투자매매업을 영위하는 투자매매업자(§8(2))로서 인가를 받아야 한다(§12).

---

35) 박준/정순섭, 64~67면.

36) 인수인의 명칭에서 보는 바와 같이 그 핵심은 ①의 업무라고 할 것이다.

(3) 주선인

주선인은 발행인의 공모를 돕는 자라는 점에서는 인수인과 공통되지만 미매각분에 대한 위험을 부담하지 않는다는 점에 차이가 있다.[37] 舊증권거래법하에서는 주선이 인수의 유형에 포함되었으므로(§2(6)(iii)) 주선인의 책임을 따로 논할 필요가 없었다. 그러나 자본시장법은 주선을 인수의 정의에서 제외하고 있으므로(§9(11)) 주선인을 따로 책임주체로 추가하지 않는 한 책임주체에서 배제되게 되었다. 자본시장법은 2013년 개정에서 주선인도 책임주체로 명시하였다.[38] 자본시장법은 주선인을 "발행인 또는 매출인을 위하여 해당 증권의 모집·사모·매출을 하거나 그 밖에 직접 또는 간접으로 증권의 모집·사모·매출을 분담하는 자"로 정의한다(§9(13)). 전술한 바와 같이 이러한 주선을 영업으로 하는 경우에는 투자중개업(§6(3))에 해당하므로 주선을 영업으로 하고자 하는 자는 투자중개업자로서 인가를 받아야 한다(§12).[39] 그러나 인가를 받지 않은 개인도 주선에 해당하는 행위를 한 경우에는 주선인으로서의 책임을 물을 수 있다.[40]

(4) 인수인 또는 주선인이 복수인 경우

인수인이나 주선인이 복수 있는 경우에는 시행령으로 정하도록 하고 있다. 인수인이 복수 있는 경우 과거에는 "증권의 인수를 의뢰받아 인수조건 등을 정하는 인수인"만을 책임의 주체로 규정하여 실제로 주관회사로서의 업무를 수행하지 않은 인수인이 제외되는지 여부에 대한 다툼이 있었다. 현재는 인수인의 범위를 모든 인수인으로 확대함으로써(令§135(2)(i)) 해석상의 의문은 해소되었다.[41]

한편 주선인이 복수 있는 경우 자본시장법은 모집·사모·매출의 조건 등을 정

37) 주선인은 공모를 위한 사실행위를 할 뿐이라는 점에서 상행위편에서 말하는 주선(§46(xii)이나 운송주선인(§114)이 아니라 중개(§46(xi)나 중개인(§93)에 해당한다고 볼 수 있다. 이정수, "자본시장법상 주선인 제도에 관한 연구," 상사판례연구 제37권 제2호(2024), 77면, 83~84면.

38) 그러나 후술하는 바와 같이 주선인의 의의와 책임주체로서의 적합성에 관해서는 의문을 표시하는 견해가 없지 않다. 이정수, "자본시장법상 주선인 제도에 관한 연구," 상사판례연구 제37권 제2호(2024), 77면.

39) 무인가로 투자중개업을 영위한 자에 대해서는 형사처벌(§444(i))을 부과한다.

40) 증권신고서를 제출하지 않은 상태에서 진행된 공모에서 주선인의 역할을 수행한 개인에게 과징금을 부과한 것도 적법하다고 본 판례가 있다. 서울고등법원 2020.10.7. 선고 2020누39589 판결(확정).

41) 인수인들 간에 체결되는 계약에서는 인수를 주도하는 주간사인수인과 나머지 인수인들 사이에 책임분담에 관한 약정이 포함되는 것이 일반적이다.

하는 주선인만을 책임주체로 규정한다(令§135(2)(ii)).[42]

인수인(금융투자업자)의 손해배상책임

자본시장법은 금융투자업자가 법령위반이나 업무해태로 투자자에게 손해를 발생시킨 경우에는 손해배상책임을 지우고 있다(§64(1)). 인수인은 당연히 금융투자업자에 해당하기 때문에 실무상으로는 인수인의 행위에 대해서 제125조상의 책임와 동시에 제64조의 책임 및 민법상의 불법행위책임(§750)을 묻는 사례가 많다(예컨대 서울고등법원 2016.11.24. 선고 2014나2004505 판결(고섬사건 2심)). 특히 뒤의 두 가지 책임은 유통시장의 취득자도 주장할 수 있다는 점에서 편리하다.

6. 투자설명서를 작성하거나 교부한 자

자본시장법은 "투자설명서를 작성하거나 교부한 자"를 책임주체로 규정한다(§125(1)(vi)). 투자설명서의 작성주체는 발행인이므로(§123(1)) 발행인은 이 규정에 의해서도 책임주체가 된다. 실제 작성한 자가 따로 있더라도 작성자는 발행인이 된다. 투자설명서의 교부자는 인수나 판매를 담당하는 금융투자업자인 경우가 대부분이다. 여기서 교부에는 사용도 포함한다. 따라서 투자설명서를 단순히 영업소에 비치하여 투자자의 열람에 제공하는 것도 사용에 해당하므로 교부로 볼 수 있을 것이다.[43] 다만 투자설명서를 실제로 교부받지 않은 취득자도 손해배상을 청구하는 것은 가능하다.

7. 매출신고 당시의 매출인

매출의 경우에도 신고서의 제출주체는 매출인이 아니라 발행인이다(§119(1)). 그러나 자본시장법은 매출인도 책임주체로 규정한다(§125(1)(vii)). 매출인은 "증권의 소유자로서 스스로 또는 인수인이나 주선인을 통하여 그 증권을 매출하였거나 매출하려는 자"를 말한다. 신고서 작성에 관여하지 않은 매출인에게 책임을 지우는 것에 대해서는 비판도 없지 않다. 그러나 사실상 매출인이 될 수 있는 것은 발행인

42) 감독당국은 단독주선인의 경우에도 발행조건 등을 정할 정도의 주선인만을 책임주체로 보고 있다. 이정수, "자본시장법상 주선인 제도에 관한 연구," 상사판례연구 제37권 제2호(2024), 94면.

43) 서울지방법원 남부지원 1994.5.6. 선고 92가합11689 판결(주간사인수인이 거래소, 청약사무취급처에 교부한 사실을 근거로 책임을 인정한 판결).

과 관계가 있는 주요주주인 경우가 보통이고 매출로 인하여 이익을 보는 주체라는 점에서 특별히 가혹하다고 볼 수는 없을 것이다.[44]

8. 책임의 범위

이들 책임주체가 책임을 지는 서류의 범위는 원칙적으로 대상공시서류 전체라고 할 수 있다. 제125조 제1항에 규정된 책임의 주체중 제1호의 발행인과 그 이사, 제2호의 업무집행관여자, 제7호의 매출인에게 공시서류 전체에 대한 책임을 지우는 것에 대해서는 다툼이 없다. 또한 제6호의 투자설명서를 작성하거나 교부한 자의 경우 책임대상이 투자설명서라는 점에 대해서도 다툼이 없다. 한편 제3호의 "진실 또는 정확하다고 증명"한 회계사 등 전문가와 제4호의 자기의 평가 등이 기재되는 것에 동의하고 그 기재내용을 확인한 자의 경우에는 자기의 증명이나 평가 등의 대상이 된 부분에 대해서만 책임을 진다고 보는 것이 합리적일 것이다.[45]

문제는 인수인과 주선인의 책임범위이다. 인수인은 증권신고서 등의 직접적인 작성주체는 아니고 증권신고서에 증권에 대한 의견을 기재할 의무가 있을 뿐이다(슈§125(1)(ii)(마)). 그러나 인수인은 증권신고서에 기재하는 의견의 부분에 대해서만 책임을 지는 것이 아니라 증권신고서 전체에 대해서 책임을 진다고 본다. 그 근거로는 인수인에게 증권신고서나 투자설명서 중 중요사항에 관한 부실표시를 방지하는데 필요한 적절한 주의를 기울여야 할 의무를 부과하는 자본시장법 규정(§71(vii), 슈§68(5)(iv)(가))을 들 수 있다.

한편 주선인에 대해서는 인수인과는 달리 증권신고서의 부실표시에 대한 책임을 지우는 것에 대해서 부정적으로 보는 견해가 존재한다.[46] 그러나 자본시장법은 발행의 주선을 영업으로 하는 투자중개업자에 대해서도 증권신고서나 투자설명서 중 중요사항에 관한 부실표시를 방지하는데 필요한 적절한 주의를 기울여야 할 의무를 부과하고 있다는 점(§71(vii), 슈§68(5)(iv)(가))을 고려하면 해석론상 주선인의 책임을 인정하는 것이 합리적이라고 여겨진다. 다만 사실상 증권신고서의 작성이나 실사에 관여하지 않는 주선인의 경우에는 낮은 수준의 주의를 요구할 필요가 있

44) 黑沼, 226면.

45) 그러나 전술한 바와 같이 제4호의 전문가에 대해서는 책임대상을 공시서류전체로 보는 판례가 존재한다(서울중앙지방법원 2014.2.14. 선고 2012가합501894 판결).

46) 이정수, 전게논문, 97~99면, 105~106면.

을 것이다.

Ⅳ. 손해배상청구권자

1. 취득자와 전득자

자본시장법은 "증권의 취득자"를 손해배상청구권자로 규정한다(§125(1)). 따라서 비관적인 부실공시를 믿고 증권을 처분한 자는 "취득자"에 해당하지 않으므로 설사 손해를 보았더라도 제125조는 적용되지 않는다.[47] 증권의 취득자에는 모집뿐 아니라 매출에 응하여 취득한 자도 포함되는 것은 물론이다. 취득자에 전득자가 포함되는지는 경우를 나누어 판단할 필요가 있다. ① 먼저 제1차 취득자로부터 장외(場外)에서 전득한 자는 제외할 이유가 없을 것이다. 신고서는 3년 동안 일정한 장소에 비치하고 인터넷 홈페이지를 통하여 공시하도록 되어 있으므로 전득자의 거래에도 영향을 미쳤을 가능성이 있기 때문이다.[48] ② 이 논리를 따른다면 기업공개로 상장된 증권을 처음 거래소에서 취득한 자도 최초의 사업보고서가 제출되기 전이라면 취득자에 포함시킬 필요가 있을 것이다. 그러나 판례는 이러한 경우도 유통시장에서의 취득으로 보아 제125조에 따른 손해배상청구권자에서 배제하고 있다(서울남부지방법원 2014.1.17. 선고 2011가합18490 판결(고섬사건 1심)).[49]

2. 유통시장에서의 취득자

상장회사가 공모하는 경우에는 기존 주식을 거래소에서 취득한 자도 제125조을 근거로 손해배상책임을 물을 수 있는지가 문제된다. 법원은 일찍부터 그 가능성을 배제하고 있다(대법원 2002.9.24. 선고 2001다9311(병합) 판결(엔트판결)). 이러한 태도는 이후의 판결에서도 계속 유지되고 있다(대법원 2015.12.23. 선고 2013다88447 판결(대한해운)). 그 근거로는 ① 자본시장법이 증권의 발행시장에서의 공시

47) 일본에서는 유가증권신고서의 부실기재로 인하여 손해배상을 청구할 수 있는 자에 유통시장에서 증권을 처분한 자도 포함시키고 있다. 黑沼, 220, 224면.

48) 다만 공시된 신고서의 정보가치는 시간이 경과할수록 감소될 것이므로 입법론상으로는 일정한 기간 내의 전득자로 한정할 필요가 있을 것이다.

49) 미국의 판례는 공모대상증권을 유통시장에서 매입한 투자자에 대해서도 원고적격을 인정하되 그 증권이 부실표시가 포함된 증권신고서에 의하여 공모된 것임을 '추적'(trace)할 수 있을 것을 요구한다(Slack Techs. v Pirani, 143 S.Ct. 1433(2023)). 추적요건에 대해서는 KBLN 2023.12.31.자.

책임과 유통시장에서의 공시책임을 엄격하게 구분하면서 그 손해배상청구권자와 책임요건을 따로 정하고 있는 점, ② 제125조의 손해배상책임 규정은 법이 특별히 책임의 요건과 손해의 범위를 정하고, 책임의 추궁을 위한 증명책임도 전환시켜 발행시장에 참여하는 투자자를 보호하기 위하여 규정한 조항인 점, ③ 제125조 제1항 단서의 "취득자가 취득의 청약을 할 때"라는 문언에 비추어 취득자는 원칙적으로 모집이나 매출절차에 참여한 투자자를 가리킨다고 보는 것이 자연스럽다는 점 등을 든다.[50] 다만 유통시장에서의 취득자도 민법상의 손해배상책임을 묻는 것은 물론 가능하다(서울고등법원 2013.10.16. 선고 2012나80103 판결(대한해운 2심)).[51]

V. 피고의 항변

1. 상당한 주의의 항변

민법상 일반불법행위의 경우에는 원고가 피고의 과실을 주장, 증명할 책임을 부담한다. 자본시장법은 투자자 보호를 위하여 피고가 "상당한 주의를 하였음에도 불구하고 이를 알 수 없었음"을 증명하지 못하면 책임을 진다고 하여 과실의 증명책임을 전환하고 있다(§125(1)단서). 법문이 상당한 주의를 하였을 것을 요구하기 때문에 실효성 없었을 것이라는 가정을 근거로 상당한 주의를 다하지 않은 경우에는 면책될 수 없다(대법원 2014.12.24. 선고 2013다76253 판결(코어비트판결)).[52]

상당한 주의와 관련하여 대법원은 "피고가 자신의 지위와 특성에 따라 합리적으로 기대되는 조사를 하였으며 그에 의해 문제된 사항이 진실이라고 믿을 만한 합리적인 근거가 있음"을 증명할 것을 요구한다(대법원 2002.9.24. 선고 2001다9311(병합) 판결(엔트판결)). 상당한 주의의 내용인 합리적 조사의 수준은 피고의 지위와 전문성에 따라 차이가 있다. 외부감사인과 이사, 그리고 사내이사와 사외이사 사이에는 합리적 조사의 수준이 다를 것이다. 또한 변호사나 회계사 같은 전문직업인의 경우 자신의 전문분야와 관련해서는 보다 높은 수준의 주의가 요구될

50) 일본의 금융상품거래법은 청구권자가 "당해 유가증권의 당해 모집 또는 매출에 응하여 취득한 자"(§18(1))인 경우와 "모집 또는 매출에 의하지 않고 취득한 자 또는 처분한 자"인 경우(§21-2(1))를 나누어 규정한다.

51) 자본시장법상의 책임을 묻는 경우와는 달리 부실공시를 신뢰하여 주식을 취득하였을 것, 즉 거래인과관계를 요함을 명시하였다.

52) 黑沼, 225면.

것이다.[53] 발행인의 경우 미국과 일본의 경우에는 무과실책임을 규정하고 있지만 자본시장법은 여전히 과실책임으로 규정하고 있다. 우리 법의 해석상으로도 발행인에 대해서는 "상당한 주의"를 엄격히 해석함으로써 면책의 범위를 제한할 필요가 있을 것이다.

한편 인수인에게 요구되는 주의의 정도는 발행회사가 제공한 정보의 유형에 따라 다르다(서울고등법원 2016.11.24. 선고 2014나2004505 판결(고섬사건 2심)). 이와 관련해서는 실무상으로는 금감원이 채택한 기준이 널리 활용되고 있다.[54] 그에 따르면 감사인의 감사나 검토를 받은 정보와 같은 '전문정보'는 내용이 진실하지 않다고 의심할 만한 합리적 근거가 없다면 적절한 검증을 한 것으로 보는 반면에 감사인의 감사나 검토를 받지 않은 '비(非)전문정보'의 경우에는 내용이 진실하다고 믿을 만한 합리적 근거가 있는 경우에만 적절한 검증이 이루어진 것으로 본다.[55]

투자매매업자 등의 불건전영업행위

자본시장법은 투자매매업자 및 투자중개업자의 증권인수업무 또는 발행주선업무와 관련한 불건전영업행위의 하나로 "발행인이 증권신고서(정정신고서와 첨부서류를 포함)와 투자설명서(예비투자설명서 및 간이투자설명서를 포함) 중 중요사항에 관하여 거짓의 기재 또는 표시를 하거나 중요사항을 기재 또는 표시하지 아니하는 것을 방지하는 데 필요한 적절한 주의를 기울이지 아니하는 행위"를 들고 있다(§71(vii), 令§68(5)(iv)(가)). 앞서 언급한 금감원 기준은 바로 이 경우의 "적절한 주의"의 판단을 돕기 위한 기준이다.

---

53) 黑沼, 225~226면.

54) 금융감독원, 인수업무 등에 관한 "적절한 주의"이행을 위한 유의사항(2009.2.5.). 이 기준은 금감원이 인수인을 비롯한 금융투자업자가 불건전영업행위를 저지르지 않도록 기울여야 할 "적절한 주의"(§71(vii), 令§68(5)(iv)(가))에 관하여 제시한 것이지만 법원은 이사 등의 제125조나 제162조상의 책임과 관련한 "상당한 주의"의 판단에도 적용하고 있다(서울고등법원 2016.11.24. 선고 2014나2004505 판결 등). 실제로 모집주선인의 주의의무 위반을 이유로 민법상 불법행위책임을 묻는 사건에서도 서울고등법원은 이 기준을 그대로 적용한 바 있다(서울고등법원 2012.7.26. 선고 2012나2165 판결(확정)). 나아가 법원은 "발행회사가 자금사정에 어려움을 겪고 있거나 경영이 불투명한 때에는 … 더욱 엄격한 조사와 검증을 실시하여 투자설명서 등에 중요사항이 누락되거나 거짓의 기재가 없도록 하여야 할 주의의무가 있다"고 판시하였다.

55) 일본의 최고재판소도 비슷한 취지를 밝힌 바 있다(最高裁判所 2020.12.22. 資料版 商事法務 442호 73면). 그에 따르면 인수인이 감사의 신뢰성의 기초에 중대한 의문을 발생시키는 정보에 접한 경우에는 당해 의문의 내용 등에 상응하여 조사확인을 행할 의무가 있는데 그러한 조사확인을 행하지 않은 경우에는 면책을 받을 수 없다. 이 판결에 대한 간단한 소개로 KBLN 2021.10.4.자.

2. 악의의 항변

취득자가 부실공시라는 사실을 안 때에는 손해배상책임을 지지 않는다(§125(1)단서). 취득자가 부실공시 사실을 알고도 취득한 경우에는 부실공시와 거래사이의 인과관계가 단절되기 때문이다. 통설과 판례는 취득자의 악의를 증명할 책임은 피고가 부담하는 것으로 본다(대법원 2007.9.21. 선고 2006다81981 판결 등). 그 근거로는 ① 제125조가 투자자 보호를 위한 특칙이라는 점과 ② 증명책임분배의 원칙상 권리장애규정인 단서규정은 이를 주장하는 자가 증명할 책임이 있다는 점을 든다.

Ⅵ. 손해배상

1. 부실공시와 인과관계

손해배상책임에 관한 인과관계는 ① 거래인과관계와 ② 손해인과관계로 나눌 수 있다. ①은 취득자의 '거래'가 공시서류의 부실공시로 인하여 비롯된 경우에 성립하고 ②는 취득자의 '손해'가 그 부실공시에서 비롯된 경우에 성립한다. ②는 손해배상액 산정에 관한 문제로 논의되기 때문에 이곳에서는 ①에 관해서만 설명한다. 부실공시와 무관하게 성립된 거래에 대해서는 손해배상책임을 인정할 필요가 없다는 점에서 거래인과관계를 요하는 것은 당연하다. 거래인과관계는 취득자가 공시서류를 믿고 투자한 경우에 성립한다. 그렇다면 공시서류에 대한 신뢰가 성립하려면 반드시 취득자가 공시서류를 직접 열람할 것을 요하는가? 열람을 요한다면 실제로 손해를 배상받을 수 있는 경우는 대폭 줄어들 것이다. 공시서류를 직접 열람하지 않은 보통의 투자자를 구제하기 위하여 미국에서 개발된 것이 바로 이른바 '시장에 대한 사기'(fraud on the market)이론이다.[56] 그에 따르면 효율적인 시장에서는 증권신고서나 투자설명서에 표시된 정보는 바로 주가에 반영될 것이므로 그 주가로 주식을 취득한 투자자는 그 정보를 신뢰한 것으로 볼 수 있다. 대법원은 유통시장에서의 사업보고서와 그에 대한 감사보고서의 부실공시가 문제된 사안에서 거래인과관계의 존재는 사실상 추정된다는 취지로 판시한 바 있다(대법원 2007.10.25. 선고 2006다16758(병합) 판결).[57] 같은 논리는 발행시장에서도 적용될 수 있

56) 김/송, 331~332면.

을 것이다.[58] 상장회사의 유상증자의 경우에는 물론이고 발행시장 공시서류는 유통시장에서의 가격에도 당연히 영향을 미칠 것이다. 나아가 기업공개시의 공모발행의 경우에도 그 절차에는 다양한 전문가들이 공모결정은 물론이고 가격형성에 관여하므로 투자자들은 이들을 신뢰하여 투자판단을 하는 것이 보통이다.[59] 따라서 취득자가 부실공시라는 사실을 알았던 것이 아니라면 취득자가 공시서류를 보지 않은 경우에도 거래인과관계는 성립되는 것으로 보아야 할 것이다.

사기에 의한 시장형성이론[60]

앞서 언급한 시장에 대한 사기이론은 해당 증권에 대한 효율적인 시장을 전제한다. 그러나 유통시장이 형성되기 이전의 발행시장의 경우에는 효율성 있는 시장의 존재를 인정하기 어렵고 따라서 시장에 대한 사기이론은 적용하기 어렵다. 그렇다고 해서 발행시장의 경우 거래인과관계의 증명을 요구한다면 투자자가 구제받을 가능성은 크게 줄어들 것이다. 이러한 문제를 해결하기 위하여 동원된 이론이 미국의 일부 법원이 채택하고 있는 "사기에 의한 시장형성이론"(fraud created the market theory)이다. 이 이론은 투자자가 자본시장에서는 거래될 수 있는 증권만 거래된다고 믿은 신뢰를 보호하는 것으로 원래 자본시장에서 거래될 수 없었던 증권이 피고의 사기로 인해서 발행시장에 나오게 되었다면 발행시장에서 증권을 취득한 투자자에게는 거래인과관계가 추정된다고 본다.

2. 손해배상액

(1) 차액설의 한계

원칙적으로 민법상 불법행위로 인한 재산상 손해는 이른바 차액설에 따라 산정한다(대법원 1992.6.23. 선고 91다33070 전원합의체 판결). 부실공시로 인한 손해를 차액설에 따라 산정한다면 부실공시가 없었더라면 지급하였을 증권의 가격, 즉 '정상가격'과 부실공시로 인하여 현실적으로 지급한 가격, 즉 '취득가액'의 차액을 손

57) "주식투자를 하는 일반 투자자로서는 그 대상 기업의 재무상태를 가장 잘 나타내는 사업보고서의 재무제표와 이에 대한 감사보고서가 정당하게 작성되어 공표된 것으로 믿고 주가가 당연히 그에 바탕을 두고 형성되었으리라는 생각 아래 대상 기업의 주식을 거래한 것으로 보아야 한다."

58) 후술하는 "사기에 의한 시장형성이론"은 바로 그 논리에 해당한다.

59) 김연미, "사기에 의한 시장형성이론," 증권법연구 제20권 제3호(2019), 125면, 147면.

60) 상세한 것은 Id. 138~144면.

해배상액으로 볼 것이다. 그러나 원고가 정상가격을 증명하는 것은 현실적으로 매우 어렵기 때문에 자본시장법은 손해배상액의 추정규정을 두고 있다.[61)]

(2) 손해배상액의 추정

자본시장법에 따르면 손해배상액은 투자자가 당해 증권을 취득하면서 실제로 지급한 액, 즉 취득가액에서 손해배상을 청구하는 소송의 변론종결시의 시장가격(시장가격이 없는 경우에는 추정처분가격)을 공제하고, 만약 손해배상을 청구하는 소송의 변론종결 전에 당해 증권을 처분한 경우에는 그 처분가격을 공제하여 정한 금액으로 추정하고 있다(§126(1)). 공제가격산정의 기준시점에 대해서는 자본시장법상의 변론종결시점이 아니라 제소시점으로 하자는 입법론도 있다.[62)] 그 근거로는 소송기간이 장기화되는 경우 그 사이의 주가변동이 손해액에 과도한 영향을 미치는 것을 막을 필요가 있다는 점을 든다.[63)] 다만 이 문제는 뒤에 설명하는 부실공시 발각 후의 주가하락을 손해로 추정하는 방법을 통해서 어느 정도 해결할 수 있을 것이다.

앞서 언급한 차액설은 부실공시가 없었더라도 투자자가 취득했을 것을 전제한다. 그에 반하여 자본시장법의 추정규정은 취득자가 취득하지 않은 것과 동일한 상태로 만드는 것을 목적으로 한다는 점에서 '취소형' 내지 '원상회복형'에 속한다고 볼 수 있다. 자본시장법이 취소형 구제를 인정하는 근거로는 다음 두 가지를 들 수 있다.[64)] ① 발행회사는 납입된 주금으로 이익을 얻는 것이기 때문에 그것을 반환하더라도 발행회사의 채권자나 기존 주주가 특별히 손해를 본다고 할 수 없다. ② 자본시장법은 부실공시가 없었다면 공모가 실현되지 않았을 개연성이 높다고 평가한 것으로 볼 수 있다. 이들 중 ①의 근거는 발행회사 이외의 자의 책임을 묻는 경우에는 타당하지 않을 것이다. 나아가 ②의 경우에도 부실공시가 없었다면 반드시 투자자가 취득을 포기하였을 것이라고 단정하기 어렵다는 문제가 있다. 이런 사정으로 인하여 舊증권거래법상의 손해배상액규정에 대해서는 일찍부터 위헌시비가

61) 자본시장법은 발행시장공시의 경우에는 물론이고 일본과 달리 유통시장공시의 경우에도 그러한 추정규정을 두고 있다.

62) 일본 금융상품거래법은 청구시점을 기준으로 한다(§19(1)). 여기서 청구는 재판상의 청구에 한정되는 것은 아니다. 黑沼, 222면.

63) 제소 후 주가가 상승한 경우에는 원고의 손해액이 감소할 것이다.

64) 黑沼, 222면.

있었다. 그러나 헌법재판소는 당해 규정이 손해액의 '간주규정'이 아니라 '추정규정'인 한 합헌이라고 판단하였다(헌법재판소 1996.10.4. 선고 94헌가8 결정).

(3) 손해인과관계 부존재의 증명

자본시장법은 다음과 같이 피고가 손해의 인과관계가 부존재함을 증명하는 것을 허용함으로써 손해액규정이 추정규정임을 분명히 하고 있다. 즉 피고가 손해액의 전부 또는 일부가 부실공시에 의하여 발생한 것이 아님을 증명한 경우에는 그 부분에 대하여 배상책임을 지지 아니한다(§126(2)).[65] 이처럼 피고가 손해인과관계의 부존재를 증명하여 손해배상을 면하는 것을 허용하는 경우에는 다시 차액설에 접근하게 되지만 인과관계 부존재의 증명책임을 피고가 진다는 점에서 여전히 차액설보다는 피고에게 불리한 것으로 평가할 수 있다.[66]

손해인과관계의 부존재를 증명하는 방법으로 가장 많이 사용되는 것은 부실공시가 발각된 후의 주가가 하락한 부분만을 손해인과관계가 존재하는 부분으로 추정하는 방법이다.[67] 그러나 손해액 추정조항의 입법취지에 비추어 볼 때 부실공시 후에 매수한 주식의 가격이 하락하여 손실이 발생하였는데 그 가격하락의 원인이 부실공시 때문인지 여부가 불분명하다는 정도의 증명만으로는 인과관계를 부정할 수 없다(대법원 2007.10.25. 선고 2006다16758(병합) 판결). 또한 주가하락으로 정상주가가 형성된 날 이후에 다시 주가가 변동한 부분에 대하여는 인과관계 부존재의 증명이 있는 것으로 보고 손해액은 매수가격에서 정상주가를 공제한 금액으로 본다(대법원 2007.10.25. 선고 2006다16758(병합) 판결).

이러한 주가하락형 산정방식은 주가하락으로 인하여 새로 형성된 주가를 정상가격으로 추정하는 방식이라는 점에서 기본적으로 차액설을 따른 것으로 볼 수 있을 것이다. 다만 일반 불법행위와의 차이는 원고인 취득자의 증명책임을 피고에게 전환시킨 것에서 찾을 수 있다.

---

65) 이 경우 인과관계 부존재에 대한 피고의 증명은 '반증'이 아니라 '본증'에 해당한다.

66) 일본에서는 위 ②의 근거에 따라 원상회복형이 타당하다는 이유로 인과관계 부존재의 증명을 허용하는 규정을 폐지해야 한다는 견해도 있다. 黑沼, 223면.

67) 특히 유통시장 부실공시의 경우에는 실제의 주가하락을 근거로 손해배상액을 제한하려는 시도가 자주 행해지고 있다.

(4) 손해배상의 공평과 손해배상액의 제한

실제로는 피고가 인과관계의 부존재를 증명하는 것이 쉽지 않다. 판례는 그러한 증명이 이루어지지 않은 경우에도 재량으로 손해배상액을 제한하는 사례가 적지 않다. 대법원은 "증권신고서나 투자설명서의 거짓 기재 이외에도 취득한 때부터 손실이 발생한 때까지의 기간 동안 발행회사나 주식시장의 전반적인 상황의 변화 등도 손해 발생에 영향을 미쳤을 것으로 인정되나 성질상 그와 같은 다른 사정에 의하여 생긴 손해액을 일일이 증명하는 것이 극히 곤란한 경우가 있을 수 있고, 이와 같은 경우 손해분담의 공평이라는 손해배상제도의 이념에 비추어 그러한 사정을 들어 손해배상액을 제한할 수 있다"는 태도를 견지하고 있다(대법원 2020.2.27. 선고 2019다223747 판결 등). 또한 "손해부담의 공평을 기하기 위한 책임제한에 관한 사실인정이나 그 비율을 정하는 것은 그것이 형평의 원칙에 비추어 현저하게 불합리하다고 인정되지 아니하는 한 사실심의 전권사항에 속한다"고 함으로써(대법원 2020.2.27. 선고 2019다223747 판결 등) 법원의 폭넓은 재량을 인정하고 있다.

Ⅶ. 기타

1. 과실상계

대법원은 증권신고서 등의 부실기재로 인한 손해배상책임의 경우에도 손해의 공평한 부담이라는 손해배상법의 기본이념이 적용된다는 점에서 과실상계에 의한 책임제한이나 공평의 원칙에 기한 책임제한을 인정하고 있다(대법원 2020.2.27. 선고 2019다223747 판결).[68] 대법원은 공평의 원칙에 기한 책임제한과 관련해서는 다음과 같이 판시하고 있다. "특히 주식가격의 변동요인은 매우 다양하고 여러 요인이 동시에 복합적으로 영향을 미치는 것이므로 어느 특정 요인이 언제 어느 정도의

68) 또한 대법원은 공동불법행위자가 있는 경우의 과실상계와 관련하여 다음과 같이 판시하였다. "공동불법행위책임은 가해자 각 개인의 행위에 대하여 개별적으로 그로 인한 손해를 구하는 것이 아니라 가해자들이 공동으로 가한 불법행위에 대하여 그 책임을 추궁하는 것이므로, 공동불법행위로 인한 손해배상책임의 범위는 피해자에 대한 관계에서 가해자들 전원의 행위를 전체적으로 함께 평가하여 정하여야 하나, 이는 과실상계를 위한 피해자의 과실을 평가함에 있어서 공동불법행위자 전원에 대한 과실을 전체적으로 평가하여야 한다는 것이지, 공동불법행위자 중에 고의로 불법행위를 행한 자가 있는 경우에는 피해자에게 과실이 없는 것으로 보아야 한다거나 모든 불법행위자가 과실상계의 주장을 할 수 없게 된다는 의미는 아니다."

영향력을 발휘한 것인지를 가늠하기가 극히 어려운 사정을 감안할 때, 증권신고서나 투자설명서의 거짓 기재 이외에도 취득한 때부터 손실이 발생한 때까지의 기간 동안 발행회사나 주식시장의 전반적인 상황의 변화 등도 손해 발생에 영향을 미쳤을 것으로 인정되나 성질상 그와 같은 다른 사정에 의하여 생긴 손해액을 일일이 증명하는 것이 극히 곤란한 경우가 있을 수 있고, 이와 같은 경우 손해분담의 공평이라는 손해배상제도의 이념에 비추어 그러한 사정을 들어 손해배상액을 제한할 수 있다"(대법원 2020.2.27. 선고 2019다223747 판결(시모텍 집단소송사건)). 이 문제는 유통시장 공시의 경우에 더 많이 논의되는 것이므로 그곳에서 다시 설명한다.

2. 제척기간

제125조의 손해배상책임은 "그 청구권자가 해당 사실을 안 날로부터 1년 이내 또는 해당 증권에 관하여 증권신고서의 효력이 발생한 날로부터 3년 이내"에 청구권을 행사하지 않으면 소멸한다(§127). 법문상 "시효로 소멸한다"는 표현이 없다는 점에서 이 기간은 시효기간이 아니라 제척기간으로 본다.[69] 또한 이 기간은 재판상 청구만을 위한 출소기간이 아니라 재판상 또는 재판외의 권리행사기간을 의미한다(헌법재판소 2017.6.29. 선고 2015헌바376 결정).[70]

위에서 해당 사실을 "안 날"의 의미에 관해서는 다소 의문이 있다. 민법 제766조 제1항의 단기소멸시효의 기산점인 손해를 "안 날"에 대해서 법원은 "단순히 손해의 발생사실을 아는 것으로는 부족하고 가해행위가 불법행위로서 이를 원인으로 하여 손해배상을 소구할 수 있다는 사실까지를 아는 것을 의미한다"고 본다(대법원 1996.8.23. 선고 95다33450 판결 등). 그러나 대법원은 자본시장법상 손해배상책임의 경우에는 "안 날"의 의미를 반드시 그렇게 엄격하게 해석하고 있지는 않다. 대법원은 해당 사실을 "안 날"은 청구권자가 그 사실을 현실적으로 인식한 때를 가리키지만 "일반인이 [해당] 사실을 인식할 수 있는 정도라면 특별한 사정이 없는 한 청구권자도 그러한 사실을 현실적으로 인식하였다고"(대법원 2007.10.5. 선고 2006다16758(병합) 판결(대우전자 분식회계사건)) 본다고 하고 있을 뿐 반드시 그것이 불법행위로서 손해배상의 대상이 된다는 점까지 인식할 것을 요구하고 있지는 않

69) 따라서 기간의 중단이나 정지의 적용은 없고 법원의 직권조사사항에 해당한다.

70) 단기매매차익의 반환청구권의 행사에 관한 2년의 제척기간을 재판상 또는 재판외의 권리행사기간으로 해석한 판례로 대법원 2012.1.12. 선고 2011다80203 판결.

다.[71)]

위에서 3년의 제척기간에 대해서는 민법상 불법행위책임의 소멸시효기간(3년/10년)에 비하여 너무 짧다는 지적이 있다.[72)] 현실적으로 증권신고서의 부실공시는 금융당국의 조사를 거친 후에야 드러나기 때문에 오랜 기간이 소요되는 것이 보통이다. 그리하여 실제로는 제척기간의 만료로 인하여 제125조상의 책임을 묻지 못하고 민법상 불법행위책임을 묻는 사례가 많다.

3. 책임주체사이의 관계

위에서 살펴본 바와 같이 제125조의 손해배상책임은 여러 주체에게 동시에 부과될 수 있다. 피해구제의 실효성을 확보한다는 관점에서 이 주체들의 책임은 부진정연대채무라고 할 것이다.[73)] 그리하여 이들 중 한 사람이 손해액의 전부를 배상한 때에는 다른 주체에게 구상권을 행사할 수 있다.[74)] 다만 부실공시에 대해서 직접적인 책임이 있는 자는 그렇지 않은 자에 대하여 구상할 수 없다.[75)] 책임이 있는 자들 사이에서는 과실의 정도에 따라 부담부분을 정해야 한다.

일단 피고로 지목되어 손해배상청구를 받은 책임주체는 나중에 구상권을 행사할 수 있을지언정 원고의 손해액 전부를 배상해야 한다. 사외이사와 같이 부실공시를 직접 한 것이 아니라 적발하지 못한 잘못밖에 없는 자에게 손해의 전부를 배상시키는 것은 가혹한 면이 있다.[76)] 외감법상 감사인의 손해배상책임의 경우(§31(4))와 마찬가지로 부실공시에 대한 책임의 경우에도 과실 정도에 비례한 배상책임을 부과하는 방안을 고려해야 할 것이다.[77)]

---

71) 안 날의 의미는 자본시장법상 다른 경우(§§117-12(3), 142(5), 162(5))와 같다.

72) 투자자의 권리구제를 고려하여 효력발생일로부터 5년 정도로 연장하자는 입법론도 존재한다.

73) 서울지방법원 2000.6.30. 선고 98가합114034 판결(확정). 분식회계를 한 기업과 감사인의 책임에 대한 판결로 대법원 2022.11.30. 선고 2017다841·858 판결("분식회계를 한 기업과 부실감사를 한 감사인은 각자 투자자에 대하여 손해배상채무를 부담하고 이 두 채무는 부진정연대 관계에 있으므로 …").

74) 미국의 1933년 증권법은 구상권을 명시적으로 인정하고 있다(§11(f)).

75) 1933년 증권법은 이러한 취지를 명시하고 있다(§11(f)).

76) 이를 고려하여 미국에서는 책임주체가 고의가 없는 한 손해 전부에 대해 책임을 지우는 대신 과실비율에 상응하여 책임을 부과시키는 이른바 비례책임제도를 도입하고 있다. 상세한 것은 노혁준, "증권투자자의 법적 구제와 그 한계"(서울대학교 석사학위논문, 1998), 47면 이하.

77) 현재는 전술한 법원의 재량에 따른 손해배상액 제한으로 비슷한 효과를 거두고 있는 것으로 보인다.

4. 예측정보의 특칙

예측정보는 성질상 나중에 그 예측이 잘못된 것으로 판명될 가능성이 크다. 이러한 정보공시에 대해서도 엄격한 책임이 부과된다면 공시를 꺼리게 될 것이다. 따라서 자본시장법은 예측정보에 대해서는 특칙을 두고 있다. 즉 예측정보의 공시는 다음과 같은 조건을 충족시키는 한 손해배상책임의 대상이 되지 않는다(§125(2)).

① 그 기재 또는 표시가 예측정보라는 사실이 밝혀져 있을 것

② 예측 또는 전망과 관련된 가정이나 판단의 근거가 밝혀져 있을 것

③ 그 기재 또는 표시가 합리적 근거 또는 가정에 기초하여 성실하게 행하여졌을 것

④ 그 기재 또는 표시에 대하여 예측치와 실제 결과치가 다를 수 있다는 주의문구가 밝혀져 있을 것

자본시장법은 예측정보공시와 관련하여 고의 또는 중대한 과실이 있는 경우에는 예외적으로 손해배상책임을 인정하지만(§125(2)단서) 그러한 경우에는 위 ③의 조건을 충족하였다고 보기 어려울 것이다. 그리고 이상의 특칙은 기업공개를 위하여 증권신고서를 제출하는 경우에는 적용이 없다(§125(3)).

제5절 민사책임 – 유통시장

Ⅰ. 서설 – 두 가지 유형의 거래

부실공시로 인하여 손해를 입은 투자자를 보호할 필요는 발행시장에서뿐 아니라 유통시장에서도 존재한다. 부실공시로 인하여 손해를 입은 투자자가 민법상 불법행위책임을 물을 수 있는 것은 물론이지만 유통시장에서도 투자자가 과실과 손해액을 증명하는 것은 현실적으로 녹록하지 않다. 그리하여 자본시장법은 유통시장의 경우에도 부실공시로 인한 손해배상책임에 대한 특칙(§162)을 두고 있다. 이 규정의 내용은 발행시장의 손해배상책임에 관한 규정(§§125, 126)과 유사하므로 앞

서 설명한 내용이 대체로 그대로 적용된다. 다만 실제로 부실공시로 인한 손해배상책임이 문제되는 사례는 유통시장의 경우가 훨씬 더 많으므로 실무상의 중요성은 유통시장의 경우가 더 크다.

부실공시로 인하여 손해가 발생하는 경우는 두 가지 유형으로 나눌 수 있다. ① 하나는 투자자가 회사에 긍정적인 부실공시를 믿고 고가로 매수한 경우이고 ② 다른 하나는 투자자가 회사에 부정적인 부실공시를 믿고 저가로 매도한 경우이다. 실제로 문제되는 것은 ①의 경우가 대부분이므로 이하에서도 ①의 경우, 즉 부실공시로 인하여 고가로 매수한 투자자가 그 부실사실이 발각된 후 고가매수로 인한 손해의 배상청구를 하는 경우를 중심으로 서술한다.

Ⅱ. 대상행위 - 손해배상책임의 원인

자본시장법이 그 부실공시를 문제삼는 대상서류는 "사업보고서등과 그 첨부서류"이다(§162(1)). 여기서 "사업보고서등"은 사업보고서외에 반기보고서 · 분기보고서 · 주요사항보고서를 가리킨다. 자본시장법은 첨부서류에서 회계감사인의 감사보고서를 명시적으로 대상서류에서 제외하는 한편(§162(1)) 그것을 "신뢰하여 손해를 입은 경우"의 손해배상책임에 대해서는 외감법규정(§31(2)-(9))을 준용한다(§170(1)). 한편 사업보고서등의 서류에 의하지 않은 수시공시나 임의공시에 대한 손해배상책임에 대해서는 원칙적으로 민법상의 불법행위책임만 문제될 수 있다.[78)]

Ⅲ. 손해배상책임의 주체

자본시장법은 손해배상책임의 주체로 다음과 같은 자들을 규정한다(§162(1)).

① 그 사업보고서등의 제출인과 제출당시의 그 사업보고서 제출대상법인의 이사

② 상법상의 업무집행관여자로서 그 사업보고서등의 작성을 지시하거나 집행한 자

③ 그 사업보고서등의 기재사항 및 그 첨부서류가 진실 또는 정확하다고 증명하여 서명한 공인회계사 · 감정인또는 신용평가를 전문으로 하는 자 등(그 소속단체

78) 다만 부실공시에 대해서 자본시장법상의 손해배상책임규정(§§125, 162)이 적용되지 않는 경우에도 일반적 부정거래행위에 대한 손해배상책임(§179)을 물을 수 있는 경우가 있다.

를 포함한다) 대통령령으로 정하는 자

④ 그 사업보고서등의 기재사항 및 그 첨부서류에 자기의 평가·분석·확인의견이 기재되는 것에 대하여 동의하고 그 기재내용을 확인한 자

이들 주체의 의미는 발행시장 손해배상책임에 관한 부분에서 설명한 바와 같다.

Ⅳ. 손해배상청구권자

자본시장법상 손해배상청구권자는 당해 증권의 "취득자 또는 처분자"로 제한된다(§162(1)).79) 따라서 부정적인 부실공시로 인하여 주가가 하락하였더라도 기존 주주가 처분하지 않은 경우에는 처분자라고 할 수 없기 때문에 그 규정에 의한 책임을 물을 수 없다.

Ⅴ. 피고의 항변

자본시장법은 발행시장의 경우와 마찬가지로 유통시장의 경우에도 피고가 제기할 수 있는 항변으로 상당한 주의의 항변과 악의의 항변, 두 가지를 규정한다(§162(1)단서). 그 내용은 앞서 발행시장과 관련하여 설명한 것과 유사하다.

1. 상당한 주의80)

상당한 주의의 정도는 배상의무자의 유형에 따라 차이가 있다. 대표이사의 경우 상당한 주의를 다한 것에 대해서 대법원은 "대표이사가 자신의 지위에서 재무제표 작성·공시업무와 관련하여 선량한 관리자로서 갖는 주의의무나 감시의무를 제대로 수행하였다는 것을 가리킨다. '상당한 주의를 하였음에도 불구하고 이를 알 수 없었음'을 증명한다는 것은 '대표이사로서 위와 같은 주의의무나 감시의무를 제대로 수행한 후 허위기재 등이 없다고 믿을 만한 합리적인 근거가 있었고 또한 실

---

79) 일본에는 명의주주가 아닌 실질주주는 취득자에 해당하지 않는다고 판시한 하급심판결이 존재한다. 東京地方裁判所 2024.12.21. 판결(資料版 商事法務 480호 122면). 이 판결에 대한 간단한 소개로 KBLN 2025.2.28.자.

80) 상세한 것은 천경훈, "재무정보의 부실공시에 대한 상장회사 이사의 책임과 '상당한 주의' 항변," 증권법연구 제18권 제2호(2017), 119면.

제로 그렇게 믿었음'을 증명하는 것을 뜻한다"고 판시하고(대법원 2022.7.28. 선고 2019다202146 판결 등), 구체적인 의무와 관련해서는 "특히 … 대표이사는 회계부정이나 오류를 사전적으로 예방하고 사후적으로 적발·시정할 수 있는 내부통제시스템을 구축하고 그것이 제대로 작동하도록 노력을 다해야 한다. 만일 대표이사가 이러한 노력을 전혀 하지 않거나 위와 같은 시스템을 통한 감시·감독의무의 이행을 의도적으로 외면한 결과 다른 이사 등의 회계업무에 관한 위법한 업무집행을 방지하지 못하였다면, 대표이사로서 감시의무를 게을리하였다고 볼 수 있다"라고 판시하였다(대법원 2022.7.28. 선고 2019다202146 판결(STX조선해양사건) 등).

자본시장법상의 부실공시에 대한 책임과 내부통제[81]

자본시장법상 부실공시에 대해서 이사가 손해배상책임(§§125-127, 162)을 면하려면 "상당한 주의를 하였음에도 불구하고 이를 알 수 없었음"을 증명해야 한다. 대법원은 그것을 위해서는 '자신의 지위에 따라 합리적으로 기대되는 조사를 한 후 그에 의하여 허위기재 등이 없다고 믿을 만한 합리적인 근거가 있었고 또한 실제로 그렇게 믿었음'을 증명해야 하며 "공시 대상인 재무제표 및 사업보고서의 내용에 대하여 아무런 조사를 한 바가 없다면" 그러한 증명은 없다고 판시한 바 있다(대법원 2007.9.21. 선고 2006다81981 판결). 그러나 사외이사를 비롯한 모든 이사에게 재무제표 및 사업보고서의 내용에 대해서 직접 조사할 것을 요구하는 것은 비현실적이고, 관련 법률의 해석상 그런 의무가 이사에게 있는 것도 아니다. 특히 전문가인 외부감사인이 감사 또는 검토한 재무제표에 관하여는 그에 대한 이사들의 신뢰를 원칙적으로 보호하되, 허위 또는 중요사항 누락이 존재한다고 믿을 만한 합리적 근거가 있는 때(예컨대 관련된 부정사실의 발견으로 담당 임원이나 외부감사인의 신뢰성에 의문이 발생하였거나 재무제표의 외관 자체에서 비전문가에게도 명백히 인식될 수밖에 없는 이상현상이 발견된 경우 등)에 비로소 추가조사 또는 자료요구와 같은 추가적인 조치의무가 인정된다고 보아야 할 것이다.

대우조선해양의 분식회계에 관한 판결은 이 점을 명확히 판시하였다. 법원은 사외이사 겸 감사위원회 위원이었던 피고들로서는 특별한 사정이 없는 한 독립된 외부감사인인 회계법인이 제공한 정보를 신뢰하고 이를 기초로 의견을 형성하는 것이 타당하며, 독자적인 검증·조사 의무까지 부담하는 것은 아니라고 보았다. 그리하여 피고들이 재무제표에 나타나는 수치의 불연속, 급격한 증감, 계정간의 모순점 등이 있는지 살펴보고 이에 관하여 경영진 및 회계법인에게 질의하거나 관련 자료를 요구하였다면

81) 이 부분은 김/노/천, 448면에 의존한 것이다.

'사외이사의 지위에 따라 합리적으로 기대되는 조사'를 하였다고 볼 수 있고, 그럼에도 허위기재를 의심할만한 합리적인 근거가 없었고 실제로 그렇게 믿었다면 '상당한 주의' 항변이 인정되어 배상책임을 면한다고 판시하였다(서울중앙지방법원 2021.2. 4. 선고 2016가합541982 판결 및 서울중앙지방법원 2021.2.4. 선고 2016가합541234 판결: 사외이사들에 대한 청구는 확정).

2. 악의의 항변

취득자가 취득을 할 때 그 사실을 알았음을 피고가 증명한 경우에는 배상책임을 지지 않는다(§162(1)단서).

Ⅵ. 거래인과관계

1. 거래인과관계와 시장에 대한 사기이론

발행시장에서와 마찬가지로 유통시장에서도 손해배상책임에 관한 인과관계는 거래인과관계와 손해인과관계로 나눌 수 있다. 손해인과관계는 손해배상액의 산정에 관한 문제로 논의되기 때문에 이곳에서는 거래인과관계에 대해서만 설명한다. 발행시장의 경우와 마찬가지로 유통시장의 경우에도 거래인과관계가 필요하다. 전술한 바와 같이 취득자가 부실공시의 사실을 알고도 취득하였음을 피고가 증명한 경우에는 거래인과관계가 존재하지 않기 때문에 면책된다(§162(1)단서). 문제는 투자자가 부실공시가 포함된 공시서류를 보지 않고 증권을 취득한 경우에도 거래인과관계를 인정할 수 있는지 여부이다. 이 경우는 부실공시를 보지도 않은 경우이기 때문에 일응 부실공시로 인하여 거래를 한 것으로는 보이지 않을 수도 있다. 만약 손해배상청구를 하는 투자자에게 공시서류를 보고 신뢰할 것을 요구한다면 투자자의 구제는 어렵고 특히 집단소송에 의한 구제는 한층 어려울 것이다. 왜냐하면 공시서류의 열람여부는 각 투자자별로 다를 것이기 때문이다. 이러한 투자자의 난점을 구제해주는 법리가 전술한 "시장에 대한 사기이론"(fraud on the market theory)이다. 시장에 대한 사기이론은 효율적 시장에서는 정보가 바로 시장가격에 반영되므로 시장가격으로 매수한 투자자는 설사 부실공시를 보지 않았더라도 시장가격에 대한 신뢰를 통해서 그 정보를 신뢰한 것으로 보는 법리이다.[82] 상장회사의 부실

82) 시장에 대한 사기이론은 증권시장의 효율성을 전제하므로 효율성을 결한 시장에서는 정보가 시장

공시에 대해서 시장에 대한 사기이론을 적용하는 것에 대해서는 비판도 적지 않은데 그 근거로는 다음과 같은 것들이 제시된다. ① 유통시장에서는 투자자들이 증권을 취득할 때 당해 공시만을 유일한 투자판단자료로 삼는 것은 아니다. ②유통시장에서 신뢰의 추정을 인정할 경우 특정 공시 이후에 취득한 모든 투자자들이 시세하락으로 인한 손해를 부실공시의 탓으로 돌릴 수 있게 된다. ③ 발행시장 부실공시의 경우 발행회사에 엄격한 책임을 부담시켜도 회사의 부당이익을 반환하는 것에 지나지 않으므로 그 합리성을 인정할 수 있지만 유통시장에서 발행회사가 직접 이익을 얻는 것도 아님에도 손해배상책임을 부담하며 그 부담은 결국 발행회사의 기존 주주에게 돌아가게 된다.

2. 거래인과관계의 사실상 추정

대법원은 증권의 취득자가 분식회계에 근거한 사업보고서를 제출한 주권상장법인에 대하여 손해배상을 청구한 사안에서 다음과 같이 거래인과관계의 존재가 사실상 추정된다는 취지로 판시함으로써 실질적으로 시장에 대한 사기이론을 채택한 것과 마찬가지의 결과를 인정하고 있다(대법원 2002.10.11. 선고 2002다38521 판결). "대상기업의 재무제표에 근거하여 재무에 관한 사항을 기재한 사업보고서는 대상기업의 정확한 재무상태를 드러내는 가장 객관적인 자료의 하나로서 일반투자자에게 공람되어 그 주가형성에 결정적인 영향을 미치는 것이므로, … 일반투자자로서는 그 대상 기업의 재무상태를 나타내는 사업보고서가 정당하게 작성되어 제출, 공표되는 것으로 믿고 주가가 당연히 그에 바탕을 두고 형성되었으리라는 생각 아래 대상기업의 주식을 거래한 것으로 보아야 할 것"이다.[83)]

가격에 반영된 것으로 추정할 수 없고 따라서 시장가격으로 거래했다고 해서 그 정보에 대한 신뢰가 있는 것으로 볼 수 없다. 미국의 법원에서는 특정 증권시장의 효율성을 인정할 수 있는지 여부가 빈번하게 다투어졌다. 법원은 종래 매우 높은 수준의 효율성을 요구해 왔으나 연방대법원은 2014년 Halliburton 판결(Halliburton Co. v. Erica P. John Fund, Inc., 573 U.S. 258(2014))에서 효율성의 수준을 완화하는 한편으로 피고의 반증을 허용함으로써 융통성을 보였다. Ann Lipton, Fact or Fiction: Flawed Approaches to Evaluating Market Behavior in Securities Litigation, 20 Tenn. J. Bus. L. 741, 762~764 (2019).

83) 이러한 판지는 이후의 판결에서 계속 유지되고 있다. 대법원 2007.10.25. 선고 2006다16758 (병합) 판결(대우전자 분식회계사건)("주식투자를 하는 일반 투자자로서는 그 대상 기업의 재무상태를 가장 잘 나타내는 사업보고서의 재무제표와 이에 대한 감사보고서가 정당하게 작성되어 공표된 것으로 믿고 주가가 당연히 그에 바탕을 두고 형성되었으리라는 생각 아래 대상 기업의 주식을 거

3. 사실상 추정의 예외

전술한 바와 같이 대법원은 거래인과관계의 존재를 사실상 추정하는 태도를 견지하고 있다(대법원 1997.9.12. 선고 96다41991 판결 등 다수). 그러나 이러한 추정도 무조건적인 것은 아니고 "특별한 사정이 없는" 경우에만 인정된다(대법원 2024. 7.25. 선고 2021다269418(병합) 판결(대우해양조선사건)). 그렇다면 "특별한 사정"이 존재하는 것은 어떠한 경우인가? 취득자의 취득 전에 분식회계사실이 공표된 경우는 취득자의 악의를 인정할 수 있으므로 거래인과관계의 추정을 막는 "특별한 사정"에 해당한다고 볼 것이다. 대법원은 분식회계사실의 공표는 없더라도 '후속의 정상공시'가 행해진 경우에는 특별한 사정이 있다고 보아 그 이후의 취득자에 대해서는 거래인과관계의 추정을 부정하고 있다. 대법원은 후속공시(사안에서는 분기보고서)에 포함된 내용이 "올바른 시장가치 형성에 필요한 정보를 담고 있지 않다거나 중요사항에 거짓 기재가 있는 과거의 재무제표만을 온전히 신뢰하여 거래하였다는 등의 특별한 사정이 없는 한 위 공시 시점 이후의 주식 거래분에 대하여 자본시장법상 거래 인과관계가 인정된다고 단정할 수 없다"고 판시한 바 있다(대법원 2022. 9.7. 선고 2022다228056 판결(대한전선 분식회계사건)).[84] 나아가 대법원은 후속의 정상공시 대신 분식에 대한 언론보도가 있는 경우에도 "특별한 사정"에 해당할 수 있음을 인정한 바 있다.[85]

Ⅶ. 손해배상액-손해인과관계

1. 손해액의 추정

민법상 불법행위책임의 원칙에 따르면 투자자가 부실공시로 인한 손해를 배상받기 위해서는 부실공시로 인한 손해를 증명할 책임을 진다. 차액설에 따르면 부실

래한 것으로 보아야 한다"); 대법원 2016.12.15. 선고 2015다243163 판결.

84) 그러나 대법원은 이처럼 후속의 정상공시가 있는 경우 취득자의 거래인과관계는 부정하면서도 후술하는 바와 같이 정상공시 이후의 주가가 반드시 분식회계로 인하여 부양된 부분이 모두 제거된 정상주가로 볼 수는 없다고 판시하였다.

85) 그 점을 전제한 판결로 대법원 2024.7.25. 선고 2021다269418(병합) 판결. 이 판결에 대한 평석으로는 김지웅, 분식회계로 인한 손해배상청구 소송에서의 손해인과관계에 관한 검토, BFL 제128호(2024.11), 107면 이하 참조.

공시로 인한 손해는 취득자가 부실공시가 없었더라면 형성되었을 가격(정상가격)보다 높은 가격으로 증권을 취득함으로써 발생하는 손해이다.[86] 그러나 전술한 바와 같이 투자자가 공제할 정상가격을 증명하는 것은 현실적으로 쉽지 않다. 자본시장법은 발행시장의 경우와 마찬가지로 유통시장의 손해배상책임에 대해서도 같은 내용의 추정규정을 두고 있다. 그리하여 변론종결 시의 시장가격(변론종결 전 처분 시에는 처분가격)을 정상가격으로 보아 취득가액과의 차액을 손해로 추정한다(§162(3)).[87] 따라서 취득가액보다 변론종결시의 시장가격(또는 처분가격)이 높은 경우에는 이 규정에 따른 손해배상청구는 인정되지 않는다.[88]

추정규정의 문제점

한편 자본시장법이 이처럼 유통시장의 부실공시에 대해서도 발행시장에서의 손해배상액 산정방식을 그대로 적용하는 것에 대해서는 비판이 있다.[89] 실제로 이러한 산정방식은 다음과 같이 공시 전후에 증권을 매수하고 그 일부를 변론종결 전에 처분한 경우에 혼란을 발생시킨다.

[표 VI-1] 유통시장 거래 가상사례

일자 및 주가	2.1/1만원	2.15/1만원	2.18/1만2천원	3.1/1만2천원	3.10/8천원
거래	100주 매입	부실공시	100주 매입	부실사실발각	100주 매도

예컨대 甲이 乙회사 주식을 [표 VI-1]과 같이 거래하였다고 하자. 이 경우 甲이 2월1일 매입한 주식(1차 매입주식)에 대해서는 원칙적으로 손해배상청구권이 발생하지 않고 2월18일 매입한 주식(2차 매입주식)에 대해서만 손해배상청구권이 발생할 수 있다. 문제는 3월10일 매도한 100주가 1차 매입주식에서 나온 것인지 아니면 2차 매입주식에서 나온 것인지를 확정할 수 없다는 점이다. 만약 변론종결시의 가격이 처분가격과 다르다면 처분주식을 언제 매수한 주식으로 간주하는가에 따라서 손해배상액이 다르게 결정될 것이다. 실제로 이 점이 소송에서 문제되어 위헌법률심판이 제청

86) 부실공시로 인한 저가매도 보다는 고가매수의 경우가 훨씬 더 많으므로 후자의 경우를 전제로 설명한다.

87) 일본 금융상품거래법은 발행 시의 부실공시의 경우와는 달리 위 차액을 바로 손해로 추정하는 것이 아니라 손해배상액의 "한도"로 정한다(§§21-2(1), 19(1)).

88) 민법상 불법행위에 따른 손해배상을 구할 수 있을 뿐이다.

89) 통상 발행회사가 거래당사자가 되는 발행공시의 경우와는 달리 유통공시의 경우에는 발행회사가 거래로부터 얻는 직접적인 이익이 없다는 점을 근거로 든다.

된 바 있다. 헌법재판소는 이 문제가 손해배상대상증권의 취득시점을 증명하기 어렵다는 것에서 발생하는 문제로 손해배상액 산정규정인 舊증권거래법 제15조(자본시장법 제126조 제1항, 제2항에 해당)와 무관한 것이라는 이유로 舊증권거래법 제15조를 준용하는 제186조의5(자본시장법 §162(3), (4)에 해당)는 위헌이 아니라고 판단하였다(헌법재판소 2003.12.18. 선고 2002헌가23 결정). 입법론적으로는 안분비례의 방식을 취하여 50주는 1차 매입주식에서, 나머지 50주는 2차 매입주식에서 나온 것으로 보는 것이 합리적일 것이다.

2. 인과관계 부존재의 증명

유통시장의 부실공시의 경우에도 발행시장에서와 마찬가지로 피고는 청구권자가 입은 손해액의 전부 또는 일부가 부실공시로 인하여 발생한 것이 아님을 증명한 경우에는 그 부분에 대한 배상책임을 면할 수 있다(§162(4)). 즉 위 추정규정으로 인하여 손해의 인과관계를 증명할 책임이 원고에서 피고로 전환되어 피고가 손해인과관계의 부존재를 증명할 책임을 진다.[90] 대법원은 이와 관련하여 다음과 같이 비교적 정착된 법리를 제시하고 있다(대법원 2015.1.29. 선고 2014다207283 판결 등). 손해인과관계의 부존재는 ① 손해발생에 대한 부실공시의 영향을 부정하거나 ② 다른 요인에 의한 손해발생을 증명하는 방법으로 증명할 수 있다. "이 경우 특정한 사건이 발생하기 이전의 자료를 기초로 하여 그 특정한 사건이 발생하지 않았다고 가정하였을 경우 예상할 수 있는 기대수익률 및 정상주가를 추정하고 그 기대수익률과 시장에서 관측된 실제 수익률의 차이인 초과수익률의 추정치를 이용하여 그 특정한 사건이 주가에 미친 영향이 통계적으로 유의한 수준인지 여부를 분석하는 사건연구(event study) 방법을 사용할 수도 있[다]." 그러나 "제162조 제3항의 입법 취지에 비추어 볼 때 예컨대 허위공시 등 위법행위 이후 매수한 주식의 가격이 하락하여 손실이 발생하였는데 허위공시 등 위법행위 이후 주식 가격 형성이나 그 위법행위 공표 이후 주식 가격 하락의 원인이 문제된 해당 허위공시 등 위법행위 때문인지 여부가 불분명하다는 정도의 증명만으로는 위 손해액의 추정이 깨진다고 볼 수 없다."

위 ②와 같이 다른 요인에 의한 손해발생이 인정되는 경우는 드물다.[91] 그러

90) 손해인과관계의 부존재의 증명은 '반증'이 아니라 '본증'에 해당한다.

91) 김지웅, 분식회계로 인한 손해배상청구 소송에서의 손해인과관계에 관한 검토, BFL 128호(2024. 11), 111면.

나 ①에 의한 손해인과관계의 부정은 다음에 설명하는 정상주가의 형성과 관련하여 빈번하게 이루어지고 있다.

3. 부실공시사실의 공표 후에 형성된 정상주가

손해인과관계를 부정하기 위하여 가장 자주 동원되는 방법은 부실공시사실의 공표 후에 가격이 하락한 부분만을 부실공시와 인과관계 있는 손해로 추정하고 일단 정상주가가 형성되고 난 이후의 주가하락부분에 대해서는 인과관계를 부정하는 것이다. 대법원은 일찍부터 그런 태도를 고수하고 있다. "일반적으로 분식회계 및 부실감사 사실이 밝혀진 이후 그로 인한 충격이 가라앉고 그와 같은 허위정보로 인하여 부양된 부분이 모두 제거되어 일단 정상적인 주가가 형성되면 그와 같은 정상주가의 형성일 이후의 주가변동은 달리 특별한 사정이 없는 한 분식회계 및 부실감사와 아무런 인과관계가 없다고 할 것이므로, 그 정상주가 형성일 이후에 당해 주식을 매도하였거나 변론종결일까지 계속 보유중인 사실이 확인되는 경우 … 손해액은 계산상 매수가격에서 위 정상주가 형성일의 주가를 공제한 금액이 될 것이다"(대법원 2007.10.25. 선고 2006다16758(병합) 판결).[92] 즉 대법원은 이러한 정상주가를 차액설에 의하여 공제되는 정상가격과 동일시하는 것으로 볼 수 있다.[93]

다만 실무상으로는 판례가 말하는 "분식회계 및 부실감사 사실이 밝혀진" 시점, 즉 부실공시사실의 공표시점을 특정하는 것이 용이하지 않는 경우도 많다. 부실공시사실에 대한 언론보도, 부실공시를 바로잡는 회사의 정정공시, 금융위 등 공적기관의 조치 등이 오랜 시간에 걸쳐 일어난 경우 어느 시점을 공표시점으로 볼 수 있는지가 문제이다. 일반적으로는 공적기관의 조치시점을 공표시점으로 잡고 있지만 그 시점이 너무 지체되는 경우에는 회사의 정정공시의 시점으로 앞당기는 예(대우해양조선사건판결)도 있다고 한다.[94] 그러나 앞서 언급한 대한전선판결(대법

---

92) 같은 취지의 판결로 대법원 2016.12.15. 선고 2015다243163 판결.

93) 일본 금융상품거래법에서는 이처럼 정상주가를 반영하는 법리가 명시적인 추정규정으로 수용되고 있다(§21-2(3)). 그에 의하면 ① 공표 전 1개월간의 주가의 평균액에서 ② 공표 후 1개월간의 주가의 평균액을 공제한 금액을 손해액으로 추정한다. ①에 대해서는 정보누설로 인하여 진정한 정보가 주가에 반영된 부분을 복구하는 효과가, 그리고 ②에 대해서는 부실공시사실의 공표 후에 주가가 과도하게 급락했다가 상승하는 현상이 발생하는 경우의 불합리를 완화하는 기능이 있음이 지적되고 있다. 黑沼, 239~240면.

94) 김지웅, 분식회계로 인한 손해배상청구 소송에서의 손해인과관계에 관한 검토, BFL 128호(2024.

원 2022.9.7. 선고 2022다228056 판결)에서는 사후적으로 정상적인 분기보고서가 공시된 경우에도 "증권선물위원회 · 한국거래소의 피고회사에 대한 분식회계 적발 발표 및 주식거래정지 등의 조치를 통하여 피고 회사의 분식회계 사실이 아직 공표되지 않은 상황하에서는, 피고회사가 대손충당금의 적립 여부 및 그에 따른 재무상태의 악화 사실을 공시하였다는 사정만으로 그 직후에 곧바로 피고 회사의 전반적 신뢰성에 대한 시장의 평가가 이 사건 주식가격에 온전히 반영되었다고 볼 수 없음은 물론 자본시장법(…)에 따른 손해액의 추정이 깨진다고 볼 수도 없다"고 하여 분기보고서 공시이후의 주가가 분식회계로 인하여 부양된 부분이 모두 제거된 정상주가라고 본 원심판결을 파기환송한 바 있다.

주가하락의 다양한 원인

손해배상책임의 이론상으로는 부실공시로 인한 손해는 취득자가 부실공시로 인하여 부실공시가 없었더라면 형성되었을 가격(정상가격)보다 높은 가격으로 증권을 취득한 경우에 취득가격과 정상가격의 차액으로 보는 차액설이 간명하다. 자본시장법의 추정규정은 편의상 차액설에서 벗어났지만 전술한 판례법리는 부실공시사실이 공표된 후에 형성된 정상주가를 공제항목으로 삼음으로써 다시 차액설에 접근하는 효과가 있다.

부실공시로 인한 투자자의 손해는 정상주가만으로는 해결하기 어려운 측면이 존재한다. 부실공시사실이 공표된 후의 주가하락은 회사 외적 요인을 제외하더라도 여러 요인에 의해서 발생할 수 있다. 대표적인 것으로는 다음 3가지를 들 수 있다. ① 부실공시로 인하여 주가가 과대평가되었던 부분이 시정되는 경우, ② 부실공시의 발각으로 인하여 회사 내지 경영진의 신용이 실추됨으로써 훼손된 기업가치가 주가에 반영되는 경우, ③ 상장폐지에 따른 유동성상실로 인하여 주가가 하락하는 경우. ①에 의한 손해가 자본시장법상 손해배상책임의 대상이 된다는 점에는 다툼이 없다.[95] ②의 경우는 회사의 손해에서 비롯된 것이므로 주주의 관점에서는 간접손해로 자본시장법상의 손해배상책임이 아니라 주주대표소송으로 처리해야 한다는 견해도 존재한다.[96] 그러나 적어도 부실공시사실 공표 후 정상주가에 이르는 과정에서는 ①과 ②를 구분

---

11), 118면.

95) 또한 이사의 횡령과 부실공시로 인하여 정상주가보다 높은 가격으로 주식을 취득함으로써 손해를 입은 주주는 부실공시에 책임 있는 이사에 대해서 상법 제401조 제1항에 의한 손해배상책임을 물을 수도 있다(대법원 2012.12.13. 선고 2010다77743 판결).

96) 黑沼, 243면. 만약 투자자인 주주가 회사로부터 손해배상을 받게 되면 다른 주주나 채권자의 이익을 해치게 될 것이라는 점이 주된 논거이다.

하는 것은 현실적으로 불가능할 것이다. ③은 통상 정상주가가 형성된 이후에 구체화되는 후속적 손해라고 할 수 있다. 일본의 라이브도어사건에서 최고재판소는 투자자의 손해는 일반불법행위규정에 의한 경우와 마찬가지로 부실공시와 상당인과관계가 있는 손해를 모두 포함한다고 판단한 바 있다.[97]

---

4. 부실공시사실의 공표 전 매각

자본시장법이 투자자가 변론종결 전에 증권을 처분한 경우에 취득가격에서 공제할 금액을 처분가격으로 정한 것(§162(3)(ii))은 통상 부실공시사실이 공표된 후 투자자가 하락된 가격으로 증권을 처분한 경우를 전제한 것이다. 그러나 투자자가 부실공시사실이 공표되기 전에 처분한 경우라면 설사 취득가격에 비하여 하락한 가격에 처분하였더라도 그 가격의 하락은 부실공시와 무관한 것이어서 손해인과관계가 부정되는 것으로 여겨질 수도 있다. 그러나 대법원은 부실공시사실의 공표 전에 주식을 매각한 것만으로는 원칙적으로 손해인과관계의 추정이 뒤집어질 수 없다고 본다(대법원 2007.9.21. 선고 2006다81981 판결). 그 근거로는 특히 부실공시의 원인이 분식회계인 경우 그 성질상 주가에 미치는 영향이 분식회계 사실의 공표를 갈음한다고 평가할 만한 '유사정보'[98]의 누출이 사전에 조금씩 일어나기 쉽다는 점을 든다. 대법원은 ① 유사정보의 누출이 없었음을 증명하거나 ② 다른 요인이 주가에 미친 영향의 정도를 증명하거나 또는 ③ 매수시점에서의 정상주가를 증명하는 등의 사정이 없는 한, 부실공시사실의 공표 전에 처분하였다는 사실의 증명만으로 손해액의 추정은 뒤집어지지 않는다고 본다(대법원 2022.7.28. 선고 2019다202146 판결(STX조선해양 분식회계사건)).[99]

5. 과실상계 및 손해배상액 제한

대법원은 발행시장의 경우와 마찬가지로 유통시장에서의 부실공시로 인한 손해배상청구소송의 경우에도 손해의 공평 부담이라는 손해배상법의 기본 이념이 적

---

97) 最高裁判所 2012.3.13. 民集 66권5호, 1957면.

98) 그러한 유사정보의 예로 "외부감사인의 한정의견처럼 회계투명성을 의심하게 하는 정보, 회사의 재무불건전성을 드러내는 정보"를 든다.

99) ②와 ③의 증명은 애당초 쉽지 않다. ①의 증명도 어려울 것이지만 그것이 있다고 볼 수 있는 드문 사례에 대해서는 김지웅, 전게논문, 112면 참조.

용된다는 점에 있어서는 아무런 차이가 없으므로, 피해자에게 손해의 발생 및 확대에 기여한 과실이 있다는 점을 이유로 과실상계[100]를 하거나 공평의 원칙에 기한 책임의 제한을 하는 것은 여전히 가능하다고 본다(대법원 2007.10.25. 선고 2006다16758 (병합) 판결(대우전자분식회계사건)). 전자의 과실상계는 불법행위의 법리상 당연히 인정되는 것이지만 후자의 '재량적 제한'은 부실공시로 인한 손해배상책임에 특유한 것이다. 대법원은 재량적 제한의 근거로 "주가의 변동요인이 다양하기 때문에 부실공시 외에도 그 기업이나 주식시장의 전반적인 상황변화 등도 손해 발생에 영향을 미쳤을 가능성이 있지만 그런 사정으로 인한 손해를 구체적으로 증명하는 것이 극히 어렵기 때문에 그런 경우에는 손해분담의 공평이라는 손해배상제도의 이념에 비추어 손해배상액을 제한할 수 있다"고 보고 있다(대법원 2007.10.25. 선고 2006다16758 (병합) 판결).[101]

다만 법원의 실무상 과실상계와 재량적 제한은 반드시 명확하게 구별되어 적용되고 있는 것 같지 않다.[102] 판례 중에는 원고의 과실을 인정하고 그것을 책임제한의 사유로 삼는 경우[103]가 있는가 하면 원고의 과실에 해당하지 않는다는 이유로 과실상계를 부정하면서도 과실이 문제된 당해 사유를 책임제한의 사유로 제시한 경우도 있다. 위 대우전자분식회계사건에서 대법원은 "자금사정이나 재무상태에 문제가 있다는 점이 알려진 회사의 주식을 취득하였다는 사정은 투자자의 과실이라고 할 수 없고, 또한 … [부실공시] 사실이 밝혀진 후 정상주가를 형성하기 전까지

100) 공동불법행위의 경우에 과실상계를 할 때에는 공동불법행위자 각자에 대한 피해자의 과실비율에 차이가 있더라도 피해자의 과실을 공동불법행위자 각자에 대한 과실로 개별적으로 평가할 것이 아니고 그들 전원에 대한 과실로 전체적으로 평가한다(대법원 2005.10.13. 선고 2003다24147 판결 등).

101) 대법원 2022.7.28. 선고 2019다202146 판결도 유사한 판시를 포함하고 있다.

102) 이 부분은 박준 교수의 교시에 따른 것이다.

103) "원고들이 이 사건 주식을 취득할 무렵 피고 회사의 적자공시 등을 통하여 피고 회사의 재무상태에 문제가 있다는 사정이 어느 정도 알려졌는데도 무모하게 피고 회사의 주식을 취득하였고, 피고 회사의 재무상태가 피고 회사가 공시한 바와 다르다는 사실이 밝혀지고 그 후 주가가 지속적으로 하락하였는데도 주식의 매도를 늦추어 손해가 확대되었음을 알 수 있는바, 이러한 원고들의 과실은 손해의 발생과 확대에 영향을 미쳤다고 할 것이므로 이를 손해액 산정에 참작하기로 하고, 또한 이 사건 재무제표의 분식회계에 직접 관여한 피고 회사, 피고 4, 1과, 분식된 재무제표를 사후에 감사한 피고 회계법인에게 동일한 책임을 묻는 것은 형평에 맞지 않은 점 등 이 사건 변론에 나타난 모든 사정을 참작하면, ① 피고 회사, 피고 4, 1의 책임을 원고들이 입은 손해액의 30%, ② 피고 회계법인의 책임을 원고들이 입은 손해액의 20%로 각 제한함이 적정하고 공평하다"(서울고등법원 2006.11.3. 선고 2005나50043 판결(확정)).

주가가 계속 하락하였음에도 그 중간의 적당한 때에 증권을 처분하지 아니하고 매도를 늦추어 매도가격이 낮아졌다는 사정은 … 주식거래의 특성에 비추어 특별한 사정이 없는 한 과실상계의 사유가 될 수 없[다]"고 판시하였다. 그러나 대법원은 "손해분담의 공평이라는 손해배상제도의 이념에 비추어 그러한 사정을 들어 손해배상액을 제한할 수 있다"고 인정하면서도 원심이 책임을 30%로 제한한 것은 불합리하다는 이유로 원심판결을 파기환송하였다. 환송심에서는 책임을 손해액의 60%로 제한하면서 그 사유중의 하나로 "대우전자의 재무상태가 감사보고서나 사업보고서와 달리 건실하지 못하다는 점이 어느 정도 일반에 알려졌음에도 원고들이 계속하여 대우전자의 주식을 취득한 점"을 제시함으로써 그것이 과실상계의 사유는 아니더라도 재량에 따른 책임제한의 사유는 될 수 있음을 인정하였다(서울고등법원 2008. 9.26. 선고 2007나107783(병합) 판결).

또한 손해배상책임이 제한되는 폭도 상당하다. 지난 10여 년의 사례를 보면 발행회사와 대표이사의 경우에도 통상 60~70% 정도로 책임이 제한되고 있다.

부실공시에 대한 손해배상책임을 둘러싼 미국에서의 논의

미국에서는 특히 유통시장 공시를 둘러싼 투자자소송이 집단소송(class action)형태로 매우 많이 제기되고 있다. 회사가 부실공시로 인한 손해배상책임을 부담하는 경우 그 불이익은 결국 현재의 주주에게 귀속하는 셈이다. 따라서 부실공시를 이유로 한 집단소송을 거시적인 관점에서 보면 결국 투자자들 사이에서 재산이전을 초래할 뿐이다. 특히 분산투자를 하는 투자자의 관점에서는 집단소송으로 인한 이익과 불이익이 서로 상쇄될 뿐 아니라 원고가 승소하거나 화해에 이르는 경우에도 그 이익은 대부분 변호사가 차지한다는 점에서 비판이 많다. 그러한 비판에 대해서는 부실공시에 대한 억지력을 이유로 집단소송을 옹호하는 반론(反論)도 존재한다. 집단소송의 남용을 막을 필요가 있다는 주장에 대해서는 공감대가 존재하고 그것을 위한 시도가 수차 행해진 바 있지만 아직 이 문제는 크게 개선되지 않은 상태이다.

제6절 증권관련집단소송법[104)]

Ⅰ. 의의

회사의 부실공시로 인하여 손해를 입는 투자자는 다수인 것이 보통이다. 각자의 손해액이 크지 않은 경우에는 소송비용을 고려하여 구제를 포기할 가능성이 크다. 미국에서는 동일한 부실공시로 인하여 손해를 입은 다수의 투자자가 손해배상을 구하는 집단소송(class action)이 흔하다. 우리나라에서는 일찍부터 다수의 소액피해자를 구제하기 위한 집단소송을 전면적으로 도입하자는 주장이 있었으나 소송의 남용에 대한 우려 때문에 실현되지 못했다.[105)] 그러나 마침내 2004년 증권거래와 관련하여 손해를 입은 소액투자자를 보호하기 위한 특별법으로 "증권관련집단소송법"("집단소송법")이 제정되었다.[106)] 그러나 실제로 집단소송이 제기된 사례는 1년에 한 건 정도로 매우 드물다.[107)]

집단소송법은 일정한 증권거래와 관련된 손해배상청구의 경우에 적용되는 민사소송법의 특례를 규정한 절차법이다.[108)] 집단소송법은 증권관련집단소송을 "증권의 매매 또는 그 밖의 거래과정에서 다수인에게 피해가 발생한 경우 그 중의 1인 또는 수인(數人)이 대표당사자가 되어 수행하는 손해배상청구소송"으로 정의한다(§2(i)). 집단소송은 일반적으로 ① 제소와 소송허가신청(§7(1)), ② 소송허가결정(§15), ③ 구성원에 대한 소송허가결정의 고지(§18), ④ 소송절차(§§30~34), ⑤ 소

104) 보다 상세한 것은 현낙희, "증권관련집단소송에 관련된 소송법적 쟁점," 증권법연구 제21권 제3호(2020), 75면.

105) 2020년에도 법무부가 집단소송제도를 모든 분야에 확대적용하는 내용의 집단소송법 제정안을 입법예고한 바 있으나 실현되지 못했다.

106) 증권집단소송법의 도입이 우리 증권시장의 유동성과 기업가치의 상승에 기여했다는 연구로 Tommaso Oliviero, Min Park & Hong Zou, Liquidity Effects of Litigation Risk: Evidence from a Legal Shock, 67 Journal of Law & Economics 103, 103~107 (2024).

107) 최초의 집단소송이 제기된 것은 2009년의 일이고 2023년 11월 기준으로 총 14건이 제기되었을 뿐이다. 조자운, "증권관련 집단소송절차의 개선을 위한 비교법적 고찰," 경제법연구 제22권 제3호(2023), 3, 28면.

108) 집단소송법에 대한 전반적인 소개에 대해서는 박철희, 증권집단소송과 화해(2007), 1~57면. 상세한 사항은, BFL 제8호(2004.11) 특집에 실린 논문 및 좌담회.

의 취하, 소송상의 화해, 청구의 포기(§35), ⑥ 판결과 상소(§§36~38), ⑦ 분배절차(§§39~58)의 단계로 진행된다.

Ⅱ. 적용범위

집단소송의 대상이 될 수 있는 손해배상청구는 다음 경우에 한정된다(§3(1)).

① 증권신고서나 투자설명서의 부실공시(§125),

② 주요사항보고서를 제외한 사업보고서등의 부실공시(§162)

③ 미공개중요정보이용행위, 시세조종, 부정거래행위(§§175, 177, 179)[109]

④ 회계감사인의 부실감사(§170)

집단소송법상 손해배상청구는 주권상장법인이 발행한 증권의 매매 또는 그 밖의 거래로 인한 것에 한정된다(§3(2)). 법취지를 고려하면 주권비상장법인이 기업공개과정에서 행한 행위에 대해서도 적용된다고 볼 것이다.[110]

Ⅲ. 집단소송의 관계자

1. 총원과 구성원

집단소송법상 "총원"이란 "증권의 매매 또는 그 밖의 거래과정에서 다수인에게 피해가 발생한 경우 그 손해의 보전(補塡)에 관하여 공통의 이해관계를 가지는 피해자 전원"을 말하고, "구성원"은 "총원을 구성하는 각각의 피해자"를 말한다(§2(ii), (iii)). 총원의 범위는 소장과 소송허가신청서에 기재해야 하고(§§8(v), 9(1)(iv)) 법원의 소송허가결정으로 확정된다(§15(2)(iv)). 총원의 범위를 확정하는 방법과 관련하여 대법원은 다음과 같은 기준을 제시한 바 있다. "'총원의 범위'는 증권 발행회사, 증권의 종류, 발행시기, 피해의 원인이 된 증권의 거래행위 유형, 피해기간 등을 특정하는 방법으로 확정하되, 소송허가결정 확정 후 지체 없이 총원을 구성하는 구성원에게 소송허가결정을 고지하여야 하는 점을 고려할 때 관련 자

109) 자본시장법상 불공정거래행위에 추가된 시장질서교란행위는 집단소송의 대상에 포함되어 있지 않다.

110) 좌담회, "증권관련집단소송법," BFL 제8호(2004.11), 12-13면.

료에 의하여 특정인이 구성원에 해당하는지를 판단할 수 있을 정도로 명확하여야 한다"(대법원 2016.11.4.자 2015마4027 결정). 법원은 필요하다고 인정할 때에는 직권 또는 신청에 의하여 결정으로 총원의 범위를 변경할 수 있다(§27(1)).

2. 구성원의 지위와 절차적 보호

증권관련집단소송에서는 원고로서 당사자의 지위에 서는 것은 대표당사자뿐이고 일반 구성원은 당사자의 지위가 없다. 그럼에도 집단소송법은 판결의 효력(기판력)은 제외신고를 하지 않은 구성원에 대해서도 미친다는 점을 명시하고 있다(§37). 따라서 구성원이 판결의 효력을 피하기 위해서는 제외신고기간 내에 제외신고(opt-out)를 해야 한다(§28(1)). 대표당사자가 아닌 일반 구성원은 판결의 효력을 받음에도 당사자가 아니기 때문에 원칙적으로 소송에 관여할 수 없다. 구성원의 보조참가가 가능한지 여부에 대해서는 학설이 대립하고 있다.[111] 제외신고를 하지 않은 구성원이 집단소송의 목적과 동일한 권리에 대해서 개별적으로 제소하는 경우에는 그것이 제외신고기간 내인 경우에는 제외신고를 한 것으로 보지만(§28(2)) 그렇지 않은 경우에는 개별 소송이 중복소송에 해당하여 부적법 각하의 대상이 된다(민사소송법 §259).

이처럼 구성원은 제외신고를 하지 않는 경우 독자적 제소의 길이 막힌 채 타인이 수행한 소송의 결과에 영향을 받게 되므로 집단소송법은 다음과 같이 구성원 보호를 위한 정보제공장치를 마련하고 있다. ① 소장 및 소송허가신청서가 제출되면 법원은 그 사실을 거래소에 즉시 통보하여 거래소가 그 사실을 공시하도록 하는 한편(§7(4)), 일정한 사항을 전국일간지에 공고해야 한다(§10(1), (2)). ② 소송허가결정이 확정되면 일정한 사항을 구성원에게 고지해야 한다(§18(1)). ③ 법원이 소의 취하, 소송상의 화해 또는 청구의 포기의 허가에 관한 결정을 하는 경우에는 미리 구성원에게 이를 고지하여 의견을 진술할 기회를 주어야 한다(§35(2)).

111) 현낙희, 전게논문, 102~103면. 저자는 증권관련집단소송의 공익적 성격과 집단적 피해의 효율적 구제라는 입법목적을 고려하여 구성원에게는 대표당사자 추가신청 이외에 민사소송법에 따라 소송에 참가하는 방법은 허용하지 말아야 한다고 주장한다.

3. 대표당사자와 소송대리인

"대표당사자"는 "법원의 허가를 받아 총원을 위하여 증권관련집단소송 절차를 수행하는 1인 또는 수인의 구성원"을 말한다(§11(iv)). 대표당사자는 "구성원 중 해당 증권관련집단소송으로 얻을 수 있는 경제적 이익이 가장 큰 자 등 총원의 이익을 공정하고 적절하게 대표할 수 있는 구성원"이어야 한다(§11(1)). 대표당사자는 법원의 허가를 얻는 대신 구성원들의 개별적인 수권을 얻을 필요가 없다. 한편 원고측 소송대리인은 "총원의 이익을 공정하고 적절하게 대리할 수 있는 자"이어야 한다(§11(2)). 다만 전문적인 소송꾼을 막는다는 취지에서 최근 3년간 3건 이상의 집단소송에서 대표당사자나 원고측 대리인으로 관여했던 자는 원칙적으로 대표당사자나 원고측 대리인이 될 수 없도록 하고 있다(§11(3)본문). 이에 대해서는 집단소송 전문변호사의 출현을 억제하는 요소로 작용할 것이라는 비판이 있다. 다행히 법원이 제반 사정에 비추어 총원의 이익을 공정하고 적절히 대표 내지 대리할 수 있다고 인정하는 경우에는 예외로 할 수 있다(§11(3)단서).

대표당사자는 구성원의 권리관계에 관하여 소송수행권을 가지고 자기 이름으로 소송수행을 하는 자라는 점에서 그 지위는 제3자의 소송담당자에 해당한다.[112] 법원은 대표당사자가 총원의 이익을 공정하고 적절하게 대표하고 있지 못하거나 그 밖의 중대한 사유가 있을 때에는 직권으로 또는 다른 대표당사자의 신청에 의하여 그 대표당사자의 소송수행을 결정으로 금지할 수 있다(§22(1)). 대표당사자의 전부가 소송수행이 금지되거나 사망 또는 사임한 경우에는 소송절차가 중단된다(§24(1)).[113] 소송허가절차에서 대표당사자 전원이 그 요건을 충족하지 못하고, 추가로 대표당사자를 선정할 수도 없는 경우에는 법원은 대표당사자 전원의 소송수행을 금지할 수 있고, 그 경우 그로 인한 소송절차 중단 후 1년 이내에 수계신청이 없으면 그 증권관련집단소송은 취하된 것으로 간주된다.[114]

---

112) 현낙희, 전게논문, 92면. 다만 구체적으로 소송담당의 어느 유형에 속하는지에 대해서는 학설이 대립한다.

113) 민사소송법은 소송절차 중단사유가 발생하여도 소송대리인이 있는 경우에는 예외를 인정하고 있으나(§238), 집단소송법은 그러한 예외를 규정하지 않고 있다.

114) 현낙희, 전게논문, 97면. 소송허가절차에서 대표당사자 일부가 결격된 경우의 처리에 관해서 대법원은 대표당사자의 결격이 사후적으로 밝혀지거나, 총원범위의 변경으로 인하여 대표당사자 중 일부가 총원범위에 포함되지 않게 된 경우에도 "법원은 대표당사자의 요건을 갖추지 못한 자를

Ⅳ. 집단소송의 허가

1. 소송허가절차와 본안소송절차의 분리

집단소송법은 증권관련 집단소송의 허가요건을 별도로 정하고(§§11, 12), 소송허가요건에 적합한 경우에만 증권관련 집단소송을 허가하도록 하고 있다(§15(1)).[115) 본안소송절차는 소송허가결정이 확정된 후에야 비로소 진행할 수 있다는 점에서 소송허가절차와 그 집단소송의 본안소송절차는 분리된다. 대법원은 두 절차를 다음과 같이 구분하고 있다. "소송허가절차에서 대표당사자가 소명할 대상은 소송허가요건이고, 본안소송절차에서 다루어질 손해배상책임의 성립 여부 등은 원칙적으로 소송허가절차에서 심리할 대상이 아니다. 다만, 법원은 증권관련 집단소송법 제12조 제1항 제2호에 정한 '제3조 제1항 각 호의 손해배상청구로서 법률상 또는 사실상의 중요한 쟁점이 모든 구성원에게 공통될 것'이라는 소송허가요건이 충족되는지를 판단하는 데에 필요한 한도 내에서 손해배상청구의 원인이 되는 행위 등에 대하여 심리를 할 수 있다"(대법원 2016.11.4.자 2015마4027 결정).

2. 허가의 요건

집단소송법상 집단소송으로 허가받기 위해서는 다음과 같은 요건을 충족해야 한다(§12(1)).

① 구성원이 50인 이상이고, 구성원이 보유하고 있는 증권의 합계가 피고회사의 발행증권 총수의 0.01% 이상일 것

② 집단소송의 적용범위에 속하는 손해배상청구로서 "법률상 또는 사실상의 중요한 쟁점이 모든 구성원에게 공통될 것"("공격방어방법의 공통성")

③ 집단소송이 "총원의 권리실현이나 이익보호에 적합하고 효율적인 수단일 것"

④ "소송허가신청서의 기재사항 및 첨부서류에 흠이 없을 것"

제외하고 증권관련집단소송의 소를 제기한 자 및 대표당사자가 되기를 원하여 신청서를 제출한 구성원 중 법에 정한 요건을 갖춘 자로서 대표당사자를 구성할 수 있는지 여부 및 그 증권관련집단소송의 소송허가 신청이 [법상의 요건(§§3, 12)을] 갖추었는지 여부를 심리하여, 소송허가신청이 위와 같은 요건을 갖추었다면 증권관련집단소송을 허가해야 한다"고 판시한 바 있다(대법원 2018.7.5.자 2017마5883 결정).

115) 대표당사자는 소송허가 신청의 이유를 소명해야 한다(§13(1)).

위 ②요건의 충족여부를 판단할 때 "모든 구성원의 청구원인 가운데 중요사실이 공통되면 충족되고, 각 구성원의 청구에 약간의 다른 사실이 존재한다거나 개별 구성원에 대한 항변사항이 존재한다는 사정만으로 위 요건이 흠결된다고 볼 수 없다"(대법원 2016.11.4.자 2015마4027 결정). 위 ③요건은 "다수 구성원들의 피해 회복을 위하여 소송경제상 집단소송이 다른 구제수단보다 경제적일 것"을 요구하는 것이다(대법원 2016.11.4.자 2015마4027 결정).

3. 허가결정과 그 고지

법원은 위 허가요건과 아울러 적용범위(§3), 대표당사자 및 소송대리인요건(§11) 등의 요건이 모두 충족된 경우에는 집단소송을 허가한다(§15(1)). 소송허가결정이 확정되면 지체없이 소송에 관한 기본사항[116]을 구성원에게 고지해야 한다(§18(1)).

Ⅴ. 허가결정 이후의 절차

1. 손해배상액의 산정

집단소송법은 손해배상액의 산정과 관해서 자본시장법과 그 밖의 다른 법률에 규정이 있는 경우에는 그에 따른다고 규정한다(§34(1)). 나아가 "증거조사를 통하여도 정확한 손해액을 산정하기 곤란한 경우에는 여러 사정을 고려하여 표본적·평균적·통계적 방법 또는 그 밖의 합리적 방법으로 손해액을" 정하는 것을 허용한다

116) ① 대표당사자와 그 법정대리인의 성명·명칭 또는 상호 및 주소
② 원고측 소송대리인의 성명·명칭 또는 상호 및 주소
③ 피고의 성명·명칭 또는 상호 및 주소
④ 총원의 범위
⑤ 청구의 취지 및 원인의 요지
⑥ 제외신고의 기간과 방법
⑦ 제외신고를 한 자는 개별적으로 소를 제기할 수 있다는 사실
⑧ 제외신고를 하지 아니한 구성원에 대하여는 증권관련집단소송에 관한 판결 등의 효력이 미친다는 사실
⑨ 제외신고를 하지 아니한 구성원은 증권관련집단소송의 계속(繫屬) 중에 법원의 허가를 받아 대표당사자가 될 수 있다는 사실
⑩ 변호사 보수에 관한 약정
⑪ ①부터 ⑩까지에서 규정한 사항 외에 법원이 필요하다고 인정하는 사항

(§34(2)). 그 대표적인 예로는 사건연구방법 등을 들 수 있다.[117)]

2. 소의 취하 등

집단소송에서 소의 취하, 소송상의 화해 또는 청구의 포기는 법원의 허가를 받지 아니하면 그 효력이 없다(§35(1)). 나아가 법원은 그 허가에 관한 결정을 하기 전에 구성원에게 고지하여 의견진술의 기회를 주어야 한다(§35(2)). 이는 집단소송의 공익성과 구성원 보호를 고려한 규정이라고 할 것이다. 소송상 화해 등에 대한 법원의 허가여부 결정에 대하여 불복이 가능한지에 대해서는 명문의 규정이 없지만 불가능하다고 볼 것이다.[118)]

3. 분배절차

대표당사자가 승소한 경우 권리실행까지는 대표당사자가 담당하지만(§40) 권리실행으로 취득한 금전 등의 분배는 법원이 선임한 분배관리인이 담당한다(§41(1), (2)). 분배관리인은 분배의 기준과 방법 등을 포함한 분배계획안을 작성하여 법원에 제출해야 한다(§42). 분배의 기준은 판결이유의 기재에 따르고, "확인된 권리의 총액이 분배할 금액을 초과하는 경우에는 안분비례의 방법으로 분배한다"(§43). 권리가 확인된 구성원으로서 분배금 수령기간 내에 분배금을 수령하지 않은 자 또는 신고기간이 지난 후에 권리를 신고하여 권리를 확인받은 자는 공탁금 출급청구기간(수령기간이 지난 후 6개월)까지만 공탁금출급을 청구할 수 있다(§53). 분배관리인은 공탁금 출급청구기간이 끝나면 지체 없이 법원에 분배종료보고서를 제출해야 한다(§54(1)). 분배종료보고서의 제출 후의 잔여금은 피고에게 반환하게 되어 있다(§55).[119)]

---

117) 상세한 소개로, 박종성/위경우, "증권관련집단소송에서의 손해액 추정," 한국경제의 분석 제18권 제1호(2012), 207~259면. 일반적인 논의로, 임부루/김상훈/홍동표, "다년간 분식회계로 인한 손해배상액의 산정 방법에 대한 연구," 법경제학연구 제16권 제1호(2019), 71~88면.

118) 현낙희, 전게논문, 116면.

119) 이에 대해서는 위법행위를 억지한다는 관점에서는 비판의 여지가 있다. 국가에 반환하게 하자는 주장으로, 이준범, "증권관련 집단소송법상 잔여금 처리방안에 관한 연구," 증권법연구 제22권 제2호(2021), 131~160면.

4. 변호사보수

분배관리인은 권리실행으로 취득한 금액에서 변호사보수를 포함한 일정한 비용을 공제할 수 있다(§44(1)). 구성원 등의 신청이 있는 경우 법원은 "소송의 진행과정 및 결과 등 여러 사정을 고려하여" 변호사보수를 감액할 수 있다(§44(3)). 집단소송을 사실상 주도하는 자는 대표당사자가 아니라 변호사보수를 노린 원고 소송대리인이며 집단소송이 공익적 성격을 갖는다는 점을 고려하면 변호사의 인센티브를 훼손하는 법원의 보수감액은 신중할 필요가 있을 것이다.

제7장 경영권과 관련된 규제

제1절 서설

흔히 M&A(mergers and acquisitions)로도 불리는 기업인수는 일반적으로 인수회사가 다른 회사(대상회사)를 자신의 지배하로 끌어들이는 거래, 즉 경영권의 변동을 초래하는 거래를 가리킨다.[1] 기업인수는 크게 합병, 영업양도, 주식매수의 유형으로 나눌 수 있다. 기업인수는 회사법과 자본시장법이 모두 주목하는 거래지만 자본시장법이 특히 중시하는 기업인수 유형은 주식매수이다. 합병과 영업양도는 대상회사 경영진의 동의 없이는 성사시킬 수 없지만 주식매수는 경영진의 동의를 확보하지 못한 상태에서도 추진할 수 있는 것이 특징이다. 대상회사 경영진의 의사에 반하여 시도하는 주식매수를 적대적 기업인수(hostile takeovers)라고 부른다.[2] 적대적 기업인수가 성공하는 경우 대상회사의 경영진은 교체되는 것이 보통이라는 점에서 그것은 대상회사의 경영진에게는 거의 생사를 좌우하는 문제라고 할 수 있다.[3] 적대적 기업인수는 통상 공개매수를 수반하며 때로는 위임장권유를 동반하기

1) 김/노/천, 9판 760면. 거래의 주체가 반드시 회사일 것이 요구되는 것은 아니지만 실제로는 대부분 회사일 것이므로 이하에서는 회사인 것을 전제로 설명한다.

2) 이와 반대로 경영진의 동의와 협조를 얻어서 추진하는 기업인수는 우호적(friendly) 기업인수라고 부른다.

3) 또한 기업인수 후에는 대상회사의 구조조정이 수반되는 경우가 많으므로 대상회사의 임직원에게도 큰 영향을 미칠 수 있는 거래이다.

도 한다. 공개매수 없이 위임장권유만으로 경영진이 교체되는 사례도 없지 않지만[4] 경영권을 확보하는 보다 확실한 방법은 공개매수라고 할 것이다.

자본시장법은 경영권에 관한 경쟁의 투명성과 공정성을 위하여 공개매수와 위임장권유에 대해서 별도의 공시규제를 마련하고 있다. 한편 현실적으로는 공개매수나 위임장권유의 성공률을 높이기 위해서 사전에 시장에서 주식의 매집을 시도하는 경우가 많다. 주식의 매집에 관한 정보는 공개매수나 위임장권유의 사전단계라는 점에서 경영자나 투자자와 같은 시장참여자에게 중요한 시장정보가 아닐 수 없다. 자본시장법은 이러한 주식매집정보를 시장참여자에게 제공하기 위한 수단으로 대량보유보고제도를 채택하고 있다. 대량보유보고제도는 경영권을 노린 주식매집만이 아니라 주주행동주의의 조짐을 파악할 수 있는 수단으로 실무상 중요성이 한층 높아졌다.

자본시장법은 공개매수, 대량보유보고제도, 위임장권유의 순으로 규정하고 있지만 실제로 공개매수를 개시하기 앞서 주식매집이 시도되는 사례가 많다는 점에서 이하에서는 대량보유보고제도부터 설명하기로 한다.

제2절 대량보유보고제도[5]

Ⅰ. 서설

1. 규제의 필요성

주식회사의 지분변동에 관한 정보는 경영진에게는 물론이고 투자자에게도 중요한 의미를 지닌다. 자본다수결원칙이 적용되는 주식회사에서 지분의 변동은 회사의 경영권을 좌우할 수 있으므로 경영진이 그에 관심을 갖는 것은 당연한 일이다. 또한 누가 경영권을 갖는가는 기업가치나 주가를 좌우할 수도 있다는 점에서 지분변동에 관한 정보는 투자자로서도 관심사항이다. 특히 단기간에 일어나는 주

4) 주주의 행동주의가 확산됨에 따라 이제 위임장권유는 경영권 탈취를 궁극 목적으로 하기보다 단순히 회사운영에 영향을 미치기 위한 수단으로 활용되는 경우가 많다.

5) 최근 동향에 대해서는 오주현/이현우, "주식대량보유신고 제도의 최근 실무상 쟁점," BFL 제130호 (2025.3), 81면 이하.

식매집은 적대적 기업인수나 적어도 주주행동주의의 전조(前兆)인 경우가 많다는 점에서 주목하지 않을 수 없다. 이처럼 주식소유구조, 특히 그 변화에 관한 정보는 시장에서의 정확한 주가형성에 필요할 뿐 아니라 주주를 포함한 투자자의 투자판단에도 중요한 의미를 가지므로 효율적인 자본시장과 투자자보호의 관점에서 그 정보를 적절하게 제공할 필요가 있다.

그러한 필요에도 불구하고 상법상 회사의 주식보유상황에 관한 정보를 얻을 수 있는 수단은 제한되어 있다. 먼저 주주명부는 주주와 회사채권자라면 언제나 열람할 수 있다는(상법 §396) 장점이 있지만 그것만으로 실제의 주식보유상황을 파악하는데는 한계가 있다. 우선 주식을 양수했더라도 양수인이 반드시 주주명부의 명의를 변경할 의무는 없으므로 실질상의 주주와 명의상의 주주의 괴리를 막기 어렵다.[6] 나아가 전자등록이 강제되는 상장회사의 경우에는 전자등록기관이 작성하는 소유자명세가 주주명부에 반영되는 것은 원칙적으로 회사가 요청하는 경우에만 한정되는 것(전자증권법 §37)이라는 점에서 한계가 있다. 또한 다른 회사의 주식총수의 10%를 초과하여 취득한 회사에 통지의무를 부과하는 상법조항(§342-3)도 부분적으로는 주식보유상황에 관한 정보를 제공하지만[7] 여러 면에서 한계가 있다.[8] 이하에서 설명하는 자본시장법상의 대량보유보고제도는 바로 이러한 정보의 공백을 메우기 위하여 도입된 것이다.

실질주주정보의 제공의무

최근 서구에서는 회사가 실질주주(의결권행사나 투자에 관한 지시권을 갖는 주주)를 파악할 수 있는 제도적 장치를 도입하고 있다. 예컨대 EU에서는 2017년 EU주주권

---

6) 물론 실질상의 주주는 명의개서를 하지 않고서는 주주권을 행사할 수 없다(상법 §337(1))(대법원 2017.3.23. 선고 2015다248342 전원합의체 판결).

7) 대법원은 이 조항의 취지를 대상회사가 취득회사 주식 10% 이상을 취득함으로써 상호보유주식의 의결권제한에 의한 경영권방어를 하도록 하기 위한 것이라고 판시한 바 있다(대법원 2001.5.15. 선고 2001다12973 판결).

8) 한계로는 다음과 같은 것들을 들 수 있다. ① 개인이 주식을 취득하는 경우에는 적용이 없다. ② 주식취득이 한 회사 단독이 아니라 두 개 이상 회사의 공동으로 이루어진 경우에도 적용하기 어렵다. ③ 일단 10% 한도를 넘은 회사가 추가로 주식을 취득하는 경우에는 통지의무가 없다. ④ 이 조항의 모법이라고 할 수 있는 독일 주식법이 회사공고지에 공고하도록 하는 것(§20(6))과는 달리 상법은 일반 투자자에 대한 공시를 요구하지 않는다. 다만 회사의 상장 여부를 묻지 않고 통지의무가 부과되기 때문에 비상장법인의 경우에는 유용성이 있을 수 있다.

지침(SRD Ⅱ(3a))이 회사의 요구가 있으면 기관투자자가 실질주주에 관한 정보를 회사에 지체없이 전달할 것을 규정하고 있다. 다만 0.5%미만의 주주는 제외할 수 있다. 일본 정부도 현재 EU방식의 법개정을 추진중이다.[9)]

2. 대량보유보고제도의 기능

대량보유보고제도는 1991년 미국의 연방증권규제를 참고하여 공개매수제도와 함께 도입한 것이다.[10)] 상장회사 주식을 5% 이상 보유하게 된 자에게 보고의무를 부과한다는 점에서 "5% Rule"이라고도 불리는 이 제도는 전술한 바와 같이 투자자에게 잠재적으로 경영권의 변동이나 주식의 수급에 영향을 미칠 수 있는 지분변동에 관한 정보를 제공함으로써 투자자의 투자판단을 돕는 기능(정보제공기능)을 한다. 아울러 대량보유보고제도는 경영진에게 경영권에 위협이 될 수 있는 지분변동에 관한 정보를 제공함으로써 경영권 방어를 돕는 기능(경영권방어기능)도 수행한다.

이처럼 대량보유보고제도는 투자자와 경영진의 양쪽을 모두 보호하는 면이 있지만 투자자보호나 자본시장의 효율성에 추가하여 경영권 보호까지 추구하는 것이 적절한지 여부에 대해서는 의문이 없지 않다. 경영권 변동이 기업가치를 증대시키는 방향으로 이루어져야 한다는 관점에서는 경쟁의 투명성과 공정성을 추구하면서도 경영자와 대량보유자 사이의 중립을 유지해야 한다고 보는 견해도 유력하다. 그러나 현행 대량보유보고제도는 현실적으로 기존 경영진의 경영권 보호에 치우친 면이 없지 않다. 대량보유보고제도가 경영권 보호에 기울게 된 계기가 된 것은 2005년 국내에서 전개되었던 SK그룹과 외국계펀드인 Sovereign 사이의 대립이었다.[11)] 그 사건을 계기로 주주행동주의(shareholder activism),[12)] 특히 외국인투자자의 경영개입에 대한 부정적인 여론이 널리 확산되었다. 그리하여 국내기업에 대한 외국인투자자의 경영권 위협에 대처한다는 명목으로 경영권에 영향을 미칠 가능성이 있는 대량보유자의 공시의무가 대폭 강화되었다. 그 이후 대량보유보고제도는 적대적 기업인수 시도뿐 아니라 기관투자자의 영향력 행사까지 견제하는 수

9) https://www.moj.go.jp/shingi1/shingi04900001_00294.html(2025.12.6. 방문).
10) 1968년 Williams Act §13(d)-(e).
11) 이 사건에 대해서 상세한 것은 김위생, 소버린의 진실(홍익출판사 2006).
12) 근래에는 "shareholder engagement"(주주의 관여)라는 용어도 많이 사용되고 있다.

단으로 널리 활용되었다.[13] 그러나 근래에는 국내외적으로 기관투자자에 의한 주주행동주의에 대한 긍정적 여론이 차츰 확산됨에 따라 그에 대한 규제도 다소 완화되고 있다.

3. 대량보유보고제도의 개요

자본시장법상 대량보유보고는 ① 신규보고, ② 변동보고, ③ 변경보고의 3가지로 구분된다. ① 신규보고는 최초로 5% 이상의 주식을 보유하게 된 경우에 보유상황이나 보유목적 등 일정 사항을 보고하는 것을 말한다(§147(1)전문). ② 변동보고는 대량보유자의 보유주식의 보유비율이 1% 이상 변동된 경우에 하는 보고를 말한다(§147(1)전문). 끝으로 ③ 변경보고는 보유목적, 보유주식 등에 관한 주요계약내용 등 중요한 사항의 변경이 있는 경우에 하는 보고를 말한다(§147(4); 令§155).[14] 위 ①과 ②의 보고와 관련하여 그 내용과 시기는 대량보유자의 전문투자자 해당여부와 보유목적에 따라 시행령으로 달리 정할 수 있다(§147(1)후문). 이하에서는 먼저 신규보고를 중심으로 살펴보고 변동보고와 변경보고에 대해서는 뒤에 따로 살펴보기로 한다.

Ⅱ. 보유대상증권

보고의무가 적용되는 대상증권은 "주권상장법인의 주식등"이다(§147(1)). 여기서 "주식등"은 후술하는 공개매수의 적용대상인 "의결권 있는 주식, 그 밖에 대통령령으로 정하는 증권"을 가리킨다(§133(1)). 시행령도 "의결권 있는 주식에 관계되는" 증권만을 열거한다(§139). 이처럼 의결권의 존재를 요구하는 것은 공개매수나 대량보유보고가 모두 경영권과 관련된 제도라는 점에서 이해할 수 있다.

시행령은 의결권 있는 주식에 관계되는 증권을 ① 주권상장법인이 발행한 증권과 ② 주권상장법인 외의 자가 발행한 증권으로 나누어 규정한다(§139). ①에는 주식(신주인수권이 표시된 것 포함), 전환사채, 신주인수권부사채, 그리고 이들의 취

13) 이처럼 대량보유보고제도가 특히 우리나라에서 경영권 방어의 보조수단으로 동원된 배경에는 현행 법제상 경영권을 효과적으로 방어할 수 있는 수단이 미흡하다는 정책당국의 인식이 깔려있는 것으로 보인다.

14) 보유목적의 변경이 포함된 것은 2005년의 일이다.

득을 가능하게 하는 교환사채나 파생결합증권 등이 포함되고, ②에는 ①의 증권과 관련된 증권예탁증권, ①의 증권의 취득을 가능하게 하는 교환사채나 파생결합증권이 포함된다(令§139). ②의 증권도 결국은 ①의 증권의 취득으로 연결될 수 있는 것이라는 점에서 궁극적으로 대상증권은 주권상장법인이 발행한 증권에 한정되는 셈이다. 대규모의 주식매집에 관한 정보가 특히 필요한 것은 주권상장법인의 경우라는 점에서 당연한 제한이라고 할 것이다.

Ⅲ. 보고의무자

1. 대량보유자: 본인과 특별관계자

보고의무를 부담하는 대량보유자는 본인과 그 '특별관계자'가 보유하게 되는 주식등의 수의 합계가 당해 주식등의 총수의 5% 이상인 자이다(§147(1)). 보유주식 수를 산정할 때에는 본인이 직접 보유하는 주식은 물론, 이른바 특별관계자가 보유하는 주식도 합산한다. 특별관계자는 본인과 법적으로 독립된 주체지만 본인과 특별한 관계로 인하여 동일한 방향으로 의결권을 행사할 것이 예상되는 자를 포섭하기 위한 개념이다. 특별관계자는 공개매수에 관한 규정에서 정의하고 있는데 자세한 내용은 시행령에 맡기고 있다(§133(3)). 시행령은 특별관계자를 ① 특수관계인과 ② 공동보유자로 나누어 규정한다(令§141(1)).

2. 특수관계인

(1) 금융회사지배구조법상의 정의

특수관계인은 본인과 친족적 또는 조직적인 면에서 특별한 관계가 인정되는 자를 말한다. 특수관계인에 대한 정의는 자본시장법이 아닌 지배구조법에서 찾아볼 수 있다(令§ 2(iv), 지배구조법 시행령 §3(1)). 그에 따르면 특수관계인은 본인이 개인인지 또는 법인인지에 따라 달리 정의된다. ① 본인이 개인인 경우에는 일정한 친족 및 관련 법인 또는 단체(임원포함)가 그에 해당한다. ② 본인이 법인이나 단체인 경우에는 임원, 계열회사(임원포함), 30% 주주 등이 그에 해당한다. 지배구조법은 이러한 형식적인 기준 외에 '사실상의 영향력'이란 실질적 기준도 채택하고 있다. 그에 의하면 개인인 본인이 임원이나 30% 주주가 아니더라도 사실상의 영향력을 행사하고 있는 법인 등과 법인 등인 본인에게 사실상 영향력을 행사하고 있는 자도 특수관계인에 해당한다(令§3(1)(i)(아), (자), (ii)(다)).[15]

(2) 예외

한편 자본시장법은 시행령으로 두 가지 예외를 인정한다(§141(3)). ① 소유주식 등의 수가 1천주 미만인 경우는 제외한다. 그 정도의 주식보유는 단순한 투자목적으로 볼 수 있기 때문이다. ② 특수관계인으로 기재된 자가 뒤에 설명하는 공동보유자(令§141(2))에 해당하지 않음을 증명하는 경우에는 5% 룰을 적용할 때 특수관계인으로 보지 않는다. 따라서 형식적으로 특수관계인에 해당하는 친족이더라도 실제로 관계가 소원한 경우에는 예외를 인정받을 수 있다.

3. 공동보유자

(1) 의의

특수관계인보다 실무상 훨씬 중요한 것은 공동보유자란 개념이다. 공동보유자는 본인과의 특별한 관계가 친족적 또는 조직적인 면에서 인정되는 특수관계인과는 달리 특별한 관계가 본인과의 '합의'를 토대로 인정되는 경우를 가리킨다. 시행령은 공동보유자를 "합의나 계약 등에 따라" 다음 행위를 할 것을 합의한 자로 정의한다(令§141(2)).

① "주식 등을 공동으로 취득하거나 처분하는 행위"

② "주식 등을 공동 또는 단독으로 취득한 후 그 취득한 주식을 상호양도하거나 양수하는 행위"

③ "의결권(의결권 행사 지시 권한 포함)을 공동으로 행사하는 행위"

(2) 본인과의 합의나 계약 등

공동보유자가 본인과 공동으로 행동할 것이 예상되는 것은 본인과 공동보유자 사이에 그에 대한 "합의나 계약 등"이 존재하기 때문이다. 여기서 말하는 합의가 반드시 법적인 구속력 있는 것에 한정되는 것은 아니고 이른바 "신사협정"

---

15) 다만 사실상의 영향력을 행사하고 있지 않다는 사실이 본인의 확인서 등을 통하여 확인되면 그 임원은 특수관계인에서 제외한다(지배구조법 시행령 §3(1)(i)(아), (자), (ii)(라)).

(gentlemen's agreement)과 같이 사회적 구속력이 인정되는 것으로 충분하다.[16] 그러나 단순한 '의견의 교환'만으로는 합의가 성립한다고 볼 수 없고 적어도 '의사의 합치'를 요한다고 볼 것이다. 의사의 합치가 있다면 반드시 서면을 요하는 것은 아니다.[17] 그러나 실제로 그러한 합의를 증명하기는 쉽지 않을 것이다. 결국 당사자들의 관계, 주식의 취득동기, 경로, 자금 등 정황증거에 의하여 합의를 추정할 수밖에 없을 것이다.[18]

한편 합의의 효력이 소멸되는 경우에는 공동보유관계도 소멸된다는 점에서 후술하는 변동보고의무가 발생할 수 있다(서울중앙지방법원 2010.3.17.자 2010카합521 결정).

(3) 합의대상인 행위

전술한 바와 같이 합의대상인 행위는 ① 공동취득 또는 처분, ② 주식의 상호양수도, ③ 의결권의 공동행사이다. ①과 관련해서는 동반매각청구권(drag-along right)조항이나 동반매도참여권(tag-along right)조항의 해당여부가 문제될 수 있다. '동반매각청구권'은 자신의 주식을 매각할 때 다른 주주의 주식도 함께 매각할 수 있는 권리를 말한다. 한편 '동반매도참여권'은 다른 주주(주로 대주주)가 주식을 매각할 때 자신도 함께 주식을 매각할 수 있는 권리를 말한다. 이들 권리는 보유주식을 장래 제3자에게 매각하는 경우에 매각의 주체인 주주나 계약의 상대방인 주주가 공동매각을 강제할 수 있는 권리로 일방만이 갖는 권리라는 점에서 "공동으로" 처분할 것을 합의한 것으로 보기는 어려울 것이다.[19] 또한 처분에 대한 사전동의를 구할 것을 합의한 경우도 "공동으로" 처분하는 것으로 볼 수는 없을 것이다.

위 ②와 관련하여 이른바 '우선매수권'(right of first refusal)조항이 공동보유에 해당하는지 여부가 문제될 수 있다. 그러나 우선매수권은 일방이 매각을 원하는 경

---

16) Assmann/Schneider/Mülbert, Wertpapierhandelsrecht Kommentar(7. Auflage 2019), 447.

17) 금융위원회 공정시장과 2019.10.21.자 "대량보유보고 위반에 따른 의결권 행사 제한여부에 대한 질의"(구두의 의사합치로 합의를 인정).

18) 그러한 합의는 직접증거가 아닌 정황증거에 의해서도 증명 가능하다는 하급심 판결로 서울지방법원 2003.10.20.자 2003카합3224 결정. 1997년 당시 증권당국(증권관리위원회)은 신성무역의 경영권 분쟁사건에서 신성무역의 경영권을 노리는 사보이호텔측과 일부 개인들이 공동보유자임을 인정한 바 있다. 근거로는 이들이 같은 증권회사 영업부를 통해서 주식을 매입한 사실, 사보이호텔측의 자금이 이들에게 입금된 사실, 이들이 평소 사업상 또는 개인적으로 친분이 있었다는 사실 등을 들었다. 그러나 주식을 매집하는 측에서 주의를 기울인다면 그러한 정황증거의 확보도 쉽지 않을 것이다.

19) 반대 견해도 존재한다. 黒沼悦郎/太田洋, 論点体系 金融商品取引法1(2판 2022), 454면(石塚洋之).

우에 한해서 상대방이 양수할 수 있는 권리를 갖는 것에 불과하고 엄밀히 말해서 양수도를 합의한 것은 아니라는 점에서 제외된다고 볼 것이다.[20)]

위 ③에 해당하는 전형적인 경우에 속하는 것은 투자자들 사이에 '의결권구속계약'을 체결하는 경우이다. 단순히 특정주주가 특정 주주총회와 관련하여 다른 주주들로부터 철회가능한 위임장을 받는 것만으로는 의결권의 공동행사에 대한 합의가 있다고 보기는 어려울 것이다.[21)] 또한 투자자들 사이에 의결권이 아닌 주주권의 공동행사에 대해서 합의하는 경우는 해석상 제외되는 것으로 본다. 따라서 예컨대 회계장부열람권을 공동으로 행사하기로 합의한 경우는 제외될 것이다.[22)] 또한 ③과 관련하여 의결권자문회사의 의결권자문행위가 "의결권의 행사를 지시할 수 있는 권한"의 공동행사에 해당하는지에 대해서는 부정적으로 보는 견해가 일반적이다.

기관투자자의 집단적 행동과 공동보유

최근에는 이른바 주주행동주의에 대한 주주의 인식이 긍정적으로 변화함에 따라 특정 회사의 경영방침에 불만을 가진 기관투자자가 경영진에 대해서 영향력행사에 나서는 사례가 늘고 있다. 이들 주주들은 영향력 강화를 위하여 다른 주주들과 협동하는 경우가 많다. 미국에서는 이처럼 무리를 이루어 집단적인 행동에 나서는 행동주의 주주(activist shareholders)들을 흔히 "wolf pack"(늑대무리)이라 부른다. 이러한 wolf pack이 주식취득이나 의결권 행사를 공동으로 할 것을 합의한 경우에는 공동보유자에 해당할 여지가 있을 것이다. 그러나 wolf pack을 구성하는 기관투자자들은 대량보유보고규제를 피하기 위해서 정식의 합의는 피하는 것이 보통이다. 문제는 이들 사이의 협동이 어느 단계에 달한 경우에 공동보유의 성립을 인정할 것인가이다. 일단 기관투자자들이 주주총회 특정 의안과 관련하여 의견이나 정보를 교환하는데 그치는 경우에는 설사 의결권 행사의 방향에 대해서 이들의 의견이 일치된 경우에도 그것을 "의결권을 공동으로 행사하는 행위"로 보기는 어려울 것이다.[23)] 또한 행동주의 주주

---

20) 실무안내, 471면.

21) 실무상으로도 그렇게 처리하고 있다고 한다. 김지평/김재겸, "상장회사 의결권 대리행사 권유 규제의 실무상 쟁점," BFL 제130호(2025.3) 93면, 105~106면. 일본에서도 마찬가지로 보고 있다. 注釈 金融商品取引法 제1권(개정판 2021), 1139면(石田眞得).

22) 일본의 금융상품거래법은 "의결권 기타의 권리를" 공동으로 행사하는 것을 합의한 경우에도 공동보유자로 보았으나 2024년 개정으로 중요제안행위등을 행하는 합의가 아닐 것 등의 요건을 갖춘 경우에는 예외를 인정하였다(§27-23(5)). 개정 전에도 지배권의 변동과 관계가 없는 주주권은 "의결권 기타의 권리"에 포함되지 않는다고 보는 견해가 유력했다. 黒沼, 323면.

23) 松元暢子, "アクティビズムに関連する法的検討課題(近時のM＆A法制の動向と理論的課題)," 商事

가 다른 기관투자자에게 자신이 주식을 취득하고 대량보유보고를 행할 것이라는 정보를 제공하고 그 기관투자자가 그 정보를 토대로 주식을 취득한 경우에도 공동취득의 합의를 인정하기는 어려울 것이다.[24]

최근에는 주주들의 영향력 행사를 기업지배의 관점에서 긍정적으로 보는 견해가 힘을 얻다보니 이들 사이의 협동에 대해서 가급적 대량보유보고규제를 적용하지 않는 방향으로 제도를 운영하려는 경향이 강해지고 있다. 정책적인 관점에서는 기관투자자들이 공동의 의사표명행위로 인하여 공동보유자로 간주되는 상황을 가급적 제한할 필요가 있을 것이다.[25]

소액주주의 연대[26]

최근에는 인터넷의 발달로 소액주주들의 온라인을 통한 연대가 용이해짐에 따라 소액주주들이 공동행동에 나서는 사례가 자주 발생하고 있다. 이런 경우 경영진 쪽에서는 이들 주주들이 공동보유자에 해당한다고 주장하며 대량보유보고의무의 위반을 이유로 의결권을 제한하려고 시도하는 사례도 존재한다. 다만 법원은 보고의무 위반을 이유로 의결권 제한을 구하는 쪽에 합의의 존재에 대한 "고도의 소명"을 요구하며 소액주주 연대에 대해서는 합의의 존재를 쉽게 인정하지 않는 경향이 있다고 한다.[27] 합의의 존재여부에 대한 법원의 판단은 개별적인 사안에 따라 달라질 수 있지만 가입과 탈퇴나 보유주식의 처분 등이 자유로운 일반적인 소액주주연대의 경우에는 앞서 언급한 ① 공동취득 또는 처분, ② 주식의 상호양수도, ③ 의결권의 공동행사에 관한 구속력 있는 합의를 인정할 수 있는 경우가 많지 않을 것이다.[28]

法務 제2367호(2024) 69면.

24) Ibid.

25) 일본에서는 2024년 금융상품거래법을 개정하여 공동하여 의결권 기타의 권리를 행사하기로 합의한 경우에도 ① 이들이 금융상품거래업자, 은행 등 소정의 기관투자자이고, ② 중요제안행위등을 행할 것을 합의의 목적으로 하지 않았으며, ③ 합의가 개별적인 권리행사별 합의로 시행령의 정함에 따를 것이라는 요건을 갖춘 경우에는 공동보유자에서 명시적으로 제외하고 있다(§27-23(5)). 2025년 7월 개정된 시행령은 위 ③의 합의의 요건으로 다음 3가지를 들고 있다(§14-6-3). ⓐ 주주총회별로 하는 합의일 것, ⓑ 합의의 대상인 의안을 다른 의안과 명확하게 구별할 수 있게 특정할 것, ⓒ 합의대상인 의안에 대한 찬부를 정하고 당해의안에 대해서 공동하여 의결권을 행사할 것.

26) 오주현/이현우, 전게논문, 88~90면.

27) Id. 89면.

28) Ibid. 한편 인터넷사이트에서 소액주주운동을 제안하며 구체적인 단계별 계획을 밝힌 주주에게 위임장을 교부한 주주들이 "정기주주총회에 상정될 의안의 내용을 알고, 그 의안에 대한 의견을 정하여, 다른 소액주주와 의결권을 공동으로 행사할 목적으로 C에게 주주총회 의결권 행사 권한을 위임한 것으로 보인다"고 판시한 하급심 결정례도 있다(부산지방법원 2015. 3.25.자 2015카합10128 결정).

4. 보유의 의미 – 소유개념의 확장

대량보유보고의 핵심은 경영권에 대한 영향이고 경영권에 대한 영향의 판단에서 핵심은 의결권에 대한 실질적 지배라고 할 수 있다. 의결권에 대한 실질적 지배는 반드시 주식을 법적으로 소유해야만 확보할 수 있는 것은 아니다. 그리하여 자본시장법은 민법상의 소유에 한정하지 않고 "보유"라는 보다 융통성 있는 개념을 채택하고 있다. 자본시장법은 보유를 "소유 그 밖에 이에 준하는 경우로서 대통령령이 정하는 경우"로 정의한다(§133(3)). 그에 따라 시행령은 다음과 같은 경우를 제시한다(令§142).

① 누구의 명의로든지 자기의 계산으로 주식등을 소유하는 경우

② 법률의 규정이나 매매, 그 밖의 계약에 따라 주식등의 인도청구권을 가지는 경우

③ 법률의 규정이나 금전의 신탁계약·담보계약, 그 밖의 계약에 따라 해당 주식등의 의결권(의결권행사를 지시할 수 있는 권한을 포함)을 가지는 경우

④ 법률의 규정이나 금전의 신탁계약·담보계약·투자일임계약, 그 밖의 계약에 따라 해당 주식등의 취득이나 처분의 권한을 가지는 경우

⑤ 주식등의 매매의 일방예약을 하고 해당 매매를 완결할 권리를 취득하는 경우로서 그 권리행사에 의하여 매수인으로서의 지위를 가지는 경우

⑥ 주식등을 기초자산으로 하는 [옵션(§5(1)(ii))을] 가지는 경우로서 그 권리의 행사에 의하여 매수인으로서의 지위를 가지는 경우

⑦ 주식매수선택권을 부여받은 경우로서 그 권리의 행사에 의하여 매수인으로서의 지위를 가지는 경우

이상에서 보는 바와 같이 시행령은 사실상으로 소유하는 경우를 넘어서 장차 소유권을 취득할 가능성이 있는 경우와 의결권행사에 영향을 미칠 수 있는 경우까지 폭넓게 포함시키고 있다. 먼저 사실상의 소유에 해당하는 위 ①에 의하면 주식을 자기계산으로 소유하는 자는 그 명의에 관계없이 보고의무를 진다(대법원 2005. 3.24. 선고 2004도8963 판결). 이어서 현재 소유하는 것은 아니지만 소유의 가능성이 있는 경우에는 ②, ⑤~⑦이 속한다. ②의 대표적인 예로는 주식의 매매계약을 체결

하였으나 이행기가 도래하기 전의 매수인을 들 수 있다(대법원 2011.7.28. 선고 2008도5399 판결). ⑤의 매수에 관한 예약완결권을 갖는 경우에는 그 권리의 행사 시점이 아니라 그 권리의 취득 시점에 보유하는 것으로 본다(대법원 2002.7.22. 선고 2002도1696 판결). ⑥은 주식 등에 대한 콜옵션을 갖는 경우를 말한다. ⑦은 주식매수선택권, 즉 스톡옵션을 부여받은 경우로 그 행사로 매수인으로서의 지위를 가져야 하므로 신주나 자기주식을 교부받거나 적어도 시가와 행사가격의 차이에 해당하는 자기주식을 교부받을 필요가 있고 시가와 행사가격의 차액을 현금으로 지급받는 경우는 제외된다.[29] 끝으로 의결권 행사에 영향을 미칠 수 있는 경우로는 ③과 ④가 있다. ③의 경우 위임장에 의한 대리권만 갖는 대리인은 제외된다. ④는 특정금전신탁을 통해서 주식을 취득하는 경우나 뮤추얼펀드 등 자산운용회사가 자산운용권을 갖는 경우도 포함하지만 실무상 중요한 것은 담보계약의 경우이다.[30] 은행이 회사에 대출할 때 대주주의 소유주식을 담보로 취득하는 일은 금융실무상 흔하고 반드시 경영권의 향방에 영향을 주는 것도 아닌데 그때마다 보고의무가 발생한다고 보는 것은 불합리하기 때문이다. 실무상으로 주식의 담보계약의 경우 담보권자는 주식에 대한 담보권을 갖는 것만으로는 보유로 보지 않지만 채무자의 채무불이행과 같이 담보물의 처분권을 발생시키는 사유가 발생한 경우에는 보유에 해당하는 것으로 본다.[31] 다만 대량보유자가 보유주식을 담보로 제공한 경우에는 후술하는 변경보고의무가 발생한다. 실제로 보유주식에 대한 담보설정에 대해서 보유보고를 이행하지 않았다는 이유로 의결권 행사를 제한한 사례가 종종 발견된다.[32]

보유와 총수익스왑계약[33]

최근에는 대량보유보고의무를 피하기 위하여 장외파생상품거래를 통하여 주식의 의결권을 확보하는 방안이 널리 활용되고 있다. 그중 대표적인 수단이 바로 '총수익스

29) 실무안내, 379~380면.

30) 담보계약에 의하여 당해 주식등의 취득 또는 처분권한을 갖는 경우를 보유로 보는 것에 대해서는 비판도 있다. 고창현/허영만, "개정증권거래법 검토," 인권과 정의 제248호(1997.4), 19면.

31) 실무안내, 458면.

32) 수원지방법원 성남지원 2018.9.20. 선고 2018카합50333 결정 등. 그러한 판례의 태도를 비판하는 견해로 오주현/이현우, 전게논문, 91면.

33) 상세한 것은 임정하, "총수익스왑약정과 자본시장법상 대량보유보고규제," 증권법연구 제18권 제1호(2017), 69면 이하.

왑계약'(total return swap: TRS)이다.[34] 예컨대 A(총수익수령자)가 금융기관 B(총수익지급자)와 X회사의 주식에 대한 TRS를 체결한 경우 B는 위험헤지(hedge)를 위하여 X회사 주식을 취득하는 것이 보통이다. TRS계약상 B가 그 주식의 의결권을 A의 지시에 따라 행사할 의무가 있는 경우라면 대량보유보고의 목적상 그 주식은 위 ③에 따라 A의 보유에 속하는 것으로 본다. 또한 당해 TRS계약이 현물인도결제방식을 택한 경우라면 위 ④나 ⑤에 따라 주식을 보유하는 것으로 볼 수 있다. 그렇다면 TRS계약에 A의 지시권이 규정되어 있지도 않고 차액결제방식을 택한 경우라면 어떠한가? 그런 경우에도 B는 현실적으로 구태여 A의 의사에 반하여 의결권을 행사할 이유는 없는 경우가 많다. 또한 계약상 차액결제하기로 합의하였더라도 A가 실물의 양수를 원하고 B가 실물을 보유하고 있는 경우라면 B가 굳이 현물인도결제를 거부할 이유가 없을 것이다. 따라서 일단 A와 B사이에 TRS계약이 존재하는 경우에는 대상주식을 보유주식 수에 포함시킬 필요가 존재하며 실제로 그렇게 해석하는 입법례도 존재한다.[35]

보유와 주식대차

주식대차는 차입자가 대여자로부터 대차수수료를 대가로 주식을 차입하고 일정 기간 후 동종·동량의 주식을 반환하기로 하는 거래로 주식의 소유권이 차입자에게 이전된다는 점에서 소비대차계약에 해당한다.[36] 차입자가 대차거래기간 중에 당해 주식으로부터 취득한 배당 등 수익은 대여자에게 인도하는 것이 보통이지만[37] 차입자가 처분권을 갖고 의결권도 달리 약정이 없으면 차입자가 행사한다. 차입자의 경우 차입주식은 차입자의 소유에 속하므로 보고대상에 포함되지만 대여자의 경우에는 보유형태가 실질적인 소유에서 주식의 인도청구권으로 변경되므로 변경보고의무가 발생한다.

34) TRS계약은 자본시장법 외에 회사법이나 공정거래법 등의 규제를 피하기 위한 목적으로 활용되는 경우가 많다. 정순섭, "총수익률스왑의 현황과 기업금융법적 과제," BFL, 제83호(2017.5), 6면.

35) 미국의 연방증권거래법규정은 실질적 소유자에 합의만이 아니라 "양해, 관계 또는 기타의 방법"(understanding, relationship or otherwise)을 통해서 의결권이나 처분권을 공유하는 자도 포함시키고 있다(17 CFR §240.13d-3(a)). 미국에서의 논의에 관해서는 KBLN 2020.9.30.자.

또한 독일의 증권거래법(Wertpapierhandelsgesetz)에 의하면 보고의무자에는 주식을 취득할 수 있는 권리와 경제적으로 유사한 효과를 가진 금융상품의 보유자도 포함되며 그 경우 현물인도결제를 요구할 수 있는지 여부는 불문한다고 규정한다(§38(1)).

36) 박준/한민, 금융거래와 법(4판 2024), 711면.

37) 박준/한민, 전게서, 713면.

5. 보유비율

대량보유보고의무는 보유비율이 5%에 달하는 경우에 발생한다. 여기서 보유비율은 ①특별관계자를 포함한 본인이 보유하게 되는 "주식등"의 수를 ②"그 주식등의 총수"로 나눈 비율을 말한다(§147(1)).[38] 분자인 ①의 "주식등"에는 주식은 물론이고 주식관련사채등도 포함된다. 주식관련사채등은 신주인수권이 표시된 것, 전환사채, 신주인수권부사채, 교환사채, 파생결합증권, 증권예탁증권 등을 가리킨다(규칙§17(1), (3)).[39]

한편 분모인 ②의 "그 주식등의 총수"는 의결권 있는 발행주식총수(자기주식을 포함)에 본인이 보유하는 주식관련사채등을 합한 것이다(규칙§17(2)). 여기서 말하는 주식관련사채등에는 신주인수권이 표시된 것, 전환사채, 신주인수권부사채만이 포함된다.[40] 한편 주식매수선택권을 부여하는 경우에는 그 행사로 인하여 매수할 의결권 있는 주식을 위 ①과 ②에 각각 합산한다.[41]

Ⅳ. 보고의무의 내용

1. 개요

자본시장법상 대량보유자는 원칙적으로 보고의무 발생일부터 5일 이내에 "그 보유상황, 보유 목적(발행인의 경영권에 영향을 주기 위한 목적 여부를 말한다), 그 보유 주식등에 관한 주요계약내용" 등 시행령으로 정하는 사항을 금융위와 거래소에 보고해야 한다(§147(1)). 예외적으로 ① 보유목적이 "발행인의 경영권에 영향을 주기 위한 것"이 아닌 경우(비(非)경영권 영향 목적)와 ② 전문투자자 중 대통령령으로 정하는 자(특례 전문투자자)의 경우에는 보고내용과 보고시기 등을 시행령으로 달리

38) 복수의결권 주식을 발행한 벤처기업의 경우에는 주식 대신 의결권의 수를 기준으로 산정한다(벤처기업법 §16-15).

39) 이들의 수를 산정하는 방법은 증권의 유형별로 시행규칙이 정하고 있다.

40) 교환사채, 증권예탁증권, 파생결합증권, 권리행사시 발행회사가 보유하는 자기주식을 교부하는 방식의 주식매수선택권 등은 ①의 발행주식총수에 이미 포함되어 있으므로 분모 계산 시 별도로 가산하지 않는다.

41) 다만, 자기주식을 대상으로 하는 주식매수선택권의 경우에는 ②에는 합산하지 않는다(규칙§17(3) 단서).

정할 수 있다.

2. 보고의 주체와 상대방

(1) 보고의 주체

보고의 주체는 보유비율이 5%에 달하는 경우의 보유자이다(§147(1)).[42] 특별관계자가 있는 경우에는 해석상 본인과 특별관계자가 각각 보고의무를 부담한다.[43] 다만 시행령은 보유 주식 등의 수가 가장 많은 자를 대표자로 선정하여 연명으로 보고할 수 있도록 하고 있다(令§153(4)).

조합은 개별 법령상 설립 또는 운영의 근거가 있는 법령상 조합과 그렇지 않은 민법상 조합으로 구분된다. 벤처투자조합을 비롯한 법령상 조합의 경우는 조합 명의로 보고할 수 있다.[44] 그러나 민법상 조합의 경우에는 조합 그 자체는 법인격이 없으므로 모든 조합원을 공동보유자로 보아 각각의 조합원이 보고의무자가 된다.[45]

(2) 보고의 상대방

보고의 상대방은 금융위와 거래소이다(§147(1)). 문제는 가장 관심이 많을 대상회사에 보고할 필요가 있는지 여부이다. 舊증권거래법은 상법상 10% 초과 주식취득 통지의무(§342-3)와는 달리 대상회사에 직접 통지할 것을 요구하지는 않았다. 그러나 자본시장법은 대량보유자는 금융위 등에 보고한 후 지체없이 발행인에게도 대량보유보고서를 송부하도록 하고 있다(§148).[46]

3. 보유목적

(1) 보유목적의 구분

자본시장법은 보유목적에 따라 보고의무의 내용을 달리 규정하고 있다. 자본시

42) 현행법상으로는 국가, 지방자치단체, 정부기금도 보고의무를 부담한다(令§154(2)).

43) 실무안내, 389면. 대량보유보고의무 위반으로 인한 자본시장법 위반죄는 "그 규정 형식과 취지에 비추어 보면" 구성요건이 부작위에 의해서만 실현될 수 있는 진정부작위범에 해당하므로 "그 공동정범은 그 의무가 수인에게 공통으로 부여되어 있는데도 수인이 공모하여 전원이 그 의무를 이행하지 않았을 때 성립"할 수 있다(대법원 2022.1.13. 선고 2021도11110 판결).

44) 실무안내, 481면.

45) Id. 482면.

46) 독일 증권거래법은 회사에 대한 통지의무도 인정하고 있다(§43(1)).

장법상 보유목적은 먼저 "경영권에 영향을 주기 위한 것"인 경우(경영권영향목적)와 그렇지 않은 경우(비경영권영향목적)로 나누고(§147(1)후단) 후자를 다시 '단순투자목적'과 '일반투자목적'으로 나눈다. 자본시장법은 원칙적으로 경영권영향목적이 있는 경우를 염두에 두고 규정하고 경영권영향목적이 아닌 경우에는 특례를 적용하는 방식으로 규율한다.

(2) 경영권영향목적

자본시장법은 경영권영향목적을 폭넓게 정의하고 있다. 이 부분이야말로 대량보유보고제도의 경영권보호기능이 특히 두드러지는 대목이라고 할 수 있다. 그에 따르면 경영권영향목적은 "다음의 어느 하나에 해당하는 것을 위하여 회사나 그 임원에 대하여 사실상 영향력을 행사하는 것을 말한다"(§147(1), 슈§154(1)).

① 임원의 선임·해임, 직무의 정지[47)]

② 이사회 등 회사의 기관과 관련된 정관의 변경[48)]

③ 회사의 자본금의 변경[49)]

④ (과거 이곳에는 배당결정이 포함되어 있었으나 2020년 개정으로 삭제)

⑤ 회사의 합병, 분할과 분할합병

⑥ 주식의 포괄적 교환과 이전

⑦ 영업전부 또는 중요한 일부의 양수·양도

⑧ 자산 전부 또는 중요한 일부의 처분

⑨ 영업전부의 임대 등의 중요한 계약

⑩ 회사의 해산

회사나 임원에 대한 "사실상 영향력"의 행사에는 주주제안권이나 주총소집청구권을 행사하거나 제3자에게 행사하도록 하는 것, 그리고 의결권 대리행사를 권유하는 것은 포함하지만 단순한 의견전달이나 대외적인 의사표시는 제외한다(슈§154(1)). 법원은 경영권영향목적을 유연하게 해석한다. 경영권영향목적은 그것이

---

47) 다만 해임청구나 위법행위유지청구의 경우는 제외.

48) 다만 국민연금이나 예금보험공사와 같이 금융위가 정한 자가 지배구조개선을 위해 사전에 공개한 원칙에 따르는 경우는 제외한다(예컨대 유죄확정이사의 자격상실).

49) 신주발행유지청구의 경우는 제외.

확정적인 경우뿐 아니라 향후 거래실정에 따라 그러한 행위를 할 의사를 가지고 그 것이 단순투자목적과 대등한 정도인 상태에서 주식을 취득하는 경우도 포함된다 (서울행정법원 2008.9.5. 선고 2008구합23276 판결).

자본시장법은 위와 같이 경영권영향목적을 구체적으로 세분하여 제시하고 있고 발행공시규정은 보유목적을 기재할 때 "구체적인 계획 또는 방침 등"을 기재하도록 하고 있으나(§3-10(1)(iii))[50] 실제로 대량보유자가 보유목적을 그렇게 구체적으로 제시하는 사례는 드물었다고 한다.[51]

(3) 비경영권영향목적: 단순투자목적과 일반투자목적

단순투자목적은 의결권, 신주인수권, 배당청구권 등 "보유하는 주식 등의 수와 관계없이 법률에 따라 보장되는 권리만을 행사하기 위한" 경우를 가리킨다(令 §154(3)(i)). 단순투자목적은 소극적인 투자자를 전제한다. 그러나 전술한 바와 같이 최근에는 국내외적으로 회사경영에 대해서 주주, 특히 기관투자자가 적극적으로 의견을 표명하는 행동을 긍정적으로 보는 경향이 있다. 전세계적으로 급속히 확산된 스튜어드쉽코드가 그 대표적인 증거이다. 우리 정부도 2020년 스튜어드쉽코드의 채택을 계기로 경영권영향목적에 해당한다고 보기는 어렵지만 단순투자목적을 벗어나 투자자로서의 권리를 적극적으로 주장하는 투자자를 포섭하기 위하여 '일반투자목적'이란 새로운 유형을 추가로 채택하였다. 일반투자목적에 해당하는 것은 과거 경영권영향목적으로 포함되어 있었으나 후에 제외된 유형의 행위로 ① 회사나 임원의 위법행위에 대응하여 임원 해임 청구권, 유지청구권(상법 §§385(2), 402, 424)을 행사하는 경우, ② 공적연기금 등이 투자대상기업 전체의 지배구조 개선을 위하여 사전에 공개한 원칙에 따라 이사회 등 회사의 기관과 관련된 정관의 변경을 추진하는 경우, ③ 회사의 배당에 대한 주주활동 및 ④ 단순히 의견을 전달하거나 대외적으로 의사를 표시하는 행위 등이다.[52] 이러한 비경영권 영향 목적의

50) 실무안내도 구체적 계획이 수립된 경우에는 그것을 기재하도록 하고 있다. 462~463면.

51) 오주현/이현우, 전게논문, 84면. 보유목적에서 구체적 계획까지 기재하도록 한 발행공시규정의 해당조항(§3-10(1)(iii))은 자본시장법 및 동법 시행령에서 위임근거를 찾을 수 없다는 이유로 대외적 구속력을 갖는 법규명령의 효력을 갖지 않는다고 설시한 판례로 서울중앙지방법원 2023.3.30. 자 2023카합20252 결정.

52) 오주현/이현우, 전게논문, 82면.

경우에는 정식보고 대신 약식보고를 할 수 있지만 일반투자목적의 경우에는 단순투자목적의 경우보다 강한 공시의무가 부과된다(§147(1)).

4. 특례 전문투자자

자본시장법은 일정한 전문투자자의 경우에는 보고내용, 보고시기 등을 시행령으로 달리 정할 수 있다고 규정한다(§147(1)후단). 시행령은 특례 전문투자자를 크게 ① 국가, 지방자치단체, 한국은행과 ② 금융위가 정하여 고시하는 자로 구분하고 있다(令§154(2)).[53] 이하에서 보는 바와 같이 자본시장법은 ①와 ②에 대해서 보고내용과 보고시기를 달리 정하고 있다.

5. 보고내용

(1) 원칙

보고내용은 투자자 유형과 보유목적에 따라 차이가 있다. 가장 엄격한 것은 경영권영향목적을 가진 일반투자자의 경우로 이곳에서는 그 경우만을 간단히 살펴본다. 이 경우의 보고사항은 "그 보유상황, 보유 목적(발행인의 경영권에 영향을 주기 위한 목적 여부를 말한다), 그 보유 주식등에 관한 주요계약내용, 그 밖에 대통령령으로 정하는 사항"이다(§147(1)전단). 시행령은 보고할 사항을 정하는 한편 다시 금융위의 발행공시규정에 위임하고 있다(令 §153(2)). 발행공시규정은 시행령에 정한 사항을 포함하여 보고사항을 다음과 같이 정하고 있다(규정§3-10).

① 발행인에 관한 사항

② 대량보유자 및 그 특별관계자에 관한 사항

③ 보유목적(令§154 각 호 행위에 대한 구체적 계획 또는 방침 등을 포함)

④ 변동사유

⑤ 보고자 및 특별관계자별 보유 또는 변동 주식의 종류 및 수

⑥ 보고자 및 특별관계자별 취득 또는 처분 일자·가격 및 방법

⑦ 보고자 및 특별관계자별 보유형태

⑧ 취득에 필요한 자금 또는 교환대상물건의 조성내역(조성경위 및 원천. 차입의

53) ②에 관하여 금융위는 증권금융회사, 예금보험공사, 한국예탁결제원 등의 기관으로서 경영권에 영향을 미칠 목적이 없는 자로 규정하고 있다(발행공시규정 §3-14).

경우 차입처, 차입기간 등 포함)

⑨ 보유주식등에 관한 신탁계약·담보계약 기타 주요계약 내용

위에서 "보유상황"은 소유와 보유 등 보유형태에 관한 사항을 의미하며, '주요계약'은 주식등과 관련하여 체결된 담보계약, 신탁계약, 대차계약, 장외매매계약, 콜옵션계약, 환매조건부계약 등을 말한다.[54] 위에서 특히 대량보유자의 관점에서 특히 부담스러운 것은 ⑧의 자금조성내역이다. 취득자금은 자금의 원천을 자기자금, 차입금, 기타 자금으로 구분하여 자금형태별로 조성내역을 기재해야 한다.[55] 경영자와 투자자의 관점에서 자금조성내역은 보유목적을 파악하고 향후의 전개를 예측하는데 중요한 정보라고 할 수 있지만 대량보유자의 신용관련정보를 공개하는 것은 지나치다는 비판도 존재한다.[56]

(2) 약식보고서

위에 살펴본 원칙적인 경우가 아니라 대량보유자가 경영권영향목적이 없거나 전술한 특례 전문투자자에 해당하는 경우에는 약식보고서를 사용할 수 있다(§147(1), 令§154(3)-(5)). 약식보고서는 다음과 같이 나눌 수 있다.

① 특례 전문투자자가 아닌 자의 非경영권영향목적투자의 경우는 보고사항이 단순투자목적인 경우와 일반투자목적인 경우로 나누어 규정되어 있다(令§154(3)(i), (ii)).

② 특례 전문투자자인 경우에는 국가, 지방자치단체, 한국은행과 그 외의 특례 전문투자자를 구분하여 보고사항을 정하고 있다. 전자의 경우에는 보고사항이 동일하지만(令§154(4)) 후자의 경우에는 보유목적의 유형에 따라 각각 다른 보고사항을 규정하고 있다(令§154(5)).

---

54) 실무안내, 454면.

55) Id. 506면. 舊증권거래법하의 사안에서 대법원은 취득자금이 자기자금인지 차입금인지 여부는 그 공시 등의 진정성, 추가 주식 취득의 가능성, 경영권 분쟁의 발생이나 M&A의 성공 가능성과 그 후의 투자 적정성 등을 판단하는 기본적이고 중요한 자료가 되는 점에서 중요사항에 해당한다고 판시한 바 있다(대법원 2006.2.9. 선고 2005도8652 판결).

56) 고창현/허영만, 전게논문, 20면.

6. 보고기한

대량보유자는 5% 이상의 주식을 보유하게 된 날로부터 5일[57] 이내에 보고해야 한다(§147(1)전단; 令§153(1)). 변동보고는 변동된 날부터, 그리고 변경보고는 변경이 있는 날로부터 각각 5일 이내에 보고서를 제출해야 한다(§147(4)).[58] 자본시장법은 非경영권영향목적의 보유와 특례 전문투자자에 대해서는 시행령으로 보고시기를 달리 정할 수 있음을 인정한다(§147(1)).[59] 시행령은 보고의무가 발생하는 시점에 관한 기준일, 즉 보고기준일에 대해서는 정하고 있다(令§153(3)). 그에 의하면 예컨대 증권시장에서 주식 등을 매매한 경우의 기준일은 결제일이 아니라 계약체결일이다(令§153(3)(iii)).[60] 한편 변경보고의 경우에는 보고사유발생일을 기준일로 한다.

V. 변동보고와 변경보고

1. 변동보고

자본시장법상 보고자는 "그 보유 주식 등의 수의 합계가 그 주식 등의 총수의 1% 이상 변동된 경우에는 그 변동된 날로부터 5일 이내에 그 변동내용을 보고해야 한다(§147(1)). 다만 "그 보유주식 등의 수가 변동되지 아니한 경우" 또는 시행령이 정한 경우에는 변동보고의무가 면제된다. 시행령은 주주배정증자에서 그 배정된 주식만을 취득하거나 전환사채나 신주인수권부사채 등에 주어진 권리행사로 발행되는 주식 등의 발행가격 조정만으로 보유 주식 등의 수가 증가하는 경우 및 자

57) 공휴일, 근로자의 날, 토요일은 산입하지 않는다.

58) 일단 5% 취득이나 1% 이상 변동으로 보고의무가 발생했으나 아직 보고서를 제출하기 전에 추가로 1% 이상을 취득하게 되면 당초의 보고서에 변동내용도 포함해야 한다(§147(3)).

59) ① 특례 전문투자자가 아닌 자가 非경영권 영향 목적 투자를 하는 경우 중 단순투자목적인 경우에는 의무발생일이 속하는 달의 다음달 10일까지, 단순투자목적이 아닌 경우(일반투자목적)에는 변동 있는 날로부터 10일 이내에 보고해야 한다(令§154(3)). ② 특례 전문투자자인 경우에는 국가, 지방자치단체, 한국은행의 경우와 그 밖의 특례 전문투자자의 경우를 나누어 전자의 경우에는 의무발생일이 속하는 분기의 다음달 10일까지(令§154(4)) 보고하고 후자의 경우에는 보유목적에 따른 상세한 특례규정(令§154(5))을 두고 있다.

60) 증권시장에서 주식을 매매하였으나 계약체결일이 아닌 결제일에 변동보고의무가 발생한 것으로 잘못 알고 보고기한을 위반한 사안에서 보고의무위반에 대한 고의·중과실을 인정하여 의결권행사금지가처분신청을 인용한 판례로 서울동부지방법원 2021.4.27.자 2021카합10114 결정.

본감소로 보유 주식등의 비율이 변동된 경우 등을 면제되는 경우로 규정하고 있다(令§153(5)).

2. 변경보고

신규보고나 변동보고를 한 자는 "그 보유목적이나 그 보유주식 등에 관한 주요계약내용 등 대통령령으로 정하는 중요한 사항의 변경이 있는 경우"에는 5일 이내에 보고해야 한다(§147(4)). 시행령은 다음과 같은 경우를 중요한 사항으로 제시한다(§155).

① 보유목적

② 보유주식에 대한 신탁·담보계약, 그 밖의 주요계약 내용(해당 계약의 대상인 주식등의 수가 그 주식등의 총수의 1% 이상인 경우)[61]

③ 보유형태(소유와 소유 외의 보유 간에 변경이 있는 경우로 변경되는 주식등의 수가 총수의 1% 이상인 경우)

Ⅵ. 냉각기간

경영권 영향 목적을 갖게 된 투자자는 "사유가 발생한 날부터 보고한 날 이후 5일까지" 의결권 행사가 제한되며 주식의 추가취득도 금지된다(§150(2)). 이 기간을 '냉각기간'이라고 부른다. 법문상 냉각기간은 신규보고의 경우에는 적용되지만 변동보고의 경우에는 적용되지 않는다.[62] 냉각기간을 둔 취지는 경영진에게 기습적인 기업인수시도에 대해서 방어할 시간적 여유를 주기 위한 것이다. 과거 냉각기간의 기산일은 보고일이었으나 자본시장법은 사유발생일로 앞당겼다. 따라서 보고사유가 발생하게 되면 바로 냉각기간이 개시되어 추가적 주식매수가 금지된다. 냉각기간에 위반하여 취득한 주식은 의결권 행사 제한 및 처분명령의 대상이 된다(§150(3)). 냉각기간 중에는 보유주식 등의 의결권 행사가 금지되기 때문에 주주총회일이 임박한 시점에 우호주주 확보를 시도하다가는 오히려 의결권 행사가 제한

---

61) 주요계약에 해당하는지 여부는 보유주식등의 변동을 초래할 수 있는지 여부를 기준으로 판단한다. 주요계약에 해당되는 것으로는 대차계약, 장외 주식양수도계약, 콜옵션계약, 대량보유자가 보유주식을 대상으로 하여 발행하는 교환사채가 있고 그에 해당하지 않는 것으로는 보호예수계약이 있다. 실무안내, 380면.

62) Id. 394면. 같은 취지의 결정으로 서울중앙지방법원 2010.3.17.자 2010카합521 결정.

되는 결과를 초래할 우려가 있다.[63]

Ⅶ. 보고의무의 면제

1. 보고의무면제자

과거에는 대량보유자 중에서 국가, 지방자치단체, 당해주식등의 발행인 등과 같이 경영권과 무관한 것으로 여겨지는 주체에 대해서는 보고의무를 면제하기도 했다. 그러나 투자자에게 주식소유구조에 대한 정보를 제공한다는 관점에서는 그러한 주체에 대해서도 보고의무를 부과할 필요가 있다. 다만 자본시장법은 국가, 지방자치단체 등 일정한 전문투자자의 경우에는 보고시기와 내용을 간소화하고 있다(§147(1)후단; 令§154(2), (4)).

2. 변동보고의무의 면제

보유주식비율이 1% 이상 변동했더라도 보유주식등의 수에 증감이 없는 경우와 시행령이 정하는 경우에는 변동보고의무가 면제된다(§147(1)전단). 시행령은 ① 주주배정증자에서 배정분만을 취득하는 경우, ② 자본감소로 보유주식등의 비율이 변동된 경우 등의 경우에는 변동보고의무를 면제하고 있다(令§153(5)).

Ⅷ. 보고의무위반에 대한 제재

1. 의의

보고의무위반에 대한 제재도 행정제재, 형사제재, 민사제재의 3가지로 나누어 볼 수 있다. 형사제재는 ① 중요한 사항에 대한 부실표시를 한 경우,[64] ② 보고의무를 이행하지 않은 경우,[65] ③ 금융위의 처분명령에 위반한 경우[66] 등 위법성의 정도에 따라 차등적으로 처벌한다. 민사제재로는 불법행위로 인한 손해배상책임이 성립할 가능성을 부정할 수 없을 것이다.[67] 그러나 형사제재나 민사제재보다 실무

63) 오주현/이현우, 전게논문, 91~92면.

64) 5년 이하의 징역 또는 2억원 이하의 벌금(§444(xviii)).

65) 3년 이하의 징역 또는 1억원 이하의 벌금(§445(xx)).

66) 1년 이하의 징역 또는 3천만원 이하의 벌금(§446(xxvi)).

67) 독일에서는 증권거래법 제33조 이하의 규정이 민법 제823조 제2항상의 보호법규(Schutzgesetze)

상 중요한 것은 행정제재이다. 보고의무위반에 대해서는 정정명령과 거래정지나 금지 외에 임원에 대한 해임권고 등 시행령에 정한 조치(§151(2)) 외에 과징금(§429(4))을 부과할 수 있다. 이러한 일반적 제재 외에 자본시장법은 규제의 실효성을 높이기 위해서 '의결권행사 제한'과 '주식처분명령'(§150조, 令§§157, 158)과 같은 특별한 제재를 마련하고 있다. 이러한 특별제재는 매우 강력한 것으로 비교법적으로는 희귀한 제도라고 할 수 있다. 의결권 제한은 미국에서도 허용되지만[68] 처분명령은 그 예를 찾기 어렵다.[69] 이하에서는 의결권행사 제한과 주식처분명령을 중심으로 설명한다.

2. 의결권행사 제한

(1) 의의

자본시장법은 보고의무를 이행하지 않거나 중요사항을 부실표시한 자가 일정한 기간 동안 의결권 있는 발행주식총수의 5%를 초과하는 부분 중 위반분에 대해서 그 의결권을 행사하는 것을 제한한다(§150(1)). 시행령은 대량보유자와 그 특별관계자, 보유목적, 보유·변동주식등의 종류와 수, 취득·처분일자, 보유주식등에 관한 주요계약내용 등을 중요사항에 포함하고 있다(令§157). 실제로 보고의무 위반을 근거로 의결권 행사가 제한되는 사례는 드물지 않다.

에 해당하여 개별투자자의 불법행위로 인한 손해배상책임을 뒷받침할 수 있는지에 대해서는 학설이 나뉘고 있다. Poelzig, 374.

68) 미국에서는 법원이 실제로 의결권제한이나 주식의 처분을 명하는 경우는 거의 없다. 이에 관한 대표적인 판결은 연방대법원의 Rondeau v. Mosinee Paper Corp, 422 U.S. 49(1975)이다. 이 판결의 사안은, 갑이 을회사 주식의 5%를 초과하여 취득하였음에도 부주의로 인하여 보고서를 3개월 이상 제출하지 않은 것을 근거로, 을이 의결권제한을 구한 경우이다. 원심인 제7항소법원은 을의 청구를 받아들여 보고서제출의무를 위반한 시점부터 현실적으로 제출한 시점까지 사이에 취득한 주식에 대해서 5년간 의결권행사를 금지했다(500 F.2d 1011 (7th Cir. 1974)). 그러나 연방대법원은 이와 같은 'injunction'을 얻는 데 필요한 '회복할 수 없는 손해'(irreparable harm)의 증명을 을이 하지 못했다는 이유로 원심판결을 파기하였다. 이 판결은 부주의로 인한 보고의무위반과 의결권제한이 문제된 사안이지만, 일반적으로 하급심에서는 대량보유보고의무위반에 대한 구제수단으로 의결권제한이나 주식처분은 허용되지 않는 것으로 이해하고 있다. John C. Coffee Jr. & Joel Seligman, Securities Regulation (9th ed., 2003), 778.

69) 일본에서는 특별제재는 허용되지 않고 있다. 최근 금융상품거래법 개정에서는 의결권 제한을 도입하자는 논의가 있었으나 결국 성사되지는 못했다.

(2) 제한대상인 위반분

의결권 행사가 제한되는 대상은 "5%를 초과하는 부분 중 위반분"이다. 예컨대 X가 Y회사 주식 7%를 취득하고 5일 이내에 보고하지 않거나 보유목적을 허위로 보고하는 경우에는 5%를 초과하는 부분인 2%가 모두 위반분에 해당할 것이다. X가 7%의 취득에 대해서는 보고의무를 제대로 이행했는데 추가로 2%를 취득하고서 변동보고를 하지 않은 경우라면 5%를 초과하는 부분인 4%에서 위반분은 2%에 해당할 것이다.

(3) 의결권 행사가 제한되는 기간

의결권 행사가 제한되는 기간은 시행령으로 정한다. 시행령은 제한기간을 두 가지 경우로 나누어 규정한다(令§158). ① 먼저 고의나 중과실로 위반한 경우에는 "해당 주식등의 매수등을 한 날로부터 그 보고를 한 후 6개월이 되는 날까지" 의결권 행사가 제한된다. ② 한편 법령에 따라 이미 대량보유상황이나 그 변동·변경내용이 금융위와 거래소에 이미 신고되었거나 정부의 승인·지도·권고 등에 따라 주식 등을 취득 또는 처분한 사실로 인한 "착오" 때문에 보고가 늦어진 경우에는 매수시점부터 그 보고를 한 날까지 의결권 행사가 제한된다. ②의 경우는 보고의무자의 경과실만이 인정되는 특별한 경우에 해당한다. 시행령은 ①과 ②의 어느 쪽에도 해당하지 않는 일반적인 경과실의 경우에 대해서는 명시적인 규정을 두고 있지 않다. 하급심 판례 중에는 공시담당직원이 보고의무의 존재는 인식하였으나 그 이행과정에서 착오로 보고를 누락한 경우에도 ②의 착오로 인한 보고지연과 동일시할 수 없다는 이유로 ①과 같은 제한기간을 적용한 사례가 있다(수원지방법원 2014.11.28.자 2014가합10151 결정).[70]

(4) 제한효과의 발생

의결권 행사의 제한이란 효과는 금융위의 처분을 요하지 않고 자동적으로 발생한다. 따라서 주주총회의 의장이 스스로 판단에 따라 의결권을 제한하는 것이 가능하고(부산지방법원 서부지원 2024.9.25. 선고 2023가합101955 판결)[71] 실제로 그런

---

70) 오주현/이현우, 전게논문, 86면에서 재인용. 법원은 보고의무와 관련하여 고의·중과실을 쉽게 인정하는 경향이 있는 것으로 보인다. Id. 87면.

71) Id. 88면에서 재인용.

사례도 드물지 않다.[72] 실무상 경영권분쟁의 상황에서 의결권 제한 여부는 결정적인 중요성을 갖기 때문에 사전에 주주측에서 의결권행사허용가처분을 구하거나 회사측에서 의결권행사금지가처분을 구하는 경우가 많다.[73]

한진칼 경영권분쟁과 의결권행사허용가처분

한진그룹의 지주회사인 한진칼의 경영권 다툼과 관련하여 공격주체인 펀드(KCGI)와 공동보조를 취하던 반도건설이 한진칼을 상대로 의결권행사허용가처분을 신청하였다. 그러나 법원은 대량보유 보고의무 위반을 이유로 신청을 기각하였다(서울중앙지방법원 2020.3.24.자 2020카합20509 결정). 법원은 반도건설이 보유목적을 단순투자로 기재한 상태에서 한진칼측을 지원하는 대가로 이사선임을 요구한 것은 변경보고사항임에도 보고하지 않은 것을 의무위반으로 판단하였다.

3. 위반분의 처분명령

자본시장법은 위반분의 의결권행사를 제한하는 것에서 한걸음 더 나아가 금융위의 처분명령권까지 규정하고 있다(§150(1)). 자동으로 효과가 발생하는 의결권행사 제한과는 달리 처분명령에 대해서는 금융위의 재량이 인정된다. 금융위는 처분을 명하면서 처분방법이나 기간 등에 관한 조건을 부과할 수 있다.[74] 한편 처분 후 의무자가 재취득을 할 수 있다면 처분명령의 실효성이 감소될 것이다. 그렇다고 해서 처분명령이 재취득금지를 당연히 포함하는 것으로 보는 것은 아니다. 또한 실무상으로도 처분명령을 내리며 재취득까지 명시적으로 금지하는 경우는 드물다.[75]

처분명령은 다른 나라에서 예를 찾아볼 수 없는 특별한 제도로[76] 대량보유보

72) 법원은 통상 보전의 필요성을 너그럽게 인정하고 있다고 한다.

73) Id. 85~86면. 주주총회 결의의 통과 후에는 사후적으로 의결권 행사의 제한에 대한 판단이 잘못되었음을 이유로 주주총회 결의의 취소를 구할 수 있을 것이다.

74) 예컨대 특정인의 매수가 가능한 방법을 배제하기 위하여 거래소 시장 내 매도로 한정하고 신고대량매매, 시간외매매, 통정매매등 특정인과 약속에 의하여 매매하는 방법을 제외하는 사례가 존재한다.

75) 2004년 금감위는 KCC가 현대엘리베이터주식을 취득하면서 보고의무를 위반했다는 이유로 거래소에서 처분하도록 명하면서 신고대량매매, 시간외매매, 통정매매 등 특정인과 약속에 의하여 매매하는 방법은 금지함으로써 KCC가 매수의 상대방이 되는 여지를 막았지만 지나친 재산권 제한을 피하기 위하여 그 주식의 재취득까지 금지하지는 않았다.

76) 일본법은 처분명령을 인정하고 있지 않고 미국에서도 판례법상 처분명령은 거의 인정하지 않고 있

고제도의 경영권 보호기능을 잘 보여주는 대목이라고 할 수 있다. 금융위의 "자본시장 조사업무규정"은 처분명령사유를 제한적으로 규정하고 있다(§27(ii), 별표 제3호 증권·선물조사결과 조치기준 7. 대량보유 등 보고의무 위반주식의 처분명령). 처분명령 사유로는 ① 보고의무 위반사실을 인지하면서도 지체없이 보고하지 않은 경우, ② 보고의무를 위반한 자의 보유주식수가 기존 대주주의 보유주식수를 초과한 경우, ③ 2년 내에 보고의무를 재차 위반한 경우, ④ 보고의무위반으로 경영권 분쟁 가능성이 있고 거래의 투명성 확보가 저해되는 등 대량보유보고제도의 취지에 현저히 반한다고 인정되는 경우 등이 포함된다.

처분명령에 관한 하급심 판례(서울행정법원 2008.9.5. 선고 2008구합23276 판결)

① 사실관계

원고들은 익명조합을 설립하여 7명의 투자자로부터 출자를 받아 2007.3.22.부터 2007.4.5.까지 A회사 주식 14.99%를 매수한 후, 3회에 걸쳐 금감위 및 거래소에 보유목적을 경영참가목적이 아닌 단순투자목적으로 보고하였고, 4.19.까지 17.64%를 매수한 후, 4.23.에 비로소 보유목적을 경영참가목적으로 변경하여 보고하였다.

피고(증권선물위원회)는 원고들이 경영참가목적으로 주식을 취득하였음에도 단순투자목적으로 보고한 것이 허위보고에 해당한다는 이유로, 원고들에 대하여 보유주식 일부를 거래소 시장 내에서 일정기한 내에 처분하라는 처분명령을 하였다. 이에 원고들은 피고의 주식처분명령의 취소를 구하는 소를 제기하였다.

② 법원판단

법원은 다음과 같은 이유로 원고의 청구를 기각하였다.

- 원고들은 "투자자들을 모집함에 있어 투자자들에게 소외 회사에 대한 M&A를 시도하여 회사의 실질적 가치 및 시장에서의 관심을 제고하는 것을 그 투자금의 회수 전략으로 설명하여 … 투자금을 지급받았으며, 원고들이 … A회사의 경영에 참가하는 것을 전제로 하여 법률자문을 받는 등 A회사의 경영에 참가를 위하여 준비를 하여 온

다. 대표적인 판결은 Liberty National Insurance Holding Co. v. Charter Co., 734 F. 2d 545 (1984). 사안에서 발행회사는 자신의 주식을 7% 보유한 주주를 상대로 주식취득이 사기적인 보고서에 기하여 이루어진 것을 근거로 보유주식의 처분을 구하고 처분 전까지는 의결권제한을 청구하였다. 연방 제11항소법원은 대량보유보고의무를 규정한 1934년법 제13조 (d)항에 의하면 발행회사가 주주의 주식매각을 강제할 권리는 없다고 판시하였다. 법원은 제13조 (d)항은 순전히 정보제공을 위한 규정이기 때문에 부정확한 보고에 대한 구제수단은 올바른 보고라고 하여 보고서의 수정을 요구하는 데 그쳤다. 즉 주식의 강제매각은 주가의 하락을 초래할 것인데 그러한 결과는 다른 주주들에게 불리할 것이며 제도의 취지에 반한다고 판시하였다.

과정 … 약 1개월에 불과한 짧은 기간, 원고들이 금감위및 거래소, 일반투자자들의 관심 등을 피하기 위하여 5개의 계좌를 이용하여 A회사의 주식을 매수한 주식취득방법 등 원고들이 A회사의 주식을 취득한 제반 사정을 고려하면, 원고들은 … 확정적인 경영참가목적으로 매수하였다고 할 것이[다]."

- "경영참가목적"은 그 목적이 확정적인 경우만을 의미한다고 할 수 없고, 적어도 향후 거래실정에 따라 경영참가목적의 행위를 하겠다는 의사를 가지고 단순투자목적과 대등한 정도의 경영참가목적을 가지고 주식을 취득하게 되는 경우도 포함된다고 할 것인데, 앞서 본 인정 사실에 비추어 보면, 원고들은 적어도 향후 거래실정에 따라 경영참가목적의 행위를 하겠다는 의사를 가지고 단순투자목적과 대등한 정도의 경영참가목적을 가지고 주식을 취득하였다는 사실을 넉넉히 추인할 수 있다고 할 것이다."

- 주식처분명령의 대상과 관련해서는 자본시장법이 "그 대상을 한정하거나 그 행사기간을 제한하는 규정을 두고 있지 아니한 점 등에 비추어 보면, 주식처분명령의 대상은 [5%]를 초과하는 부분 중 '위반분'을 의미하는 것으로, 6개월의 기간 동안 의결권 행사가 제한되는 주식에 한정된다고 볼 수 없다."

제3절 공개매수규제

Ⅰ. 서설

1. 의의 - 주식매집 수단으로서의 공개매수

대상회사 주식을 대량 취득하는 방법으로는 대체로 다음 3가지를 생각해 볼 수 있다. ① 대주주로부터의 직접 매수(상대매수), ② 거래소에서의 주식 매집(이른바 "street sweep"), ③ 공개매수.[77] ①의 상대매수는 제일 간단하면서도 널리 활용되는 방법이지만 대주주의 동의 없이는 추진할 수 없다. ②의 장내 매집행위는 대주주나 경영자의 동의 없이도 실행할 수 있지만 주가상승으로 인수가액의 폭등을 초래한다는 점에서 비현실적인 경우가 많다. 결국 경영자의 동의 없이 주식을 매집하는 수단으로 가장 적합한 것은 이곳에서 설명하는 ③의 공개매수이다. 일반적으로 공개매수란 장외에서 신문광고 등을 통해서 직접 대상회사 주주들을 상대로 일정

---

77) 대상회사의 제3자배정증자를 통하는 방법이 있지만 이는 주주로부터의 취득이 아니므로 이곳에서는 제외하기로 한다.

한 매수가액을 제시하고, 그에 응하여 매도의사를 표시한 주주들로부터 주식을 매수하는 일련의 행위를 말한다. 공개매수는 대상회사 경영자의 동의를 얻지 않고도 - 나아가 그들의 반대에도 불구하고 - 직접 대상회사 주주들로부터 단기간에 주식을 대량취득하여 경영권을 확보할 수 있는 수단이라는 점에서 적대적 기업인수에 널리 활용된다.

2. 공개매수의 구분

(1) 대가의 형태에 따른 구분: 현금공개매수와 교환공개매수

이는 대상회사 주주의 주식에 대하여 지급하는 대가가 현금인지 또는 증권인지에 따른 구분이다.[78] 교환공개매수와 관련해서는 두 가지 문제가 있다. ① 하나는 공개매수자[79]가 자신이 발행하는 신주를 대가로 이용하는 것이 허용되는지 여부의 문제이다. 이에 대해서는 후술한다. ② 교환공개매수의 또 하나의 문제는 공개매수자에 의한 증권의 양도가 자본시장법상 모집·매출에도 해당하는 경우의 문제이다. 자본시장법은 공개매수자의 교환공개매수가 증권신고서의 제출을 요하는 경우에는 첨부서류에서 증권신고서를 첨부할 것을 명시하고 있다(令§146(4)(vi)).

(2) 대상회사 경영진의 반대 여부에 따른 구분: 우호적 공개매수와 적대적 공개매수

공개매수는 경영진의 반대 여부에 따라 우호적 공개매수와 적대적 공개매수로 나뉜다. 실제로는 우호적 공개매수가 훨씬 더 많지만 일반대중의 관심을 더 끄는 것은 역시 적대적 공개매수 쪽이다. 적대적 공개매수가 감행되는 경우에는 대항매수를 포함한 복수의 공개매수가 경쟁적으로 진행될 가능성이 높다.[80]

(3) 공개매수의 주체에 따른 구분

공개매수는 그것을 추진하는 주체에 따라 회사 자체에 의한 공개매수(자기공개

---

78) 대상회사 주주에게 현금과 증권 중에서 선택하게 하는 경우도 공개매수에 해당한다.

79) 자본시장법은 "공개매수자"를 "공개매수공고를 한 자"(§134(2)), "공개매수예정자"를 "공개매수를 하려는 자"(§174(2)단서)라고 하여 양자를 구분한다.

80) 대표적인 예로는 2024년 고려아연의 경영권을 둘러싸고 전개된 경쟁적 공개매수를 들 수 있다. 이에 관해서는 송옥렬, "고려아연 경영권 분쟁의 전개," BFL 제130호(2025.3), 20면 이하.

매수)와 제3자에 의한 공개매수로 나눌 수 있다. 자기공개매수는 회사법상으로는 자기주식취득에 해당한다(상법 §341, 令§9(1)(ii)). 대상회사 자신에 의한 것도 아니고 제3자에 의한 것으로 보기도 어려운 경우로 대상회사의 대주주나 경영자에 의한 공개매수가 있다. 대주주나 경영자에 의한 공개매수로 주주 수가 줄어들게 되면 회사는 폐쇄회사로 전환된다는 점에서 그런 거래를 "폐쇄회사化"(going private)거래라고 한다. 미국이나 일본에서는 특히 사모펀드와 경영자가 공개매수를 통해서 공동으로 회사를 "폐쇄회사화"하는 사례가 많다. 이런 거래를 흔히 "management buy-out"(MBO)이라고 한다.[81]

3. 규제의 필요성

공개매수도 기본적으로는 매수자와 대상회사 주주사이의 주식거래라는 점에서 다른 사법상의 거래와 차이가 없다. 그럼에도 불구하고 공개매수에 대해서 사적자치의 원칙에 맡기지 않고 규제를 통해 간섭하는 근거는 무엇인가? 가장 먼저 떠오르는 것은 주주와 매수자 사이에 존재하는 정보의 비대칭이다. 공개매수는 다수의 주주로부터 대량의 증권을 취득하는 거래라는 점에서 다수의 투자자를 상대로 대량의 증권을 모집하거나 매출하는 거래와 반대방향의 거래이다.[82] 공모의 경우에는 증권을 모집하는 회사나 매출하는 대주주와 증권을 취득하는 투자자 사이에 심각한 정보비대칭이 존재하지만 공개매수의 경우 매수자와 상대방인 대상회사 주주 사이의 정보비대칭은 상대적으로 훨씬 덜 심각하다. 매수자도 회사정보와 관련해서는 대상회사 주주보다 크게 나을 것이 없기 때문이다.

이론적으로 공개매수의 규제근거로 더 많이 거론되는 것은 이른바 "매도의 압력"(pressure to tender)이다.[83] 매도의 압력이란 대상회사 주주가 매수자가 제시하는 가격이 자신이 생각하는 대상회사의 가치에 못미치는 경우에도 "울며 겨자 먹

81) 이 경우 인수자는 인수자금을 외부에서 차입하고 실질적으로 회사재산을 그 담보로 제공하는 것이 일반적이다. 이처럼 회사재산을 실질적인 담보로 조달한 자금으로 회사주식을 매입하는 거래를 "차입매수"(leveraged buy-out: LBO)라고 부른다. 특히 우리나라에서는 LBO가 형법상 배임죄에 해당하는지 여부가 많이 문제되고 있다. LBO에 관해서는 BFL 제24호(2007.7)에 게재된 논문들을 참조.

82) 엄격히 말해서 모집은 투자자가 '매수'가 아닌 '인수'를 하는 경우지만 유상으로 취득한다는 점에서 매수와 큰 차이가 없다.

83) 비슷한 것으로 "강압성"(coercion)이란 개념도 널리 사용된다.

기" 식으로 응할 수밖에 없는 상황에서 발생한다. 주주의 결정을 왜곡시키는 매도압력이 발생하는 이유는 다음과 같다. ① 매수자가 제시하는 가격이 자신의 평가보다 훨씬 낮더라도 다른 주주들이 매수에 응하는 경우에는 자신들만 소수주주로 전락하게 된다. ② 공개매수가 성공하여 유동주식 수가 감소하면 나중에 보유주식의 처분이 어려워질 수 있다. ③ 경영권을 확보한 지배주주가 기업가치를 훼손하는 거래를 통해서 사익을 추구하는 것을 억제하기 어렵다.[84)]

매도압력으로 인하여 주주들이 매도를 결정하게 되는 경우에는 기업가치를 하락시키는 기업인수가 실현될 위험이 커진다. 그리하여 대상회사 주주의 보호만이 아니라 자원의 효율적 배분의 관점에서도 매도압력을 적절히 통제할 필요가 있다. 그러나 매도압력 말고도 고려할 요소가 존재한다. 합병이나 영업양도와 달리 주식의 매수는 회사가 아닌 개별 주주를 상대로 하는 거래라는 점에서 주주사이에 불평등이 발생할 소지가 크다. 주주사이의 불평등은 주로 회사가치의 배분, 특히 경영권 프리미엄의 배분과 관련하여 발생하기 쉽다. 상법상 주주평등원칙은 회사와 기관의 행동만을 구속한다는 점에서 제3자가 주주로부터 주식을 매수하는 거래에서는 적용될 여지가 없다.[85)] 그럼에도 불구하고 각국은 정도의 차이는 있지만 주식의 매수와 관련해서도 주주평등을 추구하고 있다. 공개매수와 관련하여 주주평등을 어느 범위까지 추구할 것인가는 각국이 정책적으로 판단할 문제로 입법례에 따라 그 태도는 같지 않다. 공개매수가 실시되는 경우 주주는 처분의 기회를 균점할 뿐 아니라 다른 주주와 동등한 가격을 누릴 수 있게 된다. 따라서 공개매수의 방식을 취해야 하는 거래의 범위가 넓을수록, 그리고 공개매수를 통해서 매입해야 하는 주식의 비중이 클수록 주주 사이의 평등, 그리고 주주가 느끼는 공정은 더 강화된다. 또한 매수자에게 전체주식에 대한 공개매수가 강제되는 경우에는 주주는 보다 완전한 출자회수(exit)의 기회를 갖게 된다.

84) 지배주주는 주인의식을 갖고 경영하기 때문에 오히려 일반주주들에게 유리하다는 견해도 있다.
85) 김/노/천, 259면.

4. 규제의 내용: 정보공시와 주주 사이의 평등

공모의 경우와는 달리 공개매수에서는 정보를 공시하는 것만으로는 투자자를 충분히 보호할 수 없다. 전술한 바와 같이 공개매수의 경우에는 정보비대칭 보다 매도압력이 더 중요한 문제이기 때문이다. 대상회사 주주가 매도압력을 느끼는 이유는 여러 가지지만 기본적으로는 다른 주주들보다 불리한 대우를 받게 될지 모른다는 불안 때문이라고 할 수 있다. 그런 불안을 제거하기 위해서는 어느 정도 주주들 사이에 평등한 대우를 보장할 필요가 있다. 우리 상법에 명문의 규정은 없지만 주주평등원칙이 우리 회사법상으로도 기본원칙이란 점에 대해서는 전혀 다툼이 없다.[86] 그러나 회사법상 주주평등원칙만으로는 공개매수에서 주주사이의 평등을 확보하는데 한계가 있다. 회사가 주체인 자기공개매수의 경우에는 달리 규정이 없더라도 주주평등원칙이 회사를 구속하므로 주주사이의 평등은 확보될 수 있다. 회사가 아닌 제3자에 의한 공개매수의 경우에는 주주평등원칙이 적용될 여지가 없지만 자본시장법은 제3자가 주주들로부터 주식을 매수하는 경우에도 어느 정도 주주사이의 평등을 도모함으로써 실질적으로 주주평등원칙의 적용범위를 확대하고 있다. 그 대표적인 예는 매수조건, 특히 매수가격의 평등이다. 따라서 경영권의 이전이 공개매수의 형태로 이루어지는 경우에는 일반주주들도 경영권 프리미엄을 균점할 수 있는 기회를 갖는다. 이러한 효과를 긍정적으로 보는 경우에는 공개매수의 방식을 취할 것이 강제되는 대상거래의 범위를 넓히게 된다. 그 대표적인 예가 EU이다. EU의 기업인수지침은 회사의 지배권을 확보할 수 있는 주식을 매입하기 위해서는 공개매수의 방식을 택할 것을 강제하고 있을 뿐 아니라 그 경우 전체주식의 매수의무를 부과하고 있다.[87] 우리나라에서는 통상 이를 "의무공개매수"(mandatory bid)라고 부르는데 이 제도에 포함된 두 가지 강제적 요소를 개념적으로 구별할 필요가 있다. ① 하나는 매수방식을 공개매수로 해야 한다는 것(방식의 강제)이고 ② 다른 하나는 매수의 수량을 통제하는 것(수량의 강제)이다. ②는 발행주식 전부로

86) 김/노/천, 258~259면.

87) Directive 2004/25/EC (Takeover Directive) §5(1). 지배권을 확보할 수 있는 주식의 비율은 각 회원국이 정하도록 하고 있는데(§5(3) 그에 따라 예컨대 독일의 경우에는 그 비율을 30%로 정하고 있다(유가증권취득 및 공개매수에 관한 법률(Wertpapiererwerbs- und Übernahmegesetz, WpÜG) §35(3)).

정하는 경우가 보통이지만 경우에 따라서는 50%+1주와 같이 일부로 제한하는 경우도 있다. 의무공개매수에서 전부매수가 강제된 경우에는 주주의 평등이 확보될 뿐 아니라 주주의 출자회수기회도 확보될 것이다. 반면에 전부주식의 공개매수가 강제되는 경우에는 인수자의 매수비용이 증가하고 지배주주가 경영권 프리미엄을 독점하는 것을 막기 때문에 경영권 이전이 억제되는 효과도 있다. 전부주식의 의무공개매수는 한편으로는 소수주주와 지배주주의 동등한 대우를 강제한다는 점에서 일반주주에게 유리한 면이 있지만 효율적인 경영권 이전도 위축시킬 우려가 있다는 점에서는 주주이익은 물론이고 국가경제에 부정적 영향을 미칠 우려도 있다.[88] 우리나라에서는 전부주식의 의무공개매수를 도입하자는 주장이 줄기차게 제기되고 있음에도 아직 실현되지 않고 있다. 이는 그에 수반되는 비용편익에 대한 판단이 아직 일치되고 있지 못한 점에도 기인한다고 할 수 있다.

매도압력과 포이즌필

전부주식의 의무공개매수를 도입한다면 일반주주가 느끼는 매도압력은 감소하겠지만 그래도 완전히 사라지지는 않을 것이다. 왜냐하면 공개매수에서 주주의 매도결정은 개별적으로 이루어질 것이기 때문이다. 공개매수자가 제시한 가격이 주주 자신의 평가보다 낮더라도 다른 주주들이 경솔하게 공개매수에 응하는 경우에는 소수주주의 처지에 빠질 것이기 때문에 매도의 압력을 느낄 수밖에 없다.[89] 그러나 만약 주주가 매도의 결정을 개별적으로 행할 것이 아니라 주주총회에서 집단적으로 행할 수 있다면 그러한 매도압력은 사라질 것이다.[90] 주주의 개별적 결정이 갖는 취약점을 해소하기 위한 대안으로 개발된 것이 바로 '포이즌필'(poison pill)이다. 포이즌필의 내용은 다양하게 정해질 수 있지만 전형적인 유형은 발행회사가 누군가가 일정 수준(예컨대 20%)에 달하는 주식을 취득하는 경우에 대량의 신주(예컨대 1주당 10주)를 명목상의 가액으로 발행받을 수 있는 권리(call option)를 부여하는 방식이다. 여기서 요체는 그 권리가 당해 20%이상 주주를 제외한 나머지 주주에게만 부여됨으로써 그 주주가 경영권을 장악할 길이 봉쇄된다는 점이다. 그러나 동시에 그 권리에는 이사회가 역시 명목상의 가액을 지급하여 소각시킬 수 있다는 조건이 달려있는 것이 보통이다. 따라서 포이즌필의 기능은 매도여부에 대한 개별 주주의 결정권을 박탈하여 이사회에

88) 이러한 주장이 담긴 논문의 소개로 KBLN 2025.10.1.자.
89) 일종의 "죄수의 딜레마"가 발생하는 상황이라고 할 수 있다.
90) 이는 일찍이 Bebchuk이 주장한 것이다. 특히 Lucian Arye Bebchuk, The Sole Owner Standard for Takeover Policy, 17 Journal of Legal Studies 197 (1988) 참조.

맡기는 것이라고 할 수 있다. 이사회는 기업가치에 관한 충분한 정보와 아울러 그것을 평가할 수 있는 전문능력을 갖고 있다는 장점이 있다. 반면에 이사회는 자신의 지위를 보전하기 위하여 포이즌필을 남용할 우려가 존재한다. 일본에서서는 포이즌필을 도입하면서도 이사회의 권한남용을 억제하기 위하여 주주의사를 존중한다는 원칙을 택하고 있다. 그에 따르면 결국 경영권의 이전은 개별 주주가 결정하는 것이 아니라 주주가 집단적으로 결정하는 셈이다.[91)]

5. 공개매수자와 대상회사의 경영자

공개매수는 대상회사 경영진의 경영권에 영향을 미칠 수 있고 적대적 기업인수의 수단으로 활용될 수도 있다. 그러므로 대상회사 경영진은 자신의 지위를 위협할 수 있는 공개매수에 대해서 민감할 수밖에 없다. 특히 적대적 공개매수의 경우에는 공개매수자와 대상회사 경영진의 이익이 첨예하게 대립한다. 공개매수규제의 내용을 어떻게 정하는가에 따라서 양자 사이의 힘의 균형이 크게 좌우될 수 있다. 관점을 바꾸어 본다면 적대적 공개매수에 대한 입법자의 평가가 그에 대한 규제내용에 영향을 미칠 수도 있다. 적대적 공개매수의 공과(功過)에 대해서는 논란이 있지만 적어도 학계에서는 무능한 경영자들을 교체하거나 견제하는 기능이 주주이익에 부합한다는 점에서 긍정적으로 보는 견해가 우세한 것 같다. 원론적으로는 일단 공개매수규제, 특히 자본시장법상 규제는 공개매수자와 대상회사의 경영진 사이에서 중립을 유지하면서 대상회사 주주의 이익을 보호하는 방향으로 설계하는 것이 바람직할 것이다. 그러나 적어도 우리나라에서 여론은 아직 다른 사람이 애써 일군 기업을 주가하락을 틈타 가로채는 것에 대해서는 곱지 않게 보는 시선이 강한 것 같다. 그리하여 앞서 살펴본 대량보유보고의 경우와 마찬가지로 공개매수에 대한 현행 자본시장법 규제도 경영자보호에 치우쳤다는 평가가 없지 않다.

6. 규제의 연혁

공개매수는 대상회사는 물론이고 인수회사에 대해서도 중대한 영향을 미칠 수 있는 거래이다. 그러나 이에 대한 규정은 상법 회사편에는 없고[92)] 자본시장법에만

91) 2010년 우리나라에서도 포이즌필의 도입을 위한 상법개정안이 국회에 제출되었으나 실현되지 못했다. 미국과 일본의 포이즌필에 관한 최근 동향에 대해서는 KBLN 2025.3.4.자의 논문 참조.

92) 공개매수는 결과적으로 다른 회사의 영업전부를 양수한 것과 비슷한 효과를 가져올 수 있으나 상법상 주주총회의 특별결의사항에 포함되어 있지 않다.

존재한다.93) 우리 법상 공개매수에 관한 규정의 연원은 1968년 제정된 미국 연방법인 Williams법94)에서 찾아야 하겠지만 직접 모델이 된 것은 1992년 개정 전의 일본 증권거래법이라고 할 수 있다.95) 우리의 공개매수규제는 1976년 舊증권거래법 개정 시에 상장법인 주식의 취득을 10%로 제한하는 조항(§200)과 아울러 경영권보호장치의 일환으로 도입되었다. 종전의 규제에 대해서는 경영진측에 유리한 것이라는 평가가 우세했다. 그에 따르면 공개매수규제가 적용되는 범위는 좁았지만 위 대량취득제한조항의 존재로 인하여 편법적인 기업인수시도에 대처할 수 있었다. 그러나 1997년 마침내 그 조항이 폐지됨에 따라 제도정비의 필요성이 커졌다. 그리하여 1996년 미국, 일본의 입법례와 EU지침안을 참고하여 대폭 수정, 보완하였고 자본시장법으로 이관하면서 다시 일부 수정하였다.

7. 공개매수의 현황

공개매수는 적대적 기업인수 이외의 경우에도 활용될 수 있으나 우리나라에서는 제도도입 이후 1993년에 이르기까지 공개매수가 시도된 사례가 없었다. 그러나 1994년 최초의 공개매수가 실행된 이후 비록 소수지만 꾸준히 행해지고 있다. 공개매수사례에 관한 공신력 있는 통계는 구할 수 없으나 [표 Ⅶ-1]에 의하면 2014년부터 2023년 1분기까지 약 10년간 116건이 실시되었다.96)

[표 Ⅶ-1] 최근 상장회사 공개매수 현황

연도	경영권 안정	M&A	상장폐지	지주회사 전환	주주가치 제고	소액주주 보호	합계
2014	1	0	6	6	1	0	14
2015	1	0	5	9	1	1	17
2016	0	0	2	8	1	0	11

93) 공개매수가 주식이 어느 정도 분산된 회사에서만 의미가 있다는 점을 고려하면 그러한 입법태도도 이해할 수 없는 것은 아니다.

94) 1934년 증권거래소법에 제13조와 제14조를 수정하는 내용의 입법이다. 그 개요에 대해서는 김/송, 259~292면.

95) 일본에서 공개매수규제가 처음 도입된 것은 1971년이다.

96) 박철영, 상장회사 공개매수의 현황과 전망, 자유기업원 회사법연구회 발제자료(2023.3.27). 이후의 언론보도에 의하면 2023년에는 19건이 실시되었고, 그리고 2024년 11월22일 현재에는 25건을 상회하였다고 한다. https://news.nate.com/view/20241122n28946?utm_source= chatgpt.com

2017	3	0	6	10	3	0	22
2018	2	0	1	16	0	0	19
2019	1	0	2	0	2	0	5
2020	1	1	1	2	1	0	6
2021	2	0	3	6	1	1	13
2022	1	0	3	0	0	1	5
2023 1Q	1	2	1	0	0	0	4
합계	13	3	30	57	10	3	116

Ⅱ. 공개매수의 정의

1. 공개매수와 대상거래

이론상 공개매수규제의 주된 목적은 기본적으로 주식의 매집이 일어나는 상황에서 대상회사 주주에 대한 매도압력을 최소화하는 것이라고 할 수 있다. 이 목적을 달성하기 위하여 자본시장법은 공개매수를 일단 매도압력을 최소화하는 방향으로 정의하고(§133(1)) 매도압력이 발생할 우려가 있는 주식의 매수거래(대상거래)는 공개매수의 방식을 취하도록 강제함으로써(§133(3)) 매도압력의 문제에 대처하고 있다.

그 정의에 의하면 공개매수는 "불특정 다수인에 대하여 주식등의 매수(다른 증권과의 교환을 포함한다)의 청약을 하거나 매도의 청약을 권유하고 증권시장 밖에서 그 주식등을 매수하는 것"을 말한다(§133(1)). 여기서 증권시장은 공개매수와 관련해서는 해외증권시장, 다자간매매체결회사 등을 포함하는 의미로 사용한다. 그 밖에 이하 법적 정의의 주요 요소를 차례로 살펴본다.

2. 불특정 다수인

위에서 청약이나 청약의 권유의 대상인 "불특정 다수인"은 주식등을 보유하는 모든 주체를 의미한다고 해석해야 할 것이다. 따라서 예컨대 상위 50명의 주주만을 상대로 하는 권유는 적법한 공개매수로 볼 수 없으므로 공개매수가 강제되는 대상거래에 해당하지 않는 경우에만 허용될 것이다.

3. 대상증권: 주식등

주식등의 의미는 대량보유보고제도에서 설명한 바와 같다.

4. 매수의 청약 내지는 매도의 청약의 권유

(1) 교환공개매수의 가능성

"매수의 청약"은 물론 "매도의 청약의 권유"를 통한 매수도 공개매수에 해당한다. 여기서 매수나 매도에는 "다른 증권과의 교환"도 포함된다(§133(1)). 이미 발행된 증권을 대가로 교부하면서 주식을 취득하는 것이 "다른 증권과의 교환"에 해당하는 것은 당연하다. 실무상 보다 중요한 문제는 주식취득의 대가로 신주를 발행하여 제공하는 경우도 이에 해당한다고 볼 수 있는지 여부이다. 이처럼 신주를 교환대상으로 하는 공개매수는 상장회사의 경우 인수자금의 조달이 없이도 인수를 추진하는 것을 가능하게 해준다는 점에서 특히 유용하다. 그러나 이처럼 신주를 대가로 하는 공개매수는 원칙적으로 허용되지 않는다고 보는 견해가 유력하다. 그 근거로는 자본시장법이 교환공개매수의 경우 신고서의 첨부서류로 "교환의 대가로 인도할 증권의 확보를 증명하는 서류"를 적시하고 있지만(令§146(4)(v)) 신주의 경우 신고 시에는 아직 증권이 발행되지 않은 상태이므로 그런 서류를 첨부할 수 없다는 점을 든다.[97]

(2) 매수의 청약과 매도의 청약의 권유의 차이

매수의 청약을 하는 경우에는 이론상 주주의 응모를 '승낙'으로 파악하는 구성을 취할 수밖에 없다. 그러나 그러한 구성이 이론상 전혀 불가능한 것은 아니지만 공개매수의 실제를 설명하기에는 다소 어색한 면이 있다. 먼저 공개매수자는 응모주식을 공개매수기간이 종료한 날의 다음 날 이후에 지체없이 매수할 의무를 부담하는데(§141(1)), 이것은 주주의 응모를 승낙으로 파악해서는 원만하게 설명하기 어렵다. 또한 자본시장법상 응모한 주주는 공개매수기간 중 응모를 취소할 수 있는

97) 다만 자본시장법은 예외적으로 공정거래법상 지주회사의 요건을 충족하기 위한 자회사 주식에 대한 공개매수의 경우에는 "신주의 발행을 증명하는 서류"를 첨부하는 것을 허용하고 있다(令§146(4)(v)단서).

데(§139(4)전단) 응모를 매수의 청약에 대한 승낙으로 본다면 계약성립 후에 승낙을 취소한다는 어색한 결과가 발생한다. 따라서 자본시장법상 공개매수의 정의는 매수의 청약도 포함하고 있지만 현실적으로는 매도의 청약의 권유만이 활용되고 있다고 보는 것이 자연스러울 것이다. 실무상으로도 주주의 응모는 매도의 청약으로 파악하는 것이 일반적으로 보인다.[98] 이처럼 주주의 응모를 매도의 청약으로 본다면 공개매수자의 승낙이 있어야 비로소 매매계약이 성립하게 된다. 그렇다고 해서 공개매수자가 승낙 여부를 자유롭게 결정할 수 있다고 해서는 곤란할 것이다. 공개매수자는 사전에 명시한 조건에 따라 승낙할 의무가 있는 것으로 보아야 할 것이다. 자본시장법 제141조 제1항 단서에서 일정한 요건에 따라 매수거절권을 갖는다고 규정한 것은 바로 이같은 승낙의무를 전제한 것이라고 볼 수 있다. 이하에서도 기본적으로 주주의 응모를 매도의 청약으로 파악하는 견해를 따르기로 한다.

5. 증권시장 및 다자간매매체결회사 밖에서 매수

공개매수에 해당하기 위해서는 다자간매매체결회사를 비롯한 증권시장의 '밖'에서 매입하여야 한다. 증권시장에서의 매집을 공개매수로 보지 않는 이유는 그러한 시장에는 누구나 참여할 수 있으므로 주주 사이에 평등이 보장되고 또한 거래수량과 가격이 공표되며 경쟁매매에 의하여 공정하게 체결되기 때문이다.

Ⅲ. 공개매수의 대상거래

1. 의의

공개매수에 대해서는 후술하는 바와 같이 매도압력에 대처하고 주주에 대한 평등대우를 확보하는 차원에서 다양한 규제가 적용된다. 먼저 자본시장법은 대상회사 주식을 취득하는 일정한 거래(대상거래)에 대해서는 공개매수의 방법을 취할 것을 강제한다(§133본문). 이론상으로 대상거래는 매도압력이 발생하기 쉽고 주주의 평등이 훼손되기 쉬운 거래로 정해야 할 것이다. 대상거래의 범위는 입법례에

98) 예컨대 발행공시규정은 응모주주의 행위를 "청약"으로 표시한다(§§3-2(1)(x)(다), 3-6(1)). 주주들의 응모주식이 공개매수예정주식을 초과하는 경우에 안분비례로 배정할 것을 규정하면서, 응모주식(§141(1))이란 표현 대신 청약주식(발행공시규정 §3-6(1))이란 표현을 사용한다.

따라 차이가 있으나 자본시장법상의 경우에는 대상거래의 범위가 EU나 일본의 경우에 비하여 좁다.

자본시장법은 일정기간 동안 증권시장 밖에서 일정 수 이상의 자로부터 주식등을 매수등의 방법으로 취득함으로써 보유주식이 주식등의 총수의 5%이상이 되는 경우를 대상거래로 규정하고 있다(§133(3)본문). 이하에서는 일단 자본시장법이 정한 대상거래의 요건을 살펴본다.

2. 대상증권: 주식등

대상증권인 '주식등'의 의미는 앞서 대량보유보고의무제도에서 설명한 것과 같다.[99]

3. 매수기간: 대통령령이 정하는 기간 동안

당해 매수 등을 하는 날부터 과거 6개월로 정해져 있다(§133(3); 令§140(1)). 따라서 매수 등이 6개월을 넘는 기간에 걸쳐서 이루어지는 경우에는 공개매수의 방법으로 하지 않아도 무방하다.

4. 매수장소: 증권시장 밖에서

주식등의 매수가 증권시장[100]에서 이루어지는 경우에는 5%가 넘는 경우에도 법문상 공개매수의 적용대상거래에 해당하지 않는다. 증권시장에서 대량으로 매집하는 경우(이른바 street sweep)는 대상거래에 해당하지 않는다. 그러나 자본시장법은 매매의 체결과 결제가 증권시장을 통하여 이루어지더라도 경쟁매매 외의 방법으로 체결된 일정한 경우에는 "증권시장 밖"에서 이루어진 거래로 본다(§133(4)). 시행령은 매수와 매도 쌍방당사자가 증권시장 밖에서 실제로 매매에 관한 합의를 한 후에 그 매매의 체결과 결제는 증권시장 및 다자간매매체결회사를 통하는 방법으로 거래한 경우를 그런 거래로 정한다(令§144). 이처럼 증권시장에서 이루어지는 거래를 제외하는 이유는 증권시장의 거래는 투명성이 확보되고 주주에게 평등한

99) 제3절 Ⅲ. 대상증권.

100) 법문상 다자간매매체결회사도 포함하는 의미이다(§133(1)). 이 점은 2025년 개정으로 분명하게 되었다.

처분기회가 부여될 것이라는 판단에 따른 것이다. 그러나 증권시장에서 대량매집이 이루어지는 경우에도 주주들은 매도압력을 느낄 수 있다. 그리하여 입법례에 따라서는 대량매집의 경우에도 대상거래에 포함시키는 경우가 없지 않다.[101]

5. 매수상대방: 시행령이 정하는 수 이상의 자로부터

적용대상거래는 매수상대방이 10인 이상인 경우에 한한다(令§140(2)). 그 수를 산정할 때에는 당해 거래로부터 과거 6개월 동안 매수한 상대방의 수도 합산한다. 10인 미만을 상대로 하는 거래는 전문투자자 사이의 상대거래로 볼 수 있기 때문에 구태여 공개매수방식을 강제함으로써 주주들을 보호할 필요가 없다는 판단에 따른 것이다. 따라서 10인 미만의 자로부터 매수하는 한 5%가 넘더라도 공개매수절차를 밟을 필요는 없다.[102]

6. 취득방법: 매수등

법문상 주식등의 취득은 "매수등"의 방법을 통한 경우를 의미한다. 여기서 "매수등"은 매수는 물론이고 "교환·입찰, 그 밖의 유상취득"을 포함한다(§133(2)). 신주발행에서 주식을 인수하는 경우도 "매수등"에 포함하는가? 적용대상거래에 대해서 공개매수를 강제하는 취지가 주주들에게 동등한 조건으로 주식을 매각하여 출자를 회수할 수 있는 기회를 부여하는 것이라는 취지에 비추어 포함되지 않는 것으로 볼 것이다.[103] 신주발행은 주주가 보유주식을 양도하는 경우가 아니므로 매도의 압력이나 주주의 평등이 문제될 여지가 없는 거래이다.

7. 보유주식이 5%에 달할 것

(1) 5%의 판단기준

공개매수의무는 매수결과 보유하게 되는 주식등 수의 합계가 그 주식등의 총

101) 대표적인 예로 미국의 판례법상 증권시장에서의 대량매집은 공개매수에 해당할 수 있다. 김/송, 272~274면.

102) 다만 EU나 일본과 같이 입법례에 따라서는 주주에게 평등한 탈퇴기회와 경영권 프리미엄을 배분받을 기회를 부여한다는 차원에서 일정 규모 이상의 주식을 취득하는 경우에는 비록 상대방의 수가 10인 미만인 경우에도 공개매수를 강제하기도 한다.

103) 黑沼, 277면.

수의 5% 이상이 되는 경우에 비로소 발생한다. 5%에 미달하는 경우에는 회사의 경영권에 영향을 미칠 수 없다고 보아 공개매수의 강제대상에서 제외하고 있다. 5% 요건의 충족여부의 판단과 관련해서는 앞서 대량보유보고제도에서 서술한 사항이 그대로 적용된다. 5% 요건을 적용할 때 대상이 되는 보유주체에 특별관계자도 포함된다는 점이나 보유의 의미도 모두 대량보유보고제도에서 설명한 것과 동일하다.[104] 주의할 것은 5% 요건을 판단할 때 기준은 매수의 대상이 된 주식등의 규모가 아니라 매수 후 보유하게 된 지분비율이라는 점이다. 그리하여 매수자가 처음으로 대상회사 주식의 4%를 취득하는 거래는 적용대상거래에 해당하지 않지만 4%를 보유한 매수자가 2%를 추가로 매수하는 거래는 적용대상거래에 해당한다.

(2) 5% 이상의 주주가 추가로 행하는 매수

자본시장법은 이미 5% 이상의 주식등을 보유하는 자가 추가로 "그 주식 등의 매수 등을 하는 경우"도 적용대상거래로 본다(§133(3)본문의 괄호부분). 그러나 괄호부분의 문언이 의미하는 바는 반드시 분명한 것은 아니다. 당해 문언은 가장 넓게는 증권시장 내외를 불문하고 5% 주주가 주식을 1주라도 매수하는 거래를 포함하는 것으로 해석할 여지도 있다. 그러나 그런 해석은 현실적으로 너무 불합리하여 수용하기 어렵다. 무엇보다도 장내에서의 소규모 매수까지 공개매수의 대상으로 삼아야 할 정책적 필요가 전혀 없기 때문이다. 그렇다면 장외에서 매수하는 경우에는 1주라도 공개매수의 방식을 취해야만 하는가? 그러한 해석도 현실적으로 불합리하다는 점은 차이가 없을 것이다. 당해 문언은 5% 주주의 추가매수의 경우에도 원래의 강제공개매수의 요건이 동일하게 적용된다는 취지로 해석하는 것이 그나마 합리적이라고 생각된다. 그런 해석에 따르면 장외에서 매수하는 경우에도 최소한 6개월 내에 10인 미만의 자로부터 매수하는 경우에는 공개매수방식을 취하지 않아도 무방하다. 다만 그런 해석에 따르더라도 6개월 사이에 10인 이상으로부터 주식을 매수하는 경우, 극단적으로는 각 1주씩 10주를 매수하는 경우에도 공개매수방식에 의해야 한다는 결론이 나올 수 있다. 입법론으로는 소규모의 추가매수는 제외하는 예외조항을 두는 것이 바람직할 것이다.

---

104) 또한 위에서 5% 보유비율을 산정할 때 "주식등의 수"와 '그 주식등의 총수'는 대량보유보고의 경우와 같다(규칙 §14).

8. 적용대상거래의 예외

자본시장법은 "목적, 유형, 그 밖에 다른 주주의 권익침해 가능성 등을 고려하여" 시행령으로 일정한 매수등을 적용대상거래에서 제외하고 있다(§133(3)단서). 시행령은 다음 경우를 적용의 예외로 규정한다(令§143).

① 소각을 목적으로 하는 주식 등의 매수등

② 주식매수청구에 응한 주식의 매수

③ 신주인수권이 표시된 것, 전환사채권, 신주인수권부사채권 또는 교환사채권의 권리행사에 따른 주식 등의 매수등

④ 파생결합증권의 권리행사에 따른 주식 등의 매수등

⑤ 특수관계인으로부터의 주식 등의 매수등

⑥ 위의 사항 외에 다른 투자자의 이익침해염려가 없는 것으로서 금융위가 고시하는 주식등의 매수등[105)]

위 ①은 경영권취득과 무관하다는 점에서 제외하였으나 주주평등의 관점에서는 제외하지 않는 것이 합리적일 것이다.[106)] ②는 매수하는 회사 쪽이 아니라 매도하는 주주 쪽이 주도권을 행사하는 경우라는 점에서 대상으로 하지 않았다. ③과 ④를 제외한 것은 신주인수권등이나 파생결합증권의 매수등을 대상으로 삼을 것이지 그 권리행사로 인한 주식취득을 대상으로 삼는 것은 적절하지 않다고 보았기 때문이다. ⑤를 제외한 것은 친족이나 계열기업과 같은 특수관계자로부터의 인수는 결국 본인이 보유하는 주식의 수에 영향을 미치지 않기 때문에 규제의 필요가 없다는 판단에 따른 것이다.

Ⅳ. 공개매수에 대한 절차적 규제

1. 절차의 개요

자본시장법상 공개매수의 절차는 대체로 다음과 같은 단계를 밟아 진행된다(발

105) 발행공시규정 §3-1.

106) 반대: 임재연, 629면.

행공시규정 §§3-1-3-9).[107)]

① 공개매수사무취급자 선임
② 공개매수내용 공고
③ 공개매수신고서 제출
④ 공개매수설명서 작성·비치
⑤ 공개매수 실시
⑥ 공개매수통지서 송부
⑦ 매수대금지급
⑧ 공개매수결과보고서 제출

위와 같은 자본시장법상 절차에 추가로 상법상 절차로 이사회결의와 주주총회결의가 필요한지 여부도 문제된다. 먼저 이사회결의에 관해서는 공개매수는 통상 인수기업의 경영에 중대한 영향을 주는 거래로 볼 수 있을 것이므로 그 실행 여부는 정관에 명시적 규정이 없더라도 매수회사의 이사회결의를 요한다고 볼 것이다(상법 §393(1)). 주주총회결의와 관련하여 상법은 공개매수를 주주총회 결의사항으로 규정하고 있지 않다. 그러나 공개매수를 통하여 다른 회사의 주식전부(또는 대부분)를 취득하면 실질적으로 영업의 양수와 유사한 결과를 거둘 수 있다. 상법상 회사의 영업에 중대한 영향을 미치는 다른 회사의 영업전부 또는 일부를 양수하는 경우에는 주주총회의 특별결의를 얻게 하고 있다(§374(1)(iii)). 그러나 상법 해석상으로는 공개매수를 영업양수와 동일시하기는 어려울 것이다. 현실적으로도 만약 공개매수에 주주총회 결의를 요한다고 하면 비밀유지가 불가능하기 때문에 적대적 공개매수의 성공가능성이 낮아질 것이다. 이하에서는 공개매수의 주요절차를 시간순으로 살펴보기로 한다.

2. 공개매수사무취급자의 선임

공개매수를 하고자 하는 자는 적어도 공개매수공고 전에 공개매수사무취급자를 선정해야 한다. 공개매수사무취급자란 공개매수를 하고자 하는 자를 대리하여 공개매수 관련사무를 취급하는 자로서 증권회사에 한한다. 공개매수 관련사무에는

---

107) 실무안내, 440면.

통상 공개매수와 관련한 공고, 공개매수설명서의 작성 및 비치, 공개매수 청약의 접수, 공개매수 청약계좌의 관리, 공개매수 청약주식의 접수 및 보관, 공개매수대금의 결제, 공개매수통지서의 발송 등이 포함된다.

3. 공개매수의 공고

자본시장법상 공개매수를 하고자 하는 자가 일간신문에 공고해야 할 사항에는 다음과 같은 것들이 포함된다. 공개매수의 목적, 공개매수할 주식 등의 종류 및 수, 공개매수가격 등 공개매수의 조건, 매수자금의 명세, 공개매수공고 전에 해당 주식 등의 매수등의 계약을 체결하고 있는 경우에는 그 계약사실 및 내용 등(§134(1)(vi), 令§145(4)(vi)).

4. 공개매수신고서의 제출

(1) 동시신고제

과거에는 공개매수를 실행하기 전에 규제당국에 신고할 것을 요구한 시절도 있었다. 이러한 사전신고제는 대상회사의 경영진 쪽에서 방어수단을 강구할 시간적 여유를 제공한다는 점에서 매수자 쪽에 불리하게 작용한다는 비판이 있었다. 이러한 비판을 고려하여 자본시장법은 공개매수자로 하여금 "공개매수공고일"에 "공개매수신고서"를 금융위와 거래소에 제출하도록 함으로써 동시신고제를 취하고 있다(§134(2)).

(2) 신고서 기재사항

신고절차는 투자자에게 제공되는 정보의 형식적 하자나 부실기재 여부에 대한 감독과 심사를 받기 위한 절차이다. 신고서에는 공개매수공고에 기재된 내용과 다른 내용을 표시하거나 그 기재사항을 누락할 수 없으므로(令§146(1)) 공개매수신고서의 기재사항은 공고대상사항과 대체로 중복된다. 신고서 기재사항중 특히 중요한 것은 매수가격일 것이다. 그러나 자본시장법은 매수가격의 산출근거에 대해서는 아무런 규정을 두고 있지 않다. 다만 금감원 실무상 공개매수가격 또는 교환비율의 산정근거를 기재하도록 하고 있을 뿐이다.[108)]

108) 작성기준 §15-4-2(ii))

자본시장법은 공개매수공고일 이후에 공개매수에 의하지 아니하고 주식등의 매수등을 하는 별도매매의 계약이 있는 경우에는 그 계약의 내용을 기재하도록 요구한다(§134(2)(vi)). 공고전에 체결된 별도매매 계약의 내용에 대해서는 기재사항으로 명시하고 있지 않지만 함께 기재해야 할 것이다(令§146(1)). 공시해야 할 계약의 내용에 대해서는 아무런 지침이 없지만 적어도 수량, 가격, 매도인은 공시해야 할 것이다.[109]

자본시장법은 "매수자금의 명세, 그 밖에 투자자 보호를 위하여 필요한 사항으로서 대통령령으로 정하는 사항"을 기재사항에 추가하고 있다(§134(2)(vii)).[110] 시행령은 다음과 같이 공개매수에 관한 중요한 정보를 많이 포함하고 있다(§146(2)).

① 공개매수사무취급자에 관한 사항

② 공개매수대상회사의 현황

③ 공개매수의 방법

④ 공개매수에 필요한 자금이나 교환대상 증권의 조성내역(차입인 경우에는 차입처를 포함한다)

⑤ 공개매수자와 그 특별관계자의 최근 1년간 공개매수대상회사의 주식등의 보유상황과 거래상황

⑥ 공개매수대상회사의 임원이나 최대주주와 사전협의가 있었는지와 사전협의가 있는 경우에는 그 협의내용

⑦ 공개매수가 끝난 후 공개매수대상회사에 관한 장래계획

⑧ 공개매수의 중개인이나 주선인이 있는 경우에는 그에 관한 사항

⑨ 공개매수신고서와 공개매수설명서의 열람장소

(3) 신고서 첨부서류

공개매수자는 신고서에 다양한 서류를 첨부해야 한다(§134(5); 令§146(4)). 첨부서류에는 자금확보를 증명하는 서류가 포함된다.[111] 과거 금융위는 금융기관의

109) SEC의 Securities Exchange Act Rule 14e-5(b)(7))는 그 취지를 명시하고 있다.

110) 공개매수자는 공개매수신고서에 공개매수대상회사의 예측정보를 기재 또는 표시할 수 있다(§§134(4), 125(2)(i), (ii), (iv)).

111) "공개매수에 필요한 금액 이상의 금융기관 예금잔액, 그 밖에 자금의 확보를 증명하는 서류"(令§146(4)(iv)).

지급보증서는 그에 해당하지 않는다고 보았기 때문에 실무상 불편이 많았다. 최근 금융위는 이러한 사정을 고려하여 금융기관의 대출확약(Letter of Commitment) 등도 자금확보증명서류로 인정하겠다는 방침을 밝힌 바 있다.[112] 또한 전술한 바와 같이 교환공개매수의 경우에는 "교환의 대가로 인도할 증권의 확보를 증명하는 서류"를 첨부해야 한다(令§146(4)(v)). 신주발행의 경우에는 이 서류를 마련할 수 없어 그러한 형태의 교환공개매수는 원칙적으로 허용되지 않는 것으로 본다.[113]

(4) 신고서의 공시

신고서를 제출한 공개매수자는 신고서사본을 지체없이 대상회사에 송부해야 한다(§135). 이는 대상회사 경영진에게 공개매수에 신속하게 대처할 수 있는 기회를 주기 위한 것이다. 금융위와 거래소는 제출받은 신고서 등을 그 접수일부터 3년간 갖추어 두고 인터넷 홈페이지 등을 이용하여 공시해야 한다(§144).

(5) 신고서의 심사와 금융위의 처분

공개매수자가 제출한 공개매수신고서는 증권신고서의 경우와 마찬가지로 금융위의 심사를 받아야 한다. 심사결과 신고서의 형식불비, 중요사항의 거짓기재나 기재누락이 있는 경우 금융위는 공개매수기간이 종료하는 날까지 그 이유를 제시하고 정정신고서의 제출을 요구할 수 있다(§136(1)). 정정신고서의 제출명령은 공개매수가 개시된 후에도 할 수 있다. 이러한 요구가 있는 때에는 그 요구일로부터 신고서가 제출되지 않은 것으로 본다(§136(2)). 또한 공개매수자는 명령이 없더라도 공개매수조건 그 밖에 신고서 기재사항을 정정하고자 하는 경우 또는 투자자 보호를 위하여 기재내용을 정정할 필요가 있는 경우[114]에는 공개매수기간이 종료하는 날까지 금융위와 거래소에 정정신고서를 제출해야 한다(§136(3)).[115] 공개매수자

112) 금융위, 공개매수자금 보유증명서 인정범위 확대(2023.3.27.).

113) 다만 자본시장법은 예외적으로 공정거래법상 지주회사의 요건을 충족하기 위한 자회사 주식에 대한 공개매수의 경우에는 "신주의 발행을 증명하는 서류"를 첨부하는 것을 허용하고 있다(令§146(4)(v)단서).

114) ① 신고서의 기재나 표시내용이 불분명하여 그 공개매수신고서를 이용하는 자가 중대한 오해를 일으킬 수 있는 내용이 있는 경우와 ② 공개매수자에게 불리한 정보를 생략하거나 유리한 정보만을 강조하는 등 과장되게 표현된 경우를 말한다(규칙 §15).

115) 정정신고서가 공개매수기간 종료일 전 10일 이내에 제출된 경우에는 종료일은 제출일로부터 10

가 정정신고서를 제출한 경우에는 지체없이 신고서 제출사실과 정정내용 중 공개매수공고에 포함된 내용을 공개매수공고와 같은 방법으로 공고해야 한다(§§136(5), 134(1)).

금융위는 공익 또는 투자자 보호를 위해 필요하다고 인정하는 때에는 공개매수자 및 그 관계인에 대해서 참고가 될 보고 또는 자료제출을 명하거나, 금감원장에게 그 장부 등을 조사하게 할 수 있다(§146(1)). 또한 금융위는 공개매수공고나 신고서 등의 서류 중 중요사항에 관하여 부실표시가 있는 경우 등 일정한 경우에는 그 이유를 제시한 후 그 사실을 공고하고 정정을 명할 수 있으며, 필요한 때에는 공개매수의 정지 또는 금지 그 밖에 시행령에서 정하는 조치를 할 수 있다(§146(2)).

5. 공개매수설명서의 작성·비치

공개매수자[116]는 공개매수를 하고자 할 때 공개매수설명서를 작성하여 공개매수공고일에 금융위와 거래소에 제출하고, 일정 장소에 비치하여 일반인이 열람할 수 있도록 해야 한다(§137(1)전단). 공개매수신고서와 공개매수설명서는 각각 공모 시의 증권신고서와 투자설명서에 상응하는 것으로 공개매수설명서는 공개매수에 응하는 투자자에게 투자판단에 필요한 정보를 직접 제공하려는 취지에서 도입된 것이다. 공개매수설명서의 기재사항은 대체로 공개매수신고서의 기재사항(§134(2))과 같다(令§148). 공개매수설명서에는 공개매수신고서의 기재내용과 다른 내용을 기재하거나 그 기재사항을 누락할 수 없다(§137(2)).

과거에는 공개매수설명서도 증권보유자의 요구가 있는 때에만 교부하도록 했지만 자본시장법은 공개매수자가 공개매수대상 주식등을 매도하려는 자에게 공개매수설명서를 미리 교부하지 않으면 그 주식등을 매수할 수 없도록 함으로써 투자설명서의 경우와 마찬가지로 교부를 의무화하였다(§137(3)).[117]

공개매수설명서도 투자설명서와 마찬가지로 넓게 해석할 필요가 있다. 그러므로 사실상 공개매수설명서의 기능을 하는 문서는 명칭에 구애됨이 없이 모두 공개

일이 경과한 날로 연장된다(§136(4)(i)).

116) 공개매수사무취급자를 포함한다.

117) 전자문서방식의 공개매수설명서에 대해서는 교부요건을 따로 정하고 있다(§137(3)).

매수설명서로 간주해야 할 것이다. 공개매수설명서의 작성의무, 교부의무, 사용의무 등을 위반한 경우에도 금융위는 공개매수자에게 정정을 명하고 그 밖에 공개매수를 정지 또는 금지시키는 등의 조치를 취할 수 있다(§146(2)(vi)).[118)]

6. 공개매수의 실시와 매수대금 지급

이에 관해서는 뒤에 공개매수의 실체적 규제(V)에서 설명한다.

7. 공개매수의 종료

자본시장법은 공개매수의 종료에 대해서는 상세히 규정하고 있지 않다. 다만 공개매수자는 그 공개매수의 결과에 관한 공개매수결과보고서를 금융위와 거래소에 제출하도록 하고 있다(§143).[119)]

V. 공개매수의 실체적 규제

1. 총설

과거 공개매수의 조건과 방법 등 실체적인 사항에 대해서는 아무런 규정도 두고 있지 않았던 시기도 있었다. 그러나 당시에도 공개매수자가 그러한 사항을 임의로 정할 수 있던 것은 아니었다. 舊증권거래법상 금감위는 공개매수의 조건과 방법에 관하여 포괄적인 명령권을 갖고 있었다(§23(3)). 그러나 재량의 남용을 막고 예측가능성을 높이기 위해서는 객관적이고 구체적인 기준을 법령으로 정해 둘 필요가 있다는 판단에 따라 자본시장법은 비교적 상세한 규정을 마련하고 있다.

2. 매수기간

자본시장법은 공개매수기간을 시행령이 정하는 범위로 제한하고 있다(§134(3)). 시행령은 매수기간을 공개매수공고일부터 20일 이상 60일 이내로 규정하고 있다

---

118) 금융위는 임원해임권고, 증권발행제한, 법위반의 경우 고발 또는 수사기관통보, 경고, 주의 등의 조치를 취할 수 있다(令§152). 또한 공개매수설명서에 관한 의무를 위반하는 경우 과징금이나(§429(2)), 형벌의 대상이 된다(§§444(xv)(다), 446(xxi), (xxv)).

119) 또한 응모주주에게도 매수상황, 매수예정주식등(또는 반환주식등) 그 밖에 결제등에 필요한 사항을 기재한 "공개매수통지서"를 송부하게 하고 있다(발행공시규정 §3-7).

(令§146(3)). 최단기간을 규정한 것은 주주가 공개매수에 응할 것인지를 숙고할 수 있는 기간을 충분히 확보하기 위한 것이다. 한편 최장기간은 공개매수에 응한 주주가 장기간 불안한 지위에 놓이는 것을 방지하고 당해 주식등의 원활한 유통과 공정한 가격형성의 저해요인을 신속하게 제거하는 기능을 한다. 다만 당해 공개매수기간 중에 그 공개매수에 대항하는 공개매수, 즉 대항공개매수(§139(1)단서)가 있는 경우에는 대항공개매수기간의 종료일까지 그 기간을 연장할 수 있다(令§147(iii)다). 이는 최초의 공개매수자가 다시 대항조치를 취할 수 있게 하기 위한 것이다.

3. 매수조건

(1) 균일성

공개매수기간, 가격, 결제일 등 공개매수조건은 공고사항인 동시에 신고서 기재사항이다(§134(1)(v), (2)(v)). 과거에는 법률상 매수조건의 균일성이 명시적으로 요구되지 않았기 때문에 금융위가 명령권을 행사하지 않는 한 균일성이 요구되지 않는다고 해석할 여지도 있었다.[120] 그러나 공개매수에서 주주의 차별이 가능하다면 주주이익은 매우 위태롭게 될 수 있다. 예컨대 공개매수자가 입찰식 공개매수를 실시하는 경우에는 주주는 가격을 인하할 압력을 받게 될 것이다.[121] 또한 예컨대 응모시기가 앞설수록 높은 가격에 매도할 수 있게 차이를 둔다면 주주가 조급하게 매도할 압력을 받을 것이다. 자본시장법은 매수가격에 대해서만 균일성을 명시하고 있다(§141(2)). 그러나 균일성은 매수기간, 결제일 등 그 밖의 조건에 대해서도 요구된다고 볼 것이다.[122]

(2) 매수조건의 변경

공개매수신고서의 제출 후 매수가격이나 매수예정주식수 등 기재사항을 변경할 필요가 생길 수 있다. 특히 공개매수 개시 후 대항공개매수가 실행되는 경우에는 매수가격이나 매수예정주식의 수 등을 변경하여 대처할 필요가 있을 것이다. 자본시장법은 공개매수기간의 종료일까지 정정신고서를 제출함으로써 매수조건 등을

120) 회사가 공개매수의 주체가 아닌 한 회사법상 주주평등원칙이 공개매수에 적용되는 것은 아니기 때문이다.

121) 반면 공개매수자측에서 보면 매수자금을 줄여주기 때문에 공개매수가 촉진되는 효과가 있다.

122) 다만 매수조건의 균일성을 위반한 경우의 금융위 조치권은 매수가격에 대해서만 적용된다(§146(2)(ix)).

변경할 수 있는 길을 열어주고 있다(§136(3)). 다만 정정신고서를 제출하는 경우에도 주주에게 불리한 변경, 즉 매수가격 인하, 매수예정주식등의 수 감소, 매수대금 지급기간 연장, 그 밖에 시행령이 정하는 매수조건의 변경은 허용되지 않는다(§136(3)단서). 변경이 허용되지 않는 매수조건으로 시행령이 추가한 것은 다음과 같다(令§147).

① 공개매수기간의 단축

② 응모주주에게 줄 대가의 종류 변경[123)]

③ 공개매수 대금지급기간 연장을 초래하는 공개매수조건의 변경[124)]

명시적인 규정은 없지만 매수조건이 변경된 경우에는 그 이전에 응모한 주주에 대해서도 당연히 변경된 조건이 적용된다.

4. 공개매수의 철회

(1) 공개매수자의 철회

공개매수자가 공개매수를 철회할 수 있는지 여부는 민법의 일반원칙으로는 적절히 해결하기 어렵다.[125)] 철회를 쉽게 인정하면 공개매수를 구실로 시세조종을 노릴 위험이 있지만, 그렇다고 해서 이를 금지하면 공개매수자가 난처해 질 우려가 있다. 그리하여 자본시장법은 공개매수공고일 이후에는 원칙적으로 공개매수의 철회를 금지하지만(§139(1)) 예외적으로 대항공개매수가 있거나, 공개매수자의 사망, 해산 또는 파산, 그 밖에 투자자 보호를 해할 우려가 없는 경우로서 시행령이 정하는 경우에는 공개매수기간의 말일까지 철회를 허용한다(§139(1)단서).[126)]

123) 응모주주가 선택할 수 있는 대가의 종류를 추가하는 것은 가능하다.

124) 다만 대금지급기간의 연장을 초래하더라도 ⓐ 시가(정정신고서 제출일 전 3일의 기간 중 해당 주식등의 증권시장에서 성립한 최종가격의 산술평균가격)가 공개매수가격의 90% 이상이거나 대항공개매수가 있는 경우의 매수가격 인상, ⓑ 공개매수공고 후 주식총수에 변경이 있거나 대항공개매수가 있는 경우의 매수예정주식수 증가, ⓒ 대항공개매수가 있는 경우의 공개매수기간 연장의 경우에는 변경할 수 있다.

125) 민법의 일반원칙을 적용하면 공개매수가 매수청약의 형식을 취한 경우에는 미리 철회할 수 있는 조건을 명시해 둔 경우를 제외하고는 원칙적으로 철회할 수 없다(민법 §527). 한편 "매도청약의 권유"라는 형식을 취한 경우에는 철회가 가능하다고 볼 것이다. 이처럼 법적 형식에 따라 철회가능여부를 달리 해석하는 것은 불합리하기 때문에 자본시장법이 특칙을 둔 것이다.

126) 시행령은 이를 공개매수자에게 발생한 사유와 공개매수대상회사에게 발생한 사유로 나누어 규정한다(令§150). 전자는 공개매수자가 발행한 공개매수자가 발행한 어음, 수표의 부도나 은행과의

이처럼 공개매수의 철회가 제한되기 때문에 공개매수의 철회를 이용한 불공정 거래의 소지는 그다지 크지 않다. 공개매수를 철회하고자 하는 경우에는 철회신고서를 금융위와 거래소에 제출하고, 공개매수공고의 방법(§134(1))으로 그 내용을 공고해야 한다(§139(2)).[127)]

(2) 응모주주의 철회

일단 공개매수자의 매수의 청약(또는 매도청약의 권유)에 응하여 주주가 "승낙"(또는 매도의 청약)을 하는 것을 현행법은 "응모"라고 부른다(§139(4)). 일단 응모한 주주가 공개매수기간 중에 응모를 철회할 수 있는가? 과거에는 이에 관하여 명시적인 규정이 없었다. 민법상의 일반원칙에 의하면 일단 매수의 청약에 대해서 승낙을 한 주주는 승낙을 철회할 수 없는 것은 물론이고 매도청약을 한 주주라도 매수기간 중에는 철회가 불가능하다. 그렇다면 일단 공개매수에 응모한 주주는 제3자가 보다 유리한 대항공개매수를 행하는 경우에도 그에 응모할 수 없는 결과에 이른다. 또한 도중에 자신의 판단이 바뀐 경우에도 어쩔 수 없이 당초의 결정을 고수할 수밖에 없다. 이러한 상황이라면 주주는 공개매수에 응할 것인지의 결정을 매수기간의 종료 직전까지 미루게 될 가능성이 높다. 그리하여 현행법은 응모주주가 공개매수기간 중에는 언제든지 응모를 취소할 수 있으며, 공개매수자가 그것을 이유로 손해배상이나 위약금을 청구할 수 없음을 명시하고 있다(§139(4)).

공개매수의 응모계약

공개매수의 개시 전에 대상회사 주주가 공개매수자에 대해서 공개매수가 실시되는 경우 보유주식을 응모하기로 약속하는 응모계약을 체결하는 경우가 있다.[128)] 이런 계약은 특히 대상회사 주식을 많이 확보하지 못한 공개매수자에게 유용할 것이다. 응

당좌거래정지 또는 금지로 좁게 규정되어 있다(令§150(i). 반면 후자에는 합병, 분할, 분할합병, 주식의 포괄적 이전·교환, 중요한 영업·자산의 양수도, 해산, 파산, 발행한 어음, 수표의 부도, 은행과의 당좌거래정지 또는 금지, 주식등의 상장폐지, 천재지변 등의 재해 등으로 인하여 최근 사업연도 자산총액의 10% 이상의 손해가 발생한 경우 등 다양한 사유가 포함된다(令§150(ii)). 다만 후자의 사유로 인한 철회는 그런 사유로 인한 철회가 가능하다는 점을 공개매수공고와 공개매수신고서에 기재한 경우에만 인정된다.

127) 공개매수자는 지체없이 공개매수철회신고서의 사본을 공개매수대상회사에 송부해야 한다(§139(3)).

128) 飯田秀総, "公開買付けの応募契約," 会社·金融·法(下)(2013), 79면.

모계약에는 제3자에 의한 경쟁공개매수가 개시되는 경우 당사자인 주주가 위약금을 지급하면 응모의무를 면할 수 있다는 규정이 포함되는 경우가 많다고 한다. 이러한 위약금지급조항이 전술한 응모주주의 응모취소자유를 정한 제139조 제4항에 비추어 유효한 것인지에 대해서는 다툼이 있지만 유효설이 우세하다.[129)]

자본시장법은 공개매수공고일 이후에 공개매수에 의하지 아니하고 주식등의 매수등을 하는 별도매매의 계약이 있는 경우에는 그 계약의 내용을 공개매수신고서에 기재하도록 요구한다(§134(2)(vi)). 응모계약의 내용도 공개매수신고서의 기재사항으로 하여야 한다는 입법론이 존재한다.[130)]

---

5. 공개매수자의 매수의무

자본시장법상 공개매수자는 반드시 대상회사의 발행주식 전부를 매수해야 하는 것은 아니다. 예컨대 발행주식총수의 30%만을 매수하는 것 같은 '부분공개매수'도 제한 없이 허용된다. 다만 공개매수자는 예외적인 경우를 제외하고는 응모한 주식의 전부를 매수기간종료 후 지체없이 매수해야 한다(§141(1)본문). 예외적으로 공개매수자가 다음의 조건을 공개매수공고와 신고서에 기재한 경우에는 응모주식의 전부를 매수할 의무를 면할 수 있다(§141(1)단서).

① 응모주식등의 총수가 공개매수예정주식등의 수에 미달한 경우 응모주식 등의 전부를 매수하지 않는다는 조건

② 응모주식등의 총수가 공개매수예정주식등의 수를 초과할 때에는 공개매수예정주식등의 수의 범위 안에서 비례배분하여 매수하고 그 초과부분의 전부 또는 일부를 매수하지 않는다는 조건

6. 공개매수와 관련된 행위규제

(1) 별도매매의 금지

공개매수자는 "공개매수공고일로부터 매수기간이 종료하는 날까지"는 원칙적으로 공개매수에 의하지 않고 주식등에 대한 매수등을 할 수 없다(§140본문). 이 원칙은 주주 사이의 평등을 확보하기 위한 것이다. 자본시장법이 공개매수자의 특별

---

129) Id. 85~101면. 유효설을 관철한다면 응모계약을 체결하면 제139조 제4항에도 불구하고 응모의 취소가 무효라는 주장도 성립할 여지가 있으나 그런 주장은 찾아보기 어렵다고 한다. Id. 81면.
130) Id. 101~103면.

관계자나 공개매수사무취급자가 별도로 매수하는 것도 금지하는 것은 그 취지를 살리기 위한 것이다.[131] 나아가 그 취지를 고려하면 타인 명의라도 공개매수자의 계산으로 매수하는 것은 금지된다고 볼 것이다. 이 원칙의 위반은 형사처벌대상이다(§445(xix)).[132] 시행령은 예외적으로 다른 주주의 이익을 침해할 우려가 없다고 판단되는 일정한 경우[133]에는 별도매매를 허용한다(令§151).

(2) 대상회사의 행동에 관한 규제

가. 경영권방어

과거에는 대상회사가 매수기간이 종료하는 날까지 의결권 있는 주식 수의 변동을 초래할 수 있는 일정한 행위를 하는 것을 금지하던 시절도 있었다(舊증권거래법 §23(4)). 그러나 이 같은 제한은 경영권방어를 돕는다는 취지에서 폐지되었다. 현행 자본시장법에는 공개매수기간 중 대상회사가 경영권방어를 위해 지분변동을 초래하는 증권발행을 시도하는 것을 막는 규정은 없다. 다만 그러한 행위는 회사법상 이사의 신인의무의 테두리 내에서 이루어져야 할 것이다.[134]

나. 대상회사의 의견표명

대상회사의 주주는 공개매수에 응할 것인지 여부를 결정할 때 공개매수설명서를 참고할 수 있다. 그러나 공개매수설명서는 공개매수자가 일방적으로 작성한 것이므로 대상회사에 대해서 가장 잘 아는 경영진의 의견을 참고하고자 할 수 있다. 자

---

131) 여기서 특별관계자에 관한 부분은 최근 고려아연을 둘러싼 경영권 분쟁에서 부각된 바 있다. 먼저 공개매수를 시작한 영풍측은 고려아연이 자신의 특수관계인에 해당한다는 이유로 별도의 공개매수는 할 수 없다고 주장하였다. 이에 대하여 고려아연측은 법에서 특수관계인으로 열거된 자라도 공동보유자가 아님을 증명하는 경우에는 공개매수와 관련해서는 특수관계인으로 보지 않는다는 규정(令§141(3))을 근거로 별도의 공개매수를 할 수 있다고 주장하였다. 법원은 결국 고려아연과 영풍사이의 적대적인 관계에 비추어 공동보유에 관한 합의를 인정할 수 없다는 이유로 고려아연의 특수관계인의 지위를 인정할 수 없다고 판단하였다. 서울중앙지방법원 2024.10.2.자 2024카합21412 결정. 고려아연 경영권 분쟁의 경과에 대해서는 송옥렬, "고려아연 경영권 분쟁의 전개," BFL 제130호(2025.3), 20면 이하.

132) 자본시장법은 민사책임을 두고 있지 않다. 그러나 일본 금융상품거래법상 응모주주는 공개매수자에 대해서 별도매수한 금액에서 매수가액을 공제한 차액을 청구할 수 있다(§27-17(2)).

133) ① 해당 주식등의 매수등의 계약을 공개매수공고 전에 체결하고 있는 경우로서 그 계약체결 당시 공개매수의 적용대상에 해당하지 않고 공개매수공고와 공개매수신고서에 그 계약사실과 내용이 기재되어 있는 경우(§134(2)(vi), ② 공개매수사무취급자가 공개매수자와 그 특별관계자 외의 자로부터 해당 주식등의 매수등의 위탁을 받는 경우.

134) 외국에서와는 달리 우리나라에서는 이 문제는 크게 주목을 끌지 못하고 있다.

본시장법은 대상회사가 공개매수에 관한 의견을 표명할 수 있음을 명시한다(§138). 의견표명의 내용을 정하는 권한은 이사회에 속할 것이다. 그러나 의견표명이 법적 의무는 아니므로 이사회는 침묵을 지킬 것을 선택할 수도 있다.[135] 다만 의견을 표명하는 경우 그 내용을 기재한 문서를 지체없이 금융위와 거래소에 제출해야 한다(§138(2)).[136] 경영진의 의견이 투자자 판단에 큰 참고가 될 수 있음을 고려하면 입법론상 의견표명을 의무화하는 것이 타당할 것이다.[137]

의견표명의 내용에는 찬성, 반대 또는 중립의 의견에 관한 입장과 그 이유가 포함되어야 한다(令§149(2)).[138] 입법론으로는 의견표명의 내용을 보다 구체적으로 규정할 필요가 있다. 예컨대 의견의 근거 이외에 의견표명에 대한 이사회의 의사내용, 이사가 소유하는 주식 수, 공개매수자가 이사에 특별이익을 약속한 경우에는 그 이익의 내용 등을 공시하도록 해야 할 것이다. 공개매수상황에서 대상회사의 경영진과 주주의 이익이 충돌될 수 있기 때문이다. 나아가 의견표명의 내용과 관련하여 부실표시를 금지하는 규정도 필요할 것이다.[139]

의견표명은 광고·서신(전자우편 포함) 그 밖의 문서에 의한 방법으로 해야 한다(令§149(1)). 시행령이 정하는 것과 다른 방법의 의견표시(예컨대 광고가 아닌 구두의 의사표시)를 할 수 있는가? 법문상 불가능한 것처럼 보이기도 한다. 그러나 사적으로 의견을 표시하는 것이 전혀 허용되지 않는다고 보는 것은 비현실적이므로 그러한 의견표시도 가능하다고 볼 것이다. 다만 시행령에 따른 의견표시가 아닌 경우에는 법문상 금융위에 내용을 신고할 의무도 없다는 해석에 이를 수 있다(§138(2)). 따라서 이러한 결점을 보완하기 위해서는 문서에 의한 의견표시를 가능한 한 넓게 해석해야 할 것이다.

135) 이사가 주주에 대해서 직접 선관주의의무나 충실의무를 부담한다고 보더라도 과연 주주의 매매결정을 돕기 위하여 의견을 표시할 의무까지 있다고 보아야 할 것인지는 의문이다. 김/노/천, 787면.

136) 금융위와 거래소는 의견표명서류를 그 접수일부터 3년간 갖추어 두고, 인터넷 홈페이지 등을 이용해 공시해야 한다(§144).

137) 일본 금융상품거래법 은 이사의 의견표명을 의무화하고 있다(§27-10(1), 令§13-2(1)).

138) 의견표명 이후에 그 의견에 중대한 변경이 있는 경우에는 지체 없이 광고, 서신(전자우편 포함) 그 밖의 문서에 의한 방법으로 그 사실을 알려야 한다.

139) 그에 관한 부실표시는 부정거래행위(§178)에 해당할 수도 있을 것이다.

Ⅵ. 규제위반에 대한 제재

1. 민사제재

(1) 공개매수신고서 및 설명서 부실기재와 손해배상책임

공개매수는 다수의 투자자를 상대로 한 증권매매라는 점에서 공모발행과 유사하다.[140] 자본시장법은 공개매수에도 공모발행에서의 부실공시의 경우와 마찬가지로 손해배상책임에 관한 규정을 두고 있다(§142).

먼저 그 책임의 주체는 ① 공개매수신고서 및 그 정정신고서의 신고인[141]과 그 대리인과 ② 공개매수설명서의 작성자와 그 대리인이고 청구의 주체는 응모주주이다. 책임의 대상은 공개매수신고서와 정정신고서(첨부서류와 공고 포함), 공개매수설명서의 중요사항에 관한 부실표시로 인한 응모주주의 손해이다. 발행시장 부실공시의 경우와 마찬가지로 피고의 상당한 주의의 항변, 원고의 악의의 항변에 관한 규정(§142(4)과 아울러 예측정보의 기재에 관한 면책조항(§142(2))도 두고 있다. 또한 손해배상금액에 대해서도 손해배상을 청구하는 소송의 변론종결시의 그 주식등의 시장가격[142]에서 응모대가로 실제로 받은 금액을 공제한 금액으로 추정하는 규정(§142(3))을 두고 있다. 이 손해배상책임도 "응모주주가 해당 사실을 안 날로부터 1년 이내 또는 해당 공개매수공고일로부터 3년 이내에 청구권을 행사하지 아니한 경우"에는 소멸한다(§142(5)). 이 규정도 발행시장 부실공시의 경우와 마찬가지로 해석한다.

(2) 공개매수의 무효와 금지청구

우리나라에서 공개매수규제를 위반하여 이루어진 공개매수의 효력을 부정할 수 있는지에 대한 논의는 찾기 어렵다. 그러나 흠이 있는 공개매수의 무효에 관한 규정이 없는 상황에서 이미 완료된 공개매수의 효력을 부정하는 것은 불가능하다고 보는 견해가 일반적인 것으로 보인다. 그렇다면 흠이 있는 공개매수를 사전적으로 저지하는 것은 가능한가? 이에 대한 논의도 찾기 어렵지만 실무상으로는 그러한 구제수단도 가능한 것으로 보고 있는 것 같다.[143]

140) 단지 다수의 투자자를 상대로 매도하는 것이 아니라 매수하는 것이라는 점이 다를 뿐이다.
141) 신고인의 특별관계자를 포함하며, 신고인이 법인인 경우 그 이사를 포함한다.
142) 시장가격이 없는 경우에는 추정처분가격을 말한다.
143) 앞서 언급한 고려아연사건에서 영풍측에서는 고려아연의 자기공개매수를 "금지"하기 위한 가처

(3) 의결권행사의 제한

전술한 바와 같이 자본시장법상 공개매수규제를 위반한 공개매수의 사법상 효력을 부정하는 근거가 될 규정은 없다. 그러나 자본시장법은 일정한 규제위반으로 취득한 주식의 의결권 행사를 금지하고 있다(§145전단). 대상이 되는 규제는 공개매수의 강제에 관한 규정(§133(3))과 공고와 신고서제출의무에 관한 규정(§134(1), (2))이다. 의결권 행사가 금지되는 것은 당해 주식만이 아니라 당해 주식등과 관련된 권리행사 등으로 취득한 주식도 포함된다.[144)]

2. 행정제재

(1) 일반적 제재수단

공개매수와 관련하여 일정한 위반행위가 있는 경우 금융위는 공개매수의 정지와 금지를 포함하여 시행령이 정하는 다양한 조치를 취할 수 있다(§146(2), 令§152). 그러나 현실적으로는 과징금이 제재수단으로 보다 효과적일 수도 있다. 금융위는 공개매수와 관련된 부실공시에 대해서 20억원을 초과하지 않는 범위에서 공개매수예정총액의 3%까지 과징금을 부과할 수 있다(§429(2)).[145)]

(2) 주식처분명령

자본시장법은 의결권 행사가 금지되는 주식등에 대해서 금융위가 6개월 내의 기간을 정해서 처분을 명할 수 있음을 규정하고 있다(§145).

3. 형사제재

공개매수규제위반에 대해서는 형사처벌이 부과될 수 있다. 공개매수와 관련된 부실공시에 대해서는 5년 이하의 징역 또는 2억원 이하의 벌금에 처하며(§444(xv-xvii)), 공개매수의 강제에 관한 규정(§133(3)) 위반이나 별도매매의 금지규정(§140) 위반에 대해서는 3년 이하의 징역 또는 1억원 이하의 벌금에 처한다(§445(xix)).[146)]

분을 신청한 바 있다. 법원은 그러한 금지청구가 허용되는지 여부에 대한 판단 없이 자본시장법이나 상법상의 위반이 없다는 이유로 가처분 신청을 기각하였다. 송옥렬, 전게논문, 24~25면.

144) 예컨대 신주인수권증권을 공개매수의 방법으로 취득한 경우에는 이를 행사하여 취득한 주식에 대한 의결권 행사도 금지된다.

145) 그 밖에 일정한 법규위반에 대해서는 과태료를 부과할 수 있다(§449(1), (3)).

146) 공개매수설명서를 제출하지 아니한 자도 1년 이하의 징역 또는 3천만원 이하의 벌금에 처한다

제4절 위임장권유에 대한 규제

Ⅰ. 서설

1. 위임장권유와 규제의 필요성

주주총회에서 의사결정이 제대로 이루어지려면 ① 주주들에 대한 충분한 정보제공과 ② 주주의사를 정확히 반영될 수 있는 장치라는 2가지 요건이 필요하다. 이러한 고려를 토대로 상법은 규제를 강화해왔다. ①에 관해서는 상장회사의 주주총회 소집과 관련한 정보제공규제(상법 §542-4(2), (3))를 대표적인 예로 들 수 있다. ②에 관해서는 의결권의 대리행사, 불통일행사, 서면과 전자적 방법에 의한 행사에 관한 규정(상법 §§368(2), 368-2~368-4) 등이 존재한다. 이하에서는 의결권의 대리행사에 대해서 살펴본다.

상법상 주주는 대리인을 통해서 의결권을 행사하게 할 수 있지만(§368(2)) 이러한 의결권 대리행사의 권유는 주주는 물론이고 대리인을 비롯한 제3자쪽에서도 시도할 수 있다. 후자, 즉 제3자가 주주에 대해서 자신이나 다른 제3자에게 의결권을 대리행사를 위임하도록 권유하는 것을 자본시장법은 "의결권 대리행사의 권유"라고 부른다(§152). 이하에서는 편의상 '위임장권유'라는 약칭을 사용한다.[147)]

위임장권유는 회사 외부의 제3자가 회사의 경영권을 장악할 목적으로 시도할 수 있다. 지배주식을 직접 취득하지 않더라도 주주총회에서 주주들의 폭넓은 지지만 확보할 수 있다면 기존 경영진을 몰아내고 경영권을 차지하는 것도 가능하다.[148)] 그러나 위임장권유는 주식소유가 분산된 기업에서 보유주식이 많지 않은

(§446(xxi)).

147) 위임장권유에 의한 의결권 행사는 주주가 총회에 출석하지 않은 상태에서 의결권 행사가 이루어진다는 면에서는 서면투표(상법 §368-3(1))와 유사한 점이 있다. 또한 주주에게 의결권을 행사하는데 필요한 서면과 참고자료가 제공된다는 점(상법 §368조-3(2))도 유사한 대목이다. 그러나 서면투표는 대리인이 아닌 주주 본인이 의결권을 행사하는 것이 원칙이라는 점에서 자본시장법상의 위임장권유규제는 적용될 여지가 없다.

148) 물론 이 방법에 의한 경영권 확보는 안정적이라고 할 수 없지만 인수자금이 들지 않는 것이 커다란 장점이다. 외부의 제3자가 기존 경영진 교체를 위하여 위임장권유를 감행하는 경우에는 경영진 쪽에서도 방어를 위한 위임장권유에 나서는 것이 보통이다. 이 경우에는 주주들로부터 위임장을 더 많이 확보하기 위한 경쟁, 즉 '위임장경쟁 또는 쟁탈전'(proxy contest or fight)이 벌어지

경영진이 경영권을 유지하기 위한 수단으로 동원하는 사례가 더 일반적이다.[149] 그러나 위임장권유가 반드시 경영권을 차지하거나 지키기 위해서만 행해지는 것은 아니다. 최근에는 국내외적으로 이른바 주주행동주의(shareholder activism)[150]가 확산됨에 따라 행동주의 주주가 주주제안권을 행사하며 위임장권유에 나서는 사례가 부쩍 늘고 있다. 이처럼 기업지배구조에서 주주의 역할과 목소리가 점점 부각됨에 따라 주주의 의사를 반영하는 통로인 위임장권유에 대한 이론과 실무의 관심도 높아지고 있다.

위임장권유와 관련하여 주주에게 부실한 정보가 제공되거나 주주총회에서 주주의 의사가 제대로 반영되지 않는 경우에는 회사의 의사결정이 왜곡될 수 있다. 그리하여 자본시장법은 의결권 행사에 필요한 정보를 정확하고 충분히 제공할 뿐 아니라 주주의 의사가 정확히 반영될 수 있도록 위임장권유와 관련하여 일정한 공시의무와 위임장용지의 형식을 정하는 등 일련의 규정(§§152-158)을 두고 있다.[151]

2. 위임장권유의 현황

실제로 위임장권유의 중요성은 주식소유가 분산된 회사일수록 더 크다. 지배주주가 있는 회사에서는 위임장권유의 효용이 별로 크지 않다. 과거 우리나라에서는 주식소유가 지배주주와 그 특수관계인에 집중되었던 탓으로 위임장권유의 실제 사례는 찾기 어려웠다. 그러나 주식소유의 분산이 진행됨에 따라 그 사례는 차츰 증가하였고 실무상의 중요성도 높아졌다. [표 Ⅶ-2]와 [표 Ⅶ-3]은 최근의 이용상황을 보여준다. 그에 의하면 최근에도 그 수는 완만하게나마 증가하고 있으나 압도적 다수가 경영진측이 추진주체인 경우이고 주주행동주의의 수단이나 적대적 기업인수의 수단으로 활용되는 사례는 아직 그리 많지 않은 것으로 보인다.

게 된다.

149) 실제로 미국에서는 일찍부터 위임장권유가 주식소유가 분산된 기업에서 의결정족수를 충족하기 위한 목적으로 이루지는 경우가 일반적이었다.

150) 주주들이 과거의 소극적 자세에서 벗어나 주주의 이익이나 ESG 같은 비재무적 사항에 대해서 회사의 의사결정에 영향을 미치기 위하여 행동에 나서는 현상을 가리킨다. 용어가 다소 어색한 면이 있지만 이미 널리 사용되고 있으므로 그대로 사용한다. 주주행동주의를 실천하는 주주들은 행동주의 주주(activist shareholders)라고 부르기로 한다.

151) 이 규제가 상법이 아닌 자본시장법에 담겨 있는 것은 우리 자본시장법(그리고 그 전신인 증권거래법)이 미국 연방증권법의 영향 하에 도입된 역사적 우연의 결과라고 할 수 있다.

[표 Ⅷ-2] 연도별 위임장권유현황(ERRI 2024) 유가증권시장 상장회사[152)]

연도	건수	이사회측	반대측	기타
2019	457	437	20	0
2020	528	516	12	0
2021	525	513	12	0
2022	561	543	16	2
2023	607	581	24	2
2024(6월말 기준)	579	548	25	6
계	3,257	3,138	109	10

[표 Ⅷ-3] 권유자유형별 위임장권유현황(2019-2024.6 유가증권시장 상장회사)[153)]

권유자 구분	건수	비중	이사회측	반대측	기타
회사	3,134	96.2	3,134	-	-
소액주주/소액주주모임	42	1.3	-	38	4
자산운용사/사모펀드	22	0.7	-	22	-
최대주주/최대주주일가	20	0.6	3	17	-
외국인주주	16	0.5	-	16	-
2대주주	7	0.2	-	7	-
NGO/노조/우리사주조합	8	0.2	1	7	-
주주플랫폼	6	0.2	-	-	6
기타	2	0.1	-	2	-
계(비중)	3,257(100)	100.0	3,138(96.3)	109(3.3)	10(0.3)

3. 규제의 개요

자본시장법상 주주의 의사형성과 의사반영을 돕는 일반 규정은 없다. 다만 상장주식에 관한 위임장권유의 경우에는 권유자에게 위임장용지와 참고서류의 작성·제공의무를 부과하고 있을 뿐이다(§152(1)). 참고서류가 정보제공으로 주주의 의사형성을 돕는 것이라면 위임장용지는 의사반영을 위한 것이라고 할 수 있다. 정보제공과 관련해서는 의사결정에 필요한 정보를 제공하는 것도 중요하지만 부정확한 사실로 주주를 오인시키는 행위를 막는 것도 중요하다.[154)] 이하에서는 자본

152) 이승희, 외국인주주의 주주제안과 위임장대결 현황: 2019-2024 유가증권시장 상장회사 ERRI 이슈&분석 2024-09호(2024), 5면.
153) Id. 4면.
154) 위반 시에는 형사처벌이 부과된다(§445(xxi).

시장법상 위임장권유규제를 구성하는 주된 요소들을 차례로 설명한다.

Ⅱ. 규제대상인 위임장권유

1. 권유

(1) 권유의 범위

자본시장법은 위임장권유를 다음 3가지 유형으로 구분한다(§152(2)).[155]

① 자기 또는 제3자에게 의결권의 행사를 대리시키도록 권유하는 행위

② 의결권의 행사 또는 불행사를 요구하거나 의결권 위임의 철회를 요구하는 행위

③ 의결권의 확보 또는 그 취소 등을 목적으로 주주에게 위임장 용지를 송부하거나, 그 밖의 방법으로 의견을 제시하는 행위

①은 주주에게 의결권 대리행사의 위임을 권유하는 경우로 위임장권유의 가장 전형적 유형에 속한다. ②는 주주에게 직접 의결권을 행사하거나 불행사할 것을 요구하거나 위임의 철회를 요구함으로써 주주총회결의의 형성에 영향을 미치는 행위이다. 끝으로 ③에서 위임장 용지의 송부는 ①의 편법적 행위로 볼 수 있고 의견의 제시는 ②의 편법적 행위로 볼 수 있다. 목적요건인 "의결권의 확보 또는 그 취소"는 의결권에 영향을 줄 목적이 없는 순수한 행동을 제외하는 기능을 수행한다.

위임장권유의 구체적 사례

위임장권유에 해당하는지 여부가 문제되는 몇 가지 구체적 사례를 검토해보자. 먼저 위임장경쟁이 진행 중인 상황에서 회사가 자신의 제안에 찬성할 것을 요청하는 서신을 송부하거나 타인의 위임장권유에 응하지 않을 것을 요청하는 행위는 위 ②에 속하는 경우로 볼 수 있을 것이다. 의안에 관한 의견의 표명, 보도자료의 배포, 설명회의 개최, 신문광고의 게재 등도 의결권의 확보 또는 그 취소 등을 목적으로 하는 경우에는 위 ③에 해당할 수 있다. 과거에는 단순한 주주의 편의를 위한다는 명목으로 위임장용지를 주주총회 소집통지서에 동봉하는 경우가 많았다.[156] 현행법상으로는 백지

---

155) 끝으로 위임장권유는 주주총회의 목적사항 중 일부만을 대상으로 하는 것도 가능하다(令§163(1)(vii)).

156) 그 경우 위임장권유규제의 적용을 피하기 위해서 그것이 자본시장법상의 위임장용지가 아니라는 취지의 문구를 표시하는 경우도 있었다.

위임장을 동봉하거나 소집통지서의 뒷면에 위임장양식을 인쇄한 경우도 의결권 확보 목적을 인정할 수 있다면 위 ③에 해당한다고 볼 것이다.

오늘날 위임장권유와 관련하여 중요한 회사활동으로는 IR이 있다. 경영진이 주요 기관투자자들에게 일반적인 경영실적과 전망을 설명하는 것을 넘어 다음 주주총회에서의 구체적인 의안에 대해서 언급하는 경우에는 위 ②에 해당한다고 볼 여지가 있다.[157] 최근에는 기관투자자의 의뢰를 받아 주주총회 안건을 분석하고 의견을 제시하는 '의결권자문기관'(proxy advisor)[158]의 활동도 주목을 끌고 있다. 의결권자문기관의 의견제시는 위 ②의 의결권의 행사 또는 불행사의 요구나 위 ③의 의견제시에 해당하는 것으로 비칠 여지가 있다. 그러나 의결권자문기관의 의견제시는 위임장권유에 해당하지 않는다고 보는 것이 일반적이다.[159] 의결권자문기관은 의결권 확보의 목적이 없을 뿐 아니라 주주나 경영자와는 달리 의안에 대한 이해관계가 없이 단순히 의뢰한 기관투자자의 이익의 관점에서 의견을 제시하는 것이라는 점에서 ②나 ③에 해당한다고 보기 어려울 것이다.

---

(2) 예외

자본시장법은 예외적으로 시행령이 정하는 다음의 경우를 권유로 보지 않는다고 명시하고 있다(§152(2)단서, 令§161).

① 발행인과 그 임원 및 그 특별관계자 외의 자가 10인 미만의 피권유자에게 권유하는 경우

② 신탁, 그 밖의 법률관계에 의하여 타인의 명의로 주식을 소유하는 자가 그 타인에게 해당 주식의 의결권 대리행사를 권유하는 경우

③ 신문·방송·잡지 등 불특정 다수인에 대한 광고를 통하여 권유에 해당하는 행위를 하는 경우로서 그 광고내용에 그 상장주권의 발행인의 명칭, 광고의 이유, 주주총회의 목적사항과 위임장 용지, 참고서류를 제공하는 장소만을 표시하는 경우

위 ①에 따르면 회사외부자가 10명 미만의 주주를 상대하는 경우에는 위임장 권유로 보지 않는다. 따라서 소수의 기관투자자들이 모여서 의견을 교환하는 것은 규제대상에서 제외된다. 한편 ②는 실질주주가 직접 의결권을 행사하려는 목적으

157) 김지평/김재겸, "상장회사 의결권 대리행사 권유 규제의 실무상 쟁점," BFL 제130호(2025.3), 94면.

158) 해외기관으로는 ISS나 Glass Lewis가 대표적이고 국내기관으로는 한국기업지배구조원, 한국ESG연구소, 서스틴베스트 등이 활발한 활동을 보이고 있다.

159) 김지평/김재겸, 전게논문, 95면.

로 명의주주에 대해서 위임장을 권유하는 경우로 실질적으로는 위임장권유에 해당하지 않는다고 본 것이다.

주주행동주의와 위임장권유

주주행동주의의 확산으로 주주들 사이의 협동이 다양한 모습으로 전개됨에 따라 위임장권유에 해당하는지 여부가 문제되는 경우도 늘고 있다. 먼저 주주들, 특히 기관투자자들 사이에 특정 의안에 대해서 단순히 의견을 교환하는 것만으로는 위임장권유에 해당하지 않는다고 보는 것이 일반적이다. 또한 다른 기관투자자에게 특정 의안에 대한 자신의 반대의사를 알리는 것도 그것만으로는 위임장권유에 해당한다고 보기 어려울 것이다. 인터넷 플랫폼을 통한 주주들의 협동도 최근 흔히 나타나는 현상이다. 특정 의안의 찬성이나 반대를 위한 인터넷카페를 개설하고 그곳에서 정보를 교환하는 행위도 어느 단계에 이르러서는 위 ②의 "의결권의 행사 또는 불행사의 요구"에 해당한다고 볼 수 있을 것이다. 위 ③의 "그 밖의 방법으로 의견을 제시하는 행위"는 그 의미가 상당히 막연하므로 "의결권 확보 목적"을 넓게 해석하는 경우에는 위임장권유에 해당한다고 보는 행위의 범위도 넓어질 것이다.

---

(3) 위임장권유의 법적 성질

위임장권유의 법적 성질에 대해서는 ① 의결권대리행사를 위한 위임계약의 청약으로 보는 견해와 ② 투표유인행위로 보는 견해가 대립한다. ①설은 위임장송부에 의한 대리행사권유를 권유자가 주주의 의결권을 대리행사하는 대리인이 되거나 대리인을 선임하기로 하는 계약의 청약이고, 주주의 위임장반송은 그러한 청약에 대한 승낙으로 본다. 반면에 ②설은 위임장권유는 주주총회의안에 대해서 주주의 찬부를 묻는 투표유인행위이고 위임장반송 자체는 투표행위로 본다. 그러나 위임장반송을 상법상 서면투표(상법 §368-3)와 동등한 것으로 볼 수는 없고, 주주총회에서 수정동의가 있는 경우 그에 응할 수 없다는 점에서 ②설은 따르기 어렵고 ①설을 지지한다.[160]

2. 권유자

자본시장법은 권유자[161]를 특별히 제한하고 있지 않다.[162] 따라서 회사의 경

---

160) 임재연, 698면.
161) 법문상으로는 의결권권유자라고 한다.

영자나 주주, 채권자 등이 권유자가 될 수 있음은 물론이다. 나아가 회사와 아무런 이해관계가 없는 제3자도 권유자가 될 수 있는가? 제한적으로 해석할 법적 근거가 없다는 점에서 긍정해야 할 것이다.[163)]

이론상으로는 회사 자체가 권유자가 될 수 있는지도 문제될 수 있다. 그러나 자본시장법은 발행인이 권유자가 되는 경우를 명문으로 전제하고 있다(§152-2(1), 令§161(i)).[164)] 그것을 부정하는 학설도 찾기 어렵다.[165)] 그러나 이런 태도는 회사가 자신의 의사결정과정에 자신이 참여하는 것을 인정하는 것과 같기 때문에 논리적으로는 수긍하기 어려운 면이 있다.[166)] 이런 사고를 관철한다면 회사가 직접 자기를 대리인으로 하여 위임장권유를 하는 것은 물론이고 회사의 임직원을 대리인으로 지정하여 위임장을 권유하는 것도 허용할 수 없을 것이다. 그러나 자본시장법이 이러한 해석을 취하고 있지 않은 것은 명백하다. 그 이유는 발행인에 의한 위임장권유를 인정할 현실적인 필요성 때문이라고 할 것이다. 그렇다면 발행인이 주도하는 위임장권유를 이론적으로 어떻게 이해할 것인가? 이에 대한 논의는 찾아보기 어렵지만 발행인의 위임장권유는 형식상으로는 발행인이 권유자로 되어 있지만 이론적으로는 물론이고 실질적으로도 경영진에 의한 위임장권유로 보아야 할 것이다.[167)] 그렇다면 회사가 아니라 경영진이 개인적으로 그 비용을 부담해야 한다는 논리도 성립할 수 있다. 그러나 실제로 경영진이 비용을 부담하는 경우는 없는 것으로 보인다. 구태여 회사의 비용부담을 정당화하는 이유를 대자면 경영진의 위임장권유는 대체로 회사 내지 주주전체의 이익에도 부합하기 때문이라는 논리를 제시할 수 있을 것이다.[168)]

---

162) 대규모 상장회사에서 위임장권유를 하는 경우 권유자가 전국에 퍼져있는 다수의 주주를 일일이 만나서 권유하는 것이 번거롭기 때문에 그 업무의 대행을 전문으로 하는 권유업무 대리인을 활용하는 경우가 많다고 한다. 김지평/김재겸, 전게논문, 98면.

163) 규제당국에서는 주주총회의 목적사항과 특별한 이해관계를 가질 필요가 있다고 하고 있지만(실무안내, 427면) 그렇게 제한할 근거가 있는지는 의문이다.

164) 공공적 법인의 경우 법인에게만 위임장권유를 허용하는 규정(§152(3))도 회사가 권유자 적격이 있음을 전제한 규정이라고 할 수 있다.

165) 임재연, 694면 주 140)은 자연인을 대리인으로 권유하는 것은 가능하다고 본다.

166) 자기주식에 의결권 행사를 허용하지 않는 것과 비슷한 취지라고 볼 수 있다.

167) 권유자가 발행인으로 되어 있더라도 실제로 의결권을 행사하는 대리인은 회사 대신 회사의 임직원으로 선임해야 할 것이다.

168) 발행인이 아닌 권유자는 발행인이 권유를 하는 경우에는 발행인에 대해서 다음에 해당하는 행위를 요구할 수 있다(§152-2(1)). ① 발행인이 아닌 권유자에 대하여 주주명부의 열람·등사를 허

3. 대상증권

권유규제의 적용대상은 "상장주권"[169]에 한정된다(§152(1)). 상장주권으로 제한하는 이유는 비상장주권은 소유가 분산되고 있지 않을 것이므로 구태여 위임장권유를 시도하거나 그에 대한 규제를 둘 필요가 별로 없을 것이라는 판단에 따른 것이다. 그러나 주주에 대한 정보제공을 강화한다는 측면을 강조한다면 입법론적으로는 굳이 상장주권에만 적용을 한정할 이유는 없을 것이다. 위임장권유는 의결권 행사에 관한 것이므로 그 대상이 의결권 있는 주식에 한정될 것임은 물론이다.

4. 피권유자

자본시장법 자체는 피(被)권유자의 수에 대해서 아무런 제한도 두고 있지 않다. 따라서 얼핏 주주 1인에 대한 권유도 위임장권유에 해당하는 것으로 보일 수도 있다. 그러나 시행령은 "해당 상장주권의 발행인이나 그 임원[170] 외의 자," 즉 외부의 제3자가 10인 미만의 피권유자에게 권유하는 경우를 적용대상에서 제외하고 있다(令§161(i)). 따라서 외부의 제3자에 의한 위임장권유는 10인 이상을 상대로 하는 경우에만 규제대상이 된다.

위임장권유는 반드시 주주 전원을 상대로 해야 하는가? 바꾸어 말하면 일부 주주만을 상대로 권유하는 것도 허용되는가의 문제가 있다. 이 문제는 권유자가 회사인 경우와 제3자인 경우를 나누어 검토해야 할 것이다. 제3자는 주주평등의 원칙에 구속되지 않기 때문에 일부 주주를 상대로만 권유하는 것을 금지할 수 없을 것이다.[171] 반면에 회사가 권유하는 경우에는 주주들을 차별하여 일부 주주에게만 권유하는 것은 주주평등원칙상 허용되지 않는다고 보는 견해가 유력하다.[172]

용하는 행위, ② 발행인이 아닌 권유자를 위하여 그 의결권권유자의 비용으로 위임장 용지 및 참고서류를 주주에게 송부하는 행위.

169) 그 상장주권과 관련된 증권예탁증권을 포함한다.

170) 이들의 특별관계자도 포함한다.

171) 실제로는 비용절감을 위해서 위임장권유의 대상을 법인·기관투자자 1,000주 이상 보유주주 등으로 제한하는 예가 많다.

172) 권기범, 기업구조조정법(삼지원, 1998), 167면. 일본에는 회사의 비용부담이 허용되는 것은 위임장권유가 주주전원을 상대로 하는 경우로 제한된다는 주장과 일부 주주만을 상대로 위임장권유를 하여 성립한 주주총회결의에는 취소사유가 존재한다는 주장도 있다. 会社法コメンタール(7), 188면(山田泰弘).일본에서는 회사법상 의결권을 행사할 수 있는 주주의 수가 1,000명 이상인 회사는

주주총회에서 의결권을 갖는 자는 원칙적으로 주주명부상의 주주이므로[173] 권유는 명의주주를 상대로 해야 한다.

Ⅲ. 위임장권유에 관한 정보공시

1. 주주에 대한 위임장용지와 참고서류의 교부

권유자는 시행령이 정하는 방법에 따라 위임장용지와 참고서류(위임장서류)를 주주에게 교부해야 한다(§152(1)). 교부해야 할 시점은 권유 이전이나 권유와 동시이고(令§160), 교부방법은 직접교부, 우편·팩스에 의한 교부, 전자우편에 의한 교부[174], 주주총회 소집통지와 함께 보내는 방법,[175] 인터넷 홈페이지를 이용하는 방법(전자위임장) 등이다(令§160).

2. 위임장용지 및 참고서류의 사전공시

권유자는 위임장서류를 피권유자에게 제공하는 날 2일 전까지 그 사본을 금융위와 거래소에 제출하고 영업소 등에 비치하여 일반인이 열람할 수 있도록 해야 한다(§153, 규칙§18).[176] 주주총회와 관련하여 위임장서류를 언제부터 제출할 수 있는지에 대해서 특별한 제한은 없다. 그러나 위임장서류에는 주주총회의 목적사항을 기재해야 하므로(§152(6), 令§163(1)(v)) 현실적으로 이사회에서 주주총회소집을 결의하기 전에는 위임장서류를 제출할 수 없을 것이다. 그리하여 실제로는 위임장서류가 주주총회 소집통지와 같은 날 제출되는 것이 보통이라고 한다.[177] 금융위와 거래소는 위임장서류를 접수일로부터 3년간 갖추어 두고, 인터넷 홈페이지 등을 이용하여 공시해야 한다(§157).

서면투표(회사법 311조)를 채용하거나 의결권을 행사할 수 있는 주주 전원을 대상으로 위임장권유규제에 따른 의결권의 대리행사권유를 의무화하고 있다(회사법 §298(2)단서; 회사법 시행규칙 §64).

173) 김/노/천, 316면.

174) 피권유자의 동의를 전제한다.

175) 발행인인 경우에만 허용된다.

176) 금감원의 전자공시시스템(DART)을 통해 제출하면 금융위와 거래소에 제출한 것으로 간주된다.

177) 김지평/김재겸, 전게논문, 96면. 다만 이 경우 위임장권유행위는 소집통지일로부터 2영업일 이후부터 가능할 것이다.

3. 위임장서류의 기재내용

(1) 위임장용지

자본시장법은 위임장용지가 "주주총회의 목적사항 각 항목에 대하여 의결권피권유자가 찬반(贊反)을 명기할 수 있[어야 한다고]" 규정한 후(§152(4)) 구체적 기재사항을 시행령에 위임하고 있다(§152(6)).[178] 시행령은 새로 상정된 안건이나 변경 또는 수정안건에 대한 의결권 행사 위임여부와 위임내용, 권유자등 의결권을 위임받는 자, 위임일자와 위임내용 등을 추가로 규정하고 있다(令§163(1)).

(2) 참고서류 기재내용

시행령은 참고서류의 기재할 사항을 다음 3가지로 나누고 있다(令§163(2)).[179] ① 위임장권유에 관한 일반적 사항, ② 주주총회의 목적사항, ③ 위임장권유를 하는 취지. ①에는 권유자의 성명이나 명칭, 권유자 및 그 특별관계자가 소유하고 있는 주식의 종류 및 수, 권유자의 대리인의 성명, 그 대리인이 소유하고 있는 주식의 종류 및 수, 권유자 및 그 대리인과 해당 주권상장법인과의 관계 등을 기재해야 한다.[180] ③은 객관적 · 확정적 사실에 근거하여 1,000자 이내로 기재할 수 있다.[181]

4. 부실표시의 금지

권유자는 위임장서류 중 피권유자의 의결권 위임 여부 판단에 중대한 영향을 미칠 수 있는 사항에 관하여 거짓의 기재 또는 표시를 하거나 의결권 위임 관련 중요사항의 기재 또는 표시를 누락해서는 안 된다(§154).[182]

5. 금융위의 조치

금융위는 위임장서류가 형식상 미비하거나 중요사항에 관한 부실표시가 있는

---

178) 위임장권유에 해당하지 않는 경우에 사용되는 위임장용지에 대해서는 위와 같은 요건이 적용될 여지가 없을 것이다.

179) 발행공시규정 §3-15, 기업공시서식 작성기준 §7-3-1 및 별지 §47.

180) 대리인에 관한 기재는 대리인이 있는 경우에만 요구된다.

181) 통상은 간략한 기재에 그치지만 위임장대결이 벌어지는 경우에는 안건 별로 위임을 권유하는 취지가 상세하게 기재되기도 한다. 김지평/김재겸, 전게논문, 98면

182) 이에 위반하는 자는 5년 이하의 징역 또는 2억원 이하의 벌금에 처한다(§444(xix)).

경우에는 그 이유를 제시하고 정정하여 제출할 것을 요구할 수 있다(§156(1)).[183] 이 경우 위임장서류는 제출하지 않은 것으로 본다(§156(2)). 금융위는 권유자나 기타 관계인에 대해서 보고나 자료제출을 명하거나 금감원장에게 그 장부 등을 조사하게 할 수 있다(§158(1)). 또한 금융위는 일정한 경우에는 정정을 명하거나 권유를 정지 또는 금지하거나 임원에 대한 해임권고 등의 조치를 취할 수 있다(§158(2), 令§166).

Ⅳ. 발행인과 의결권 권유자의 관계

1. 권유자의 발행인에 대한 요구권

발행인이 아닌 권유자는 발행인의 위임장권유 시에 발행인에 대하여 주주명부의 열람·등사를 허용하는 행위, 권유자의 비용으로 위임장서류를 주주에게 송부하는 행위를 할 것을 요구할 수 있다(§152-2(1)). 발행인은 요구받은 날부터 2영업일 이내에 그 요구에 응해야 한다(§152-2(2)).[184] 이는 소수주주와 회사사이에 위임장쟁탈전이 벌어지는 경우 양자사이에 '무기의 대등'을 담보하기 위한 제도로 볼 수 있다.

2. 당해법인의 의견표명

발행인은 공개매수의 경우(§138)와 마찬가지로 위임장권유의 경우에도 권유에 대한 의견을 표명할 수 있다(§155). 이 경우 그 내용을 기재한 서면을 지체없이 금융위와 거래소에 제출해야 한다.[185]

---

183) 그리고 참고서류의 기재사항에 대한 정정은 그 권유와 관련된 주주총회 7일 전(공휴일등을 제외)까지 할 수 있다(§156(3)전단; 令§§165, 153(1)). 또한 기재나 표시사항이 불분명하여 의결권피권유자로 하여금 중대한 오해를 일으킬 수 있는 경우나 의결권권유자에게 불리한 정보를 생략하거나 유리한 정보만을 강조하는 등 과장되게 표현된 경우에는 반드시 정정해야 한다(156(3)후단; 令§165(3)).

184) 발행인인 회사가 이에 위반하여 발행인이 아닌 의결권권유자의 요구에 응하지 않을 경우 3,000만원 이하의 과태료에 처한다(§449(3)(viii-2).

185) 금융위와 거래소는 위임장서류와 함께 그 서면도 접수일부터 3년간 비치하고, 인터넷 홈페이지 등을 이용하여 공시해야 한다(§157).

3. 위임장권유의 비용

위임장권유에는 위임장서류의 작성·인쇄·송부만을 위해서도 상당한 비용이 소요된다. 나아가 위임장경쟁이 벌어지는 경우에는 주주를 자기 편으로 끌어들이기 위한 설득에 나서야 할 것이기 때문에 그 비용은 크게 증가할 수 있다. 그러나 자본시장법은 위임장권유의 비용에 관해서는 아무런 규정이 없다. 따라서 원칙론상으로는 권유자가 부담한다고 볼 수밖에 없다. 그러나 위임장권유가 회사의 이익을 위하여 필요한 경우에는 회사에 비용을 부담시키는 것도 정당화할 수 있을 것이다. 대표적인 예로 주식소유가 분산된 회사에서 의결정족수를 채우기 위하여 회사가 주도하는 위임장권유를 들 수 있다. 회사이익을 기준으로 판단한다면 이론상 경영진이 자신의 지위보전을 위해서 위임장권유를 실행하는 경우에는 회사에 비용을 부담시킬 수 없다는 논리도 성립할 수 있다. 그러나 그러한 경우에도 경영진도 회사이익을 앞세울 것이기 때문에 현실적으로는 회사의 비용부담을 막기 어려울 것이다.

소수주주가 기존 경영진 교체를 비롯한 특정의안의 통과를 위해서 위임장권유를 하는 경우 그 비용은 누가 부담할 것인가? 만약 회사에 비용을 부담시킬 수 있다면 위임장권유가 남용될 소지가 크다. 반면에 당해 주주가 비용을 전적으로 부담해야 한다면 경영진에 대한 통제가 약화될 것이다. 이러한 딜레마를 해결하기 위한 방안으로는 여러 가지가 제시되고 있다. 주주가 위임장권유를 통하여 경영권을 탈취하는 데 성공한 경우 그 비용을 회사에 부담시킬 수 있어야 한다거나 주주가 위임장권유를 통해서 얻은 표수에 비례하여 회사가 부분적으로 비용을 부담함으로써 주주의 권리행사를 도와주어야 한다는 견해 등이 그것이다.[186] 그러나 입법론으로는 몰라도 적어도 해석론으로는 아직 회사의 비용부담을 인정하기 어려울 것이다.

Ⅴ. 위법한 위임장권유에 대한 제재

1. 민사제재

전술한 바와 같이 자본시장법상 부실표시 등 위법적인 위임장권유의 경우 금

186) 상세한 것은 權鍾浩, 經營者監視メカニズムとしての委任狀勸誘制度(東京大 박사학위논문, 1997), 358~368면.

융위는 위임장의 정정을 명하거나 권유의 정지나 금지조치를 취할 수 있다(§158(2), 令§166). 권유자와 대립되는 지위에 있는 당사자도 법문의 명시적 근거는 없지만 위법한 위임장권유를 금지하는 내용의 가처분을 신청할 수 있다고 볼 것이다. 위법한 위임장권유가 완료된 경우 그 권유에 의해 통과된 주주총회결의를 사후에 취소할 수 있는가에 대해서는 학설이 나뉘고 있다. 부정설은 위임장권유는 주주총회결의의 前단계의 사실행위로 주주총회 결의의 방법에 해당하는 것이 아니라는 점을 든다.[187] 하급심판례 중에도 금융위에 제출한 위임장과 다르고 또 찬반을 명기할 수 없는 위임장을 발행인이 이용하여 결의에 이른 사안에서 위임장권유에 관한 자본시장법 규정은 단속규정에 불과하므로 그러한 절차상 하자는 결의취소사유에 해당하지 않는다고 판시한 사례가 있다(수원지방법원 안산지원 2021.11.18. 선고 2020가합13226 판결).[188] 또한 다른 하급심판례로 위임장권유자체의 존재를 부정하면서도 가정적 판단으로 "설령 이들이 그와 같이 의결권 대리행사 권유를 받으면서 자본시장법이 정하는 위임장 용지 및 참고서류를 교부받지 아니하였다고 하더라도 그러한 하자는 소집된 주주총회에서의 의결권 행사와 관련된 것일 뿐 소집절차와는 관계가 없다고 할 것이다"라고 하여 소집절차의 하자를 부정한 것도 존재한다(서울중앙지방법원 2012.12.7. 선고 2012가합32893 판결).[189]

그러나 위임장권유는 법률상 반드시 요구되는 절차는 아니지만 주주의 의사형성에 중요한 영향을 미칠 수 있는 절차라는 점에서는 법률상 절차인 소집이나 결의방법과 차이가 없다. 그러므로 부정설과 같이 위임장권유가 주주총회결의의 전단계의 사실행위라는 이유로 전면적으로 취소사유해당성을 부정하는 것은 동의하기 어렵다. 위임장권유의 위법성이 현저하여 의안에 대한 피권유자의 판단을 왜곡시킬 위험이 큰 경우에는 결의방법의 위법·불공정(상법 §376(1))이 있다고 보아 결의취소사유로 인정할 수 있을 것이다.[190]

187) 이철송, 회사법강의(29판, 2021), 555면. 같은 취지의 일본 하급심 판결로 東京地判, 2005.7.7. 判例時報 제1915호, 150면.

188) 판례는 자본시장법 제445조가 제152조 제1항 또는 제3항을 위반하여 의결권 대리행사의 권유를 한 자를 처벌하는 반면 제152조 제4항의 위반 행위(위임장에 찬반 명기)나 제157조의 위반 행위(공시와 다른 위임장 이용)를 처벌하는 규정은 없는 점도 이유로 제시하고 있다.

189) 법원은 또한 위임장권유에 관한 규정(§152(1))이 단속규정에 해당한다는 점과 주주들이 부의안건에 대한 찬반여부를 표시하여 위임했다는 점도 결의취소사유를 부정하는 근거로 들었다.

190) 田中亘, 会社法(5판 2025) 206면. 자본시장법 제154조의 부실표시에 의한 의결권대리행사 권유는 의결권피권유자의 의결권 위임 여부 판단에 중대한 영향을 미칠 수 있으므로 주주총회결의취

이상의 견해는 발행인이 권유자가 되는 통상의 위임장권유의 경우에 타당한 것이고 제3자에 의한 위임장권유의 경우에는 설사 위임장권유가 법령에 위반하는 경우에도 주주의 위임의사가 명확한 경우에는 의결권의 대리행사는 유효하고 결의에는 취소사유가 없다고 볼 것이다.[191)]

일반적으로 대리인이 본인의 의사에 반하여 의결권을 행사한 경우에도 단체법의 법리상 그로 인하여 성립한 주주총회 결의의 효력을 부정할 수는 없을 것이다.[192)] 그렇다면 권유자가 위임장용지에 나타난 피권유자의 의사에 반하여 의결권을 행사하는 경우에는 어떠한가? 그러한 경우에는 결의취소사유가 있다고 볼 것이다.[193)] 위임장권유의 법적 성질을 위임계약의 청약으로 보는 견해를 취한다 해도 결의결과에는 영향이 없고 단순히 권유자와 피권유자 사이의 계약위반의 문제에 그친다고 볼 것은 아니다. 위임장권유는 단순히 사법상 거래에 불과한 것이 아니라 자본시장법의 규제를 받는 중요한 지배구조상의 제도이기 때문이다. 자본시장법이 권유자에게 의결권의 행사에서 위임장용지에 나타난 피권유자의 의사를 따를 것을 명시하고 있는 것(§152(5))도 위의 결론을 뒷받침한다.

자본시장법상 규제를 위반한 위임장권유에 의하여 손해를 입은 자는 민법상 불법행위책임규정에 의하여 손해배상을 청구할 수 있다.

2. 행정제재

전술한 바와 같이 위임장서류가 형식이 미비하거나 부실기재가 있는 경우에는 금융위는 정정요구권이 있다(§156(1)). 또한 금융위는 일정한 위임장규제위반의 경우에는 위임장권유의 정지나 금지 등 광범한 조치권이 있다(§158(2), 令§166).[194)] 다만 과징금이나 과태료를 부과할 수 있다는 규정은 없다.

소사유로 보아야 한다는 견해로 임재연, 709면.

191) 会社法コメンタ-ル(7)(2013), 190면(山田泰弘).

192) 김/노/천, 329면.

193) 황동욱, 기업통치와 이사의 책임(1999), 139면. 발행인이 권유자인 경우에만 결의취소사유에 해당한다는 견해로 임재연, 698면.

194) 또한 금융투자업자나 그 임직원이 위반행위를 한 경우 금융위는 금융투자업인가나 등록취소를 비롯하여 다양한 조치를 취할 수 있다(§§420(1), (3), 422).

3. 형사제재

자본시장법은 위임장권유규제의 위반에 대해서는 형사제재도 규정하고 있다. 먼저 위임장서류 등에 부실기재가 있는 경우에는 5년 이하의 징역 또는 2억원 이하의 벌금에 처한다(§444(xix)). 또한 위임장서류를 주주에게 제공하지 않은 경우에도 3년 이하의 징역 또는 1억원 이하의 벌금에 처한다(§445(xxi)).

제8장 미공개중요정보이용행위 - 내부자거래

제1절 서설

Ⅰ. 불공정거래규제의 개요

불공정거래규제는 공시규제와 함께 자본시장규제의 양대(兩大)지주를 이룬다. 양자는 모두 자본시장의 '효율성'(efficiency)과 '공정성'(fairness)을 담보하는 것을 목적으로 한다. 효율성은 '가격의 정확성'(price accuracy)과 '유동성'(liquidity)이라는 두 가지 요소로 구성되며 공정성은 투자자의 신뢰를 뒷받침한다. 효율성과 공정성은 이처럼 개념적으로 구별되지만 현실적으로는 밀접한 관련이 있다. 공정성이 훼손되는 경우에는 신뢰를 상실한 투자자가 시장을 떠나감에 따라 시장의 효율성도 위협받기 때문이다. 앞서 살펴본 공시규제가 상대적으로 효율성을 중시한 것이라면 이하에서 검토할 불공정거래규제는 공정성에 비중을 둔 제도라고 할 수 있다. 즉 공시규제는 자본시장에서 정보공시를 강제함으로써 거래당사자 사이의 정보비대칭을 완화하는 것에 초점을 맞추는데 비하여 불공정거래규제는 주로 유통시장에서의 가격형성기능과 시장에 대한 신뢰를 해치는 다양한 형태의 불공정거래를 억제하는데 초점을 맞춘다.

불공정거래규제는 시장에 대한 투자자의 신뢰를 확보하고 시장의 가격형성기능을 보호한다는 공익적 측면과 아울러 불공정거래로 인한 투자자의 손해를 방지한다는 사익적 측면을 공유한다. 불공정거래에 대해서는 전통적인 민법의 불법행위책임(§750조)나 형법의 사기죄(§347) 등도 적용될 수 있지만 자본시장법은 불공정거래의 특수성과 공익적 측면을 고려하여 별도의 규정(§§172~180-6)을 마련하고 있다.

자본시장법의 불공정거래규제는 전통적으로 내부자거래, 시세조종, 부정거래행위라는 세 가지 유형의 행위를 대상으로 삼아왔다. 이들 세 가지 불공정거래유형에 대해서는 행정, 형사, 민사의 3가지 방면에서 제재를 가하고 있다. 우리나라에서는[1] 불공정거래의 구성요건을 구체적으로 규정하고 엄격하게 해석해야 한다고 보는 사고가 강하다. 그리하여 2014년에는 기존의 불공정거래규정이 포섭하지 못하는 행위를 규제대상에 포함시키기 위하여 시장질서교란행위(§1788-2)라는 새로운 불공정거래유형을 도입하였다. 다만 시장질서교란행위에 대해서는 형벌 대신 과징금만을 부과할 수 있다.

불공정거래규제가 실효를 거두기 위해서는 금융당국의 강력한 권한과 의지가 필요하다. 과거 자본시장의 중요성에 대한 인식이 부족했던 시절에는 불공정거래에 대한 법집행이 제대로 실현되지 못하는 사례가 많았다. 오늘날 자본시장에서는 불공정거래가 중대한 범죄라는 인식이 널리 퍼져있는 상태이다. 그럼에도 불공정거래에 대한 형사처벌은 아직 검찰이나 경찰의 수사가 아니라 거래소의 고발이나 금융당국의 행정조치로부터 비롯되는 경우가 많고 투자자의 손해배상청구도 금융당국이 조사결과를 발표한 후에야 비로소 개시되는 것이 보통이다.

이하에서는 내부자거래, 시세조종행위, 일반적 부정거래행위와 시장질서교란행위를 차례로 설명한다.

Ⅱ. 내부자거래와 미공개중요정보이용

1. 정보의 비대칭에 대처하기 위한 수단으로서의 내부자거래규제

자본시장법상 "미공개중요정보 이용행위"(§174(1))는 일반적으로 "내부자거

1) 미국에서는 죄형법정주의가 헌법상 적법절차조항의 해석으로 인정되는 것에 비하여 우리나라에서는 헌법(§13(1))과 형법(§1)에서 명문으로 인정된다.

래" (insider trading)로 불린다. 후술하는 바와 같이 내부자거래는 이제 규제대상 거래를 모두 포섭할 수 없는 한계가 있으므로 필요한 경우에는 미공개정보이용행위라는 용어도 사용하기로 한다. 미공개정보이용행위의 큰 줄기는 역시 내부자거래라고 할 것이다. 내부자거래는 글자 그대로 이사와 같은 회사의 "내부자"가 그 지위를 통하여 얻은 미공개정보, 즉 내부정보를 이용하여 회사의 증권 등을 거래하는 행위를 말한다.

내부자거래규제는 근본적으로 거래자 사이의 정보의 비대칭에 대처하기 위한 수단에 해당한다. 자본시장에서의 정보비대칭에 대처하는 보다 근본적인 방안은 정보비대칭이 발생할 여지를 원천적으로 최소화하는 것이다. 그 구체적인 수단으로 먼저 거론되는 것은 주가에 영향을 미칠 수 있는 중요정보를 시장에서 신속히 공시하도록 의무화하는 것이다. 이와 관련해서 특히 중요한 것은 앞서 설명한 '수시공시'이다. 정보접근에서의 평등을 중시하는 EU법은 회사의 내부정보공시의무를 폭넓게 인정하고 있는데 반하여[2] 미국법은 상장법인의 수시공시의무는 제한적으로만 인정한다.[3] 우리 자본시장법도 전술한 바와 같이 수시공시의무는 제한적인 범위에서 부과하고 있다(§391; 공시규정 §7 이하).[4] 그러나 아무리 수시공시를 강화한다 해도 정보비대칭이 발생할 여지를 없애는 것은 현실적으로 한계가 있으므로 자본시장에서 어느 정도 정보비대칭이 발생하는 것은 불가피하다.

일반 거래의 경우에는 일방당사자가 상대방이 모르는 정보를 알고 있더라도 그 정보를 상대방에게 알려줄 의무는 원칙적으로 존재하지 않는다. 즉 상대방과의 사이에서 존재하는 정보비대칭을 이용하는 것은 자유이다. 그러나 자본시장에서의 증권거래에서도 그 원칙을 고수한다면 투자자의 신뢰를 얻기 어렵고 나아가 자본시장의 발전도 어려울 것이다. 그리하여 각국은 자본시장에 대한 투자자의 신뢰를 유지하기 위해서 정보비대칭의 이용을 규제하고 있다.

2. 정보비대칭의 발생원인

자본시장에서 증권을 거래하는 주체 사이에 정보비대칭이 발생하는 원인은 다

2) 시장남용규정(Market Abuse Regulation: MAR) §17(1).

3) KBLN 2023. 6. 24.자.

4) 선별적 공시에 대처하기 위한 공정공시제도도 내부자거래를 예방하는 방안에 속한다.

양하다. 가장 대표적인 것은 직무상 내부정보를 접하는 회사내부자와 일반투자자 사이에 구조적으로 발생하는 정보비대칭이다. 그러나 정보비대칭은 이처럼 구조적으로 발생할 수도 있지만 일시적으로 발생할 수도 있고 또 그것이 인위적이거나 우연적인 경우도 있다. 이론상으로는 이러한 모든 경우의 정보비대칭의 이용을 금지하는 것도 생각해 볼 수 있다. 그러나 사회적 관점에서 보면 이러한 정보비대칭의 이용이 언제나 바람직하지 않은 것은 아니다. 정보비대칭을 이용하는 거래 중에는 자본시장의 효율성을 증진하는 경우도 존재한다. 예컨대 시장에 공개된 정보를 토대로 분석한 결과 특정 주식의 시장가격이 과도하게 낮거나 높다는 판단을 갖게 된 펀드매니저가 그 주식을 매수하거나 매도하는 행위는 시장가격의 정확성을 높이는 데 기여한다는 점에서 자본시장의 효율을 높이는 긍정적인 행위이다. 실제로 이처럼 조사분석을 통해서 창출한 정보의 비대칭을 이용하는 것까지 금지하는 입법례는 찾을 수 없다.

3. 정보비대칭의 이용의 불공정성

정보비대칭의 이용이 금지되는 경우를 법으로 정할 때 먼저 고려할 것은 정보비대칭의 이용을 금지하는 근거라고 할 것이다. 정보비대칭의 이용을 금지하는 이유로 제시되는 것 중 가장 설득력 있는 것은 자본시장의 공정성에 대한 투자자의 신뢰보호(헌법재판소 1997.3.27. 선고 94헌바24 결정)라고 할 수 있다. 이 논리에 따르면 비록 정보비대칭이 존재하더라도 투자자들이 그것을 이용한 거래가 구태여 형사적으로 처벌할 정도로 불공정하다고 여기지 않는 경우라면 금지할 필요가 없을 것이다.

문제는 정보비대칭의 이용을 어떠한 경우에 '불공정'한 것으로 볼 것인가이다. 직무상 내부정보에 대한 접근성을 갖는 이사와 같은 내부자와 투자자 사이에 구조적으로 존재하는 정보비대칭을 이용하는 것은 일반투자자에게 불공정한 것으로 비칠 수밖에 없다. 또한 정보의 비대칭이 "부지런한 연구나 비슷한 노력에 의한 것이 아니라 부정한 방법으로" 생겨난 것인 경우에는 그것을 증권거래에 이용하는 것이 불공정한 것으로 볼 수 있다. 투자자들은 대부분 남들보다 나은 정보를 얻기 위해 애쓴다. 이들의 노력 중에는 자본시장의 발전에 도움이 되는 것이 있고 그렇지 않은 것이 있다. 증권가치의 정확한 평가를 위하여 이미 공시된 정보를 수집하고 분석하는 것은 가격의 정확성을 촉진한다는 점에서 바람직한 노력이라고 할 것이다. 따라서 그러한 노력의 열매로 얻게 된 정보비대칭을 이용하는 것은 불공정하다고 할 수 없을 것이다. 반면에 내부자가 직무상 알게 된 미공개정보를 이용하여 거래하는 것은 설사 그것이 정보가 신속하게 주가에 반영되는 것을 촉진함으로써 가격의 정확성에 기여하는 면이 있다고 하더라도 외부의 투자자들에게는 불공정한 것으로 비치기 쉽다. 내부자가 누리는 정보의 비대칭은 구조적인 것이어서 모든 투자자가 누릴 수 있는 것이 아니기 때문이다.

정보비대칭의 이용에 관한 각국의 규제는 그 대상행위의 범위의 면에서 차이가 있다. 가장 금지대상이 넓은 쪽은 EU의 규제로 우연적으로 발생한 정보비대칭의 이용조차도 처벌대상으로 삼고 있다. 그 반대쪽 극단에 서 있는 것이 미국의 규제이다. 우리나라는 그 중간에 위치한다고 볼 수 있지만 후술하는 바와 같이 차츰 그 금지대상의 범위가 확대되고 있다.

4. 용어의 정리

본격적인 설명에 앞서 이하에서 사용할 몇 가지 용어의 의미를 정리하고자 한다. 먼저 행위의 주체는 회사의 안팎을 기준으로 '내부자'와 '외부자'로 나눈다. 그 기준에 의하면 준(準)내부자는 회사의 외부에 있는 자이므로 엄밀히 말하면 외부자에 속하지만 규제상 회사내부자와 같이 취급하므로 내부자에 포함시킨다. 행위의 대상인 정보는 정보의 출처가 회사인지 아니면 외부인지에 따라 '내부정보'와 '외부정보'로 나눈다. 외부정보도 회사에 정상적으로 유입되는 순간에는 내부정보로 전환된다.

Ⅲ. 내부자거래규제에 대한 찬반론[5)]

현재 미국은 물론이고 EU, 독일, 일본 등 선진국들은 모두 내부자거래를 규제하고 있다. 그럼에도 불구하고 특히 미국에서는 규제를 반대하는 견해가 끈질기게 주장되고 있다.[6)] 반대론의 논거로는 내부자거래가 정보가 시장가격에 신속하게 반

5) 상세한 것은 김건식, "내부자거래규제의 이론적 기초," 증권학회지 제28집(2001), 151~157면.
6) 선구적인 주장으로, Henry G. Manne, "Insider Trading and the Law Professors," Vanderbilt

영되는 것을 도움으로써 시장가격의 정확성을 높인다든지 내부자가 내부자거래를 통해서 얻는 이익은 일종의 보수로 보아야 한다는 등의 주장을 든다. 그러나 현재로는 규제론이 널리 지지를 받고 있는 것으로 보인다. 그 이유로는 다음과 같은 것들을 들 수 있다. ① 내부자거래가 허용되면 내부자가 사전에 정보를 이용하기 위해서 정보공시를 지연할 위험이 높다. ② 내부자가 회사의 부정적 정보를 이용한 거래로 이익을 얻는 것을 내부자의 보수로 정당화하기는 어렵다. ③ 내부자거래를 정보에 대한 소유권의 관점에서 정당화하는 견해도 존재한다. 그에 의하면 내부정보는 회사의 소유에 속하는 것인데 내부자가 그것을 임의로 이용하는 것은 마치 절도나 횡령과 다름이 없다는 것이다. 이 견해는 회사가 내부정보의 이용을 허용하면 처벌할 수 없다는 결론에 이르게 된다는 점에서 받아들이기 어렵다. ④ 무엇보다 내부자거래를 규제하는 가장 강력한 근거는 정보비대칭을 이용한 거래의 불공정성이 자본시장에 대한 투자자의 신뢰를 해침으로써 자본시장의 발전을 저해한다는 점이라고 할 것이다. 선진국들이 대부분 내부자거래를 규제하고 있는 것도 결국 투자자의 신뢰를 얻기 위해서라고 할 수 있다. 다만 국가에 따라 내부자거래에 대한 투자자의 평가가 같지 않기 때문에 그 규제의 범위와 그 집행의 강도에는 차이가 있다.

내부자거래의 규제근거에 관한 미국에서의 논의[7]

내부자거래를 구체적으로 어느 범위까지 규제할 것인가는 결국 그것을 규제하는 근거에 달려있다. 규제의 근거와 관련해서는 먼저 규제의 모국이라고 할 수 있는 미국에서의 논의를 이해할 필요가 있다.[8] 미국의 증권규제에서는 내부자거래를 일반사기 금지조항인 1934년 증권거래소법 제10(b)조에 의해서 규제하고 있는 관계로 논의는

Law Review Vol. 23, 1970, pp. 547~590. 미국에서의 논의를 파악하기에 편리한 자료로, Stephen Bainbridge, Insider Trading Law and Policy (Concepts and Insights), Foundation Press, 2014; Paula J. Dalley, "From Horse Trading to Insider Trading: The Historical Antecedents of the Insider Trading Debate," William & Mary Law Review Vol. 39, 1998, pp. 1289~1353; Michael A. Perino, "The Lost History of Insider Trading," University of Illinois Law Review Vol. 2019, 2019, pp. 951~1004.

7) 상세한 것은 김건식, 전게논문, 157~168면.

8) 상세한 것은 Reinier Kraakman, "The Legal Theory of Insider Trading Regulation in the United States" in Klaus J. Hopt and Eddy Wymeersch, European Insider Dealing: Law and Practice(1991), 40~47.

주로 행위자의 행위를 "기망"으로 볼 수 있는 근거를 중심으로 전개되고 있다. 행위자가 단순히 내부정보를 이용하는 행위를 "기망"으로 볼 수 있으려면 행위자의 적극적인 정보공시의무를 인정할 필요가 있으므로 논의는 정보공시의무의 근거를 중심으로 진행된다. 따라서 그 논의는 내부자거래에 관하여 상세한 규정을 두고 있는 우리 자본시장법의 해석에 도움이 되는 것은 아니지만 규제의 시각을 이해하는 데는 유용하다. 이하에서는 대표적인 세 가지 이론을 차례로 소개한다.

① 정보평등이론(the Equal Access or Parity of Information Theory)

이 견해는 정보공개의무를 내부정보를 보유한다는 사실 그 자체에서 도출한다.[9] 그에 따르면 일반 투자자들에게 접근이 제한된 미공개중요정보를 이용한 거래는 "원천적으로 불공정"(inherently unfair)하다는 것이다. 이 견해에 따르면 정보를 어떻게 취득하였는지는 중요하지 않다. 정보평등이론은 SEC의 Cady, Roberts & Co. 결정[10]에서 비롯된 것인데 그 사안은 다음과 같다. 어느 증권회사의 간부사원이 다른 회사의 이사로부터 그 회사의 이사회가 배당감축을 결의했다는 정보를 듣고 바로 자기 고객의 계좌에 있는 그 회사 주식을 매도하는 주문을 냈다. 그 주문은 평균 40달러 정도에 집행되었으나 배당감축소식이 공개되자 주가가 36달러로 하락하였다. SEC는 이 행위가 사기금지조항인 Rule 10b-5 위반이라고 결정하며 내부정보를 가진 자가 그것을 공시하지 않고 거래하는 것을 금지하는, 이른바 "공시 또는 포기"(disclose or abstain)의 원칙을 채택하였다. 그 원칙의 요건으로 제시한 것은 다음 2가지였다. ① 누군가의 개인적인 이익을 위한 것이 아니라 회사목적을 위해서만 이용할 정보에 직접 또는 간접으로 접근할 수 있는 "관계"의 존재, ② 거래상대방이 그 정보를 모른다는 사실을 알면서 그 정보를 이용하는 행위의 "원천적 불공정성"이다.

정보평등이론은 이 2가지 요건을 토대로 하지만 반드시 정보가 당사자들 사이의 정보가 절대적으로 평등할 것을 요구하는 것은 아니다. 일방당사자가 원천적으로 불공정한 정보우위를 누릴 경우에만 공시의무를 발생시킨다. 따라서 증권분석가가 시장에서 공개된 정보들을 토대로 독자적인 연구조사를 통해서 밝혀낸 정보라면 공시할 필요 없이 자유롭게 이용할 수 있다. 또한 이 이론에 의하면 미공개정보에 해당하는 한 그 정보의 취득방법이나 행위자가 내부자인지여부는 중요하지 않으므로 내부자거래의 범위가 확대될 여지가 있다.

1980년 연방대법원은 정보평등이론을 배척하고 신인의무이론을 채택하였다.[11]

---

9) 회사에 대해서 내부정보의 공시의무를 부과한 EU의 시장남용규정(Market Abuse Regulation: MAR)(§17(1))은 정보평등이론에 입각한 것으로 볼 수 있다.

10) In re Cady, Roberts & Co., 40 S.E.C. 907(1961). 이 결정은 거래소에서 이루어진 미공개중요정보이용행위에 대해서 사기금지조항을 적용한 최초의 사례이다. Donald Langevoort, "Reading Cady, Roberts: The Ideology and Practice of Insider Trading Regulation," 99 Columbia Law Review, 1319-1343(1999).

11) Chiarella v. United States, 445 U.S. 222 (1980).

② 신인의무이론(The Fiduciary Duty Theory)

신인의무이론은 공시의무의 근거를 일방 당사자가 단순히 미공개정보를 정보를 갖고 있다는 점만이 아니라 그 정보가 없는 상대방과의 사이에 "믿음과 신뢰의 관계"(relationship of trust and confidence), 즉 "신인관계"(fiduciary relationship)가 있다는 점에서 찾는다. 이러한 견해는 1980년 미국 연방대법원이 Chiarella 판결[12]에서 채택한 것으로 그 판결의 사안은 다음과 같다. 공개매수 관련서류를 인쇄하는 출판사에 근무하는 Chiarella는 자신이 처리하던 서류에 대상회사의 명칭이 공란으로 남아 있었음에도 불구하고 다른 정보로 미루어 대상회사의 명칭을 특정할 수 있었다. 그는 그 공개매수정보를 이용하여 대상회사 주식을 거래함으로써 약 3만 달러의 이익을 얻었다. 그는 대상회사의 내부자도 아니고 내부자로부터 정보를 수령한 자도 아닌 순수한 '외부자'(outsider)였음에도 불구하고 내부자거래로 기소되었다. 원심은 피고인의 유죄를 인정했지만 연방대법원은 피고인이 공시의무가 없다는 이유로 무죄를 선고했다. 공시의무는 "믿음과 신뢰의 관계"를 토대로 인정되는데, 사안에서는 그러한 신인관계가 없다는 것을 근거로 제시했다.[13] 이처럼 신인의무이론에 의하면 내부자거래가 성립하기 위해서는 행위자의 신인의무위반이 있어야 한다. 따라서 신인의무를 지지 않는 외부자는 내부자가 신인의무에 위반하여 내부정보를 제공하는 것을 알면서 수령한 경우가 아닌 한 내부자거래로 처벌할 수 없다. 그러나 위 사건에서 피고인인 Chiarella의 행위가 비난가능성이 높은 점은 부인할 수 없다.[14] 내부자거래의 범위를 제한하는 신인의무이론이 지닌 이런 난점[15]을 해결하기 위하여 개발된 이론이 다음에 소개하는 부정유용이론이다.

---

12) Chiarella v. United States, 445 U.S. 222(1980). 최근 논의로는, Donna M. Nagy, "Chiarella v. United States and its Indelible Impact on Insider Trading Law," Tennessee Journal of Law and Policy Vol. 15, 2020, pp. 6~47.

13) 미국 연방대법원은 정보수령자(tippee)의 거래에 관한 1983년의 Dirks v. SEC 판결{463 U.S. 646(1983)}에서 신인의무이론을 한층 더 분명히 하였다. 사안은 회사의 부정행위를 발견한 종업원이 그것을 고발하기 위하여 그 정보를 증권분석가인 피고인에게 제공하였다. 피고인은 그 정보가 공개되기 전에 자신의 고객들에게 알렸다. 연방대법원은 정보수령자의 거래를 정보제공자(tipper)의 간접적인 미공개중요정보이용행위로 파악하였다. 정보제공자는 정보수령자에게 정보를 제공할 뿐 직접 거래를 한 것은 아니었다. 그러나 정보제공자가 정보제공의 대가로 개인적인 이익을 얻는 경우에는 스스로 거래를 한 것과 마찬가지의 효과를 얻는다. 정보수령자는 그러한 불법적인 정보수령의 경우에 공시의무를 부담하게 된다. 사안에서 종업원이 정보를 제공한 것은 개인적 이익을 위해서가 아니라 회사의 부정을 막기 위한 것이었으므로 신인의무에 위반하는 정보제공으로 볼 수 없다. 연방대법원은 정보제공자가 신인의무를 위반하지 않았으므로 정보수령자의 공시의무위반도 없다고 판단하였다.

14) 이러한 불합리는 SEC가 후에 규칙 14e-3을 제정함으로써 해결되었다. 이는 자본시장법 제174조 제2항에 해당한다.

15) 신인의무론의 한계를 지적한 것으로, Nagy, 앞의 논문, pp. 1315~1379.

③ 부정유용이론(The Misappropriation Theory)

부정유용이론은 주로 회사의 외부자에 의한 거래를 규제하기 위하여 개발된 이론이다. 부정유용이론도 기망을 토대로 하지만 그 중점은 '거래상대방에 대한 기망'이 아니라 '미공개정보에 대한 권리를 가진 자, 즉 정보원천(information source)에 대한 기망'에 둔다. 그에 따르면 미공개정보를 보유한 자가 거래상대방에 대해서 신인의무를 부담하지 않고 뒤에 설명하는 정보수령자에 해당하지 않더라도 정보원천으로부터 정보를 유용한 경우에는 정보원천에 대한 기망을 이유로 처벌하는 것이 가능하다.

부정유용이론은 신인의무이론을 배제하는 것이 아니라 그 한계를 보완하기 위하여 동원할 수 있는 이론이다. 기존의 신인의무이론이 신인의무의 상대방으로 거래상대방을 상정하는 것에 반하여 부정유용이론은 정보원천을 상대방으로 상정하는 점이 다를 뿐이다. 부정유용이론의 채택여부를 둘러싸고는 미국 법원도 대립하고 있었으나 1997년 O'Hagan 판결에서 연방대법원이 정식으로 채택했다. 그 판결의 사안은 다음과 같다. 런던에 본사를 둔 Grand Metropolitan PLC("G")가 미국회사인 Pillsbury Company("P")를 상대로 공개매수를 실행하기 위하여 로펌을 선임하였다. 피고인 O'Hagan은 그 로펌의 파트너로서 그 사건을 담당하지는 않았지만 공개매수정보에 접한 후에 P의 주식과 옵션을 취득하였다. 당해 공개매수 발표 후 P주가가 급등하자 그는 주식과 옵션을 처분하여 430만 달러 이상의 이익을 얻었다. SEC의 조사 후 정부는 무려 57가지 죄목으로 O'Hagan을 기소하였다. 그 중 하나의 죄목은 그가 로펌 고객인 G로부터 중요한 미공개정보를 부정유용함으로써 기망했다는 것이었다. 지방법원에서는 유죄판결을 내렸으나 연방항소법원에서는 무죄를 선고했다. 그러나 연방대법원은 부정유용이론을 적용하여 항소심 판결을 파기하고 피고인의 유죄를 확정했다.

제2절 일반 내부자거래에 대한 규제

Ⅰ. 자본시장법 제174조 제1항

자본시장법상 내부자거래를 규율하는 기본규정은 제174조 제1항이다. 그에 의하면 일정한 주체는 "상장법인의 업무 등과 관련된 미공개중요정보를 특정증권등의 매매, 그 밖의 거래에 이용하거나 타인에게 이용하게" 할 수 없다. 이하에서는 그 구성요건의 개별적 요소에 대해서 차례로 살펴본다.

Ⅱ. 행위주체

1. 자본시장법상의 행위주체 – 법인관계자와 정보수령자

자본시장법은 다음과 같이 기본적으로 내부정보에 대한 접근성이 높은 법인관계자와 그로부터 정보를 받은 정보수령자를 내부자거래의 행위주체로 열거한다(§174(1)).

① 그 법인 및 그 법인의 임직원·대리인

② 그 법인의 주요주주

③ 그 법인에 대하여 법령에 따른 허가 등의 권한을 가지는 자

④ 그 법인과 계약을 체결하고 있거나 체결을 교섭하고 있는 자

⑤ 위 ② 내지 ④의 어느 하나에 해당하는 자의 대리인[16)]·사용인, 그 밖의 종업원[17)]

⑥ 위 ① 내지 ⑤의 어느 하나에 해당하는 자로부터 정보를 받은 자

이들 행위주체 중 ① 내지 ⑤의 자들은 모두 그 법인과 관계가 있는 자들이라는 점에서 법인관계자로 부를 수 있다. 이들 중 ①과 ②는 통상 내부자라고 부른다. ③과 ④는 법인의 내부자는 아니지만 정보에 대한 접근성의 면에서는 그에 준한다는 점에서 준(準)내부자로 부른다. 위 ① 내지 ⑤의 경우에는 그 지위를 상실한 지 1년이 지나지 않은 자(이른바 원(原)내부자)도 모두 행위주체에 포함된다. ⑥은 정보수령자로 부르는데 그에 대비하면 ① 내지 ⑤의 경우는 '정보보유자' 또는 '정보제공자'로 부를 수 있을 것이다. 이하 차례로 설명한다.

2. 그 법인 및 그 법인의 임직원·대리인

(1) 그 법인과 계열회사

여기서 '그 법인'이란 거래대상인 증권등을 발행한 회사를 말한다. 상장법인에 한하지만 6개월 이내에 상장하는 법인이나 합병 등의 방법을 통해서 상장되는 효과가 있는 비상장법인도 포함한다. 법인이 행위주체가 되는 경우는 자기주식을 거

16) 이에 해당하는 자가 법인인 경우 그 임직원 및 대리인도 포함한다.

17) 위 ② 내지 ④의 어느 하나에 해당하는 자가 법인인 경우에는 그 임직원 및 대리인.

래하는 경우에 한한다.[18] 또한 계열회사도 정보접근성이 있다는 점을 고려하여 그 법인에 포함시키고 있다.[19]

(2) 그 법인의 임직원 · 대리인

자본시장법은 임원을 "이사 또는 감사"로 정의하고 있다(§9(2)). 실무에서는 이사가 아닌 부사장, 전무, 상무 등도 임원이라고 부른다. 그러나 법문에서 직원도 행위주체로 명시하고 있으므로 이들이 임원에 해당하는지 여부를 논의할 실익은 크지 않다. 임원의 경우에는 단기매매차익거래에서와 같이 상법상 업무집행관여자도 포함되지만 직원의 경우에는 직무상 정보에 대한 접근성이 있는 직원(§172(1))에 한정되는 것이 아니다.

(3) "그 직무와 관련하여 미공개중요정보를 알게 된 자"

임직원은 "그 직무와 관련하여 미공개중요정보를 알게 된" 경우에 한해서 정보보유자가 된다. 즉 정보를 아는 것만으로는 충분치 않고 알게 된 과정이 직무와 관련성이 있을 것을 요한다.[20] 문제는 직무관련성을 어느 범위까지 인정할 것인가 이다. 실제 사무실이나 구내식당에서 우연히 전해들은 경우에도 하급심에서는 직무관련성을 인정한 사례가 존재한다.[21] 정보에 대한 접근이 직무로 인하여 가능하게 된 경우라면 직무관련성을 긍정해도 무방할 것이다.

또한 "정보를 알게 된 자"라는 문언에 비추어 다른 임직원에 의한 정보전달이 반드시 필수적인 요소는 아니다.[22] 따라서 임직원이 타인의 정보전달에 의하지 않

18) 법인의 자기주식거래를 실제로 담당하는 임직원도 형사처벌의 대상이 된다(대법원 2017.5.17. 선고 2017도1616 판결 등).

19) 계열회사란 2015년 폐지 전의 법(§25(5)(iv))에서 명시한 바와 같이 공정거래법상 계열회사(§2(xii))를 의미한다고 볼 것이다.

20) 이러한 직무관련성은 후술하는 그 밖의 법인관계자의 종업원이 행위주체가 되는 경우에도 요구되며(§174(1)(vi)), 공개매수나 대량주식취득·처분에 관한 정보이용과 관련해서도 요구되는 경우가 있다(§174(2)(i), (v), (3)(i), (v)). 본문의 서술은 이들 조문의 해석에도 동일하게 적용될 수 있을 것이다.

21) 긍정한 사례로 서울중앙지방법원 2007.12.26. 선고 2007노3274 판결(구내식당에서 담당임원으로부터 정보를 들은 경우); 수원지방법원 2007.8.10. 선고 2007고단2168 판결; 서울지방법원 2002.1.23. 선고 2001고단10894 판결(사무실에서 우연히 알게 된 경우). 부정한 사례로 수원지방법원 2008.7.30. 선고 2008노1134 판결.

22) 일본에는 정보전달이 필요하다고 보는 견해도 있다. 黑沼, 436, 470면. 그와 다른 취지의 최근 판

고 정보를 알게 된 경우에도 직무관련성이 있다면 행위주체가 될 수 있다. 또한 직무관련성이 인정되는 상황에서 다른 임직원로부터 정보를 받은 임직원은 후술하는 정보수령자가 아니라 정보보유자로 본다.23) 즉 직무관련성은 법인 내에서 이루어지는 정보전달을 무시하고 법인의 임직원들을 모두 정보수령자가 아닌 정보보유자로 보기 위한 도구로 이해할 수 있다.

3. 그 법인의 주요주주

(1) 형식적 주요주주와 실질적 주요주주

자본시장법은 주요주주를 직접 정의하고 있지 않다. 주요주주에 대한 정의는 자본시장법이 원용하는 지배구조법(§2(vi))에서 찾을 수 있다.24) 그에 따르면 주요주주는 ① 형식적 주요주주와 ② 실질적 주요주주로 나눌 수 있다. ①은 의결권 있는 주식 총수의 10% 이상의 주주를 가리키고 ②는 임원의 임면등 법인의 중요경영사항에 "사실상의 영향력"을 행사하는 주주로서 시행령이 정하는 자를 가리킨다.25) 시행령은 금융회사의 주주로서 일정한 요건을 갖춘 자(§4(ii))와 아울러 "혼자서 또는 다른 주주와의 합의·계약 등에 따라 대표이사 또는 이사의 과반수를 선임한 주주"(§4(i))를 지정하고 있다. 이러한 정의에 따르면 일반 기관투자자가 주요주주에 해당하는 경우는 많지 않을 것이다.

결에 관한 소개로 KBLN 2023.1.17.자.

23) 정보수령자의 처벌을 1차수령자에 한정하는 자본시장법상으로는 정보의 제공자인지 수령자인지 여부는 현실적으로 중요할 수 있다.

24) 주요주주의 정의와 관련하여 지배구조법을 원용하는 것은 두 가지 방면에서 이루어지고 있다. ① 먼저 자본시장법은 주요주주를 정의하는 대신 대주주를 정의하며 지배구조법의 정의를 원용한다(§9(1)). 지배구조법은 대주주를 최대주주와 주요주주로 구분하고 양자에 대해서 정의를 두고 있다(§2(vi)(나)). ② 한편 자본시장법 시행령(§2(v))은 주요주주에 대해서 정의하며 직접 지배구조법상 주요주주의 정의규정(§2(vi)(나))을 원용한다.

25) 여기서 "중요한 경영사항에 대하여 사실상의 영향력을 행사"한다는 요건에 관하여 지배구조법으로 이관되기 전 자본시장법(§9(1)(ii)(나), 令§9(ii), 舊금융투자업규정 §1-6)상 "'경영전략 등 주요 의사결정이나 업무집행에 지배적인 영향력을 행사'한다는 것"은 "주주가 경영전략 등 주요 의사결정이나 업무집행에 관하여 사실상 구속력 있는 결정이나 지시를 할 수 있는 지배의 근거를 갖추고 그에 따른 지배적인 영향력을 계속적으로 행사하는 것"을 의미하고, 현실적으로 이러한 영향력을 행사하지 못하는 주주는 주요주주라고 할 수 없다는 해석이 있다(대법원 2021.3.25. 선고 2016도14165 판결).

(2) 권리행사과정에서 그 정보를 알게 될 것

주요주주는 "그 권리를 행사하는 과정에서 미공개중요정보를 알게 된 자"에 한한다. 여기서 그 권리란 반드시 회계장부열람권과 같이 상법에 규정된 주주의 구체적인 권리에 한정되는 것은 아니다.[26] 주요주주가 주주로서 일반적인 경영관여 과정에서 얻은 회사정보도 미공개정보에 해당할 수 있다. 주요주주가 알게 된 정보는 주요주주가 정보우위를 가지는 회사정보에 한한다. 주요주주가 보유주식을 매각하기로 하는 정보와 같은 이른바 '자가생성정보'는 원칙적으로 규제대상인 정보로 볼 수 없다.[27]

4. 준내부자

(1) 법령상의 준내부자와 계약상의 준내부자

회사의 임직원이나 주요주주와 같은 전형적 내부자 외에도 회사와의 특별한 관계로 인하여 회사정보에 접근할 수 있는 자를 준(準)내부자라고 한다. 자본시장법은 준내부자의 미공개정보이용행위도 처벌대상으로 삼고 있다. 자본시장법이 상정하는 준내부자에는 ① 그 법인에 대하여 법령상의 권한을 가지는 자(법령상의 준내부자)와 ② 그 법인과 계약상의 관계를 가지는 자(계약상의 준내부자)가 있다.

(2) 법령상의 준내부자

자본시장법은 "그 법인에 대하여 법령에 따른 허가 · 인가 · 지도 · 감독, 그 밖의 권한을 가지는 자로서 그 권한을 행사하는 과정에서 미공개중요정보를 알게 된 자"(§174(1)(iii))의 정보이용을 처벌대상으로 삼고 있다. 법령상의 준내부자의 대표적인 예로는 회사에 대해서 규제감독권을 갖는 공무원을 들 수 있다.[28] 그 공무원이 회사의 허가신청과정에서 회사정보를 알게 된 경우가 전형적인 예에 속할 것이다. 허가결정여부 자체에 관한 정보는 후술하는 '자가생성정보'에 속한다. 그 공

---

26) 일본에서는 주요주주를 회계장부열람권을 갖는 3%주주에 한정하므로 열람권 행사를 통해 얻은 정보이용만을 규제대상으로 삼고 있다. 黒沼, 435면.

27) 서울고등법원 2011.7.8. 선고 2011노441 판결(확정)(장근영(2015), 141면에서 재인용). 다만 제174조 제3항의 대량취득 · 처분에 관한 정보의 이용에 해당할 가능성은 없지 않을 것이다.

28) 국회의원이 직무수행과정에서 회사주가에 영향을 미치는 미공개정보를 생성한 경우도 여기에 해당할 여지가 있다고 보는 견해로 장근영, "자본시장법상 정보생성자의 미공개 중요정보 이용행위 규제," 사법 제32호(2015), 123면, 150면.

무원이 허가결정의 공표 전에 허가결정에 관한 정보를 이용하여 증권을 거래한 경우도 처벌대상에 해당한다고 볼 것이다. 그 경우의 정보격차도 넓게 보면 그 공무원의 권한행사과정에서 발생한 것이고 또 그것이 불공정한 것이라는 점은 부정할 수 없기 때문이다.

(3) 계약상의 준내부자

계약상의 준내부자는 "그 법인과 계약을 체결하고 있거나 체결을 교섭하고 있는 자로서 그 계약을 체결·교섭 또는 이행하는 과정에서 미공개중요정보를 알게 된 자"를 말한다. 그 예로는 회사의 주거래은행, 법률고문, 회계법인, 인수증권회사 등을 들 수 있다. 계약은 반드시 사법상 유효한 것일 필요는 없다. 정보에 대한 접근성은 반드시 계약이 유효한 경우에만 생기는 것은 아니기 때문이다. 대법원도 "법인과 계약을 체결함으로써 그 법인의 미공개 중요정보에 용이하게 접근하여 이를 이용할 수 있는 지위에 있다고 인정되는 자는 비록 위 계약이 그 효력을 발생하기 위한 절차적 요건을 갖추지 아니하였다고 하더라도 '당해 법인과 계약을 체결하고 있는 자'에 해당한다"고 판시함으로써 같은 태도를 취하고 있다(대법원 2010.5.13. 선고 2007도9769 판결).[29] 계약에는 서면계약은 물론이고 구두계약도 포함된다(대법원 2014.2.27. 선고 2011도9457 판결).

한편 "법적 구속력이 없이 도덕적 책임만이 따르는 양해각서나 언제든지 바뀔 수 있는 잠정적인 구두합의와 같은 경우"는 엄격히 말하면 계약으로 볼 수 없지만 계약의 "체결을 교섭하고 있는 자"로 볼 여지가 있을 것이다(서울고등법원 2011.7.8. 선고 2011노441 판결(확정)). 체결교섭 중인 자를 준내부자에 포함시키는 이유는 회사와의 교섭과정에서도 미공개정보에 접근할 수 있기 때문이다. 예컨대 X회사와 합병을 교섭중인 Y회사의 임원 A가 교섭과정에서 알게 된 X의 미공개정보를 이용하여 X회사주식을 거래하는 경우에는 내부자거래가 성립할 것이다.

앞의 예에서 Y회사는 그 과정에서 X회사의 내부정보에 접근할 가능성이 있음은 물론이고 당해 계약의 체결이라는 X회사의 내부정보도 먼저 알 수 있다. 그러나

29) 대법원은 "'당해 법인과 계약을 체결하고 있는 자'를 내부거래의 규제 범위에 포함시킨 취지는 법인과 계약을 체결하고 있는 자는 그 법인의 미공개 중요정보에 쉽게 접근할 수 있어 이를 이용하는 행위를 제한하지 아니할 경우 거래의 공정성 내지 증권시장의 건전성을 해할 위험성이 많으므로 이를 방지하고자 하는 데 있다"고 설시하였다.

합병계약체결이라는 정보는 X회사의 관점에서는 내부정보이지만 A는 계약을 통해서 정보에 접근하게 된 것이 아니라 그 정보의 '생성'에 참여한 것이라는 점에서 법문상의 "알게 된 자"로 볼 수 있는지가 문제된다. 대법원은 그것을 긍정한 바 있다(대법원 2017.1.25. 선고 2014도11775 판결). 사안은 회사와 최대주주변경을 위한 유상증자에 참여하는 건과 관련한 협상 중에 있는 피고인이 별도로 시장에서 회사주식을 매수한 행위가 문제된 경우였다. 원심은 피고인은 "이 사건 주식을 매수하기 전부터 … 회사와 경영권 인수에 관한 계약의 체결을 교섭하고 있었고, 그 과정에서 이 사건 정보의 생성에 관여함으로써 이 사건 정보를 알게 되었다고 봄이 상당하다"고 함으로써 내부정보의 생성에 참여한 자도 계약상의 준내부자가 될 수 있음을 긍정하였고 대법원은 원심을 그대로 수용하였다.

아직 계약체결교섭단계도 개시되지 않은 상태라면 장차 계약이 체결될 예정이라 하더라도 준내부자로 볼 수는 없을 것이다. 따라서 비행기를 대량발주하기로 결정한 항공사의 임원이 그 정보를 이용하여 비행기 제조업체의 주식을 취득한 경우에는 준내부자로 볼 수 없을 것이다.

내부정보의 생성에 관여한 자의 준내부자성(대법원 2017.1.25. 선고 2014도11775 판결)

① 사실관계

C사는 부실기업으로 자금조달과 신규사업진출이 없으면 회생이 불가능한 상황이었다. 피고인 X는 A사와 B사의 사주(社主)로 A사와 함께 C사를 50억원의 유상증자를 통해서 인수하기로 결정하였다. X는 C사의 유상증자 직전에 약 1억원상당의 C사 주식을 별도로 매수하였다.[30] 문제가 된 정보는 C사의 50억원 유상증자 사실이었다.

② 법원판단

• 준내부자 관련

"피고인(X)은 … 주식을 매수하기 전부터 [C사]와 경영권 인수에 관한 계약의 체결을 교섭하고 있었고, 그 과정에서 이 사건 정보의 생성에 관여함으로써 이 사건 정보를 알게 되었다고 봄이 상당하다. 같은 취지에서 피고인이 §174(1)(iv)의 '그 법인과 계약을 체결하고 있거나 체결을 교섭하고 있는 자로서 그 계약을 체결·교섭 또는 이행하는 과정에서 미공개중요정보를 알게 된 자'에 해당한다 …"

---

30) C사는 유상증자 다음 날 B사의 지분 40%를 인수함으로써 X는 결과적으로 투자금을 회수하면서도 B사 및 C사의 지배권을 유지하게 되었다.

• 내부정보와 외부적 요인 관련

"이 사건 정보는 [X와 A회사]가 유상증자에 참여할지 여부를 결정하는 내심의 의사뿐 아니라 신주발행의 주체인 [C사]가 상대방인 [X와] 교섭하는 과정에서 생성된 정보로서, [C사]의 경영, 즉 업무와 관련된 것임은 물론 [C사]내부의 의사결정 과정을 거쳐 최종적으로 확정된다는 점에서 [C사]의 내부정보라고 보아야 하고, 일부 외부적 요인이 결합되어 있더라도 달리 볼 것은 아니라는 점에서, 이 사건 정보가 미공개중요정보에 해당한다고 한 원심의 판단은 옳다."

• 내부정보의 생성시기 관련

"이 사건 정보는 피고인의 주식 매수 당시 [C사]의 이사회 결의를 얻지 못한 상태여서 객관적으로 확실하게 완성된 상태는 아니었다 하더라도 … 주식거래일인 2010. 11. 29.경에는 이 사건 정보가 투자자의 의사결정에 영향을 미칠 수 있을 정도로 구체화되어 있었다고 보아, 미공개중요정보로 생성되어 있었다고 판단하였다. 이러한 원심의 판단은 정당한 것으로 수긍이 된다."

• 내부정보의 이용 관련

"원심은, 피고인은 이 사건 정보를 생성하는 데 관여한 자로서 이 사건 정보를 보유한 상태에서 … 이전 거래보다 훨씬 큰 규모로 이 사건 주식을 매수한 점, [C사]의 주가 및 거래량 추이와 당시 동종업종지수의 주가 및 거래량 추이가 일치하지 않는 등 [C사]의 주가나 주식 거래량의 변화는 이 사건 정보의 존재와 공개 때문인 것으로 보이는 점등을 고려하면, 피고인은 이 사건 정보를 보유한 상태에서 이를 이용하여 이 사건 주식을 매수하였다고 봄이 상당하다고 판단하였다. 이러한 원심의 판단은 정당한 것으로 수긍이 된다."

---

5. 주요주주와 준내부자의 임직원 등

주요주주와 준내부자의 대리인[31], 사용인 기타 종업원, 임직원[32]으로서 "그 직무와 관련하여 미공개중요정보를 알게 된 자"도 내부자거래의 행위주체로 본다(§174(1)(v)). 직무관련성과 "알게 된 자"의 의미는 앞(2.(3))에서 서술한 바와 같다.

6. 정보수령자

(1) 의의

자본시장법은 내부자나 준내부자와 같은 정보보유자로부터 "정보를 받은 자,"

---

31) 대리인이 법인인 경우에는 그 임직원 및 대리인을 포함한다.

32) 주요주주나 준내부자가 법인인 경우에는 그 임직원 및 대리인을 말한다.

즉 정보수령자(tippee)도 내부자거래의 행위주체로 명시하고 있다(§174(1)(vi)). 정보보유자의 정보우위가 불공정한 것이라면 그것이 제3자에게 이전된 경우에도 불공정성은 그대로 유지된다. 정보보유자의 거래만을 금지하는 경우에는 정보제공을 통한 탈법행위를 막을 수 없으므로 정보수령자의 거래도 금지하는 것이다(대법원 2017.10.31. 선고 2015도8342 판결).

(2) 고의의 정보제공

정보를 "받은"이란 문언은 정보보유자가 정보를 "주는" 행위를 전제한다. 정보를 주는 행위는 "단순히 정보의 이동이 있었다는 객관적 사실만으로는 불충분하"고, 정보보유자에 의한 고의의 정보제공을 요한다(대법원 2017.10.31. 선고 2015도8342 판결). 따라서 예컨대 정보보유자가 다른 사람과 하는 대화를 엿들은 경우나 정보보유자의 컴퓨터에서 우연히 정보를 알게 되거나 해킹, 절취, 기망, 협박 등을 통하여 정보를 알게 된 경우 등에는 정보를 "받은" 것으로 볼 수 없으므로 정보수령자에 해당하지 않는다. 정보보유자에 의한 고의의 정보제공이 없는 경우라도 위의 예에서와 같은 정보격차를 이용하는 것은 공정하다고 보기 어렵다. 그러나 내부정보를 불법적인 방법을 통하지 않고 우연히 얻게 된 경우에 발생하는 정보비대칭은 투자자의 불신을 초래할 정도로 구조적인 것은 아니다. 자본시장법은 "해킹, 절취, 기망, 협박, 그 밖의 부정한 방법으로 정보를 알게 된 자"는 후술하는 시장질서 교란행위의 주체로 규정하여 과징금을 부과하고 있다(§178-2(1)(i)다).

(3) 정보제공의 목적

미국에서는 정보보유자의 정보제공을 처벌하려면 정보보유자가 정보제공의 대가로 "개인적 이익"(personal benefit)을 얻었음을 증명해야 하고 정보수령자의 거래를 처벌하려면 정보수령자가 정보제공자가 개인적 이익을 위하여 정보를 제공하는 것을 알았음을 증명해야 한다.[33] 그러나 자본시장법은 단순히 정보보유자로부터 "미공개중요정보를 받은 자"라고 규정하고 있을 뿐이므로(§174(1)(vi)) 정보보유자가 정보를 제공하는 목적이 불법적이거나 개인적 이익을 얻기 위한 것이어야

33) Dirks v. SEC, 463 U.S. 646(1983). 이 판결 후 개인적 이익의 해석을 둘러싸고 많은 논의가 있지만 대체로 광범하게 해석되고 있다.

하는 것은 아니다.

(4) 제2차 정보수령자

법문상 정보수령자는 내부자와 준내부자로부터 정보를 받은 자로 되어 있으므로 제1차 정보수령자만이 적용대상이고 그로부터 다시 정보를 수령한 제2차 정보수령자와 그 이후의 정보수령자는 적용대상이 아니다(대법원 2002.1.25. 선고 2000도90 판결). 이처럼 제1차 정보수령자를 제외한 그 후의 정보수령자의 행위를 적용대상에서 제외한 것은 정보가 여러 사람을 거쳐 전달될수록 그 신뢰도가 하락한다는 점을 반영한 것이다. 그리하여 제2차 정보수령자가 그 정보를 직접 이용하거나 타인에게 이용하게 하는 행위는 금지대상에서 벗어난다(대법원 2019.7.11. 선고 2017도9087 판결). 다만 내부자가 어느 조직에 정보를 제공할 의도로 그 조직에서 일하는 개인에게 정보를 제공한 경우에는 그 조직의 모든 구성원을 제1차 정보수령자로 본다.

제1차 정보수령자가 타인에게 그 정보를 이용하게 하는 경우 제1차 정보수령자는 내부자거래의 처벌대상이 되지만 그로부터 정보를 받은 타인인 제2차 정보수령자의 행위는 처벌할 수 없다. 문제는 제2차 정보수령자의 이용행위는 제1차 정보수령자의 내부자거래를 완성시키는 행위로 볼 수 있음을 근거로 그를 제1차 정보수령자의 공범으로 처벌할 수 있는지 여부이다. 단순히 제1차 정보수령자가 타인에게 그 정보를 이용하게 하였고 그 타인인 제2차 정보수령자가 이를 이용하여 증권매매를 한 경우에는 제2차 정보수령자를 공범으로 처벌할 수 없을 것이다(대법원 2002.1.25. 선고 2000도90 판결).[34] 그러나 제1차 정보수령자가 "1차로 정보를 받은 단계에서 그 정보를 거래에 막바로 이용하는 행위에 제2차 정보수령자가 가담한 경우," 즉 제2차 정보수령자가 제1차 정보수령자의 행위를 적극적으로 부추긴 경우에는 그 2차 정보수령자를 1차 정보수령자의 공범으로 처벌할 수 있다고 볼 것이다(대법원 2009.12.10. 선고 2008도6953 판결).

제2차 정보수령자와 그 이후의 정보수령자의 정보우위도 투자자의 관점에서는

34) 제1차 정보수령자가 타인에게 정보를 이용하게 하는 행위는 당연히 그 타인인 제2차 정보수령자의 정보이용행위를 전제함에도 제2차 정보수령자의 이용행위를 처벌하는 규정을 두지 않은 것은 그 행위를 처벌하지 않는 것이 입법취지라고 할 것이다. 대법원 2019.7.11. 선고 2017도9087 판결.

불공정한 것이 아닐 수 없다. 그리하여 자본시장법은 시장질서교란행위를 도입하면서 정보를 "받거나 전득한 자"를 행위주체에 포함시킴으로써 규제범위를 제2차 정보수령자 및 그 이후의 정보수령자에까지 확대하였다(§178-2(1)(i)(가), (라)).

7. 정보생산자

외부자는 준내부자에 해당하는 경우를 제외하면 정보수령자에 해당하는 경우에 한하여 행위주체로 볼 수 있다. 정보생산자는 정보수령자가 될 수 없다. 과거 A회사의 주요주주 Y와 주식인수계약을 체결한 X가 주요주주 Y로부터 정보를 수령한 것으로 볼 수 있는지 여부가 문제된 사안에서 대법원은 X는 내부자 Y로부터 "정보를 받은" 것이 아니라 함께 주요주주의 변동이라는 "정보를 생산"한 자이므로 정보수령자로 볼 수 없다고 판시한 바 있다(대법원 2003.11.14. 선고 2003도686 판결(화승강업사건)). 사안에서 X의 계약상대방은 Y이지 A회사가 아니었으므로 계약상의 준내부자로 볼 여지가 없었다.[35]

그러나 다음 판결에서 보는 바와 같이 대법원은 행위자가 계약상의 준내부자의 지위에 있는 경우에는 정보를 함께 생산한 경우에도 정보를 "알게 된" 경우에 포함시킴으로써 처벌범위를 넓히고 있다.[36] 사실관계를 단순화하면 다음과 같다. 상장회사 X에 대한 적대적 인수합병을 목적으로 주식을 매수하던 A와 X회사의 최대주주이자 대표이사인 B사이에 A의 경영참여를 보장하는 내용의 주주간계약을 체결하고 그와 별도로 A와 X회사 사이에 경영자문용역계약 체결을 전제로 적대적 인수합병을 중단하기로 하는 구두계약이 체결된 후 A가 X회사 주식을 처분하였다. 법원은 먼저 A가 "당해 법인과 계약을 체결하고 있는 자"로서 준내부자에 해당함을 인정하였다. 이어서 규제대상정보와 관련해서는 다음과 같이 판시하였다. "합병을 중단한다는 정보는 시장정보에 불과하여 구 증권거래법상 규제대상이 되는 정보가 아니다. 그러나 이 사안에서 문제된 정보는 … 단순히 적대적 인수합병을 중

35) 따라서 乙로부터 정보를 제공받아 A회사주식을 거래한 丙이나 직무와 관련하여 그 정보를 알고 A회사주식을 매매한 乙의 임직원도 처벌하는 것이 불가능했다. 자본시장법이 주식등의 대량취득, 처분에 관한 특칙을 도입한 것은 바로 이러한 사안에 대처하기 위한 것으로 볼 수 있다(§174(3)).

36) 이 판결은 舊증권거래법에 관한 판결이지만 관련규정은 자본시장법에서도 큰 변화가 없으므로 여전히 선례로서의 가치가 있을 것이다. 또한 이하에서는 원심판결(서울고등법원 2011.7.8. 선고 2011노441 판결)의 판시를 중심으로 소개하지만 대법원도 그것을 대부분 인정한 것으로 판단된다(대법원 2014.2.27. 선고 2011도9457 판결). 상세한 것은 장근영, 전게논문, 130~134면.

단한다는 정보가 아니라 법인과의 경영자문용역계약 체결을 통하여 대가를 지급받고 적대적 인수합병을 중단한다는 기업경영 관련 구두계약에 관한 정보로서 법인 내부에서 결정한 정보가 시장정보와 함께 결합하여 있는 것이고 이러한 정보는 비록 시장정보가 포함되어 있다고 하더라도 전체적으로 보아 당해 법인의 재산상태나 경영 또는 영업실적 등에 직접적 또는 간접적으로 영향을 미칠 수 있는 정보로서 법인의 영향력 범위 내에 있다고 할 것이어서 이러한 정보에 쉽게 접근할 수 있는 자가 이를 이용하는 행위를 제한하지 아니할 경우 거래의 공정성 내지 증권시장의 건전성을 해할 위험성이 많으므로 [관련규정]의 입법 취지에 비추어 볼 때 그 규제대상이 되는 법인의 업무 등과 관련된 정보에 포함된다고 봄이 상당하다."

위 판시는 A와 X와의 계약이 경영자문용역에 관한 언급 없이 단순히 적대적 인수합병의 중단만을 내용으로 하고 있었다면 그 정보는 시장정보로서 규제대상정보로 볼 수 없었을 것이라는 점을 시사한다. 한편 법원은 직무와 관련하여 "알게 된" 정보에 해당하는지 여부에 대해서는 "이미 생성되어 존재하는 정보를 수동적으로 수령하여 알게 된 경우뿐만 아니라 그 정보의 생성 과정에 적극적으로 관여하거나 공동으로 생성하는 과정에서 알게 된 경우도 포함된다고 해석함이 상당하다"라고 판시하였다.

Ⅲ. 대상정보

1. 의의

전통적으로 내부자거래는 내부정보를 이용하는 거래라고 할 수 있다. 그러나 자본시장법은 내부정보라는 용어 대신 "업무 등과 관련된 미공개중요정보"라는 보다 구체적인 표현을 사용한다(§174(1)). 자본시장법은 대상정보를 "투자자의 투자판단에 중대한 영향을 미칠 수 있는 정보로서 시행령으로 정하는 방법에 따라 불특정 다수인이 알 수 있도록 공개되기 전의 것"으로 정의한다(§174(1)). 위 정의의 구성요소를 개별적으로 설명하기 앞서 대상정보를 내용면에서 살펴볼 필요가 있다. 법문상 대상정보는 내용면에서 "투자자의 투자판단에 중대한 영향을 미칠 수 있는 정보"이다. 대법원은 "일반 투자자들이 일반적으로 안다고 가정할 경우에 유가증권의 가격에 중대한 영향을 미칠 수 있는 사실," 즉 주식의 경우라면 주가에 중대한 영향을 미치는 정보로 이해한다(대법원 2017.1.12. 선고 2016도10313 판결). 주가에 영향을 미치는 요소는 실로 다양하지만 가장 두드러진 것은 다음 두 가지라고 할 수 있다. ① 발행회사의 기업가치(내지 현금흐름)와 ② 시장에서의 수요공급. ①에 관한 정보를 회사정보라고 한다면 ②에 관한 정보는 시장정보라고 할 수 있다.

전통적 내부자거래의 대상정보는 업무관련성을 요한다는 점에서 주로 회사정보인 동시에 내부정보이다. 그러나 외부정보 중에도 회사정보에 해당하는 경우가 있다. 예컨대 제약회사에 대해서 식약청이 신약을 승인하는 결정과 같은 정보는 회사의 현금흐름에 영향을 미칠 수 있다는 점에서 회사정보지만 그 정보가 회사에 전달되기 전까지는 외부정보에 해당할 것이다.[37]

2. 상장법인의 업무 등과 관련된 정보

(1) 상장법인과 상장예정법인

자본시장법상 내부정보는 원칙적으로 상장법인의 업무 등과 관련된 정보에 한한다(§174(1)). 상장법인일 것이 요구되는 대상은 매매의 대상인 증권의 발행인이다. 여기서 상장법인은 상장예정법인을 포함하는 의미로 사용된다. 상장예정법인은 6개월 이내에 상장하거나 합병 등의 방법으로 인하여 "상장되는 효과가 있는"[38] 비상장법인을 가리킨다.

(2)"업무 등과 관련된" 정보 - 업무관련성

당해 정보는 "업무 등과 관련된" 것에 한한다. 바꾸어 말하면 업무관련성이 없는 정보에 대해서는 내부자거래가 성립하지 않는다. 업무는 막연한 개념이므로 업무관련성의 범위도 반드시 분명한 것은 아니다. 자본시장법이 정보의 업무관련성을 요구하는 이유는 업무관련성이 있는 정보에 대해서만 내부자의 정보우위를 인정할 수 있기 때문이다. 그러므로 업무관련성 있는 정보란 내부자가 그 지위에 기하여 우월적으로 접근할 수 있는 정보를 의미한다는 점에서 주로 회사내부에서 생성된 회사정보에 한정된다고 할 수 있다.

예컨대 상장법인 X의 내부자가 계열회사 Y의 부도사실을 알고서 X주식을 거

37) 식약청이 회사에 통보한 시점에는 내부정보로 전환될 것이다.

38) 흔히 우회상장으로 불리는 경우이다.

래한 경우 Y의 부도가 X와 업무관련성이 있다고 볼 수 있는가? Y의 부도가 X의 재산상태나 영업성적에 직접 영향을 미칠 정도로 X와 Y의 관계가 밀접하다면(예컨대 부품을 공급하는 자회사인 경우) Y에 대한 경영관리가 X의 업무에 속한다고 볼 수 있으므로 업무관련성을 인정할 수 있다. 법원은 법인의 업무 등과 관련하여 법인 내부에서 생성된 것이면 "일부 외부적 요인이나 시장정보가 결합되어도" 대상정보에 해당한다고 본다(대법원 2017.1.25. 선고 2014도11775 판결).[39]

3. 업무관련성이 없는 정보

(1) 외부정보

전술한 바와 같이 업무관련성이 없는 정보에 대해서는 원칙적으로 내부자거래가 성립하지 않는다. 업무관련성이 없는 정보의 대표적인 예로는 '외부정보'를 들 수 있다. 외부정보란 정보의 출처가 회사외부인 정보를 말한다. 그러나 외부정보와 회사정보의 구별은 상대적이다. 예컨대 제약회사X의 신약신청을 승인하기로 하는 내부적 결정을 알게 된 식약청 담당직원이 그 정보가 X의 주가를 상승시킬 호재(好材)라고 판단하고 X회사 주식을 취득한 경우 식약청의 승인결정은 회사외부에서 생성된 것이라는 점에서 외부정보로 볼 것이다. 그러나 식약청의 승인결정이 X에 통보된 경우 그 정보는 X의 "업무 등"에 관한 정보, 즉 X의 내부정보로 전환된다.[40]

(2) 시장정보

주가에 영향을 미치는 외부정보는 회사의 현금흐름을 변화시키는 사건에 관한 것인 경우도 있지만 시장에서의 수급에 영향을 미치는 사건에 관한 것일 수도 있다. 후자는 시장정보라고 불리기도 한다. 시장정보는 공개매수, 주식의 대량거래, 대량주문 등과 같이 당해 회사 증권의 수급에만 영향을 미치는 정보와 정보의 금리

39) 앞서 소개한 판례로 회사와 최대주주변경을 위한 유상증자에 참여하는 건과 관련한 협상 중에 별도로 시장에서 회사주식을 매수한 행위가 문제된 사안에서 대법원은 유상증자에 관한 정보가 회사 내부의 의사결정과정을 거쳐 최종적으로 확정된다는 점에서 회사의 내부정보에 해당한다고 판단하였다.

40) 그리고 식약청으로부터 그 사실을 통보받은 X의 임직원은 정보수령자가 아니라 정보보유자에 해당한다.

나 증권거래세에 관한 결정과 같이 일반 시장수급에 영향을 미칠 수 있는 정보(예컨대 정책정보)로 나눌 수 있다.[41] 시장정보는 당해 회사 증권의 수급에 관한 정보인 경우에도 내부자가 정보우위를 누리는 "업무 등"에 관한 정보가 아니므로 원칙적으로 대상정보에서 제외된다. 다만 후술하는 바와 같이 자본시장법은 공개매수와 대량취득·처분의 경우에는 예외적으로 내부자거래에 준하여 규제하고 있다(§174(2), (3)). 그 밖에 외부정보의 이용행위는 시장질서교란행위로 과징금의 부과대상이 될 수 있다(§178-2(1)).

(3) 선행매매

시장정보와 관련하여 문제되는 중요한 사례로 '선행매매'(front running)라는 것이 있다. 예컨대 시장에서 X회사의 주식에 대해서 대규모 매수주문이 있는 경우에 그 정보는 X회사의 회사정보는 아니지만 X회사 주식에 대한 수요를 증대시킴으로써 그 주가를 상승시킬 가능성이 높다. 이처럼 주가에 영향을 미칠 매매주문정보를 이용하여 사전에 행하는 거래를 선행매매라고 한다. 전형적인 예로는 투자자로부터 X회사 주식의 대량매도주문을 받은 투자중개업자가 그 주문의 이행에 앞서 자기계정에 보유하는 X회사 주식을 먼저 매도하는 경우를 들 수 있다. 자본시장법은 투자매매업자나 투자중개업자가 투자자로부터 대량주문을 받거나 받을 가능성이 큰 경우 이를 체결시키기 전에 그것을 이용하는 것을 불건전영업행위로 금지하고 있다(§71(i)).[42] 문제는 선행매매를 내부자거래의 한 유형으로까지 볼 수 있는지 여부이다. 고객의 주문정보는 회사외부에서 생성된 시장정보로 X회사의 "업무 등과 관련된" 것으로 볼 수는 없다. 따라서 그 정보를 이용하는 행위를 제174조 제1항이 규율하는 내부자거래로 볼 수는 없을 것이다. 그러나 이론상으로는 선행매매의 경우에 존재하는 정보격차도 불공정한 것이라는 점에서 선행매매도 규제할 필요가 있음은 부정할 수 없다.[43]

---

41) 정책정보는 시장에서의 수요공급 뿐 아니라 당해 회사의 현금흐름에 영향을 미치는 경우도 있다.

42) 또한 자본시장법은 금융투자업자가 주문정보와 같이 직무상 알게 된 미공개정보를 자기 또는 제3자의 이익을 위하여 이용하는 것을 금지하고 있다(§54(1)). 그 밖에 자본시장법상 투자중개업자의 선행매매는 먼저 주문을 낸 투자자에 대한 신의성실의무(§37(2))와 기타 계약상의 의무를 위반하는 것으로 볼 수 있을 것이다.

43) EU의 2014년 「부정거래행위규칙」(Market Abuse Regulation)에서는 선행매매도 고객주문관련정보를 내부정보로 규정하는 방식으로 미공개중요정보이용행위으로 규정하고 있다(§7(1)(d)).

선행매매와 간혹 혼동되는 것으로서 '스캘핑'(scalping)이란 것이 있다. 스캘핑도 내부자거래에 해당하는지 여부가 문제되지만 이에 관해서는 뒤에 따로 설명한다.

(4) 자가생성정보

내부자거래에서의 정보의 격차는 회사와의 특수한 관계를 통해서 취득하거나(내부자와 준내부자) 내부자로부터 받은(정보수령자) 정보로 인하여 발생하는 것이 보통이다. 그러나 예외적으로는 정보의 격차를 거래의 주체가 스스로 생성하는 경우도 없지 않다.[44] 이러한 정보생산자[45]가 주가에 영향을 미치는 거래주체 자신의 결정이나 계획에 관한 정보, 즉 자가생성정보를 이용하는 상황은 다양하다.[46] 그런 상황은 ① 외부자가 이용하는 경우와 ② 내부자가 이용하는 경우로 나눌 수 있다. ①의 예로는 공개매수, 대량취득·처분, 스캘핑을 들 수 있다. 한편 ②의 예로는 회사의 자기주식 취득 결정, 퇴사하기로 결정한 창업자,[47] 주주총회에서의 중요결의를 좌우할 대주주의 표결방향 등을 들 수 있을 것이다. 내부자거래규제의 근거를 신인의무나 정보유용의 관점에서 찾는 견해에 의하면 자가생성정보의 이용은 정보에 대한 권리의 침해가 없기 때문에 내부자거래로 처벌하기는 어려울 것이다. 반면에 정보평등의 관점에서 찾는 견해에 의하면 처벌의 필요성을 인정하기 용이할 것이다.[48]

(5) 스캘핑

선행매매와 유사하지만 개념상 구별되는 것으로 '스캘핑'이 있다. 예컨대 증권시장에서 영향력 있는 증권분석가가 특정증권에 대한 자신의 의견을 공개하기 앞서 그 증권을 거래[49]함으로써 차익을 얻는 행위를 스캘핑이라고 한다.[50] 스캘핑

---

44) 이 문제에 관해서는 장근영, 자본시장법상 정보생성자의 미공개 중요정보 이용행위규제, 사법 제32호(2015), 123면.

45) 때로는 '자기-내부자'(self-insider)로 불리기도 한다.

46) KBLN 2022.8.9.자.

47) 예컨대 Musk와 같은 절대적 영향력을 갖는 경영자의 퇴사결정이 그에 해당할 것이다.

48) 다만 EU의 시장남용규정(Market Abuse Regulation)은 자신의 거래결정을 알면서 거래한 경우는 내부정보의 "이용"에 해당하지 않음을 명시한다(§9(5)).

49) 스캘핑은 당해 증권을 사전에 매수하는 경우가 보통이지만 당해 증권을 공매도한 후에 공매도사실을 감추고 부정적인 의견을 공개하는 경우(이른바 '공격적 공매도'(activist short-selling))도 포함된다고 볼 것이다. 공격적 공매도에 관해서는 KBLN 2020.3.23.자; 2021.12.14.자 참조.

도 다른 내부자거래와 마찬가지로 정보격차를 이용한 거래이다. 여기서 문제되는 정보는 '특정주식 자체에 관한 정보'가 아니라 '전문가가 특정주식에 관해서 특정 내용의 의견을 발표한다는 정보'이다. 그러한 자가생성정보의 경우 거래주체가 누리는 정보우위는 다른 시장참여자들은 아무리 노력해도 극복하기 어려운 구조적인 우위이다. 또한 그것을 이용한 거래는 별다른 효용을 가져오지 않는 반면, 전문가의 의견에 대한 전반적인 불신을 초래하는 등 폐해가 크다. 그러나 스캘핑의 경우 거래를 하는 전문가는 자본시장법상 내부자거래의 행위주체에 해당하지 않을 뿐 아니라 문제되는 정보도 업무관련성이 없으므로 내부자거래로 처벌할 수 없다. 그러나 스캘핑은 후술하는 제178조의 부정거래행위로 처벌될 수 있는 여지가 있다. 대법원은 "투자자문업자 등이 추천하는 증권을 자신이 선행매수하여 보유하고 있고 추천 후에 이를 매도할 수도 있다는 그 증권에 관한 자신의 이해관계를 표시하지 않은 채 그 증권의 매수를 추천하는 행위"는 자본시장법상 부정한 수단·계획·기교(§178(1)(i))에 해당하는 한편, "투자자들의 오해를 초래하지 않기 위하여 필요한 중요사항인 개인적인 이해관계의 표시를 누락함으로써 투자자들에게 객관적인 동기에서 그 증권을 추천한다는 인상을 주어 거래를 유인하려는 행위"로서 "위계"(§178(2))에도 해당한다고 판시한 바 있다(대법원 2017.3.30. 선고 2014도6910 판결).[51] 한편 자본시장법은 투자매매업자나 투자중개업자가 조사분석자료를 투자자에게 공표하는 경우 그 "자료의 내용이 사실상 확정된 때부터 공표 후 24시간이 경과하기 전까지" 대상이 된 증권을 자기의 계산으로 매매하는 행위를 불건전영업행위로 금지하고 있다(§71(ii)).

---

50) 주가에 영향을 미칠 시장정보의 공시에 앞서 거래한다는 점에서는 선행매매와 같지만, 그 시장정보(예컨대 추천의견)가 자가생성정보라는 점에 차이가 있다. 그러나 실제 용어례에서 양자가 혼용되는 경우가 많다. 한편 거래계에서는 초단타매매를 전문으로 하는 자를 스캘퍼라고 부르기도 한다.

51) 증권방송 프로그램에 출연하여 유망 종목을 추천하는 업무를 담당하던 중 특정 증권을 장기투자로 추천하기 직전에 자신의 계산으로 그 증권을 매수한 다음, 추천 후 그 증권의 시장가격이 상승할 때에 즉시 차익을 남기고 매도한 사안이다. 같은 취지의 판결로 대법원 2017.4.7. 선고 2015도760 판결; 대법원 2022.5.26. 선고 2018도13864 판결 등.

4. 정보의 중요성

자본시장법은 내부자거래의 대상이 되는 정보를 미공개중요정보로 한정하고 중요정보는 "투자판단에 중대한 영향을 미칠 수 있는 정보"라고 규정한다(§174(1)). 대법원은 그런 정보는 "일반 투자자들이 일반적으로 안다고 가정할 경우에 유가증권의 가격에 중대한 영향을 미칠 수 있는 사실"이라고 판시하고 있다(대법원 2017.10.31. 선고 2015도3707 판결).[52]

'중요성'(materiality)은 막연한 개념이나 법원은 그것을 판단할 때 ① 정보의 중대성과 ② 사실이 발생할 개연성을 비교평가하여 판단하도록 하고 있다(대법원 1994.4.26. 선고 93도695 판결 등).[53] 예컨대 합병과 같이 중대성이 큰 거래의 경우에는 성사될 개연성이 낮더라도 중요성을 인정받을 가능성이 높을 것이다. 사실이 발생할 개연성은 주로 정보가 오랜 시간에 걸쳐 단계적으로 생성되는 경우에 문제된다. 그 경우 개연성은 시간이 흐름에 따라 높아질 것이기 때문에 중요성도 그에 따라 높아질 수 있다. 대법원도 "중요정보란 갑자기 완성되는 것이 아니라 여러 단계를 거치는 과정에서 구체화되는 것으로서, 중요정보의 생성시기는 반드시 그러한 정보가 객관적으로 명확하고 확실하게 완성된 경우를 말하는 것이 아니라, 합리적인 투자자의 입장에서 그 정보의 중대성과 사실이 발생할 개연성을 비교 평가하여 유가증권의 거래에 관한 의사결정에 있어서 중요한 가치를 지닌다고 생각할 정도로 구체화되면 그 정보가 생성된 것"으로 본다고 판시하였다(대법원 2008.11.27. 선고 2008도6219 판결 등).

정보의 중요성이 인정된 구체적인 사례

중요성을 인정한 사례로는 다음과 같은 경우를 들 수 있다.

- "회계장부상으로는 흑자가 발생하고 있는 것으로 되어 있으나 실제로는 누적된 적자와 대규모공장의 신축으로 인한 자금의 수요 등 때문에 어음 수표가 부도로 될 정도로 극심한 자금난에 시달리고 있다는 사정"(대법원 1994.4.26. 선고 93도695

52) 허위정보가 일부 포함된 경우에도 정보의 중요성이 부정되는 것은 아니다(대법원 2010.2.25. 선고 2009도4662 판결).

53) 미국의 연방대법원도 개연성(probability)과 영향의 규모(magnitude)를 비교평가하는 고려한다는 점에서 비슷한 태도를 취하고 있다. 김/송, 313~319면.

판결)

- 자본금이 101억여원인 회사의 자회사에서 화재가 발생하여 약 20억원의 손실을 입은 것을 비롯하여 연도 말 결산결과 약 35억원의 적자가 발생한 경우(대법원 1995.6.30. 선고 94도2792 판결),
- "상장법인 등이 발행한 어음 또는 수표가 부도처리되었을 때뿐만 아니라, 은행이 부도처리하기 전에 도저히 자금조달이 어려워 부도처리될 것이 거의 확실시되는 사정"(대법원 2000.11.24. 선고 2000도2827 판결),
- "새롬기술의 다이얼패드사에 대한 인수포기결정"(대법원 2003.9.5. 선고 2003도3238 판결),
- "자사주 취득과 해외신주인수권부사채의 발행"(대법원 2004.3.26. 선고 2003도7112 판결),
- "무상감자결정"(대법원 2007.7.26. 선고 2007도4716 판결),
- "회사의 우발채무가 80억원을 넘는다는 사실"(대법원 2010.4.15. 선고 2009도11265 판결),
- "X제약회사가 자기자본금의 3.07%를 출자하여 국내 최초의 바이오 장기 개발 전문회사인 Y회사의 신주를 인수함으로써 Y회사의 출자지분 10.24%를 보유하게 된다는 내용"(대법원 2010.5.13. 선고 2007도9769 판결)
- "상장회사의 추정 영업실적이 전년도에 비하여 대폭으로 호전되었다는 사실"은 "그 회사의 유가증권의 가격에 중대한 영향을 미칠 것임이 분명하므로, 그에 관한 매출액, 순이익 등의 추정 결산실적 등의 정보는 중요정보에 해당한다고 본 사례(대법원 1995.6.29. 선고 95도467 판결)

5. 정보의 미공개성

(1) 공개방법의 제한

자본시장법은 미공개정보를 "대통령령으로 정하는 방법에 따라 불특정다수인이 알 수 있도록 공개되기 전의 것"이라고 규정함으로써(§174(1)) 공개방법을 법정하고 있다. 시행령은 공개방법을 금융위나 거래소에 대한 신고, 신문 게재, 방송, 통신, 금융위나 거래소의 전자전달매체를 통한 공개 등으로 한정하고 있다(令§201(2)).

자본시장법이 이처럼 명시적으로 공개방법을 제한하고 있으므로 그에 따르지 않고 공개된 정보는 원칙적으로 미공개정보라고 볼 수밖에 없다(대법원 1995.6.29. 선고 95도467 판결 등). 그러나 법정공개방법을 통하지 않았지만 그래도 정보가 널리 공개된 경우에까지 그런 형식적 해석을 고집하는 것에 대해서는 의문이 있다.

예컨대 회사A가 회생절차개시신청을 하였으나 법적공개방법을 통해서 공개되지 않은 시점에서 그 사실이 여러 인터넷매체에 보도되자 투자자들이 A주식의 처분을 시작한 경우에 A의 채권자인 은행B가 담보로 보유하는 A주식을 처분하면 내부자거래에 해당하는가? 그러나 이처럼 규제의 근거가 되는 정보비대칭이 결여된 경우까지 내부자거래로 규제하는 것은 적절치 않을 것이다. 이런 경우에는 정보의 중요성을 부정하는 해석을 통해서 문제를 해결하는 것이 합리적일 것이다.[54]

(2) 주지기간

시행령은 법정공개방법을 따르더라도 미공개성이 유지되는 기간, 즉 '주지기간'을 규정함으로써 정보격차가 해소될 시간을 부여하고 있다. 주지기간은 금융위나 거래소 신고(1일), 신문·방송·통신(6시간), 금융위나 거래소가 설치·운영하는 전자전달매체(3시간)와 같이 공개방법에 따라 달리 정하고 있다(令§201(2)). 이러한 주지기간은 거래환경의 변화를 반영하여 과거보다 단축하고 있다. 금융위나 거래소가 설치·운영하는 전자전달매체에 공개하는 경우에는 보다 단축할 필요가 있을 것이다.

(3) 공개주체

시행령은 공개주체도 해당 법인과 그 자회사, 그리고 이들 법인으로부터 공개권한을 위임 받은 자로 제한한다(§201(2)). 정보수령자는 공개주체에 포함되고 있지 않다. 이들 법정공개주체를 통하지 않고 언론에 공개된 정보는 법적으로 미공개정보에 해당하므로 내부자거래가 성립할 수 있다.[55] 대법원은 "회사가 추정결산결과를 공개한 사실이 없는 이상, 비록 일간신문 등에 그 추정결산결과와 유사한 내용으로 추측보도된 사실이 있다고 하더라도 그러한 사실만으로는 그 회사의 추정결산실적이 일반인에게 공개된 정보라거나 또는 그로 인하여 그 회사가 직접 집계

---

54) 일본에는 불특정다수의 투자자가 당해사실을 알 수 있는 상태에 이른 때에는 공개된 것으로 보자는 입법론이 존재한다. 黑沼, 451~452면.

55) 일본 최고재판소는 정보원을 공개하지 않는 것을 전제로 보도기관에 중요사실을 전달하는 것은 적법한 공개에 해당하지 않는다는 결정을 내린 바 있다. 最高裁判所 2016.11.28. 결정(刑集 70권 7호 69면). 이 판결의 취지가 우리나라 자본시장법 해석에도 동일하게 적용될 수 있다는 견해로 박임출, "신문보도에 의한 내부 중요정보의 공개 - 2016년 11월 28일 일본 최고재판소 결정을 중심으로 -," 증권법연구 제19권 제1호(2018), 341면.

하여 추정한 결산수치가 중요한 정보로서의 가치를 상실한다고 할 수 없다"고 판시한 바 있다(대법원 1995.6.29. 선고 95도467 판결 등).

Ⅳ. 대상증권 - "특정증권등"

자본시장법은 내부자거래의 대상이 될 수 있는 증권을 "특정등권등"으로 제한하고 있다(§174(1)). "특정등권등"은 단기매매차익반환규정에서 채택한 개념으로 다음과 같은 것들이 포함된다(§172(1)).

① 그 법인이 발행한 증권(시행령이 정한 증권 제외)

② 위 ①의 증권과 관련된 증권예탁증권

③ 타인이 발행한 것으로서 ① 또는 ②의 증권과 교환을 청구할 수 있는 교환사채권

④ 위 ①에서 ③까지의 증권만을 기초자산으로 하는 금융투자상품

위 ①과 관련하여 시행령은 채무증권, 수익증권, 파생결합증권(위④에 해당하는 경우 제외)을 제외대상으로 열거하고 있다(§196). 제외대상인 채무증권에서는 일반사채를 제외한 사채권을 모두 제외하고 있으므로(§196(i)) 결국 내부자거래에서 제외되는 채무증권은 일반사채뿐이다. 일반사채를 단기매매차익반환의 대상에서 제외하는 것은 이해할 수 있지만 내부자거래의 대상에서까지 제외하는 것에 대해서는 비판이 있다.[56)]

Ⅴ. 금지행위 - 내부정보의 이용

1. 의의

자본시장법이 금지하는 것은 내부정보를 "매매, 그 밖의 거래에 이용하거나 타인에게 이용하게" 하는 행위이다. 거래의 법적 효과가 반드시 행위자에게 귀속할 필요는 없다. 매매는 거래소증권시장이나 다자간매매체결회사에서 이루어지는 시장거래인 경우가 보통이겠지만, 거래소 외에서의 상대거래도 포함된다. 상대거래에

56) 김/정, 431면.

서 법적으로는 미공개라도 예컨대 지배주식의 매수 시에 매수인이 실사과정에서 내부정보를 알게 된 경우와 같이 상대방에게도 정보가 알려진 경우에는 정보의 "이용"을 부정할 수 있을 것이다(대법원 2006.5.11. 선고 2003도4320 판결).

"그 밖의 거래"에는 발행시장에서 취득하는 행위도 포함된다(서울지방법원 1998.8.27. 선고 98노1312 판결). 발행시장의 투자자 사이에는 정보비대칭이 존재하고 그것이 결국 자본시장에 대한 투자자의 신뢰를 훼손한다는 점에서 타당한 해석이라고 판단된다. 그러나 유상증자 시에 기존 주주가 신주인수권을 행사하여 신주를 취득하는 경우는 투자자 사이의 정보비대칭은 덜 문제될 것이라는 점에서 달리 해석해도 좋을 것이다. 전환사채나 신주인수권부사채의 경우 전환권이나 신주인수권의 행사, 그리고 반대주주의 주식매수청구권 행사도 제외된다고 해석하는 것이 타당할 것이다.[57]

2. 정보의 보유와 이용

미국에서는 금지대상을 정보를 보유한 상태에서의 거래로 볼 것인가 아니면 "이용"으로 볼 것인가에 대해서 다툼이 있다.[58] 그러나 자본시장법은 명문으로 정보의 이용을 금지하고 있으므로 정보의 '보유'만으로는 처벌대상이 될 수 없다. 이처럼 내부자거래가 성립하기 위해서는 정보의 이용이 필요하지만 그 이용이 반드시 거래가 전적으로 내부정보 때문에 이루어진 경우에만 인정되는 것은 아니다. 대법원도 같은 취지를 다음과 같이 밝히고 있다. "미공개중요정보를 인식한 상태에서 특정증권 등의 매매나 그 밖의 거래를 한 경우에 그 거래가 전적으로 [그] 때문에 이루어지지는 않았다고 하더라도 [그것이] 거래를 하게 된 요인의 하나임이 인정된다면 특별한 사정이 없는 한 미공개중요정보를 이용하여 거래를 한 것으로 볼 수 있다"(대법원 2017.1.12. 선고 2016도10313 판결). 또한 이용은 거래여부뿐 아니라 거래량이나 거래가격 등 거래조건을 결정하는데 영향을 미친 경우에도 인정될 수 있다(대법원 2017.1.25. 선고 2014도11775 판결).[59] 이처럼 이용은 비교적 너그럽게

57) 일본 금융상품거래법은 이들 경우에 대해서는 명시적으로 제외하는 규정을 두고 있다. 黒沼, 459면.
58) 김/송, 368~379면. 최근의 동향에 관해서는 KBLN 2024.1.23.자.
59) 법원은 그 판단은 "피고인이 해당 정보를 취득한 경위 및 그 정보에 대한 인식의 정도, 해당 정보가 거래에 관한 판단과 결정에 미친 영향 내지 기여도, 피고인의 경제적 상황, 거래를 한 시기, 거래의 형태나 방식, 거래 대상이 된 증권 등의 가격 및 거래량의 변동 추이 등 여러 사정을 종합적으로

인정되기 때문에 정보보유자가 거래에 나선 경우에는 일응 정보의 이용이 추정된다고 할 수 있다. 그 추정을 막기 위해서는 특별한 조치가 필요하다. 대표적인 예로는 인수업무와 매매업무를 함께 수행하는 금융투자업자가 이들 업무부서 사이에 정보차단장치(Chinese Wall)를 설치·운영함으로써 정보이용의 추정을 회피하는 것을 들 수 있다.

3. 이용을 부정할 수 있는 특별한 사정

(1) 판례

일반 투자자는 위와 같은 정보차단장치를 이용할 수 없지만 정보보유에도 불구하고 이용을 부정할 수 있는 특별한 사정이 있는 경우에는 내부자거래가 성립하지 않는다. 대법원도 내부정보의 취득 전에 "이미 거래가 예정되어 있었다거나 … 거래를 할 수밖에 없는 불가피한 사정이 있었다는 등 [그]와 관계없이 다른 동기에 의하여 거래를 하였다고 인정되는 때에는 미공개중요정보를 이용한 것이라고 할 수 없다"고 판시함으로써 그러한 특별한 사정의 예외를 인정하고 있다(대법원 2017.1.12. 선고 2016도10313 판결). 이하에서는 대법원이 특별한 사정에 해당한다고 보는 두 가지 경우를 차례로 살펴본다.

(2) 내부정보 취득 전 이미 거래가 예정되어 있는 경우[60)]

내부자가 정보의 취득 전에 내심 매도를 결심하고 있었다는 것만으로는 부족하고 그 내심의 의사가 사전에 외부에 표시되어 있을 필요가 있다. 내부자가 일단 매매의사를 외부에 표시한 경우에는 후에 내부정보를 취득한 경우에도 당해 매매지시를 철회할 의무는 없다. 대법원도 증권회사와 일임매매에 관한 협의를 하여 일임매매약정을 체결한 후 주식 전량의 매도를 진행하고 있던 중 미공개정보를 취득한 경우에는 미공개 중요정보를 "이용"하였다고 볼 수 없다고 판시한 바 있다(대법원 2008.11.27. 선고 2008도6219 판결).

내부자가 법에 따라 사전보고한 거래계획(§173-3)에 따라 거래한 경우에도 내부정보의 이용을 부정할 수 있을 것이다.

살펴서" 행해야 한다고 판시하였다(대법원 2017.1.25. 선고 2014도11775 판결).

60) SEC Rule 10b5-1(c)(preexisting trading plans).

(3) 불가피한 사정으로 거래를 할 수밖에 없는 경우

내부자가 채무변제를 위하여 유일한 재산인 주식을 매도하는 경우와 같이 불가피한 사정이 있는 경우에는 이용을 부정해야 할 것이다. 그러나 채권자가 채무자의 계약상 준내부자의 지위에서 채무자의 새로운 경영부실이나 부도사실을 알게 된 경우에는 비록 여신계약상 담보주식 처분권이 있다 해도 그 사실의 공개 전에 처분하는 것은 내부정보의 이용으로 볼 여지가 있다.

4. 매매의 포기나 취소에 이용한 경우

자본시장법상 내부자거래는 내부정보를 매매등의 거래에 이용한 경우에 성립한다. 이와 관련해서는 내부정보를 적극적인 매매가 아니라 매매를 포기하거나 기왕에 낸 매매주문을 취소하는데 이용한 경우에도 내부자거래가 성립하는지가 문제된다. 예컨대 상장회사 X의 부도로 은행Y가 담보로 보유하는 X주식을 처분하려 하자 X의 대주주 A가 X의 내부정보를 제시하며 담보주식의 처분을 연기해 줄 것을 요청하였고 Y가 그 요청을 받아들여 담보주식의 처분을 연기한 경우에 내부자거래가 성립하는지 여부가 문제된다. 이 경우 매매와의 관련성이 있는 것처럼 보이기도 하지만 시장에서 적어도 매매거래를 한 당사자들 사이에서는 정보비대칭이 존재하는 것은 아니므로 처벌대상에서 제외된다고 보는 것이 타당할 것이다.[61]

5. 타인에게 이용하게 하는 행위

내부정보는 내부자가 직접 이용하는 경우에는 물론이고 “타인에게 이용하게” 하는 경우에도 내부자거래가 성립한다(§174(1)). 타인에게 이용하게 하는 경우란 “타인이 미공개중요정보를 당해 특정증권등의 매매, 그 밖의 거래에 이용하려 한다는 정을 알면서 그에게 당해 정보를 제공하거나 당해 정보가 제공되도록 하여 위 정보를 특정증권등의 매매, 그 밖의 거래에 이용하게 하는 것”을 말한다(대법원 2020. 10.29. 선고 2017도18164 판결).[62] 여기서 정보제공자는 내부자와 제1차 정보수령자에 한정되지만 타인은 반드시 정보제공자로부터 정보를 직접 수령한 자에 한정

61) 미국에서도 SEC는 내부정보에 기하여 기존의 거래계획을 포기한 경우에는 증권의 매매가 없다는 이유로 내부자거래에 해당하지 않는 것으로 본다. 김/송, 309~310면.

62) 미국에서는 정보제공자가 정보제공으로부터 개인적 이익(personal benefit)을 얻을 필요가 있지만 우리 법상으로는 그것은 필요하지 않다.

되지 않는다. 대법원도 정보제공자의 행위는 "[타인]에게 당해 정보를 제공하거나 당해 정보가 제공되도록 하여 위 정보를 특정증권등의 매매, 그 밖의 거래에 이용하게 하는 것"(대법원 2020.10.29. 선고 2017도18164 판결)이라고 함으로써 정보제공자로부터 정보를 간접 수령한 자가 이용하는 경우도 포함함을 밝혔다.

타인의 정보이용에 대한 정보제공자의 인식은 "반드시 확정적일 필요는 없고 미필적인 정도로도 충분"하다(대법원 2020.10.29. 선고 2017도18164 판결).[63] 타인의 정보이용에 대한 인식 없는 단순한 정보제공은 내부자거래로 볼 수 없고 선별적 공시로서 공정공시의무가 발동될 가능성이 있을 뿐이다.[64] 타인의 정보이용이 가능하려면 먼저 타인에게 정보를 제공할 필요가 있다. 따라서 구체적인 정보를 제공함이 없이 단순히 타인에게 거래만을 추천한 경우는 내부자거래로 볼 수 없을 것이다.[65] 또한 정보를 제공받은 타인이 그것을 이용하지 않은 경우에는 결국 "타인에게 이용하게"한 것으로 볼 수 없다는 점에서 내부자거래는 성립하지 않은 것으로 본다.

제1차 정보수령자의 이용행위에 관한 판례(대법원 2020.10.29. 선고 2017도18164 판결)

① 사실관계

상장법인 X의 직원 A가 취득한 내부정보를 증권회사 애널리스트 B에게 제공하고 B는 자산운용사 펀드매니저 C에게 제공하여 C가 X주식을 처분한 사안이다.

A(내부자) →B(1차 수령자) →C(2차 수령자)

원심은 "타인"을 정보제공자로부터 정보를 직접 수령한 자로 제한함으로써, A의 관점에서는 B만 타인이고 B로부터 수령한 C는 타인이 아니라고 보아 B가 "이용"하

63) 그 인식여부에 대한 판단은 "제공 대상인 정보의 내용과 성격, 정보 제공의 목적과 동기, 정보제공 행위 당시의 상황과 행위의 태양, 정보의 직접 수령자와 전달자 또는 이용자 사이의 관계와 이에 관한 정보제공자의 인식, 정보제공시점과 이용시점 사이의 시간적 간격 및 정보이용행위의 태양 등 제반 사정을 종합적으로 고려하여" 이루어져야 한다(대법원 2020.10.29. 선고 2017도18164 판결).

64) EU의 시장남용규정은 내부정보의 불법적인 공개를 금지한다(§14(c)). 불법적인 공개란 내부정보 보유자가 통상의 고용상, 직업상, 의무이행상의 과정에서 하는 것이 아닌 공개를 말한다(§10(1)). 따라서 EU의 시장남용규정상으로는 타인의 정보이용에 대한 인식 없는 단순한 정보공개도 금지된다. 장근영, "자본시장법상 부적절한 정보제공행위의 규제 필요성: 내부자 오명씌우기 문제를 소재로," 상사법연구 제41권 제2호(2022), 301면, 316~318면. 장교수는 단순한 정보제공행위 자체를 원칙적으로 규제할 것을 제안한다. Id. 322~325면.

65) 일본 금융상품거래법은 그런 경우도 명시적으로 금지하고 있다(§167-2(1)). 黒沼, 457면.

지 않은 경우에는 A는 무죄라고 판단하였다.[66]

② 법원판단

대법원은 원심판결을 파기하며 다음과 같이 판시하였다. 자본시장법은 "내부자 및 제1차 정보수령자(이하 '수범자'라 한다)가 … 정보를 … 거래에 이용하거나 타인에게 이용하게 하는 행위를 금지한다. … '타인에게 … 이용하게 하는 행위'는 타인이 … 이용하려 한다는 정을 알면서 그에게 당해 정보를 제공하거나 당해 정보가 제공되도록 하여 위 정보를 … 거래에 이용하게 하는 것을 말하고, 이때 타인은 반드시 수범자로부터 정보를 직접 수령한 자로 한정된다고 볼 수 없다. 따라서 … [제2차 수령자]가 위 정보를 거래에 이용하게 하는 경우도 위 금지행위에 포함된다고 보아야 한다. 한편 이러한 경우 수범자의 정보제공행위와 정보수령자의 정보이용행위 사이에는 인과관계가 존재하여야 하고, 수범자는 정보수령자가 당해 정보를 이용하여 … 거래를 한다는 점을 인식하면서 정보를 제공하여야 한다. 수범자의 위와 같은 인식은 반드시 확정적일 필요는 없고 미필적인 정도로도 충분하[다]"

---

6. 이익의 실현

내부자거래는 그 행위의 결과 이익을 실현하였는지 여부를 불문한다. 그러므로 내부정보를 이용하여 대상주식을 취득한 이상 그 주식의 매도 여부를 불문한다(서울중앙지방법원 2013.9.27. 선고 2013노2064 판결(확정)). 이 판결은 제174조 제3항을 대상으로 한 것이지만 제1항과 제2항의 경우에도 마찬가지로 적용될 수 있다.

Ⅵ. 제재

1. 형사제재

(1) 징역과 벌금

내부자거래행위자는 1년 이상의 유기징역 또는 그 위반행위로 얻은 이익 또는 회피한 손실액("부당이득액")의 4배 이상 6배 이하에 상당하는 벌금에 처한다(§443(1)(i)-(iii)).[67][68] 그리고 부당이득액이 5억원 이상, 50억원 미만인 때에는 3년 이

---

66) 다만 예외적으로 B와 C가 "하나의 주체로서 기능할 경우"에만 처벌대상이 된다고 판단하였다.

67) 부당이득액이 없거나 산정하기 곤란한 경우 또는 그 부당이득액의 5배에 해당하는 금액이 5억원 이하인 경우 벌금의 상한액을 5억원으로 한다(§443(1)단서).

68) "포괄일죄로 되는 개개의 범죄행위가 법 개정의 전후에 걸쳐서 행하여진 경우에는 신·구법의 법정형에 대한 경중을 비교하여 볼 필요도 없이 범죄실행 종료시의 법이라고 할 수 있는 신법을 적용하

상의 유기징역, 그리고 50억원 이상인 때에는 무기징역 또는 5년 이상의 징역으로 가중처벌한다(§443(2)).[69] 징역에 처하는 경우 벌금형을 병과하고(§447(1)), 10년 이하의 자격정지를 병과할 수 있다(§443(3)).

(2) 필요적 몰수

내부자거래행위자가 그 행위를 하여 취득한 재산은 몰수하며, 몰수할 수 없는 경우 그 가액을 추징한다(§447-2(1)).

(3) 양벌규정

법인의 대표자, 법인 또는 개인의 대리인·사용인 그 밖의 종업원이 업무에 관하여 내부자거래행위를 하면 그 행위자를 벌하는 외에 그 법인이나 개인에게도 같은 벌금을 부과한다(§448본문). 다만 그 법인이나 개인이 그 위반행위를 방지하기 위해 해당 업무에 관하여 상당한 주의와 감독을 게을리하지 않은 경우에는 그렇지 않다(§448단서).[70] 대법원은 양벌규정을 둔 취지를 다음과 같이 설시한다. "법인은 기관을 통하여 행위하므로, 법인이 대표자를 선임한 이상 그의 행위로 인한 법률효과와 이익은 법인에게 귀속되어야 하고, 법인 대표자의 범죄행위에 대하여는 법인 자신이 책임을 져야 하는데, 법인 대표자의 법규위반행위에 대한 법인의 책임은 법인 자신의 법규위반행위로 평가될 수 있는 행위에 대한 법인의 직접책임이기 때문이다"(대법원 2018.4.12. 선고 2013도6962 판결). 여기서 '법인의 대표자'는 명칭 여하를 불문하고 당해 법인을 실질적으로 경영하면서 사실상 대표하고 있는 자 등을 말한다(대법원 1997.6.13. 선고 96도1703 판결 등). 주식회사 이사들은 "회사의 의사결정기능을 수행할 뿐인 이사회의 행위를 대외적인 업무집행행위인 대표행위로 의제하는 것"은 적절치 않다는 점에 비추어 법인의 대표자라고 볼 수 없다(대법원 2012.2.9. 선고 2011도14248 판결). 법인의 종업원에는 "법인과 정식의 고용계약이 체결되어 근무하는 자뿐만 아니라 법인의 대리인, 사용인 등이 자기의 보조자로서

여 포괄일죄로 처단하여야 한다"(대법원 2009.4.9. 선고 2009도321 판결 등 참조)(서울고등법원 2021.8.10. 선고 2021노345 판결). 대법원 2022.1.13. 선고 2021도11110 판결로 확정.

69) 불공정거래에 대한 형벌의 부당이득연동제에 대하여 상세한 것은 김/정, 529~551면.

70) 법인이나 개인의 귀책사유와 관계없이 양벌규정을 적용하는 것이 형사법상 책임주의에 반한다는 지적을 고려한 것이다.

사용하고 있으면서 직접 또는 간접으로 법인의 통제·감독하에 있는 자"도 포함된다(대법원 1993.5.14. 선고 93도344 판결).

2. 행정제재

내부자거래에 대한 행정제재는 다음과 같이 다양한 요소로 구성된다. 이들 제재는 지속적으로 강화되어 왔으며 시세조종 등 다른 유형의 불공정거래에도 적용된다.

(1) 과징금

2023년의 자본시장법 개정에 따라 금융위는 내부자거래의 경우에 대해서도 부당이득액의 2배까지 과징금을 부과할 수 있다(§429-2(1)). 과징금은 양벌규정의 대상이 아니므로 내부자거래를 한 자에 대해서만 적용되고 그가 근무하는 회사에 대해서는 적용할 수 없다.

(2) 비금전제재

2024년 자본시장법 개정에 따라 금융위는 내부자거래를 포함한 불공정거래에 대해서 비금전제재조치로 다음과 같은 명령을 할 수 있다(§429-3).[71]

① 금융투자상품거래를 제한하는 명령

② 주권상장법인 등의 임원 선임·재임을 제한하는 명령

(3) 금융투자업자에 대한 제재

금융투자업자가 내부자거래에 관여한 경우 금융위는 금융투자업 인가나 등록을 취소할 수 있고(§420(1)(vi); 令§373(1)(xix), [별표 1] §174), 일시적 업무정지 등의 조치를 취할 수 있다(§420(3)). 또한 금융투자업자의 임직원이 내부자거래에 관여한 경우 해임요구나 면직요구 등의 조치를 취할 수 있다(§422(1), (2)).[72]

---

71) 또한 자본시장법은 불공정거래에 사용되었다고 의심되는 계좌의 전부 또는 일부에 대해서 금융회사에 지급정지를 요구할 수 있음을 명시한다(§429-2).

72) 아울러 관리·감독의 책임이 있는 임직원에 대한 조치도 취할 수 있다(§422(3)).

3. 민사제재

(1) 서설

자본시장법은 전술한 형사제재와 행정제재에 추가하여 내부자거래로 인한 손해배상책임에 대해서도 규정한다. 자본시장법상 내부자거래를 한 자는 "해당 특정증권 등의 매매 그 밖의 거래를 한 자가 그 매매 그 밖의 거래와 관련하여 입은 손해를 배상할 책임을 진다"(§175(1)).

(2) 배상청구권자

법문은 손해배상청구권자를 "해당 특정증권등의 매매, 그 밖의 거래를 한 자"로 한정하고 있다. 따라서 일단 거래를 하지 않은 자는 손해배상을 청구할 자격이 없다. 이어서 "거래를 한 자"의 범위를 어디까지 인정할 것인가가 문제된다. 이와 관련해서는 3가지 가능성을 상정할 수 있다. ① 가장 엄격한 해석은 내부자의 직접 상대방에 한정하는 것이다. 거래가 드문 경우라면 그런 해석도 큰 문제가 아닐 수도 있다. 그러나 거래량이 많은 증권거래에서는 누가 상대방이 되는가는 우연하게 결정되는데 청구권자가 그러한 우연한 사정에 의하여 결정되는 것은 합리적이라고 할 수 없을 것이다. ② 가장 너그러운 해석은 내부자가 거래한 시점부터 내부정보가 공개된 시점 사이에 거래한 자들을 모두 청구권자에 포함시키는 것이다. 이에 따르면 내부자는 이익에 비해서 너무나도 과중한 손해배상책임을 지게 될 것이다. ③ 절충적인 해석은 내부자거래와 같은 시기에 거래한 자들을 포함시키는 것이다.[73] 이 해석에 따르더라도 내부자는 이익을 초과하는 손해배상책임을 질 가능성이 클 것이다. 그러나 불공정거래에서의 손해배상책임규정은 어차피 불공정거래

73) 미국에서는 과거 미공개중요정보이용행위에도 일종의 '계약관계'(privity)가 필요한 것으로 보아 ①의 해석을 취하였다. 그러나 1974년 Shapiro v. Merrill Lynch 판결에서 제2항소법원은 종래의 견해를 수정하였다. Shapiro v. Merrill Lynch, 495 F. 2d 228(2d Cir., 1974). 법원은 규칙 10b-5의 소송에서는 계약관계가 불필요하다고 전제하고 대체로 ③의 해석에 따라 내부자가 주식을 매도한 것과 같은 시기에 주식을 매수한 모든 투자자를 위하여 집단소송을 제기하는 것을 허용하였다. 또한 제2항소법원은 1980년의 Elkind v. Liggett & Meyers, Inc.판결(635 F. 2d 156(2d Cir., 1980))에서 배상액의 산정에 관하여 ③의 해석을 취하면서 배상액을 내부자의 이익에 한정하였다(disgorgement). 이러한 '이익반환방식'에 의하면 투자자는 자신이 거래한 가격과 정보가 충분히 반영된 후의 시장가격과의 차액에 대한 배상을 구할 수 있으나 내부자의 책임은 내부자거래로 인한 이익에 한정된다. 김/송, 374면.

를 억지하는 수단적 성격이 강하다는 점을 고려하면 ③의 해석을 취하는 것이 현실적으로 합리적인 것으로 보인다. 과거 舊증권거래법 시대의 하급심 판결로 ③의 해석을 취한 사례가 있다. 법원은 "거래를 한 자"란 "내부자가 거래한 것과 같은 종목의 유가증권을 동시기에 내부자와는 반대방향으로 매매한 자"를 의미한다고 판시한 바 있다(서울지방법원 남부지원 1994.5.6. 선고 92가합11689 판결).[74]

끝으로 "해당 특정증권등"을 거래한 자라고 하고 있으므로 "해당 특정증권등"이 아닌 다른 종목의 증권을 거래한 자는 손해배상을 청구할 자격이 없다.[75]

(3) 회사의 청구

미국에서는 내부자거래를 회사이익을 위하여 사용해야 할 회사정보를 사익을 위하여 이용했다는 점에서 회사의 소유권을 침해한 것으로 보는 시각도 있다. 그러한 관점에서라면 내부자가 내부자거래를 통해 얻은 이익을 회사가 손해배상청구나 부당이득반환청구에 의하여 빼앗을 수 있어야 할 것이다. 자본시장법은 회사의 청구에 대하여는 아무런 규정도 두고 있지 않다.[76] 그렇다면 회사의 손해배상 여부는 회사법원리에 따라서 결정할 것이다. 미국회사법상으로는 이사가 신인의무를 위반한 경우 회사가 손해가 없는 경우에도 이사가 얻은 이익의 반환을 청구할 수 있다. 그러나 우리 회사법상으로는 회사에 손해가 없는 한 이사가 얻은 이익의 반환을 회사가 청구할 수 있는 근거는 없다.[77] 내부자거래를 회사나 투자자에 대한 의무를 위반한 행위라기보다 정보격차의 불공정한 이용행위라는 관점에서 파악한다면 회사의 손해배상청구를 정당화하기 어려울 것이다.[78]

(4) 배상액

배상액에 대해서는 "매매 그 밖의 거래와 관련하여 입은 손해"라고 하고 있을

74) 여기서 같은 시기란 정확하게 내부자가 거래한 것과 같은 시기라기보다는 내부자의 매도 또는 매수호가가 영향을 미치고 있는 시기와 같이 넓게 해석해야 할 것이다.

75) 증권 앞의 "특정"이란 수식어가 자칫 손해배상청구권자가 내부자거래의 직접 상대방에 한정된다는 ①의 해석을 뒷받침하는 것이 아닌가 여겨질 수도 있지만 "특정증권등"이란 용어는 단기매매차익반환규정에서 정의된 용어로(§172(1)) ①의 해석과는 무관하다.

76) 단기매매차익반환(§172)에 해당하는 경우에는 예외이다.

77) 역시 이사의 거래가 자본시장법 제172조의 단기매매에 해당하는 경우에는 예외이다.

78) 따라서 독일과 같이 투자자에게 손해배상청구권을 인정하지 않는 입법례도 있을 수 있다. Poelzig, 274~275.

뿐 아무런 제한이 없다. 따라서 원칙적으로 배상청구권자가 입은 손해액 전액을 배상해야 한다. 배상액의 산정과 관련해서는 발행시장에서의 손해배상액에 관한 규정인 자본시장법 제126조 제1항을 준용할 것인지 여부가 다투어지고 있다. 일부 하급심판결 중에는 그 조항에 해당하는 舊증권거래법 제15조를 준용하여 매매가격과 변론종결 당시의 시가의 차액을 손해배상액으로 인정한 예도 있다.[79] 그러나 명시적인 준용규정이 없음에도 불구하고 그 조항을 준용하는 것에 대해서는 비판적인 견해가 우세하다.[80] 원칙적으로 '원고가 취득한 가격'과 '미공개중요정보이용행위가 없었다면 형성되었을 정상가격'과의 차액을 기초로 산정해야 할 것이다.[81] 다만 실제로 그러한 정상가격을 확정하기는 어려울 것이다.[82] 손해배상청구가 집단소송으로 제기된 경우에는 법원이 제반사정을 고려하여 표본적·평균적·통계적 방법 등의 합리적 방법으로 손해액을 정할 수 있다(집단소송법 §34(2)).

(5) 소멸시효

손해배상청구권은 내부자거래가 있었던 사실을 안 때부터 2년 또는 그 행위가 있었던 때부터 5년간 행사하지 않으면 시효로 인하여 소멸한다(§175(2)). 내부자거래의 사실은 금융당국의 조사결과나 법원 판결이 공표되는 때 비로소 투자자들이 인식하는 것이 보통이다. 과거 안 날로부터 1년 또는 그 행위가 있었던 날부터 3년이던 것을 조사나 재판절차에 상당한 시간이 소요되는 것을 감안하여 연장한 것이다.

(6) 증권관련집단소송

내부자거래에 따르는 민사책임은 그간 별로 문제되지 않았다. 왜냐하면 손해를 입은 투자자들이 아무리 많아도 개별 손해액이 소송을 할 만큼 크지 않으면 손해배상청구가 실제로 이루어지기 어려웠기 때문이다. 증권관련집단소송법은 내부자거래로 인한 손해배상청구도 집단소송의 형태로 제기할 수 있도록 허용하였으나(§3(1)(iii)) 아직 그러한 사례는 눈에 띄지 않는다.

---

79) 서울지방법원 남부지원 1994.5.6. 선고 92가합11689 판결.

80) 임재연, 1073면.

81) 시세조종사안에서 같은 산정방식을 채택한 판례로 대법원 2004.5.28. 선고 2003다69607 판결.

82) 미국(Private Securities Litigation Reform Act 1995)에서는 실제 매매가격과 시정조치가 있은 후 90일간의 평균거래가격의 차이가 손해배상청구의 최대한도이다.

제3절 공개매수 및 대량취득·처분에 관한 특칙

Ⅰ. 서설

전통적인 내부자거래는 내부자가 회사정보를 이용하여 거래하는 경우를 가리킨다. 그러나 정보비대칭은 회사외부의 정보, 특히 시장정보를 이용한 거래에서도 존재한다. 시장에서의 정보의 평등을 중시하는 관점에 따르면 정보의 비대칭이 회사정보로 인하여 발생된 경우는 물론이고 시장정보로 인하여 발생한 경우까지 규제해야 할 것이다. 내부자거래란 기존의 용어 대신 "미공개중요정보이용"이란 용어가 자리잡은 것은 회사정보와 관련하여 정보우위를 누리는 내부자만이 아니라 시장정보를 보유한 외부자의 정보우위도 규제대상으로 삼게 된 결과라고 할 수 있다. 그러나 현행 자본시장법은 시장정보를 이용한 거래를 일반적으로 규제대상으로 삼기 보다는 정보격차의 불공정성이 심하다고 판단되는 두 가지 경우, 즉 공개매수와 대량취득·처분의 경우만을 전통적 내부자거래의 경우와 같이 규제하고 있다. 이하 차례로 설명한다.

Ⅱ. 공개매수에 관한 특칙

1. 서설

공개매수는 대상회사의 주가를 크게 변동시킬 수 있는 거래이다. 공개매수는 경영권의 향배는 물론이고 해당 주식의 시장수급에도 영향을 미칠 가능성이 높기 때문이다. 그리하여 공개매수정보를 보유하는 자는 그것을 이용하여 증권을 거래하고자 할 인센티브가 크다. 그런 거래가 확산된다면 그런 정보에 접근할 수 없는 일반 투자자들의 시장에 대한 신뢰는 크게 손상될 것이다. 그러나 공개매수정보는 대상회사의 외부에서 생성된 외부정보로 대상회사의 "업무 등과 관련된" 정보가 아니므로 전통적인 내부자거래규제(§174(1))가 적용될 여지가 없다. 그리하여 자본시장법은 공개매수정보의 보유자가 그것을 특정증권등의 매매등에 이용하는 행위에 대해서도 특칙을 마련함으로써 전통적 내부자거래와 마찬가지로 규제하고 있다

(§174(2)).

2. 행위주체

일반 내부자거래의 행위주체의 중심은 대상증권을 발행한 법인인데 비하여 공개매수에 관한 특칙의 경우에는 그 법인의 외부에서 공개매수를 하려는 자인 공개매수예정자이다. 자본시장법은 다음과 같이 공개매수정보에 대한 접근가능성이 높은 자들을 행위주체로 열거한다(§174(2)).

① 공개매수예정자 및 그 임직원·대리인

② 공개매수예정자의 주요주주

③ 공개매수예정자에 대하여 법령에 따른 허가 등의 권한을 가지는 자

④ 공개매수예정자와 계약을 체결하고 있거나 체결을 교섭하고 있는 자

⑤ 위 ② 내지 ④의 어느 하나에 해당하는 자의 대리인[83] · 사용인, 그 밖의 종업원[84]

⑥ 위 ① 내지 ⑤의 어느 하나에 해당하는 자로부터 공개매수정보를 받은 자

위 ① 내지 ⑤의 행위주체인 경우에는 그에 지위를 상실한 날로부터 1년이 경과하지 아니한 자를 포함한다. ⑥과 관련하여 공개매수예정자측에서 공개매수에 대한 협조를 요청받은 대상회사 임직원은 정보수령자가 아니라 일반적 내부자거래(§174(1))의 내부자로 보아야 할 것이다. 그 밖에 위 행위주체에 대해서는 일반적 내부자거래의 행위주체에 대한 설명이 그대로 적용될 수 있다.

3. 정보

공개매수의 특칙에서 문제되는 정보는 "주식등에 대한 공개매수의 실시 또는 중지에 관한" 정보"(공개매수정보)이다. 공개매수정보는 원칙적으로 대상회사의 외부에서 생성된 것이라는 점에서[85] 외부정보에 속한다. 매수가격의 인상이나 매수기간의 연장에 관한 정보는 입법취지상 공개매수의 실시에 관한 정보에 해당하지

83) 이에 해당하는 자가 법인인 경우 그 임직원 및 대리인도 포함.

84) 위 ② 내지 ④의 어느 하나에 해당하는 자가 법인인 경우에는 그 임직원 및 대리인.

85) 예외는 회사가 자기주식을 공개매수하는 경우일 것이다.

않는 것으로 본다.[86] 일단 공개매수정보에 해당하는 정보는 중요성 여부를 따지지 않는다. 공개매수정보도 미공개정보에 한정되고, 미공개정보는 "대통령령으로 정하는 방법에 따라 불특정 다수인이 알 수 있도록 공개되기 전의 것"(§174(2))을 가리킨다. 공개방법은 일반적 내부자거래의 경우와 같다(令§201(3)).[87]

4. 대상증권

대상증권은 공개매수의 대상인 "주식등과 관련된 특정증권등"을 말한다(§174(2)). 여기서 "주식등"은 공개매수의 대상인 증권을 가리키므로(§133(1); 令§139) 주권상장법인의 주식과 관련성이 없는 증권은 제외된다. 또한 공개매수의 대상증권은 의결권 있는 주식을 중심으로 구성되고 있으므로 해석상으로는 공개매수 특칙의 적용대상도 의결권 있는 주식에 한정된다고 볼 것이다.[88] 그러나 공개매수정보는 정도의 차는 있지만 의결권 없는 주식의 가격에도 중대한 영향을 미칠 수 있는 정보라는 점을 고려하면 입법론상으로는 의결권 없는 주식의 경우에도 공개매수특칙의 적용대상인 주식에 포함시키는 것이 합리적일 것이다.

5. 이용

금지되는 행위는 "그 주식 등과 관련된 특정증권 등의 매매, 그 밖의 거래에 이용하거나 타인에게 이용하게" 하는 행위이다. 대상증권에 제한이 있는 것을 제외하고는 일반적인 내부자거래에서 설명한 것이 그대로 타당할 것이다.

6. 공개매수와 관련된 특별한 매수

(1) 발판매수

공개매수예정자는 공개매수를 감행하기 앞서 경영권 확보의 확률을 높이기 위하여 미리 대상주식의 매입을 시도하는 경우가 많다. 이를 '발판매수'(toe-hold acquisition)라고 한다. 공개매수예정자도 행위주체로 되어 있기 때문에(§174(2)(i))

---

86) 黑沼, 472면.

87) 시행령은 공개의 주체를 공개매수자(그로부터 공개권한을 위임받은 자를 포함)로 정하고 있다(령 201조 3항). 그러나 공개의 주체를 공개매수의 공고를 한 자를 의미하는 공개매수자에 한정한다면 공개는 공개매수의 공고 이후에만 이루어질 수 있다는 점에서 불합리하다. 공개의 주체인 공개매수자에는 공개매수예정자도 포함된다고 볼 것이다.

88) 김/정, 441면에서 밝힌 태도를 변경한다.

발판매수도 특칙이 금하는 거래에 해당하는지 여부가 문제될 수 있다. 이론상으로 발판매수를 금지하면 경영권 확보의 확률이 떨어질 것이므로 효율적인 M&A도 저해될 것이다. 해석상으로도 발판매수는 공개매수에 따른 주가상승을 이용하고자 하는 거래가 아니라 경영권 확보의 성공률을 높이기 위한 거래라는 점에서 공개매수정보를 "이용"한 거래로 보아서는 아니 될 것이다. 자본시장법은 공개매수예정자가 "상당한 기간 동안 주식 등을 보유하는 등 주식등에 대한 공개매수의 실시 또는 중지에 관한 미공개정보를 … 거래에 이용할 의사가 없다고 인정되는 경우"를 대상거래에서 명시적으로 제외함으로써(§174(2)단서) 해석의 불확실성을 입법적으로 제거하고 있다.

(2) 응원매수

공개매수예정자는 경영권 확보의 확률을 높이기 위하여 우호적인 투자자에게 공개매수정보를 알리고 협조를 구하는 사례가 있다. 이처럼 공개매수예정자의 요청에 따라 투자자가 주식을 취득하는 경우를 '응원매수'라고 부른다. 이러한 응원매수도 법문상으로는 금지되는 것으로 해석할 여지가 있다. 그러나 응원매수가 실질적으로 공동매수와 유사한 효과를 갖는 점을 고려하면 허용된다고 해석하는 것이 타당하다고 할 것이다.[89]

(3) 대항매수

제3자에 의한 공개매수가 있는 경우 대상회사로서는 그것에 대항하기 위하여 스스로 매수에 나설 수 있다.[90] 이러한 대상회사의 '대항매수'가 공개매수정보의 이용에 해당하지 않은 것은 물론이다. 나아가 대상회사가 우호세력(white knight)에 매수를 요청하는 경우도 있다. 이러한 대항매수가 법문상 금지되는 거래에 해당하는지 여부가 문제될 수 있다. 그러나 대항매수는 공개매수에 대항하기 위한 매수라는 점에서 공개매수정보를 "이용"한 거래로 볼 수는 없을 것이다.[91]

---

89) 일본의 금융상품거래법은 응원매수뿐 아니라 대상회사의 요청에 따른 대항매수도 규제의 적용제외 거래로 명시한다(§167(5)(iv), (v)).

90) 이러한 대항매수는 공개매수의 방법(대항공개매수)으로는 물론이고 장내매수의 방법으로도 할 수 있다. 장내매수가 시세에 영향을 미쳤다는 사실만으로 바로 시세조종행위에 해당한다고 볼 수는 없다. 서울남부지방법원 2025.10.21. 선고 2023고합481(병합) 판결.

91) 일본의 금융상품거래법은 응원매수뿐 아니라 대상회사의 요청에 따른 대항매수도 규제의 적용제외 거래로 명시한다(§167(5)(iv), (v)).

Ⅲ. 대량취득, 처분에 관한 특칙

1. 서설

주가에 중대한 영향을 미친다는 점에서 공개매수와 유사한 거래로는 주식의 대량취득을 들 수 있다. 주식의 대량취득도 공개매수와 마찬가지로 대상회사의 경영권의 향배는 물론이고 시장에서의 주식수급에도 영향을 미칠 가능성이 높다. 경영권의 향배와 주식수급에 대한 영향이란 면에서는 대량처분도 대량취득과 유사하므로 이곳에서는 대량취득을 편의상 양자를 포함하는 의미로 사용하기로 한다. 대량취득의 경우에도 그 실시나 중지에 관한 정보(대량취득정보)를 이용한 거래가 확산되는 경우 자본시장의 공정성에 대한 일반 투자자들의 신뢰가 훼손될 것이라는 점에서 일반 내부자거래와 마찬가지로 규제할 필요가 있다. 그러나 대량취득정보도 공개매수정보와 마찬가지로 대상회사의 외부에서 생성된 외부정보로 대상회사의 "업무 등과 관련된" 정보로 볼 수 없으므로 전통적인 내부자거래규제(§174(1))를 적용할 여지가 없다. 그리하여 자본시장법은 공개매수의 경우와 마찬가지로 대량취득정보의 보유자가 그 정보를 특정증권등의 매매등에 이용하는 행위를 금지하는 특칙을 두고 있다(§174(3)). 대량취득규정의 법문은 "공개매수예정자"가 "대량취득·처분을 하려는 자"(대량취득예정자)로 바뀌는 것을 제외하면 정보, 대상증권, 금지행위의 면에서 공개매수의 경우와 동일하다.

2. 행위주체

대량취득에 관한 특칙에서 행위주체의 중심은 "대량취득·처분을 하려는 자," 즉 대량취득예정자이다. 그 관계자의 범위는 공개매수의 경우와 동일하다. 대량취득·처분은 "경영권에 영향을 줄 가능성 있는 취득·처분으로서 대통령령이 정하는" 것을 말한다. 시행령은 다음 조건을 모두 충족할 것을 요구한다(§201(4)).

① 경영에 대한 사실상의 영향력 행사를 목적으로 할 것(취득의 경우만 해당)
② 10%(또는 최대주주의 변동을 가져오는 비율) 이상의 대량취득·처분일 것
③ 그 취득·처분이 대량보유보고대상에 해당할 것

대량취득예정자는 반드시 상장법인에 한하지 않는다. 대량취득에 신주인수에

의한 취득도 포함되는가? 대량취득에 관한 특칙의 취지가 유통시장에서의 주식수급에 영향을 미치는 정보의 이용을 규제하는 것이라면 회사의 유상증자를 통해서 취득하는 것은 포함되지 않는다고 볼 것이다.[92)]

3. 대량취득예정자의 별도매수

대주주와 대량취득을 위한 교섭 중인 대량취득예정자가 별도로 거래소에서 같은 회사 주식을 취득하는 행위에 대해서는 특칙의 적용이 배제된다. 왜냐하면 그런 별도매수는 대량취득으로 인한 가격상승을 노린 것이라기보다는 주식의 대량취득이라는 자신의 결정을 실현하는 수단의 일부라는 점에서 정보의 이용이 부존재한다고 볼 수 있기 때문이다. 자본시장법은 대량보유보고에 따른 공시 이후에도 "상당한 기간 동안 주식등을 보유하는 등" 대량취득정보를 이용할 의사가 없다고 인정되는 경우에는 특칙의 적용을 명시적으로 배제함으로써(§174(3)단서) 해석의 불확실성을 입법적으로 제거하고 있다.

4. 타인에 대한 대량취득정보 제공

A와 B가 함께 C회사의 경영권을 확보하기 위하여 C회사 주식을 공동으로 대량취득하는 경우(공동취득)에는 A와 B사이의 정보제공은 정보를 이용하게 한 것으로 보지 않는다. 위에서 A가 B가 취득한 주식을 장차 매수하기로 약속한 경우(응원취득)에도 실질적으로 공동취득과 유사하므로 특칙의 적용을 배제해야 할 것이다.[93)] 그러나 이에 대해서는 특칙의 적용대상이라고 본 하급심판례도 존재한다(서울중앙지방법원 2013.9.27. 선고 2013노2064 판결). 한편 매수약속 없이 B에게 정보만 제공하는 경우에는 B를 정보수령자로 볼 수 있을 것이다(대법원 2017.10.31. 선고 2015도8342 판결).

---

92) 다만 회사와 신주인수의 교섭이 시작된 후라면 회사의 유상증자는 회사의 재무구조 내지 지배구조에 영향을 주는 정보라는 점에서 회사정보에 해당하고 인수인은 계약체결과정에 있는 준내부자로 볼 수 있을 것이다(대법원 2017.1.25. 선고 2014도11775 판결).

93) 일단 약속한 경우에는 실제로 매매가 이루어지지 않아도 무방하다.

제4절 단기매매차익의 반환

Ⅰ. 의의

내부자거래에서 내부정보의 이용을 증명하는 것은 쉽지 않다. 증권시장에서 내부자거래에 관한 소문이나 의혹은 무성하지만 실제 조사를 거쳐 민형사 책임을 묻는 비율은 그리 높지 않다. 이하에서 설명하는 단기매매차익반환규정(§172)은 바로 이런 내부자거래규제의 어려움을 고려하여 도입한 규정이다. 이는 미국법(1934년 증권거래소법 §16(b))을 모델로 한 규정으로 회사의 내부자가 회사증권을 6개월 내에 매매하여 얻은 이익은 내부정보의 이용여부와 관계없이 무조건 회사에 반환하도록 하고 있다.[94] 그처럼 단기간에 연이어 매수와 매도를 행하는 것은 내부정보의 이용이 있는 것으로 간주한 것이다. 이 규정은 내부자의 거래가 그러한 단기매매에 해당하기만 하면 내부정보의 이용을 증명할 필요 없이 바로 그로 인한 차익을 박탈할 수 있는 점에서 내부자거래를 억제하는 데 편리한 수단이라고 할 수 있다.[95] 반면에 내부정보와 무관하게 거래한 선의의 내부자는 이 규정으로 인하여 뜻밖의 타격을 입을 수 있다. 실제로 이 규정의 도입 초기에는 임직원에 의한 단기매매가 적발되는 사례가 매우 빈번했다.[96] 애써 얻은 매매차익을 반환하라는 요구에 대한 불만으로 위헌시비가 일기도 했으나 헌법재판소가 그 규정의 합헌을 선언함으로써 그 시비는 일단락되었다(헌법재판소 2002.12.18. 선고 99헌바105(병합) 결정). 다만 직무상 정보접근의 여지가 전혀 없는 자까지 대상으로 삼는 것은 과도하다는 비판을 고려하여 자본시장법은 대상직원의 범위를 정보접근가능성이 있는 자로 제한하고 있다.

---

94) 자본시장법 제175조의 손해배상책임과는 요건 및 효과가 모두 다르기 때문에 양자가 모두 성립할 수 있다는 데 다툼이 없다.

95) 대법원도 단기매매차익반환제도의 취지를 "내부자가 실제로 미공개 내부정보를 이용하였는지 여부나 내부자에게 미공개 내부정보를 이용하여 이득을 취하려는 의사가 있었는지 여부를 묻지 않고 내부자로 하여금 그 거래로 얻은 이익을 법인에 반환하도록 하는 엄격한 책임을 인정함으로써 내부자가 미공개 내부정보를 이용하여 법인의 주식 등을 거래하는 행위를 간접적으로 규제하려는 제도"라고 설명하고 있다(대법원 2016.8.24. 선고 2016다222453 판결 등).

96) 이런 현상은 최근에도 완전히 사라진 것은 아니다. 금감원에 의하면 2021년부터 2023년까지 3년간 연평균 42.3건이 발생한 바 있다고 한다. 보도자료(2024.10.8.), 상장사 임직원·주요주주의 단기매매차익 발생사례 및 유의사항안내 2면.

Ⅱ. 적용대상인 내부자

규제의 적용대상인 내부자는 주권상장법인의 임원, 직원 또는 주요주주이다(§172(1)).[97] 일반 내부자거래의 경우와 달리 당해 법인은 제외된다.[98] 따라서 회사가 자기주식거래를 통해서 얻은 차익은 반환할 의무가 없다. 임원, 직원, 주요주주의 의미는 일반적 내부자거래의 경우에 관해서 설명한 바와 같다.

임원에는 상법상 업무집행관여자도 포함된다.[99] 직원의 경우에는 내부자거래에서와는 달리 "직무상 §174(1)의 미공개중요정보를 알 수 있는 자로서 대통령령으로 정하는 자"로 한정된다. 시행령은 주요사항보고서의 제출이 요구되는 사항의 수립 · 변경 · 추진 · 공시, 그 밖에 이에 관련된 업무에 종사하고 있는 직원과 그 법인의 재무 · 회계 · 기획 · 연구개발에 관련된 업무에 종사하고 있는 직원으로서 증선위가 직무상 미공개중요정보를 알 수 있는 자로 인정하는 자[100]를 대상직원으로 규정한다(令§194).

주요주주는 누구의 명의로 하든지 자기의 계산으로 법인의 의결권 있는 발행주식총수 10% 이상을 소유한 자[101]와 임원의 임면등의 방법으로 법인의 중요한 경영사항에 대하여 사실상의 영향력을 행사하는 주주로서 금융회사지배구조법 시행령으로 정하는 자[102]를 말한다(§9(1), 지배구조법 §2(vi)(나)).

내부자 지위의 매도와 매수시점에 모두 존재해야 하는가에 대해서는 주요주주와 임직원의 경우에 차이가 있다. 먼저 주요주주의 경우 자본시장법은 매도와 매수시점에 모두 그 지위를 보유해야 한다는 점을 명시한다(§172(6)). 주요주주가 매도 후 매수하는 경우에는 두 시점에 모두 그 지위를 보유해야 한다는 점에 의문이 없다. 문제는 매수하여 매도하는 경우이다. 법문상으로는 매수시점에도 주요주주 지

97) 단기매매차익반환규정은 주권상장법인이 발행하는 특정증권 등을 인수한 투자매매업자의 매매행위에도 준용된다(§172(7)). 인수계약 체결일부터 3개월 내에 매수 · 매도하여 6개월 내에 매도 · 매수한 경우에는 차익반환의무가 있다(令§199).

98) 회사에 대한 차익반환이 의미가 없다는 점에서 당연한 해석이라 할 것이다.

99) 그러나 이들은 대부분 직원이나 주요주주에 해당할 것이므로 따로 포함할 실익은 그리 크지 않다.

100) 단기매매차익 반환 및 불공정거래 조사신고 등에 관한 규정 §5.

101) 본인명의 계좌와 차명계좌를 통해서 회사주식의 10.73%를 소유한 주주를 주요주주에 해당한다고 판시한 판례로 서울고등법원 2007.11.29. 선고 2006나101207 판결(확정).

102) 시행령은 금융회사가 아닌 일반상장법인의 경우에는 "혼자서 또는 다른 주주와의 합의 · 계약등에 따라 대표이사 또는 이사의 과반수를 선임한 주주"일 것을 요구한다(§4(i)).

위를 보유해야 하겠으나 매수로 인하여 주요주주가 된 자도 6개월 내에 매도한 경우에는 내부정보의 이용가능성이 높다는 점에서 입법론상으로는 역시 반환대상으로 삼을 필요가 있을 것이다.[103] 한편 임직원의 경우에는 법문이 따로 요구하지 않고 있으므로 어느 한 시점에만 그 지위를 보유하면 적용대상이 된다(대법원 2008. 3.13. 선고 2006다73218 판결).

이상의 내부자의 단기매매는 타인명의로 하는 경우에도 그 타인의 행위를 내부자의 행위와 "동일시할 수 있는 경우"에는 반환의무가 성립한다(대법원 2007.11. 30. 선고 2007다24459 판결).

Ⅲ. 단기매매

1. 의의

단기매매의 대상인 금융투자상품은 특정증권등으로 그 의의는 내부자거래의 경우와 같으므로 따로 설명하지 않고 이곳에서는 단기매매 자체에 대해서만 설명한다. 단기매매란 6개월 이내의 매매로 "매수 … 한 후 6개월 이내에 매도 … 하거나 … 매도한 후 6개월 이내에 매수하여 이익을 얻은 경우"를 말한다(§172(1)). 앞의 거래를 '선행거래', 후의 거래를 '후행거래'로 부른다.

2. 매수와 매도

(1) 매매의 의의

내부자거래의 경우와는 달리 단기매매는 원칙적으로 매매에 한정되고 "그 밖의 거래"는 포함하지 않는다. 매매에 해당하는 한 거래소거래 뿐 아니라 장외거래의 경우도 포함한다. 내부자 계산으로 하는 한 명의는 불문한다. 그러나 내부자의 차명계좌와 실명계좌 사이의 매매는 실질적인 매매라고 할 수 없으므로 단기매매에 해당하지 않는다고 볼 것이다(대법원 2005.3.25. 선고 2004다30040 판결).[104]

자본시장법은 실질적으로 매매의 효과를 갖는 옵션거래도 매매에 포함하고 있다. 자본시장법상 매수는 "권리행사의 상대방이 되는 경우로서 매수자의 지위를 가

103) 김/정, 454면.

104) 한편 완전모회사가 완전자회사로부터 주식을 매수하는 경우에는 양자는 법인격을 달리하므로 단기매매에 해당할 수 있다고 본 판례로 대법원 2019.9.2. 선고 2019다234976 판결.

지게 되는 특정증권 등의 매도"를 포함하고, 매도는 "권리를 행사할 수 있는 경우로서 매도자의 지위를 가지게 되는 특정증권등의 매수"를 포함한다(§172(1)). 전자는 매도선택권(put option)과 그것을 포함한 파생결합증권을 매도하는 경우를 가리키고 후자는 매도선택권과 그것을 포함한 파생결합증권을 매수하는 경우를 가리킨다. 주의할 것은 매수선택권(call option)은 이 정의에 포함되지 않는다는 점이다. 매수선택권의 매수나 매도는 그 자체가 특정증권 등의 매수나 매도에 해당한다고 볼 수 있기 때문이다.

(2) 매매의 범위

단기매매에 관한 자본시장법 제172조는 "매도"나 "매수"를 정의하지 않고 있다. 그러나 증권의 매매도 일단 일반 사법상 매매의 경우와 마찬가지로 금전의 지급을 대가로 증권을 이전받기로 하는 약정을 의미한다고 볼 것이다.[105] 자본시장법에서 말하는 매매가 사법상 매매에 한정된다고 볼 것인지 여부에 대해서는 다툼이 있다. 다수설과 판례(서울고등법원 2001.5.18. 선고 2000나22272 판결(확정) 등)는 교환이나 대물변제와 같은 자발적 거래도 포함되는 것으로 본다(확대긍정설).[106] 확대긍정설의 근거로는 뒤에 살펴보는 법정 예외사유에 예탁계약의 해지 등과 같이 사법상 매매에 해당하지 않는 거래도 포함되고 있다는 점을 든다. 그러나 제172조가 제174조와는 달리 적용대상을 "그 밖의 거래"를 제외한 매매에 한정하고 있음에도 불구하고 그 매매의 범위를 그렇게 폭넓게 해석하는 것에는 의문이 있다.[107] 제172조는 내부정보이용의 증명이 어렵다는 점을 고려하여 내부자의 증권거래의 자유를 제한하는 규정이라는 점에서 그 해석은 엄격하게 해야 할 것이다. 상속, 증여, 주식배당, 무상증자에 의한 취득과 같이 내부정보의 이용과 무관한 비자발적 거래의 경우는 당연히 매매에 포함되지 않는 것으로 보아야 할 것이다. 또한 합병, 분할, 포괄적 교환, 포괄적 이전 등과 같은 조직법적 행위로 인한 취득도 내부정보의 이용과 무관한 비자발적 거래라는 점에서 포함되지 않는 것으

105) 김상철, "단기매매차익 반환청구의 이론과 실무," BFL 제86호(2017.11), 30면; 고창현, "증권거래법상 단기매매차익 반환의무," 인권과 정의 제277호(1999.9), 71~72면 등.

106) 김상철, 전게논문, 30~31면(특히 각주 33) 내지 36)); 임재연, 880면.

107) 최민룡, "단기매매 차익의 반환 : 매매의 개념을 중심으로," 상사판례연구 제19집 제4권(2006), 170~171면.

로 본다.[108)]

유상의 자발적거래의 경우에도 확대해석에는 주의를 요한다. 먼저 교환의 경우에는 내부정보의 이용가능성이 매매의 경우와 별 차이가 없으므로 규제회피를 막는 차원에서 매매에 포함시켜도 무방할 것이다. 그러나 대물변제의 경우에는 내부정보의 이용가능성은 매매나 교환의 경우에 비하여 훨씬 낮다는 점에서 구태여 매매의 범위에 포함시킬 필요는 없을 것이다.[109)] 그 밖에 유상의 자발적 거래에는 다양한 형태의 신주의 취득이 포함되지만 그에 대해서는 뒤에 법정예외사유에 관한 부분에서 설명한다. 이러한 엄격한 해석에 의하여 제172조의 적용범위에서 벗어나는 거래는 여전히 제174조의 규율대상이 될 여지가 있다.

3. 6개월 사이의 매매

매매는 6개월 이내에 이루어져야 한다.[110)] 6개월을 산정할 때에는 매매의 결제일이 아니라 체결일을 기준으로 한다(대법원 2011.3.10. 선고 2010다84420 판결). 내부정보의 이용가능성과 관련해서는 매매의 결제가 아니라 체결이 중요하기 때문이다. 대표이사가 제3자로부터 매수한 주식을 양도하기로 하는 내용의 합의각서를 체결하고 약 6개월의 기간이 경과한 후 주식매매계약서를 작성한 사안에서, 대법원은 "위 합의각서는 추후 별도의 확정적인 매매계약 성립을 전제로 작성된 것으로 보이므로, 주식의 매도는 위 주식매매계약서를 작성한 날에 이루어졌다"고 판단하였다(대법원 2011.3.10. 선고 2010다84420 판결).

4. 매도와 매수에서 대상증권의 동일성

이미 6개월 이전부터 대상증권을 매수(1차매수)한 주주가 다시 동일한 종목의 증권을 매수(2차매수)한 후 6개월 이내에 매도한 경우에도 단기매매에 해당하는가에 대해서는 과거 하급심판례가 엇갈리고 있었다.[111)] 최근 대법원은 단기매매의

---

108) 포괄적교환으로 취득한 주식의 매도로 인한 차익반환을 부정한 판례로 서울중앙지방법원 2008.6.20. 선고 2007가합90062 판결("주식의 포괄적 교환이 이루어지기 위해서는 주주총회의 결의를 요구하고, 이에 반대주주들의 주식도 모회사에 이전되[는] … 조직법적 행위라는 점에 비추어 보면 … 자발적인 취득이라고 볼 수는 없[다]"고 함으로써 자발성을 전제하였음).

109) 일본에서도 대물변제는 매매에 포함되지 않는 것으로 본다. 黑沼, 490면.

110) 초일은 산입한다(令§195(1)).

111) 남궁주현/김지웅, "단기매매차익 반환의 적용 범위에 관한 소고 - 대법원 2023.8.31. 선고 2022

성립을 부정한 원심판결을 파기·환송하며 단기매매는 법문상 6개월 내 매수와 매도가 있으면 성립하고 매수와 매도의 대상인 증권이 동일한 것으로 특정할 수 없는 경우에도 반환책임을 인정할 수 있다고 판시함으로써 혼선을 정리하였다(대법원 2023.8.31. 선고 2022다253724 판결). 단기매매차익반환제도의 취지가 단기매매는 내부정보 이용의 개연성이 높기 때문에 내부정보의 이용여부와 무관하게 책임을 지우는 것이라는 점을 고려하면 단기매매가 이루어지기 이전부터 동일한 종목의 증권을 보유 중이었는지 여부가 결과에 영향을 미쳐서는 아니 될 것이라는 점에서 판결의 타당성을 수긍할 수 있다.

5. 매도와 매수에서 대상증권의 종류의 동일성

단기매매는 매도와 매수의 대상증권이 동일하지 않은 경우뿐 아니라 대상증권의 종류가 다른 경우에도 성립할 수 있다. 예컨대 주식을 매도한 후 6개월 내에 전환사채를 매수하는 경우도 단기매매에 해당할 수 있다.[112] 내부정보의 이용가능성이란 면에서는 반드시 대상증권의 종류가 같을 필요가 없기 때문이다.[113] 시행령은 "매수 특정증권등과 매도 특정증권등의 종류가 다른 경우"의 이익산정에 관한 특칙을 규정함으로써 대상증권의 종류가 다른 경우를 전제하고 있다(令§195(2)(ii), (3)).

Ⅳ. 이익의 산정

반환할 이익의 산정기준은 시행령으로 정한다(§172(1)후단). 이익은 원칙적으로 매도단가에서 매수단가를 뺀 금액에 매수수량과 매도수량 중 적은 수량(이하 "매매일치수량")을 곱한 금액에서 거래수수료와 관련 세금[114]을 공제한 금액으로 계산한다(令§195(1)(i)). 6개월 이내에 2회 이상의 매매가 있는 경우에는 기본적으로 가

다253724 판결을 중심으로 -," 상사법연구 제43권 제4호(2025), 399면, 409~410면.

112) 신주인수권부사채권을 매수한 후 6개월 이내에 보통주를 양도한 사안에서 단기매매차익반환청구를 인용한 하급심판결로 서울동부지방법원 2016.9.22. 선고 2015가합3059 판결.

113) 미국에서도 종류가 다른 증권을 매매한 경우를 적용대상으로 삼고 있다(Rule 16b-6; Chemical Fund v. Xerox, 377 F.2d 107(2d Cir., 1967)).

114) 시행령은 증권거래세와 농어촌특별세를 명시하고 있다. 주식매도차익에 대해서 납부한 양도소득세는 공제대상이 아니라는 판결로 대법원 2016.3.24. 선고 2013다210374 판결.

장 시기가 빠른 매수분과 가장 시기가 빠른 매도분을 대응하여 금액을 계산한다(先入先出法)(令§195(1)(ii)).

Ⅴ. 예외사유

1. 법정 예외사유

단기매매차익반환규정의 가장 큰 특징은 내부정보의 이용을 요건으로 하지 않는다는 점이다. 그러나 내부정보이용의 개연성이 전혀 없는 경우에까지 그 규정을 적용하는 것은 비합리적일 것이다. 그리하여 자본시장법은 "매도 또는 매수의 성격, 그 밖의 사정을 고려하여" 내부정보를 이용한 개연성이 아주 적다고 판단되는 다음과 같은 경우를 적용대상에서 배제하고 있다(§172(6); 令§198).[115]

① 법령에 따른 불가피한 매매
② 정부허가나 지도 등에 따른 매매
③ 안정조작이나 시장조성 위한 매매
④ 모집·사모·매출하는 특정증권등의 인수에 따라 취득한 증권 등 처분
⑤ 주식매수선택권의 행사에 따른 주식취득
⑥ 이미 소유하고 있는 지분증권, 신주인수권이 표시된 것, 전환사채권 또는 신주인수권부사채권의 권리행사에 따른 주식 취득
⑦ 증권예탁증권의 예탁계약 해지에 따른 증권 취득
⑧ 교환사채권의 권리행사에 따른 증권 취득
⑨ 모집·매출하는 특정증권등의 청약에 따른 취득
⑩ 우리사주조합을 통한 주식의 취득
⑪ 주식매수청구권 행사에 따른 주식의 처분
⑫ 공개매수에 응모함에 따른 주식등의 처분
⑬ 기타 증선위가 인정하는 경우

위의 사유 중에는 ⑥~⑨와 같이 엄밀한 의미의 매매에 해당하지 않는 거래도 포함된다. 예외사유를 이렇게 폭넓게 제시한 시행령 제198조가 확대긍정설의 유력

115) 구체적인 적용사례는 김상철, 전게논문, 37~40면.

한 근거라는 점은 전술한 바 있다. 그러나 시행령의 규정을 근거로 법률이 명시한 매매에 법정예외사유를 제외한 유상의 자발적 거래가 모두 포함된다고 보는 것은 과도한 확대해석이라고 할 것이다. 엄밀한 의미의 매매에 해당하지 않는 거래를 포함한 법정예외사유규정은 그것이 단기매매에 해당하지 않음을 분명히 하는 주의적 규정으로 보아야할 것이다.

법정예외사유중에서 특히 주목할 것은 ⑥이다. ⑥은 기존 주주의 신주인수권 행사로 인한 주식취득과 주식관련사채에 수반된 콜옵션의 행사에 따른 주식취득의 두 가지로 나눌 수 있다. 양자 모두 엄밀한 의미의 "매수"로 볼 수 없다는 점에서 제외되는 것이 당연하다고 볼 수 있다. 매수에 해당하지 않더라도 유상의 자발적거래의 경우에는 단기매매가 성립할 수 있다는 견해에 따르면 ⑥은 단기매매의 예외를 분명히 하는 의미가 있다. 기존 주주의 신주인수권행사나 주식관련사채에 수반된 콜옵션 행사에 따른 주식취득을 예외사유로 규정한 이유로는 내부정보보다 행사가격과 주식시가와의 차이에 의하여 행사 여부가 결정되는 면이 강하므로 내부정보의 이용가능성이 없는 경우로 볼 수 있다는 점을 든다.[116] 그렇다면 기존 주주가 아닌 제3자배정증자에서 주식을 취득하는 경우는 어떠한가? 먼저 회사가 신주를 기존 주주가 아니라 일반 투자자에게 모집하는 경우는 위 ⑨의 예외사유에 해당하여 단기매매대상에서 제외된다. 그렇다면 모집이 아니라 특정 투자자에게 사모로 발행하는 경우는 어떠한가? 舊증권거래법 시대의 판례 중에는 제3자배정증자에서의 제3자의 신주취득을 매수에 해당한다고 본 판례가 존재한다(서울고등법원 2001.5.18. 선고 2000나22272 판결(확정)). 그러나 이처럼 제3자배정증자의 경우를 모집의 경우와 달리 취급하는 것의 타당성에 대해서는 의문이 있다. 양자는 모두 자금조달을 추진하는 회사를 상대로 신주를 취득하는 거래라는 점에서 내부정보의 이용가능성이 별로 없다는 점에는 차이가 없기 때문이다.

6개월 내의 매매에서 선행거래와 후행거래 중 어느 한 거래라도 예외사유에 해당하면 단기매매차익반환규정의 적용이 배제된다(대법원 2024.5.9. 선고 2020다202616 판결).

116) 장상균, 전게논문, 94면 주 22; 남궁주현/김지웅, 전게논문, 420면.

2. 해석상 예외사유

대법원은 위에서 살펴본 법정 예외사유를 한정적인 열거사유라고 하면서도 "위 예외사유에 해당하지 아니하더라도 내부자 거래에 의한 주식거래가 아님이 명백한 경우 즉 거래의 유형상 애당초 내부정보의 이용가능성이 객관적으로 없는 경우에는" 단기매매차익반환규정의 적용을 배제하고 있다(대법원 2004.2.12. 선고 2002다69327 판결).[117] 다만 대법원은 이러한 해석상 예외사유에 대해서는 다음과 같이 매우 엄격한 기준을 적용한다. "부당한 이용의 가능성을 판단할 때에는 객관적으로 볼 때 내부자가 임의로 거래하였는지 여부 및 그가 내부정보에 접근할 수 있는 가능성이 있었는지 여부를 고려하여야 하고, 만약 비자발적인 유형의 거래가 아니거나 내부정보에의 접근가능성을 완전히 배제할 수 없는 유형의 거래인 경우에는 내부정보에 대한 부당한 이용의 가능성이 있다고 보아야 할 것"이다(대법원 2016.3.24. 선고 2013다210374 판결). 따라서 위 판례의 요건을 충족하기 위해서는 당해 거래가 ① 비자발적 유형의 거래에 해당하거나 ② 내부정보에의 접근가능성이 "완전히 배제"된 거래임을 증명해야 할 것이다. 여태껏 판례는 엄격한 태도를 유지해왔다. 대법원은 적대적 기업인수를 시도한 자가 매수한 주식을 단기에 매도한 사안에서 내부정보에의 접근가능성을 "완전히" 배제할 수는 없다는 이유로 단기매매의 성립을 인정한 바 있다(대법원 2004.5.28. 선고 2003다60396 판결). 다만 최근 대법원은 기업구조조종촉진법에 따라 개시된 채권금융기관 공동관리절차에서 채무자의 상장유지를 위한 채권금융기관 협의회의 결정에 따라 채권자인 은행이 대출금의 출자전환으로 취득한 채무자의 주식을 단기매매하여 차익을 얻은 사례에서는 내부정보의 부당한 이용가능성이 없다는 이유로 예외를 인정한 바 있다(대법원 2024.5.9. 선고 2020다202616 판결).

단기매매차익과 경영권 프리미엄

일반 주주와 달리 지배주주의 경우에는 보유주식의 매도 시에 경영권 프리미엄을 지급받는 것이 보통이다. 단기매매차익의 산정 시에 이러한 경영권 프리미엄으로 취

117) 舊증권거래법 시절의 판례지만 자본시장법하에서도 그대로 유지되고 있다. 예컨대 대법원 2016.3.24. 선고 2013다210374 판결.

득한 금액까지 포함할 것인가에 대해서 대법원은 그것을 긍정하는 태도를 유지하고 있다. 예컨대 주요주주가 주식과 함께 경영권을 양도하면서 경영권 프리미엄을 취득한 후 6월 이내에 주식을 매수하여 이익을 얻은 사안에서 대법원은 "주식의 양도와 함께 경영권의 양도가 이루어지는 경우에 경영권의 양도는 주식의 양도에 따르는 부수적인 효과에 불과하고 그 양도대금은 경영권을 행사할 수 있는 정도의 수에 이르는 주식 자체에 대한 대가"라는 이유로 그 단기매매차익을 산정할 때 경영권프리미엄을 제외해야 한다고 볼 수 없다고 판시하였다(대법원 2004.2.12. 선고 2002다69327 판결 등). 그러나 경영권 양도가 수반되는 M&A거래를 일반적인 매매와 동일하게 취급하는 판례의 태도에는 의문이 있다. 일반적인 매매와는 달리 경영권 양도가 수반되는 매매의 경우에는 당사자간의 교섭에 따라 경영권 프리미엄이 결정되는 것이고 그것이 내부정보의 이용으로 얻을 수 있는 이익과는 거의 무관하기 때문이다. 판례의 문제점을 보다 분명하게 보여주는 것은 위 판결과 거의 같은 시기에 선고된 주리원백화점 판결이다(대법원 2004.2.13. 선고 2001다36580 판결). 사안은 외환위기 시절 백화점 지배주주가 적대적 기업인수의 위험에 대처하기 위하여 주식을 추가로 매수하였으나 결국 매수로부터 6개월 내에 운영난을 이기지 못하고 보유주식을 모두 당시 시가에 경영권 프리미엄을 추가한 가격으로 다른 백화점에 매도한 경우였다. 대법원은 ① 경영권 프리미엄도 단기매매로 인하여 얻은 이익에 해당하며 ② 후행매도가 경영권 양도의 수단으로 이루어진 것이라고 하더라도 "이는 객관적으로 볼 때, 애당초 내부정보의 이용가능성이 전혀 없는 유형의 거래에는 해당하지 않는다고 봄이 상당하[다]"는 이유로 차익반환대상에 포함된다고 판단하였다. ①과 관련해서는 과연 선행매도로 인하여 지배주주가 받는 경영권 프리미엄이 증가한 것으로 보는 것이 합리적인지 의문이 있다. 보다 근본적으로는 ②와 관련하여 과연 전문가인 당사자들이 교섭과 실사를 거쳐 진행하는 M&A거래를 "내부정보의 이용가능성"이 있는 거래로 보는 것이 타당한지에 대해 의문이 있다.

Ⅵ. 반환절차

1. 반환청구권자

단기매매차익의 반환을 청구할 수 있는 자는 원칙적으로 해당 법인이다(§172(1)).[118] 해당 법인의 주주[119]는 그 법인으로 하여금 단기매매차익을 얻은

---

118) 단기매매차익을 반환받는 주체가 왜 회사여야 하는가에 대해서는 의문이 있을 수 있다. 미국에서는 내부자가 일종의 수인자(fiduciary)이고 수인자가 신인의무를 위반한 행위로 이익을 얻은 경우에는 회사에 반환해야 한다는 원칙이 형평법상 확립되어 있기 때문에 회사가 반환을 받는 것은 당연한 결과라고 할 수 있다. 그러한 법리가 존재하지 않는 우리나라에서는 단순히 정책적으로

자에게 반환청구를 하도록 요구할 수 있다. 그 법인이 그 요구를 받은 날부터 2개월 이내에 그 청구를 하지 아니하는 경우에는 그 주주는 그 법인을 대위하여 그 청구를 할 수 있다(§172(2)).[120] 여기서 말하는 주주는 당연히 의결권 없는 주주도 포함되며 상법상 주주대표소송의 경우와는 달리 주식 수의 제한이 없지만 반환청구 당시에 주주 지위를 가지고 있는 자에 한한다. 소를 제기한 주주가 승소한 경우에는 그 주주는 회사에 대하여 소송비용, 그밖에 소송으로 인한 모든 비용의 지급을 청구할 수 있다(§172(4)).

2. 증선위의 단기매매차익 발생사실 통보와 공시

증선위는 단기매매차익의 발생사실을 알게 된 경우에는 해당 법인에 그 사실을 통보하여야 한다(§172(3)전문).[121]

3. 청구기간

해당 법인이나 주주가 단기매매차익의 반환을 청구할 수 있는 권리는 이익을 취득한 날부터 2년 이내에 행사하지 아니한 경우에는 소멸한다(§172(5)). 이는 제척기간으로 재판상 또는 재판 외의 권리행사기간이며 재판상청구를 위한 출소기간은 아니다(대법원 2012.1.12. 선고 2011다80283 판결).

제5절 내부자거래 관련 기타 제도

Ⅰ. 임원주주소유상황보고

1. 의의

상장법인의 임원이나 주요주주는 그 지위를 얻은 날부터 5일 이내에 누구의 명

내부자거래를 억제하기 위한 수단으로 도입된 것으로 평가할 수 있을 것이다.

119) 주권 외의 지분증권 또는 증권예탁증권을 소유한 자를 포함한다.

120) 과거 증권거래법 시절과는 달리 자본시장법상으로는 증선위가 해당 법인을 대위하여 반환을 청구할 수 있는 권한은 인정되지 않는다.

121) 이 경우 그 법인은 통보받은 내용을 대통령령으로 정하는 방법에 따라 인터넷 홈페이지 등을 이용하여 공시하여야 한다(§172(3)후단).

의로 하든지 자기의 계산으로 소유하고 있는 특정증권등의 소유상황을 증선위와 거래소에 보고해야 한다(§173(1)). 그 소유상황에 변동이 있는 경우에도 그 변동이 있는 날로부터 5일까지 보고의무가 있다.[122] 이는 내부자거래를 예방하기 위한 취지의 제도로 전술한 대량보유보고의무와는 별개의 보고의무이다.

2. 보고의무자

보고의무자는 임원과 주요주주로 직원은 제외된다.[123] 임원은 이사, 감사, 업무집행관여자(상법 §401-2(1))를 말한다(§§172(1), 9(2)). 이사에는 당연히 사외이사도 포함된다. 업무집행관여자의 범위는 사전에 확정하기 어렵기 때문에 실무상으로는 잠재적으로 그에 해당가능성이 있는 자들은 모두 포함시켜 보고할 필요가 있을 것이다. 주요주주의 의미는 내부자거래의 경우에서 설명한 바와 같다.

3. 보고대상증권

보고대상증권은 그 법인이 발행한 "특정증권등"이다(§172(1)). 특정증권등의 의미도 앞서 내부자거래에서 설명한 바와 같다.

4. 보고의무의 예외

자본시장법에 의하면 ① 시행령으로 정하는 "부득이한 사유에 따라 특정증권등의 소유상황에 변동이 있는 경우"와 ② 전문투자자 중 시행령으로 정하는 자에 대하여는 그 보고 내용 및 시기를 달리 정할 수 있다(§173(1)). 먼저 ①의 시행령으로 정하는 부득이한 사유는 주식배당, 준비금 자본전입, 주식의 분할·병합, 자본감소를 말한다(令§200(6)). 이 사유에 따른 소유상황의 변동은 회사기관의 의사결정의 효과로 소유주식등의 수가 증감하는 경우로서 개별적인 청약이 수반되지 않는 비자발적 변동을 말한다. 이 경우에는 그 변동이 있었던 달의 다음 달 10일까지 보고할 수 있다(令§200(8)). 이어서 ②의 전문투자자 중 시행령으로 정하는 자는 국가, 한국은행, 예금보험공사, 예탁결제원, 거래소, 금감원, 지방자치단체 등으로서

122) 다만 그 변동수량이 1천주 미만이고 변동금액이 1천만원 미만인 경우에는 보고의무가 면제된다(令§200(5)).

123) 입법론상 직원도 포함시켜야 된다는 견해도 있다. 고창현, 전게논문, 66면.

보유목적이 경영권에 영향을 주기 위한 것이 아닌 자를 말한다(令§200(7)). 이들은 변동이 있는 경우 그 변동이 있었던 분기의 마지막 달의 다음 달 10일(단순투자 목적인 경우)이나 그 변동이 있었던 달의 다음 달 10일(단순투자 목적이 아닌 경우)까지 그 변동내용을 보고해야 한다(令§220(9)).

5. 위반시 제재

보고를 하지 않거나 거짓으로 보고한 자는 1년 이하의 징역 또는 3천만원 이하의 벌금에 처한다(§446(xxxi)). 증선위에게는 보고의무를 위반한 자에 대해서 보고나 자료제출을 명하거나 금감원장에게 장부 등을 조사하게 할 수 있는 권한을 비롯한 각종 권한이 부여되고 있다(§426).[124]

Ⅱ. 내부자거래 사전공시제도[125]

1. 서설

2024년 자본시장법의 개정으로 내부자거래 사전공시제도란 새로운 제도가 도입되었다(§173-3). 그에 따르면 내부자는 일정 규모 이상의 증권을 거래하는 경우에는 사전에 거래목적, 거래가격, 거래수량, 거래기간 등 거래계획을 증선위와 거래소에 보고할 의무가 있다. 보고를 마친 내부자는 30일의 냉각기간 경과 후 그 거래계획에 따라 주식을 거래할 수 있다. 이 제도는 상장 직후 회사 내부자의 대량매각으로 인한 주가폭락에 대한 일반투자자들의 불만을 완화하기 위하여 도입된 것이다.[126] 시장에서 내부자의 주식매도는 회사사정에 밝은 내부자가 주가전망을 부정적으로 본다는 증거로 받아들이기 때문에 통상 악재로 작용한다. 최근 도입된 사전공시제도는 일반 투자자에게 그런 악재에 미리 대처할 수 있는 기회를 제공하는

124) 증선위의 요구에 불응한 자에 대해서는 형사처벌이 부과될 수 있다(§445(xxxxviii)).

125) 제도의 전반적인 설명에 대해서는 정준혁/김유성/진시원, "내부자거래 사전공시 제도의 법적 쟁점," 금융법연구 제21권 제2호(2024), 141면.

126) 금융위 보도자료(2024.7.9.)는 내부자거래 사전공시제도의 취지를 "불공정거래 예방"과 "대규모 주식매각 등으로 인한 시장 충격 최소화"라고 밝히고 있으나 이 제도의 취지는 전자보다는 후자에 치우친 것으로 평가된다. 내부자가 사전공시의무를 이행한 경우에도 여전히 내부자거래는 성립할 수 있다. 다만 사전공시의무를 이행한 후 내부정보를 알게 된 경우에는 정보의 이용이 없음을 인정받기 용이할 것이다. 정준혁 외, 전게논문, 151면.

효과가 있는 반면에 내부자에게는 자신의 거래계획을 사전에 공시해야 함에 따라 거래의 실행이 지연될 뿐 아니라 자신의 거래가 반영된 시세로 거래할 수밖에 없다는 점에서 매우 부담스런 제도이다. 전술한 바와 같이 내부자는 내부정보의 이용으로 의심받을 가능성을 배제하기 위하여 미리 거래계획을 특정 관계자에 알려 놓는 방법을 이용할 수 있다.[127] 이번에 도입된 사전공시제도는 증선위와 거래소를 통해서 일반에 공시된다는 점과 그것이 내부자의 선택이 아니라 의무사항이라는 점에서 규제의 강도는 훨씬 더 강하다고 할 수 있다.

이하 사전공시제도의 구성요소들을 차례로 설명한다.

2. 보고의무의 주체

보고의무의 주체는 "주권상장법인의 임원과 주요주주"다. 내부자거래의 경우와는 달리 주권상장법인으로 한정되고 있으므로 사채권만 상장한 회사의 임원은 보고의무를 부담하지 않는다. 임원과 주요주주의 의미는 내부자거래에서 설명한 바와 같다. 다만 주요주주와 관련해서는 시행령이 폭넓은 예외를 인정한다(§173-3(1), 令 §200-3(1)). 예외에는 공공기관, 금융기관, 기금 등과 아울러 집합투자기구 등이 포함된다. 기관투자자의 운용상 편의를 고려한 규정이라고 할 수 있다.

3. 대상증권

대상증권은 "특정증권등"으로 그 의미는 내부자거래에서 설명한 바와 같다.

4. 대상거래

(1) 매매, 그 밖의 거래

보고의무의 대상인 거래는 "매매, 그 밖의 거래"(거래등)이다. 보고의무가 결국 주가에 대한 영향 때문에 부과되는 것이라는 점을 고려하면 거래등은 소유권 변동이 수반되는 거래라고 할 것이다.[128] 자본시장법은 거래등에 해당하지 않는 예외

127) SEC Rule 10b5-1은 바로 그에 관한 규정이다. 다만 거래계획의 사전통지는 당해 거래가 내부자거래가 아니라는 항변으로 이용되는 것일 뿐 내부자가 증권거래를 하기 위한 요건인 것은 아니다. 이 규정에 관한 국내문헌으로 장근영, "미공개정보의 인식과 이용 및 사전거래계획," 증권법연구 제19권 제2호(2018), 101면.

128) 정준혁 외, 전게논문, 157면.

사유로 두 가지, 즉 ① 부득이한 사유로 하는 거래와 ② 소규모 거래를 인정한다. 이들 예외사유에 관한 구체적인 사항은 시행령이 정하는데 이하에서 차례로 살펴본다.

(2) 부득이한 사유로 하는 거래

시행령은 다음에 해당하는 거래를 "부득이한 사유로 하는" 거래로 규정한다(§200-3(2)).

① 단기매매차익반환의 예외거래

② 상속 또는 주식배당에 따른 취득

③ 새로 발행되는 특정증권등의 취득

④ 공개매수에 의한 취득

⑤ 최대주주 변경을 수반하는 주식양수도계약(최대주주변경계약)에 따른 양수도 및 최대주주변경계약과 관련한 권리행사 또는 의무이행으로 인한 양수도

⑥ 최대주주변경계약과 관련하여 양도인의 특별관계자와 양수인 간에 체결되는 계약에 따른 양수도 및 해당 주식 양수도 계약과 관련한 권리행사 또는 의무이행으로 인한 양수도

⑦ 채권자의 담보권 실행에 따른 처분

⑧ 합병, 분할, 분할합병, 주식의 포괄적 교환이나 이전, 영업·자산 양수도 등에 따른 취득이나 이전 또는 처분

⑨ 주요주주가 연부연납 세액의 재원을 마련하기 위하여 하는 매도

⑩ 그 밖에 미공개중요정보를 이용할 염려가 없는 경우로서 증권선물위원회가 정하여 고시하는 사유로 하는 매매, 그 밖의 거래[129)]

위 ⑤는 사전공시의무로 인하여 M&A거래가 저해되는 것을 막기 위한 예외규정이다. 최대주주변경계약과 관련한 권리행사 또는 의무이행으로 인한 양수도를 예외로 한 것은 기업인수를 위한 주식매수가 단계적으로 이루어지는 경우에 대비한 것이다. 먼저 일부 주식을 매수하고 나머지 주식에 대해서는 콜옵션을 갖는 경

129) 단기매매차익의 반환 및 불공정거래 조사·신고 등에 관한 규정(§9-3)은 공로금·장려금·퇴직금 등으로 지급받는 특정증권등의 취득 등의 거래를 면제거래로 규정하고 있다.

우 콜옵션 행사에 따른 주식양수도는 보고의무가 면제된다. 위 ⑥도 M&A거래와 관련된 예외이다. M&A거래에서 최대주주가 특별관계자에 대해서 동반매각청구권(drag-along right)을 갖거나 거꾸로 특별관계자가 동반매도청구권(tag-along right)를 갖는 경우가 많은데 ⑥은 그 경우에 특별관계자가 양수인과 체결하는 거래를 면제하기 위한 규정이다.

(3) 소규모 거래

시행령은 소규모 거래를 ① 거래수량이 특정증권등의 총수량의 1%미만이면서 ② 거래금액이 50억원 미만의 거래로 규정한다(令§200-3(5)). 거래수량과 거래금액을 산정할 때에는 탈법행위를 막기 위해서 과거 6개월간의 거래수량과 거래금액을 합산한다.

5. 거래계획의 보고

보고의무자는 거래계획을 그 거래기간의 개시일 30일 전까지 증선위와 거래소에 각각 보고하여야 한다(§173-3(1), 令§200-3(4)). 거래계획은 다음 사항을 말한다(令§200-3(3)).[130]

① 거래목적

② 거래가격

③ 거래수량

④ 거래기간(30일 내로 한정)[131]

⑤ 거래대상인 특정증권등의 종류 및 종목

⑥ 거래계획 보고자에 관한 사항

⑦ 그 밖에 증선위가 고시하는 사항[132]

---

130) 내부정보의 보유여부는 포함되고 있지 않다.

131) 거래기간의 개시일은 계약 체결일이 아니라 결제일로 볼 것이다. 정준혁 외, 전게논문, 162면.

132) 금융위의 단기매매차익 반환 및 불공정거래 조사·신고 등에 관한 규정에 따르면 그 사항은 다음과 같다(§9-4).

1. 특정증권등의 발행인에 관한 사항
2. 거래방법
3. 거래금액
4. 거래계획 제출시 소유 특정증권등의 종류 및 수

자본시장법은 중복 보고로 인한 혼란을 피하기 위해서 일단 거래계획을 보고한 경우에는 거래기간의 종료일까지 원칙적으로 새로운 거래계획을 보고하는 것을 금지한다(§173-3(2)).

6. 거래의 이행과 거래계획의 철회

거래계획 보고자는 그 계획에 따라 거래등을 할 의무가 있지만[133] 거래 당시의 시장 상황 등을 고려하여 필요한 경우에는 거래금액의 30% 이내에서 거래계획과 달리 거래등을 하는 것을 허용한다(§173-3(3)). 나아가 "시장변동성의 확대로 과도한 손실이 예상되는 경우 등 대통령령으로 정하는 부득이한 사유가 발생하는 때에는" 거래계획을 철회할 수 있는 길을 열어주고 있다(§173-3(4)).

7. 제재

거래계획의 중요사항의 부실기재, 거래계획의 보고 없는 거래등의 실행 등 사전공시규제를 위반한 경우에는 시가총액의 0.02%(최대한도 20억원)를 한도로 과징금을 부과할 수 있다(§429(5)),

Ⅲ. 기타

1. 장내파생상품관련 중요정보의 이용금지

(1) 의의

증권의 내부자거래에서 문제된 정보의 비대칭은 장내파생상품의 거래에서도 발생할 수 있다. 그리하여 자본시장법은 "파생상품시장에서의 시세에 영향을 미칠 수 있는 정보"의 이용행위를 금지하는 규정을 두고 있다(§173-2(2)). 그에 위반한 자는 3년 이하의 징역 또는 1억원 이하의 벌금에 처하고(§445(xxii-2)) 부당이득액의 2배까지 과징금을 부과할 수 있다(§429-2(1)).

(2) 행위주체

규제대상 행위주체는 정보보유자와 정보수령자이다. 정보보유자는 다음에 해

---

5. 거래계획 완료시 예상 소유 특정증권등의 종류 및 수

133) 거래계획에 따른 거래를 하지 않는 경우에는 과징금이 부과될 수 있다(§429(5)(iv)).

당하는 자로서 "파생상품시장에서의 시세에 영향을 미칠 수 있는 정보를 업무와 관련하여 알게 된 자"를 말한다(§173-2(2)).

① 장내파생상품의 시세에 영향을 미칠 수 있는 정책을 입안·수립 또는 집행하는 자

② 장내파생상품의 시세에 영향을 미칠 수 있는 정보를 생성·관리하는 자

③ 장내파생상품의 기초자산의 중개·유통 또는 검사와 관련된 업무에 종사하는 자

정보수령자는 정보보유자로부터 "그 정보를 전달받은 자"를 말한다. 정보수령자의 의미는 내부자거래의 경우와 같다.

(3) 대상상품

대상상품은 장내파생상품에 한정된다.

(4) 대상정보

대상정보는 "파생상품시장에서의 시세에 영향을 미칠 수 있는 정보"를 말한다. 그 정보에는 기초자산인 일반상품 등의 수급이나 가격에 영향을 미칠 수 있는 다양한 정보가 포함될 수 있다. 따라서 특정 회사의 내부정보는 물론이고 파생상품의 시세에 영향을 미칠 수 있는 시장정보나 정책정보를 모두 포함한다.

(5) 대상행위

대상행위는 위의 "정보를 누설하거나 … 장내파생상품거래 및 그 기초자산의 매매나 그 밖의 거래에 이용하거나 타인으로 하여금 이용하게" 하는 행위이다. "누설"도 금지되고 있기 때문에 타인의 이용가능성에 대한 인식과 무관하게 정보의 의도적인 제공행위 자체만으로 처벌대상이 된다.

2. 금융투자업자 임직원의 금융투자상품매매 제한

과거 舊증권거래법은 증권회사 등 증권관련기관에 종사하는 임직원의 주식거래를 금지하였다(§42). 이에 대해서는 과도한 규제라는 비판이 많았다. 그리하여 자본시장법은 금융투자업자의 임직원이 자기의 계산으로 일정한 금융투자상품을

매매하는 경우 그 방법을 제한하고 금융투자업자로 하여금 적절한 기준 및 절차를 정하도록 하고 있다(§63). 이 규제도 간접적으로는 내부자거래를 억제하는 효과를 발휘할 수 있을 것이다. 이 규정은 협회, 예탁결제원, 청산회사, 증권금융회사, 신용평가회사, 명의개서대행회사, 거래소, 금융위, 증선위, 금감원 등에도 준용된다(§§289, 304, 323-17, 328, 335-14, 367, 383(3), 441). 이를 위반하여 법에 규정된 방법에 따르지 않고 금융투자상품을 매매한 자는 3년 이하의 징역 또는 1억원 이하의 벌금에 처한다(§445(xii)).

3. 직무관련 정보의 이용금지

(1) 의의

자본시장법은 금융투자업자의 정보이용을 다음과 같이 두 가지 측면에서 금지한다(§54). ① 하나는 "직무상 알게 된 정보로서 외부에 공개되지 아니한 정보를 정당한 사유 없이 자기 또는 제3자의 이익을 위하여 이용하는 행위"이고 ② 다른 하나는 금융투자업자 및 그 임직원이 "정보교류 차단의 대상이 되는 정보를 정당한 사유 없이 본인이 이용하거나 제3자에게 이용하게 하는 행위"이다. ②는 자본시장법상 정보교류의 차단규제(§45)를 완화하면서, 임직원이 정보교류 차단대상정보의 이용을 별도의 규제대상으로 포함시킨 것이다. 이하에서는 ①을 중심으로 설명한다.

①의 취지는 "금융투자업자는 그 업무의 특성상 고객의 정보를 비롯한 비공개된 여러 가지 정보를 취급하게 되고, 이러한 과정에서 외부에 공개되지 않은 정보를 자기 또는 제3자의 이익을 위하여 부당하게 유용하게 될 유인이 발생하게 되므로 이를 금지하고자 하는 것"이다(서울남부지방법원 2016.9.9. 선고 2015고합324·419(병합) 판결). 이러한 정보는 증권가격에 영향을 미칠 가능성이 높다는 점에서 이 규정 역시 간접적으로 내부자거래를 억제하는 효과를 거둘 수 있을 것이다.[134)]

(2) 정보의 직무관련성

제54조 제1항의 정보는 "직무상 알게 된 것"이어야 한다. 직무관련성이 인정된 사례로는 다음 경우를 들 수 있다. ① 자산운용사의 주식운용부 직원이 주식운

134) 이 규정 역시 협회, 예탁결제원, 증권금융회사 등 증권관련기관에 널리 준용되고 있다(§§289, 304, 328 외 다수).

용팀 회의를 통하여 알게 된 자산운용사의 주식 매매 종목, 수량 등에 관한 정보(서울남부지방법원 2016. 9.9. 선고 2015고합324·4 19(병합) 판결), ② 자산운용사의 운용역이 알게 된 자신이 운용하는 투자일임계좌의 매수주문내역정보(서울고등법원 2016. 11.29. 선고 2016노1769 판결), ③ 기업의 증권발행업무를 취급하는 직원이 알게 된 "양 증권사의 협상 과정에서 생성되어 외부에 공개되지 아니한" CP1-2의 할인율 등 관련정보(서울고등법원 2015.1.21. 선고 2014누52697 판결(확정)).

(3) 정보의 미공개성

第54조 제1항의 정보는 "외부에 공개되지 아니한 정보"일 것을 요한다. 내부자거래의 경우와는 달리 공개방법에 관한 제한은 없다. 그러나 하급심판결 중에는 자산운용사가 매수주문을 한 후 피고인의 매수주문이 이루어진 사실을 인정하면서도 ① 주식시장에 매수주문이 제출되면 즉시 그 가격·수량 등의 주문정보가 전산상 공개되지만 주문자정보는 공개되지 않고, ② 자산운용사가 매수주문을 내고 피고인이 매수주문을 내기까지의 시간은 길어야 약 3시간 이내에 불과하여 위 정보가 불특정 다수인이 인식할 수 있을 만큼 충분한 시간이 경과했다고 볼 수 없는 점 등을 근거로 자산운용사의 주문정보가 "외부에 공개"되기 전에 이용한 것으로 판단한 사례가 있다(서울남부지방법원 2016.9.9. 선고 2015고합324(병합) 판결).

(4) 정보의 중요성과 구체성

내부자거래의 경우와는 달리 제54조 제1항은 정보의 '중요성'을 요구하지 않는다. 또한 내부자거래의 경우와 마찬가지로 제54조는 정보의 '구체성'도 명시적으로 요구하고 있지 않다. 그러나 전술한 하급심판결은 "[정보는] 직무상 알게 된 것으로 외부에 공개되지 아니한 것으로 구체적인 사실과 관련한 것이면 충분하고 … 그 정보 가치의 중요성에 제한이 없다"고 판시함으로써 정보의 중요성은 아니라도 구체성은 필요하다는 뉘앙스를 비치고 있다(서울남부지방법원 2016.9.9. 선고 2015고합324·419(병합) 판결). 그러나 다음의 설시에서 보는 바와 같이 그 구체성도 확정적일 것을 요하지는 않는다. "일반적으로 법인 내부에서 생성되는 이러한 정보란 갑자기 완성되는 것이 아니라 여러 단계를 거치는 과정에서 구체화되는 것으로서 정보의 생성 시기는 반드시 그러한 정보가 객관적으로 명확하고 확실하게 완성된 때를 말하는 것이 아니라 할 것"이다(서울남부지방법원 2016.9.9. 선고 2015고합324(병합) 판결).

(5) 정보의 이용

제54조 제1항이 금지하는 것은 직무상 알게 된 미공개정보를 정당한 사유 없이 "이용"하는 것이다. 따라서 이용에 대한 인식 없이 정보를 단순히 제공한 것만으로는 누설에 해당할 뿐 "이용"한 것으로 볼 수 없다(대법원 2014.1.16. 선고 2013도9933 판결).

(6) 제재

제54조 제1항에 위반한 행위는 과징금 부과대상이 아니고 형사처벌(3년 이하의 징역 또는 1억원 이하의 벌금)의 대상일 뿐이다(§445(ix)). 반면에 제54조 제2항에 위반한 행위는 형사처벌(5년 이하의 징역 또는 2억원 이하의 벌금)의 대상(§445(ix))인 동시에 과징금 부과대상(§428(4))이기도 하다.[135]

---

135) 과징금은 "그 위반행위와 관련된 거래로 얻은 이익(미실현 이익을 포함) 또는 이로 인하여 회피한 손실액"의 1.5배에 상당하는 금액 이하를 한도로 한다. 이 경우 과징금 부과는 과징금부과대상자에게 그 위반행위에 대하여 고의 또는 중대한 과실이 있는 경우에 한한다(§430(1)).

제9장 기타의 불공정거래

제1절 시세조종

Ⅰ. 서설

1. 의의

시세조종이란 시장에서의 수요와 공급에 영향을 미침으로써 시장가격, 즉 시세를 인위적으로 조종하는 행위를 가리킨다. 일반인들 사이에서는 흔히 '주가조작'으로도 불린다. 앞서 살펴본 내부자거래가 시세에 영향을 미치기 이전의 미공개정보를 이용하는 행위인데 비하여 시세조종은 시세에 적극적으로 영향을 미치는 행위라는 점에서 시장의 가격결정기능에 대한 침해가 더 크고 그만큼 위법성도 더 높다고 할 수 있다. 그리하여 역사적으로도 시세조종은 내부자거래보다 먼저 규제의 대상이 되었다.[1)]

시세조종은 시장거래를 전제하므로 그 대상은 주로 상장증권과 장내파생상품이다. 시세조종이 일어나는 장소는 거래소시장인 것이 보통이겠지만 후술하는 바와 같이 반드시 그에 한정된다고 볼 필요는 없을 것이다.[2)] 문제되는 행위는 시세를

---

1) 시세조종의 대표적인 예로 흔히 제시되는 것은 워털루전투를 둘러싼 Rothschild의 일화이다. 전투가 벌어진 현지에 파견해 두었던 정보원을 통해서 영국측의 승리를 미리 알게 된 Rothschild는 침통한 얼굴로 영국국채의 매각을 시작하자 그것을 본 투자자들이 영국국채를 헐값에 처분하게 되었고 몰래 그것을 매집한 그가 후에 큰 차익을 거뒀다는 이야기이다.

결정짓는 수요와 공급에 인위적인 영향을 미치는 행위이다. 인위적 영향을 미치는 행위는 크게 두 유형으로 나눌 수 있다. ① 하나는 '거래'를 통해서 영향을 미치는 경우이고 ② 다른 하나는 '거짓정보의 유포'를 통해서 영향을 미치는 경우이다. 기망의 요소가 인정되는 ②의 유형을 규제하는 것에 대해서는 토를 달기 어렵다. 문제는 거래를 통해서 영향을 미치는 ①의 경우이다. 모든 거래는 다소간 시세에 영향을 미칠 수 있기 때문이다. 그래도 위장거래와 같이 기망의 요소를 포함한 거래를 규제하는 것에는 문제가 없다. 그러나 현실거래의 경우에는 후술하는 바와 같이 정상적인 거래와 규제대상인 비정상적인 거래를 구분하는 것이 쉽지 않다.

2. 규제의 필요성

시세조종은 시장에서의 공정한 가격형성을 저해함으로써 효율성을 훼손하고 시장의 공정성에 대한 투자자 신뢰를 침해함으로써 시장을 위축시킨다. 시세조종은 인위적인 조작을 통해서 시장가격의 정확성을 훼손한다는 점에서 일종의 사기행위에 해당한다고 볼 수 있다. 따라서 시세조종에 대해서는 민·형법상 사기조항을 적용할 여지가 없지 않다. 그러나 보다 실효적인 규제를 위해서 따로 특칙을 마련하고 있는 것이 선진국의 일반적인 추세이다. 그럼에도 불구하고 시세조종의 규제에 대해서는 반대론도 없지 않다.[3] 그 주된 논거로는 시세조종을 사회적으로 유용한 정상적 거래와 구분하기가 어렵다는 점을 든다. 그러나 국내에는 워낙 시세조종이 만연한 탓인지 아직 반대론은 별로 눈에 띄지 않고 있다. 시세조종규제는 비정상적인 거래를 방지함으로써 시장의 가격발견기능을 확보하면서도 다른 한편으로는 정상적인 거래를 위축시키지 않는 것을 목표로 한다. 최근 알고리즘거래 등 거래기법의 발전으로 시세조종에 관한 논의는 새로운 국면을 맞이하고 있다.[4]

주가관리

시세조종은 은밀히 이루어지는 것이 보통이지만 때로는 발행회사에 의해서 공공연

2) 일본에서 시장외거래도 가격형성을 해칠 수 있다는 점에서 포함된다고 해석하는 견해로 黑沼, 498면.

3) 송옥렬, "증권시장 사기규제의 법경제학," 법경제학연구 제9권 제2호(2012), 184~186면.

4) 알고리즘거래에 대한 감독당국의 시각을 보여주는 대표적인 예로 금융위·금감원, 보도자료: 해외소재 A 증권사의 고빈도 알고리즘 매매 관련 시장질서 교란행위 혐의에 대한 과징금 조치 증선위 의결(2023.1.26.자).

히 이루어지는 경우도 없지 않다. 이 경우 발행회사의 행위는 이른바 '주가관리'란 그럴듯한 명목으로 실행되는 것이 보통이다.[5] 또한 과거에는 심지어 정부가 주가관리에 나서는 사례도 종종 발생하였다. 예컨대 주가의 침체가 어느 정도 지속되는 경우에는 정부가 기관투자자에게 이른바 '순매수원칙'[6]을 지키도록 압력을 가하는 경우도 없지 않았다. 그러나 시장에 대한 인위적인 간섭은 마약과도 같이 중독성이 있는 것이어서 자칫 시장의 자율성을 무너뜨릴 위험이 크다. 그러므로 시장 궤멸의 우려가 있는 극히 예외적인 경우로 한정해야 할 것이다.[7]

3. 시세조종의 주체와 대상

자본시장법 제176조는 시세조종의 모든 유형에 걸쳐서 그 주체를 "누구든지"라고 규정하여 그 주체를 제한하지 않고 있다. 매매거래의 주체는 원칙적으로 매매거래의 효과가 귀속되는 자이지만 때로는 매매거래를 실행한 자가 당해 매매거래의 효과가 귀속되는 자가 아닌 경우에도 행위주체가 될 수 있다(서울지방법원 2001. 1.17. 선고 99노11300 판결). 예컨대 회장의 자금관리를 맡은 비서실 직원도 행위주체가 될 수 있다.

자본시장법은 또한 연계시세조종의 경우(§176(4))를 제외한 시세조종의 목적이 되는 대상을 "상장증권 또는 장내파생상품"에 한정하고 있다. 즉 시세조종에서의 '시세'는 거래소에서의 시세를 가리킨다. 따라서 비상장증권과 장외파생상품은 대상에서 제외된다. 이하에서는 편의상 '대상상품'이란 용어를 사용하기로 한다.

4. 시세조종의 유형

(1) 이론상 유형

전술한 바와 같이 시세조종은 ① 시장거래에 의한 시세조종과 ② 정보의 유포에 의한 시세조종(misstatement manipulation)의 두 가지 유형으로 나눌 수 있다.

5) 우리나라에서는 시세조종을 기관투자자나 금융투자업자 직원이 주도하거나 방조 내지 묵인하는 경우도 없지 않았다. 거래주문은 금융투자업자를 통하게 되어 있으므로 금융투자업자 직원은 자신이 직접 가담하지 않아도 비정상적인 거래를 가장 알기 쉬운 처지에 있다. 자본시장법상 금융투자업자와 그 임직원의 불건전영업행위의 금지(§71, 令§68)와 시세조종행위의 수탁금지(§176(1)(iv))는 이러한 우려에 대응하기 위한 것이다.

6) 전체적으로 매도량보다 매수량을 더 크게 유지하는 것을 의미한다.

7) 시세조종과 관련하여 주목할 것은 자기주식취득이다. 자기주식취득은 주주에 대한 이익환원을 목적으로 하는 경우도 있지만 주가관리의 목적으로 하는 경우도 없지 않다.

①은 다시 ⓐ 시세에 대한 외부적 이해관계가 없는 경우(naked open market manipulation)와 ⓑ 시세에 대한 외부적 이해관계가 있는 경우로 나눌 수 있다. ⓐ의 예로는 저가매수 후에 고가매도를 통해서 차익획득을 시도하는 경우이다. 이 경우는 특히 정상적 거래와의 구분이 어렵다. ⓑ의 예로는 전환사채를 발행한 회사가 사채권자의 전환을 유도하기 위하여 주가의 인위적 상승을 시도하는 경우이다. ②의 예로는 부정적인 거짓정보를 유포하여 주가하락을 유도한 후 헐값으로 주식을 매입하여 차익을 얻는 행위를 들 수 있다.

(2) 자본시장법상의 유형

자본시장법도 다음과 같이 여러 유형의 시세조종에 대처하기 위한 규정을 두고 있다.

① 위장거래에 의한 시세조종(§176(1))

② 현실거래에 의한 시세조종(§176(2)(i))

③ 표시에 의한 시세조종(§176(2)(iii))

④ 불법한 시세의 고정이나 안정(§176(3))

⑤ 연계거래(§176(4))

실제 사례에서는 위 ①, ②, ③의 유형이 혼재하는 경우가 많고, 나아가 후술하는 부정거래행위와 복합적으로 행해지는 경우도 없지 않다. 이하에서는 각 유형을 차례로 살펴본다.

Ⅱ. 위장거래

1. 의의

위장거래는 요컨대 기망적 요소를 포함한 거래를 말한다.[8] 자본시장법은 "[대상상품]의 매매에 관하여 그 매매가 성황을 이루고 있는 듯이 잘못 알게 하거나, 그 밖에 타인에게 그릇된 판단을 하게 할 목적으로 다음 각 호의 어느 하나에 해당하는 행위를" 하는 것을 금지한다"(§176(1)). 자본시장법은 위장거래의 장소를 제한

8) 위장거래는 "일종의 행위에 의한 사기"(a form of fraud by conduct)라고 할 수 있다.

하고 있지 않으므로 장외거래도 포함된다고 볼 여지도 있다. 그러나 장외거래의 경우에는 통정매매의 성격을 띨 수밖에 없다는 점에서 위장거래는 장외거래에는 적용되지 않는 것으로 보아야 할 것이다.[9)]

2. 행위유형

시세조종을 구성하는 위장매매의 유형은 통정매매(§176(1)(i), (ii))와 가장매매(§176(1)(iii))가 있다. 이들은 거래자체가 기망적 요소를 지닌 경우라고 할 수 있다.

(1) 통정매매

가. 통정의 방법

통정매매란 "매도인과 매수인이 미리 통정한 후 동일 증권이나 장내파생상품에 대해서 같은 시기에 같은 가격이나 약정수치로 매수 또는 매도하는 거래"를 말한다(§176(1)(i), (ii)). 통정은 묵시적으로 이루어질 수도 있다. 매도인과 매수인 사이에 현실적인 통정이 없더라도 실질적으로 통정과 동일한 효과가 있는 경우에도 통정매매로 인정될 수 있다. 판례는 다수 투자자의 계좌관리를 위임 받은 자가 계좌 상호간에 매매를 성립시키는 경우도 통정이 있는 것과 같은 결과로 볼 수 있다는 점에서 통정매매의 성립을 인정한다(대법원 2013.7.11. 선고 2011도15056 판결). 또한 매도인과 매수인을 동시에 지배하는 주체가 매도인과 매수인에 대한 지시를 통해서 매매가 체결되도록 한 경우에도 매도인과 매수인 사이에 실질적으로 통정이 있었던 것과 동일한 경우라는 점에서 통정매매의 성립을 인정한다(대법원 2013.9. 26. 선고 2013도5214 판결).[10)]

나. 통정의 대상

통정은 시기와 가격만이 아니라 수량에 대해서도 이루어져야 한다. 다만 통정은 결국 매매의 성립을 위한 것이므로 매매가 성립되는 한 구체적인 주문의 시기, 가격, 수량에 다소 차이가 있더라도 통정매매가 성립한다고 볼 것이다.[11)] 판례도 시기, 가격, 수량이 반드시 일치하지 않더라도 거래가 성립할 가능성이 있는 범위

9) 온주 §176 Ⅱ.2.나(박준 2024.4.30.).
10) 온주 §176 Ⅱ.2.다.1).다)(박준 2024.4.30.).
11) 온주 §176 Ⅱ.2.다.1).라)(박준 2024.4.30.).

내에 있는 경우에는 통정매매에 해당한다는 유연한 태도를 보이고 있다(서울고등법원 2015.11.4. 선고 2015노1846 판결(확정) 등).

다. 통정매매의 예외적 허용

거래소의 거래중 통정매매의 방식으로 이루어지지만 예외적으로 허용되는 거래형태가 존재한다. 정규시장에서 이루어지는 장중대량매매(유가증권시장업무규정 §31)와 장중바스켓매매(업무규정 §32), 그리고 시간외 시장에서 이루어지는 시간외대량매매(업무규정 §35)와 시간외바스켓매매(업무규정 §36)가 있다. 이러한 매매는 통상 현실적인 필요에 따라 오인목적 없이 행하는 것인 경우에는 시세조종으로 보지 않는다.

(2) 가장매매

가장매매는 "형식적으로는 매매의 외관을 갖추고 있으나 실질적으로는 권리의 이전을 목적으로 하지 않는 매매"를 가리킨다(§176(1)(iii)). 매수계좌와 매도계좌가 동일한 경우에는 물론이고 그 계좌의 명의가 다르더라도 계산주체가 동일한 경우에는 가장매매에 해당한다(대법원 2004.7.9. 선고 2003도5831 판결).[12] 증권의 매매거래의 경우와는 달리 장내파생상품의 매매거래의 경우에는 기존의 권리를 이전받는 것이 아니라 새로운 권리의무를 취득하는 것이므로 "권리의 이전을 목적으로 하지 않는 매매"는 "그 권리의무의 발생을 목적으로 하지 않는 거래"라는 의미로 해석해야 할 것이다.[13]

(3) 위장거래의 위탁 및 수탁금지

위장거래행위뿐 아니라 위장거래를 위탁하거나 수탁하는 행위도 금지하고 있다(§176(1)(iv)). 그 이유는 증권시장에서는 거래는 물론 주문사실도 투자자판단에 영향을 줄 수 있기 때문이다.[14] 법문상 위탁이라고 하고 있기 때문에 반드시 위탁이 집행될 것, 즉 그에 따른 호가가 거래소에 제출될 것을 요한다고 해석할 것은

12) 증권회사가 복수의 고객으로부터 받은 동일한 증권에 대한 매수주문과 매도주문을 거래소에 내거나, 고객으로부터 받은 주문과 함께 그와 반대되는 주문을 증권회사 자신의 계산으로 내는 경우에는 주문의 계산주체가 다르므로 가장매매에 해당하지 않는다. 온주 §176 Ⅱ.2.다.2)(박준 2024. 4. 30.).

13) Ibid.

14) 오늘날 투자자의 주문상황은 실시간으로 전산망을 통해서 시장에 공개되고 있다.

아니다.[15] 수탁하는 직원에게 오인목적이 없으면 처벌할 수 없다.[16]

3. 오인목적

위장거래에 의한 시세조종이 성립하기 위해서는 "그 매매가 성황을 이루고 있는 듯이 잘못 알게 하거나, 그 밖에 타인에게 그릇된 판단을 하게 할 목적," 즉 오인목적이 필요하다. 오인목적이란 "통정매매 또는 가장매매로 인한 거래량 또는 가격의 변화가 자유로운 공개경쟁시장에서의 자율적인 수요공급에 따른 정상적인 것인 양 타인을 오도"하는(대법원 2001.11.27. 선고 2001도3567 판결), 즉 타인으로 하여금 비정상적인 것을 정상적인 것으로 오인하도록 만드는 것을 말한다. 여기서 타인은 "일반 투자자를 대표할 평균적 수준의 합리적인 투자자"를 말한다.[17]

오인목적은 "적극적 의욕이나 확정적 인식임을 요하지 아니하고 미필적 인식이 있으면 족하며 … 투자자 오해를 실제로 유발하였는지 여부나 손해발생 여부 등도 문제되지" 않고, 다른 목적의 공존여부나 어느 목적이 주된 목적인지도 불문한다(대법원 2001.11.27. 선고 2001도3567 판결 등). 그러나 위장거래는 워낙 부자연스런 거래이기 때문에 위장거래의 객관적 요건이 충족되고 또 반복적으로 행해지는 경우에는 대부분 오인목적이 추정될 것이다.[18] 오인목적 없는 통정매매와 가장매매는 후술하는 시장질서 교란행위에 해당할 수 있다(§178-2(2)(ii), (iii)).

Ⅲ. 현실거래

1. 의의

자본시장법은 "[대상상품]의 매매를 유인할 목적(유인목적)으로 다음 … 행위를 하여서는 아니 된다"고 규정하고 그 대상행위로 "그 [대상상품]의 매매가 성황을 이루고 있는 듯이 잘못 알게 하거나 그 시세를 변동시키는 매매 또는 그 위탁이나 수

15) 온주 §176 Ⅱ.2.다.3).가)(박준 2024. 4. 30.). 반대의 견해로 한국증권법학회, 자본시장법 I (개정판 2015년), 1094면(김정수/성희활/엄세용/최성근).

16) 투자자가 위장거래를 하려는 것을 알면서 위탁을 받는 행위는 투자중개업자의 불건전영업행위에 해당한다(§71(7), 令§68(5)(vi)).

17) 온주 §176 Ⅱ.2.가.1).[1](박준)(2024.4.30.).

18) 1회적인 거래는 통정에 의하여 가격을 인위적으로 조정한 경우라도 통상 오인목적을 인정받기 어려울 것이다.

탁을 하는 행위"를 들고 있다(§176 (2)). 편의상 앞의 행위를 '규모과장거래', 뒤의 행위는 '시세변동거래'로 부르기로 한다. 이들 거래는 실제 경제적으로도 매매의 효과를 노린 거래라는 점에서 전술한 위장거래와 구별된다. 위장거래는 그것만으로는 이익을 거둘 수 없으므로 현실거래를 동반하여 이루어지는 경우가 많다. 현실거래는 위장거래를 동반하지 않는 경우도 있지만 그 경우의 현실거래, 특히 그 중에서도 시세변동거래는 정당한 거래와 구별하기 어렵다. 따라서 그 경우에는 후술하는 유인목적의 해석이 한층 중요한 의미를 지닌다.

2. 행위요건-거래의 내양

(1) 서설

전술한 바와 같이 자본시장법이 현실거래의 대상으로 삼고 있는 거래유형은 규모과장거래와 시세변동거래이다. 법문은 이들 거래가 '일련의 거래'일 것을 요하지 않지만 실제 그렇지 않은 경우는 찾기 어려울 것이다.[19] 이익의 실현 여부는 범죄의 성립에 영향이 없다. 그리하여 "시세조종이 이루어진 기간 전체로 볼 때 실제로는 오히려 손해가 발생하여도" 범죄의 성립에 지장이 없다(대법원 2008.12.11. 선고 2006도2718 판결).

(2) 규모과장거래

규모과장거래는 "매매가 성황을 이루고 있는 듯이 잘못 알게 하[는]" 행위를 말한다. 이는 거래규모를 과장함으로써 거래규모에 대한 투자자들의 오해를 유인하는 거래라는 점에서 기망적 요소를 포함한다. 규모과장거래의 대표적 예로 들 수 있는 것은 이른바 '허수주문'이다. 허수주문은 진정한 매매거래의 의사 없이 주문을 내는 행위를 가리킨다. 대법원은 "실제로 체결할 의사 없이 대량의 허수주문을 하였다가 체결 직전에 취소하는 행위를 반복하는 것은 수요와 공급상황에 관하여 시장에 잘못된 정보를 제공하는 행위로 볼 수 있다"고 하여 시세조종으로 보고 있다(대법원 2008.12.11. 선고 2006도2718 판결). 허수주문에 해당하는지 여부는 결국

19) 옵션의 녹아웃 조항이 발동하는 것을 막기 위해서 장종료 직전에 녹아웃 가격보다 낮은 가격으로 1회의 대량매도주문을 낸 옵션권리자에 대해서 시세조종을 인정한 사례로 대법원 2012.11.29. 선고 2012도1745 판결.

행위자의 내심의 의사에 좌우되는 것이지만 실제로는 반복적으로 일어나는 경우가 많기 때문에 그 내심의 의사를 증명하는 것은 반드시 어려운 것은 아니다. 실제로 허수주문을 제외하면 규모과장거래는 거의 찾기 어렵다.[20] 유인목적을 증명할 수 없는 허수주문의 경우에는 후술하는 시장질서교란행위(§178-2(2)(i))에 해당할 수 있다.

(3) 시세변동거래

시세변동거래는 정상적인 수요·공급에 따라 형성되어야 할 증권가격을 인위적으로 변동시키는 조작을 가하는 매매거래를 말한다. 법문상의 "시세"에는 최초로 형성되는 시세도 포함된다(令§202). 따라서 상장당일 매매거래 가격제한폭의 적용기준인 상장기준가를 조작하는 것도 시세변동거래에 해당할 수 있다. 대법원도 반드시 시세를 변동시키는 거래만이 아니라 시세를 변동시킬 가능성이 있는 매매거래도 포함되는 것으로 본 바 있다(대법원 2007.11.29. 선고 2007도7471 판결).

시세변동은 당해 증권의 수요와 공급에 따라 결정된다. 모든 거래는 필연적으로 수요와 공급에 영향을 준다는 점에서 잠재적으로 시세변동거래로 볼 여지가 있다. 시세변동을 주된 목적으로 하지 않는 투자목적의 거래도 시세변동을 초래할 수 있다는 이유로 시세변동거래로 볼 수 있을까? 만약 그것을 무제한 긍정한다면 투자자의 거래의 자유가 과도하게 제한되고 나아가 자본시장도 위축될 것이다. 시세변동을 일으킬 수 있는 현실거래의 대표적인 예로는 '대량주문'을 들 수 있다. 그러나 대량주문이 시세를 크게 변동시킬 수 있다는 이유로 제한한다면 시장의 효율성이 훼손될 것이다. 그러므로 달리 부정적인 요소가 없는 한 대량주문을 시세변동거래로 볼 수는 없다. 그렇다면 시세변동거래와 정상거래를 구분하는 기준이 되는 부정적 요소는 무엇인가? 법문상 그 기준으로 활용할 수 있는 것은 바로 '유인목적'이다.

20) 그리하여 구태여 시세변동거래라는 행위유형을 별도로 규정할 필요가 없다는 견해도 존재한다. 이정수, "현실거래 시세조종 규정의 해석론상 쟁점과 입법론적 보완점," 상사판례연구 제33집 제1권(2020), 191~192면.

3. 유인목적

(1) 의의

그렇다면 유인목적은 무엇을 의미하는가? 우선 시세변동의 인식만으로는 유인목적과 동일시할 수는 없을 것이다. 왜냐하면 대량주문은 항상 시세변동 효과를 수반한다는 점에서 그 가능성을 인식한 상태에서 대량주문을 했다고 해서 유인목적을 인정한다면 대량주문은 모두 시세조종에 해당할 것이기 때문이다. 대법원은 유인목적을 "인위적인 조작을 가하여 시세를 변동시킴에도 불구하고, 투자자에게는 그 시세가 유가증권시장에서의 자연적인 수요 공급의 원칙에 의하여 형성된 것으로 오인시켜 유가증권의 매매에 끌어들이려는 목적"이라고 판시한 바 있다(대법원 2001.6.26. 선고 99도2282 판결).[21] 여기서 "오인시켜 유가증권의 매매에 끌어들이려는 목적"이란 표현에서 보듯이 유인목적을 인정하기 위해서는 기망적 요소를 요한다. 즉 유인목적은 시세변동에 대한 인식에 더하여 '알파'(α)가 필요하고 그 알파는 바로 오인목적이라고 할 것이다. 이런 논리에 따르면 오인목적이 없다면 주가하락을 막기 위하여 자사주를 대량매수하는 것 자체는 시세조종으로 볼 수 없을 것이다.[22]

판례에 의하면 유인목적은 "그것이 행위의 유일한 동기일 필요는 없으므로, 다른 목적과 함께 존재하여도 무방하고, 그 경우 어떤 목적이 행위의 주된 원인인지는 문제 되지 아니한다. 그 목적에 대한 인식의 정도는 적극적 의욕이나 확정적 인식임을 요하지 아니하고, 미필적 인식이 있으면 족하다. 투자자의 오해를 실제로 유발하였는지 여부나 실제로 시세 변경의 결과가 발생하였는지 여부, 타인에게 손해가 발생하였는지 여부 등도 문제가 되지 아니한다"(대법원 2018.4.12. 선고 2013도6962 판결 등).[23] 여기서 "다른 목적"에는 델타헤지를 위하여 보유하는 주식을 기준일에 헤지필요가 소멸함에 따라 처분하기 위한 경우도 포함된다.[24] 이처럼 판례

---

21) 이 표현은 일본 최고재판소의 1994년 협동사료사건판결에서의 표현과 유사하다. 黑沼, 500~501면.

22) 미국에서 거래가 시장의 수급이나 가격에 영향을 미치는 경우에도 예컨대 일부로 주문을 분할하여 가격을 높여가며 연속적으로 내는 등의 "인위적인" 조작이 없는 한 시세조종으로 보지 않는 것(김/송, 386면)도 기망적 요소를 요하는 취지로 볼 수 있을 것이다.

23) 그러나 형사법상 "목적"이 "고의"보다도 고양된 구성요건임에도 불구하고 "미필적 인식"만으로도 충분하다고 보는 것은 입법취지를 몰각하는 것이라는 비판이 있다. 이정수, 전게논문, 174면.

24) 서울고등법원 2012.1.13. 선고 2011노433 판결.

는 유인목적을 폭넓게 해석하고 있으므로 주가를 변동시킬 가능성이 있는 큰 규모의 거래는 자칫 모두 시세조종으로 보게 될 우려가 있다. 그런 의미에서도 앞서 언급한 기망적 요소를 통해서 시세조종의 범위를 적절히 조절할 필요가 있을 것이다.

(2) 상황증거에 의한 추정

유인목적은 주관적 요소이므로 증명이 현실적으로 어렵다. 결국 유인목적은 당해 거래가 사기성이 있는 비정상거래라는 점을 뒷받침하는 상당한 관련성 있는 간접사실이나 정황사실에 의하여 추정할 수밖에 없을 것이다(대법원 2018.4.12. 선고 2013도6962 판결 등).[25] 대법원은 그러한 간접사실로 "그 유가증권의 성격과 발행된 유가증권의 총수, 가격 및 거래량의 동향, 전후의 거래상황, 거래의 경제적 합리성과 공정성, 가장 혹은 허위매매 여부, 시장관여율의 정도, 지속적인 종가관리 등 거래의 동기와 태양등"을 든다(대법원 2007.11.29. 선고 2007도7471 판결 등). 위 판결에서 제시한 요소들은 크게 ① 거래의 동기, ② 거래의 태양, ③ 거래의 중요성의 세 가지 유형으로 분류할 수 있다.

① 거래의 동기는 주관적 요소에 해당하며 두 가지, 즉 ⓐ 외부적 이해관계가 있는 경우와 ⓑ 순수한 거래차익을 노린 경우로 나눌 수 있다. ⓐ는 행위자가 시세조종과 관련 투자수익과 별도의 금전적 이해관계가 있는 경우이다. 그 예로는 담보제공 증권의 가격하락으로 담보추가 요구를 받고 있는 채무자(대법원 2001.6.26. 선고 99도2282 판결)나 전환사채 전환이 가능하도록 시장가격을 상승시키고자 하는 회사(서울고등법원 2003.9.19. 선고 2003노1458 판결) 등을 들 수 있다.[26] 이 경우에는 상대적으로 유인목적의 인정이 용이할 것이다.[27] ⓑ의 차익을 노린 거래는 자신의 매수와 매도가 주가에 미치는 영향에 차이가 있을 때 비로소 가능한데 실제로 차익획득이 쉽지 않을 것이다.

② 거래의 태양과 관련해서는 '경제적 합리성'이 중요하다. 판시에 포함된 "가장 혹은 허위매매"에 해당하는지 여부와 지속적인 종가관리도 거래의 태양과 관련된 요소이다. 경제적 합리성을 결여한 거래는 결국 투자자의 오인을 노린 인위적

25) 미국 판례도 상황증거에 의한 증명을 허용하고 있다. 김/송, 386면.

26) 이에 관한 다양한 사례에 관해서는 온주 §176 Ⅲ.2.나.2).[1](박준 2024.4.30.).

27) 미국 판례도 일단 시세조종에 금전적 이해관계가 있는 자가 시가에 영향을 미치는 행위를 적극적으로 수행한 경우에는 유인목적이 있는 것으로 본다. 김/송, 386면.

조작에 해당한다고 볼 가능성이 높다. 실무상 통상 경제적 합리성이 의심되는 주문의 예로 제시되는 것으로는 다음을 들 수 있다.

ⓐ 시초가 결정 시 전일종가대비 고가매수주문

ⓑ 직전가 또는 상대호가 대비 고가매수주문[28)]

ⓒ 종가결정 시 직전가대비 고가매수주문

ⓓ 단지 매수주문량이 많은 것처럼 보이기 위하여 매수의사 없이 하는 저가주문 – 허수주문

ⓔ 일부러 주문을 여러 차례에 걸쳐 분할하여 내는 행위[29)]

ⓕ 주문을 점차적으로 높은 가격에 내는 행위

ⓖ 이른바 '물량소진주문'[30)]

③ 거래의 중요성, 즉 시세에 대한 영향은 법원이 직접 명시하고 있진 않지만 법원이 언급한 "그 유가증권의 성격과 발행된 유가증권의 총수, 가격 및 거래량의 동향, 전후의 거래상황, 시장관여율의 정도" 등은 모두 거래의 중요성을 뒷받침하는 것으로 볼 것이다. 금감원 실무상으로도 이러한 요소에 비추어 거래의 중요성이 어느 수준에 달한 경우에만 처벌하고 있다.

위에서 가장 중요한 요소는 거래의 태양 중에서 경제적 합리성이라고 할 수 있다. 경제적 합리성은 다소 추상적 개념이긴 하지만 그래도 유인목적이란 주관적 개념을 어느 정도 객관화하는 기능을 수행한다. 따라서 대량주문이 실행된 경우에도

---

28) 일정 물량을 반드시 확보하고자 하는 경우에는 고가매수주문이 불가피할 수도 있으므로 그것을 반드시 경제적 합리성이 없는 행위로 단정할 수는 없을 것이다. 저평가된 것으로 판단되는 주식을 대량확보하기 위하여 직전가 또는 상대호가 대비 고가매수주문을 여러 차례 제출한 사안에서 법원이 시세조종의 성립을 부정한 판례들이 존재한다. 예컨대 서울고등법원 2005.10.19. 선고 2005노1123 판결 등. 특히 고가매수주문의 경우에도 매수주문이 많아 주가가 상승국면에 있는 경우에는 시세조종을 부정한 판례(서울고등법원 2009.3.19. 선고 2008노2314 판결)가 있는가 하면 주가가 하락국면에 있음에도 고가매수주문을 한 경우에는 시세조종을 인정한 판례가 있다(서울고등법원 2010.8.6. 선고 2010노565 판결).

29) 다만 하급심판례 중에는 매수주문을 의뢰한 시점의 예상체결수량이 12만주에 미달한 상황에서 분할매수 등 시장충격을 완화하려는 조치를 취하지 않고 일시적으로 합계 109만주의 대량매수주문을 제출한 것은 일반투자자의 오인을 초래할 가능성이 있다는 점을 유인목적을 인정하는 근거의 하나로 지적한 것이 있다. 서울고등법원 2012.1.13 선고 2011노433 판결.

30) 매도물량을 소진시키기 위하여 당시 시점에서 매수가능한 가장 낮은 가격의 매수주문을 반복하여 제출함으로써 지속적인 매수세가 있는 것처럼 투자자를 오인시켜 매매거래를 유인하는 주문을 말한다.

주문의 형태가 경제적 합리성의 범위 내라고 인정되는 경우라면, 바꾸어 말해서 앞서 언급한 기망적 요소가 없는 경우라면, 유인목적을 결하므로 시세변동거래로 볼 수 없을 것이다.[31]

알고리즘 거래와 시세조종[32]

최근에는 국내외적으로 IT기술의 발달로 인하여 이른바 알고리즘 거래가 급속히 확산되고 있다.[33] 알고리즘 거래는 ① 사전설정 거래와 ② AI거래로 구분할 수 있다.[34] ①은 설계자가 사전에 구체적으로 설정한 프로그램에 따라 주문을 내는 경우인데 비하여 ②는 목표가 정해지면 인공지능(AI) 알고리즘이 과거의 경험을 기초로 새로운 정보를 능동적으로 평가하여 최적의 결정을 내리는 경우이다. 알고리즘 거래는 엄청난 양의 정보를 신속하게 소화하여 적절한 거래를 즉시 체결한다는 점에서 현대 금융시장에 적합한 거래이다. 알고리즘 거래는 '고빈도거래'(high frequency trading)의 형태로 실행되는 것이 일반적이다. 알고리즘 거래는 사소한 주문실수가 순간적인 주가폭락(flash crash)을 초래할 수 있는 위험이 있을 뿐 아니라 시세조종에 악용될 우려도 없지 않다. 현행 자본시장법의 해석상으로는 알고리즘 거래를 시세조종으로 규율하는 것은 쉽지 않다. ①의 거래에서 설계자가 유인목적을 가진 경우라면 설계자를 시세조종으로 처벌할 수 있을 것이다. 그러나 설계자가 시세조종이 발생할 가능성을 과실로 막지 못한 경우라면 유인목적을 인정할 수는 없을 것이다. ②의 경우에는 유인목적을 인정하는 것이 한층 더 어려울 것이다. 이는 인간의 행위를 전제로 마련된 현행 시세조종규제를 설계자의 의도가 불분명한 알고리즘 거래에 적용하는 것에서 비롯된 한계라고 할 것이다. 이런 상황이 바람직하지 못한 것은 분명하므로 결국 입법적인 해결책을 강구할 수밖에 없을 것이다.[35]

31) 하급심판례 중에는 자본시장법이 현실거래에 의한 시세조종행위(§176(2)(i))와 별도로 시장질서 위반행위(특히 §178-2(2)(i))를 규정하고 있는 점을 근거로 "거래 성립 가능성이 희박한 호가를 대량으로 제출하거나 호가를 제출한 후 해당 호가를 반복적으로 정정·취소하여 시세에 부당한 영향을 주거나 줄 우려가 있는 행위"가 있었다는 사실만으로 유인목적이 있다고 쉽게 단정할 수는 없다고 판시하며 "형사처벌의 대상에 해당하는지 여부는 보다 신중하고 엄격하게 판단하여야 한다"고 판시한 사례가 있다(서울고등법원 2018.9.6. 선고 2018노488 판결).

32) Gina-Gail S. Fletcher, Deterring Algorithmic Manipulation, 74 Vanderbilt Law Review 259 (2021). KBLN 2021.5.10.자에서 소개.

33) 현재 미국에서는 알고리즘 거래가 대세이고 인간이 체결하는 거래는 10% 정도에 불과하다고 한다.

34) 학자에 따라서는 AI거래를 자동거래(automated trading)와 자율거래(autonomous trading)로 나누고 전자에는 알고리즘 거래와 고빈도거래, 후자의 요소로 머신러닝과 빅데이터를 들기도 한다. KBLN 2025.9.16.자.

35) 온주 §176 Ⅲ.2.라(박준 2024.4.30.).

2023년 증선위는 Citadel Securities라는 미국계 증권회사의 알고리즘 거래가 시장질서교란행위에 해당한다는 이유로 118.8억원의 과징금을 부과한 바 있다.[36] 금융당국이 시세조종 대신 시장질서교란행위를 적용한 것은 알고리즘 거래의 경우 유인목적을 증명하기 어렵다는 점을 고려한 조치로 판단된다.[37]

Ⅳ. 기타의 유형

1. 표시등에 의한 시세조종

(1) 의의

표시 등에 의한 시세조종에 해당하는 행위유형은 ① 조작사실의 유포행위(§176(2)(ii))와 ② 허위표시(§176(2)(iii))로 나눌 수 있다. ①은 대상상품의 시세가 자기 또는 타인의 시장조작에 의하여 변동한다는 말을 유포하는 행위이고, ②는 대상상품 매매에서 중요한 사실에 관하여 고의로 허위표시를 하는 행위이다. 양자 모두 유인목적이 필요하다. 위 ①은 후술하는 부정거래행위 중 허위표시의 이용(§178(2)), 그리고 위 ②는 풍문의 유포(§178(1)(ii))와 대체로 중복된다. 의미 있는 차이로는 부정거래행위와는 달리 유인목적이 필요하다는 점 정도를 들 수 있을 것이다.[38]

(2) 조작사실의 유포행위

조작사실의 유포행위는 대상상품의 시세가 자기 또는 타인의 시장조작에 의하여 변동한다는 말을 유포하는 행위를 말한다. 그 말의 진위여부는 불문하며 시장조작의 실행을 요하지도 않는다. 법문상 유포행위는 반드시 대상상품의 매매에 수반하여 행해질 것을 요하지 않는다. 유포행위는 이른바 '작전세력'에 의하여 행해지는 경우가 많지만 증권회사 직원 등이 투자자에게 특정종목을 추천하면서 행하는 경우도 없지 않다.[39] 대법원은 회사의 주가가 폭등할 것이니 매수하라고 단정적으로 추천하면서, "주식을 매입만 하고 팔지 않는 이른바 '물량잠그기'를 하면, 무조

---

36) 금융위 보도자료(2023.1.27.), 해외 소재 A 증권사의 고빈도 알고리즘 매매 관련 시장질서 교란행위 혐의에 대한 과징금 조치 증선위 의결.

37) 과징금부과처분에 대해서는 현재 그 취소를 구하는 행정소송이 진행 중이다.

38) 같은 이유로 표시등에 의한 시세조종을 삭제하자는 견해로 이정수, 전게논문, 196~197면.

39) 최근에는 인터넷 증권사이트나 각종 SNS 채널을 통한 유포행위가 물의를 빚고 있다.

건 주가가 상승하여 3만 원대까지 갈 수 있다는 등의 글"을 인터넷 증시게시판과 포털사이트 등에 지속적으로 게시한 행위가 유포행위에 해당할 수 있음을 인정한 바 있다(대법원 2018.4.12. 선고 2013도6962 판결).[40)]

(3) 허위표시

허위표시는 대상상품 매매 시에 중요한 사실에 관하여 고의로 "거짓의 표시 또는 오해를 유발시키는 표시를 하는 행위"를 가리킨다. 예컨대 회사가 유상증자를 검토한 사실이 없음에도 불구하고 마치 있는 것처럼 발표하여 주가를 상승시키고 자신이 보유한 주식을 매도하여 시세차익을 취하는 경우가 그에 해당한다. 유포행위와는 달리 허위표시는 대상상품의 매매에 수반될 것을 요한다. 매매의 대상이 상장금융투자상품이란 점에서 장내매매에 한정된다고 보는 견해가 일반적이나 장외매매도 포함된다고 보는 견해도 있다.[41)] 표시의 상대방은 매매의 상대방일 것을 요하지 않는다. 허위표시도 인터넷과 SNS 사용이 보편화됨에 따라 실제로 많이 행해지고 있다.

2. 시세의 고정 또는 안정 - 광의의 안정조작

(1) 의의

자본시장법은 원칙적으로 "[대상상품]의 시세를 고정시키거나 안정시킬 목적으로 … 일련의 매매 또는 그 위탁이나 수탁을 하는 행위," 즉 '광의의 안정조작'을 금지한다(§176(3)). 일반적인 시세조종이 적극적으로 시세의 '변동'을 초래하는 행위임에 비하여 안정조작은 소극적으로 현재의 시세를 '유지'하는 행위라고 할 수 있다. 그러나 안정조작도 정상적인 수요와 공급에 의하여 형성되어야 할 시세에 영향을 주기 위하여 인위적인 조작을 가하는 행위라는 점에서 현실거래에 의한 시세조종과 차이가 없다. 그렇다면 안정조작에 대해서도 현실거래에 의한 시세조종의 경우와 동일한 잣대를 적용하는 것이 합리적일 것이다. 최근의 판례는 안정조작을 사실상 현실거래에 의한 시세조종의 일종인 것처럼 규율하고 있다(예컨대 서울남부지방법원 2025.10.21. 선고 2023고합481(병합) 판결(SM엔터테인먼트사건)).

---

40) 부정한 수단과 위계의 사용도 인정되었다.
41) 온주 §176 Ⅳ.3.나.1).다)(박준 2024.4.30.).

(2) 행위요건

안정조작행위에 대해서 자본시장법은 단지 "일련의 매매 또는 그 위탁이나 수탁을 하는 행위"라고 함으로써 그 행위의 구체적인 내용은 밝히고 있지 않다. 법원은 "'시세를 고정'시킨다는 것은 본래 정상적인 수요·공급에 따라 자유경쟁시장에서 형성될 증권 등의 시세에 시장요인에 의하지 아니한 다른 요인으로 인위적인 조작을 가하여 시세를 형성 및 고정시키거나 이미 형성된 시세를 고정시키는 것"이라고 함으로써 후술하는 고정목적의 해석을 그대로 추종하고 있다(서울중앙지방법원 2023.2.14. 선고 2020고합537(분리) 판결).

안정조작은 시세를 특정가격에 고정시키는 것 뿐 아니라 특정가격의 이상 또는 이하의 가격으로 유지하려고 하는 행위도 포함한다고 볼 것이다. "안정"이란 용어의 의미도 그러한 해석을 뒷받침할 뿐 아니라 시세에 대한 인위적 간섭이란 점에서는 양자가 차이가 없기 때문이다. 대법원도 ELS의 상환기준가격을 결정하는 기준일에 기초자산인 "A주식의 종가를 이 사건 ELS의 상환기준가격인 96,000원 미만으로 인위적으로 형성 및 고정시킬 목적으로 … 장 마감 직전에 단일가매매[42] 시간대 전체 A주식 거래량의 80%가 넘는 87,000주에 대하여 상환기준가격보다 낮은 가격으로 집중적인 매도주문을" 한 행위를 광의의 안정조작에 해당한다고 판단한 바 있다(대법원 2015.6.11. 선고 2014도11280 판결).

위의 판례에 따르면 요컨대 안정조작행위는 인위적인 조작을 가하여 시세를 고정 또는 안정시키는 행위라고 할 것이다. 즉 안정조작행위의 핵심은 '인위적 조작'이라고 할 수 있다. 그러나 모든 거래는 '인위적'인 측면이 있다는 점에서 인위적 조작의 의미는 반드시 명확한 것은 아니다. 인위적 조작을 단순히 수요·공급에 인위적인 영향을 미치는 것이라고 이해한다면 그것이 반드시 기망적 요소를 내포하는 것은 아니다. 그러나 인위적 조작의 정도는 전술한 현실거래에 의한 시세조종의 경우에 상당해야 한다고 함으로써 인위적 조작을 기망적 요소를 포함하는 의미로 해석한 하급심판결이 있다(서울남부지방법원 2025.10.21. 선고 2023고합481(병합) 판결(카카오-SM엔터테인먼트사건)).

한편 舊증권거래법(§188-4(3))과는 달리 자본시장법은 "일련의 매매"를 요구

42) 단일가매매는 30분간 접수한 주문을 모아서 가장 많은 거래가 체결될 수 있는 가격으로 일시에 체결시키는 방식을 말한다.

한다. 일반적으로 안정조작이 "일련의 매매"를 수반하지 않는 경우는 드물 것이다. 그러나 1회의 매매거래로 안정조작이 시도된 예외적인 경우에는 법문상 안정조작의 구성요건을 충족한다고 볼 수 없을 것이다.[43]

안정조작의 경우에도 "위탁이나 수탁을 하는 행위"가 처벌대상에 포함되고 있다. 하급심판례중에는 금융투자업자나 그 임직원이 아닌 사채업자에게 시세안정을 위한 주식매매를 위하여 금전이 지급된 경우에도 시세안정의 위탁이나 수탁을 하는 행위에 해당한다고 판단한 예가 있다(서울고등법원 2012.1.12. 선고 2011노2441 판결(상고심에서는 이 부분에 대한 판단 없이 확정)). 그러나 전술한 바와 같이 위탁이나 수탁행위까지 처벌하는 이유가 증권시장에서는 거래는 물론 주문사실도 투자자 판단에 영향을 줄 수 있기 때문이라는 점[44]을 고려하면 아직 금융투자업자에 대한 위탁에 이르지 않은 단계의 행위를 안정조작으로 처벌하는 것에는 의문이 있다.[45]

(2) 고정 또는 안정목적

현실거래에 의한 시세조종의 경우와는 달리 광의의 안정조작의 경우에는 유인목적 대신 고정 또는 안정목적을 요한다. 대법원은 고정목적을 "본래 정상적인 수요·공급에 따라 자유경쟁시장에서 형성될 증권 등의 시세에 시장요인에 의하지 아니한 다른 요인으로 인위적인 조작을 가하여 시세를 형성 및 고정시키거나 이미 형성된 시세를 고정시킬 목적"이라고 해석한다(대법원 2015.6.11. 선고 2014도11280 판결 등). 전술한 바와 같이 시세의 고정 또는 안정의 행위요건을 고정이나 안정을 가져오는 행위라고 해석하는 경우 대법원의 위와 같은 해석은 목적을 사실상 행위에 대한 고의로 보는 것과 같은 셈이다. 이처럼 소극적으로 현재의 시세를 유지하는 행위인 시세의 고정 또는 안정에 대해서 유인목적 대신 고정 또는 안정목적을 요함으로써 적극적으로 시세의 변동을 초래하는 행위인 일반적인 시세조종보다 엄격하게 규제하는 것이 합리적인지는 의문이다.[46] 현실거래에 의한 시세조종과의 균형

---

43) 증권거래법하에서는 반대취지의 판례가 있었다(대법원 2004.10.28. 선고 2002도3131 판결).

44) 오늘날 투자자의 주문상황은 실시간으로 전산망을 통해서 시장에 공개되고 있다.

45) 일본에서도 시세조종에서 위탁은 금융상품거래업자를 상대로 하는 것을 전제하고 있다. 神田秀樹 외, 金融商品取引法コメンタール4(2011) 25~26면(藤田友敬).

46) 이정수, 전게논문, 194면. 일본에서도 안정목적 대신 유인목적을 요구하자는 입법론이 있다. 黒沼, 506면.

을 맞추려면 앞서 언급한 SM엔터테인먼트사건판결의 경우와 같이 행위요건의 해석에서라도 현실거래에 의한 시세조종 수준의 '인위적 조작'을 요한다고 해석할 필요가 있을 것이다.

오인목적이나 유인목적과 마찬가지로 "다른 목적이 동시에 존재하는지 및 그 중 어느 목적이 주된 것인지는 문제 되지 않고, 목적에 대한 인식은 미필적 인식으로 충분하며, 시세고정목적이 있는지 여부는 그 증권 등의 성격과 발행된 증권 등의 총수, 가격 및 거래량의 동향, 전후의 거래상황, 거래의 경제적 합리성과 공정성, 시장관여율의 정도, 지속적인 종가관리 등 거래의 동기와 태양 등의 간접사실을 종합적으로 고려하여" 판단해야 한다"(대법원 2015.6.11. 선고 2014도11280 판결 등).[47]

(3) 예외적 허용

자본시장법은 "[대상상품]의 시세를 고정시키거나 안정시킬 목적으로" 하는 행위도 다음과 같은 경우에는 예외적으로 허용하고 있다(§176(3)단서).

① 투자매매업자가 시행령으로 정하는 방법에 따라 [청약종료이전 일정 기간 동안] 증권의 가격을 안정시킴으로써 증권의 모집 또는 매출을 원활하도록 하기 위한 매매거래를 하는 경우(협의의 안정조작)

② 투자매매업자가 시행령으로 정하는 방법에 따라 모집 또는 매출한 증권의 수요·공급을 [상장 후 일정기간 동안] 조성하는 매매거래를 하는 경우(시장조성)[48]

③ 모집 또는 매출되는 증권 발행인의 임원 등 대통령령으로 정하는 자가 투자매매업자에게 안정조작을 위탁하는 경우

④ 투자매매업자가 [위③]에 따라 안정조작을 수탁하는 경우

⑤ 모집 또는 매출되는 증권의 인수인이 투자매매업자에게 시장조성을 위탁하는 경우

⑥ 투자매매업자가 위⑤에 따라 시장조성을 수탁하는 경우

---

47) 주관적 구성요건인 고정·안정목적과 객관적 구성요건인 매매양태는 "상호 견련되어 있어 이를 엄밀히 따로 구분하여 판단하기는 어렵다"고 밝힌 하급심판결도 있다(서울남부지방법원 2025.10.21. 선고 2023고합481(병합) 판결).

48) 현재 시장조성은 발행인과 투자매매업자사이의 계약에 의하여 행해진다. 다만 협회 인수업무규정상 일정한 경우에는 주식취득자에게 환매청구권(매도옵션)을 부여할 것을 의무화하고 있다(§10-3).

위 ①, ③, ④는 (협의의) 안정조작에 해당하는 경우이고 ②, ⑤, ⑥은 시장조성에 해당하는 경우이다. 안정조작은 증권의 공모 시에 청약기간 종료일까지 증권가격을 안정시킴으로써 공모를 원활하도록 하기 위하여 투자매매업자가 하는 거래를 말한다. 한편 시장조성은 공모한 증권이 상장된 날로부터 일정 기간 동안 당해 증권의 매도주문이 과도하게 증가함으로써 가격이 급락하는 것을 막기 위하여 투자매매업자가 하는 거래를 말한다. 시장조성도 결국 상장 후의 시장안정을 도모함으로써 공모를 원활하게 하기 위한 장치라고 할 수 있다.[49)]

인위적 조작과 오인

전술한 바와 같이 현실거래에 의한 시세조종(§176(2)(i))과 안정조작(§176(3))은 모두 인위적 조작을 요한다는 점에서 공통된다. 그러나 시장에서의 수요·공급에 영향을 주는 단순한 인위적 조작을 넘어서 일반투자자를 오인시키는 기망적 요소도 요구된다. 따라서 인위적 조작이 있더라도 기망적 요소를 결한다면 시세조종은 성립하지 않는다. 그러나 실제로 기망적 요소가 존재하는지 여부는 구체적 사안을 토대로 판단한다. 이 점은 다음에 소개하는 최근 판결이 잘 보여준다.

합병 시에 반대주주들이 주식매수청구권을 많이 행사하는 경우에는 회사의 자금부담이 커진다. 그리하여 합병당사회사들은 주식매수청구권의 행사를 억제하기 위하여 인위적으로 주가부양에 나서는 사례가 없지 않다. 그 대표적인 경우가 2015년 삼성물산 합병 시에 감행되었던 삼성물산의 자기주식 취득이다. 당시 삼성물산은 주가를 상승시키기 위하여 자기주식을 이미 14%를 초과하여 보유 중임에도 추가로 매수하기로 결정하고 그 사실을 공시한 후 자본시장법 등에서 정한 요건과 절차 등을 준수하며 자기주식을 취득하였다. 검찰은 삼성물산의 이러한 자기주식 취득행위가 현실거래에 의한 시세조종, 안정조작, 부정거래행위에 해당한다는 이유로 기소하였다. 서울고등법원은 삼성물산의 자기주식 취득행위가 시세조종은 물론이고 부정거래행위에도 해당하지 않는다고 판단하였다(서울고등법원 2025.2.3. 선고 2024노635 판결(확정)(삼성물산 자기주식취득사건)). 법원이 그 근거로 특히 강조한 것은 삼성물산이 자기주식취득의 단계마다 미리 공시함으로써 투자자는 주식의 시세에 대한 자기주식 취득의 영향에 대해서 알 수 있었고 따라서 "오인"이 없었다는 점이다. 나아가 법원은 "구체적인 매매 태양이 통상의 정도에서 벗어나 투자자들로 하여금 시세형성의 원인 등을 오인하게 하였는지"를 고가매수 주문, 물량소진 주문 등 논점 별로 따져본 후 시세조종의 성립을 부정하였다.

---

49) 기업공개 시의 시장조성에 관해서는 제4장 제5절 Ⅲ.4.

3. 연계시세조종

(1) 의의

파생상품시장이 생겨남에 따라 시세조종은 파생상품과 그 기초자산 사이의 관련을 이용하여 한쪽의 거래에서 부당한 이익을 얻을 목적으로 다른 한쪽을 거래하는 방식으로도 행해진다. 흔히 연계시세조종이라고 불리는 이러한 새로운 시세조종 유형에 대해서 자본시장법은 다음과 같이 규정한다. "누구든지 증권, 파생상품 또는 그 증권·파생상품의 기초자산 중 어느 하나가 거래소에 상장되거나 그 밖에 이에 준하는 경우로서 대통령령으로 정하는 경우에는 그 증권 또는 파생상품에 관한 매매, 그 밖의 거래([매매등])와 관련하여 다음 각 호의 어느 하나에 해당하는 행위를 하여서는 아니 된다"(§176(4)). 자본시장법은 파생상품과 기초자산 사이의 시세조종(§176(4)(i), (ii)), 증권과 그 증권과 연계된 증권 또는 그 증권의 기초자산 사이의 시세조종(§176(4)(iii), (iv)), 파생상품과 그 파생상품과 기초자산이 동일 또는 유사한 파생상품 사이의 시세조종(§176(4)(v)) 등 5가지 유형을 규정하고 있다.[50)]

(2) 일정한 대상의 매매등과의 관련성

연계시세조종의 대상은 그 기초자산이나 그 자체 중 어느 하나가 거래소에 상장된 증권과 파생상품에 한정된다.[51)] 따라서 장외파생상품의 경우에도 기초자산이 상장되어 있다면 대상에 포함된다. 처벌은 그 대상에 관한 "매매 그 밖의 거래"와 관련하여 부당한 이익을 얻거나 얻게 할 목적의 시세조종행위에 한한다.[52)]

(3) 대상행위의 유형

자본시장법이 규정하고 있는 대상행위의 유형은 5가지이다. 이를 시세조종을 통하여 이익을 얻기 위한 시장(이익목적시장)과 시세조종행위를 실행하는 시장(시세조종시장)을 기준으로 정리하면 [표 Ⅸ-1]와 같다.

---

50) 이하 연계 시세조종행위에 대해서는 정순섭, "불공정거래법제의 현황과 해석론적 과제," BFL 제43호(2010.9), 6면 이하.

51) 파생상품의 경우에는 거래소에 의하여 장내파생상품으로 품목결정된 경우를 포함한다(§176(4), 슈§206-2).

52) "그 밖의 거래"를 추가한 것은 후술하는 ELS사건에서 행위자의 이익은 ELS의 매매가 아니라 조기상환이나 만기상환과 관련하여 발생한 것이었으므로 처벌하기 어려웠던 사정을 고려한 것이다.

[표 Ⅸ-1] 연계시세조종행위의 유형

구분	이익목적시장	시세조종시장	규정
제1유형	파생상품	파생상품의 기초자산	1호
제2유형	파생상품의 기초자산	파생상품	2호
제3유형	증권	연계증권 또는 그 기초자산	3호
제4유형	증권의 기초자산	증권	4호
제5유형	파생상품	그 파생상품과 기초자산이 동일 또는 유사한 파생상품	5호

① 제1유형은 파생상품의 매매등에서 이익을 얻을 목적으로 그 기초자산의 시세를 변동 또는 고정시키는 행위이다. KOSPI지수의 하락으로 이익을 얻도록 포지션을 구축한 투자자가 KOSPI지수의 주요종목을 대량매도함으로써 시세를 하락시킨 경우가 대표적인 예이다. 금융투자업자가 파생상품거래에서 발생할 위험의 관리를 위하여 그 기초자산을 거래하는 헤지거래의 경우에도 경제적 합리성의 범위를 넘은 경우에는 제1유형에 해당할 수 있을 것이다(대법원 2016.3.10. 선고 2013다7264 판결). ② 제2유형은 파생상품의 기초자산의 매매등에서 이익을 얻을 목적으로 그 파생상품의 시세를 변동 또는 고정시키는 행위로 제1유형의 반대방향의 유형이다.

③ 제3유형은 증권의 매매등에서 이익을 얻을 목적으로 그 증권과 연계된 증권 또는 그 증권의 기초자산의 시세를 변동 또는 고정시키는 행위이다. 예컨대 전환사채의 매매등에서 이익을 얻을 목적으로 그와 연계된 주식의 시세를 변동시키거나 파생결합증권의 매매등에서 이익을 얻을 목적으로 그 기초자산인 주식의 시세를 변동시키는 거래가 이 유형에 해당한다. 후자의 대표적인 예에 해당하는 것이 ELS(주가연계증권)의 매매등에서 이익을 얻을 목적으로 그 기초자산인 주식의 시세를 변동시키는 거래를 하는 경우이다. ELS를 발행하는 증권회사로서는 발행에 수반되는 위험을 헤지하기 위하여 기초자산인 주식을 매매할 정당한 수요가 있다. 그리하여 허용되는 헤지거래와 시세조종을 구분하는 기준이 다투어지고 있다.[53] ④ 제4유형은 증권의 기초자산의 매매등에서 이익을 얻을 목적으로 그 증권의 시세를 변

53) 한국거래소는 2009년부터 ELS 헤지거래 가이드라인을 제정하여 운용하고 있다. 헤지거래에서 이 가이드라인을 준수했다는 점을 시세조종의 성립을 부정하는 하나의 근거로 채택한 판례로 서울고등법원 2012.11.1. 선고 2011나104712 판결(확정).

동 또는 고정시키는 행위로 제3유형과 반대방향의 행위라고 할 수 있다. ⑤ 제5유형은 파생상품의 매매등에서 이익을 얻을 목적으로 그 파생상품과 기초자산이 동일 또는 유사한 파생상품의 시세를 변동 또는 고정시키는 행위이다.

Ⅴ. 제재

1. 형사제재

시세조종행위에 대한 벌칙은 내부자거래의 경우와 동일하다(§443(1)(iv)-(vii)). 벌금은 부당이득의 4배 이상 6배(또는 5억원 중 큰 금액)로 정해져 있고 징역은 부당이득의 크기에 따라 가중된다. 일반적으로는 1년 이상의 유기징역에 처하지만 부당이득액이 5억원에서 50억원 미만인 경우에는 3년 이상의 유기징역, 50억원 이상인 경우에는 무기 또는 5년 이상의 징역에 처한다. 시세조종행위를 하여 취득한 재산은 몰수하며 몰수할 수 없는 경우에는 그 가액을 추징한다(§447-2(1)). 나아가 시세조종행위를 위하여 제공하였거나 제공하려한 재산도 몰수와 추징의 대상이다(§447-2(2)). 이 규정은 2021년에 신설된 것으로 이에 따르면 시세조종에 투입된 원금도 몰수의 대상이 되지만 몰수대상인 원금에 주식담보대출을 받아 확보한 차입금도 포함되는지 여부는 아직 정설이 없는 상태이다.[54)]

2. 행정제재

시세조종의 경우에도 내부자거래의 경우와 마찬가지로 금융위는 과징금의 부과(§429-2(1)(iii)), 일정한 거래와 임원선임을 제한하는 조치(§426-3)를 취할 수 있다. 또한 금융투자업자가 시세조종에 관여한 경우에는 금융위는 그 인가나 등록을 취소하거나(§420(1)(vi); 令 §373 (1)(xx)), 영업의 전부 또는 일부의 정지 등 불이익처분을 할 수 있다(§420(3)).[55)]

54) https://www.chosun.com/economy/stock-finance/2025/10/06/7V77WUDOMZXRIG5ZF6YFGRXAW4/(인터넷 조선일보기사 2025.10.18. 방문).

55) 자본시장법은 금융투자업자 임직원의 위반행위에 대해서도 제재조치를 규정하고 있다(§422).

3. 손해배상책임

(1) 의의

자본시장법은 시세조종행위자의 손해배상책임에 관한 특칙을 두고 있다(§177(1)). 자본시장법상의 책임은 민법상의 불법행위책임과 별도로 인정되는 법정책임이므로 손해를 입은 투자자는 양자를 모두 물을 수 있다(대법원 1999.10.22. 선고 97다26555 판결). 시세조종으로 인한 손해배상청구는 집단소송의 대상이다(집단소송법 §3(1)(iii)).

(2) 손해배상책임의 유형

자본시장법상 손해배상책임은 청구권자와 손해의 범위에 따라 다음 세 가지 유형으로 구분된다(§177(1)).

① 시세조종행위로 인하여 "형성된 가격에 의하여 해당 증권 또는 파생상품에 관한 매매 등을 하거나 그 위탁을 한 자가 그 매매 등 또는 위탁으로 인하여 입은 손해"

② 연계시세조종행위로 인하여 "가격에 영향을 받은 다른 증권, 파생상품 또는 그 증권·파생상품의 기초자산에 대한 매매등을 하거나 그 위탁을 한 자가 그 매매등 또는 위탁으로 인하여 입은 손해"

③ 연계시세조종행위로 인하여 "특정시점의 가격 또는 수치에 따라 권리행사 또는 조건성취 여부가 결정되거나 금전 등이 결제되는 증권 또는 파생상품과 관련하여 그 증권 또는 파생상품을 보유한 자가 그 [연계시세조종행위]로 형성된 가격 또는 수치에 따라 결정되거나 결제됨으로써 입은 손해"

위 ①은 전통적인 시세조종행위에 따른 손해를 가리킨다. 위 ②는 특정 증권 또는 파생상품에 대한 시세조종행위로 인하여 다른 증권 또는 파생상품의 가격이 변동함으로써 발생한 손해를 가리킨다. 그 예로는 주가연계증권의 기초자산인 특정 회사의 주식에 대한 시세조종이 이루어진 경우에 그로 인하여 지급구조를 결정하는 기준가격에 영향을 받은 주가연계증권에 대한 매매 등을 한 자가 입은 손해를 들 수 있다. 위 ③의 예로는 주가연계증권의 기초자산인 특정 회사의 주식에 대한 시세조종행위로 인하여 그 주가연계증권의 상환조건의 성취가 방해된 경우 그 주가연계증권의 보유자에게 발생한 손해를 들 수 있다.[56]

56) ③의 도입경위에 관해서는 뒤의 "시세조종과 ELS(주가연계증권)"에 관한 서술을 참조.

(3) 손해배상청구권자와 손해배상의무자

자본시장법은 "그 위반행위로 인하여 형성된 가격에 의하여 해당증권 또는 파생상품 등의 매매 등을 하거나 그 위탁을 한 자"를 손해배상청구권자로 규정한다(§177(1)).[57] 또한 자본시장법은 배상의무자를 한정하고 있지 않으므로 시세조종행위를 한 자는 모두 배상의무자가 될 수 있다.

(4) 손해배상청구를 위한 증명

손해배상청구를 위해서는 ① 시세조종행위의 존재, ② 시세조종행위로 형성된 가격으로 거래 또는 위탁을 한 사실, ③ 손해를 증명해야 한다. 실제로 ①의 증명은 금융감독기관의 조사에 의존하는 경우가 많다. ②와 관련하여 투자자가 부실표시 등 시세조종행위를 신뢰하였을 필요는 없다. 즉 거래인과관계는 필요치 않다. 그러나 원고가 시세조종행위가 있다는 점을 알면서 거래에 참여한 경우까지 원고를 보호할 필요는 없다.

중요하면서도 어려운 것은 ③의 손해의 증명이다. 그에 관해서는 자본시장법에 따로 규정이 없다. 다수설은 일반 민사상의 손해배상액산정방식에 따라 손해를 시세조종으로 형성된 가격(조작주가)과 시세조종이 없었다면 있었을 가격(정상주가)과의 차액으로 보고 있다(차액설). 대법원도 차액설을 취하고 있다(대법원 2004.5.28. 선고 2003다69607(병합) 판결(현대전자주식시세조종사건) 등)[58] 차액설을 취하는 경우에는 정상주가의 산정이 관건이다. 그와 관련하여 대법원은 다음과 같이 이른바 사건연구(event study)방식도 수용하는 유연한 태도를 취하고 있다. "전문가의 감정을 통하여 그와 같은 시세조종행위가 발생하여 그 영향을 받은 기간(사건기간)중의 주가동향을 비교한 다음 그 차이가 통계적으로 의미가 있는 경우 시세조종행위의 영향으로 주가가 변동되었다고 보고, 사건기간 이전이나 이후의 일정 기간의 종합주가지수 업종지수 및 동종업체의 주가 등 공개된 지표 중 가장 적절한 것을 바탕으로 도출한 회귀방정식을 이용하여 사건기간 동안의 정상수익률을 산출한 다음 이를 기초로 사건기간중의 정상주가를 추정하는 금융경제학적 방식 등의 합리적인

---

57) 위탁을 했으나 매매가 이루어지지 않은 경우도 문면상으로는 포함되나 현실적으로 손해가 발생하는 경우를 상정하기는 어려울 것이다.

58) "만약 정상주가 이상의 가격으로 실제 매도한 경우에는 조작주가와 그 매도주가와의 차액 상당"을 손해로 볼 수 있다고 판시하였다.

방법에 의할 수 있다"(대법원 2004.5.28. 선고 2003다69607(병합) 판결).

(5) 소멸시효

자본시장법상 손해배상청구권은 청구권자가 시세조종행위가 있었던 사실을 안 때로부터 2년간, 또는 그 행위가 있었던 때부터 5년간 이를 행사하지 않으면 시효로 인하여 소멸한다(§177(2)). 여기서 시세조종행위가 있었던 사실을 안 때란 불공정거래의 존재를 인식할 수 있는 정도로 충분하다(대법원 1993.12.21. 선고 93다30402 판결).[59] 법원은 "금융위원회 등의 조사결과 발표, 검찰의 기소, 언론보도 등이 이루어진 2011.2.23. 내지 2011.8.19. 무렵"에 "위법한 가해행위의 존재, 가해행위와 손해의 발생 사이에 상당인과관계가 있다는 사실이나 사용관계 등 불법행위의 요건사실을 현실적·구체적으로 인식하였다고 볼 수 없다"고 판단했다(대법원 2018.9.13. 선고 2018다241403 판결). 그러나 전문투자자인 금융투자업자에 대해서는 원고는 늦어도 위 금융위원회 및 금융감독원의 공식발표 시점에 피고들이 자본시장법 제176조 위반행위를 하였음을 알았다고 봄이 상당하다고 판단하였다(서울고등법원 2018.2.9. 선고 2017나2023996 판결).

시세조종과 ELS(주가연계증권)[60]

① 의의

ELS란 개별 주식의 가격이나 주가지수의 수치에 연계되어 투자수익이 결정되는 파생결합증권을 말한다. 처음에는 개별주식형이 많이 발행되었으나 후술하는 논란이 벌어지고 난 후에는 지수형이 주로 발행되고 있다.[61] ELS는 원금보장형과 원금비(非)보장형으로 나눌 수 있는데 주로 문제되는 것은 후자의 경우이다.

ELS와 관련해서는 2009년경 다수의 소송이 발생한 바 있다. 당시 문제된 ELS의 내용을 요약하면 다음과 같다. 즉 특정 종목의 주식이 기초자산으로 지정되어 있고 조기상환기준일에 당해 주식의 종가가 상환기준가격 이상이면 약정된 수익률로 증권을 조기상환하고 만기까지 조기상환이 되지 않는 경우에는 ⓐ 만기상환기준일에 당해 주식의 종가가 기준가격 이상이면 약정된 수익률로 만기상환하지만 ⓑ 종가가 기준가격에

---

59) "안 때"가 위반자에 대한 유죄판결이 선고되거나 확정된 때를 말하는 것은 아니다(대법원 2002.12.26. 선고 2000다23440 판결).

60) 이에 관하여 유용한 문헌으로 김연미, "주가연계증권 관련 소송을 통해 본 불공정거래규제상 쟁점," BFL 제80호(2016.11), 31면 이하.

61) 그에 따라 헤지거래가 시세조종에 해당할 위험성은 크게 감소하였다.

미달하는 경우에는 주가하락률에 따라 원금손실이 발생하는 조건의 ELS였다. 당해 ELS는 실질적으로 ELS투자자가 시중금리보다 높은 수익률을 보장받는 대신 당해 종목의 주가하락에 대한 리스크를 부담하는 것이라는 점에서 발행회사에 당해 종목 주식의 풋옵션을 매도한 것과 비슷한 효과를 갖는 거래로 볼 수 있다.

② 발행회사의 리스크 헤지(델타헤지)

ELS의 발행회사는 기초자산인 주식의 가격이 상승하면 ELS투자자에 대하여 지급해야 하는 금액이 일정 비율(델타값)만큼 상승하는 리스크를 부담한다. 그리하여 발행회사로서는 리스크 헤지를 위하여 당해 주식을 보유하고 가격변동에 따라 델타값을 계산하여 보유량을 조절하는 것(이른바 델타헤지)이 일반적이다.[62] 기준일에 근접하여 주가가 기준가격에 접근하게 되면 델타값이 급증하므로 당해 주식의 보유량이 증가하지만 기준일에 도달하면 더 이상 주식을 보유할 필요성이 없어지므로 보유주식 전량을 매도하게 된다. 기준일에 주식의 종가가 확정되지 않은 시점에 이른바 'overnight risk'를 피하기 위하여 주식을 대량처분한 결과 주가의 급락이 초래되고 그 주가급락으로 인하여 ELS의 지급조건이 충족되지 않아 투자자가 손해를 보는 상황이 다수 발생하였다.[63]

③ 소송상의 논점

실제로 발행회사나 은행의 헤지거래로 인하여 ELS의 중도상환이 무산되거나 만기시에 원금손실이 발생하는 사례가 급증하였고 그 다수는 법정으로까지 이어졌다. 소송에서는 다양한 논점이 제기되었는데 이들은 크게 불공정거래와 관련된 것과 기타의 것으로 나눌 수 있다. 이곳에서는 전자에 초점을 맞추어 살펴본다. 후자에 속하는 것으로는 민법상 조건성취방해(§150)에 해당하는지 여부,[64] 적합성원칙, 설명의무, 고객보호의무 등을 들 수 있다.[65]

불공정거래와 관련된 논점으로는 ⓐ 현실거래에 의한 시세조종(§176(2)(i)), ⓑ 시

---

62) 델타헤지란 발행회사가 헤지 기간 동안 기초자산인 주식의 가격변화에 영향을 받지 않는 포지션을 구축하기 위해 기초자산을 보유하고 보유주식의 손익과 ELS 포지션의 손익이 상쇄되도록 그 보유량을 지속적으로 변화시키는 방식의 헤지방법을 말한다. 델타헤지는 발행회사가 직접 실행할 수도 있지만 발행회사가 ELS에서 발생하는 리스크를 스왑거래를 통해서 다른 금융회사에 이전하는 경우에는 그 금융회사가 대신 수행하기도 한다.

63) 투자자들이 민원을 제기하자 거래소는 감리를 실시한 후 2009년 7월 회원제재조치를 취하였고 이어서 금융위는 전반적인 제도개선을 위한 방안을 발표하였다. 거래소는 2009년 9월 헤지거래에 관한 지침("ELS 기초주식의 공정 시세 형성을 위한 헤지거래가이드라인")을 공표하였다. 당해 헤지거래가 이 가이드라인을 준수했다는 점을 시세조종의 성립을 부정하는 하나의 근거로 제시한 판결도 존재한다(서울고등법원 2012.11.1. 선고 2011나104712 판결(확정)).

64) 조건성취방해가 인정된 판결로 대법원 2015.5.14. 선고 2013다2757 판결 등. 보다 상세한 것은 이상훈, "최근 주가연계증권 소송과 민법상 조건성취 방해 법리," BFL 제80호(2016.11), 48면.

65) 정순섭, "주가연계증권 관련 소송의 유형별 분석과 법적 판단기준," BFL 제80호(2016.11), 22~24면.

세고정§176(3)), ⓒ 사기적 부정거래(§178(1)(i)) 등이다. 형사상으로는 헤지거래를 담당한 트레이더 개인만을 기소하였고 대체로 유죄가 인정되었다. 투자자로서는 민사상의 구제를 선호하였고 일부는 집단소송의 형태로 진행되었으나 결과적으로는 사실관계에 따라 원고의 승소와 패소가 엇갈렸다. 당시 자본시장법상 시세조종에 관한 제176조는 현실적으로 위와 같은 사안에 적용하기 어려운 구조였다. 위와 같은 사안은 현실거래에 의한 시세조종에 해당할 수 있다고 해도 투자자가 시세조종시장에서 매매하여 손해를 입은 것이 아니므로 당시의 제177조 제1항에 의해서는 손해배상을 받을 수는 없었다.[66] 또한 당시 연계시세조종에 관한 규정인 제176조 제4항은 대상을 상장증권과 장내파생상품에 한정한 것으로 보는 견해가 유력한 상황에서[67] 비상장증권인 ELS에는 적용할 수 있는지 여부가 불분명했다. 또한 법문은 부당한 이익은 "매매에서" 얻을 것을 요구하였는데 사안에서 시세조종으로 이익을 얻는 것은 ELS의 조기상환이나 만기상환과 관련해서였으므로 "매매에서" 이익을 얻은 것으로 보기는 어려웠다. 그리하여 2013년 자본시장법을 개정하며 이러한 연계시세조종규정의 적용범위를 확장하는 한편으로(§176(4)(iii)) 중도상환이나 만기상환과 관련된 불이익을 반영한 손해배상규정(§177(1)(iii))을 도입하였다.

나머지 ⓑ의 시세고정거래와 ⓒ의 사기적 부정거래는 2013년 자본시장법이 연계시세조종의 규제를 강화하기 전에 그 대안으로 활용된 것으로 오늘날에는 그 효용이 크게 감소된 것으로 볼 수 있다.

④ 델타헤지의 한계

대법원은 "중간평가일의 기초자산 가격이 중도상환조건을 성취시키는 가격에 근접하여 형성되고 있어 그 종가에 따라 중도상환조건이 성취될 가능성이 커서 피고와 투자자 사이의 이해관계가 서로 상충하는 상황에서는 피고(증권회사)는 중도상환조건의 성취 여부에 최소한의 영향을 미치는 방법으로 헤지거래를 함으로써 투자자를 보호해야지 그 반대로 중도상환조건의 성취를 방해함으로써 투자자의 신뢰를 저버리는 헤지거래를 하여서는 안 된다"함으로써 증권회사의 헤지거래와 투자자 보호의무의 충돌을 인정하고 있다. 그 사안에서 대법원은 피고의 매도주문 행위가 원고들에 대한 투자자 보호의무를 게을리 한 것으로서 신의성실에 반하여 ELS의 중도상환조건 성취를 방해한 것이라고 볼 여지가 충분하다고 판시하였으나(대법원 2015.5.14. 선고

---

66) 현실거래에 의한 시세조종이 인정된 사례는 한건에 불과하다고 한다. 김연미, 전게논문, 33~34면(서울중앙지방법원 2015.8.6. 선고 2011고단3426 판결).

67) 이에 대해서 이익목적시장과 시세조종시장의 어느 한쪽이라도 증권시장이나 파생상품시장이면 된다고 보는 견해도 있었다. 정순섭, "불공정거래법제의 현황과 해석론적 과제," BFL 제43호(2010.9), 9~10면. 또한 본건과 같이 비상장증권인 주가연계증권의 매매에서 부당한 이익을 얻을 것을 목적으로 주가연계증권의 기초자산인 상장주식을 거래한 경우에도 당시 자본시장법 제176조 제4항 제3호를 적용할 수 있다고 본 하급심판결이 있다. 서울중앙지방법원 2011.11.24. 선고 2010가합51302 판결(이 논점에 대한 언급없이 확정).

2013다2757 판결) 중요한 것은 헤지거래가 어느 범위에서 허용되는가라고 할 것이다. 델타헤지와 관련하여 그것이 불완전하고 또 트레이더의 재량이 개입할 여지가 있다는 점에서 델타헤지 주장만으로 정당성을 인정받을 수 없는 것은 당연하다. 결국 구체적인 거래의 동기와 태양을 검토하여 당해 거래가 가격변동이 아니라 델타헤지를 위한 보유량 변동을 주된 목적으로 하는 것을 뒷받침하는 상황이 있는지 여부가 중요할 것이다.

제2절 부정거래행위 등

Ⅰ. 서설

자본시장법은 전술한 내부자거래와 시세조종과 별도로 일반 부정거래행위를 규제하기 위한 규정으로 제178조를 두고 있다.[68] 제178조는 내부자거래와 시세조종을 넘어서는 부정거래행위를 포괄적으로 규제하는 일반규정의 성격을 지닌다. 제178조는 "금융투자상품의 매매, 그 밖의 거래와 관련"한 일정한 부정행위를 금지하는 제1항과 "금융투자상품의 매매, 그 밖의 거래를" 하거나 "그 시세의 변동을 도모할 목적으로" 하는 위계의 사용 등 일정한 부정행위를 금지하는 제2항으로 구성된다.[69]

제1항이 금지하는 행위는 다음 세 가지이다. ① 부정한 수단 등의 사용, ② 허위표시의 사용, ③ 허위시세의 이용. ③은 실제 사례가 거의 없으므로 이하에서는 ①과 ②를 중심으로 살펴본다. 한편 제2항이 금지하는 행위는 ①풍문의 유포, ②위계의 사용, ③ 폭행 또는 협박이다. 이 경우에도 ③은 실제 사례가 거의 없으므로 이하에서는 ①과 ②를 중심으로 설명한다. 제178조가 금지하는 행위유형은 내용이 포괄적이므로 서로 중복되거나 나아가 내부자거래 내지 시세조종의 행위유형과도 중복되는 경우가 많다.[70]

68) 제178조의 뿌리는 미국 연방증권법에서 찾아야 하겠지만 현재의 내용은 일본 금융상품거래법 제157조 및 제158조와 유사하다. 제178조와 일본법 규정을 비교법적으로 검토한 논문으로 김태진, "자본시장법상 포괄적 사기금지조항에 대한 약간의 해석론 - 일본 금융상품거래법 제157조, 제158조와의 비교법적 고찰을 중심으로," 상사판례연구 제29권 제2호(2016) 123면.

69) 제1항은 일본의 금융상품거래법 제157조, 제2항은 제158조와 대동소이하다.

70) 이들 조문은 법조경합의 관계에 있다고 보고 내부자거래와 시세조종에 관한 규정이 우선적으로 적

Ⅱ. "매매, 그 밖의 거래와 관련"한 부정행위의 금지

1. 적용범위

제178조 제1항은 "누구든지 금융투자상품의 매매 그 밖의 거래와 관련하여" 일정한 부정행위를 하는 것을 금지한다. 행위주체는 "누구든지"라고 하고 있으므로 제한이 없다. 거래의 대상은 단지 "금융투자상품"이라고 하고 있으므로 상장여부는 불문한다.[71] 거래의 장소는 거래소시장은 물론이고 장외시장인 경우도 포함된다(대법원 2002.11.26. 선고 2002도4561 판결). 매매에는 "모집·사모·매출"도 포함되므로 발행시장에서의 거래(대법원 2020.2.6. 선고 2019도15510 판결(사모유상증자))가 포함된다. 합병계약도 실질적으로는 소멸회사 주주에 대한 존속회사의 신주발행과 유사하다는 점에서 포함되는 것으로 본다(서울중앙지방법원 2008.2.1. 선고 2007고합71 판결).[72] "그 밖의 거래"에는 담보제공거래가 포함된다. 그 거래의 주체가 반드시 후술하는 부정행위의 주체와 일치해야 하는 것은 아니다.[73]

매매 등의 거래와의 '관련성'은 "그 행위 전후의 제반사정 등을 종합적으로 고려하여 객관적인 기준에 의하여" 판단한다(대법원 2001.1.19. 선고 2000도4444 판결). 대표이사가 분식결산에 기한 허위 재무정보를 기재한 사업보고서를 거래소에 제출하고 불확실한 사업전망을 유포함으로써 주가를 상승시킨 후 보유주식을 매도하여 이득을 얻은 사건에서 대법원은 매매관련성을 인정한 바 있다(대법원 2001.1. 19. 선고 2000도4444 판결).

2. 부정한 수단 등의 사용

제178조 제1항이 부정행위의 예로 가장 먼저 제시하고 있는 것은 "부정한 수단, 계획 또는 기교를 사용하는 행위"(§178(1)(i))이다. "수단, 계획 또는 기교"(이하 수단으로 약칭)란 표현은 미국 연방증권법의 규칙 10b-5의 표현[74]에서 유래한

용된다는 하급심판결로 서울고등법원 2011.6.9. 선고 2010노3160 판결(확정). 이들 사이에 우선순위가 없다고 보는 견해로 임재연, "부정거래행위의 성립요건과 유형," 증권불공정거래의 쟁점(1)(2024 보정판), 360면.

71) 비상장증권도 적용대상이라고 본 판결로 대법원 2006.4.14. 선고 2003도6759 판결.

72) 대법원 2011.3.10. 선고 2008도6335 판결로 확정.

73) 黑沼, 522면.

74) 미국 연방증권법 규칙 10b-5(a)에서 말하는 "to employ any device, scheme, or artifice to

것이다.[75] '부정성'을 인정하는데 기망적 요소가 필요한 것인지에 대해서는 다툼이 있다. 대법원은 수단을 "사회통념상 부정하다고 인정되는 일체의 수단, 계획 또는 기교"라고 본다(대법원 2011.10.27. 선고 2011도8109 판결).[76] 보다 구체적으로 대법원은 부정성을 판단할 때에는 "그 행위가 법령 등에서 금지된 것인지, 다른 투자자들로 하여금 잘못된 판단을 하게 함으로써 공정한 경쟁을 해치고 선의의 투자자에게 손해를 전가하여 자본시장의 공정성, 신뢰성 및 효율성을 해칠 위험이 있는지를 고려해야" 한다고 판시하고 있다(대법원 2014.1.16. 선고 2013도8700 판결 등). 위에서 다른 투자자들의 "잘못된 판단"을 언급하는 부분은 기망적 요소와 관련이 있지만 법령의 금지도 부정성의 근거로 제시하고 있다는 점에서 기망적 요소를 반드시 필수적인 것으로 볼 필요는 없을 것이다.

부정한 수단을 금지하는 제178조 제1항 제1호는 새로운 유형의 부정거래행위를 간편하게 포섭하기 위해서 도입된 것이지만 그 내용이 포괄적이고 추상적이다. 이 점을 의식하여 판례는 죄형법정주의 위반이나 형벌권 남용을 막는 차원에서 해석에 의하여 그 적용범위를 제한해야 한다는 전제 하에 부정한 수단의 사용(§178(1)(i))은 "[제178조의 다른 규정]에서 규정하고 있는 구체적 금지행위 유형들과 유사 내지 동일시할 수 있는 행위로 그 적용범위를 제한하여야 한다"는 태도를 취하고 있다(서울고등법원 2013.4.5. 선고 2012노3521 판결(확정)).[77]

부정한 수단의 해석상 중요한 문제는 입법자가 내부자거래나 시세조종을 금지하는 규정에서 정책적으로 제외한 행위를 "부정한 수단"에 포함된다고 보아 처벌하는 것을 허용할 것인지 여부이다. 예컨대 범죄행위를 통해서 취득한 내부정보의 이용행위는 해석상 내부자거래(§174(1))로 볼 수 없다. 그렇다면 대신 부정한 수단의 사용으로 처벌할 수 있는가? 부정한 수단의 사용을 엄격하게 해석해야 한다는 위 판례의 태도를 고려하면 그러한 행위를 부정거래행위로 처벌하는 것은 자제해야 할

---

defraud".

75) 자본시장법이 "계획"도 규율대상으로 삼고 있지만 계획의 수립이나 내부적 준비행위만으로는 부정거래에 해당한다고 볼 수 없고 외부적 후속 실행행위가 있는 경우에만 처벌이 가능하다(서울고등법원 2025.2.3. 선고 2024노635 판결(확정)(삼성물산 자기주식취득사건)).

76) 일본 최고재판소판결도 같은 취지이다. 最高裁判所 1965.5.25. 결정, 최고재판소판례집(형사) 155호 831면.

77) 같은 취지의 판결로 서울남부지방법원 2016.9.29. 선고 2016노1078 판결(확정). 일본에서도 실무상 이 조항(금융상품거래법 §157)이 적용되는 사례는 많지 않다고 한다. 黑沼, 522면.

것이다.[78] 후술하는 시장질서교란행위에 관한 규정은 내부자거래규제에서 제외한 행위는 부정거래행위로 처벌할 수 없음을 전제하고 있다. 자본시장법이 "해킹, 절취, 기망, 협박, 그 밖의 부정한 방법으로 정보를 알게 된 자"에 의한 정보이용행위를 시장질서 교란행위로 금지하고 있는 것(§178-2(1)(i)(다))은 그러한 행위가 부정거래행위에 해당하지 않는 것으로 보기 때문이다.[79]

부정한 수단의 사용을 인정한 사례

부정한 수단의 사용에 해당하는지 여부가 문제되는 사례에는 다음과 같은 것들이 포함된다.

① 스캘핑(scalping): 투자매매업자가 금융투자상품의 가치에 대한 주장이나 예측을 담고 있는 자료(조사분석자료)를 투자자에게 공표하기 전에 매매하는 행위(§71(ii))(대법원 2017.3.30. 선고 2014도6910 판결)

② 선행매매(front running): 투자중개업자나 투자매매업자의 매매주문정보를 이용한 거래(§71(i))

③ ELS상환조건의 성취를 방해하는 행위(대법원 2015.4.9.자 2013마1052 결정)

④ 회사가 2천만 달러의 운영자금조달을 위하여 신주를 홍콩법인에 배정하는 제3자배정 유상증자를 결의한 사실을 기재한 주요사항보고서를 제출하고 그 홍콩법인과 제휴하여 신사업을 공동추진하고 그 홍콩법인에 최대주주지위를 넘길 것이라는 보도자료를 배포하였으나 결국 그 유상증자가 좌절된 사안에서 대법원은 "주가 하락을 방지할 필요성이 있던 상황에서 중국 투자자의 투자의사에 대하여 충분한 기대나 신뢰를 갖게 될 만한 상태가 아니고 오히려 중국 투자자와 공동으로 경영할 사업의 실체도 존재하지 않아 제3자 배정 방식의 유상증자가 종국적으로 성공할 가능성이 불분명한 상태인데도 마치 중국 투자자로부터 대규모 자금을 유치하여 이를 통한 새로운 사업 개시가 예정된 것과 같은 외관만을 형성시킨 것"으로 부정한 수단에 해당한다고 판단하였다(대법원 2024.5.30. 선고 2019도12887 판결).

---

78) 학설도 대체로 같은 태도를 보이고 있다. 임재연, 자본시장법과 불공정거래(제3판 2021), 442면.

79) §178(1)(i)는 "시세조종행위와는 다르게 규제대상이 금융투자상품이므로 상장증권이나 장내파생상품으로 제한되지 않고, 거래 장소도 거래소 시장으로 제한되지 않으며, 매매 이외의 다양한 유형의 거래까지 규제대상으로 하고 있는 점, 위 각 죄의 보호법익은 모두 주식 등 거래의 공정성 및 유통의 원활성확보라는 사회적 법익인 점 등을 고려하면 위 각 죄는 법조경합관계(특별관계)에 있다고 봄이 옳다"(서울고등법원 2011.6.9. 선고 2010노3160 판결(확정)). 즉 시세조종만 성립하고 부정거래는 성립하지 않는다고 판단하였다. 대법원은 시세조종과 부정거래행위를 단일하고 계속된 범의를 가지고 반복한 경우에는 제176조와 제178조 위반의 포괄일죄가 성립한다고 판단하였다(대법원 2018.4.12. 선고 2013도6962 판결).

위 ①의 스캘핑은 후술하는 "위계의 사용"에도 해당할 수 있다(§178(2)). 또한 ①과 ②는 이론상으로는 후술하는 시장질서 교란행위(§178-2(1)(i)(나))에도 해당할 수 있지만 법문은 부정거래행위에 해당하는 경우는 시장질서교란행위에서 명시적으로 배제하고 있다((§178-2(1)단서).

3. 허위표시의 사용

(1) 중요사항의 허위표시

제178조 제1항이 규정하는 두 번째 행위유형은 "중요사항에 관하여 거짓의 기재 또는 표시를 하거나 타인에게 오해를 유발시키지 아니하기 위하여 필요한 중요사항의 기재 또는 표시가 누락된 문서, 그 밖의 기재 또는 표시를 사용하여 금전, 그 밖의 재산상의 이익을 얻고자 하는 행위"(§178(1)(ii)), 즉 중요사항의 허위표시를 이용하는 행위이다.

먼저 "중요사항"은 내부자거래에서와 마찬가지로 "당해법인의 재산·경영에 관하여 중대한 영향을 미치거나 특정증권 등의 공정거래와 투자자 보호를 위하여 필요한 사항으로서 투자자의 투자판단에 영향을 미칠 수 있는 사항"을 가리킨다(대법원 2018.7.12. 선고 2016도2922 판결 등).[80]

---

80) 유상증자 공모자에게 수수료 제공하여 36억원을 모집하고도 마치 위 주금 모두가 일반 투자자에 의해 정상적으로 납입된 것처럼 공시한 사안에서 법원은 유상증자 참여자들에게 수수료를 지급한 것이 일반 투자자들의 투자 판단에 영향을 미치는 중요한 사항이라고 보기 어렵고, 적극적으로 허위의 외관을 형성한 것이 아니며, 일반투자자들을 기망하려는 의도가 있었던 것으로 보이지도 않는다는 이유로 (§178(1)(ii), (iii), (2)의) 부정행위에 해당하지 않는다고 판단하였다(대법원 2013.8.22. 선고 2013도4843 판결). 한편 피고인이 대표이사로 있는 회사가 주주배정 증자를 실시했으나 실권주가 발생하여 실권주를 인수할 투자자를 구했으나 찾지 못하자 피고인 자신이 차명으로 인수하고 절반이 넘는 자금을 차입하였으면서도 외관상 유상증자가 성공했다는 인상을 주기 위해서 이런 사실을 관계서류에서 밝히지 않은 사안에서 법원은 다음과 같이 판시하며 중요성을 부정하였다(대법원 2011.10.27. 선고 2011도8109 판결). "① 피고인이 사실은 … 차용하였으면서도 마치 정상적으로 주금이납입된 것처럼 공시한 부분이 … 회사의 전체 유상증자금에서 차지하는 비율은 1.7%에 불과한 점, ② 피고인이 위와 같이 차명으로 … 회사 주식을 취득함으로 인하여 최대주주 또는 주요주주가 변동되는 것도 아니고, 일반투자자들의 입장에서 … 회사의 임원인 피고인이 실제로 유상증자된주식 중 약 3.1%에 해당하는 주식을 보유하고 있는지를 알게 되었는지 여부에 따라 투자 판단 자체가 달라진다고 보이지 않는 점, ③ 피고인이 … 실권주인수를 적극적으로 허위공시함으로써 일반투자자들의 오해를 유발시키려는 의사가 있었다고 보기 어려운 점, ④ 피고인은 주식 소유상황변동보고의무위반행위로 처벌받게 되는 점 등을 고려할 때 [당해]행위가 …'부정한 기교를 사용하는 행위'나 … '중요사항의 기재 또는 표시가 누락된 문서를 이용한 행위'에 해당한다고 보기는 어렵[다]."

이어서 허위표시 여부는 공시내용자체의 허위 여부에 의하여 판단할 것이지 실제로 공시내용을 실현할 의사와 능력이 있었는지 여부에 의하여 판단할 것은 아니다(대법원 2003.11.14. 선고 2003도686 판결). 그러나 대법원은 "공시 내용 자체를 거짓으로 보기 어려운 경우라 하더라도, 다른 수단이나 거래의 내용, 목적, 방식 등과 결부되어 사회통념상 부정하다고 볼 수 있다면" 부정한 수단의 사용에 해당할 수 있음을 인정한다(대법원 2024.5.30. 선고 2019도12887 판결).[81)]

(2) 허위표시의 사용

허위표시는 "문서, 그 밖의 기재 또는 표시"의 사용으로 실행된다. 여기서 "문서"는 반드시 사업보고서와 같은 법정공시문서에 한정되는 것은 아니다. 한편 "그 밖의 기재 또는 표시"는 문서의 형태를 취하지 않는 강연, 인터넷상의 표시 등도 포함한다. 또한 "사용"은 적극적인 행위를 전제한다.[82)] 따라서 허위표시가 기재된 문서가 제출되지 않은 경우에는 면책된다. 대법원은 외국법인 명의로 회사 주식을 대량매매하고서도 대량보유보고 및 소유주식상황변동보고를 하지 않은 투자자에 대해서 그 행위가 "문서의 이용에 관한 것이라 할 수 없[다]"는 이유로 사기적 부정거래행위에 해당하지 않는다고 판시하였다(대법원 2010.12.9. 선고 2009도6411 판결). 허위표시의 사용이 투자자의 오해를 유발하였는지 여부는 불문한다(대법원 2016.8.29. 선고 2016도6297 판결).

81) 이와 비슷한 시각은 이미 외환카드-론스타판결에서 드러난 바 있다. 당시에 적용되던 舊증권거래법은 "위계의 사용"은 규정하였으나(§188-4(4)(i)) 부정한 수단은 명시적으로 포함하지 않았는데 대법원은 위계를 "거래 상대방이나 불특정 투자자들을 기망하여 일정한 행위를 유인할 목적의 수단, 계획, 기교 등을 쓰는 행위"로 파악하고 "상장법인 등이 객관적으로 보아 감자 등을 할 법적 또는 경제적 여건을 갖추고 있지 아니하거나, 또는 그 임직원이 그 감자 등을 진지하고 성실하게 검토·추진하려는 의사를 갖고 있지 아니함에도 불구하고, 감자 등의 검토계획을 공표하면 투자자들이 그 실현가능성이 높은 것으로 판단하여 주식거래에 나설 것이고 이로 인하여 주가의 변동이 초래될 것임을 인식하면서도 그에 따른 이득을 취할 목적으로 그 검토계획의 공표에 나아간 경우에는, 이러한 행위는 투자자들의 오인·착각을 이용하여 부당한 이득을 취하려는 기망적인 수단, 계획 내지 기교로서 … 위계를 쓰는 행위에 해당한다"고 판시하였다(대법원 2011.3.10. 선고 2008도6335 판결).

82) 또한 표시가 허위라는 점에 대한 행위자의 고의를 요한다.

❖ "문서, 그 밖의 기재 또는 표시"에 해당한다고 판단된 사례

문서, 그 밖의 기재 또는 표시에 해당한다고 판단된 사례에는 다음과 같은 것들이 있다.

① 증권신고서

- 재무제표의 허위기재(서울중앙지방법원 2005.4.28. 선고 2005고합65 판결)
- 증자대금 사용목적의 허위기재(서울중앙지방법원 2011.9.22. 선고 2011고합268 판결)

② 대량보유보고

- 유명연예인이 경영권인수한 것처럼 가장한 경우(서울고등법원 2009.2.5. 선고 2008노210 판결)
- 차명주식취득의 누락(서울고등법원 2008.6.4. 선고 2008노145 판결)
- 취득자금 조성내역의 허위기재(대법원 2006.2.9. 선고 2005도8652 판결)

③ 기타: 허위의 해외투자유치발표 등

(3) 재산상의 이익

허위표시의 사용은 "금전, 그 밖의 재산상의 이익"을 얻기 위한 것이어야 한다. 재산상의 이익을 얻을 의도 없이 단순히 허위표시를 한 것만으로는 처벌하지 않는다. 여기서 "재산상의 이익"은 넓게 해석한다. 기업의 경영권 획득, 지배권 확보와 같은 무형적 이익도 포함되는 것으로 본다. 또한 그 이익을 현실적으로 얻었을 것을 요하지 않는다(대법원 2016.8.29. 선고 2016도6297 판결 등). 재산적 성격을 갖는 이상 적극적 이익 이외에도 손실을 회피하는 것과 같은 소극적 이익도 포함되는 것으로 본다(대법원 2024.5.30. 선고 2019도12887 판결).[83]

4. 허위시세의 이용

자본시장법은 유인목적으로 거짓의 시세를 이용하는 행위도 별개의 유형으로 처벌한다(§178(1)(iii)).[84]

83) 또한 행위자가 "재산상의 이익을 얻고자 하였는지는 행위자의 지위, 발행회사의 경영 상태와 주가의 동향, 행위전후의 여러 사정 등을 종합적으로 고려하여 객관적인 기준에 따라 판단하여야 한다"(대법원 2024.5.30. 선고 2019도12887 판결).

84) 대법원은 신주청약을 유인할 목적으로 수차례 시세조종주문을 실행함으로써 거짓의 시세를 형성하여 이용한 사안에서 거짓시세의 이용을 인정한 바 있다(대법원 2017.1.12. 선고 2016도16351 판결).

Ⅲ. "매매, 그 밖의 거래"를 하거나 "그 시세의 변동을 도모할 목적으로" 하는 부정행위

1. 서설

전술한 제178조 제1항은 잠재적 적용범위가 매우 넓음에도 불구하고 제2항은 다음과 같이 별개의 부정행위 유형을 추가하고 있다. "누구든지 금융투자상품의 매매, 그 밖의 거래를 할 목적이나 그 시세의 변동을 도모할 목적으로 풍문의 유포, 위계(僞計)의 사용, 폭행 또는 협박을 하여서는 아니 된다". 이 조항은 일본의 1914년 거래소법에서 유래하는 것으로 시세조종에 관한 규정이 없던 시절 그 수단으로 이용되는 유형의 행위를 금지함으로써 시세조종을 막기 위하여 마련된 것이다.[85] 그러나 후에 시세조종규정과 일반 부정거래행위규정이 도입됨에 따라 이 조항의 실익은 크게 감소하였으나 "위계의 사용"은 여전히 종종 적용되고 있다.

2. 목적요건

제178조 제2항의 부정행위는 거래목적이나 시세변동목적이 있는 경우에 한하여 금지된다. 거래목적은 당연히 자기 또는 제3자에 유리한 거래를 하기 위한 경우에 인정된다. 시세변동목적은 시세를 인위적으로 조작하기 위한 경우에 인정된다. 그 목적의 실현여부는 범죄의 성립에 영향이 없다. 이러한 주관적 요건은 "행위자의 지위, 행위자가 특정 진술이나 표시를 하게 된 동기와 경위, 그 진술 등이 미래의 재무상태나 영업실적 등에 대한 예측 또는 전망에 관한 사항일 때에는 합리적인 근거에 기초하여 성실하게 행하여진 것인지 여부, 그 진술 등의 내용이 거래 상대방이나 불특정 투자자들에게 오인·착각을 유발할 위험이 있는지 여부, 행위자가 그 진술 등을 한 후 취한 행동과 주가의 동향, 그 행위 전후의 제반 사정 등을 종합적·전체적으로 고려하여 객관적인 기준에 의하여" 판단해야 한다(대법원 2011.3.10. 선고 2008도6335 판결).

85) 黑沼, 512면.

3. 행위요건

제178조 제2항의 부정행위의 유형은 다음 3가지로 나뉜다. ① 풍문의 유포, ② 위계의 사용, ③ 폭행 또는 협박. 이하에서는 실익이 거의 없는 ③은 빼고 ①과 ② 만을 설명한다.

(1) 풍문의 유포

"풍문"은 합리적 근거가 없는 사실을 말한다. 그 내용이 반드시 허위일 필요는 없지만 허위인 경우가 대부분이다. 사실이 아닌 '예측'이나 '의견'은 풍문으로 볼 수 없다. 전술한 바와 같이 대법원은 주주총회 결의를 거쳐 회사 사업목적을 추가하는 정관변경을 한 다음 그 사실을 공시하고 기사화한 사안에서 허위여부는 공시내용 자체를 기준으로 판단할 것이므로, 실제 행위자가 공시내용대로 투자를 할 의사와 능력이 없는 경우에도 허위표시의 성립을 부정하였다(대법원 2003.11.14. 선고 2003도686 판결). 다만 대법원은 실제로 사업추진의사가 없음에도 사업추진계획을 밝힘으로써 주가상승을 유인하고 유상증자를 성공시킨 사안에서는 허위사실의 유포를 인정한 바 있다(대법원 2018.6.28. 선고 2018도2475 판결).

'유포'란 불특정다수인에게 전파할 목적으로 하는 정보의 전달을 의미한다. 이메일, 보도자료, 홈페이지 게재, 문자메시지 발송, 방송 출연 인터뷰 등에 의한 정보 전달이 모두 포함된다. 또한 기자회견 등과 같이 특정소수인에게 전달하는 경우라도 불특정다수인에게 전달될 것을 예상할 수 있는 경우나 인터넷상의 게시판과 같이 누구든지 접근할 수 있는 형태로 정보를 제공하는 경우는 모두 유포에 포함된다.

(2) 위계의 사용

위계는 "거래 상대방이나 불특정 투자자를 기망하여 일정한 행위를 유인할 목적의 수단, 계획, 기교 등"을 말한다(대법원 2010.12.9. 선고 2009도6411 판결 등).[86] 기망의 상대방은 반드시 거래 상대방일 필요가 없고 불특정다수인이라도 무방하다. 이 유형은 일반적인 사기를 모두 포섭할 수 있는 포괄적인 규정으로 실제 적용사례가 많다. 과거 대법원은 외국계 투자목적법인의 펀드매니저가 특정기업 주식을 매

86) 기망은 "객관적 사실과 다른 내용의 허위사실을 내세우는 등의 방법으로 타인을 속이는 것"을 의미한다(대법원 2010.12.9. 선고 2009도6411판결 등).

도하기에 앞서 신문사 기자와 위 기업에 대한 M&A 가능성을 언급하는 내용의 인터뷰를 한 사안에서 "종전에 이미 언론에 보도된 내용과 크게 다르지 아니한 정도의 가정적·원론적 발언을 한 것에 불과"하다는 등의 이유로 위계를 부정한 바 있다(대법원 2008.5.15. 선고 2007도11145 판결).

한편 위계를 긍정한 대표적인 판례로는 론스타-외환카드사건을 들 수 있다(대법원 2011.3.10. 선고 2008도6335 판결). 부실로 인하여 론스타에 인수된 외환은행이 역시 부실한 자회사인 외환카드의 처리방안을 검토한 결과 합병을 통해서 해결한다는 방침을 정하고서도 비용을 최소화하기 위하여 아무런 근거 없이 외환카드의 감자가능성이 크다는 취지로 발언하자 외환카드의 주가가 폭락한 것이 문제된 사안이다.

당시에 적용되던 舊증권거래법은 "위계의 사용"은 규정하였으나(§188-4(4)(i)) 부정한 수단의 사용은 명시적으로 포함하지 않았는데 대법원은 위계를 "거래상대방이나 불특정 투자자들을 기망하여 일정한 행위를 유인할 목적의 수단, 계획, 기교 등을 쓰는 행위"로 파악하고 "상장법인 등이 객관적으로 보아 감자 등을 할 법적 또는 경제적 여건을 갖추고 있지 아니하거나, 또는 그 임직원이 그 감자 등을 진지하고 성실하게 검토·추진하려는 의사를 갖고 있지 아니함에도 불구하고, 감자 등의 검토계획을 공표하면 투자자들이 그 실현가능성이 높은 것으로 판단하여 주식거래에 나설 것이고 이로 인하여 주가의 변동이 초래될 것임을 인식하면서도 그에 따른 이득을 취할 목적으로 그 검토계획의 공표에 나아간 경우에는, 이러한 행위는 투자자들의 오인·착각을 이용하여 부당한 이득을 취하려는 기망적인 수단, 계획 내지 기교로서 … 위계를 쓰는 행위에 해당한다"고 판시하였다(대법원 2011.3.10. 선고 2008도6335 판결).

나아가 대법원은 어떤 행위가 부정수단의 사용이나 위계의 사용에 해당하는지 여부에 관해서는 "행위자의 지위, 행위자가 특정 진술이나 표시를 하게 된 동기와 경위, 진술 등이 미래의 재무상태나 영업실적 등에 대한 예측이나 전망에 관한 사항일 때에는 합리적인 근거에 기초하여 성실하게 한 것인지, 진술 등의 내용이 거래 상대방이나 불특정 투자자에게 오인·착각을 유발할 위험이 있는지, 행위자가 진술 등을 한 후 취한 행동과 주가의 동향, 행위 전후의 여러 사정 등을 종합하여 객관적인 기준에 따라 판단해야 한다"(대법원 2022.5.26. 선고 2018도13864 판결)는 판시를 줄곧 유지하고 있다.

스캘핑의 위계해당성

위계에 해당되는지 여부가 문제되는 대표적인 사례로는 스캘핑을 들 수 있다. 스캘핑이란 투자자문업자, 증권분석가, 언론매체 종사자, 투자 관련 웹사이트 운영자 등이 특정증권을 추천하기 직전에 그 증권을 매수한 후, 추천으로 인하여 그 증권가격이 상승하면 즉시 매도하여 차익을 얻는 행위를 말한다. 대법원은 "투자자문업자 등이 추천하는 증권을 자신이 선행매수하여 보유하고 있고 추천 후에 이를 매도할 수도 있다는 그 증권에 관한 자신의 이해관계를 표시하지 않은 채 그 증권의 매수를 추천하는 행위는 [§178(1)(i)의] '부정한 수단, 계획, 기교를 사용하는 행위'에 해당하는 한편, 투자자들의 오해를 초래하지 않기 위하여 필요한 중요사항인 개인적인 이해관계의 표시를 누락함으로써 투자자들에게 객관적인 동기에서 그 증권을 추천한다는 인상을 주어 거래를 유인하려는 행위로서 … 위계의 성립도 인정하고 있다(대법원 2017. 3.30. 선고 2014도6910 판결).[87]

전형적인 스캘핑의 요소는 ① 투자자에게 영향력 있는 전문가, ② 당해 증권의 보유, ③ 당해 증권의 공개적 추천, ④ 당해 증권에 대한 이해관계의 비공개, ⑤ 추천으로 인한 가격상승 직후 매각에 의한 차익실현으로 구성된다. ①의 전문가에는 증권시장에서 투자자에게 영향력있는 자라면 증권업계에 종사하는지 여부를 묻지 않고 민간의 애널리스트나 인플루언서가 모두 해당할 수 있다. ②와 관련 당해 증권을 추천 직전에 매수하는 경우가 많지만 그 매수가 반드시 추천 직전에 행해져야 하는 것은 아니다.[88] 보유는 타인 명의의 계좌를 통해서 하는 것이 보통이다. 증권회사나 기타 기관에 따라서는 애널리스트 등 구성원의 주식보유를 금지하는 경우도 있지만 주식보유의 금지여부는 스캘핑의 성립에 영향을 주지 않는다. ③과 관련하여 추천하는 근거로 제시한 정보가 거짓이거나[89] 비합리적인 경우가 많다. 그러나 정확한 정보에 근거한 합리적인 추천인 경우에도 스캘핑이 성립할 수 없는 것은 아니다.[90] 또한 매수의 추

87) 이 판결에 대한 평석으로 진상범, "스캘핑행위가 '부정한 수단' 및 '위계'의 사용에 해당하는지 여부," BFL 제86호(2017.11), 101면.

88) 스캘핑이 직전 매수한 경우만을 가리킨다고 본다면 기존 주식을 대상으로 하는 경우는 스캘핑에 해당하지 않겠지만 그대로 부정한 수단이나 위계에는 해당한다고 볼 수 있을 것이다.

89) 이 경우에는 시세조종(§176(2)(iii))이나 부실표시에 의한 부정거래(§178(1)(ii))에도 해당할 수 있을 것이다.

90) 진상범, 전게논문, 105면. 대법원도 마찬가지 태도를 취한다(대법원 2017.3.30. 선고 2014도6910 판결). 대법원은 그런 행위가 용인되면 "자본시장에서의 공정한 경쟁에 대한 시장참여자들의 신뢰가 훼손되고 시장 내 각종 투자 관련 조언행위가 평가절하됨으로써, 양질의 정보를 생산하고 소비하려는 유인이 감소하여 자본시장에서의 자원배분의 효율성을 해치고 투자자들이 자본시장에서 이탈하는 결과를 가져올 수 있다"고 지적한다.

천은 반드시 직접적으로 당해 증권을 매수할 것을 권하는 경우만이 아니라 널리 당해 증권이 매수에 적합하다는 점을 알려서 투자자의 매수의사를 불러일으키는 경우를 포함한다. ④의 이해관계는 증권의 보유여부와 추천 후의 매각의도라고 할 수 있다. 그렇다면 전문가가 증권의 보유여부만 공개한다면 스캘핑의 성립을 피할 수 있을까? 투자자들이 전문가의 매각의도를 모르는 경우에는 그의 추천에 대해서 보다 신뢰할 수도 있을 것이라는 점에서 적어도 부정한 수단이나 위계의 책임을 면하기 위해서는 매각의도까지 공개해야 한다고 볼 것이다.[91] ⑤의 차익실현을 위한 매각과 관련하여 자본시장법은 투자매매업자나 투자중개업자가 금융투자상품에 대한 조사분석자료의 공표를 전후하여 자기의 계산으로 조사분석자료의 대상이 된 금융투자상품을 매매하는 행위를 금지한다(§71(ii)). 투자자문업자와 투자일임업자의 경우에는 금융투자상품등의 가격에 중대한 영향을 미칠 수 있는 투자판단에 관한 자문 또는 매매 의사를 결정한 후 이를 실행하기 전에 그 금융투자상품등을 자기의 계산으로 매매하거나 제3자에게 매매를 권유하는 행위를 금지한다(§98(1)(v)).[92] 그러나 이러한 매매의 금지규정이 스캘핑의 성립에 필수적인 것은 아니다. 대법원도 스캘핑을 금지하는 법령, 회사의 내부규정, 회사와의 계약이 없는 경우에도 그 행위가 부정한 수단 및 위계의 사용에 해당할 수 있음을 긍정한 바 있다(대법원 2017.4.7. 선고 2015도760 판결).

Ⅳ. 부정거래행위에 대한 제재

1. 형사제재

부정거래행위에 대한 처벌은 내부자거래와 시세조종의 경우와 동일하다(§443(1)(viii)-(ix)). 벌금은 부당이득의 4배 이상 6배(또는 5억원 중 큰 금액)로 정해져 있고 징역은 부당이득의 크기에 따라 가중된다. 일반적으로는 1년 이상의 유기징역에 처하지만 부당이득액이 5억원에서 50억원 미만인 경우에는 3년 이상의 유기징역, 50억원 이상인 경우에는 무기 또는 5년 이상의 징역에 처한다. 부정거래행위를 하여 취득한 재산은 몰수하며 몰수할 수 없는 경우에는 그 가액을 추징한다(§447-2(1)). 시세조종의 경우와 달리 부정거래행위에 제공한 재산의 몰수·추징에

91) 대법원도 스캘핑 행위를 "투자자문업자 등이 추천하는 증권을 자신이 선행매수하여 보유하고 있고 추천 후에 이를 매도할 수도 있다는 그 증권에 관한 자신의 이해관계를 표시하지 않은 채 그 증권의 매수를 추천하는 행위"로 판시함으로써 매각의도도 공개의 대상으로 보고 있다. 그리고 "매도할 수도 있다는" 표현에 비추어 그 매각의도는 반드시 구체적으로 확정되어 있을 필요도 없다고 보고 있다.

92) 신탁업자의 경우에도 비슷한 규정이 있다(§108(i)).

관한 규정은 존재하지 않는다.

2. 행정제재

부정거래의 경우에도 내부자거래의 경우와 마찬가지로 금융위는 과징금의 부과(§429- 2(1)(iv))나 거래 및 임원선임제한조치(§426-3)를 취할 수 있다. 또한 금융투자업자가 부정거래에 관여한 경우에는 금융위는 그 인가나 등록을 취소하거나(§420(1)(vi); 令 §373(1) (xxi)), 영업의 전부 또는 일부의 정지 등 불이익처분을 할 수 있다(§420(3)).[93]

3. 손해배상책임

(1) 자본시장 제179조

자본시장법 제179조는 내부자거래와 시세조종의 경우와 마찬가지로 부정거래에 대한 손해배상책임을 다음과 같이 규정한다. "제178조를 위반한 자는 그 위반행위로 인하여 금융투자상품의 매매, 그 밖의 거래를 한 자가 그 매매, 그 밖의 거래와 관련하여 입은 손해를 배상할 책임을 진다"(§179(1)). 이는 민법상 손해배상책임(§750)의 특칙으로 부정거래로 인하여 손해를 입은 자는 민법상의 손해배상청구권과 제179조에 의한 손해배상청구권을 선택적으로 행사할 수 있다.

(2) 요건

손해배상을 청구할 수 있는 자는 "금융투자상품의 매매, 그 밖의 거래를 한 자"이다. 따라서 그러한 거래를 하지 않은 자는 손해배상청구를 할 수 없다. 또한 손해는 금융투자상품의 매매, 그 밖의 거래와 관련하여 입은 손해에 한한다. 이러한 매매, 그 밖의 거래에는 거래소시장에서의 거래만이 아니라 장외시장에서의 거래도 포함된다.

손해배상책임을 지는 주체는 "제178조를 위반한 자," 즉 부정거래를 한 자이다. 손해배상을 청구하는 자는 상대방의 부정거래를 증명해야 한다. 부정거래의 증명은 금융당국의 조사결과나 검찰의 수사결과에 의존하는 경우가 보통이다.

법문은 "그 위반행위로 인하여 금융투자상품의 매매, 그 밖의 거래를 한 자가

93) 자본시장법은 금융투자업자 임직원의 위반행위에 대해서도 제재조치를 규정하고 있다(§422).

그 매매, 그 밖의 거래와 관련하여 입은 손해"(§179(1))라고 함으로써 위반행위와 손해 사이의 손해인과관계는 물론이고 위반행위와 거래 사이의 거래인과관계까지 요구하는 것으로 읽힐 여지도 있다. 그러나 손해배상청구에 거래인과관계까지 요구하는 것은 손해배상청구권자의 범위를 과도하게 축소한다는 점에서 비합리적이다. 대법원도 손해인과관계만을 요구하고 있다(대법원 2015.4.9.자 2013마1052·1053 결정). 판결의 사안은 투자자에게 상환될 금액이 기초자산인 주식의 상환기준일 종가에 따라 결정되는 주가연계증권의 발행회사로부터 그 위험을 인수한 은행이 만기상환기준일에 당해 주식을 대량매도함으로써 주가를 하락시켜 결과적으로 상환조건의 성취가 저지된 경우였다. 원심은 은행의 대량매도로 인하여 투자자들이 적극적으로 "매매, 그 밖의 거래"를 한 바가 없다는 이유로 손해배상청구권을 행사할 수 없고 따라서 증권관련집단소송의 요건을 갖추지 못했다고 판단하였다. 그러나 대법원은 손해인과관계만 인정된다면 제179조에 따른 손해배상을 청구할 수 있다고 보아 원심을 파기환송하며 다음과 같이 판시하였다. "이 사건 주가연계증권은 투자자에게 상환될 금액이 기초자산의 상환기준일 종가에 따라 결정되는 구조로 되어 있으므로, 상대방이 법 제178조 제1항 제1호를 위반하여 기초자산인 [특정 주식]의 주가를 인위적으로 하락시킴으로써 이 사건 주가연계증권의 상환조건 성취가 무산되었고, 그로 인하여 이 사건 주가연계증권을 보유한 투자자들이 만기에 투자금 중 일부만 상환받아 손해를 입었다고 주장하며 손해배상을 구하는 [투자자들의] 청구는 자본시장법 제179조 제1항에 따른 손해배상청구에 해당한다"(대법원 2015.4.9.자 2013마1052·1053 결정).

(3) 소멸시효

부정거래행위에 따른 손해배상청구권은 "청구권자가 제178조를 위반한 행위가 있었던 사실을 안 때부터 2년간 또는 그 행위가 있었던 때부터 5년간 이를 행사하지 아니한 경우에는 시효로 인하여 소멸한다"(§179(2)). 그 내용은 내부자거래와 시세조종의 경우와 동일하다.

V. 공매도

1. 서설

일반적으로 공(空)매도(short sale)란 자신이 소유하지 않은 증권을 매도하는 것을 말한다.[94] 공매도에 반대되는 개념은 자신이 소유한 증권을 매도하는 '실(實)매도'라고 할 수 있다. 공매도는 특정 증권에 대한 부정적 정보를 가진 자가 그 증권을 보유하지 않은 상태에서도 그 정보를 이용하여 이익을 얻는 수단으로 특히 기관투자자의 투자전략에서 중요한 기능을 수행한다.[95] 공매도는 이처럼 투자자의 위험관리수단으로 기능할 뿐 아니라 부정적 정보가 증권가격에 신속하게 반영되는 것을 돕는다는 점에서 시장의 효율에 기여한다. 선진 자본시장에서 공매도에 대한 규제가 가벼운 것은 바로 이런 순기능을 중시하기 때문이라고 할 수 있다. 반면에 공매도의 역기능으로는 ① 결제불이행을 야기할 위험과 ② 주가폭락을 촉진할 위험, ③ 시세조종을 포함한 불공정거래의 수단으로 이용될 위험[96] 등을 든다. 공매도는 사후적으로 결제를 위한 증권의 매수를 수반한다는 점에서 ②의 위험은 제한적이지만 그럼에도 흔히 주가폭락 시에 공매도를 금지하는 근거로 제시된다. 그러나 ①의 위험은 현실적으로 존재한다. 따라서 공매도에 대한 규제는 ①을 최소화하는 것에 초점을 맞추고 ②에 대해서는 예외적으로만 고려하는 것이 보통이다. ③에 대해서는 불공정거래의 규제로 대처하는 것이 정도(正道)일 것이다. 그러나 현재 자본시장법은 공매도 자체를 불공정거래의 한 유형으로 규제하고 있다. 나아가 2021년 법개정으로 공매도 금지 위반에 대해서 형벌과 과징금의 부과가 가능하게 되었다.

---

94) 공매도의 정의와 관련하여 상세한 것은 김정연, "공매도 규제의 해석론과 개선과제," 상사법연구 제43권 제1호(2024), 217면, 224~239면. 재무관리적 관점에서 공매도의 장단점 등 공매도의 전체상을 정리한 국내문헌으로 이관휘, 이것이 공매도다(2019)(책에 대한 간단한 소개는 KBLN 2020.3.14.자).

95) 특히 헤지펀드들의 투자전략에서는 불가결한 요소로 간주된다.

96) 특히 최근에는 증권을 공매도한 후에 공매도사실을 감추고 당해 증권에 대해서 부정적인 의견을 공개하는 이른바 '공격적 공매도'(activist short-selling)가 주목받고 있지만 이는 스캘핑에 해당할 가능성이 높다. 이에 관해서는 KBLN 2020.3.23.자 참조.

2. 자본시장법상의 공매도 금지

자본시장법은 상장증권의 공매도를 원칙적으로 금지한다(§180(1)). 그 금지대상에는 엄밀한 의미의 공매도, 즉 "소유하지 않은 상장증권의 매도"((i)호)(무차입공매도)뿐 아니라 이른바 차입공매도, 즉 "차입한 상장증권으로 결제하고자 하는 매도"도 포함된다. 일단 차입한 증권의 소유권은 차입자에게 있으므로 엄밀히 말하면 이미 차입한 증권을 매도하는 것은 공매도가 아닌 실매도이다. 그럼에도 불구하고 자본시장법은 차입한 증권의 매도도 주가폭락을 초래할 위험이 있을 뿐 아니라 장차 차입증권의 반환이 어려워질 위험도 없지 않다는 점에서 차입공매도란 명칭으로 규제대상으로 삼고 있다.

금융투자업규정은 공매도를 다음과 같이 정의한다. "청약 또는 주문으로 인하여 … 해당 증권의 순(純)보유잔고가 음수(-)의 값을 갖게 되거나 음수의 값을 가진 순보유잔고의 절대값이 증가하는 청약 또는 주문"(금융투자업규정§6-30(1)). 여기서 순보유잔고란 보유총잔고에서 차입총잔고를 공제한 수치를 말한다(令§208-2(3)). 차입공매도는 순보유잔고를 음수로 만들거나 음수인 순보유잔고의 절대값을 증가시키는 경우에 공매도에 해당하게 된다.

자본시장법상 공매도가 금지되는 행위주체에는 제한이 없다. 공매도의 금지는 증권시장과 다자간매매체결회사에서의 거래에서만 적용된다. 따라서 장외에서의 공매도는 허용되지만 투자매매업자가 아닌 자는 보유하지 아니한 채권을 증권시장 외에서 매도할 수 없다(令§185(1)). 금지대상은 상장증권으로서 주식관련사채권(CB, BW, PB, EB), 지분증권, 수익증권, 파생결합증권, 이들 증권과 관련된 증권예탁증권에 한정된다(令§208(1)).

3. 차입공매도의 예외적 허용과 그에 대한 규제

(1) 차입공매도의 예외적 허용과 비상시의 제한

전술한 바와 같이 자본시장법이 금지하는 공매도에는 무차입공매도는 물론이고 차입공매도도 포함된다. 그러나 자본시장법은 차입공매도는 결제위험이 상대적으로 낮다는 점을 고려하여 예외적으로 허용하는 한편으로(§180(1)단서) 증권시장의 안정을 위한 비상조치로 금융위가 거래소의 요청에 따라 "상장증권의 범위, 매매거래의 유형 및 기한 등을 정하여" 차입공매도를 제한할 수 있는 근거를 명시하고 있다(§180(3)).[97] 실제로 이 규정에 따라 2023년 11월에서 2025년 3월까지 차입공매도가 전면 금지된 바 있다.

자본시장법은 차입공매도를 예외적으로 허용하면서도 그 부작용을 최소화하기 위하여 시행령이 정하는 방법에 따르도록 하고 있다. 시행령은 차입공매도에서 따라야 할 방법을 상세히 규정한다(令§208(2)).

(2) 차입공매도에서 따라야 할 방법

시행령은 차입공매도는 먼저 증권시장업무규정(또는 다자간매매체결회사업무규정)에서 정하는 가격으로 할 것을 요하는 동시에 차입공매도의 주체가 거래소 회원인지 여부에 따라 구체적인 방법을 달리 정하고 있다. 거래소 회원인 투자매매업자나 투자중개업자에 대해서는 주문 시 거래소에 공매도라는 점을 알릴 의무만이 존재한다(令§208(2)(ii)). 그러나 일반투자자가 회원인 투자중개업자에게 매도주문을 위탁할 경우에는 보다 복잡한 의무가 발생한다(令§208(2)(i)). ① 먼저 증권매도를 위탁하는 투자자는 중개업자에게 공매도라는 점을 알려야 한다(투자자의 표시의무). ② 투자중개업자는 증권시장업무규정이 정하는 방법에 따라 공매도 해당 여부와 "결제가능성을 확인"하고 결제불이행의 염려가 있는 경우에는 공매도 위탁을 받거나 공매도 주문을 하지 않아야 한다(투자중개업자의 확인의무). ③ 투자중개업자는 공매도 위탁을 받는 경우 그 매도가 공매도임을 거래소에 알려야 한다(투자중개업자의 표시의무).

(3) 무차입공매도 방지조치의무

차입공매도하려는 법인은 무차입공매도를 방지하기 위하여 임직원이 공매도 관련 직무를 수행할 때 준수하여야 할 기준 및 절차를 마련하고 전산설비를 갖추는 등 필요한 조치를 하여야 한다(§180-6(1)). 나아가 법인으로부터 공매도의 위탁을 받은 투자중개업자도 그 법인이 그러한 조치를 하였는지 확인하는 등 무차입공매도를 방지하기 위한 조치를 하여야 한다(§180-6(1)).

97) 거래소 유가증권시장 업무규정에도 근거규정이 존재한다(§17(6)(ii)).

(4) 순보유잔고의 보고 및 공시의무

상장증권을 차입공매도한 자(매도자)는 순보유잔고가 일정규모를 초과하는 경우에는 금융위와 거래소에 보고의무가 발생한다(§180-2(1)).[98] 보고의무를 발생시키는 규모의 거래는 순보유잔고비율이 -0.01% 이상인 경우[99]이거나 순보유잔고의 평가액이 10억원 이상인 경우를 말한다(§180-2(4), 令§208-2(4)). 또한 매도자의 순보유잔고비율이 -0.5% 이상인 경우 매도자는 관련사항을 공시할 의무가 있다(§180-3).

(5) 공모주식의 공매도 금지

주식의 공모는 공급을 증가시켜 주가의 하락을 초래할 수 있다. 그리하여 주식의 공모가 공시되는 경우 동일종목의 주식을 공매도함으로써 주가를 더욱 하락시킨 후 취득한 공모주식으로 상환하는 경우에는 차익을 올릴 수 있다. 공매도의 이러한 남용을 막기 위하여 자본시장법은 공모대상과 같은 종목의 주식에 대해서 공매도를 한[100] 자는 일정기간[101] 공모주식을 취득하는 것을 금지하고 있다(§180-4본문, 令§208-4(1)). 다만 공매도가 공모가액의 공정한 가격형성을 저해하지 않는다고 판단되는 일정한 경우에는 취득이 제한되지 않는다(§180-4단서, 令§208-4(2)).

(6) 증권의 대여에 관한 규제

차입공매도는 증권의 대여를 전제한다. 자본시장법상 투자매매업자나 투자중개업자는 증권과 관련하여 증권의 대여의 방법으로 신용을 공여할 수 있다(§72(1)). 또한 연기금과 같은 기관투자자도 보유증권을 대여할 수 있다. 증권의 대여는 흔히 ① 대차거래와 ② 대주거래로 구분된다. ① 대차거래는 자본시장법에서는 투자자가 차입하는 거래도 포함하는 의미로 사용되지만 통상적으로는 기관간

---

98) 차입공매도라도 결제위험이 미미하거나 불가피한 일정한 거래의 경우에는 대상에서 제외된다(令§280-2(1)).

99) 다만 평가액이 1억원 미만인 경우는 제외한다.

100) 또는 공매도의 위탁을 한 경우도 포함된다.

101) 금지되는 기간은 "상장주식에 대한 모집·매출계획이 처음 공시된 날의 다음 날부터 해당 공시 또는 변경공시에 따른 모집가액 또는 매출가액이 결정되는 날까지의 기간"이다. "처음 공시된 날"은 "증권신고서, 투자설명서, 소규모공모서류, 거래소공시에 따라 공시된 날 중 가장 빨리 공시된 날"이다(§180-4본문, 令§208-4(1)).

거래를 가리키는 의미로 사용된다.[102] 자본시장법상 대차거래의 상환기간은 90일 단위로 연장하되 최장 12개월까지로 제한된다(§180-5(3), 令§208-6(2)(i)). 한편 ② 대주거래는 대차거래 중에서 증권회사가 개인투자자에게 수수료를 받고 증권을 대여하는 경우만을 말한다. 자본시장법은 공매도와 관련이 깊은 대차거래에 관한 정보를 보관할 의무를 매도자에게 부과하고 있다. 자본시장법상 차입공매도를 목적으로 대차거래계약을 체결한 자는 대차거래정보를 5년간 보관하도록 하고 있다(§180-5(1)).

(7) 가격상의 제한

거래소는 공매도의 경우 가격폭락의 촉진위험을 막기 위하여 이른바 'uptick rule'이라는 가격제한규정을 적용한다(유가증권시장 업무규정 §18(1)). 그에 따르면 회원이 차입공매도를 하거나 그 위탁을 받아 호가를 하는 경우에는 직전의 가격 이하의 가격으로 호가할 수 없다.[103]

4. 공매도로 보지 않는 경우

(1) 서설

자본시장법상 무차입공매도는 전면적으로 금지되고 있다. 이러한 금지의 굴레를 벗어날 수 있는 길로는 크게 두 가지 가능성을 생각해 볼 수 있다. ① 하나는 공매도가 아닌 실매도로 보는 경우이고 ② 다른 하나는 무차입공매도가 아니라 차입공매도에 해당한다고 보는 경우이다. 이곳에서는 먼저 ①을 설명하고 ②에 대해서는 뒤 5.에서 설명한다.

(2) 보유의 의미

전술한 바와 같이 공매도는 기술적으로 말하면 순보유잔고를 음수(陰數)로 만드는(또는 음수의 절대값을 증대하는) 매도를 말한다. 순보유잔고는 보유총잔고에서

---

102) 기관간 거래의 경우 주식차입자는 주식대여자로부터 대체로 연 2-4%의 수수료를 지급하여 주식을 차입하고 일정기간 후 대여주식을 상환하기로 약정하는 것이 보통이다.

103) 다만, 직전의 가격이 그 직전의 가격(직전의 가격과 다른 가격으로서 가장 최근에 형성된 가격을 말한다)보다 높은 경우에는 직전의 가격으로 호가할 수 있다. 유가증권시장업무규정은 그 밖에도 uptick rule의 예외가 인정되는 경우를 상세하게 규정하고 있다(§18(2)).

차입총잔고를 공제한 수치이므로(令§208-2(3)) 공매도 해당여부를 결정할 때에는 "보유"의 의미를 어떻게 이해할 것인지가 중요하다. 자본시장법은 보유를 민법상의 소유에 구애받지 않고 그것을 실질적으로 정의하고 있다. 결제위험의 판단에는 소유권이란 형식보다는 인도가능성이란 실질이 더 중요하다는 점에서 자본시장법의 실질적 태도는 합리적이라고 평가된다.

(3) 공매도로 보지 않는 경우

자본시장법은 법적으로는 "소유하지 아니하"지만 경제적 이해관계가 있고 결제위험이 낮다고 판단되는 다음 경우에는 공매도로 보지 않는다고 규정함으로써 (§180(2)) 보유하는 것으로 보고 있다.

① 증권시장에서 매수계약이 체결된 상장증권을 해당 수량의 범위에서 결제일 전에 매도하는 경우

② 전환사채·교환사채·신주인수권부사채 등의 권리 행사, 유·무상증자, 주식배당 등으로 취득할 주식을 매도하는 경우로서 결제일까지 그 주식이 상장되어 결제가 가능한 경우

③ 그 밖에 결제를 이행하지 아니할 우려가 없는 경우로서 시행령으로 정하는 경우[104)]

---

104) 위 ③과 관련하여 시행령은 다음의 경우를 정하고 있다(令§208(3)).

1. 매도주문을 위탁받는 투자중개업자 외의 다른 보관기관에 보관하고 있거나, 그 밖의 방법으로 소유하고 있는 사실이 확인된 상장증권의 매도
2. 상장된 집합투자증권의 추가발행에 따라 받게 될 집합투자증권의 매도
3. 상장지수집합투자기구의 집합투자증권의 환매청구에 따라 받게 될 상장증권의 매도
4. 증권예탁증권에 대한 예탁계약의 해지로 취득할 상장증권의 매도
5. 대여 중인 상장증권 중 반환이 확정된 증권의 매도
6. 증권시장 외에서의 매매에 의하여 인도받을 상장증권의 매도
7. 제1항 제1호부터 제4호까지의 증권을 예탁하고 취득할 증권예탁증권의 매도
8. 그 밖에 계약, 약정 또는 권리 행사에 의하여 인도받을 상장증권을 매도하는 경우로서 증권시장업무규정으로 정하는 경우

위 8과 관련하여 한국거래소 유가증권시장업무규정은 공매도로 보지 않는 거래를 나열하고 있으나 다음 한 가지 경우를 제외하고는 법과 시행령에 제시한 경우를 그대로 나열하고 있다(§17(1) 단서). 회원이 호가를 하는 날의 장종료후 시간외시장에서 상장증권을 매수하기로 위탁자와 약정한 경우로서 해당 수량 범위에서의 상장증권의 매도((III)(아)).

5. 차입공매도로 볼 수 있는 경우

(1) 차입의 시기에 관한 해석

자본시장법상 차입공매도는 "차입한 상장증권으로 결제하고자 하는 매도"를 말한다. 여기서 차입의 시기와 관련해서는 두 가지 해석이 가능할 것이다. ① 하나는 주문시점에 이미 차입이 완료될 것을 요구한다는 해석이고 ② 다른 하나는 주문시점에는 차입이 완료되지 않았더라도 결제시점 전에 차입을 완료하여 당해 증권으로 결제하면 된다는 해석이다. ①의 해석에 따르면 거래당사자는 주문시점을 기준으로 이미 차입으로 인하여 증권의 소유권을 확보하고 있으므로 사실 결제위험의 면에서는 실매도의 경우와 차이가 없다. 반면에 ②의 해석에 따르면 결제위험이 존재하게 된다. 차입공매도를 예외적으로 허용하는 자본시장법 규정의 의의를 살리기 위해서는 차입공매도를 결제위험을 수반하는 경우도 포함하도록 넓게 파악하는 ②의 해석을 따르는 것이 합리적이다. ②의 해석을 따르면 주문시점에는 아직 차입이 완료된 것이 아니므로 매도자에게 소유권을 인정할 수 없다. 따라서 결제위험이 수반되기 때문에 앞서 살펴본 것과 같은 규제의 필요도 인정된다. 선진 입법례는 공매도와 관련하여 모두 다소의 결제위험을 용인하고 있다.[105] 따라서 투자중개업자에게 결제위험의 확인의무를 부과하는 것은 선진국의 공매도규제에서 보편적으로 발견되는 특징이라고 할 수 있다. 이처럼 선진국들이 공매도와 관련하여 다소의 결제위험을 용인하는 이유는 뒤에 살펴보는 공매도의 순기능을 높이 평가하기 때문이라고 할 수 있다. 문제는 어느 정도의 결제위험을 수용할 것인가라고 할 것인데 이는 각국의 규제당국이 정책판단에 따라 선택할 문제이다.

(2) 자본시장법상 차입과 차입계약의 시점[106]

위 ②의 해석에 따르면 극단적으로 매도주문 시점이 아니라 결제 시점 직전에 차입계약을 체결하고 그 이행을 완료하여 결제를 마치는 식의 공매도도 가능할 것이다. 그러나 그러한 공매도는 실제로 결제위험이 클 뿐 아니라 무차입공매도와 다

105) 원대성, "공매도 관련 규제에 대한 주요 위반 사례 연구 - 주식차입계약 확정 여부를 중심으로 -," 상사법연구 제44권 제2호(2025), 501면, 512~514면.

106) 전게논문은 바로 이 문제를 집중적으로 다루고 있다.

를 바 없으므로 허용하기 어려울 것이다. 자본시장법 시행령은 투자중개업자에게 "결제가 가능한지를 확인"하고 "공매도에 따른 결제를 이행하지 아니할 염려가 있는 경우에는" 수탁을 거부해야 한다고 규정하고 있다(令§208(2)(I)). '결제의 가능 여부'나 '결제 불이행의 염려'는 모두 추상적인 개념이어서 그 문구만으로는 어느 정도의 결제위험이 수용될 수 있는지 반드시 명확하지 않다. 금융감독원은 가이드라인에서 차입공매도의 경우 "매도주문 이전에 차입하거나 차입계약이 확정된 경우만 소유한 주식으로 인정"하고 그렇지 않은 경우에는 모두 무차입공매도에 해당한다고 밝히고 있다.[107] 즉 위 ①의 해석과 같이 매도주문 시에 차입의 완료까지 요구하는 것은 아니지만 적어도 매도주문 전에 차입계약을 "확정"할 것을 요구하고 있다.[108] 가이드라인에 따르면 "'차입계약의 확정'이란 대여자와 차입자 간 차입종목, 수량, 수수료율, 결제일과 같이 대차계약의 필수적 조건이 구체적으로 확정된 단계를 의미하며, 차입 수량 등 계약의 구체적 내용이 추후 결정되는 계약의 경우 해당 내용이 최종 확정되는 시점부터 계약이 성립되는 것으로 해석"한다.

(3) 감독원의 해석에 대한 의문

그러나 이러한 감독원의 해석에 대해서는 의문이 있다. 결제위험과 관련하여 관건은 결제시점 전까지 실질적으로 차입이 완료되는 것이 확실시되는지 여부이지 차입계약의 형식적인 성립여부는 아닐 것이기 때문이다. 예컨대 매도주문시점에 정식으로 차입계약이 체결되지 않은 상태지만 매도자가 예약완결권을 갖는 차입의 예약이 체결된 경우라면 결제위험의 관점에서는 차입계약의 "확정"이 있다고 인정해도 무방할 것이다. 나아가 보다 근본적으로 자본시장법에 명시적인 근거가 없음에도 불구하고 규제당국이 차입공매도의 범위를 결제위험이란 실질적 개념 대신 차입계약이란 형식적인 개념을 기준으로 확정하는 것의 타당성에도 의문이 있다.[109] 미국, EU, 일본 등 선진국은 모두 공매도 규제와 관련하여 차입계약이란 형

107) 금감원(자본시장감독국), 공매도 통합 가이드라인(2025), 4면. 이 가이드라인의 연원은 2009년의 공매도 관련 업무처리 가이드라인이라고 한다. 원대성, 전게논문, 517면.

108) 또한 금융투자협회의 모범규준(§4(1))도 차입공매도의 경우 "해당 주문의 제출 이전에 해당 상장증권이 차입되어 있거나 차입계약이 확정되어 있어야 한다"고 함으로써 위 가이드라인과 유사한 기준을 채택하고 있다.

109) 원대성, 전게논문, 518면(주 45)은 금감원 가이드라인의 태도를 지지하면서도 "형벌 및 과징금 등 실질적 제재를 수반하는 규제의 판단 기준이 법령상 명확히 규정되어 있지 않다는 점은 죄형

식적 개념과 아울러 "locate요건"이라는 보다 융통성 있는 개념을 채택하고 있다. locate요건[110]은 매도자와 증권회사가 거래대상인 증권을 사전에 '사실상' 확보함으로써 결제위험을 최소화할 것을 요구하는 것이라는 점에서 차입계약을 요구하는 우리 규제당국의 방침과 구별된다.[111] 또한 이들 선진국에서는 차입공매도의 범위를 판단하는 기준을 정식의 법령에 명기하고 있다는 점도 우리나라의 규제태도와 차이가 있다.

6. 공매도 규제의 위반에 대한 제재

(1) 행정제재

금융위는 위법한 방법으로 공매도를 하거나 그 주문을 위탁 또는 수탁한 자에 대하여 공매도 주문금액 범위 내에서 과징금을 부과할 수 있다(§429-3(1)).[112] 다만 수탁한 자에 대한 과징금 부과는 당해 위반행위에 대해서 고의 또는 중대한 과실이 있는 경우에 한한다(§430(1)). 또한 동일한 위반행위로 벌금을 부과받은 경우에는 과징금을 취소하거나 벌금에 상당하는 금액의 전부 또는 일부를 과징금에서 제외할 수 있다(§429-3(3)). 금융위는 공매도규제를 위반한 금융투자업자에 대해서 업무정지 등의 제재를 가할 수 있다(§420(3), [별표1] §§177-177-4). 실제로 2024년에는 외국계 금융기관에 대해서 거액의 과징금이 부과된 사례가 있다.[113]

(2) 형사제재

2021년 자본시장법은 불법공매도에 대해서 형벌을 부과할 수 있도록 개정되었다. 그리하여 이제 위법한 방법으로 공매도를 하거나 그 위탁 또는 수탁을 받은 자는 1년 이상의 유기징역 또는 부당이득액의 4배 이상 6배 이하에 상당하는 벌금에 처할 수 있다(§443(1)(x)). 이는 시세조종이나 내부자거래에 대한 법정형과 같

법정주의 및 법적 명확성 원칙과의 충돌 여지"가 있음을 인정한다.

110) 지금은 폐지된 2009년의 공매도 관련 업무처리 가이드라인(4면)에서는 'locate'는 'blanket assurance'를 포함한다고 명시하였다.

111) 우리와 유사한 공매도규제체제를 갖추고 있는 일본에서도 차입계약 대신 일종의 locate요건을 채택하고 있다.

112) 과거에는 과태료 부과대상에 불과했으나 2021년 개정으로 과징금과 형벌의 부과가 가능하게 되었다.

113) 이들 사례에 관한 상세한 서술로는 원대성, 전게논문, 520~534면.

은 것으로 자본시장법상 가장 높은 수준의 처벌에 해당한다. 그러나 공매도규제의 위반을 과연 내부자거래나 시세조종과 같은 정도로 엄격하게 처벌할 필요가 있는가에 대해서는 의문이 없지 않다.[114]

(3) 자율규제상의 제재

거래소는 회원이나 그 임직원이 공매도규제를 위반한 경우에는 제명, 거래정지, 회원제재금의 부과 등의 제재조치를 취할 수 있다(시장감시규정 §§21(ii), 22(1)).

제3절 시장질서교란행위

Ⅰ. 서설

앞서 살펴본 내부자거래, 시세조종, 부정거래행위는 형사처벌의 대상이므로 법문을 엄격하게 해석할 수밖에 없다. 그러므로 시장질서를 교란하여 자본시장의 건전성을 훼손하는 행위임에도 법문상으로는 이들 불공정거래의 요건을 충족하지 못하여 처벌할 수 없는 경우가 발생한다. 특히 부각된 문제점으로는 다음과 같은 것들을 들 수 있다. ① 직무관련성이 없이 부정한 방법으로 정보를 취득한 자가 처벌대상에서 벗어남, ② 내부자거래에서 제2차 정보수령자 이후의 수령자가 처벌대상에서 제외됨, ③ 외부정보 이용자에 대한 처벌의 한계, ④불공정거래가 형사처벌의 대상이므로 엄격한 증명이 요구되고 특히 시세조종의 경우 목적과 같은 주관적 요건의 증명이 어려움. 그리하여 자본시장법은 2014년 영국과 EU의 시장남용행위(market abuse)규제를 참고하여 "시장질서교란행위"라는 새로운 유형의 불공정거래를 도입하였다(§178-2).[115] 기존 불공정거래의 경우와 달리 시장질서교란행위에 대해서는 형벌 대신 원칙적으로 5억원 이하의 과징금을 부과할 수 있다(§429-2(4)).

114) 2024년 검찰은 처음으로 홍콩 소재 투자은행 등에 대해서 불법공매도를 이유로 기소한 바 있다.

115) 시장질서교란행위규정의 입법과정에 대해서는 이정수, "시장질서교란행위 규정의 입법론적 재검토," 증권법연구 제24권 제1호(2023), 93면, 102~107면. 특히 입법과정에서 제재의 중심이 검찰에 의한 형사제재에서 금융위에 의한 행정제재로 이전하는 것을 우려한 법무부의 저항을 지적한다.

자본시장법은 시장질서교란행위를 기존의 불공정거래에 흡수시켜 일원적으로 규정하는 대신 기존 불공정거래와 구별되는 구성요건을 가진 별도의 행위유형을 규정하는 이원적 규제체계를 채택하고 있다.[116] 자본시장법상 시장질서교란행위는 '정보이용형'(§178-2(1))과 '시세조종형'(§178-2(2))의 두 가지로 나누어 규정한다.

Ⅱ. 정보이용형 시장질서교란행위

1. 시설

정보이용형 시장질서교란행위는 기존 내부자거래규제의 미비점을 보완하기 위하여 도입된 것이다. 기존 내부자거래규제의 미비점으로는 다음과 같은 것들이 지적된다.

① 행위주체와 관련하여 기존 규정은 회사내부자를 중심으로 구성되고 있어 외부자에 의한 외부정보의 이용을 규제하는데는 한계가 있다. 또한 2차 이후의 정보수령자가 규제대상에서 제외되고 있다.

② 대상증권과 관련하여 기존 규제는 상장법인(상장예정법인 포함)이 발행한 "특정증권 등"으로 제한되고 있다.

③ 대상정보와 관련하여 원칙적으로 시장정보나 정책정보와 같은 외부정보가 포함되고 있지 않다.

자본시장법상 정보이용형 시장질서교란행위에 관한 규정(§178-2(1))은 이러한 행위주체, 대상증권, 대상정보를 대폭 확대함으로써 기존 내부자거래규정(§174)의 한계를 보완하고 있다.

2. 행위주체

(1) 자본시장법상의 행위주체

자본시장법은 정보이용형의 행위주체를 다음과 같이 규정한다(§178-2(1)).

① 제174조의 각항 각호의 어느 하나에 해당하는 자로부터 나온 미공개중요정보 또는 미공개정보인 점을 알면서 이를 받거나 전득한 자

116) 2원적 규제체계의 문제점에 대해서는 이정수, 전게논문, 108~109면.

② 자신의 직무와 관련하여 정보를 생산하거나 알게 된 자

③ 해킹, 절취, 기망, 협박, 그 밖의 부정한 방법으로 정보를 알게 된 자

④ 위 ②나 ③에 해당하는 자로부터 나온 정보인 정을 알면서 이를 받거나 전득한자

(2) 제174조에 해당하는 자로부터 나온 정보를 받거나 전득한 자

대상이 되는 정보는 제174조의 각항 각호의 어느 하나에 해당하는 자로부터 나온 "미공개중요정보 또는 미공개정보"이다. "미공개중요정보"는 제174조 제1항의 "업무등과 관련된 미공개중요정보," 즉 내부정보를 말하고 "미공개정보"는 제174조 제2항과 제3항의 "공개매수실시 또는 중지에 관한 정보"와 "대량취득·처분의 실시 또는 중지에 관한 정보"를 말한다. 그 정보를 받은 자는 물론이고 전득한 자도 포함한다. 다만 지나치게 확대적용되는 것을 피하기 위하여 그 정보의 출처에 대한 인식을 요한다.

(3) 직무와 관련하여 정보를 생산하거나 알게 된 자

먼저 정보생산자는 회사와의 일정한 관계가 요구되지 않으므로 공개매수자나 대량취득·취득자 뿐 아니라 일반적인 외부자도 모두 정보생산자에 포함한다. 다만 자신의 직무와의 관련성이 요구되므로 정보에 접근할 수 있는 우월적 지위가 있는 경우에만 정보생산자로 인정할 수 있을 것이다. 보다 중요한 것은 직무와 관련하여 정보를 알게 된 자이다. 직무가 반드시 '발행회사'의 직무에 한정되지 않으므로 이 범주에는 실로 넓은 범위의 당사자가 포함될 수 있다.[117)]

(4) 해킹 등 부정한 방법으로 정보를 알게 된 자

직무관련성이 없더라도 해킹, 절취, 기망, 협박, 기타의 부정한 방법으로 정보를 알게 된 자도 규제대상에 포섭된다. 이런 경우에 발생하는 정보의 격차도 불공정한 것이라는 점에서 제재의 대상으로 삼는 것은 수긍할 수 있다.[118)] 다만 "부정

117) 국회, 법원, 행정부의 공무원은 물론이고 금감원, 거래소, 협회, 금융회사의 임직원 등이 모두 포함된다. 구체적인 사례에 대해서는 김/정, 558면.

118) 구태여 일반적인 내부자거래로 형사처벌하지 않는 것은 그 정보격차가 자본시장에 대한 신뢰를 손상시킬 정도로 구조적인 것이 아니기 때문으로 판단된다.

한 방법"을 요하기 때문에 정보를 우연히 사무실을 지나가다 들은 대화로부터 얻은 경우와 같이 부정성을 인정할 수 없는 경우는 이에 포함되지 않는다고 할 것이다.

(5) 위 (3)이나 (4)에 해당하는 자로부터 나온 정보인 정을 알면서 이를 받거나 전득한 자

제174조에 해당하는 자뿐 아니라 위 (3)이나 (4)에 해당하는 자로부터 정보를 받거나 전득한 자도 행위의 주체가 될 수 있다. "받거나 전득한"이란 문언상 의식적인 정보제공행위가 전제된다고 볼 것이다.119) 또한 이 경우에도 정보의 출처에 대한 인식을 요한다.

3. 대상정보

자본시장법은 이러한 행위주체가 이용하는 정보가 소정의 중요성과 미공개성의 요건을 모두 충족할 것을 요한다(§178-2(1)(ii)).

(1) 중요성

내부자거래에서의 정보는 "투자자의 투자판단에 중대한 영향을 미칠 수 있는 정보"일 것을 요함(§174(1))에 비하여 정보이용형 시장질서교란행위에서의 정보는 "지정 금융투자상품의 매매등 여부 또는 매매등의 조건에 중대한 영향을 줄 가능성이 있을 것"을 요한다. 양자의 표현에는 다소 차이가 있으나 "투자자의 투자판단에 중대한 영향을 미칠 수 있는 정보"는 결국 합리적인 투자자가 당해 증권의 매수, 보유, 처분 여부를 결정할 때 중요한 가치가 있는 정보, 즉 당해 증권의 가격에 중대한 영향을 미칠 수 있는 사실이고(대법원 1995.6.29. 선고 95도467 판결) 증권의 가격은 매매등의 중요한 조건에 해당한다는 점에서 양자 사이에 실질적인 차이는 없을 것이다.

위에서 행위주체에 직무와 관련하여 정보를 생산하거나 알게 된 자가 포함되고 있다는 점에서 이용대상인 정보에는 회사정보뿐 아니라 외부정보도 일반적으로 포함될 수 있다. 따라서 외국인투자자의 주문정보 등 증권의 수요와 공급 및 시장

119) 따라서 정보제공자의 의식적인 제공행위가 없으면 이 경우에 해당한다고 볼 수 없을 것이다. 김/정, 559면에서와는 다른 견해를 취한다.

사정에 관한 시장정보는 물론이고 금융투자상품의 가격에 영향을 줄 수 있는 금리나 외환에 관한 정책정보도 포함될 수 있다.

(2) 미공개

정보는 "투자자들이 알지 못하는 사실에 관한 정보로서 불특정 다수인이 알 수 있도록 공개되기 전일 것"을 요한다. 여기서의 미공개요건은 내부자거래의 경우와 차이가 있다. 먼저 공개방법과 관련하여 내부자거래에서의 정보는 "대통령령으로 정하는 방법에 따라 불특정 다수인이 알 수 있도록 공개되기 전의 것"이라고 하여 (§174(1)) 공개의 방법과 주지기간을 명시하고 있지만 정보이용형 시장질서교란행위의 경우에는 그러한 제한이 없다. 나아가 내부자거래의 정보는 미공개성만을 요하는 것에 비하여 정보이용형의 경우에는 "투자자들이 알지 못하는 사실에 관한 정보"일 것이 요구된다. 그리하여 신문보도 등을 통해서 투자자에게 이미 알려진 사실인 경우에는 미공개성을 충족하지 않아서 시장질서교란행위에 해당하지 않게 된다.

4. 대상상품

대상상품인 "지정 금융투자상품"은 내부자거래의 경우와는 달리 상장증권(제174조상 상장예정법인이 발행한 증권을 포함) 외에 장내파생상품과 이들을 기초자산으로 하는 파생상품까지 포함한다. 다만 투자계약증권 등 일부 유통가능성이 없는 것으로 인정되는 불완전증권의 경우는 시장질서교란행위규정의 적용과 관련해서는 증권으로 보지 않으므로(§4(1)단서) 대상상품이 될 수 없다.

5. 금지행위

금지되는 행위는 "[지정금융투자상품]의 매매, 그 밖의 거래("매매등")에 이용하거나 타인에게 이용하게 하는 행위"이다. 내부자거래의 경우와 마찬가지로 정보이용형은 대상정보가 "매도거래를 하게 된 유일한 요인이어야만 성립하는 것이 아니라 이 사건 매도거래를 하게 된 요인 중 하나인 것만으로도 충분히 성립 가능"하다 (서울행정법원 2021.6.18. 선고 2020구합60079 판결(확정)).

자본시장법은 ① "투자자 보호 및 건전한 시장질서를 해할 우려가 없는 행위로서" 시행령이 정한 행위와 ② 불공정거래행위는 금지대상에서 제외하고 있다. ①과

관련하여 시행령은 상세한 규정(§207-2)을 두고 있다. 그에 의하면 정보를 알기 전에 체결한 거래에 따른 권리의 행사나 의무의 이행, 법령이나 정부의 명령에 따른 매매 등은 금지대상에서 제외된다. 한편 ②와 관련해서 장내파생상품의 정보이용행위(§173-2(2)), 내부자거래(§174), 부정거래행위(§178)가 성립하는 경우에는 시장질서교란행위에서 제외한다.

Ⅲ. 시세조종형 시장질서교란행위

1. 서설

자본시장법은 "누구든지 상장증권 또는 장내파생상품에 관한 매매등과 관련하여" 다음과 같은 시세조종형 행위를 하는 것을 금지한다(§178-2(2)). ① 허수호가, ② 가장매매, ③ 통정매매, ④ 풍문의 유포나 거짓 계책의 이용 등. 시세조종형은 제176조의 시세조종의 문제점을 보완하기 위하여 도입한 행위유형으로 목적요건을 제외하거나 변경함으로써 집행의 편의를 도모하고 있다. 이하 위의 행위유형을 차례로 살펴본다.

2. 허수호가형

허수호가는 "거래 성립 가능성이 희박한 호가를 대량으로 제출하거나 호가를 제출한 후 해당 호가를 반복적으로 정정·취소하여 시세에 부당한 영향을 주거나 줄 우려가 있는 행위"이다.[120] "거래 성립 가능성," "대량," "반복," "부당한 영향을 주거나 줄 우려"와 같이 해석의 여지가 큰 개념이 다수 사용되고 있기 때문에 구체적으로 어떠한 경우가 이에 해당하는지는 결국 사안별로 판단할 수밖에 없을 것이다. 특히 시장조성자나 유동성공급자와 같이 가격변동에 따라 호가의 취소와 정정을 반복할 수밖에 없는 행위주체에 대해서는 보다 완화된 기준을 적용해야 할 것이다.[121]

120) 법에서는 '호가'라는 용어를 사용하고 있는데 금융감독당국은 고객이 허수'주문'을 내는 행위도 시장질서교란행위에 해당하는 것으로 보고 있다. 이에 대한 비판으로는 박준/한민, 1104~1105면.

121) 2021년 금감원은 일부 증권사가 시장조성주문을 빈번하게 정정·취소하였다는 이유로 시장질서교란행위에 따른 거액의 과징금부과를 사전통보한 바 있으나 2022년 증선위는 시장조성자의 의무이행에 수반되는 리스크 관리 등을 위해서는 시세변동에 대응한 호가의 정정·취소가 불가피한 측면이 있으며 그 비중이 외국에 비하여 높은 수준이 아니라는 등의 이유를 들어 시장질서교란행

3. 가장매매형

가장매매형 교란행위는 "권리의 이전을 목적으로 하지 아니함에도 불구하고 거짓으로 꾸민 매매를 하여 시세에 부당한 영향을 주거나 줄 우려가 있는 행위"를 말한다(§178-2(2)(ii)). 기본적 행위요건은 시세조종에서의 가장매매(§176(1)(iii))와 같지만 목적요건을 요구하고 있지 않은 대신 "시세에 부당한 영향을 주거나 줄 우려가 있[을]" 것을 요구한다는 점에 차이가 있다. 이처럼 시세영향요건을 추가한 것은 범위가 불필요하게 확대되는 것을 피하기 위한 것이다.

4. 통정매매형

통정매매형 교란행위는 "손익이전 또는 조세회피 목적으로 자기가 매매하는 것과 같은 시기에 그와 같은 가격 또는 약정수치로 타인이 그 상장증권 또는 장내파생상품을 매수할 것을 사전에 그 자와 서로 짠 후 매매를 하여 시세에 부당한 영향을 주거나 영향을 줄 우려가 있는 행위"를 말한다(§178-2(2)(iii)). 그 기본적 행위요건은 시세조종에서의 통정매매(§176(1)(i))와 동일하다. 시세영향요건을 추가한 것은 가장매매형의 경우와 같지만 가장매매형의 경우와는 달리 목적요건을 부과한다. 다만 시세조종에서의 통정매매의 경우와는 달리 오인목적 대신 "손익이전 또는 조세회피 목적"을 부과하고 있다. 가장매매형의 경우와 달리 목적요건을 부과한 것은 통정매매형 거래는 경제적 합리성을 인정할 수 있는 경우가 있기 때문이다. 따라서 손익이전이나 조세회피의 목적이 없다면 일응 경제적 합리성이 있는 것으로 보았다고 판단할 수 있다.

5. 기타 유형

위의 유형은 모두 행위요건이 비교적 구체적이다. 자본시장법은 기타의 교란행위를 포섭하기 위해서 다음과 같이 포괄적인 교란행위 유형을 포함시키고 있다. "풍문을 유포하거나 거짓으로 계책을 꾸미는 등으로 상장증권 또는 장내파생상품의 수요·공급 상황이나 그 가격에 대하여 타인에게 잘못된 판단이나 오해를 유발하거나 상장증권 또는 장내파생상품의 가격을 왜곡할 우려가 있는 행위"(§178-

---

위에 해당되지 않는다고 의결하였다.

2(2)(iv)). 이 유형의 교란행위의 행위요건은 제176조의 시세조종보다는 제178조의 부정거래행위, 그 중에서도 제2항의 요건과 유사하다. 거짓의 계책은 제178조 제1항 제1호의 "부정한 수단"보다는 제178조 제2항의 "위계"에 근접하는 것으로 볼 것이다. 부정거래행위의 경우와는 달리 목적요건이 없다는 점에서 그 적용범위가 넓어질 가능성이 있다.[122] 법문상 수급이나 가격에 대한 오판이나 오해를 유발하거나 가격을 왜곡할 우려가 있을 것이 요구되지만 그것을 증명하는 것은 큰 부담이 아닐 것으로 판단된다.

삼성증권 착오배당 사건

부정한 수단의 사용에 해당하는지 여부가 문제된 유명한 사례로 2018년 삼성증권 착오배당사건을 들 수 있다. 사안에서 문제된 것은 삼성증권이 직원계좌로 현금배당 대신 주식을 잘못 배당하였는데 일부 직원이 잘못 입력된 가상의 주식에 대해서 매도 주문을 내서 거래가 체결된 행위였다. 법원은 다음과 같이 판시하며 "부정한 수단"에 해당함을 긍정하였다(서울남부지방법원 2019.4.10. 선고 2018고단3255 판결).[123]

"피고인들은 위 주식이 실제로 존재하지 않음을 충분히 인식하고 있었고, 허용된 무차입공매도를 제외한다면 실제로 확보하고 있지 않은 주식을 매도하는 것은 법령상 허용되지 않는 행위인 점, 피고인들의 대량 주문이 시장의 수급에 현저한 영향을 미쳐 주가가 급락하였고, 그에 따라 잘못된 판단으로 주식을 추격 매도한 일반 투자자들이 있는 등 주식시장 참가자들 사이의 공정한 경쟁을 해한 것이고, 선의의 투자자들에게 손해가 전가된 점을 모두 감안하면, … '부정한 수단'에 해당한다."

한편 삼성증권 착오배당과 관련하여 검사가 부정거래행위에 해당된다고 보면서도 기소유예하였으나 금융위가 직원들에게 과징금을 부과하자 당해 직원들이 과징금부과처분 취소소송을 제기하였다. 법원은 시장질서교란행위에서 부정거래행위 등을 제외한 자본시장법규정(§178-2(2)단)을 근거로 부과처분을 취소하며 다음과 같이 판시하였다(서울고등법원 2021.8.18. 선고 2020누62077 판결).[124]

---

122) 2023년 증선위는 Citadel Securities라는 미국계 증권회사의 알고리즘 거래가 시장질서교란행위에 해당한다는 이유로 118.8억원의 과징금을 부과한 바 있다. 금융당국이 시세조종 대신 시장질서교란행위를 적용한 것은 알고리즘 거래의 경우 유인목적을 증명하기 어렵다는 점을 고려한 조치로 판단된다.

123) 다만 매도주문에 불과하여 유인목적까지 인정할 수 없다는 이유로 위계의 성립은 부정하였다.

124) 대법원은 그 판시를 그대로 지지하였다. 대법원 2022.2.1. 선고 2021두50215 판결. 이처럼 처음부터 비난가능성이 덜하다고 평가하여 형사처벌 대신 과징금을 부과한 직원에 비하여 형사처벌대상이 되었던 직원 쪽이 과징금을 면하는 가벼운 제재를 받게 된 문제상황을 해결하기 위한 방안에 대해서는 이정수, 전게논문, 115~121면.

"다만, 이와 같이 해석하게 되면, 예컨대 자본시장법 제178조의2 제2항 위반행위자에 대하여 자본시장법 제176조 또는 제178조 위반으로 기소유예 불기소처분이 이루어진 경우에 실질적인 형벌이 부과되지 않았음에도 과징금 부과처분까지 피하게 되어 형평에 부합하지 않는 결과가 초래된다고 볼 여지가 있다. 입법자 역시 과징금 제외 대상에 기소유예 불기소 처분까지 포함할 의도가 있었다고는 보이지 않는다. 그러나 자본시장법 제178조의2 제2항 단서는 '그 행위가 제176조 또는 제178조에 해당하는 경우는 제외한다.'라고만 되어 있다. 위 단서조항이 정하고 있는 과징금 제외대상을 제176조 또는 제178조 위반의 점에 관하여 형벌이 부과된 경우로 한정하는 것은 그 문언의 가능한 의미를 벗어나 부자연스럽다. 더구나 침익적 행정처분의 근거가 되는 행정법규의 경우에는 문언에 따라 엄격하게 해석하여야 할 필요성이 크고, 입법취지와 목적 등을 고려한 목적론적 해석이 전적으로 배제되는 것은 아니라고 하더라도 문언의 통상적인 의미를 벗어나 그 행정행위의 상대방에게 불리한 방향으로 해석해서는 아니 된다(대법원 2017.5.30. 선고 2015두48884 판결; 대법원 2008.2.28. 선고 2007두13791·13807 판결 등 참조)는 침익적 제재규정의 엄격해석의 원칙에 비추어 보더라도 위 단서조항을 원고에게 불리하게 해석하는 것은 바람직하지 않다. 또한 이 사건 행위가 자본시장법 제178조 제1항 제1호에서 금지하고 있는 부정거래행위에 해당하는 이상, 검사의 기소유예 불기소 처분이라는 우연한 사정에 의하여 자본시장법 제178조의2 제2항의 적용 여부가 달라진다고 볼 수는 없다."

제4절 불공정거래에 대한 예방 및 규제

Ⅰ. 총설

불공정거래의 효과적 규제를 위해서는 법규정의 정비에 못지않게 집행의 실효성을 확보하는 것이 중요하다. 실제로는 법규정의 정비보다 집행이 더 어려울 수 있다. 우리나라에서 불공정거래규제가 본격적으로 시작된 것은 1988년 당시 증권감독원에 조사업무 전담부서가 신설된 때부터라고 할 수 있다. 이하에서는 불공정거래규제의 집행(enforcement)에 대해서 살펴본다.

최근 5년간(2019-2023) 금융감독원의 불공정거래조사사건의 처리현황에 따르면 처리건수는 총 576건으로, 매년 약 100여 건을 처리하고 있다. 이 가운데 미공개정보이용행위가 82건, 시세조종행위 70건, 부정거래행위 124건, 시장질서교란행위(공매도위반 포함) 123건으로 나타나고 있다.

[표 Ⅸ-2] 불공정거래 조사사건 처리 현황[125] (단위: 건)

연도	부정거래	시세조종	내부자 거래	대량보유/ 소유상황보고 위반	시장질서교란행위(공매도위반포함)	무혐의	합계
2019	24	21	23	16	12	33	129
2020	28	17	12	8	6	23	94
2021	12	10	18	10	14	16	80
2022	21	8	16	8	42	24	119
2023	39	14	13	16	49	23	154
합계	124	70	82	58	123	119	576

금감원: 2023 연차보고서(2024) 144면.

Ⅱ. 금융투자업자의 내부통제

불공정거래의 효과적 규제를 위해서는 일단 발생한 불공정거래를 사후적으로 규제하는 것에 못지않게 그것을 사전적으로 예방하는 것이 중요하다. 불공정거래의 사후적 처리에는 감독당국이 나설 수밖에 없겠지만 사전적 예방에는 금융투자업자의 역할이 중요하다. 금융투자업자는 직무상 미공개정보에 일상적으로 접하기 때문에 내부자거래의 유혹을 받기 쉬울 뿐 아니라 시세조종과 같은 불공정거래행위의 진행을 사전에 인식하거나 심지어 그에 가담할 수 있는 위치에 있다.[126]

금융투자업자가 불공정거래의 주체가 되는 경우 그에 따른 처벌을 받는 것은 당연하다. 예컨대 투자매매업자나 투자중개업자가 통정매매나 가장매매를 위탁하거나 수탁하는 행위는 시세조종으로 처벌될 수 있다(§176(1)(iv)). 나아가 자본시장법은 투자매매업자나 투자중개업자가 고객이 불공정거래를 하려는 것을 알면서도 거래를 위탁받는 행위와 금융투자상품의 매매, 그 밖의 거래와 관련하여 투자자의 위법거래를 감추어 주기 위하여 부정한 방법을 사용하는 행위는 모두 금지한다(§71(vii), 令§68(5)(vi), (vii)).[127] 법문상의 "알고"라는 문언을 고려하면 단순히 불

125) 동일 사건에 다수의 혐의 유형이 있는 경우 중한 유형으로 분류

126) 최근 인터넷거래의 확산으로 투자자가 금융투자업자 직원을 통하지 않고 직접 주문할 수 있게 되어 과거에 비해서 고객의 불공정거래를 인식할 수 있는 기회가 줄어든 것은 사실이다.

공정거래의 의심이 있는 것에 불과한 경우에는 이 규정을 적용할 수 없을 것이다. 그러나 이러한 해석으로 인하여 투자매매업자나 투자중개업자가 투자자의 주문에 대해서 알고자 하지 않게 되는 것은 바람직하지 않다. 따라서 이론적으로는 투자매매업자나 투자중개업자는 투자자의 주문이 불공정거래에 해당하는지를 확인할 의무가 있다고 해석하는 것이 타당할 것이다. 입법론으로는 금융투자업자에게 이러한 확인의무 외에도 불공정거래 통제장치를 갖추기 위하여 노력할 의무를 부과하고 객관적으로 불공정거래의 의심이 있는 거래가 있으면 내부담당부서(준법감시인)를 통해서 금융당국에 신고하는 체제를 갖추게 하는 것이 바람직할 것이다.

Ⅲ. 거래소의 역할

1. 시장감시위원회의 이상거래심리 및 회원감리

불공정거래에 대한 사전 예방이 실패하여 불공정거래가 발생한 경우에는 그에 대한 적절한 규제조치를 취할 필요가 있다. 그러한 조치는 자율규제기관인 거래소와 감독당국이 함께 담당하고 있다. 양자의 분업관계에서 제1선을 담당하는 것이 거래소이고 제2선을 담당하는 것이 감독당국이라고 할 수 있다. 거래소에서 불공정거래의 규제를 담당하는 것은 시장감시위원회("시감위")이다. 시감위는 이상거래심리 및 회원감리권을 갖는다(§377(viii); 令§355).[128]

2. 이상거래

이상거래는 "다자간매매체결회사에서의 증권의 매매거래를 포함한 증권시장이나 파생상품시장에서 불공정거래행위규제(§§174, 176, 178, 178-2, 180)를 위반할 염려가 있는 거래 또는 행위"로서 다음에 해당하는 경우를 말한다(§377(viii); 令§355(1)전단).[129]

① 증권 또는 장내파생상품 매매품목의 가격이나 거래량에 뚜렷한 변동이 있

127) 위반한 자에 대하여는 1억원 이하의 과태료를 부과한다(§449(1)(xix)).

128) 심리와 감리는 금감원의 조사와 검사에 해당하는 개념이다(§437(5)).

129) 이상거래의 심리 또는 회원감리 중에 발견된 대량보유보고나 단기매매차익반환, 주식등 소유상황보고, 장내파생상품관련 정보이용행위규제(§§147, 172, 173, 173-2(2))를 위반할 염려가 있는 거래 또는 행위는 이상거래로 본다(§377(viii), 令§355(1)후단).

는 경우

② 증권 또는 장내파생상품 매매품목의 가격 등에 영향을 미칠 수 있는 공시·풍문 또는 보도 등이 있는 경우

③ 그 밖에 증권시장 또는 파생상품시장에서의 공정한 거래질서를 해칠 염려가 있는 경우

3. 심리와 감리업무

거래소는 거래소시장에서 이상거래의 혐의가 있다고 인정되는 경우나 회원이 시장질서교란행위규제를 위반하는지를 확인하기 위한 경우에는 금융투자업자에게 서면으로 관련자료의 제출을 요청하거나, 회원에 대하여 그와 관련된 업무, 재산상황 등을 감리할 수 있다(§404(1)). 거래소는 위와 같은 심리나 감리를 위해 필요한 경우에는 회원에 대하여 보고, 자료제출 또는 관계자의 출석·진술을 요청할 수 있다(§404(2)). 위와 같은 요청이나 요구를 거부하거나 감리에 협조하지 않는 경우 거래소는 시장감시규정에 따라 회원자격정지나 증권·장내파생상품의 매매거래를 제한할 수 있다(§404(3)). 거래소는 이상거래의 심리와 회원감리의 결과 불공정거래혐의를 알게된 경우에는 금융위에 통보해야 한다(§426(6)).

Ⅳ. 증선위의 조사 및 조치

1. 의의

자본시장법 위반행위에 대한 조사권은 원칙적으로 금융위에 속하지만 불공정거래행위에 대해서는 증선위가 조사권을 갖는다(§426(1)). 그러나 실제 조사업무는 금감원장에게 위임하고 있다.[130]

2. 조사의 단서

불공정거래에 대한 조사는 주로 전술한 거래소의 통보(§426(6))로부터 시작된다. 물론 투자자 제보나 기획조사의 결과 불공정거래를 적발하는 경우도 있으나 인력부족 등의 이유로 거래소가 통보한 사실을 추적하는 것이 조사의 큰 줄기를 이루

130) 이에 관하여는 "자본시장조사업무규정"과 "단기매매규정"이 상세히 정하고 있다.

어왔다. 근래에는 불공정거래의 신고에 대한 포상금 제도를 확충함으로써 신고에 따른 조사가 확대될 것으로 기대된다.

3. 예비조사

불공정거래에 대한 증거가 불충분한 경우에는 혐의자에 대한 본격적인 조사 전에 불공정거래혐의 계좌의 추출, 자금 및 증권의 입출현황 파악 및 분류, 자금 및 증권의 이동상황 추적을 통한 계좌주의 실체파악 등 예비조사를 하는 것이 보통이다.[131]

4. 본조사

예비조사의 결과 불공정거래의 혐의가 인정되면 증선위(실제로는 감독원)는 조사를 위하여 위반행위혐의자와 기타 관계자에게 ① 조사사항에 관한 사실과 상황에 대한 진술서의 제출, ② 조사사항에 관한 진술을 위한 출석, ③ 조사에 필요한 장부·서류, 그 밖의 물건의 제출을 요구할 수 있다(§426(2)).[132] 이러한 요구에 불응하는 자는 3년 이하의 징역 또는 1억원 이하의 벌금에 처한다(§445(xlviii)). 이러한 처벌은 불공정거래 자체에 대한 처벌보다는 훨씬 약하기 때문에 과거에는 불공정거래의 조사에 한계가 있었다. 그러나 자본시장법은 증선위의 조사권한을 대폭 강화하였다. 증선위는 불공정거래행위의 조사에 필요한 경우 장부·서류 등의 영치, 관계자의 사무소 등의 출입을 통한 업무·장부 등의 조사를 할 수 있다(§426(3)). 또한 증선위는 위반혐의자를 심문하거나 물건의 압수나 사업장의 수색도 할 수 있다(§427).

5. 조치

증선위는 조사결과 불공정거래를 적발하면 검찰에 고발하고 행정조사의 한계

131) 금감원이 이와 같은 광범위한 계좌추적을 할 수 있는 것은 실명법상 계좌명의인의 동의 없이 금융거래정보를 확인할 수 있는 예외에 따른 것이다(금융실명거래 및 비밀보장에 관한 법률 §4(1)(iv)(가)).

132) 증선위는 조사에 필요하다고 인정되는 경우 금융투자업자와 금융투자업관계기관 및 거래소에 대해서도 사용목적과 조사대상 금융투자업자와 거래기간 등을 기재한 서면으로 조사에 필요한 자료의 제출을 요구할 수 있다(§426(4), 슈§375).

로 증거를 확보하지 못하면 수사기관통보 등의 조치를 취한다. 증선위는 다양한 제재조치를 취할 수 있지만 위반사실이 경미하면 경고나 주의에 그칠 수도 있다(§426(5), 令§376(1)(xi)). [표 Ⅸ-3]에서 보는 바와 같이 과반수의 사건을 고발이나 통보로 처리하고 있다.

[표 Ⅸ-3] 불공정거래 조사 사건 조치 현황[133]

연도	고발·통보	과징금·경고 등	단기매매차익 반환	합계[134]
2019	75	18	3	96
2020	60	10	1	71
2021	43	19	2	64
2022	44	50	1	95
2023	72	58	1	131
합계	294	155	8	457

금감원: 2023 연차보고서(2024) 145면.

그러나 고발·통보된 사건이 모두 기소에 이르는 것은 아니고 검찰기소사안에 대한 처벌도 그렇게 엄격하지는 않다. 2023년 대법원 양형위원회 보고서에 의하면 양형기준이 적용된 불공정거래 관련자 25명중 실형이 선고된 것은 3명에 불과하고 나머지는 모두 집행유예가 선고되었다.[135]

신고의 유도를 위한 포상금제도

불공정거래행위는 보통 은밀히 이루어지므로 관련자의 신고나 제보 없이는 적발이 어렵다. 자본시장법은 불공정거래행위 등 법위반행위에 대한 신고와 제보를 유도하기 위하여 한편으로는 신고로 인한 불이익을 방지하고 다른 한편으로는 인센티브를 제공하고 있다. ① 불이익방지와 관련해서는 불공정거래행위 등을 증선위에 신고하거나 제보한 자는 신분의 비밀을 보장할 뿐 아니라 신고자가 소속된 조직이 신고자에게 불이익 조치를 취하는 것을 금지한다(§435(4), (5)).[136] ② 인센티브 제공과 관련하여

133) 동일 사건에 다수의 조치 유형이 있는 경우 중한 유형으로 분류.

134) 조사사건 처리 건수 중 무혐의 제외.

135) 대법원 양형위원회, 연간보고서(2023.4.27.-2024.4.26.), 421면(보고서에서는 불공정거래 대신 자본시장의 공정성 침해 범죄라는 용어가 사용됨).

136) 다만 신고자 등이 신고내용이 거짓임을 알았거나 알 수 있었음에도 신고한 경우 자본시장법상 보호를 받지 못한다(§435(6)).

증선위는 금감원장이 신고자에게 30억원 범위 내에서 포상금을 지급할 수 있게 하고 있다(§435(8), 令§384(8)).

신고행위를 유도하는데 특히 효과적인 것은 포상금이다.[137] 포상금은 신고가 "불공정거래행위등의 적발이나 그에 따른 조치에 도움이 되었다고 인정하는 경우에" 금융위가 정하는 기준에 따라 지급된다(令§384(8)). 포상금의 지급대상과 지급기준 등에 대해서는 "단기매매차익 반환 및 불공정거래 조사·신고 등에 관한 규정"("단기매매규정")이 규정한다(§§37-41). 포상금을 받기 위해서는 신고·제보내용이 "불공정거래행위 등을 비교적 용이하게 발견하고 특정할 수 있어야" 하지만, "불공정거래행위 등의 요건에 맞게 완결성 또는 자족성을 갖출 필요는 없고 특정인의 불공정거래행위 등과 관련이 있고 조사의 단서가 되는 사실을 알리는 것으로 충분"하다(대법원 2017.7.18. 선고 2014두9820 판결). 금융위에 의하면 정부예산으로 지급하게된 2024년 2월부터 12월 말까지 6건의 포상금 지급안이 의결되었고 총 지급액은 1억 9,440만원에 달한다고 한다.[138] 이에 비하여 미국 SEC는 2024년 47명의 신고자에게 2억5천5백만 달러[139]를 지급했다고 한다.[140]

자진신고자 감면제도

자본시장법은 불공정거래규제를 위반한 자의 법집행에 대한 협조를 유도하기 위한 이른바 '리니언시제도'(자진신고자 감면제도)를 운영하고 있다. 자본시장법은 그 규제를 위반한 행위자가 "수사기관에 자수[증선위에 자진신고한 경우 포함]하거나 수사·재판절차에서 해당 사건에 관한 다른 사람의 범죄를 규명하는 진술 또는 증언이나, 그 밖의 자료제출행위 또는 범인검거를 위한 제보와 관련하여"부과될 형이나 과징금을 감경 또는 면제할 수 있다고 규정한다(§448-2).[141]

금융감독원의 '자본시장특별사법경찰'(특사경)

금감원은 2019년 자본시장범죄를 전담하는 수사조직으로 특사경을 설치하였다. 특사경은 자본시장·회계 담당 부원장 직할 부서로서 금융감독원, 검찰, 금융위에서 파견된 특별사법경찰관리로 구성된 조직으로 검찰 및 금융위원회 등 관계기관과 협력하여 불공정거래 수사업무를 담당하고 있다.

137) 특히 미국에서는 신고(whistleblowing)를 촉진하는 것에 대한 관심이 높다.
138) 금융위 보도자료, '24년 자본시장 불공정거래신고 포상금 지급실적(2024.12.24.).
139) 1달러 1,400원으로 환산하면 3,570억원에 상당한다.
140) https://www.sec.gov/files/fy24-annual-whistleblower-report.pdf(2025.10.22. 확인).
141) 최근의 하급심판결에서는 리니언시제도의 부작용이 언급된 바 있다. 서울남부지방법원 2025.10.21. 선고 2023고합481 판결(카카오-SM시세조종사건).

제10장 금융투자상품시장

제1절 서설

Ⅰ. 유통시장과 거래시스템

1. 자본시장법상의 금융투자상품시장: 증권시장과 파생상품시장

금융투자상품시장은 글자 그대로 금융투자상품이 거래되는 시장을 말한다. 자본시장법은 이를 "증권 또는 장내파생상품의 매매"를 하는 시장으로 정의한다(§8-2(1)).[1] 금융투자상품시장은 거래대상인 금융투자상품의 종류에 따라 '증권시장'과 '파생상품시장'으로 나뉜다. 증권시장은 기업이 발행한 증권을 투자자가 최초로 취득하는 '발행시장'과 투자자들이 보유하는 증권을 거래하는 '유통시장'으로 나눌 수 있다. 파생상품시장도 개념상으로는 발행시장과 유통시장으로 나눌 수 있지만 현실적으로 그 구분은 증권시장의 경우에 중요한 의미를 갖는다. 이하에서는 주로 증권시장을 중심으로 논의를 진행한다.

1) 따라서 장외파생상품이 거래되는 시장은 적어도 자본시장법상의 금융투자상품시장으로 볼 수는 없다.

2. 발행시장과 유통시장

증권의 발행시장과 유통시장 중에서 기업의 자금조달과 관련이 큰 쪽은 발행시장이다. 그러나 일반투자자의 관점에서는 유통시장 쪽이 훨씬 더 중요하다. 또한 유통시장은 발행시장의 성장을 뒷받침하는 토대로서도 중요하다. 발행시장에서 취득한 증권을 후일 유통시장에서 쉽게 처분할 수 없다면 애초에 공모자체를 원만하게 추진할 수 없을 것이다. 실제로 유통시장의 규모는 발행시장에 비할 수 없을 정도로 크다. 이하에서는 증권의 유통시장에 초점을 맞추어 설명하기로 한다.

3. 유통시장과 금융투자업자

유통시장에서 증권거래는 다양한 모습으로 전개된다. 가장 단순한 형태는 매도인과 매수인 사이의 '직접거래'(상대매매)라고 할 수 있다. 이러한 직접거래는 민법상의 일반 매매(§563)에 해당하는 것으로 서로 반대되는 수요를 가진 매도인과 매수인의 교섭을 통해서만 성립할 수 있다는 점이 한계이다. 매도인과 매수인 사이에서 거래의 성립을 돕는 기능을 수행하는 자가 바로 중개인이다. 중개는 여러 형태로 일어날 수 있는데 거래의 체결을 돕는 사실행위만을 하는 경우(좁은 의미의 중개)도 있지만 대리인이나 위탁매매인(브로커 broker)으로서 법률행위를 행할 수도 있다. 현행 자본시장법상으로는 이들은 모두 '투자중개업자'(§6(3))에 해당하지만 특히 중요한 것은 브로커이다. 브로커는 자신의 명의로 거래함으로써 거래의 법적 효과를 귀속받지만 타인(투자자)의 계산으로 거래하기 때문에 투자위험을 부담하진 않는다. 매매의 위탁을 받은 브로커는 타인과 거래하는 것이 보통이지만 우연히 동시에 반대의 위탁도 받은 경우에는 쌍방의 위탁을 연결시켜 거래를 성립시킬 수도 있다(내부주문집행(internalization)).[2] 실제로 대형 브로커의 경우 이러한 내부주문집행의 가능성이 높아질 것이다. 내부주문집행의 비중이 높은 브로커는 기능면에서 거래소에 접근하게 된다.

반면에 브로커와 달리 타인의 계산으로 거래하는 것이 아니라 자신이 투자위

---

2) 과거 자본시장법은 거래소거래를 위탁받은 경우에는 반드시 거래소에서 체결하도록 하였기 때문에(§68) 내부주문집행의 여지가 없었다. 그러나 거래소 허가제(§373-2)와 함께 다자간매매체결회사의 증권시장 개설을 허용하는 것(§8-2(5))을 계기로 거래소체결의무가 최선집행의무로 변경됨에 따라 내부주문집행의 여지가 생겨났다.

험을 부담하는 업자는 '자기매매업자'(딜러 dealer)라고 부른다. 자본시장법상 이들은 투자매매업자(§6(2))에 해당한다. 딜러가 특정종목의 증권을 전문적으로 거래하는 경우에는 그 증권의 유동성이 증가하고 딜러는 시장기능을 수행하게 된다. 이러한 딜러를 특별히 '시장조성자'(market maker)라고 부른다. 시장조성자는 자신의 매수호가(bid)와 매도호가(ask)를 동시에 제시하며 투자자들의 거래에 응하게 되는데 매수호가와 매도호가의 차액을 '스프레드'(spread)라고 한다. 시장조성자는 스프레드를 통해서 수입을 얻지만 스프레드가 낮을수록 시장의 효율성이 높은 것으로 평가되고 있다.

다른 의미의 시장조성자

우리나라에서 시장조성자란 용어는 위와 같은 의미와는 다른 의미로 사용되기도 한다. 먼저 시장조성자는 거래소 유가증권시장 업무규정(§20-9)에 따라 거래소와 시장조성계약을 체결하고 거래소가 유동성이 낮다고 판단하여 지정한 주식종목에 대해서 시장에 유동성을 공급하는 자(유동성공급자)를 가리키기도 한다. 시장조성자로 참여하는 증권회사는 정규 장시간에 매수·매도 양방향으로 일정 금액 이상의 의무 호가 수량을 지속적으로 제출하여 스프레드를 일정 수준으로 유지하고 시세의 급격한 변동을 방지하는 기능을 수행한다. 이처럼 의무호가를 제출하여 일정 수준의 스프레드를 유지하는 과정에서 시장조성자는 호가를 매우 빠른 시간 내에 정정·취소하는 행위를 반복하는 경우가 흔히 있고 그것이 외관상 시세조종이나 시장질서교란행위에 해당하는 것처럼 보이기도 한다.[3)]

또한 시장조성자는 공모증권의 수요·공급을 일정기간 조성하는 업무(§176(3)(ii))를 수행하는 자를 가리키는 의미로 사용되기도 한다.[4)]

---

3) 2021년 금감원은 반복적인 호가의 정정·취소행위가 시장질서교란행위에 해당한다는 이유로 다수의 증권회사에 과징금을 부과하는 내용의 조치사전통보를 행한 바 있다. 그러나 증선위는 당해 시장조성자의 호가 정정·취소행위는 리스크관리상 불가피한 측면이 있다는 등의 이유를 들어 시장질서교란행위에 해당하지 않는다고 의결하였다.

4) 기업공개 시의 시장조성에 관해서는 제4장 제5절 Ⅲ.4.

Ⅱ. 거래소와 새로운 거래체결시스템

1. 거래소의 탄생과 발전

과거 이들 중개인은 거래의 편의를 위하여 일정한 시간에 일정한 장소에 모여 증권을 거래하였다. 이런 거래는 처음에는 커피샵 같이 다수가 모여 거래하기 편한 장소에서 행해졌다. 차츰 이런 장소는 '거래소'(exchange)라는 공식적 조직으로 발전하게 되었다.[5] 당초 장소적 개념으로 출발한 거래소는 공간의 한계 때문에라도 한정된 수의 회원들만이 거래할 수 있는 회원제조직으로 운영되었다. 그리고 거래대상으로 적합한 종목을 선별하는 '상장'이란 절차도 생겨났다.

거래소는 오늘날 선진 자본주의국가에서는 단순히 증권거래의 체결장소를 넘어서 자본주의를 뒷받침하는 핵심적인 금융인프라로 자리잡고 있다. 거래의 체결에서 청산, 결제, 지수 및 시장정보의 제공에 이르기까지 자본시장의 다양한 영역에서 중추적인 역할을 수행하고 있다. 이곳에서는 거래의 체결에 초점을 맞추어 살펴보기로 한다.

2. 주문중심시장과 호가중심시장

거래소에서의 거래는 다수의 매수주문과 매도주문을 거래소가 정한 규칙에 따라 연결시킴으로써 거래를 체결시키는 경매방식으로 행해지는 것이 보통이다. 통상 이러한 시장을 '주문중심시장'(order-driven market)이라고 한다. 주문중심시장은 투명성과 공정성은 앞서지만 주문이 감소하는 경우 유동성이 떨어지는 것이 한계이다. 그러한 한계를 보완할 수 있는 것이 바로 딜러가 주도하는 '호가중심시장'(quote-driven market)이다. 호가중심시장은 특정 종목을 전문으로 거래하는 딜러가 매도와 매수호가를 동시에 계속 제시하면서 거래하는 시장이다. 호가중심시장은 증권의 유동성을 확보하고 수급의 변화로 인한 가격의 급격한 변동을 예방할 수 있다는 것이 장점이다. 우리 거래소를 포함해서 대부분의 거래소는 주문중심시장

5) 거래소의 연원을 7세기 무렵의 중국 唐시대, 그리고 14세기 베니스나 피렌체와 같은 이태리 도시에서 찾기도 하지만 근대적 의미의 거래소는 17세기 초 암스테르담 증권거래소에서 시작되었다고 보는 것이 보통이다. Johannes Petry, Exchanges: Infrastructures, Power, and Differential Organization of Capital Markets, in The Cambridge Global Handbook of Financial Infrastructure (Carola Westermeier외 편저 2025) 167, 168.

으로 출발했지만 현재는 다소간 시장조성자의 참여가 행해지고 있어 혼합형시장(hybrid market)에 해당하는 경우가 많다. 예외적으로 미국의 나스닥시장은 호가중심시장으로 출발하였으나 현재는 주문중심거래시스템도 병존한다는 점에서 혼합형시장으로 분류된다.

3. 새로운 거래체결시스템의 출현

과거 증권거래는 중개인들이 물리적으로 한자리에 모여 실행할 수밖에 없었다. 그러나 정보통신기술의 비약적 발전에 따라 거래체결에 반드시 물리적인 공간을 요하지 않게 되었다. 현재의 거래소는 거래주체들이 직접 모여 거래를 체결하는 장소, 즉 '플로어'(floor) 대신 컴퓨터에 기반한 거래체결시스템이 중심을 이룬다. 이처럼 공간이 아닌 IT기술에 기반한 거래시스템이 핵심요소로 자리 잡음에 따라 전통적인 거래소뿐 아니라 증권업자를 비롯한 다양한 주체가 운영하는 거래시스템이 출현하게 되었다. 이런 거래시스템은 공적 성격이 강한 거래소와 달리 특정업체의 소유라는 의미에서 "사설거래시스템"(Proprietary Trading System: PTS)이라고 불리거나 전자통신기술에 의존하는 점에 착안하여 "전자증권거래네트워크"(Electronic Communication Network: ECN)라고 불리기도 한다. 그 밖에 "대체거래시스템"(Alternative Trading System: ATS)이나 "다자간거래시스템"(multilateral trading facility: MTF)이란 명칭도 널리 사용된다. 자본시장법이 도입한 다자간매매체결회사(§8-2(5))는 MTF의 영향을 받은 용어라고 할 것이다.

이런 거래시스템은 거래체결비용을 절감하고 주문정보의 비밀유지를 원하는 기관투자자의 수요를 충족한다는 점에서 기존 거래소보다 앞선 측면이 있다. 반면에 거래시스템의 출현으로 시장이 다원화됨에 따라 가격의 단일성이 깨짐으로써 시장의 비효율을 초래할 위험이 있다. 자본시장법은 이러한 거래시스템을 포섭하는 개념으로 다자간매매체결회사를 채택하여 거래소와 함께 금융투자상품시장으로 규제하고 있다.

Ⅲ. 거래체결시스템에 대한 일반론

1. 규제의 필요성

유통시장의 기능으로는 일반적으로 ① 증권의 유통성 확보와 ② 가격발견기능의 2가지를 든다. ①은 증권에 대한 투자촉진을 위하여 필요하다. 거래체결시간 단축, 가격의 공정성 확보, 거래비용의 최소화 등은 모두 유통성을 높이기 위한 수단이다. 또한 증권가격은 비단 거래의 당사자에게만 중요한 것이 아니라 일반 투자자의 투자결정을 돕고 나아가 자원배분에 영향을 준다는 점에서 ②의 가격발견기능도 중요하다.

이처럼 중요한 기능을 지닌 유통시장에 대해서 정부가 관심을 갖고 영향을 미치고자 하는 것은 당연한 일이다. 실제로 정부가 거래소(내지 거래체결시스템)를 직접 운영할 수도 있고 그러한 사례도 없지 않다.[6] 그러나 정부의 지원이 필요하다고 해서 반드시 정부가 거래소의 운영주체가 되어야 하는 것은 아니다. 대부분 정부는 직접 거래소를 운영하기보다는 거래소의 발전에 필요한 여건을 제공하고 그 운영을 감독하는데 그치고 있다.[7] 유통시장에 관해서 정부가 추구할 구체적 정책목표로는 미국의회가 SEC에 제시한 다음 5가지가 가장 대표적이다. ① 증권거래의 효율적인 체결, ② 공정경쟁, ③ 투명성, ③ 최고의 시장에 대한 투자자의 접근, ⑤ 딜러를 거치지 않고 투자자의 주문을 체결할 수 있는 기회. 위 ①-③이 효율성과 관련된 것이라면 나머지 ④와 ⑤는 투자자 보호를 위한 것으로 볼 수 있다.

2. 경쟁과 독점

거래체결시스템의 규제와 관해서는 두 가지 상반된 요구가 존재한다. ① 하나는 '경쟁'의 요구이고 ② 다른 하나는 '통합'의 요구이다. 먼저 거래소 간의 경쟁은 운영주체의 창의와 노력을 촉진함으로써 비용절감 등 거래소의 효율을 높인다. 반면에 경쟁을 도입하면 '시장의 분할'(fragmentation)이 초래되어 같은 종목의 증권

6) 중국의 상해거래소가 그 대표적인 예이다.

7) 이는 미국 의회가 SEC에 전국시장시스템(National Market System)의 발전을 "촉진하되 설계해서는 아니된다"고 명한 점과 일맥상통한다. Jonathan R. Macey and Maureen O'Hara, "Regulating Exchanges and Alternative Trading Systems: A Law and Economics Perspective," Journal of Legal Studies Vol. 28, 1999, p. 28.

이 동시에 다른 시장에서 거래되는 현상이 생겨나게 된다. 이들 시장 사이에 가격의 차이가 발생하게 되면 유통시장의 가격발견기능이 저해된다. 그렇다고 해서 가격발견기능만을 중시하여 시장의 통합을 추구한다면 독점의 폐해가 발생한다는 점에서 일종의 딜레마를 피할 수 없다.

미국에서는 원칙적으로 거래시스템의 자유로운 개설과 경쟁을 허용하는 한편, 가격발견기능을 높이기 위해서 이들 거래시스템간의 연결을 제도화함으로써 실질적으로 시장통합과 같은 결과를 거두려고 노력하고 있다.[8] 이와 반대의 태도를 취하는 나라로는 우리나라를 꼽을 수 있다. 당초 자본시장법은 거래소로서 한국거래소만을 규정하는 한편 '유사시설금지원칙'을 선언함으로써 거래소 독점체제를 법제화하였다. 시장발전의 초기단계에서는 시장육성의 효율성이란 관점에서 그런 독점체재가 긍정적인 면이 없지 않았을 것이다. 그러나 경쟁의 여지를 계속 부정하는 정책에 대해서는 비판도 많았다. 그리하여 2013년 개정 시에 태도를 전환하여 '거래소 허가제'(§373-2)를 채택하고 다자간매매체결회사의 시장개설을 허용(§8-2(5))하는 한편 과거의 유사시설금지원칙을 무허가시장개설금지원칙(§373)으로 대체하였다. 마침내 2023년 최초의 다자간매매체결회사로 '넥스트레이드'가 예비인가를 받고 2025년 3월부터 운영을 시작함으로써 유통시장에서도 경쟁시대가 열리게 되었다.

Ⅳ. 자본시장법상의 유통시장

1. 자본시장법상 유통시장의 기본구조

자본시장법은 거래체결시스템과 관련하여 먼저 금융투자상품시장을 정의한 후 이어서 다자간매매체결회사를 정의한다. 금융투자상품시장은 "증권 또는 장내파생상품의 매매를 하는 시장"을 말한다(§8-2(1)). 자본시장법은 "금융위원회의 허가를 받아 금융투자상품시장을 개설하는 자"를 거래소라고 규정하고(§8-2(2)) "거래소가 개설하는 금융투자상품시장"을 거래소시장이라고 부른다(§8-2(3)).

거래소시장은 ① "증권의 매매를 위하여 거래소가 개설하는 시장"인 증권시장과 ② "장내파생상품의 매매를 위하여 거래소가 개설하는 시장"인 파생상품시장으

8) 뉴욕증권거래소와 나스닥이 압도적이지만 각 지역마다 거래소가 있다. 또한 앞서 본 바와 같이 다양한 거래체결시스템이 거래소와 경쟁하고 있다.

로 구분된다(§8-2(4)). 따라서 자본시장법상 증권시장과 파생상품시장은 거래소가 개설한 시장만을 의미한다. 한편 자본시장법의 법문상 금융투자상품시장은 거래소가 개설주체가 아닌 시장, 즉 거래소시장이 아닌 것도 존재한다. 그런 시장을 운영하는 것이 바로 다자간매매체결회사이다. 다자간매매체결회사는 "정보통신망이나 전자정보처리장치를 이용하여 동시에 다수의 자를 거래상대방 또는 각 당사자로 하여 경쟁매매 등의 매매가격의 결정방법으로 증권시장에 상장된 주권, 그 밖의 매매체결대상상품의 매매 또는 그 중개·주선이나 대리 업무를 하는 투자매매업자 또는 투자중개업자"를 말한다(§8-2(5)). 이처럼 경쟁매매를 통한 가격발견기능이 인정된다는 점에서 다자간매매체결회사가 운영하는 대체거래시스템은 완전한 의미의 시장으로 볼 수 있다.

2. 장내시장과 장외시장

유통시장은 '장내시장'과 '장외시장'으로도 나눌 수 있다. 일반적으로 장내와 장외는 거래소를 기준으로 구분하지만 우리나라에서는 다자간매매체결회사가 운영하는 시장도 금융투자상품시장으로 본다는 점에서 금융투자상품시장을 기준으로 구분한다고 볼 것이다. 장내시장이 정규시장이라면 장외시장은 비정규시장이다.

(1) 장내시장

장내시장은 거래소시장과 대체거래시스템으로 구분된다. 거래소는 증권시장이나 파생상품시장별로 둘 이상의 시장을 개설할 수 있다(§386). 현재 거래소는 ① 유가증권시장, ② 코스닥시장, ③ 코넥스시장을 운영하고 있다. ① 유가증권시장이 보다 성숙한 대기업을 겨냥한 시장이라면 ② 코스닥시장은 신성장기업을 겨냥한 시장이다. 그러나 두 시장은 거래체결방식이나 자율규제내용에서는 거의 차이가 없다. 한편 ③ 코넥스시장은 "한국거래소가 중소기업기본법 제2조에 따른 중소기업이 발행한 주권 등을 매매하기 위하여 개설한 증권시장"으로 코스닥시장에 가기 전 단계의 중소기업과 벤처기업을 위한 시장이다(令§11(2); 규정§2- 2-3(1)). 코넥스시장도 증권 매매를 위하여 거래소가 개설한 시장이라는 점에서 자본시장법상 증권시장에 해당한다.[9)]

9) 코넥스시장은 거래소와 상장적격성심사를 분담하고 상장기업에 대한 정보생성기능을 수행하는 지

[표 X-1] 유가증권시장과 코스닥시장의 차이점[10]

구분	유가증권시장	코스닥시장
시장성격	우량기업중심	중소, 벤처기업 중심
상장기업*	835개	1,698개
상장시가총액*	2,239조원	428조원
투자주체	외국인투자자, 기관투자자	개인투자자
투자금 확보	외국인투자자, 기관투자자를 바탕으로 높은 투자금 확보 용이	투자금 확보 유가증권시장보다 불리
상장요건	코스닥시장보다 까다로운 외형요건	성장성 기업 상장을 위해 완화된 외형요건 Track 다수 존재
우리사주조합	공모주식의 20% 우리사주조합 배정 의무	공모주식의 20%까지 우리사주조합 배정 가능
상장심사절차	① 사전협의 제도를 통해 돌발 Issue 최소화 ② 상대적으로 신속한 심사 기간	① 유가증권시장보다 까다로운 질적심사 ② 최근 심사 지연(45영업일 이상) 빈번
시장의 안전성	시장 안정성 상대적으로 높음	주가변동성이 유가증권시장보다 높음
시장의 관심도	대기업 및 유니콘 기업에 대한 관심도 높음	성장성이 높은 기업에 대한 관심도 높음
해외영업 강화	해외에서의 인지도 및 대외 신인도 향상으로 영업 환경 개선 가능	유가증권에 비해 해외에서의 인지도 낮음

* 2024년 3월 31일 기준

(2) 장외시장

비정규시장인 장외시장은 금융투자상품시장, 즉 거래소시장과 대체거래시스템 이외의 시장을 말한다. 장외시장은 증권회사의 창구를 통해서 거래가 이루어지는 이른바 '점두(店頭)시장'(over-the-counter market: OTC market)[11]과 당사자 사이에 직접거래가 이루어지는 직접거래시장으로 나눌 수 있다. 증권회사를 통하지 않는 직접거래시장은 그다지 비중이 크지 않으므로 장외시장은 주로 증권회사의 개입으로 조성되는 점두시장을 가리키는 의미로 사용된다. 장외시장으로 대표적인 것은 한국금융투자협회가 운영하는 K-OTC가 있다.[12] K-OTC는 상장 준비 중인 기업, 중소기업, 스타트업 등을 비롯한 비상장기업 주식을 거래할 수 있는 장외시

정자문인제도를 두고 있는 것이 특징이다.

10) KB증권 내부자료에 최소한의 수정을 가한 것임.

11) 업계에서 사용되지 않는 일본식 용어이지만 적절한 용어가 없어 잠정적으로 사용한다.

12) 한때 프리보드시장으로 불린 적도 있다.

장이다.[13)]

제2절 거래소에 대한 규제

Ⅰ. 서설

1. 거래소의 일반적 정의

거래소는 금융투자상품의 거래시스템 중에서 가장 포괄적인 서비스를 제공하는 곳이다. 당초 거래소는 전문적인 브로커들이 거래를 위해 집결하는 장소적 개념으로부터 출발하였다. 제한된 공간이 수용할 수 있는 브로커 수가 한정되었을 뿐 아니라 원활한 거래를 위해서는 상대방의 신뢰성이 확보되어야 한다는 고려에 따라 회원제를 택하게 되었다. 또한 거래대상으로 적합한 종목을 선별하는 절차로서 상장이란 개념도 생겨났다. 이처럼 거래소는 역사적인 우연의 산물로 볼 수 있다. 각자의 환경요인에 따라 자생적으로 생성된 거래소를 한마디로 정의하기는 어렵다. 초기에는 "정부의 감독하에 실시되는 상인들의 회동"이라는 식으로 외형상 특징에 따라 정의하기도 했다.[14)] 미국의 1934년 증권거래소법은 거래소를 "증권의 매도인과 매수인을 결집시켜 통상적으로 이해되는 증권거래소가 행하는 기능을 수행하는 시설"(§3(a)(1))이라고 정의한다. 여기서 "통상적으로 이해되는 증권거래소의 기능"이 갖는 의미가 모호한 것이 사실이다. 그러나 일반적으로 거래소는 뉴욕증권거래소(NYSE) 같은 것을 의미하였고 달리 그러한 기능을 수행하는 시스템도 없던 시대에는 특별히 이 정의가 문제를 낳지도 않았다.

일부 학자들은 거래소를 그 기능에 주목하여 다음 3가지 요소로 정의하고 있다.[15)] ① 거래소는 증권의 유통을 위하여 조직화된 시장이다. 따라서 단순히 주가정보를 전달하는 데 그치는 시스템은 거래소에서 제외된다. ② 거래소는 적정한 유

---

13) 주식의 매매주문은 증권회사를 통해 이루어지며 청산기능은 한국예탁결제원이 수행한다. K-OTC 시장에 등록된 기업들에 대해서는 일정 수준의 공시의무가 부과된다.

14) Johannes Köndgen, "Ownership and Corporate Governance of Stock Exchanges," Journal of Institutional and Theoretical Economics Vol. 154, 1998, p. 225.

15) Köndgen, 전게논문, 227.

동성, 정보효율성, 최소의 거래비용이란 특징을 지닌 시장에서 증권의 매매가 공정한 가격으로 이루어지도록 촉진하기 위하여 고안된 것이다. ③ 거래소는 그 시장의 참여자뿐 아니라 다른 시장의 참여자를 위해서도 가격정보를 생성한다. 이러한 기능상 정의에 의하면 흔히 거래소의 특징으로 지적되는 거래체결의 보장, 중개인의 개입, 이용의 제한 등은 본질적 요소가 아닌 부수적 요소에 불과하다. 법에서 거래소를 정의하는 이유는 결국 규제대상을 명확히 하기 위해서이다. 원론적으로 거래소는 법적 규제가 필요한 거래시스템을 전부, 그리고 그것만을 포섭하도록 정의해야 할 것이다. 따라서 거래소를 제대로 정의하기 위해서는 먼저 거래소의 기능에 대해서 살펴볼 필요가 있다.

2. 거래소의 기능

일부 학자는 거래소가 수행하는 기능을 다음 4가지로 정리한다.[16] ① 증권거래가 일어나는 장을 제공함으로써 유통성을 높인다. ② 증권거래가 공정하게 일어날 수 있도록 시장을 감시한다. ③ 표준적인 거래규정을 마련하여 투자자의 거래비용을 감소시킨다. ④ 어느 정도 수준에 도달한 기업만을 상장시킴으로써 다른 기업과 상장기업을 구분하는 '시그널'(signal)기능을 수행한다. 이들 중 가장 근본적인 기능은 ① 유통성의 제고라고 할 것이다. 나머지 기능도 모두 유통성과 다소간 관계가 있다. 특히 ③ 거래의 표준화는 유통성을 높이려면 필수적이기 때문에 거래소가 자발적으로 추구할 수 있다. ② 공정성 감시기능도 유통성과 밀접한 관련이 있다. 거래의 공정이 확보되지 않으면 투자자가 시장에 대한 신뢰를 잃어 거래가 위축될 것이기 때문이다. 거래량에 따라 수익이 증가하는 거래소에게는 시장의 위축은 결국 장기적으로 손해를 의미하기 때문에 자발적으로 감독에 나설 인센티브가 있다. 반면 거래소는 자칫 단기적인 시장활성화에 치중한 나머지 공정성을 위한 감시활동을 소홀히 할 인센티브도 적지 않다. 이 점이야말로 거래소에 대해서 공적 규제를 적용하는 근거라고 할 수 있다. 끝으로 ④ 시그널기능도 거래소의 이익과 부합하기 때문에 스스로 엄격한 상장기준을 적용할 인센티브가 있는 것이 사실이다. 반면에 단기적인 수수료 증대에 끌린 나머지 상장기준을 너무 낮출 우려도 없지 않다. 또한 위에 제시한 기능 중에는 앞서 언급한 가격발견기능이 빠져 있다. 가

16) Macey & O'Hara, 전게논문, 38.

격발견기능도 거래소에 대한 규제를 정당화하는 요소로 작용할 수 있다.

3. 거래소의 법적 정의

거래소 규제가 유통성의 제고와 가격발견기능을 위한 것이라면 규제의 필요성은 거래소의 규모에 비례하여 커질 것이다. 그러나 거래소를 정의할 때에는 일단 기능을 중심으로 하되 일정 규모에 미달하는 것은 대체거래시스템으로 규제하는 것이 적절할 것이다. 이론적인 관점에서 거래소는 "다수의 매도인과 매수인이 모여서 사전에 정해진 원칙에 따라 거래를 체결하는 시스템 중에서 가격발견기능이 있는 것"을 가리킨다. 자본시장법도 거래소를 "증권 및 장내파생상품의 공정한 가격형성과 그 매매, 그 밖의 거래의 안정성 및 효율성을 도모하기 위하여 금융위의 허가를 받아 금융투자상품시장을 개설하는 자"라고 하여 가격형성기능을 거래소의 기본적 요소로 인정하고 있다(§8-2(2)).

4. 일반설립방식과 거래소 규제

과거 우리나라에서는 규제법에서 단일한 특정 거래소의 설립만을 인정하는 특정설립방식을 택하였다. 그러나 현행 자본시장법에서는 거래소에 대해서 허가제를 도입하여 복수 거래소의 설립을 허용할 뿐 아니라 다자간매매체결회사에 대해서도 인가제를 채택하고 있다(일반설립방식).

Ⅱ. 거래소에 대한 규제

1. 거래소의 허가 - 무허가 시장개설 금지

자본시장법은 금융위의 허가 없이 금융투자상품시장을 개설하거나 운영하는 것을 원칙적으로 금지한다(§373). 예외는 다음 3가지 경우이다.

① 다자간매매체결회사가 다자간매매체결업무를 하는 경우(§78)

② 금융투자협회가 비상장주권의 장외매매거래를 하는 경우(§286(1)(v))

③ 그 밖에 거래소 외의 자가 매매체결업무를 수행하더라도 공정한 가격 형성 등에 문제가 없는 경우로 시행령(§354-2)으로 정하는 경우[17]

17) 시행령은 투자매매업자 또는 투자중개업자가 신주인수권증서를 매매 또는 그 중개·주선이나 대리

이상의 예외를 제외하고는 금융투자상품시장을 개설하거나 운영하려는 자는 시행령으로 정하는 시장개설 단위의 전부나 일부를 선택하여 금융위로부터 하나의 거래소허가를 받아야 한다(§373-2(1)). 자본시장법은 거래소의 허가요건으로 조직형태, 재무요건, 인적, 물적 요건, 이해상충방지체계 등의 사항을 규정하고 있다(§373-2(2)).[18]

2. 지배구조와 주식소유한도

(1) 지배구조

거래소는 주식회사 형태를 취하므로(§373-2(2)(i)) 지배구조에 관해서는 자본시장법에 달리 정함이 없는 한 원칙적으로 상법의 규정이 적용된다(§374). 거래소에는 이사장, 시장감시위원장 등을 포함하여 15인 이내의 임원을 둔다(§380(1)). 이들 임원들로 이사회를 구성하는데 이사회구성원의 과반수를 사외이사로 선임해야 한다(§381(1)). 이사장은 이사후보추천위원회의 추천을 받아 주주총회에서 선임한다(§380(3)). 과거와 달리 금융위가 승인권은 없지만 이사장이 직무수행에 부적합하다고 인정하는 경우에는 해임요구권이 있으므로(§380(4); 令§356(2)) 여전히 영향력이 없지 않다. 거래소는 감사 대신에 감사위원회를 둔다(§384).

(2) 주식소유한도

거래소에 대한 주식소유의 상한을 원칙적으로 5%로 제한한다(§406(1)).[19] 이는 자본시장의 인프라에 해당하는 거래소의 공공재적 성격을 유지하기 위한 제한이라고 할 수 있다. 여기서 주식의 소유는 실질적인 의미로 파악하여 신탁계약 등의 계약이나 법률규정에 따라 그 주식에 대한 의결권행사권한이나 그 의결권행사지시권을 갖는 경우, 특수관계인과 공동보유자(令§141(2), (3))가 주식을 소유하는

업무를 하는 경우(§176-8(4)(ii)), 채권중개전문회사가 증권시장 외에서 채무증권 매매의 중개업무를 하는 경우(§179), 종합금융투자사업자가 금융투자상품의 장외매매 또는 그 중개·주선이나 대리업무를 하는 경우(§77-6(1)(i)), 협회가 주권을 제외한 지분증권의 장외매매거래에 관한 업무를 하는 경우(§307(2)(v-2))를 예외로 추가하고 있다(令§354-2).

18) 거래소는 허가요건의 유지의무가 있고(§373-5), 유지의무를 위반하면 금융위가 허가를 취소할 수 있다(§411(1)(iii)).

19) 소유한도의 위반에 대해서는 의결권 행사의 제한이나 주식의 처분명령이 수반될 수 있다(§406(3), (4)).

경우 등도 포함하는 것으로 본다(§406(2); 令§366(2)).

3. 업무

(1) 서설

자본시장법은 거래소의 업무로 거래소시장의 개설·운영에 관한 업무를 비롯하여 다양한 업무를 열거한다(§377(1)). 그중 특히 중요한 것으로는 다음을 들 수 있다. ① 청산 및 결제업무((iii), (iv)), ② 증권의 상장에 관한 업무(v), ③ 상장법인의 신고·공시에 관한 업무(vii), ④ 이상거래의 심리 및 회원의 감리에 관한 업무(viii). 이하에서는 시장의 개설과 감시에 관한 업무에 대해서만 설명하고 나머지는 관계되는 곳에서 설명하기로 한다.

(2) 시장의 개설

거래소의 고유 업무는 시장개설업무이다(§377(1)(i)). 자본시장법은 거래소가 개설하는 시장을 증권시장과 파생상품시장으로 구분하고 있다(§8-3(4)). 현재 한국거래소는 증권시장으로서 유가증권시장, 코스닥시장, 코넥스시장, 그리고 파생상품시장을 개설·운영하고 있다.

(3) 시장감시 등

거래소는 이상거래심리와 회원감리업무를 수행한다(§377(1)(viii)). 그 업무를 위하여 거래소는 시장감시위원회(시감위)를 둔다(§402(1)). 시감위는 시장감시, 이상거래심리 및 회원감리, 회원이나 거래참가자에 대한 징계업무와 아울러(§402(1)) 분쟁조정도 담당한다(§405). 시감위는 독립성 확보를 위하여 이사인 시장감시위원장(§380(1)(iii))을 제외한 나머지 위원들은 금융위원장 등 외부기관이 추천한 외부인사로 구성하도록 하고 있다(§402(2)). 거래소는 이상거래와 관련하여 거래상황을 파악하거나 거래소규정의 위반여부를 확인할 필요가 있는 경우에는 금융투자업자에 대해서 자료제출을 명하거나 회원에 대해서 보고·자료제출·관계자출석 등을 요청할 수 있다(§404(1), (2)).[20]

---

20) 여기서 금융투자업자는 증권 또는 장내파생상품을 대상으로 금융투자업을 영위하는 투자매매업자 또는 투자중개업자를 말한다.

(4) 공공성 있는 업무와 거래소의 책무

거래소는 다양한 업무 중 "특히 공공성이 강조되는 업무"를 수행할 때 "법 또는 정관등에 따라 거래소시장에서 투자자를 보호하고 증권 및 장내파생상품의 매매를 공정하게 수행할 책무"를 진다(§373-7). 그러한 업무에는 증권상장 및 상장폐지업무, 시장감시, 이상거래의 심리 등이 포함된다.

4. 거래소의 상장

과거 거래소는 공공적 성격을 고려하여 비영리 사단법인으로 조직되었으나 현재는 조직의 효율을 위하여 주식회사 형태를 취하고 있다(§373-2(2)(i)). 거래소가 국제경쟁력 강화를 위해서 대규모 자금조달이 필요한 경우에는 기업공개를 통해서 상장(이른바 자기상장(self-listing))할 수 있는 길을 열어줄 필요가 있다. 그러나 거래소의 자기상장은 시장의 개설·운영주체로서의 거래소와 상장법인으로서의 거래소 사이에 이익충돌의 가능성을 발생시킨다. 이러한 이익충돌의 우려는 특히 거래소가 시장감시 등 자율규제기관 역할을 수행하는 경우에 더욱 커질 것이다. 그럼에도 불구하고 자본시장법은 거래소가 금융위 승인을 얻어 자기상장을 하는 것을 허용하고 있다(§409(1)).

5. 거래소에 대한 감독과 제재

거래소는 비록 주식회사의 형태를 취하지만 공공적 성격이 강한 기관이라는 점에서 자본시장법은 금융위에게 거래소에 대한 폭넓은 규제권한을 부여한다. 금융위는 거래소에 대해서 업무·재산에 관한 보고나 자료제출을 명할 수 있고 금감원장에게 업무·재산상황 등을 검사하게 할 수 있다(§410(1)). 금융위는 상장규정을 비롯한 다양한 거래소규정의 제정이나 변경 등에 대한 승인권을 가지며(§412(1)) 천재지변을 비롯한 비상사태의 경우에는 거래소에 대하여 거래중단이나 시장휴장 등의 조치를 취할 수 있다(§413).

금융위는 거래소가 부정한 방법으로 허가를 받았거나 금융위의 시정명령 또는 중지명령을 이행하지 않은 경우 등 일정한 경우에는 허가를 취소할 수 있다(§411(1)). 또한 거래소의 임직원이 자본시장법 등 법령이나 행정관청의 처분을 위반한 경우 금융위는 임원에 대해서는 해임요구나 직무정지 등의 조치를(§411(3)), 그리고 직원에 대해서는 면직이나 정직 등의 조치를 취할 수 있다(§411(4)). 그 밖에 금융위는 정관변경의 승인권(§376(2)), 이사장 해임요구권(§380(4)) 등의 권한도 갖고 있다.

거래소와 관련된 위법행위에 대해서는 형사처벌조항도 존재한다. 허가 없이 금융투자상품시장을 개설하거나 운영한 자나 거짓, 그 밖의 부정한 방법으로 허가를 받은 자는 5년 이하의 징역 또는 2억원 이하의 벌금에 처한다(§444(xxvii), (xxvii-2)). 거래소 임직원의 정보이용금지(§383(1))를 위반하여 비밀을 누설하거나 이용한 자 등은 3년 이하의 징역 또는 1억원 이하의 벌금에 처한다(§445(xlii)).

제3절 거래소시장에 대한 규제

Ⅰ. 회원: 거래주체의 제한

역사적으로 거래소는 회원이 거래소의 지분을 소유하는 회원제조직으로 출발하였다. 회원제는 거래가 체결되는 장소의 물리적 한계에서 비롯된 면도 있지만 거래당사자를 일정한 수준의 자격을 갖춘 자에 한정함으로써 결제불이행을 최소화할 필요에 의하여 비롯된 면도 있다. 오늘날 거래소는 회원제조직에서 주식회사형태로 전환되고 있지만 회원제는 그대로 유지되고 있다. 자본시장법도 원칙적으로 거래소의 회원이 아닌 자는 거래소시장에서 매매거래를 할 수 없도록 함으로써(§388(1)) 회원제를 유지하고 있다. 따라서 회원이 아닌 금융투자업자는 거래소시장에서 거래하려면 회원을 통하여야 한다. 그리하여 회원자격(이른바 seat)은 상당한 경제적 가치를 지니는 것이 보통이다. 회원의 자격, 가입과 탈퇴, 권리와 의무 등에 관해서는 거래소가 회원관리규정으로 정한다(§387).

Ⅱ. 상장: 거래대상의 제한

1. 의의

거래소시장에서는 거래주체를 한정할 뿐 아니라 거래대상도 한정한다. 특정 금융투자상품에 대해서 거래소에서 거래될 수 있는 자격을 부여하는 것을 '상장'(listing)이라고 한다. 증권과 파생상품은 모두 상장대상이 될 수 있지만 이곳에서는 주식을 중심으로 설명한다. 상장된 주식은 상장주식, 상장주식의 발행법인은 상장법인 내지 상장회사라고 한다.[21)]

상장은 유통성을 증가시킨다는 점에서 투자자가 그것을 선호하는 것은 당연한 일이다.[22)] 다만 상장은 엄격한 심사를 거쳐야 할 뿐 아니라 공시의무의가 수반된다. 그리하여 회사는 상장의 편익과 비용을 감안하여 상장신청여부를 결정한다.[23)]

한편 거래소의 관점에서는 상장증권이 늘어날수록 수입이 증가한다는 점에서 상장을 촉진할 인센티브가 있다. 그러나 불량한 증권까지 마구 상장시켰다가는 장기적으로 증권시장 전체에 대한 투자자의 신뢰를 상실할 우려가 있다. 그리하여 거래소는 엄격한 상장기준을 마련하여 상장여부를 심사한다.[24)]

2. 상장규정

거래소는 상장심사와 상장증권의 관리를 위하여 증권상장규정(상장규정)을 제정해야 한다(§390(1)). 한국거래소는 시장별로 상장규정을 별도로 제정하고 각각 그 하부규정으로 시행세칙을 두고 있다.[25)] 이하에서는 거래소 유가증권시장의 상장규정을 중심으로 설명한다.[26)]

상장규정은 "자본시장법이 거래소로 하여금 자치적인 사항을 스스로 정하도록 위임하여 제정된 자치 규정으로서, 상장계약과 관련하여서는 계약의 일방 당사자인 거래소가 다수의 상장신청법인과 상장계약을 체결하기 위하여 일정한 형식에 의하여 미리 마련한 계약의 내용, 즉 약관의 성질을 가진다"(대법원 2019.12.12. 선

21) 자본시장법은 주식을 상장한 회사를 주권상장법인으로 부르고 있고(§9(15)(iii)), 상법은 상장회사라고 하여 특칙(§542-2~13)을 마련하고 있다.
22) 상장회사로서도 자금조달이나 인재유치와 관련하여 상대적으로 유리한 지위를 누린다는 장점이 있다.
23) 과거에는 증권시장육성의 관점에서 정부가 민간기업에 상장을 명할 권한이 있던 시기도 존재했다.
24) 과거 금융당국이 실질적으로 상장요건을 심사하고 거래소의 심사는 형식적으로 이루어진 시기도 있었으나 현재는 공모와 상장이 제도적으로 분리됨에 따라 상장은 거래소가 전담하고 있다.
25) 시행세칙 밑에는 상장적격성 실질심사지침도 제정하고 있다.
26) 이하 Ⅱ에서 인용하는 "규정"은 모두 유가증권시장 상장규정을 가리킨다.

고 2016다243405 판결 등).[27] 다만 대법원은 거래소가 고도의 공익적 성격이 있고 상장규정이 자본시장법에 근거가 있고 상장법인에게 당연히 적용된다는 점에서 "실질적으로 규범적인 성격을 가지고 있음"을 인정하며 상장규정의 특정 조항이 "비례의 원칙이나 형평의 원칙에 현저히 어긋남으로써 정의관념에 반한다거나 다른 법률이 보장하는 상장법인의 권리를 지나치게 제약함으로써 그 법률의 입법 목적이나 취지에 반하는 내용을 담고 있다면" 위법하여 무효라고 본다(대법원 2019.12.12. 선고 2016다243405 판결 등).

3. 상장절차[28]

(1) 서설

상장절차는 ① 발행회사의 상장신청, ② 거래소의 상장심사와 ③ 상장실시의 3단계로 이루어진다. 상장절차는 먼저 발행회사의 신청에 따라 진행한다(규정 §4(1)). 구체적인 상장절차는 상장대상에 따라 차이가 있다. 상장규정은 상장대상을 주권, 채무증권, 집합투자증권, 파생결합증권 등으로 나누어 절차를 규정한다. 주권은 보통주권, 외국주권등, 종류주권, 기업인수목적회사주권 등으로 나뉘는데 보통주권의 상장은 다시 신규상장, 우회상장, 재상장, 추가상장과 변경상장, 재상장 등으로 나뉜다(규정 §2(1)(i)). 이들 중 가장 중요하면서도 복잡한 것은 신규상장, 즉 "유가증권시장에 상장되지 않은 종목의 증권을 처음 상장하는 것"(규정 §2(1)(i) (가))이다. 이하에서는 보통주권의 신규상장을 중심으로 설명한다.

(2) 상장신청

상장신청은 ① 상장예비심사의 신청과 ② 상장심사의 신청의 두 단계로 나눌 수 있다. 보통주권의 신규상장신청인은 신규상장의 신청 전에 상장예비심사신청서를 제출하여 상장예비심사를 받아야 한다(규정 §26).[29] 거래소는 상장공시위원회

27) 약관으로 볼 경우 약관규제법상 고객은 '상장법인'이지 '상장법인이 발행한 주권을 매수한 투자자'가 아니다(서울고등법원 2019.9.18. 선고 2019라20295 결정(확정)).

28) 한국거래소, 2023 유가증권시장 상장심사 가이드북, 2022.12; 코스닥시장 공시·상장관리 해설, 2023.1.

29) 상장신청인은 상장예비심사나 상장심사를 신청하기 전에 상장절차나 상장시기 등에 관하여 미리 거래소와 협의해야 한다(규정 §20).

의 심의를 거쳐 상장예비심사결과를 확정한다(규정 §22(4)). 거래소는 상장예비심사신청서를 접수한 날부터 45일[30] 이내에 상장예비심사 결과를 해당 상장예비심사신청인과 금융위원회에 서면을 알려야 한다(규정 §22(1)). 보통주권의 신규상장신청인이 거래소의 상장예비심사를 통과한 후에 해당 보통주권을 신규상장하려면 상장예비심사 결과를 통지받은 날부터 6개월 이내에 신규상장신청서를 거래소에 제출해야 한다(규정 §28(1)).

보통주권의 신규상장을 신청하는 상장신청인은 '상장주선인'을 선임해야 한다(규정 §12(1)(i)). 상장주선인은 상장예비심사신청서를 비롯한 서류를 작성하여 거래소에 제출하는 업무 등을 수행한다(규정 §12(2)).[31]

(3) 상장심사

심사요건은 '형식적' 심사요건과 '질적' 심사요건으로 나눌 수 있다. 먼저 보통주권의 신규상장신청인이 충족해야 하는 형식적 심사요건은 다음과 같다(규정 §29(1)).

① 영업활동기간: 상장예비심사 신청일 현재 설립 후 3년 이상이 경과하고 계속 영업을 하고 있을 것

② 기업규모: 상장예비심사 신청일 현재 상장예정인 보통주식총수가 100만주 이상이고 자기자본이 300억원 이상일 것

③ 주식분산요건: 일반주주의 보유지분이 25%이상일 것, 공모주식의 총수가 발행주식총수의 25% 이상일 것, 일반주주의 수가 500명 이상일 것 등.

④ 경영성과: 매출액, 수익성, 시가총액이 일정 수준 이상일 것

⑤ 감사의견: 최근 3사업연도의 개별재무제표와 연결재무제표에 대한 감사인의 감사의견이 소정의 요건을 충족할 것

⑥ 원칙적으로 주식양도에 제한이 없을 것

⑦ 사외이사와 감사위원회: 신규상장법인인 경우 유예기간 규정이 적용되지만 지주회사의 경우에는 그 규정이 준용되지 않음

30) 영업일을 기준으로 한다.

31) 상장주선인이 될 수 있는 것은 증권을 대상으로 인수업을 포함한 투자매매업과 투자중개업을 인가받은 금융투자회사에 한한다(규정 §12(3)). 다만 대표주관회사가 있는 경우에는 대표주관회사가 상장주선인이 된다(규정 §12(4)).

위의 형식적 심사요건이 충족한 회사의 경우에도 다음의 질적 요건을 고려하여 상장의 적합성을 심사한다(규정 §30(1)).

① 영업, 재무상황, 경영환경 등에 비추어 기업의 계속성이 인정될 것

② 기업지배구조, 내부통제제도, 공시체제, 특수관계인과의 거래 등에 비추어 경영투명성이 인정될 것

③ 지분 당사자 간의 관계, 지분구조의 변동 내용·기간 등에 비추어 기업 경영의 안정성이 인정될 것

④ 법적 성격과 운영방식 측면에서 상법상 주식회사로 인정될 것

⑤ 그 밖에 공익 실현과 투자자 보호를 해치지 않는다고 인정될 것

(4) 상장승인과 유예

거래소가 상장신청서를 접수한 경우에는 해당 상장신청인에게 지체 없이 상장 승인 여부를 알려야 한다(규정 §24(1)). 다만 신주발행의 효력 등과 관련하여 소송이 제기된 경우[32]를 비롯한 일정한 경우에는 그 사유가 해소될 때까지 상장을 유예할 수 있다(규정 §24(2)).[33]

(5) 상장계약

상장신청인이 증권을 상장하려면 거래소와 상장계약을 체결하는 것이 원칙이다(상장규정 §16(1)). 상장계약은 증권이 상장되는 날부터 효력이 생긴다(규정 §16(2)).

4. 의무보유

보통주권의 신규상장과 관련하여 실무상 많이 문제되는 것은 흔히 'lock-up'이라고 불리는 의무보유이다.[34] 상장규정을 보통주권의 신규상장과 관련하여 다음과 같은 의무보유기간을 정하고 있다(§27(1)).

---

32) 현재는 상장규정에 예외가 존재한다. 과거 예외가 규정되지 않았던 시절 "신주발행의 효력과 관련하여 소송이 제기된 경우"에 대해서 상장유예를 규정한 상장규정은 약관규제법에 반하여 무효라고 판단한 하급심판결이 있다. 서울남부지방법원 2011.3.8.자 2011카합113 결정.

33) 상장신청인은 상장유예에 대해서 이의를 신청할 수 있고 거래소는 상장공시위원회의 심의를 거쳐 상장유예여부를 결정한다(규정 §24(4), (5)).

34) 의무보유란 의무보유대상자가 소유한 주식등을 일정 기간 동안 한국예탁결제원에 계좌간 대체 및 질권 설정·말소가 제한되도록 전자등록 하는 것을 말한다(규정 §2(1)(xiii)).

① 신규상장신청인의 최대주주등: 상장일부터 6개월

② 상장 후 주식매수선택권의 행사로 주식을 취득한 신규상장신청인의 최대주주등(이 경우 해당 취득분에 한정한다): 상장일부터 6개월

③ 상장예비심사 신청일 전 1년 이내에 제3자 배정 방식으로 발행한 주식등을 취득한 자(이 경우 해당 취득분에 한정한다): 발행일부터 1년

④ 상장예비심사 신청일 전 1년 이내에 신규상장신청인의 최대주주등이 소유하는 주식등을 취득한 자(이 경우 해당 취득분에 한정한다): 상장일부터 6개월

⑤ 그 밖에 거래소가 공익 실현과 투자자 보호 등을 위하여 의무보유가 필요하다고 인정하는 주주등: 상장일부터 2년 이내의 범위에서 거래소와 협의하여 정하는 기간

5. 상장폐지

(1) 의의

상장폐지는 거래소의 거래대상으로서의 적격을 상실한 증권을 거래대상에서 배제하는 조치를 말한다. 상장폐지는 상장법인의 신청으로 행하는 경우도 있지만(규정 §7(1)) 상장법인의 의사와 관계없이 거래소가 실행할 수도 있다(규정 §8). 상장폐지는 상장법인에 대한 조치이지만 보유증권의 유동성을 상실하는 투자자는 실제로 엄청난 피해를 입게 되므로 거래소는 신중한 절차를 마련하고 있다.[35]

(2) 관리종목지정

거래소는 상장폐지라는 최종조치에 이르기 전에 일종의 경고조치로서 관리종목 지정제도를 채택하고 있다(규정 §47). 관리종목의 지정사유로는 정기보고서 미제출, 감사인 의견 미달, 자본금 50% 이상의 잠식, 주식분산이나 거래량 미달, 공시의무 위반, 시가총액 미달, 당연상장폐지 사유의 발생 등을 들 수 있다(규정 §47(1).[36] 관리종목으로 지정되면 거래소에 의하여 매매거래가 정지될 수 있을 뿐 아니라(규정 §153(1)) 공매도가 금지되고 기관투자자들의 포트폴리오에서 제외되는 등의 불이익이 따른다.

35) 최근의 개선방안에 대해서는 관계기관 합동 보고서, 상장폐지 제도 개선방안(2025.1).

36) 거래소는 관리종목으로 지정될 우려가 있는 경우에는 그 사실을 예고할 수 있다(규정 §154(1)).

(3) 상장폐지사유

거래소는 증권유형별로 상장폐지사유를 정하고 있다. 보통주식의 경우 폐지사유는 '당연폐지사유'와 '실질폐지사유'의 두 가지로 구분한다(규정 §48). 실질심사를 요하지 않는 당연폐지사유는 대체로 관리종목의 지정사유와 유사하다(규정 §48(1)). 한편 상장적격성 실질심사를 요하는 실질폐지사유에는 다음과 같은 것들이 포함된다(규정 §48(2)). ① 자본잠식으로 관리종목으로 지정된 상태에서 자본금의 50% 이상 잠식, ② 매출액미달로 관리종목으로 지정된 상태에서 최근 사업연도 말 현재에도 매출액이 300억원 미만인 경우, ③ 회생절차개시신청으로 관리종목으로 지정된 상태에서 법원의 신청기각, 개시결정 취소, 회생계획 불인가, 회생절차폐지의 결정 등이 있는 경우,[37] ④ 상장 또는 상장폐지 심사과정에서 제출한 서류에 중요한 사항의 부실기재가 있는 경우, ⑤ 상당한 규모의 횡령 또는 배임, 회계기준의 중대한 위반, 주된 영업의 정지 등이 있는 경우.

(4) 거래소의 상장폐지 결정

당연상장폐시 사유가 존재하는 경우에도 바로 상장폐지가 되는 것은 아니고 기업심사위원회가 개선의 여지가 있다고 판단하는 경우에는 관리종목으로 지정하여 개선기간을 부여한다. 실질폐지사유가 있다고 확인한 기업심사위원회의 심의대상인지를 결정하여 심의대상으로 결정한 경우에는 지체없이 위원회를 개최하여 상장적격성 유지 여부나 개선기간의 부여여부 등을 심의한다(규정 §49(1), (2)).[38]

(5) 상장폐지결정에 대한 구제수단

상장폐지결정은 증권의 유동성을 결정적으로 제한한다는 점에서 그것을 순순히 수용하기보다 다투는 사례가 많다. 가장 먼저 생각해 볼 수 있는 구제수단은 거

37) 대법원은 과거 회사정리법상의 회사정리절차 개시신청만을 이유로 기업의 구체적인 재무상태나 회생가능성 등의 심사없이 상장폐지결정을 하도록 한 상장규정을 무효로 판단한 바 있다(대법원 2007.11.15. 선고 2007다1753 판결).

38) 헌법재판소 결정에 따르면 상장폐지는 "유가증권시장에 유가증권의 상장을 희망하는 발행회사와 시장개설주체로서 상장심사를 담당하는 거래소 사이에 체결되는 사법상의 계약"인 상장계약을 해소하려는 "거래소의 일방적인 의사표시"(대법원 2007.11.15. 선고 2007다1753 판결)로 헌법소원의 대상이 되는 공권력 행사에 해당하지 않는다(헌법재판소 2005.2.24. 선고 2004헌마442 전원재판부 결정).

래소에 이의신청을 제기하는 것이다(규정 §48(3)). 그것이 받아들여지지 않는 경우에는 법원에 상장폐지결정의 무효확인의 소를 제기하고 효력정지나 매매거래재개 가처분을 신청하기도 한다.[39] 다만 법원은 상장폐지결정이 투자자에게 미치는 엄청난 불이익을 고려하여 엄격한 요건을 적용하고 있다.[40] 상장폐지결정의 무효확인을 구하는 소에게 무효의 근거로 주로 주장되는 것은 거래소에 대한 상장규정의 위임이 포괄위임금지원칙에 위반된다거나 상장폐지기준이 법상 위임범위를 일탈했거나 불공정한 약관이라는 점이다. 그러나 이러한 주장은 헌법재판소나 법원에 의하여 배척되는 경우가 대부분이다.[41]

Ⅲ. 거래체결방법의 표준화

거래의 원활한 체결을 위해서는 표준화 내지 정형화가 필요하다. 이를 위해 거래소는 각 시장별로 업무규정을 마련하고 있다. 업무규정에 따른 거래체결의 구체적 모습은 뒤에서(제11장 제3절) 설명한다.

39) 상장폐지된 법인의 주주에게도 그 결정의 효력정지가처분을 신청할 수 있는 적격을 인정한 하급심 판례로 서울남부지방법원 2021.8.18.자 2021카합20258 결정(확정)("상장폐지결정으로 인해 주주로서의 각종 권리가 침해되거나 주식을 보유함으로써 갖는 권리를 상실할 위험이 있으므로 자본시장법 및 그 위임에 의한 상장규정이 보장하는 이익은 법적 이익으로 보는 것이 상당"하다). 다만 상장폐지결정의 무효가 확인이 된 경우에도 투자자들이 거래소를 상대로 제기한 손해배상청구는 허용되지 않는다는 판례로 서울고등법원 2023.2.3. 선고 2022나2011034 판결.

40) 감사의견거절에 따른 상장폐지결정의 무효확인을 구하는 사안에서 법원은 "원고가 상장폐지사유를 해소하지 못한 사유나 경위, 그 해소가능성 등을 고려하여 개선기간이 종료된 후 상장폐지결정을 하기에 앞서 기업심사위원회 개최 여부 및 그 시기, 심의 및 의결 여부 등을 달리 정할만한 특별한 사유가 있는지 여부 등을 검토하여야 함에도 시행세칙에서 특별한 사유가 없는 한 개선기간을 6개월을 초과하여 부여할 수 없다고 규정하고 있고 추가 개선기간 부여에 관한 명문 규정이 없다는 등의 이유로 위 형식적 상장폐지사유 발생일인 2018.3.22.부터 6개월 되는 2018.9.21.을 최종 개선기한으로 정하여 그 기한 내에 감사의견이 변경되지 않았다는 사정만으로 이 사건 상장폐지결정을 한 것"으로서 '상장규정 및 시행세칙이 부여한 재량권을 일탈·남용'하여 무효라고 판단하였다(서울남부지방법원 2019.8.16. 선고 2019가합102469 판결(확정)).

41) 예컨대, 상장규정이 헌법상의 포괄적 위임입법금지원칙(§§75, 95)에 위반되지 않는다고 판단한 사례(대법원 2004.1.16.자 2003마1499 결정; 헌법재판소 2021.5.27. 선고 2019헌바332 전원재판부 결정), 앞의 헌법재판소 결정은 상장폐지에 관한 사항을 상장규정에 정하도록 한 자본시장법 제390조 제2항에 대하여 법률유보원칙에 위반되지 않는다고 판단한 바 있다.

제4절 다자간매매체결회사

Ⅰ. 서설

1. 의의

자본시장법은 다자간매매체결회사를 "정보통신망이나 전자정보처리장치를 이용하여 동시에 다수의 자를 거래상대방 또는 각 당사자로 하여 일정한 매매가격결정방법으로 증권시장에 상장된 주권, 그 밖에 시행령으로 정하는 증권('매매체결대상상품')의 매매 또는 그 중개·주선이나 대리업무('다자매매체결업무')를 하는 투자매매업자 또는 투자중개업자"로 정의한다(§8-2(5)).

다자간매매체결회사는 매매가격결정방법에 따라 ① 가격발견기능을 수행하는 것과 ② 그렇지 않은 것으로 분류할 수 있다. ①에 해당하는 것은 경쟁매매에 의한 매매가격결정방법을 이용하는 경우(§8-2(5)(i))이고 ②에 해당하는 것은 거래소시장의 시세를 이용하는 경우(§8-2(5)(ii))이다. ①은 사실상 거래소에 준하는 경우이고 ②는 단순한 투자매매업자나 투자중개업자와 차이가 없다. 자본시장법은 원칙적으로 다자간매매체결회사가 ①의 경쟁매매에 의한 매매가격결정방법을 이용하는 것을 전제로 규제하고 있다.

2. 연혁

다자간매매체결회사는 미국, 유럽, 일본 등 선진국에서 오래전부터 ATS(alternative trading system), MTF(multilateral trading facility), PTS(proprietary trading system) 등 다양한 이름으로 운영되고 있는 거래체결시스템을 말한다. 어원상으로는 MTF에 가까우나 시장에서는 일반적으로 ATS란 약칭으로 사용되고 있다. 상장기능은 없지만 거래체결기능이 있다는 점에서는 거래소와 같다.[42] ATS는 2013년

42) 과거 자본시장법에서 규정하던 전자증권중개회사는 경쟁매매에 의한 매매를 허용하지 않는 등 매매체결방법이 엄격히 제한되었다(구법 §78(1)). 2001년 28개 증권회사의 출자로 설립된 한국ECN증권주식회사에서는 ECN증권에서는 거래소 마감 이후 9시까지 상장종목만을 대상으로 종가로 매매체결을 할 수 있었다. 그러나 이러한 매매체결방식은 시장 마감 이후의 정보를 반영한 거래에 대한 수요를 충족시켜 주지 못하는 등의 한계로 인하여 적자가 누적되었고 마침내 2005년 해산하였다.

자본시장법 개정 시에 유통시장의 경쟁과 효율성을 높이기 위하여 도입하였고 2025년 국내 최초의 ATS로 넥스트레이드가 본인가를 취득하여 영업을 시작하였고 거래규모가 빠르게 증가하고 있다.[43]

[표 X-2] 거래소와 ATS의 비교[44]

구분	거래소	ATS
시장개설기능	있음	없음
자기매매	금지	허용
매매가격결정방법	경쟁매매	경쟁매매, 거래소시장 매매가격 이용, 매수자·매도자간 협의
거래량제한	없음	15%
지분보유한도	5%	시장전체 평균거래량 15% 개별종목 평균거래량 30%
매매체결대상상품	증권, 파생상품	상장주권, 주권관련 증권예탁증권
거래참가자	증권회사에 한정하지 않음	증권회사만 가능(令§78(1)(ii))

Ⅱ. 인가

다자간매매체결회사는 매매체결대상상품의 다자간매매체결업무를 하는 투자매매업자 또는 투자중개업자이므로 우선 투자매매업 또는 투자중개업에 대한 인가를 받아야 한다(§12(1)). 다자간매매체결회사의 주식은 원칙적으로 의결권 있는 발행주식총수의 15%를 초과하여 소유할 수 없다(§78(5)).

Ⅲ. 운영

1. 매매체결대상상품

전통적으로 다자간매매체결회사는 이미 거래소에 상장된 상품을 별도의 상장 및 공시비용의 부담 없이 거래할 수 있는 것이 장점이다. 이론상으로는 장내파생상

43) 2025년 8월 기준으로 누적거래량은 한국거래소의 13.2%, 거래대금은 35.9%에 달하고 있다. 금융위 보도자료 2025.9 3.자.

44) 이기환, "다자간매매체결회사 설립에 관한 연구 : 미국 대체거래소(ATS)제도와 비교하여," 신용카드리뷰 제14권 제1호(2020), 36면, 39면.

품도 거래대상으로 포함되어야 하겠지만 자본시장법은 매매체결대상상품을 "증권시장에 상장된 주권 그 밖에 대통령령으로 정하는 증권"에 한정한다(§8-2(5)).[45]

2. 매매가격 결정방법

다자간매매체결회사에서의 매매가격 결정방법은 ①경쟁매매의 방법, ②상장증권인 경우 해당 거래소가 개설하는 증권시장에서 형성된 매매가격을 이용하는 방법, ③종목별로 매도자와 매수자 간의 호가가 일치하는 경우 그 가격으로 매매거래를 체결시키는 방법(이른바 다자간 상대매매)의 3가지로 나눌 수 있다(§8-2(5); 슈§7-3(3)). ①은 당사자의 주문을 경쟁시켜 거래를 성립시키는 방법으로 가격발견기능과 매매체결기능을 겸한 방식인데 반하여 거래소에서 결정된 시장가격을 이용하여 거래하는 ②는 매매체결기능만을 갖는 방식이다. ②와 ③과 같은 비경쟁매매방식의 거래의 경우에는 거래의 공정성과 관련하여 투자자보호의 필요가 있으므로 일정한 조치를 취할 의무를 부과하고 있다(슈§78(7), (8)).

3. 거래량제한

경쟁매매의 방법으로 거래하는 다자간매매체결회사는 실질적으로 거래소와 유사하다. 자본시장법은 다자간매매체결회사의 규모를 제한하려는 취지에서 경쟁매매의 방법으로 거래하는 다자간매매체결회사의 경우 거래량이 일정 기준을 넘지 않도록 제한한다(§8-2(5)(i)). 즉 과거 6개월간 평균 거래량이 증권시장 전체 평균 거래량의 15%와 특정 개별종목 평균거래량의 30%를 넘지 않도록 하고 있다(슈§7-3(2)). 이 기준을 초과하는 경우 다자간매매체결회사에 관한 특칙이 적용될 수 없으므로 그 회사는 거래소로 전환해야 할 것이다.

또한 다자간매매체결회사는 매매체결대상상품의 거래량이 일정 기준을 넘는 경우에는 투자자 보호 및 매매체결의 안정성 확보 등을 위하여 시행령으로 정하는 조치를 해야 한다(§78(7)). 여기서 '시행령으로 정하는 조치'는 다자간매매체결회

45) 시행령은 "주권과 관련된 증권예탁증권으로서 증권시장에 상장된 것"과 "그 밖에 공정한 가격 형성 및 거래의 효율성 등을 고려하여 총리령으로 정하는 증권"을 정하고 있으나(슈§7-3(1)), 현재 총리령은 따로 규정하고 있지 않다. 다만 시행령(슈§78(1)(i))과 금융투자업규정(§4-48-2(1))이 제외되는 상품에 대해서 상세한 규정을 두고 있다. 그에 의하면 시장의 안정성과 유동성을 고려하여 관리종목, 의결권 없는 주식, 신규상장주식 등은 제외되고 있다.

사의 사업계획 및 이해상충방지체계 등이 투자자 보호와 거래의 공정성 확보에 적합하도록 조치하거나, 다자간매매체결업무를 안정적으로 영위하기 위하여 필요한 인력, 전산설비 등 물적 설비를 갖추도록 조치하는 2가지를 말한다(슈§78(8)).

4. 업무기준

다자간매매체결회사는 시행령으로 정하는 업무기준을 준수해야 한다(§78(1); 슈§78(1)). 업무기준은 ① 매매체결대상상품 및 거래참가자,[46] ② 매매확인 등 매매계약의 체결, 청산, 결제, ③ 종목별 매일의 가격과 거래량의 공표 등을 포함한다. 다자간매매체결회사는 위의 사항이 포함된 업무규정을 마련해야 하며(슈§78(2)), 이를 정하거나 변경한 때에는 금융위에 지체없이 보고하고 인터넷 홈페이지 등을 이용하여 공시해야 한다(슈§78(3)).[47]

ATS와 이른바 dark pool

ATS와 관련하여 주목을 받는 것으로 "dark pool"이 있다. dark pool은 흔히 비공개주문시장으로 불리는데 증권매매의 체결 전에 주문가격과 수량 등의 정보가 공개되지 않는 시장을 말한다.[48] dark pool은 특히 대량매매를 원하는 투자자에게 매력적인데 주문정보를 공개하지 않음으로써 시장가격에 대한 영향을 최소화한 상태에서 거래를 체결할 수 있는 장점이 있다.[49] 반면에 주문정보가 공개되지 않음으로써 증권시장의 가격발견기능이 저해되고 비공개주문시장의 비중이 커지게 되면 시장의 분할로 인한 비효율이 발생하는 등의 단점도 존재한다.[50]

dark pool은 주로 ATS에서 허용되고 있으나 자본시장법의 다자간매매체결회사 관련규정은 "매일의 가격과 거래량"의 공표의무는 규정하면서도(슈§78(1)(viii)) 주문이나 호가의 공표에 대해서는 침묵함으로써 법문상으로는 dark pool이 도입될 여지가 없지 않다. 그러나 국내유일의 다자간매매체결회사인 넥스트레이드는 업무규정(§40(1)(iii))과 업무규정 시행세칙(§38)에서 공표할 호가정보를 상세히 규정함으로써 dark pool의 존립여지를 배제하고 있다.

46) 거래참가자는 매매체결대상상품에 관한 투자매매업자 또는 투자중개업자로 한정한다(슈§78(1) (ii)).

47) 금융위는 다자간매매체결회사에 대하여 업무규정의 변경을 요구할 수 있다(슈§78(4)).

48) dark pool에 관한 국내문헌으로는 고동원, "해외증권시장의 다크풀(Dark Pool) 규제 현황과 시사점," 증권법연구 제22권 제1호(2021), 107면.

49) 주문정보를 비밀로 함으로써 다른 투자자들이 주문정보를 이용하여 거래함으로써 피해를 주는 것을 막을 수 있다.

50) dark pool의 장단점에 대해서는 고동원, 전게논문, 113~116면.

5. 시장감시 등

다자간매매체결회사도 증권시장을 개설하므로 시장감시를 비롯한 자율규제가 필요하다. 그러나 현재와 같이 소규모의 다자간매매체결회사에 대하여 별도의 조직을 강제하는 것은 비효율적이므로 자본시장법은 이 업무를 금융위가 지정하는 거래소에 맡기고 있다(§78(3)). 지정거래소는 일정한 경우 거래참가자에게 자료제출을 요구하거나 업무, 재산상황 등에 관해서 감리할 수 있고, 다자간매매체결회사에 대하여 정보제공이나 거래참가자의 자격정지나 거래제한을 요구할 수 있다(§§78 (4), 404(2). (3)).[51)]

6. 청산·결제

다자간매매체결회사에서의 거래를 위한 청산업무는 금융위가 지정하는 지정거래소가 수행한다(§378(1)). 자본시장법은 다자간매매체결회사에서의 매매거래에 따른 증권인도 및 대금지급업무는 예탁결제원이 수행함을 명시한다(§297).

Ⅳ. 감독

다자간매매체결회사는 투자매매업자 또는 투자중개업자로서 금융투자업자에 대한 감독체계가 그대로 적용된다. 인가취소 등 금융투자업자에 대한 조치와 임직원에 대한 조치도 동일하게 적용된다(§§420(1), (3), 422).

제5절 장외시장

Ⅰ. 서설

장외시장은 일반적으로 거래소 밖의 시장이라는 의미로 사용된다. 그러나 자본

51) 거래소와 경쟁하기 위하여 도입된 다자간매매체결회사의 거래에 대한 시장감시를 거래소에 맡기는 것에 대해서는 비판도 존재한다. 김/정, 617면.

시장법은 "거래소시장 및 다자간매매체결회사 외에서" 이루어지는 거래를 장외거래라고 하고 있으므로(§166) 자본시장법상 장외시장은 거래소시장과 다자간매매체결회사 밖의 시장을 가리킨다고 볼 수 있다. 장외시장에서는 증권과 파생상품이 모두 거래되지만 이곳에서는 장외증권시장을 중심으로 설명하기로 한다. 장외시장은 전술한 바와 같이 금융투자업자의 창구를 통해서 매매가 이루어지는 이른바 점두시장과 금융투자업자를 통하지 않고 매매당사자 사이에 직접거래가 이루어지는 직접거래시장으로 나뉘지만 이곳에서는 전자를 중심으로 설명한다.

Ⅱ. 장외거래중개업

자본시장법은 협회와 종합금융투자사업자가 장외거래중개업을 수행할 수 있음을 명시한다, 먼저 종합금융투자사업자는 주권 기타 금융위가 고시하는 금융투자상품에 관하여 "동시에 다수의 자를 거래상대방 또는 각 당사자로 하는 장외매매 또는 그 중개·주선이나 대리업무"로서 다음 요건을 갖춘 업무를 영위할 수 있다(§77-3(3)(ii); 令§77-6(1)(i)). ① 매매주문이 일정 매매금액 또는 매매수량 기준을 초과할 것. ② 상장주권인 경우 거래소 매매가격에 근거하여 매매가격을 결정할 것. 한편 협회의 경우에는 자본시장법이 비상장주권과 비상장지분증권의 장외매매거래에 관한 업무를 협회의 업무로 명시한다(§286(1)(v), (x); 令§307(2)(v-2)).

과거 시행령은 협회와 종합금융투자사업자가 아닌 자는 장외매매거래의 중개업무를 할 수 없다고 규정하였다(舊令§178(2)).[52] 2025년 시행령의 개정으로 이 규정이 삭제됨에 따라 이제는 일반 투자중개업자도 장외매매거래의 중개업무를 할 수 있게 되었다.

Ⅲ. 거래의 기준과 방법

자본시장법상 장외시장에서의 거래와 결제의 방법 등은 시행령으로 정한다(§166). 시행령은 원칙적으로 증권의 매매는 단일의 매도자와 매수자 간에 매매하

52) 종합금융투자사업자는 투자매매업자 또는 투자중개업자 중 일정한 요건을 갖추어 금융위원회의 지정을 받은 자를 말한다(§8(8)).

는 상대거래의 방법으로 할 것을 요구한다(令§177). 예외는 다음 3가지가 있다. ① 협회나 종합금융투자업자가 불특정다수인이나 전문투자자등을 대상으로 장외매매거래에 관한 업무를 수행하는 경우(令§178(1)(i)), ② 투자중개업자가 비상장주식의 장외매매거래에 관한 업무를 수행하는 경우(令§178-2), ③ 채권중개전문회사가 장외에서 채무증권의 매매중개업무를 하는 경우(令§179). 이들 경우에는 각기 다른 거래기준과 방식을 따르도록 하고 있지만 세 가지 경우 모두 증권의 종목, 매수호가 또는 매매호가 및 그 수량을 공표하도록 하고 있다.

한편 채권전문자기매매업자, 즉 채권딜러의 경우에는 자신이 소유하고 있는 채권에 대해서 매도호가와 매수호가를 동시에 제시하는 방법으로 거래한다(令§180(1)(i)). 시행령은 환매조건부매매 등 그 밖의 장외거래유형에 대해서 상세한 규정을 두고 있다(令§§181-185).

Ⅳ. 협회나 종합금융투자업자의 업무기준

자본시장법은 협회나 종합금융투자사업자가 장외매매거래에 관한 업무를 수행하는 경우에 준수할 기준을 규정한다(令§178(1)). 그 기준은 ① 불특정다수인을 대상으로 하는 경우(令§178(1)(i))와 ② 전문투자자등을 대상으로 하는 경우(令§178))로 구분된다. 먼저 ①은 협회나 종합금융투자사업자가 비상장주권의 장외매매거래에 관한 업무를 하는 경우(이른바 호가중개시스템)로 다음 기준을 따라야 한다.[53)]

ⓐ 매수호가나 매도호가와 그 수량을 공표할 것

ⓑ 주권의 종목별로 금융위가 정하여 고시하는 단일의 가격 또는 당사자 간의 매도호가와 매수호가가 일치하는 경우에는 그 가격으로 매매거래를 체결시킬 것

ⓒ 매매거래방법, 결제방법 등에 관한 업무기준을 정하여 금융위원회에 보고하고, 이를 공표할 것

ⓓ 금융위가 정하여 고시하는 바에 따라 재무상태·영업실적 또는 자본의 변동 등 발행인의 현황을 공시할 것

53) 전술할 바와 같이 종합금융투자사업자는 ① 매매주문이 일정 매매금액 또는 매매수량 기준을 초과할 것. ② 상장주권인 경우 거래소 매매가격에 근거하여 매매가격을 결정할 것이란 기준도 충족해야 한다(§77-3(3)(ii); 令§77-6(1)(i)).

한편 ②는 협회가 전문투자자 등만을 대상으로 비상장의 주권 및 지분증권의 장외매매거래에 관한 업무를 수행하는 경우로 다음 기준을 따라야 한다.

ⓐ 매매거래방법 등에 관한 업무기준을 정하여 비상장법인 및 전문투자자 등이 알 수 있도록 공표할 것

ⓑ 그 밖에 금융위가 고시하는 방법으로 업무를 수행할 것

제11장 금융투자상품거래의 법률관계

제1절 서설

Ⅰ. 금융투자상품거래의 구분

금융투자상품거래도 기본적으로는 당사자 사이의 사법상 계약이다. 금융투자상품거래의 전형은 증권의 매매라고 할 것이므로 이하에서는 증권, 특히 주식의 매매를 중심으로 매매의 체결에서부터 이행에 이르기까지의 단계별로 기본적인 법률관계를 설명한다. 증권의 매매는 금융투자업자인 증권회사의 개입 없이 직접 이루어지기도 하지만(상대거래) 그보다는 증권회사를 통해서 거래소에서 이루어지는 경우(시장거래)가 훨씬 더 많다. 시장거래의 경우 투자자와 증권회사, 증권회사와 거래소 사이에는 각 단계마다 다양한 계약이 체결되고 그 계약 체결 후에 의무가 이행되는 과정도 복잡하다. 이하에서는 거래소에서의 시장거래를 중심으로 사법상의 법률관계와 각종 규제를 설명하기로 한다.

Ⅱ. 시장거래의 진행단계

증권의 매매도 다른 거래와 마찬가지로 크게 계약의 '체결'과 '이행'의 2단계로 나눌 수 있다. 증권거래에서 계약의 이행은 보통 '결제'(settlement)라고 부른다.

시장거래의 경우 투자자가 거래하기 위해서는 먼저 거래소 회원인 증권회사와 매매거래계좌를 개설할 필요가 있다. 투자자가 증권회사에 주문을 제출하면 증권회사는 접수순서에 따라 전산망을 통해 거래소에 호가를 전송한다.1) 거래소의 매매시스템은 매수호가와 매도호가를 가격우선, 시간우선 등 매매체결원칙에 따라 자동으로 매칭하여 거래를 체결시킨다.2) 계약의 체결과 결제 사이에는 결제의 대상인 증권과 대금을 확정하는 청산(clearance)이라는 별개의 단계가 존재한다.

[그림 XI-1] 거래소시장에서의 매매체결과 청산 및 결제

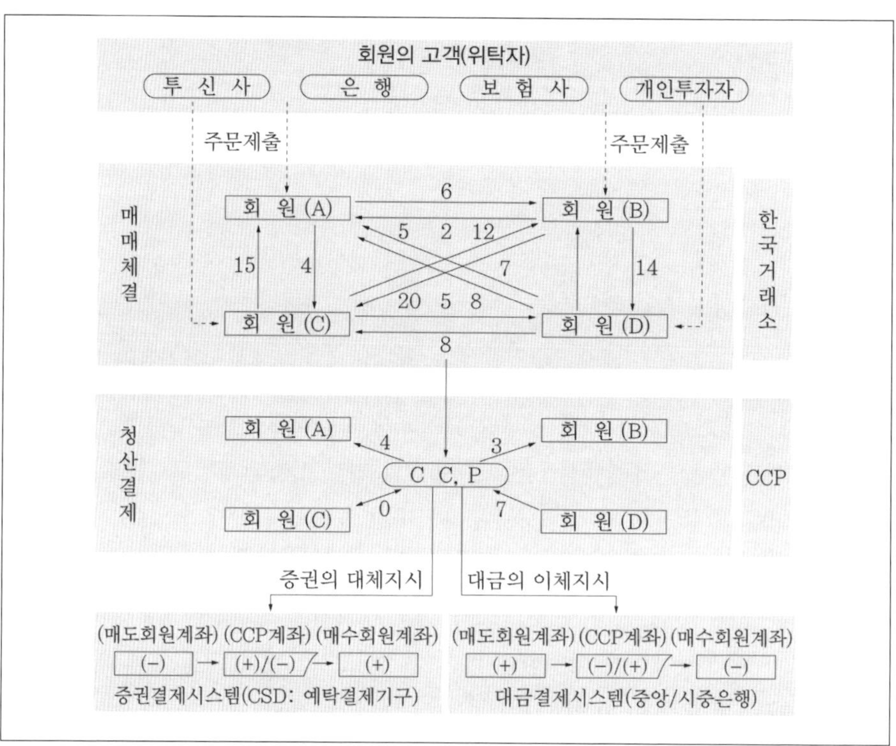

주: • CCP(Central Counterparty): 청산기구
• CSD(Central Securities Depository): 예탁결제기구

자료: 거래소의 내부자료를 다소 수정하였음.

1) 증권회사는 호가의 전송 전에 주문의 유효성, 계좌잔고, 예수금 여부를 실시간으로 확인한다. 알고리즘 거래에서 통상 사용되는 이른바 DMA(direct market access)방식의 경우에는 투자자가 거래의 명의자인 증권회사를 거치지 않고 바로 거래소 전산시스템에 호가를 제출함으로써 주문집행의 소요시간을 최소화할 수 있다.

2) 체결이 완료되면 증권회사는 투자자에게 즉시 체결내역을 통보한다.

증권의 결제는 매매거래일(T)로부터 2거래일(T+2)에 행하게 되어 있다. 대금의 지급과 증권의 인도는 위험을 최소화한다는 관점에서는 동시에 실행할 필요가 있다. 대금의 결제는 다른 거래의 경우와 다를 바 없으므로 따로 언급하지 않는다. 오늘날 증권의 인도는 증권의 물리적인 교부가 수반되지 않는 전자등록부상의 대체결제로 이루어지는 것이 보통이다. 대체결제를 위한 전제로는 증권의 권면을 발행하지 않는 '무권화'(증권의 전자등록)나 '부동화'가 필요하다. 우리나라도 2019년 전자증권법 시행으로 주식과 사채를 포함한 모든 증권에 대한 무권화가 이루어졌다.[3] 현재 청산과 결제를 담당하는 중앙청산기관으로는 주식, 채권 등의 장내거래에 대해서는 한국예탁결제원이, 일부 증권대차와 환매조건부채권의 경우에는 한국증권금융이 존재한다.

Ⅲ. 규제의 법원(法源)

증권의 매매도 일반 사법상 거래이므로 민법과 상법의 규정과 법리가 적용된다. 자본시장법은 거래소거래의 특징인 대량성 · 반복성 · 신속성 · 안전성을 고려하여 거래소의 시장별로 업무규정으로 특칙을 정하도록 하고 있다(§393).[4] 이하에서는 유가증권시장의 업무규정을 중심으로 설명한다. 업무규정은 매매의 종류와 계약의 체결 및 이행을 포함한 시장 운영에 관한 상세한 사항을 포함한다. 업무규정은 거래소 회원의 의무를 정한 것으로 직접 투자자를 구속하는 것은 아니지만 투자자는 거래소 회원과의 계약상 업무규정의 준수의무가 있으므로 간접적으로는 구속력을 갖는다.

한편 투자자 보호를 위해서는 투자자와 직접 상대하는 금융투자업자의 행동을 적절히 규제할 필요가 있다. 자본시장법과 금소법상 금융투자업자의 영업행위 규제(제4장 영업행위규칙)와 금융위의 「금융투자업규정」도 영업행위를 상세하게 규제하고 있다. 이에 관해서는 뒤에 금융투자업에 대한 규제에 관한 장에서 설명한다.

---

3) 상법은 주식과 사채의 전자등록 근거를 두고 있고(상법 §§356-2, 420-4, 478-3항, 516-7), "전자단기사채 등의 발행 및 유통에 관한 법률"은 폐지되어 전자증권법으로 포함되었다.

4) 과거 증권거래의 위탁에 관해서는 업무규정과 별도로 수탁계약준칙이라는 규정이 있었다. 그러나 1998년 수탁계약준칙이 업무규정에 흡수됨에 따라 이제 증권의 매매에 관해서는 거래소의 업무규정이 중요한 법원이 되고 있다.

제2절 투자자와 투자중개업자 사이의 위탁매매계약

Ⅰ. 위탁매매와 관련된 3가지 행위의 법적 성격

증권의 매매를 원하는 투자자는 증권회사와의 사이에서 크게 다음 3가지 행위를 행하여야 한다. ① 매매거래계좌 설정계약의 체결, ② 증권 또는 대금의 예탁, ③ 매매주문. 이들 행위는 동시에 또는 순차적으로 이루어질 수 있다. 이하 차례로 살펴본다.

1. 매매거래계좌 설정계약

증권회사를 통해서 증권을 매매하려는 투자자는 먼저 매매거래계좌 설정약정서에 의하여 계좌 설정계약을 체결해야 한다(업무규정 §77(1), (2)).[5] 그 약정서에는 계좌설정과 "매매거래수탁에 관한 약관"을 승인한다는 취지를 기재해야 한다.[6] 계좌설정계약을 체결할 때 증권회사가 투자자의 보호를 위하여 부담하는 의무에 대해서는 뒤에 설명한다.[7]

매매거래계좌 설정계약은 "고객과 증권회사 간의 계속적인 거래관계에 적용될 기본계약"('기본계약')에 불과하다(대법원 1993.12.28. 선고 93다26632(병합) 판결). 기본계약은 장차 거래할 때 일정한 조건을 따를 의무를 부과할 뿐, 그 자체만으로 투자자와 금융투자업자에 아무런 급부의무도 발생시키지 않는다. 그러므로 기본계약만으로 법률상 계약이라고 할 수 있는지는 의문이지만 실제로는 금전이나 증권의 예탁 없이 기본계약만을 작성하는 경우는 거의 없을 것이므로 이런 의문은 이론상의 것에 불과하다. 당사자 사이의 권리의무는 원칙적으로 기본계약이 체결되고 금전이나 증권이 금융투자업자에 예탁된 시점부터 발생한다.

---

5) 이러한 매매계좌설정계약이 체결되지 않았다고 해서 반드시 투자자와 금융투자업자 간의 위탁계약 성립이 부정되는 것은 아니다.

6) 증권회사는 투자자에게 약관의 중요내용을 설명하고 요청이 있으면 약관을 교부해야 한다(업무규정 §78(2)).

7) 증권회사는 계좌개설 시에 고객의 실지명의를 확인하여 그에 맞는 투자자분류코드를 입력하여야 하고, 외국인의 경우에는 국적, 외국인식별번호 발급 및 국내거주여부 등을 입력해야 한다(업무규정세칙 §104).

2. 금전이나 증권을 예탁하는 계약[8)]

투자자는 매매거래계좌설정약정과 동시에 금전이나 증권을 증권회사에 예탁하는 것이 보통이다.[9)] 종래 투자자가 예탁한 금전이나 증권(또는 매매위탁의 실행 결과 취득한 금전이나 증권)을 금융투자업자가 보관하는 법률관계는 임치(민 §693 이하)(금전의 경우는 소비임치, 증권의 경우는 혼장임치)로 보았다.[10)] 그러나 전자증권제도하에서 증권은 실물이 존재하지 않으므로 단순히 증권회사의 고객계좌부의 기재의 형태로 존재할 수밖에 없다. 따라서 증권을 증권회사에 '예탁'한다는 말은 비유적인 표현에 불과하고 실제로는 증권회사는 고객계좌부에 전자등록된 고객의 증권을 관리하게 된다. 증권과 관련하여 고객과 증권회사 사이에 체결되는 계좌관리계약은 혼장임치가 아니라 위임에 가까운 비전형계약으로 볼 것이다. 또한 투자자는 증권 자체에 대한 단독 소유권을 갖는 것이지(전자증권법 §35(1)) 전자등록기관에 등록된 증권에 대한 공유지분을 갖는 것은 아니다.

3. 매매주문 - 위탁매매계약

투자자와 증권회사 간에 상법상의 위탁매매계약(§101이하)은 금전이나 증권의 예탁만으로 성립되는 것은 아니고 투자자가 매매주문을 낼 때[11)] 비로소 성립한다.[12)] 위탁매매계약도 청약과 승낙에 의하여 성립하므로 청약에 해당하는 투자자의 매매주문만으로는 위탁매매계약이 성립하는 것은 아니고 증권회사의 승낙, 즉 수탁이 필요하다. 증권회사는 거래소 업무규정상 시장질서유지와 공매도 및 알고리즘거래와 관련한 일정한 경우에는 수탁을 거부할 의무가 있지만(§84) 나머지 경

8) 이하 보다 상세한 설명은 김/정, 632~635면.

9) 신용거래의 경우에는 현금이나 대용증권으로 보증금을 예탁해야 하고(금융투자업규정 §4-25(2)) 신용거래의 실행으로 매수한 증권은 금융투자업자가 담보로 징구하게 된다(규정 §4-24(2)).

10) 한편 금융투자업자가 대용증권(또는 신용거래의 결과 취득한 증권)을 보관하는 법률관계의 성질에 대해서는 소비임치설, 근질권설, 양도담보설 등 학설상 다툼이 있었지만 대법원은 근질권설을 취하였다(대법원 1994.9.9. 선고 93다40256 판결).

11) 개개의 매매주문에 대해서 각각 별개의 계약이 성립한다.

12) 판례도 같은 태도를 취하고 있다(대법원 1993.12.28. 선고 93다26632(병합) 판결). "고객이 증권회사와 체결하는 매매거래계좌설정계약은 고객과 증권회사 간의 계속적인 거래관계에 적용될 기본계약에 불과하므로 특별한 사정이 없는 한 그에 의하여 바로 매매거래에 관한 위탁계약이 체결되는 것은 아니고, 매매거래계좌설정계약을 토대로 하여 고객이 매수주문을 할 때 비로소 매매거래에 관한 위탁이 이루어지는 것"이라고 판시하였다. 같은 취지: 대법원 1995.11.21. 선고 94도1598 판결.

우에는 수탁을 거부할 수 없다고 볼 것이다. 그리하여 증권회사는 따로 승낙의사를 표시하지 않는 것이 보통이고 그 경우에도 상법상 상인의 낙부통지의무(53조)[13]에 따라 위탁매매계약은 성립된 것으로 본다.

Ⅱ. 위탁매매계약의 성립

위에서 살펴본 바와 같이 엄격히 말하면 위탁매매계약은 투자자의 매매주문이 있는 경우에 비로소 성립한다. 거래계에서는 증권과 금전의 예탁계약과 위탁매매계약을 포함하는 의미로 위탁계약이란 용어를 사용하기도 한다. 위탁계약의 성립시기와 관련하여 대법원은 "위탁금이나 위탁증권을 받을 직무상 권한이 있는 직원이 증권매매거래를 위탁한다는 의사로 이를 위탁하는 고객으로부터 금원이나 주식을 수령하면 곧바로 위탁계약이 성립한다"(대법원 1994.4.29. 선고 94다2688 판결)고 판시한 바 있다. 이에 따르면 위탁계약의 성립요건은 ① 직무상 권한이 있는 직원과의 거래, ② 금융투자업자에 증권거래를 위탁한다는 고객의 의사, ③ 금원이나 주식의 수령의 3가지로 볼 수 있다. 과거에는 증권회사라는 조직보다는 그곳에서 일하는 특정 임직원에 대한 신뢰를 더 중시하는 바람에 이들 요건의 적용이 문제되는 사례가 많았으나 온라인거래가 일반화되고 계좌설정에 복잡한 정보교환과정을 거치게 된 오늘날에는 위탁매매계약의 성립을 둘러싼 분쟁은 대폭 감소하였다.[14]

Ⅲ. 증권회사의 위탁매매계약상 의무

1. 고객주문의 실행의무

위탁계약이 성립하면 증권회사는 고객의 매매주문을 실행할 의무를 부담한다. 증권회사가 주문의 실행의무를 불이행하면 채무불이행이나 불법행위가 성립하지만(대법원 2002.12.16. 선고 2000다56952 판결(불법행위)). 투자자가 증권회사에 대해서 주문이 실행된 것과 같은 결과를 주장할 수는 없다(부산고등법원 1994.12.30. 선고 93나9408 판결(확정)).[15]

---

13) 매매거래계좌를 설정한 투자자는 상법 제53조의 '상시거래관계에 있는 자'라고 볼 수 있다.

14) 이에 관한 분쟁과 판례에 대해서는 김/정, 636~638면.

15) 다만 고객은 증권회사에 주식을 매수하여 인도할 의무에 갈음하는 전보배상을 청구할 수 있으며

2. 고객주식의 임의매매

과거에는 증권회사 직원이 관리하는 계좌의 주식을 고객의 주문 없이 처분하는 이른바 "임의매매"를 둘러싼 분쟁이 많았다. 임의매매는 위탁자인 고객의 의사에 기하지 않은 거래이므로 그 법률효과를 고객에게 귀속시킬 수 없다. 그 경우 고객은 증권회사와의 증권거래 위탁계약을 해지하고 증권회사를 상대로 원물 즉, 임의매매 전의 예탁금이나 주식의 반환을 청구할 수 있고(대법원 2005.5.27. 선고 2004다33261(병합) 판결) 채무불이행이나 불법행위를 이유로 손해배상을 청구할 수도 있다.[16] 나아가 임의매매는 형법상 업무상 배임죄(§356)에 해당할 가능성이 크다(대법원 1995.11.21. 선고 94도1598 판결). 그러나 배임죄로 처벌하려면 자기 행위가 임무에 반하며 타인에게 손해를 가한다는 직원의 고의뿐 아니라 배임행위와 투자자 손해 사이에 인과관계를 증명할 필요가 있다. 자본시장법은 그 증명의 어려움을 고려하여 임의매매를 금지하고(§70) 그 위반행위를 형사처벌하고 있다(§444(vii)).[17]

제3절 거래소 증권시장에서의 증권매매거래[18]

I. 서설

이하에서는 증권회사가 투자자로부터 받은 매매주문이 거래소에서 체결되는 과정을 정리한다. 증권회사가 투자자로부터 주문을 받는 방법은 ① 문서에 의한 수

특별한 사정이 없는 한 그 배상액은 변론종결 당시의 그 주식가액이라고 판시하였다. 또한 원고의 과실에 대해서 과실상계 10%가 인정되었다.

16) 담당직원이 고객계좌의 주식을 임의로 처분한 후 투자자는 그 거래를 추인할 수 있고(대법원 2001.4.13. 선고 2001다635 판결), 추인은 묵시적으로도 가능하다. 임의매매를 추인한 경우에는 매매의 법률효과는 모두 고객에게 귀속된다. 판례 중에는 직원의 임의매수사실에 대해서 항의했을 뿐 직원의 기다려 보자는 설득에 따른 경우는 추인이 있었다고 본 것이 있는가 하면(서울고등법원 1993.6.22. 선고 92나61760 판결), 거래내역서를 받아보고 바로 이의제기를 하지 않거나 방치하였다는 단순한 사정만으로는 묵시적 추인을 인정하지 않은 것도 있다(대법원 2001.4.13. 선고 2001다635 판결).

17) 과거 임의매매는 특히 일임매매와 관련해서 행해지는 경우가 많았다. 일임매매는 여러 폐해를 낳았기 때문에 현재는 원칙적으로 금지되고 있다. 제3장 제1절 Ⅳ 및 제12장 제2절 Ⅴ.3(5) 참조.

18) 상세한 것은 한국거래소, 2023 주식시장 매매제도의 이해(2023).

탁, ② 전화 등에 의한 수탁, ③ 전자통신방법에 의한 수탁으로 나눌 수 있다. 최근에는 ③의 방법이 많이 활용되는데 HTS(Home Trading System), 무선통신(MTS, Mobile Trading System), 인터넷 홈페이지 등이 그에 해당한다.[19]

증권회사는 예외적으로 주문의 수탁을 거부해야 하는 경우(업무규정 §84)를 제외하고는 투자자로부터 받은 주문을 호가로 전환하여 전산프로그램을 통해 거래소 전산시스템에 입력한다(호가의 입력).[20]

Ⅱ. 매매거래의 종류

거래소 증권매매거래는 계약체결일과 결제일 사이의 간격에 따라 당일결제거래, 익일결제거래 및 보통거래(T+2)의 3가지가 있다(업무규정 §7(1)). 상장증권의 매매거래는 원칙적으로 보통거래로 한다(업무규정 §7(4)).

Ⅲ. 매매거래일 및 매매거래시간

거래소시장의 매매거래일은 원칙적으로 월요일부터 금요일까지로 하며 휴장일이 정해져 있다(업무규정 §5). 현재 정규시장은 9시부터 15시30분까지 개장한다(업무규정 §4(3)(i)). 다만 추가적인 거래수요를 충족하기 위하여 주식시장 등에는 정규시장 외에 시간외시장을 둔다(업무규정 §4(2)). 시간외시장은 장 개시 전에는 8시부터 9시까지, 그리고 장 종료 후에는 15시40분에서 18시까지 운영한다.

---

19) 증권회사는 결제의 확실성을 담보하기 위하여 투자자로부터 현금이나 대용증권 등을 위탁증거금으로 징수할 수 있다(업무규정 §87(1)).

20) 과거에는 금융투자업자가 투자자로부터 매매주문을 받으면 이를 거래소에 있는 회사의 시장대리인에게 전달하고, 시장대리인이 거래소의 지정포스트의 전산단말기에 이를 접수하게 되어 있었다. 지정포스트의 담당직원은 접수된 주문을 정리하여 조건이 맞는 주문끼리 거래를 성립시켜 다시 주문과 반대의 순서로 거래결과를 통보하는 과정을 거쳤다. 현재는 각 금융투자업자가 직접 거래소의 단말기와 연결된 각각의 단말기를 통해 주문을 접수시키고 매매는 전산처리에 의해 체결되고 있다. 현재는 투자자의 주문이 바로 금융투자업자의 시스템을 거쳐서 거래소의 전산시스템으로 연결되는 구조를 취하고 있다.

Ⅳ. 호가

1. 의의

증권회사에 대한 투자자의 매도 또는 매수의 의사표시를 '주문'이라고 하고 주문을 받은 증권회사가 거래소에 대해서 하는 매도 또는 매수의 의사표시를 '호가'라고 한다.[21] 호가는 호가접수시간에 거래소의 전산시스템에 입력하는 방식으로 행한다(업무규정 §§9(1), 10(1)).

2. 종류

호가의 종류는 주문의 종류에 따르게 되는데 증권의 종류별로 차이가 있다. 주문의 종류는 다음과 같다.

① 지정가주문: 시장에서 가장 일반적으로 이용되는 주문형태로서 투자자가 지정한 가격이나 그보다 유리한 가격으로 매매거래를 하고자 하는 주문

② 시장가주문: 가격은 지정하지 않고 수량만을 지정하는 주문유형으로, 현 시점에서 시장에서 형성되는 가격으로 즉시 매매거래를 하고자 하는 주문

③ 조건부지정가주문: 종가단일가매매 개시 전까지는 지정가주문으로 매매거래에 참여하지만 매매체결이 이루어지지 않은 잔여수량은 종가단일가매매 시 자동으로 시장가주문으로 전환되는 주문

④ 최유리지정가주문: 상대방 최우선호가의 가격으로 즉시 체결이 가능하도록 하기 위해 주문 접수시점의 상대방 최우선호가의 가격으로 지정되는 주문

⑤ 최우선지정가주문: 해당 주문의 접수시점에 자기 주문방향의 최우선호가 가격으로 지정되는 주문

⑥ 목표가주문: 투자자가 특정 지정가격이 아니라 당일의 거래량가중평균가격(VWAP) 등과 같이 향후에 결정될 가격이나 그와 근접한 가격으로 매매체결을 원하는 경우에 증권회사가 재량으로 목표가격에 최대한 근접한 가격에 체결될 수 있도록 하는 주문

⑦ 경쟁대량매매주문: 투자자가 수량은 지정하되 당일의 거래량가중평균가격(VWAP)으로 매매거래를 하고자 하는 주문

---

21) 매도 시의 호가를 매도호가, 매수 시의 호가를 매수호가라고 한다.

3. 호가의 제한

거래소는 1회에 제출가능한 호가수량을 제한하고 있는데 예컨대 주권의 경우 시가총액이 1천억원 이상 10조원 미만인 경우 상장증권 수의 1%로 제한한다(업무규정 시행세칙 §14(1)(iii)(나)). 또한 증권가격의 급격한 변동을 막기 위해 하루에 변동할 수 있는 증권가격의 폭을 제한하므로(가격제한폭) 호가는 이러한 상하의 가격제한폭을 벗어날 수 없다(업무규정 §20(1)본문).

호가는 호가접수 당일의 접수시간[22] 내에서 접수한 때부터 매매거래가 성립될 때까지 효력을 지닌다(업무규정 §12(1)). 호가의 접수시점은 호가의 효력발생시점인 동시에 같은 가격의 호가 사이의 우선순위를 결정하는 기준이 된다. 증권회사는 호가중 매매가 성립되지 않은 수량의 전부 또는 일부를 취소할 수 있고 호가의 가격이나 종류를 정정할 수 있다(업무규정 §13(1)).

Ⅴ. 매매수량의 단위

매매수량의 단위(매매단위)는 증권을 매매할 수 있는 최저단위의 수량을 말한다. 주문된 증권 수량이 제각각이면 거래소에서 거래가 원활하게 이루어질 수 없을 것이다. 따라서 거래소는 거래가 일정한 단위별로 이루어지도록 매매수량의 단위를 규정한다.[23]

Ⅵ. 매매계약의 체결

1. 경쟁매매시장

증권회사가 거래소시장에서 매매거래를 하기 위해서는 거래소가 업무규정으로 정한 방법을 따라야 한다. 증권시장은 매매체결방식에 따라 경쟁매매시장과 딜러시장으로 나눌 수 있다. 한국거래소는 초기부터 경쟁매매방식을 채택하고 있다. 거

22) 정규시장은 매매거래시간개시("장개시") 30분전부터 장종료시까지이다(업무규정 §10; 시행세칙 §11(1)(i)).

23) 현재 주권의 매매단위는 1주이다(시행세칙 §33(1)). 단위 미만의 증권을 보유하는 투자자는 금융투자업자를 통해서 거래할 수 있을 것이다.

래소는 시장조성업무를 담당하는 딜러 없이 매도인의 매도주문과 매수인의 매수주문을 경쟁적으로 대응시켜 거래를 성립시키는 시장이다. 매매계약체결은 과거에는 거래원의 입회하에 수작업으로 이루어졌으나 점차 전산시스템이 도입되어 현재는 전부 전산시스템을 통해서 이루어지고 있다.

2. 개별경쟁매매

경쟁매매에도 개별방식과 집단방식[24]이 있으나 현재는 개별방식만 이루어진다(업무규정 §§22조(1)). 개별방식에서는 가장 유리한 조건의 호가가 우선 처리된다(업무규정 §22(1)). 개별방식은 다시 ① 단일가격방식과 ② 복수가격방식으로 구분된다(업무규정 §22(1)). ①은 일정 시간 동안 접수한 매도호가와 매수호가가 일치하는 가격으로 매매가 체결되는 방식인데 비하여 ②는 장중에 계속 매도호가와 매수호가를 대응시켜 가격과 수량이 합치될 때마다 매매를 성립시키는 방식이다(접속매매). ①은 최초가격을 정하는 경우 등 동시호가 처리에 적용되고(업무규정 23(1)) ②는 나머지 경우에 적용된다(업무규정 §24(1)).

3. 경쟁매매의 원칙

개별경쟁매매에서 호가의 우선순위는 다음과 같은 원칙을 따른다. ① 먼저 '가격우선의 원칙'으로 매도호가는 저가가 고가에 우선하고 매수호가는 고가가 저가에 우선한다. 시장가호가는 지정가호가에 가격적으로 우선한다(업무규정 §22(2)(i)). ② 이어서 '시간우선의 원칙'으로 동일한 가격호가 간에는 접수시점이 앞선 호가가 우선한다(업무규정 §22(2)(ii)). ③ 끝으로 '수량우선의 원칙'으로 동시의 위탁(또는 자기)매매호가 간의 순위는 복잡한 방식으로 정해지고 있으나 대체로 수량이 많은 호가가 적은 호가에 우선하는 것이 원칙이다(시행세칙 §34(1)).[25]

24) 집단경쟁매매는 다수의 호가와 다수의 수량으로 구성된 매도인과 매수인집단을 경합시켜서 단일가격으로 매매를 성립시키는 방법이다.

25) 동시호가 간에는 위탁매매가 자기매매에 우선한다는 수탁매매우선의 원칙은 폐지되었다.

Ⅶ. 위탁수수료

거래소 증권시장에 상장된 증권의 매매를 금융투자업자에 위탁하여 매매가 성립되면 위탁수수료를 지급해야 한다. 과거 위탁수수료의 요율은 수탁계약준칙에서 정하였지만 현재는 자율화되었고(업무규정 §100(1)),[26] 증권회사간의 경쟁으로 인하여 점차 낮아지는 추세이다.

Ⅷ. 위탁증거금

금융투자업자는 투자자로부터 증권매매의 위탁을 받은 때에는 매수의 경우에는 현금 또는 대용증권으로, 매도의 경우에는 해당 매도증권, 현금 또는 대용증권으로 위탁증거금을 징수할 수 있다(업무규정 §87(1)). 위탁증거금은 채무이행 담보기능과 과당투기 억제기능도 수행한다. 과거에는 특히 후자를 중시하여 금융당국이 위탁증거금률을 정하기도 했으나 현재는 자율화되었다(업무규정 §87(2)).

Ⅸ. 특수한 매매

특수한 매매로는 여러 가지가 있으나(업무규정 §30-2이하) ① 대량매매와 경쟁대량매매, ② 자전거래, ③ 자기주식매매를 들 수 있다. ①의 호가의 수량이 시장규모에 비하여 과다한 경우로 통상의 매매방법으로는 처리하기 어려울 뿐만 아니라 시장에서 수급불균형으로 인한 급격한 가격변동을 발생시킬 우려가 있다. 그리하여 거래소의 업무규정은 이 경우에 대해서는 특별한 매매계약체결방식을 정하고 있다(§31). 이와 비슷한 경쟁대량매매(§30-2)는 일정 규모 이상의 대량호가를 정규시장 호가와 별도로 집중시켜 이들 호가간에 매매거래를 체결시키는 제도이다. 이 거래의 경우 장중에는 호가의 수량과 체결정보가 공개되지 않기 때문에 주문정보의 노출로 인한 시장영향을 막을 수 있다는 장점이 있지만 실제 거의 거래가 없다고 한다.[27] ② 자전거래(cross trading)는 동일한 거래회원이 동일한 조건의 매수

26) 과거 대부분 국가에서 위탁수수료율이 고정되어 있었으나 자율화에 따른 경쟁의 확산으로 점차 수수료가 낮아지고 있다.

27) 이연임, "다자간매매체결회사(ATS)의 규제와 그 개선방안에 관한 소고," 증권법연구 제23권 제3

호가와 매도호가를 내서 매매를 성립시키는 거래를 말한다. 특히 기관투자자가 보유주식의 장부가격을 현실화할 목적으로 많이 사용된다.[28] ③은 주권상장법인이 거래소에서 자기주식을 취득하는 것으로 자본시장법은 일정한 범위에서 이를 허용한다(§165-3). 그러나 자기주식을 거래소에서 취득하면 시장수급에 영향을 주고 미공개정보를 이용할 수도 있으므로 그 매매방법을 규제한다(업무규정 §39(1); 시행세칙 §57(1)).

X. 매매거래의 정지 및 중단

거래소는 시장에 혼란이 발생하는 경우에 시장안정과 투자자 보호를 위하여 매매거래를 '정지'하거나 '중단'하는 제도를 마련하고 있다.[29] 매매거래의 정지는 거래소가 매매거래가 폭주하는 등 일정한 경우에 특정 종목의 매매거래를 일시적으로 정지하는 제도를 말한다(업무규정 §§26(1), 107). 한편 매매거래의 중단(circuit breaker)은 거래소가 코스피지수가 급락하는 경우에 일시적으로 전체종목의 거래를 중단[30]하는 제도이다(업무규정 §25).[31] 또한 이들과 구별되는 것으로 프로그램매매의 호가효력을 일시적으로 정지하는 제도(이른바 sidecar제도)가 있다. 거래소는 프로그램매매가 시장에 미치는 충격을 완화하기 위하여 코스피200을 기초자산으로 하는 선물거래종목 중 일정한 종목의 가격이 급변하는 경우 프로그램매매의 호가의 효력을 일시적으로 정지하는 제도이다(업무규정 §16).

호(2022) 148면.

28) 과거에는 직전가격으로 매매하면 다른 호가에 우선하여 매매를 성립시켜 주기도 했다. 그러나 경쟁매매원칙에 반하고 주가조작위험이 있어서 채무증권의 경우(업무규정 §54)을 제외하고는 폐지되었다(채무증권의 신고매매).

29) 매매거래를 중단·정지 또는 재개한 경우에는 즉시 그 사실을 공표한다(업무규정 시행세칙 §41(1)).

30) 중단의 의미는 "취소호가를 제외한 호가접수를 중단하는 것"이다.

31) 업무규정은 직전 매매거래일의 최종 수치보다 8%이상 하락하여 1분간 지속되는 경우 20분간 매매거래를 중단 후 재개하는 등 내용을 상세하게 정하고 있다.

제4절 청산과 결제[32]

Ⅰ. 청산

1. 의의

계약의 체결과 결제(settlement) 사이에는 '청산'(clearing)이라고 하는 별도의 단계가 존재하는 것이 보통이다. 청산이란 일반적으로 결제의 대상인 증권과 대금을 확정하는 절차를 말한다.[33] 청산은 ① 거래확인(confirmation or matching)[34]과 ② 네팅(netting)[35]의 두 단계로 이루어진다. ① 거래확인은 거래당사자 사이에 종목, 가격, 수량, 결제일, 거래상대방 등과 같은 거래조건을 확인함으로써 결제의 완결성을 확보하는 과정이라고 할 수 있다.[36] ② 네팅은 다수의 거래주체 사이에 발생하는 채권, 채무를 차감함으로써 결제의 규모를 감소하여 결제비용을 최소화하기 위한 과정이다. 네팅은 참가하는 거래주체의 수에 따라 ⓐ 양당사자 간에 이루어지는 '양자간 네팅'(bilateral clearing)과 ⓑ 다수의 당사자 간에 이루어지는 '다자간 네팅'(multilateral clearing)으로 나눌 수 있다. 결제업무의 효율이란 관점에서는 다자간 네팅이 우월한 것은 물론이다. 그러나 다자간 네팅의 경우에는 일부 당사자의 결제불이행이 다른 당사자의 결제에도 영향을 미침으로써 결제의 '완결성'(finality)를 훼손할 위험이 있을 뿐 아니라 법적으로 허용되는지 여부도 명확하지 않다. 이러한 문제를 고려하여 다자간 네팅은 당사자들 사이에 단일한 청산기구, 즉 중앙청산기관(central counterparty: CCP)를 개입시키는 방식으로 이루어진다. CCP가 도입되면 당사자들 사이의 모든 거래는 당사자와 CCP 사이의 양자간 거래로 전환됨으로써 양자간 네팅이 가능해진다. CCP의 개입은 거래체결단계에서 당사자의 지위로 참여하는 방식도 가능하지만 자본시장법상 증권거래에서는 당사자 사이에 일단 거래가 체결된 후 CCP가 당사자의 채무를 면책적으로 인수하는 방

32) 보다 상세한 것은 김/정, 651~704면.

33) 때로는 결제를 청산을 포함하는 넓은 의미로 사용하기도 한다.

34) 또는 거래조회.

35) 또는 차감.

36) 거래소거래에서는 거래소와 증권회사의 전산망을 연동하여 매매가 체결된 시점에 즉시 투자자에게 통보하여 투자자가 확인할 수 있도록 하고 있다(이른바 체결시점매매확인 시스템).

식을 채택하고 있다(업무규정 §73-2(1)).

2. 자본시장법상의 청산

자본시장법은 금융투자상품거래청산업(§9(25))과 금융투자상품거래청산회사(§§9(17)(ii-2), 323-2-20)에 대한 일반적인 규정을 두고 있다. 그러나 거래소에서의 증권매매거래에 따른 청산업무는 한국거래소에 맡기고 있다(§378(1), 부칙(2013. 5.28.) §15(3)).

Ⅱ. 결제

1. 의의

결제는 당사자가 거래상 부담하는 채무를 이행하는 절차로 증권 거래의 경우에는 ① 증권의 인도와 ② 대금지급의 두 가지 요소로 구성된다. ②는 모든 거래의 결제에 공통되는 것으로 증권거래에서 고유한 것은 ①의 증권의 인도이다. 거래가 대량적, 반복적으로 일어나는 현재 자본시장에서 일일이 증권의 실물을 인도하는 것은 매우 번거로운 일이다. 실제로 1960년대 후반 미국에서는 결제가 계약의 체결속도를 따라가지 못해 증권거래가 마비되는 현상(이른바 'Paperwork Crisis')이 발생하기도 했다. 결제부담의 경감을 위한 대책으로는 앞서 살펴본 네팅도 있지만 자본시장법은 보다 근본적인 대책으로 현물의 인도 대신 장부기재의 변경으로 결제하는 대체결제제도를 채택하고 있다.

2. 증권의 대체결제와 예탁제도

증권의 대체결제제도는 당초 증권을 중앙예탁기관에 예탁하는 예탁제도(증권의 부동화(immobilization))에 기반한 것에서부터 증권의 전자등록제도(증권의 무권화(dematerialization))에 기반한 것으로 발전하였다. 예탁제도에 기반한 대체결제는 대체로 다음과 같이 이루어진다. 먼저 투자자는 증권을 금융투자업자(예탁자)에 예탁한다(제1차 예탁). 예탁자는 이 증권을 다른 투자자의 증권과 혼합하여 스스로 관리하거나 자신의 증권과 함께 다시 중앙예탁기구인 한국예탁결제원에 예탁한다(제2차 예탁). 예탁결제원은 예탁자가 예탁한 증권을 종류별·종목별로 모아 혼합·보관한다. 금융투자업자는 투자자계좌부를 작성하고 예탁결제원은 다시 예탁자계좌부를 작성하며 이후의 권리이전은 증권 실물을 이동함이 없이 계좌부상의 대체기재만으로 이루어진다.

3. 증권의 대체결제와 전자등록제도

(1) 전자등록과 전자증권법

앞서 설명한 예탁제도는 증권실물의 존재를 전제로 한다. 그러나 전자등록제도는 이러한 실물증권 자체를 발행하지 않고 전자등록기관에 전자등록함으로써 발행하고 전자등록부상 계좌 간 대체를 통하여 결제하는 것이다. 상법은 주식의 경우 주식회사가 정관으로 전자등록제도를 택할 수 있는 근거를 두고 전자등록에 관한 자세한 사항은 따로 법률로 정하도록 하고 있다(§356-2). 그것을 근거로 제정된 것이 바로 "주식·사채 등의 전자등록에 관한 법률"(전자증권법)이다.[37] 전자증권법상 전자등록은 원칙적으로 발행인의 선택에 맡기고 있으나(§24(1))(신청주의) 상장증권에 대해서는 전자등록이 의무화되고 있다(§25(1)(i)).

(2) 전자등록의 구조

전자증권법은 주식을 발행하는 회사와 실제 주식을 거래하는 투자자 사이에 전자등록기관과 계좌관리기관이 개입하는 3단계 구조를 취하고 있다. 전자등록기관은 최상위 중앙등록기관으로 한국예탁결제원이 담당하고, 계좌관리기관은 직접 투자자들과 접하는 하위 등록기관으로 주로 증권회사가 담당한다(전자증권법 §2(vi), (vii)).[38]

주식의 발행인은 신규 주식을 전자등록할 때에 전자등록기관에 발행인관리계좌를 개설하면 전자등록기관은 발행인별로 발행인관리계좌부를 작성, 관리한다(전자증권법 §21). 한편 주식을 취득하는 투자자는 계좌관리기관에 고객계좌를 개설하는 것이 일반적이다. 고객계좌를 개설한 계좌관리기관은 권리자별로 고객계좌부를 작성하는 한편(전자증권법 §22(2)), 전자등록기관에는 고객관리계좌를 개설해야 한

37) 우리나라의 전자등록제도에 대한 체계적인 해설로 노혁준, "상장주식의 전자등록 및 거래", 상장회사법의 쟁점(김건식 정년기념논문집 2020), 15면.

38) 다만 예외적으로 투자자가 직접 전자등록기관에 계좌를 개설하는 경우에는(전자증권법 §23(1)) 전자등록기관-투자자의 2단계도 가능하다.

다(전자증권법 §22(3)). 전자등록기관은 계좌관리기관별로 고객관리계좌부를 작성, 관리하게 된다.[39] 한편 계좌관리기관이 직접 투자자로서 자기명의와 계산으로 주식 등을 보유하는 경우에는 계좌관리기관이 전자등록기관에 계좌를 개설할 수 있으며 이러한 '계좌관리기관등 자기계좌'(전자증권법 §23(1))에 대해서는 전자등록기관이 이른바 '계좌관리기관등 자기계좌부'를 작성, 관리한다. 이러한 고객계좌부와 계좌관리기관등 자기계좌부를 합쳐서 '전자등록계좌부'라고 하고(전자증권법 §2 (iii)). 그에 대해서는 권리추정력 등 법적 장부로서의 효력이 인정된다(전자증권법 §35).

(3) 전자등록과 대체결제

전자등록으로 인하여 권리가 발생하는 시점은 전자등록계좌부에 권리내역이 등록된 때이다.[40] 전자증권법은 계좌간 대체의 전자등록을 양도의 효력발생요건으로 정하고 있다(전자증권법 §35(2)). 물론 전자등록만으로 유효한 양도가 되는 것은 아니고 양도인과 양수인 간 양도합의가 있어야 함은 당연하다. 실물주권의 양도에 관해 주권 교부를 요하는 상법 규정(§336)의 적용은 배제된다.

4. 결제의 실행

(1) 결제의 수행주체

자본시장법은 "증권시장에서의 매매거래에 따른 증권인도 및 대금지급 업무"는 전자등록기관이 수행한다고 하고 있는데(§297) 현재는 한국예탁결제원이 그 업무를 담당한다.[41]

---

39) 전자등록기관의 고객관리계좌부에는 고객계좌부에 전자등록된 주식의 총수량 및 총금액이 기록된다(전자증권법 §22(3)).

40) 전자등록은 기존 권리상태를 보여주기 위한 제도일 뿐 그 등록 내지 기재가 권리를 의제하는 것은 아니므로 실제로 주식이 발행되지 않고 전자등록만 이루어진 경우에는 명의자가 권리를 취득한 것으로 볼 수 없다. 전자증권법도 전자등록된 자가 전자등록된 권리를 적법하게 가지는 것으로 '추정'할 뿐이다(전자증권법 §35(1)).

41) 예탁결제원은 전자증권법 공포 후 6개월이 경과한 날 전자등록기관의 허가를 받은 것으로 본다(부칙(2016.3.22.) §8(1)). 예탁결제원은 "증권시장 밖에서의 증권등의 매매거래(다자간매매체결회사에서의 증권의 매매거래는 제외한다)에 따른 증권등의 인도와 대금의 지급에 관한 업무"도 수행한다(§296(1)(iv)).

(2) 결제일과 결제시한

결제일은 매매 종류에 따라 다르다. 당일 결제거래는 매매계약을 체결한 당일, 익일 결제거래는 매매계약체결일의 다음 날, 보통거래는 계약체결일로부터 3일째 되는 날이다(업무규정 §7(1)). 결제시한은 원칙적으로 결제일의 오후 4시이다(업무규정 §75-2(1)).

(3) 결제의 이행

지정거래소가 매매거래 종류별, 결제회원별로 대금과 같은 종목간 증권을 각각 차감하여 결제회원이 납부해야 할 대금과 증권을 확정하여 결제회원에게 통보하면(업무규정 §§74(1), 75(1)) 결제회원은 매도증권과 매수대금을 결제시한 이전에 예탁결제원 결제계좌에 납부해야 하며, 예탁결제원은 결제시한 이후에 결제회원에게 그 매도대금 또는 매수증권을 지급한다(예탁결제원 증권 등 결제업무규정 §§16, 17, 19).

(4) 결제의 불이행 위험

거래소가 청산기관인 경우에는 전술한 바와 같이 거래소가 CCP로서 회원의 채무를 면책적으로 인수하는 방식을 택하고 있기 때문에 특정 회원의 결제 불이행이 다른 거래에까지 영향을 미칠 가능성은 거의 없다. 결제의 불이행 위험에 대처하기 위하여 거래소는 거래증거금(§396(2)), 회원보증금(§395), 손해배상공동기금(§394) 등의 제도를 운영하고 있다.

제12장 금융투자업규제

제1절 서설

자본시장은 원칙적으로 은행과 같은 금융중개기관의 개입 없는 직접금융이 이루어지는 시장을 말한다. 그러나 투자자는 발행회사나 다른 투자자를 직접 상대하여 거래하기 보다는 금융투자업자의 도움을 받아 거래하는 경우가 대부분이다. 그러므로 자본시장에서의 투자자 보호를 위해서는 투자자에게 강제로 정보를 제공하게 하거나(공시규제) 내부자거래와 같은 불공정한 거래를 금지하여 시장거래질서를 유지하는 것도 중요하지만 투자자를 상대로 각종 서비스를 제공하는 금융투자업자를 적절히 규제하는 것도 중요하다.

금융투자업의 규제와 관련해서는 먼저 금융투자업을 규제하는 이유를 생각해 볼 필요가 있다. 자본주의 사회에서 국민은 원칙적으로 영업의 자유를 누리지만(헌법 §15) 영업의 자유도 "국가안전보장·질서유지 또는 공공복리를 위하여 필요한 경우에[는]" 제한할 수 있다(헌법 §37(2)). 대표적인 금융업에 해당하는 은행업의 경우에도 각국은 광범한 규제를 한다. 은행규제의 가장 중요한 목표는 예금자를 보호하고 결제시스템의 안전을 확보하는 것이다. 각국은 은행의 도산을 막기 위하여 엄격한 진입규제를 적용할 뿐 아니라 일단 진입한 후에는 건전한 자산구조를 갖도록 폭넓은 건전성규제를 가한다.[1)]

---

1) 대표적인 것이 BIS비율이라고 불리는 자기자본비율규제이다.

과거 금융투자업이 수반하는 위험은 금융중개와 결제를 담당하는 은행업에 비하여 훨씬 덜 심각한 것으로 여겨졌다. 그럼에도 불구하고 금융투자업에 대해서도 규제할 필요가 있는지, 필요가 있다면 어느 방면에서 어느 정도의 규제가 필요한 것인가? 이런 물음에 대한 답은 금융투자업과 금융투자상품거래가 수반하는 위험을 어떻게 볼 것인가에 달려있다. 금융투자업자는 은행에 비하여 거래의 당사자로서 금융투자상품의 위험을 인수하는 경우가 제한된다. 또한 금융투자업자는 결제기능을 담당하지 않기 때문에 설사 도산하는 경우에도 그 위험이 시스템 전체로 확산될 가능성은 높지 않다고 여겨져 왔다. 그러나 2007년 국제적 금융위기를 계기로 금융투자업자도 실제로는 다른 금융기관들과 밀접한 관계를 갖는 경우가 많으므로 금융시스템 전체로의 위험확산을 방지하기 위한 규제가 필요하다는 주장이 힘을 얻게 되었다. 그럼에도 불구하고 금융투자업자에 대한 건전성규제와 진입규제의 강도는 은행에 비해서 훨씬 약하다. 한편 금융투자업의 대상인 금융투자상품은 예금에 비하여 위험성이 높은 상품이다. 나아가 금융투자상품의 거래는 예금이나 대출과 같은 은행거래에 비하여 내용 면에서 훨씬 더 복잡하고 전문적이다. 물론 금융투자상품에 투자하는 투자자는 예금자에 비하여 높은 전문성을 갖고 예금의 경우보다는 위험감수의 여지가 큰 자금(이른바 위험자본)으로 투자할 것이 기대되는 면이 있다. 그러나 현실적으로는 투자대상의 위험성을 판단할 수 있는 정보나 능력이 제한되는 일반투자자가 경솔한 투자로 노후자금을 날릴 위험이 크다. 또한 그러한 위험은 금융투자업자와 투자자 사이에 존재하는 이익충돌로 인하여 증폭되는 경우가 많다. 그리하여 금융투자업자의 경우에는 은행의 경우와 달리 건전성규제나 진입규제 보다는 거래상대방인 투자자를 상대할 때 적용되는 영업행위규제가 한층 더 중요한 의미를 갖는다.[2)] 이 장에서도 영업행위규제에 초점을 맞추어 설명하기로 한다.

2) 특히 투자자분쟁의 처리에 관여하는 법률가의 관점에서는 영업행위규제가 가장 중요할 것이다.

제2절 영업행위규제

Ⅰ. 총설

1. 영업행위규제의 의의

영업행위규제는 투자자와 금융투자상품거래를 하는 금융투자업자에 적용하는 규제이다. 투자자의 투자거래는 직접 기업이나 다른 투자자를 상대하는 경우도 있지만 금융투자업자의 도움을 받는 경우가 일반적이다. 금융투자업자는 전문성이나 정보 면에서 투자자보다 훨씬 우월한 지위에 서게 되므로 이들 사이의 관계를 사적자치에만 맡긴다면 투자자에게 불리한 결과가 발생하기 쉽다. 영업행위규제는 한편으로는 금융투자업자의 우월한 지위 남용을 억제하고 다른 한편으로는 투자자의 열등한 지위를 보완하기 위하여 마련된 것이다. 전통적으로 은행규제에서는 건전성규제의 비중이 높지만 금융투자업자의 경우에는 영업행위규제의 중요성이 강조된다. 특히 자본시장의 발전으로 거래대상인 금융투자상품이 복잡성과 다양성이 심화됨에 따라 영업행위규제가 한층 더 부각되고 있다.

2. 영업행위규제의 연혁

영업행위규제가 발달하기 전에도 이미 법원은 금융투자업자에게 사법상의 거래상대방 보호의무를 인정하는 방법을 통해서 투자자 보호를 꾀하였다. 그리하여 후술하는 '적합성원칙'이나 '설명의무' 같은 개념을 토대로 금융투자업자의 손해배상책임을 인정하는 판례가 다수 축적되었다. 이러한 개념들은 감독규정에 수용되었다가 자본시장법을 제정할 때 처음 법률에 명문으로 도입되었다. 그러나 시간이 흐름에 따라 금융투자업과 은행, 보험 등 다른 금융업 사이의 장벽이 낮아지면서 자본시장의 투자자만이 아니라 은행이나 보험회사의 고객들도 일종의 금융소비자로서 보호할 보호할 필요가 생겨났다. 그리하여 2020년 금융소비자 보호에 관한 법률(금소법)을 제정하여 금융상품의 판매 시에 고객을 보호하는 규정을 통일하고 과거 자본시장법에 들어 있었던 투자권유에 관한 규제를 이관하였다. 그리하여 이제 금융투자업자의 영업행위규제와 관련해서는 자본시장법과 아울러 금소법의 관

련규정을 참조할 필요가 있다.[3)]

금소법은 금융투자업자의 고객인 투자자만이 아니라 은행과 보험회사의 고객인 예금자와 보험계약자까지를 적용대상으로 하고 있으므로 '금융회사', '금융상품', '금융소비자' 등과 같이 자본시장법에서보다 적용범위가 더 넓은 용어를 사용한다. 이하에서는 금소법이 적용되는 경우에도 서술의 편의상 용어는 자본시장법상의 용어를 그대로 사용하기로 한다.

3. 공통영업행위규제와 개별영업행위규제

자본시장법상의 영업행위규제는 모든 금융투자업자에게 공통적으로 적용되는 '공통영업행위규제'와 금융투자업에 따라 달리 적용되는 '개별영업행위규제'로 구분된다. 이곳에서는 공통영업행위규제를 중심으로 설명한 후 개별영업행위규제의 경우에는 투자매매업자와 투자중개업자에 대한 영업행위규제만을 살펴보기로 한다. 이들 영업행위규제는 거래의 상대방인 투자자가 전문투자자인지 일반투자자인지에 따라 그 내용을 달리한다.

Ⅱ. 금융투자업자의 일반적 보호의무

자본시장법은 먼저 영업행위규제를 일반적으로 정당화할 수 있는 금융투자업자의 일반적 보호의무로 '신의성실의무'와 '투자자이익우선의무'를 명시한다. 즉 "금융투자업자는 신의성실의 원칙에 따라 공정하게 금융투자업을 영위해야" 하고(§37(1)) "정당한 사유없이 투자자의 이익을 해하면서 자기가 이익을 얻거나 제3자가 이익을 얻도록 하여서는 아니 된다(§37(2)).[4)]

신의성실의무와 투자자이익우선의무는 그 문언상 영미법상의 '신인의무'(fiduciary duties)를 연상시키는 면이 있다. 그러나 이들 일반적 보호의무를 이른바 '신뢰와 신임'(trust and confidence)의 관계에서 인정되는 신인의무와 동등한 것으로 보기는 어렵다. 자본시장에서 생겨나는 금융투자업자와 투자자 사이의 다양한 관계가 모두 '신뢰와 신임'의 관계에 해당한다고 평가할 수는 없기 때문이다. 대표

3) 나아가 현행 금소법의 규정을 해석할 때에는 또 과거 자본시장법 규정에 대한 해석을 참조할 필요가 있을 것이다.

4) 금소법상 금융상품판매업자 내지 금융상품자문업자도 유사한 의무를 부담한다(§14).

적인 예로 투자매매업자는 투자자와 대립적 지위에 서는 것이 전제되고 있다는 점에서 이들의 관계는 일반적으로 '신뢰와 신임'의 관계로 볼 수는 없고 따라서 신인의무를 인정할 여지는 없을 것이다. 자본시장법은 집합투자업자, 투자자문업자, 투자일임업자, 신탁업자에 대해서는 신인의무에 상응하는 선관의무 및 충실의무를 명시하고 있다(§§79, 96, 102). 신의성실의무와 투자자이익우선의무는 일반추상적이므로 자본시장법과 금소법은 보다 구체적인 규정들을 다수 포함하고 있다. 이들 중 투자자보호관점에서 중요한 의미를 갖는 것은 투자권유에 관한 규정이다. 이하에서는 투자권유에 관한 규정들과 그 밖의 규정들을 소개하기로 한다.

Ⅲ. 투자권유에 관한 규제

1. 총설

(1) 신의칙상의 고객보호의무

위에서 설명한 일반적 보호의무는 금융투자업자의 업무전반에 걸쳐 적용되는 의무이다. 그러나 금융투자업자의 '투자권유'와 관련해서는 따로 특별한 고객보호의무가 인정되고 있다. 과거 증권거래법에 그에 관한 명시적 규정이 없던 1990년대에도 이미 대법원은 투자권유를 하는 증권회사에 대해서 신의칙상의 고객보호의무를 인정하고 증권회사 임직원이 투자권유와 관련하여 고객보호의무를 위반한 때에는 고객에 대해서 불법행위책임을 진다는 판례를 고수하였다(대법원 1994.1.11. 선고 93다26205 판결).

기본적으로 고객의 불충분한 능력과 정보를 보완하기 위한 수단으로 인정되는 금융기관의 고객보호의무의 내용으로 대법원은 ① 투자자의 정확한 인식을 형성하는 것을 방해하는 것을 회피할 의무(부당권유의 금지)와 ②) 투자자의 투자상황에 비추어 과대한 위험을 수반하는 거래를 적극적으로 권유하는 것을 회피할 의무(적합성원칙) 등을 제시한 바 있다(대법원 1994.1.11. 선고 93다26205 판결). 나아가 "투자신탁회사의 임직원이 고객에게 투자신탁상품의 매입을 권유할 때에는 그 투자에 따르는 위험을 포함하여 당해 투자신탁의 특성과 주요 내용을 설명함으로써 고객이 그 정보를 바탕으로 합리적인 투자판단을 할 수 있도록 고객을 보호하여야 할 주의의무가 있다"고 판시하여 적극적인 설명의무도 인정한 바 있다(대법원 2006.5.

11. 선고 2003다51057 판결).

(2) 금소법상의 고객보호의무

이처럼 판례법상 인정된 투자권유 시의 고객보호의무를 구성하는 적합성원칙이나 설명의무 등의 하위 개념은 먼저 자본시장법이 구체적인 규정으로 채택하였으나(§46 이하) 이들 규정은 2020년 금소법의 제정 시에 금소법으로 이관되었다. 금소법으로 이관된 규정들은 다음과 같다. 이들에 대해서는 뒤에 따로 개별적으로 설명하기로 한다.

- 적합성원칙(§17)
- 적정성원칙(§18)
- 설명의무(§19)
- 불공정영업행위(§20) – 주로 대출성상품에 적용
- 부당권유금지(§21)

(3) 투자권유의 의의

자본시장법은 투자권유를 "특정 투자자를 상대로 금융투자상품의 매매 또는 투자자문계약, 투자일임계약, 신탁계약(관리형신탁계약 및 투자성 없는 신탁계약을 제외한다)의 체결을 권유하는 것"으로 정의한다(§9(4)). 투자권유가 성립하기 위해서는 금융투자상품을 "단순히 소개하는 정도를 넘어 계약체결을 권유함과 아울러 그 상품 등에 관하여 구체적으로 설명하는 등 적극적으로 관여하고, 나아가 그러한 설명 등을 들은 고객이 해당 금융투자업자에 대한 신뢰를 바탕으로 … 계약체결에 나아가거나 투자여부 결정에 그 권유와 설명을 중요한 판단요소로 삼[을 것]"이 요구된다(대법원 2015.1.29. 선고 2013다217498 판결). 따라서 계약체결의 권유가 수반되지 않는 단순한 '상담'이나 '설명' 등은 투자권유에 해당하지 않는다. 다만 현실적으로 단순한 설명과 권유의 구별은 쉽지 않은 경우가 많다.

투자권유는 "특정 투자자를 상대로" 할 것이 요구되므로 불특정다수를 상대로 하는 투자광고는 투자권유가 될 수 없다. 투자권유는 발행시장 공시와 관련하여 설명한 청약의 권유보다는 좁은 개념이다. 후술하는 적합성원칙과 설명의무를 비롯한 투자권유규제는 투자권유가 있는 경우에만 적용된다.

2. 적합성원칙

(1) 의의

적합성(suitability)원칙이란 금융투자업자가 투자자의 경험, 재산, 투자목적에 비추어 부적합한 투자만을 권유하는 것을 막는 원칙이다. 후술하는 설명의무가 고객에게 정보를 제공해야 하는 적극적 의무인데 비하여 적합성원칙은 고객에게 부적합한 투자대상을 권유해서는 아니 된다는 소극적인 의무라고 할 수 있다. 이는 원래 미국에서 발전된 것이지만 오늘날 선진자본시장에서 널리 수용된 상태이다. 전술한 바와 같이 적합성원칙은 대법원이 1994년 신의칙에 기한 고객보호의무의 일환으로 인정하였으나 2009년 자본시장법 개정 시에 비로소 금융투자상품 전체에 적용되는 일반원칙으로 채택되었고 2020년 금융소비자법에서는 모든 금융상품에 확대되었다.

금소법상 금융상품판매업자등[5]은 일반금융소비자의 투자목적 · 재산상황 및 투자경험등을 고려하여 일반금융소비자에게 적합하지 아니하다고 인정되는 계약체결을 권유해서는 아니 된다(§17(3)). 따라서 금소법상 전문금융소비자에게는 적합성원칙이 적용되지 않는다. 금소법은 금융상품을 보장성상품, 투자성상품, 대출성상품으로 구분하여 적합성원칙의 내용을 달리 정하고 있다(§17(3)). 자본시장법상의 금융투자상품은 투자성상품으로 분류된다(§3(iii)). 이하에서는 금융투자상품을 중심으로 금소법상의 적합성원칙을 설명하기로 한다.

(2) 사전준비와 관련된 의무

적합성원칙을 준수하기 위해서는 투자권유 전에 사전준비가 필요하다. 금소법은 사전준비에 관해서 다음 3가지 의무를 부과한다. ① 금융소비자의 분류확인의무, ② 고객숙지의무, ③ 상품숙지의무. ①은 상대방이 전문금융소비자인지 일반금융소비자인지의 여부를 확인할 의무이다(§17(1)). 자본시장법과 마찬가지로 금소법도 금융소비자의 위험감수능력을 고려하여 보호에 차별성을 두는 규제방식을 도입하고 있다. 이러한 규제의 적용을 위하여 먼저 금융소비자를 분류하게 한

---

5) 금융상품판매업자와 금융상품자문업자를 가리킨다(금소법 §4). 나아가 금융상품판매업자는 금융상품직접판매업자와 금융상품판매대리 · 중개업자를 가리킨다(금소법 §2(ii), (iii)).

것이다.

②의 고객숙지의무(know your customer)는 금융투자업자가 일반금융소비자에 관한 정보를 확보할 의무를 말한다. 금융투자업자는 일반금융소비자에게 금융투자상품을 권유하는 경우 면담·질문 등을 통해서 투자목적, 재산상황, 투자경험, 연령, 금융상품에 대한 이해도, 위험선호도 등에 관한 정보를 파악해야 한다(§17(2)(ii), (iv); 슈§11(3)(ii)). 이런 정보는 투자자의 협력 없이는 현실적으로 파악하기 어렵다. 이런 정보를 금융투자업자가 다른 곳에서 적극적으로 수집할 의무까지 부담한다고 볼 것은 아니다. 또한 투자자가 제공한 정보의 정확성에 대해서는 투자자 자신이 책임을 져야 하고, 금융투자업자가 그 정확성을 확인할 의무까지 부담하는 것은 아니다.

③의 상품숙지의무(know your product)는 법문에 명시되어 있지 않지만 투자권유의 대상인 상품이 투자자에 적합한 것인지를 판단하기 위해서는 당연히 상품에 대해서 숙지하는 것이 전제될 것이다. 구태여 적합성원칙을 들지 않더라도 고객에 대한 신의성실의무(§37(1))나 일반사법상 보호의무의 해석상으로도 금융투자업자는 자기가 이해하지 못한 금융투자상품을 판매하여서는 아니 된다고 할 것이다. 또한 상품숙지의무는 후술하는 설명의무를 이행하기 위해서도 필수적인 요소라고 할 수 있다.

(3) 적합성 판단의 기준과 기준시점

금융투자업자는 파악한 고객정보를 고려하여 당해 고객에 적합하지 않다고 인정되는 계약 체결을 권유해서는 안 된다(§17(3)전단). 이 경우 적합성의 판단기준은 금융위가 고시한 바에 따라 일반금융소비자의 정보를 파악한 결과 손실감수능력이 적정한 수준일 것을 말한다(§17(3)후단; 슈§11(4)(i)).

적합성을 판단하는 기준이 되는 시점은 '권유시점'이다. 즉 적합성원칙에서 말하는 적합성이란 '사후적' 적합성이 아니라 권유시점에서 본 '사전적' 적합성을 의미한다. 따라서 권유시점에 적합성을 인정할 수 있는 경우에는 사후적으로 투자손실이 발생한 경우에도 적합성이 부정되는 것은 아니다.

(4) 적합성원칙의 한계

가. 권유의 필요성

적합성원칙은 금융투자업자가 투자자에게 계약체결을 '권유'할 때 적용되는 원칙이다. 금융투자업자의 권유가 없음에도 투자자가 자신의 판단과 책임으로 거래를 희망할 경우에는 후술하는 '적정성원칙'이 적용될 뿐이다.

나. 거절의무와 수정의무

금소법은 적합성 원칙과 관련하여 "적합하지 아니하다고 인정되는 계약 체결을 권유해서는 아니 된다"(§17(3))라고 소극적 의무를 규정하고 있을 뿐 적극적인 의무를 규정하고 있지 않다. 그러므로 적합성 원칙의 최대한도는 투자자에게 경고를 하는 것이라고 할 수 있다. 이러한 경고에도 불구하고 투자자가 자신의 판단과 책임으로 당해 거래를 원하는 경우에는 금융투자업자가 그것을 거절할 의무까지 있는 것은 아니다. 만약 금융투자업자에게 거절의무까지 인정한다면 당해 상품을 거래할 수 있는 투자자의 자유가 침해되는 결과가 될 것이기 때문이다.[6] 경고에도 불구하고 투자자가 거래를 원하는 경우 금융투자업자가 거래의 내용을 투자자에게 적합하도록 만들 의무는 없다. 하급심판례 중에는 금융기관이 "계약의 내용을[투자자들]에게 적합하도록 변경하여 계약의 체결을 권유할 의무"나 "[투자자들]의 손실을 제한할수 있는 다른 거래조건을 모색하여 이를 권유할 적극적인 의무"까지 부담하는 것은 아니라고 판시한 것이 있다(서울중앙지방법원 2008.12.30.자 2008카합3816 결정).

다. 충실의무와의 차이

전통적인 사적 자치 원칙에 의하면 당사자는 거래상대방에 대해서 특별히 배려할 필요가 없다. 적합성원칙은 투자자 보호를 위하여 그 원칙을 다소 수정한 것으로 볼 수 있다. 그러나 투자자 보호의 수단으로 보다 강력한 것은 금융투자업자의 충실의무를 인정하는 것이다. 자본시장법은 집합투자업자(§79(2)), 투자자문업자나 투자일임업자(§96(2)) 및 신탁업자(§102(2))에 대해서 투자자의 이익을 보호하기 위해서 그 업무를 충실하게 수행할 의무를 부과하고 있다. 자본시장법이 이들 업자에게 충실의무를 부담시키는 것은 그 계약 내용 자체가 이들 업자가 투자자의

6) 금융투자업자의 판단이 투자자보다 반드시 낫다는 보장도 없다는 점을 고려하면 적합성원칙에 의하여 투자자의 거래를 봉쇄하는 결과는 바람직하지 않을 것이다.

이익을 자신의 이익보다 앞세우지 않고는 실현될 수 없는 것이라는 점에서 당연한 일이라고 할 수 있다.

적합성원칙과 충실의무는 모두 투자자를 보호하기 위하여 개발된 법리라는 점에서 공통되지만 정도 면에서 큰 차이가 있다. 금융투자업의 맥락에서 보면 업자의 충실의무는 투자자 이익을 자신의 이익보다 우선시킬 뿐 아니라 투자자 이익의 극대화를 추구할 의무라고 할 수 있다. 즉 업자가 투자자를 위해서 부담할 수 있는 의무의 최대한도를 의미한다고 할 것이다. 이에 비하여 적합성원칙이 업자에게 부과하는 의무는 보다 제한적이다. 적합성원칙은 업자에게 자신의 이익을 양보하라고 요구하지는 않는다. 단지 투자자에게 부적합한 투자상품을 권유하면서까지 자신의 이익을 추구하는 것을 금할 뿐이다. 자본시장법은 집합투자업자 등의 경우와는 달리 투자매매업자에게는 충실의무를 요구하고 있지 않다.[7)]

(5) 적합성원칙 위반에 대한 제재

금소법상 금융투자업자의 적합성원칙에 위반한 권유에 의하여 투자상품에 관한 계약을 체결한 투자자는 일정 기간 내에 그 계약의 해지를 요구할 수 있다(§47(1)). 금융투자업자가 정당한 사유 없이 그 요구를 거절한 때에는 당해 계약을 해지할 수 있다(§47(3)).

자본시장법은 적합성원칙 위반에 대한 손해배상책임을 특별히 규정하고 있지 않았다. 그러나 대법원은 자본시장법 시행 이전의 사안에서 "조사된 투자목적에 비추어 볼 때 고객에게 과도한 위험을 초래하는 거래행위를 감행하도록 하여 고객의 재산에 손실을 가한 때에는 그로 인한 손해를 배상할 책임이 있다"라고 하여 적합성원칙 위반을 이유로 한 손해배상책임의 가능성을 인정한 바 있다(대법원 2010.11. 11. 선고 2010다55699 판결). 자본시장법 시행 이후에도 자본시장법상 적합성원칙 위반을 이유로 불법행위책임을 인정한 사례가 존재하지만[8)] 대부분은 설명의무 위

---

7) 충실의무의 발상지라고 할 수 있는 영미에서는 충실의무를 인정하는데 반드시 계약이나 법률에 근거를 요하지 않는다. 당사자들 사이에 "신뢰와 신임(trust and confidence)"의 관계(신인관계)가 인정되면 충실의무가 발생한다고 본다. 투자자문, 투자일임, 투자신탁 등과 같은 위임형 계약에서는 투자자와 업자 사이에 지속적이면서도 의존적인 관계가 생겨난다. 이러한 관계에서는 업자의 권한남용을 적절히 통제할 필요가 있다. 그러나 금융투자상품의 매매에서 투자매매업자와 투자자사이의 관계는 일시적이면서도 서로 독립된 관계이기 때문에 신인관계로 볼 여지가 없다.

8) 서울남부지방법원 2022.9.6. 선고 2021가합103762 판결(항소중) 등.

반 등이 함께 문제된 경우이다.

한편 금소법은 적합상원칙에 위반하여 계약체결을 권유한 금융투자업자에 대해서 3천만원 이하의 과태료를 부과한다(§69(2)(ii)).

독일법상 금융기관의 조언의무

금융기관의 조언의무와 관련해서 가장 적극적인 태도를 보이고 있는 나라는 독일이다. 독일에서는 일단 고객이 금융기관과 거래를 개시하는 순간 일종의 자문계약이 성립한 것으로 본다. 이처럼 금융기관과 고객 사이에 자문계약을 체결한 것처럼 계약관계를 의제하는 것은 독일 민법의 불법행위조항상으로는 과실에 의한 순수한 재산적 손해에 대해서는 배상책임을 청구하기 어렵다는 특수한 사정에 기인한다. 근래 독일 연방대법원은 금융기관의 조언의무와 관련해서 주목을 끈 판결을 내놓은 바 있다.[9] 사안은 은행이 이른바 'CMS 스프레드 레더 스왑 거래'라는 복잡한 파생상품거래를 하면서 은행의 이익마진에 해당하는 소극적 시장평가액을 알려주지 않았다는 이유로 고객이 은행을 상대로 손해배상을 청구한 경우이다. 법원은 은행이 '오로지 고객의 이익을 위하여 자문할 의무'를 부담하므로 소극적 시장평가액도 고지하여야 한다고 판시하였다.

이처럼 별도로 자문계약을 체결하지 않은 금융기관에게 충실의무에 유사한 자문의무를 부과하는 것이 타당한지에 대해서는 독일 내에서도 비판이 없지 않다.[10] 문제된 CMS 스프레드 래더 스왑 상품의 경우에는 파생거래 중에서도 특히 복잡하고 투기적인 계약이라는 특수성이 있었기 때문에 손해를 본 고객을 구제할 필요가 있었다. 따라서 독일연방대법원이 은행의 책임을 인정한 결론에 관해서는 이해할 수 있는 부분도 있다. 그러나 이 판결을 반드시 금융기관이 일반적으로 이익마진을 고지할 의무가 있음을 선언했다고 해석할 필요는 없을 것이다. 오히려 법원이 "원칙적으로 자신의 상품을 판매하는 금융기관은 그 상품으로부터 이익을 얻는다는 사실을 설명할 필요가 없다"고 판시한 부분을 주의할 필요가 있다. 즉 법원이 당해 사안에서 은행의 이익마진 고지의무를 인정한 것은 사안의 파생상품거래가 특히 복잡하고 투기적인 거래였다는 예외적인 사정이 있었기 때문으로 보인다.[11]

---

9) BGH XI ZR 33/10.

10) Gerald Spindler, NJW 2011, 1920, 1922f.

11) 그러나 이 판결을 어떻게 이해하든 간에 이 판결의 논리를 법제가 상이한 우리나라에 그대로 적용할 수는 없을 것이다. 기본적으로 우리 법제상으로는 금융기관과 고객 사이에는 특별히 자문계약을 체결하지 않은 한 독일과 같이 자문계약의 성립을 의제하는 것은 불가능하기 때문이다. 민법의 불법행위조항이 유연하여 금융기관의 잘못이 있는 경우 손해배상책임을 묻는데 장애가 없는 우리나라에서 구태여 독일에서와 같은 편법을 인정하는 것은 실익도 없을 뿐 아니라 금융기관의 활동을

3. 적정성원칙

전술한 적합성원칙은 일반금융소비자를 대상으로 계약체결을 권유하는 경우에만 적용된다. 그러나 위험도가 높은 일정한 상품의 경우에는 '계약체결의 권유가 없는 경우에도' 일반금융소비자를 어느 정도 보호할 필요가 있다. 금소법은 적정성원칙이란 제목하에 그에 관한 규정을 두고 있다(§18).

적정성원칙이 적용되는 투자성상품은 파생상품 및 파생결합증권, 고난도금융투자상품 등 위험성과 난이도가 높은 상품이다(令§12(1)(ii), 규정§11(1)). 적정성원칙도 사전준비와 관련하여 ① 고객숙지의무와 ② 상품숙지의무를 전제한다.[12] 금융상품판매업자는 당해 금융상품이 그 일반금융소비자에게 적정하지 않다고 판단하는 경우에는 그 사실을 알리고 확인을 받아야 한다(§18(2)).[13] 이러한 경고에도 불구하고 투자자가 계약체결을 고집하는 경우 적합성원칙의 경우와 마찬가지로 그것을 거절할 의무는 없다.

금소법은 적정성원칙에 위반한 경우에 대해서 적합성원칙의 경우와 마찬가지의 제재를 규정하고 있다(§§47(1), 69(2)(iii), (iv)).

4. 설명의무

(1) 의의

금융거래에서 설명의무란 금융회사가 거래상대방에게 거래 판단에 도움이 되는 정보를 제공함으로써 금융회사와 고객 사이의 정보의 능력의 비대칭을 보완할 의무를 말한다. 우리 법원은 과거 자본시장법 시행 전부터 신의칙에 의한 일반적인 보호의무의 한 내용으로 설명의무를 인정하였다(대법원 2006.5.11. 선고 2003다51057 판결 등). 자본시장법은 설명의무를 명시적으로 도입하였으나(§47) 이 규정은 2020년 금소법으로 이관되었다(§19). 금소법에 따르면 금융상품판매업자는 일반금융소비자에게 계약체결을 권유하는 경우(및 그가 설명을 요청하는 경우)에는 금융상품에 관한 중요한 사항을 일반금융소비자가 이해할 수 있도록 설명하여야 한다(§19(1)).[14]

과도하게 위축시킬 우려가 있을 것이다.

12) 그 내용은 적합성원칙의 경우와 동일하다(§18(1)(ii)), 令§17(2)(ii)).

13) 적정성의 판단기준은 적합성원칙의 판단기준과 같다(§18(2)후단; 令§12(3)).

14) 설명의무는 설명에 필요한 설명서를 일반금융소비자에게 제공하고 그가 설명내용을 이해했음을 확

설명의무는 적합성원칙과 마찬가지로 일반투자자를 대상으로 투자권유를 할 경우와 일반금융소비자가 설명을 요청하는 경우에만 적용된다(§19(1)). 금소법은 설명사항과 설명정도에 관하여 객관적인 기준을 제시하고, 손해액 추정에 관하여 규정함으로써 설명의무의 내용을 구체화하고 있다.

설명의무는 주로 사실에 관한 정보전달을 내용으로 한다는 점에서 전문가로서의 평가와 판단을 요하는 적합성원칙보다 부담이 덜한 면이 있다. 그러나 설명의무를 엄격하게 적용하는 경우에는 금융기관의 비용이 상승함으로써 결국 투자자의 부담이 가중될 수도 있다. 그러므로 설명의무의 범위를 정할 때는 그로 인한 비용과 편익을 고려하여 적정 수준으로 설정할 필요가 있다.

(2) 설명사항

대법원은 자본시장법 제정 이전부터 금융기관의 고객 보호의무의 일환으로 설명의무를 인정하며 다음과 같이 판시하였다. "투자신탁회사의 임직원이 고객에게 투자신탁상품의 매입을 권유할 때에는 그 투자에 따르는 위험을 포함하여 당해 투자신탁의 특성과 주요 내용을 설명함으로써 고객이 그 정보를 바탕으로 합리적인 투자판단을 할 수 있도록 고객을 보호하여야 할 주의의무가 있[다]"(대법원 2003. 7.25. 선고 2002다46515 판결 등).

자본시장법은 설명사항을 보다 상세하게 규정하였으나 이 규정은 금소법에 이관되어 금융상품판매업자의 포괄적인 설명의무의 일부로 흡수되었다. 그에 의하면 투자성상품에 대한 설명사항은 다음 4가지로 구분된다(§19(1)(i)(나)).

① 투자성상품의 내용

② 투자에 따른 위험

③ 일부 투자성 상품의 경우에는 위험등급

④ 그 밖에 수수료 등 중요한 사항으로 시행령이 정하는 사항[15)]

설명의무란 결국 투자자의 합리적인 투자를 돕기 위하여 인정되는 것이므로

인 받아야 한다(§19(2)).

15) 시행령에서는 수수료, 계약의 해지·해제, 증권의 환매 및 매매 등에 관한 사항을 포함시키고 있다(§13(4)).

널리 알려진 공지의 사실이나 투자자가 이미 알고 있는 사항은 구태여 설명의 필요가 없으므로 설명사항에 포함되지 않는다(대법원 1999.5.11. 선고 98다59842 판결 등).

(3) 설명의 정도

자본시장법 제정 전의 대법원판례는 "고객에게 어느 정도의 설명을 하여야 하는지는 투자 대상인 상품의 특성 및 위험도의 수준, 고객의 투자 경험과 능력 및 기관투자자인지 여부 등을 종합적으로 고려"하여야 한다는 일반원칙만을 선언하였다(대법원 2006.5.11. 선고 2003다51057 판결). 자본시장법에 이어 금소법도 "일반금융소비자가 이해할 수 있도록" 설명할 것을 요구할 뿐(§19(1)) 구체적으로 어느 정도로 설명해야 하는지는 규정하고 있지 않다. 투자권유자에 대하여 설명의무를 부과하는 이유는 고객이 투자에 관한 정확한 인식을 형성하도록 하려는데 있으므로 어느 정도의 설명을 하여야 할 것인가는 고객의 사정, 특히 투자목적, 이해력, 자력 등에 비추어 투자상품과 관련하여 사안별로 결정해야 할 것이다.16)

(4) 설명의 방법

가. 설명서의 제공과 투자자의 확인

금융상품판매업자등은 원칙적으로 설명에 필요한 설명서를 일반금융소비자에게 제공하여야 하며, 설명한 내용을 일반금융소비자가 이해하였음을 서명 등의 방법으로 확인을 받아야 한다(§19(2)).

나. 설명의무와 단정적 판단 제공 금지

금융상품판매업자등이 "설명을 할 때 일반금융소비자의 합리적인 판단 또는 금융상품의 가치에 중대한 영향을 미칠 수 있는 사항을 거짓 또는 왜곡(불확실한 사항에 대하여 단정적 판단을 제공하거나 확실하다고 오인하게 할 소지가 있는 내용을 알리는 행위를 말한다)하여 설명하거나 중요한 사항을 누락하여서는 아니 된다"(§19(3)) 중요한 사항은 "투자자의 합리적인 투자판단 또는 해당 금융투자상품의 가치에 중대한 영향을 미칠 수 있는 사항"을 말한다.17)

16) 권순일, 증권투자권유자책임론(박영사 2002), 158~161면.

17) 거래대상인 CP의 경우 발행자의 신용도를 측정하는 지표인 신용등급이 중요정보에 해당한다고 보아 그것을 설명하지 않거나 잘못 설명한 경우 고객에 대한 보호의무 위반으로 손해배상책임을 인정한 판결로 대법원 2006.6.29. 선고 2005다49799 판결.

(5) 설명의무 위반으로 인한 손해배상책임

가. 법규정

손해배상책임에 대해서는 민법의 일반불법행위조항(§750) 외에 자본시장법과 금소법에 따로 규정이 있다. 금소법은 금융상품판매업자의 금소법 위반에 대해서는 손해배상책임을 규정하면서(§44(1)) 특별히 설명의무의 위반에 대해서는 무과실의 증명책임을 업자에 전환하는 규정을 두고 있다(§44(2)). 한편 자본시장법은 설명의무에 관한 규정을 금소법에 이관하면서도 그 위반 책임에 대해서는 따로 규정을 남겨두고 손해액 추정을 하고 있다(§48).

원칙적으로 금융소비자가 설명의무 위반으로 인한 손해배상책임을 묻기 위해서는 다음 요건을 충족할 필요가 있다.[18] ① 설명의무 위반의 존재, ② 손해발생과 손해액, ③ 의무위반과 손해 사이의 인과관계. 이하 각 요건을 차례로 살펴본다.

나. 설명의무 위반의 증명책임

증명책임분배에 관한 일반법리에 따르면 설명의무 위반의 존재는 투자자가 증명해야 할 것이다. 금소법이 고의 및 과실이 없음을 증명할 책임을 금융상품판매업자등에게 부담시키고 있다고 규정한 것(§44(2)단)은 그것을 전제한 것으로 볼 수 있다. 그러나 하급심판례 중에는 설명의무 이행의 증명책임을 금융기관이 부담한다고 본 사례가 있다(서울중앙지방법원 2013.1.17. 선고 2011가합71808 판결). 그 근거로는 "금융회사가 서면이나 녹음·녹화자료 등에 의해 설명의무의 이행을 증명하기는 용이한 반면에 투자자 측에서 설명의무가 이행되지 않았음을 증명하기는 성질상 매우 어려운 점 등"을 든다.

다. 손해발생과 손해액

자본시장법은 지급가액과 회수가액의 차액을 손해액으로 추정하고 있다(§48(2)). 금융투자업자가 설명의무 등을 위반함에 따른 일반투자자의 손해는 '미회수금액의 발생이 확정된 시점'에 현실적으로 발생하고, 그 시점이 투자자가 금융투자업자에게 갖는 손해배상청구권의 지연손해금 기산일이 된다(대법원 2018.9.28. 선고 2015다69853 판결).[19] 책임제한이나 과실상계 등의 법리도 그대로 적용된다(대법원

---

18) 손해배상책임의 성격은 채무불이행책임이 아니라 불법행위책임에 해당한다. 서울고등법원 2015. 7.3. 선고 2015나10433 판결(확정).

19) "금융투자상품을 취득하기 위하여 금전을 지급할 당시에 미회수금액의 발생이 이미 객관적으로 확

2003.1.24. 선고 2001다2129 판결; 대법원 2011.7.28. 선고 2010다76368 판결).

라. 설명의무위반과 손해의 인과관계

자본시장법 제48조 제2항의 해석과 관련해서는 거래인과관계는 따로 요구되지 않고 단지 손해액만 추정된다고 본다.[20] 법원은 "자본시장법 제48조는 … 설명의무위반과 발생한 손해 간의 상당인과관계를 추정함과 동시에 손해액을 추정함으로써 증명책임이 금융투자업자에게 전환된다"라고 판시한 바 있다(서울고등법원 2013.10.16. 선고 2012나105927판결(확정)).

마. 자본시장법상 손해배상책임과 민법상 손해배상책임

전술한 바와 같이 자본시장법은 설명의무에 관한 규정을 금소법에 이관하면서도 그 위반 책임에 대해서는 따로 제48조를 두고 있다. 그 밖에도 금융투자업자의 법령위반에 따른 손해배상책임에 관한 일반 규정으로 제64조를 두고 있다. 이처럼 설명의무의 위반에 대한 손해배상책임을 뒷받침할 수 있는 법규정은 다양하므로 이들 법규정 사이의 관계를 정리할 필요가 있다. 먼저 자본시장법 제48조는 적용대상을 설명의무의 위반으로 특정하고 있다는 점에서 일반적인 손해배상책임을 정한 자본시장법 제64조나 금소법 제44조에 대한 특별규정으로 볼 것이다. 그리고 이들 규정은 모두 민법상 불법행위규정의 특별규정에 해당함은 물론이다. 한편 자본시장법 제48조와 금소법 제44조의 적용대상인 설명의무는 모두 일반투자자만을 대상으로 한 것이므로 전문금융소비자를 대상으로 하는 경우에는 이들 규정의 적용은 없고 민법상의 불법행위책임만이 문제될 것이다. 문제는 전문투자자에 대해서도 민법상 계약당사자 간의 보호의무에 근거한 설명의무를 인정할 것인지 여부이다. 금소법이 전문금융소비자에 대한 설명의무를 명시하지 않은 것은 전문금융소비자의 위험감수능력을 고려한 것이다. 일반적으로 전문금융소비자의 보호필요성이 낮은 것은 사실이지만 그의 전문성이 금융투자업자에 비하여 현저히 떨어지는 경우에는 민법상 일반적 보호의무에 기한 설명의무를 부담한다고 볼 여지가 있을 것이다.

정되어 있었다면, 금융투자상품을 취득하기 위하여 금전을 지급한 시점이 금융투자업자에 대한 손해배상청구권의 지연손해금 기산일이 된다." 대법원 2018.9.28. 선고 2015다69853 판결.

20) 임재연, 432면.

(6) 설명의무 위반에 대한 기타의 구제수단

금소법은 설명의무 위반의 경우에도 적합성원칙 위반의 경우와 마찬가지로 금융소비자에게 계약해지요구권을 부여한다(§47(1). 또한 판매업자가 투자성상품의 중요사항에 대해서 잘못된 정보를 제공한 경우 투자자가 착오를 이유로 판매계약을 취소할 수 있음을 인정한 하급심판례도 있다(서울고등법원 2015.12.18. 선고 2014나60608 판결(확정)).[21]

대법원 2013.9.26. 선고 2011다53683·53690 전원합의체 판결(KIKO사건－수산중공업)

자본시장법 제정 이전의 사안에 대한 것이지만 이른바 KIKO판결이라고 불리는 대법원 전원합의체 판결에서는 명시적인 법규정이 없음에도 다음과 같이 금융기관이 적합성원칙과 설명의무의 적용을 받는다는 전제 하에 그 내용을 상세하게 설시하고 있다.

① 사실관계

중소제조업체인 X회사가 Y은행과 체결한 5건의 통화옵션계약 중 하나인 윈도우키코(WindowKIKO)의 구조는 다음과 같다

- 녹인 환율은 947원, 행사환율은 930원, 녹아웃 환율은 905원, 풋옵션계약금액은 50만 달러, 콜옵션계약금액은 100만 달러(2배 레버리지)
- 관찰기간 동안 시장환율이 녹아웃 환율인 905원 이하로 1회라도 하락하면 계약이 소멸하지만 1회라도 하락하지 않고 만기환율이 행사환율 930원보다 낮다면 X회사는 풋옵션을 행사하여 Y은행에 50만 달러를 행사환율 930원에 매도가능하고, 만기환율이 행사환율 930원보다 높다면 Y은행에 대한 풋옵션을 행사하는 대신 50만 달러를 시장환율에 매도함으로써 환차익을 실현할 수 있음－즉 환율이 905원에서 930원 사이에 머무르는 경우 이익실현 가능
- 시장환율이 녹인 환율인 947원 이상으로 1회라도 오른 경우 Y은행은 콜옵션 행사가능하고 만기환율이 행사환율 930원보다 높다면 Y은행은 X회사에게 콜옵션을 행사하여 풋옵션계약금액의 2배인 100만 달러를 행사환율 930원에 매수가능[22]

---

21) 수익증권의 판매업자가 집합투자의 중요사항에 대해서 잘못된 정보를 제공한 경우에 관한 판결이다.

22) 요컨대 이 거래의 기능은 947원 이상으로 오르는 경우 환위험을 은행이 고객에게 전가하고 그 대가로 높은 행사환율을 허용하는 것이라고 할 수 있다. 보다 구체적으로 이 거래는 계약당사자가 제로 코스트(zero cost)로 옵션(option)을 교환하는 통화옵션계약은 환율 변동의 확률적 분포를 고려하여 기업과 은행의 기대이익이 대등하도록 구조화한 것으로 볼 수 있다. 즉 기업은 키코통화옵션계약에서 통화선도계약에 비하여 행사환율을 더 높이는 이익을 얻고 그 대신 기업이 매도하는

2008년 글로벌금융위기로 환율이 급상승하여 녹인 조건이 성취됨에 따라 X회사가 달러화 2배 매도의무를 이행하게 되자, Y은행을 상대로 통화옵션계약의 무효, 취소등을 이유로 한 부당이득반환과 적합성원칙과 설명의무 위반을 이유로 한 손해배상청구 소송을 제기하였다.

② 법원의 판단

대법원은 원고의 주장(민법상 불공정행위, 약관법 위반, 적합성원칙 위반, 설명의무 위반 등)을 모두 배척함으로써 원고의 청구를 기각하였다.

가. 적합성원칙에 관한 판시

"은행은 환 헤지 목적을 가진 기업과 통화옵션계약을 체결함에 있어서 해당 기업의 예상 외화유입액, 자산 및 매출 규모를 포함한 재산상태, 환 헤지의 필요 여부, 거래 목적, 거래 경험, 당해 계약에 대한 지식 또는 이해 정도, 다른 환 헤지 계약 체결 여부 등의 경영상황을 미리 파악한 다음, 그에 비추어 해당 기업에 적합하지 아니한 통화옵션계약의 체결을 권유하여서는 아니 된다. …

원고는 이미 유사한 거래경험이 있는 상태에서 부분적 환 헤지 상품이라는 이 사건 각 통화옵션계약의 특성과 당시 국내외 기관의 장래 환율에 대한 전망 등을 고려하여 시장환율보다 높은 행사환율이 보장되는 환 헤지거래의 목적으로 이 사건 각 통화옵션계약을 체결한 것으로 보이고, 그 콜옵션계약금액이 원고의 예상 외화유입액의 범위를 넘지 않는 등 이 사건 각 통화옵션계약이 원고의 매출규모나 환 헤지 거래경험 등 경영상황에 비추어 과대한 위험을 초래하는 것이라고 볼 수도 없으므로, 비록 피고들이 은행으로서 장외파생상품 거래에 관하여 엄격한 고객 보호의무를 부담한다고 하더라도 이 사건 각 통화옵션계약을 원고에게 권유한 행위가 적합성의 원칙을 위반하여 고객에 대한 보호의무를 저버린 것으로 평가하기는 어렵다고 할 것이다."

나. 설명의무에 관한 판시

"금융기관이 고객에게 설명하여야 하는 거래상의 주요 정보에는 당해 장외파생상품 계약의 구조와 주요 내용, 고객이 그 거래를 통하여 얻을 수 있는 이익과 발생 가능한 손실의 구체적 내용, 특히 손실발생의 위험요소 등이 모두 포함된다 할 것이다. 그러나 당해 장외파생상품의 상세한 금융공학적 구조나 다른 금융상품에 투자할 경우와 비교하여 손익에 있어서 어떠한 차이가 있는지까지 설명하여야 한다고 볼 것은 아니고, 또한 금융기관과 고객이 제로 코스트 구조의 장외파생상품 거래를 하는 경우에도 수수료의 액수 등은 그 거래의 위험성을 평가하는 데 중요한 고려요소가 된다고 보기 어렵다 할 것이므로, 수수료가 시장의 관행에 비하여 현저하게 높지 아니한 이상

콜옵션(call option)에 레버리지(leverage) 조건을 부가하거나 은행이 매도하는 풋옵션(put option)에 녹아웃 조건을 부가하는 방법 또는 계약기간을 장기간으로 하거나 녹인-녹아웃 환율 사이의 폭을 좁히는 방법 등을 통하여 기업과 은행의 기대이익을 대등하게 만든 것이다.

그 상품구조 속에 포함된 수수료 및 그로 인하여 발생하는 마이너스 시장가치에 대하여까지 설명할 의무는 없다고 보는 것이 타당하다. …

피고들이 이 사건 각 통화옵션계약에서 녹인 또는 녹아웃될 확률, 개별 옵션의 이론가, 환율이 급상승하는 최악의 시나리오를 가상한 결과 및 환율 변동에 영향을 미치는 근본 요소에 관한 분석 결과나, 이 사건 각 통화옵션계약의 중도해지 가부와 중도청산금의 산정방법 등에 대하여 설명하지 아니하였다고 하더라도 설명의무를 위반하였다고 보기는 어렵고 … 이 사건 각 통화옵션계약의 콜옵션계약금액을 기준으로 한 수수료율이 다른 금융거래에 비하여 현저하게 높다고 볼 수 없다고 본 원심의 판단을 수긍할 수 있는 이상, 피고들이 이 사건 각 통화옵션계약의 구조 내에 포함된 수수료 및 그로 인하여 발생하는 마이너스 시장가치에 대하여 설명하지 아니한 점을 들어 설명의무 위반이라고 할 수도 없다."

5. 부당권유행위의 금지

(1) 의의

전술한 적합성원칙이나 설명의무는 모두 권유가 부당한 경우를 가리키지만 그것만으로는 그러한 경우를 모두 포괄하는 것은 아니다. 그리하여 금소법은 적합성원칙과 설명의무를 모두 포함하는 상위개념으로 부당권유행위를 금지하는 규정을 두고 있다(§21).[23] 금소법이 금지대상으로 열거하고 있는 것 중 투자성상품에 적용될 수 있는 행위는 다음과 같다.

① 불확실한 사항에 대하여 단정적 판단을 제공하거나 확실하다고 오인하게 할 소지가 있는 내용을 알리는 행위

② 금융상품의 내용을 사실과 다르게 알리는 행위

③ 금융상품의 가치에 중대한 영향을 미치는 사항의 불고지

④ 금융상품 내용에 관한 부당한 비교

⑤ 투자성상품의 경우 금융소비자로부터 계약의 체결권유를 해줄 것을 요청받지 아니하고 방문·전화등 실시간 대화의 방법을 이용하는 행위와 계약의 체결권유를 받은 금융소비자가 이를 거부하는 취지의 의사를 표시하였는데도 계약의 체결권유를 계속하는 행위

⑥ 기타 금융소비자 보호나 건전한 거래질서를 위하여 필요한 것으로 대통령

23) 이 규정 역시 자본시장법에서 이관된 것이다.

령으로 정하는 행위

위 ①-④는 모두 설명의무에 위반하는 행위유형에 속하는 것으로 권유의 '내용'이 부당한 것이라면 ⑤의 불초청권유는 권유의 '방법'이 부당한 것으로 볼 수 있다. 이하에서는 실무상 중요한 ①과 ⑤에 대해서만 설명하기로 한다.

(2) 단정적 판단의 제공과 오인의 소지 있는 내용의 전달

가. 금소법 규정

금소법은 "불확실한 사항에 대하여 단정적 판단을 제공하거나 확실하다고 오인하게 할 소지가 있는 내용을 알리는 행위," 즉 확실성의 왜곡행위를 부당권유의 한 유형으로 제시하고 있다(§21(i)). 과거 이 규정에 대해서는 형벌규정임에도 불구하고[24] 그 내용이 구체적이지 못하다는 이유로 위헌소원이 제기된 바 있다. 그러나 헌법재판소는 이 규정이 죄형법정주의의 명확성원칙에 위배되지 않는다고 선언하였다(헌법재판소 2017.5.25. 선고 2014헌바459 전원재판부 결정).

나. 불확실한 사항

먼저 "불확실한 사항"은 "단정적 판단 등을 제공하는 시점에서 객관적으로 진위가 분명히 판명될 수 없는 사항"을 말하고 그 대상은 "투자자의 합리적인 투자판단 또는 해당 금융투자상품의 가치에 영향을 미칠 수 있는 사항," 즉 중요사항에 한정된다(헌법재판소 2017.5.25. 선고 2014헌바459 전원재판부 결정).

다. 단정적 판단

"단정적 판단의 제공"은 중요사항 중 "객관적으로 진위가 분명히 판명될 수 없는 사항에 대하여 진위를 명확히 판단해 주는 것"을 말하며 "판단이 단정적인지 여부는 개별·구체적인 투자자나 금융투자업자가 아니라 통상의 주의력을 가진 평균적 투자자를 기준으로 투자에 관련된 제반 상황을 종합적으로 고려하여 규범적으로 판단될 것"이다(헌법재판소 2017.5.25. 선고 2014헌바459 전원재판부 결정).[25]

---

24) 현행 금소법상으로는 부당권유에 해당하는 행위를 한 경우에는 형벌 대신 과태료가 부과될 뿐이다(§69(iv)).

25) 대법원도 같은 취지를 밝히고 있다(대법원 2017.12.5. 선고 2014도14924 판결).

라. 오인의 소지 있는 내용의 전달

이어서 위 ①의 두 번째 행위요건인 "확실하다고 오인할 소지가 있는 내용을 알리는 행위"는 "[중요사항] 중 객관적으로 진위가 분명히 판명될 수 없는 사항에 대하여 투자자로 하여금 그 진위가 명확하다고 잘못 생각하게 할 가능성이 있는 내용을 알리는 행위"를 의미한다.[26)]

마. 기타의 요건

끝으로 단정적 판단의 제공과 오인의 소지 있는 내용의 전달은 그 자체가 금지 대상이다. 따라서 "금융투자업자의 불확실한 사항에 대한 단정적 판단 제공 등에 어떠한 합리적인 근거가 있는지 여부, 제공한 단정적 판단 등이 결과적으로 맞았는지 여부, 상대방이 단정적 판단 제공 등을 신뢰하여 실제 투자를 하였는지 여부, 투자로 인하여 실제로 손해가 발생하였는지 여부 등은 아무런 상관이 없다"(헌법재판소 2017.5.25. 선고 2014헌바459 전원재판부 결정).[27)]

바. 설명의무와의 비교

금소법은 설명의무와 관련하여 중요사항을 "왜곡하여" 설명하는 것을 금지하면서 "왜곡"을 "불확실한 사항에 대하여 단정적 판단을 제공하거나 확실하다고 오인하게 할 소지가 있는 내용을 알리는 행위"로 정의하고 있다(§19(3)). 이처럼 금소법은 불확실한 사항에 대한 "왜곡"이라는 동일한 행위유형을 부당권유에 해당하는 것으로 규정하는 동시에 설명의무의 위반에도 해당한다고 규정하고 있다.[28)]

(3) 불초청권유의 금지

금소법은 금융소비자의 사생활을 보호하고 강압적인 판매를 규제하기 위하여

26) 대법원도 왜곡행위를 객관적으로 진위가 분명히 판명될 수 없는 사항에 대하여 진위를 명확히 판단해 주거나 투자자에게 그 진위가 명확하다고 잘못 생각하게 할 가능성이 있는 내용을 알리는 행위를 의미한다고 판시한 바 있다(대법원 2017.12.5. 선고 2014도14924 판결).

27) 대법원도 같은 취지를 밝히고 있다(대법원 2017.12.5. 선고 2014도14924 판결).

28) 이러한 부당권유와 소극적 설명의무 사이에는 다음과 같은 차이가 존재한다. ① 적용범위와 관련하여 소극적 설명의무는 일반투자자에 대한 투자권유와 관련해서만 적용될 수 있는데 비하여 부당권유는 일반투자자와 전문투자자 모두에 대한 투자권유와 관련하여 성립할 수 있다. ② 금지범위와 관련하여 소극적 설명의무는 중요사항의 설명과 관련한 왜곡만을 금지하는데 비하여 부당권유의 경우에는 왜곡을 "일반적으로" 금지한다. 그러나 그런 문언상의 차이에도 불구하고 대법원은 부당권유의 경우에도 그런 제한이 적용된다고 판단하였다. 따라서 금지범위와 관련해서는 실무상 양자는 차이가 없다.

금융소비자가 원하지 않는 투자권유를 원칙적으로 금지하고 있다(§21(vi)). 투자성 상품의 경우 금지되는 불초청권유는 ① 금융소비자로부터 계약의 체결권유를 해줄 것을 요청받지 않고 방문·전화 등 실시간 대화의 방법을 이용하는 행위와 ② 계약의 체결권유를 받은 금융소비자가 거부의사를 밝혔음에도 계약의 체결권유를 계속하는 행위(재권유금지)의 두 가지 유형이 존재한다.

(4) 부당권유금지 위반에 대한 제재

가. 행정제재

과거 자본시장법은 금소법과는 달리 단정적 판단의 제공 등의 금지 위반행위를 형벌로 처벌하고 있었다(§445(vi)).[29] 금소법은 형벌 대신 과태료와 과징금을 부과한다. 부당권유금지를 위반한 자에 대하여 1억원 이하의 과태료를 부과하고(§69(1)(iv)). '그 위반행위와 관련된 계약으로 얻은 수입 또는 이에 준하는 금액'("수입등")의 50% 이내에서 과징금을 부과할 수 있다(§57(1)(iii)). 또한 부당권유금지를 위반한 금융투자업자와 그 임직원은 각종 제재의 대상이 될 수 있다(§§51-53).

나. 부당권유와 손해배상책임

금소법은 금융투자업자가 부당권유행위로 인하여 투자자에게 손해를 발생시킨 경우에는 손해배상책임을 진다는 점을 명시한다(§44(1)). 대법원은 증권회사의 임·직원의 부당권유로 인하여 투자자가 손실을 본 경우에 투자자에 대한 불법행위책임이 성립하기 위하여는 "거래행위와 거래방법, 고객의 투자상황, 거래의 위험도 및 이에 관한 설명의 정도 등을 종합적으로 고려한 후 당해 권유행위가 경험이 부족한 일반 투자가에게 거래행위에 필연적으로 수반되는 위험성에 관한 올바른 인식형성을 방해하거나 고객의 투자상황에 비추어 과대한 위험성을 수반하는 거래를 적극적으로 권유한 경우에 해당하여 결국 고객에 대한 보호의무를 저버려 위법성을 띤 행위인 것으로 평가될 수 있어야 하며 … 이는 … 이른바 '단정적 판단의 제공에 의한 권유행위'의 경우도 동일하게 해석되어야 할 것"이라고 판시한 바 있다(대법원 2001.10.12. 선고 2000다28537 판결 등).

---

29) 죄형법정주의와 과잉금지원칙에 반한다는 주장에 불구하고 헌법재판소는 이 규정을 합헌으로 결정하였다(헌법재판소 2017.5.25. 선고 2014헌바459 결정).

다. 부당권유와 계약해지

금소법은 금융투자업자가 부당권유규제를 위반하여 금융상품계약을 체결한 경우 금융소비자의 계약해지요구권을 명시하고 있다(§47(1)전단). 금융상품투자업자는 해지를 요구받은 날부터 10일 이내에 금융소비자에게 수락 여부를 통지해야 하며, 거절할 때에는 거절사유를 함께 통지해야 한다(§47(1)후단). 금융소비자는 금융투자업자가 정당한 사유 없이 해지요구를 따르지 않는 경우 그 계약을 해지할 수 있다(§47(2)).[30] 계약이 해지되는 경우 금융투자업자는 수수료, 위약금 등 계약해지와 관련된 비용을 금융소비자에게 요구할 수 없다(§47(3)).

Ⅳ. 기타의 행위규제

1. 이익보장의 금지

(1) 의의

자본시장법은 금융투자상품의 매매, 그 밖의 거래와 관련하여 '손실보전'이나 '이익보장'을 사전에 약속하거나 사후에 이행하는 것을 원칙적으로 금지하고 있다(§55).[31] 이 규정의 취지는 투자자의 "안이한 투자판단을 초래하여 가격형성의 공정을 왜곡하는 행위"를 막기 위한 것이다(대법원 2001.4.24. 선고 99다30718 판결).[32] 이러한 위험이 가장 큰 것은 이익보장을 '사전에' 약속하는 행위일 것이다. 그러나 손실보전을 약속하는 것도 정도의 차는 있지만 이익보장의 약속과 비슷한 위험을 수반한다. 또한 이익보장이나 손실보전은 사전에 약속하는 것이 투자자의 안이한 투자판단을 초래하는 효과가 크지만 '사후에' 이행하는 경우에도 그런 효과를 가져올 우려가 있다.[33] 그러므로 이곳에서는 이익보장이나 손실보전의 사전약속과 사

---

30) 정당한 사유는 위반사실에 대한 근거를 제시하지 않거나 거짓으로 제시한 경우, 계약체결 당시에는 위반사항이 없었으나 금융소비자가 계약체결 이후의 사정변경에 따라 위반사항을 주장하는 경우, 금융소비자의 동의를 받아 위반사항을 시정한 경우, 그 밖에 이에 준하는 것으로서 금융위가 고시하는 경우를 말한다(令§38).

31) 다만 자본시장법상 허용된 손실보전 또는 이익보장의 경우(§103(3)), 그 밖에 건전한 거래질서를 해할 우려가 없는 경우로서 정당한 사유가 있는 경우는 예외이다(§55전단).

32) 나아가 특히 손실보전의 사후이행의 경우에는 금융투자업자가 대규모 투자자들을 특별히 우대함으로써 투자자사이의 평등이 훼손될 위험도 있다.

33) 사전약속이 있었지만 그것을 증명하기 어려운 경우도 있고 또 설사 사전약속이 없는 경우에도 사후이행이 행해지는 경우에는 투자자가 장차 안이한 투자판단을 하게 될 우려가 있기 때문이다.

후이행을 모두 이익보장으로 부르기로 한다.

(2) 적용요건

가. 업자

자본시장법은 금융투자업자의 이익보장을 금지한다.[34] 금융투자업자의 임직원이 자기계산으로 하는 경우도 금지된다(§55후단). 금융투자업자는 일반적인 투자매매업자나 투자중개업자에 한정되지 않고, 집합투자증권을 직접 판매하는 집합투자업자도 포함한다(대법원 1998.10.27. 선고 97다47989 판결). 이익보장의 금지규정이 금융투자업자(및 그 임직원)가 아닌 사인 간의 이익보장약정에도 적용되는 것은 아니다. 대법원도 이익보장금지규정을 근거로 사인 간의 이익보장약정의 사법적 효력을 부인할 수는 없다고 판단한 바 있다(대법원 2010.7.22. 선고 2009다40547 판결).

나. 거래와의 관련성

이익보장은 금소법상의 부당권유(§21)와 결합하여 행해지는 경우가 많다. 그러나 자본시장법은 투자권유와의 관련성을 요구하는 대신 일반적인 금융투자상품의 매매 그 밖의 거래와의 관련성만을 요구하고 있다. 따라서 이익보장은 투자를 권유하는 금융투자업자가 제안하는 경우뿐 아니라 투자자가 요구하는 경우에도 금지된다.

(3) 위반 시의 제재

이익보장규제의 위반에 대해서는 각종 제재가 가해질 수 있다. ① 행정제재의 경우 위반한 금융투자업자에 대해서는 금융위가 업무정지 등 제재조치를 취할 수 있다(§420(3) [별표1] §56). 나아가 그 임직원에 대해서는 해임요구 등 제재조치를 직접 취하거나 금융투자업자에게 면직 등의 조치를 취할 것을 요구할 수 있다(§422(1), (2), [별표1] §56).[35] ② 형사제재의 경우 위반행위자에 대해서는 3년 이하의 징역 또는 1억원 이하의 벌금에 처한다(§445(x)). ③ 민사제재와 관련하여 문제되는 것은 불법행위책임과 사법상의 효력이다. 먼저 불법행위책임은 일찍부터

34) 이익보장금지는 업무위탁을 받은 자와 투자권유대행인에도 준용된다(§§42(10), 52(6)).

35) 임직원에 대한 제재조치를 취하거나 요구하는 경우에는 그 임직원에 대하여 관리·감독의 책임이 있는 임직원에 대한 조치를 함께 하거나 이를 요구할 수 있다. 다만, 관리·감독의 책임이 있는 자가 그 임직원의 관리·감독에 상당한 주의를 다한 경우에는 조치를 감면할 수 있다(§422(3)).

인정되고 있으나 대법원의 다음 판시에서 보는 것처럼 그 요건은 비교적 엄격하다.

"증권회사의 임직원이 강행규정에 위반된 이익보장으로 투자를 권유하였으나 투자결과 손실을 본 경우에 투자가에 대한 불법행위책임이 성립되기 위하여는, 이익보장 여부에 대한 적극적 기망행위의 존재까지 요구하는 것은 아니라 하더라도, 적어도 거래경위와 거래방법, 고객의 투자상황(재산상태, 연령, 사회적 경험 정도 등), 거래의 위험도 및 이에 관한 설명의 정도 등을 종합적으로 고려한 후, 당해 권유행위가 경험이 부족한 일반 투자가에게 거래행위에 필연적으로 수반되는 위험성에 관한 올바른 인식형성을 방해하거나 또는 고객의 투자상황에 비추어 과대한 위험성을 수반하는 거래를 적극적으로 권유한 경우에 해당하여, 결국 고객에 대한 보호의무를 저버려 위법성을 띤 행위인 것으로 평가될 수 있는 경우라야 할 것이다"(대법원 1994.1.11. 선고 93다26205 판결). ④ 이익보장의 사법상 효력에 대해서는 처음에는 다툼이 있었으나 이제 무효로 보는 쪽으로 가닥이 잡혀있다. 1980년 대법원은 자본시장법 제55조에 해당하는 증권거래법규정을 강행법규로 보고 그에 위배되는 이익보장약정을 무효로 선언하였다(대법원 1980.12.23. 선고 79다2156 판결).[36] 나아가 이익보장약정에 따라 지급한 이익금은 부당이득으로 보았다(대법원 1997.2.14. 선고 95다19140 판결).[37] 대법원은 사후적인 손실보전약정이나 보전행위도 무효로 본다(대법원 2001.4.24. 선고 99다30718 판결 등). 이러한 판결에 비추어 사전적인 손실보전약정도 당연히 무효로 볼 것이다.[38]

(4) 탈법적 거래의 금지

이익보장이나 손실보전에 대해서는 엄격한 제재가 수반되므로 실제로 그 이행은 정면으로 금전을 수수하는 방식으로 이루어지기 보다는 정상적인 거래의 외관

36) 이 판결의 취지는 그 후의 판결에서도 계속 유지되고 있다. 대법원 1996.8.23. 선고 94다38199 판결; 대법원 1997.2.14. 선고 95다19140 판결; 대법원 2001.4.24. 선고 99다30718 판결; 대법원 2002.12.26. 선고 2000다56952 판결. 평석으로는 김건식, "증권회사직원의 이익보증약정과 투자자의 구제," 민사판례연구(XIX)(1997), 272면 이하.

37) 대법원은 증권회사 이외의 금융회사가 체결한 수익보장약정도 무효로 보고 있다. 대법원 1999.3.23. 선고 99다4405 판결.

38) 같은 취지에서 특정금전신탁에 관한 원본보전이나 이익보장 약정은 모두 특정금전신탁의 본질과 기능에 반하고 건전한 신탁거래질서를 해치는 것으로서 강행법규인 구 신탁업법 제11조에 반하여 무효라고 판단하였다(대법원 2007.11.29. 선고 2005다64552 판결).

을 택하는 경우가 많다. 이러한 탈법을 봉쇄하기 위하여 자본시장법은 투자매매업자 등[39]이 실제로는 이익보장의 금지(§55)를 회피할 목적으로 하는 행위로서 장외파생상품거래, 신탁계약, 연계거래 등을 이용하는 행위는 불건전영업행위로 금지하고 있다(§71(vii), 令§68(5)(xi); §85(viii), 令§87(4)(vii); §98(2)(x), 令§99(4)(v)).

2. 투자광고에 관한 규제

(1) 의의

투자의 위험성에 관한 투자자의 올바른 인식형성을 방해할 가능성은 투자권유의 경우만이 아니라 투자광고의 경우에도 발생할 수 있다. 자본시장법은 부적절한 광고로부터 투자자를 보호하기 위해 투자광고 규제를 도입했으나 그 규제는 금소법의 제정을 계기로 금소법에 이관되었다. 금소법은 투자광고 대신 '금융상품등에 관한 광고'라는 용어를 사용한다. 금융상품등에 관한 광고는 "금융상품판매업자등의 업무에 관한 광고 또는 금융상품에 관한 광고"를 말한다(§22(1)본문). 이하에서는 후자를 중심으로 설명한다.

투자광고와 투자권유는 금융투자상품의 거래를 유인할 목적으로 행해진다는 점에서는 공통점이 있다. 그러나 투자권유는 "특정 투자자를 상대로" 하는 것(자본시장법 §9(4))인데 비하여 투자광고는 불특정 다수인을 상대로 하는 것이라는 점에서 구별된다.

(2) 투자광고의 주체

금소법은 금융상품판매업자등[40]이 아닌 자는 금융상품에 대한 광고를 할 수 없다고 규정한다(§22(1)). 금융투자상품판매업자 중에서도 투자성 상품에 관한 광고는 금융상품판매대리·중개업자는 할 수 없다(令§17(1)(ii)).[41]

---

39) 투자중개업자, 집합투자업자, 투자자문업자, 투자일임업자를 포함한다.

40) 금융상품판매업자와 금융상품자문업자를 가리킨다(금소법 §4). 나아가 금융상품판매업자는 금융상품직접판매업자와 금융상품판매대리·중개업자를 가리킨다(금소법 §2(ii), (iii)).

41) 각종 협회, 금융상품판매업자등을 자회사 또는 손자회사로 하는 금융지주회사와 증권의 발행인 또는 매출인, 집합투자업자 등 시행령으로 정하는 자는 금융상품등에 관한 광고를 할 수 있다(§22(1)단서, 令§17(2)). 특히 증권의 발행인 또는 매출인은 해당 증권에 관한 광고를 하는 경우로 한정된다.

(3) 투자광고의 내용

투자광고의 내용에 관한 규제는 부적절한 내용을 배제하기 위한 '소극적 규제'와 적절한 내용을 포함시키기 위한 '적극적 규제'로 나눌 수 있다. 소극적 규제의 원칙으로 금소법은 투자성 상품에 대한 광고에서는 다음 3가지 행위를 금지하고 있다(§22(4)(ii)).

① 손실보전 또는 이익보장이 되는 것으로 오인하게 하는 행위,

② 집합투자증권에 대하여는 집합투자증권을 발행한 자의 명칭 등 일정한 기본사항 외의 사항을 광고에 사용하는 행위,

③ 수익률이나 운용실적을 표시하는 경우 좋은 기간의 수익률이나 운용실적만을 표시하는 행위 등 금융소비자 보호를 위하여 시행령(§20(4))으로 정하는 행위.

한편 적극적 규제와 관련하여 금소법은 투자성 상품의 광고에 포함시켜야 할 내용으로 다음과 같은 것들을 열거하고 있다(§22(3)).[42]

① 금융상품계약을 체결하기 전에 금융상품 설명서 및 약관을 읽어 볼 것을 권유하는 내용

② 금융투자업자등의 명칭, 금융상품의 내용

③ 투자위험, 과거 운용실적을 포함하여 광고를 하는 경우 그 운용실적이 미래 수익률을 보장하는 것이 아니라는 사항

④ 설명을 받을 수 있는 권리(§19(1)) 등 금융소비자 보호를 위하여 시행령(§18(3))으로 정하는 내용

(4) 투자광고의 방법

금소법은 투자광고를 할 때 금융소비자가 금융상품내용을 오해하지 않도록 명확하고 공정하게 전달할 것을 요구한다(§22(2)).[43] 그밖에 투자광고의 방법에 관해서는 자본시장법에 여러 제한이 존재한다. ① 먼저 광고의 '상대방'에 관한 제한으로 일반사모펀드의 집합투자증권을 판매하는 금융투자업자가 그 기구의 투자광고를 하는 경우에는 전문투자자 또는 적격투자자만을 대상으로 해야 한다(§249-

42) 다만 일반사모펀드의 집합투자증권에 관한 광고(§17(5))에는 적용되지 않는다.

43) 투자광고에 "표시·광고의 공정화에 관한 법률"에 따른 표시·광고사항(동법 §4(1))이 있는 경우에는 그 법도 준수해야 한다(§22(5)).

5(1)). ② 광고의 '시기'에 관한 제한으로 투자매매업자 또는 투자중개업자는 집합투자기구의 등록 전에는 그 집합투자증권의 판매광고를 할 수 없다(§76(3)). ③ 광고의 '수단'에 관한 제한으로 온라인소액투자중개업자 또는 그 발행인은 일정한 경우를 제외하고 그 중개업자가 개설한 인터넷 홈페이지 이외의 수단을 통해서 투자광고를 할 수 없다(§117-9(1)).

(5) 협회의 자율규제

투자광고에 관한 사항은 협회의 자율규제에 맡겨져 있다. 협회는 투자광고와 관련하여 금소법 기준의 준수여부를 확인하고 그 결과에 대한 의견을 해당 광고의 주체인 금융투자업자등에게 통보할 수 있다(§22(6), 令§21).[44] 광고기준과 관련된 구체적인 내용 및 광고의 방법과 절차는 시행령으로 정한다(금소법 §22(7); 令§20).

3. 이해상충의 관리

(1) 의의

금융업에서 이해상충은 다양한 상황에서 발생한다. 가장 두드러진 것은 금융투자업자가 자신의 이익을 투자자 이익보다 앞세우거나 특정 투자자의 이익을 다른 투자자의 이익보다 앞세우는 경우이다. 자본시장법은 금융투자업의 영위와 관련하여 금융투자업자에게 일반적인 이해상충방지의무를 부과하고 있다(§44).

(2) 내용

자본시장법상 금융투자업자는 이해상충을 방지하기 위하여 이해상충 발생 가능성을 파악·평가하고, 내부통제기준(지배구조법 §24)이 정하는 방법 및 절차에 따라 적절히 관리할 의무가 있다(§44(1)). 금융투자업자는 이해상충의 발생가능성을 파악·평가한 결과 이해상충 발생가능성이 있다고 인정되는 경우에는 그 사실을 미리 해당 투자자에게 알려야 하고 그 이해상충의 발생가능성을 투자자 보호에 문제가 없는 수준으로 낮춘 후 매매, 그 밖의 거래를 수행해야 한다(§44(2)). 이해상충의 발생가능성을 그와 같이 낮추는 것이 곤란하다고 판단되는 경우에는 거래를 포기해야 한다(§44(3)).

---

44) 법위반 사실이 있는 경우에는 금융위에 알릴 수 있다(令§21(3)후단).

(3) 의무위반의 효과

금융투자업자나 그 임직원이 이해상충방지의무에 위반한 경우 금융투자업자 및 그 임직원에 대해서 각종 행정상 제재를 가할 수 있다(§§420(1)(vi), [별표 1] §43; §422). 또한 손해배상책임에 관한 특칙이 적용될 수 있다(§64(1)).

4. 기타

금융투자업자에 대한 기타의 규제로는 다음과 같은 것들이 포함된다. ① 정보교류의 차단(§45), ② 상호규제(§38), ③ 명의대여의 금지(§39), ④ 약관의 규제(§56), ⑤ 수수료 부과기준의 공시(§58), ⑥ 자료의 기록 및 유지·보관(§60; 금소법 §28), ⑦ 계약서류의 제공의무(금소법 §23), ⑧ 청약철회의 허용(금소법 §46).

V. 투자매매업자 및 투자중개업자의 영업행위규제

1. 서설

자본시장법은 금융투자업자의 종류별로 투자매매업자 및 투자중개업자, 집합투자업자, 투자자문업자 및 투자일임업자, 신탁업자에 대하여 각각 개별적인 영업행위규칙을 두고 있다. 이하에서는 일반투자자의 관점에서 특히 중요한 투자매매업자 및 투자중개업자에 대한 영업행위규제의 주된 요소를 설명하기로 한다.

2. 매매와 관련된 각종 의무

(1) 매매형태의 명시의무

금융투자업자는 투자자와의 사이에서 ① 자신이 거래의 상대방이 되어 투자자와 계약을 체결하거나, ② 위탁매매인으로서 위탁자인 투자자의 계산으로 거래를 체결하는 2가지 매매형태 중 하나를 선택할 수 있다. ①은 투자매매업자로서, ②는 투자중개업자로서 거래하는 것이다. 자본시장법은 투자매매업자나 투자중개업자가 투자자로부터 금융투자상품의 매매에 관한 청약이나 주문을 받는 경우에는 사전에 그 투자자에게 “자기가 투자매매업자인지 투자중개업자인지”를 명시하도록 하고 있다(§66). 이러한 명시의무가 없다면 투자자의 청약이나 주문을 받은 금융투자업자가 그 당시의 시세동향에 따라 자신에게 유리한 매매형태를 선택할 우려가 있기 때문이다. 매매형태를 명시하는 방법은 특별히 규정되어 있지 않으므로 구두로 명시해도 무방하다. 또한 명시하지 않은 경우에도 그 거래가 무효가 되는 것은 아니다. 그 결과 투자자가 손해를 입은 경우에는 투자자에 대해서 손해배상책임이 발생한다. 의무위반에 대해서는 금융투자업자 및 그 임직원에 대한 행정제재(§§420(3), 422, [별표 1] §74)와 함께 형벌이 규정되어 있다(§446(xi)).

(2) 자기계약의 금지

투자매매업자이나 투자중개업자가 금융투자상품에 관한 같은 매매에서 자신이 본인이 됨과 동시에 상대방의 투자중개업자가 되는 것은 원칙적으로 금지된다(§67 본문). 이는 이해상충의 방지를 위한 규정이다. 자본시장법은 ① 투자매매업자나 투자중개업자가 증권시장이나 파생상품시장을 통하여 매매가 이루어지도록 한 경우와 ② 그 밖에 투자자 보호 및 건전한 거래질서를 해할 우려가 없는 경우로서 시행령이 정하는 경우를 예외로 규정하고 있다(§67단서). ①의 예외를 인정하는 이유는 거래체결이 기계적으로 이루어지는 거래소거래에서는 거래의 상대방은 우연히 정해지는 것으로 특별한 의미를 갖지 않기 때문이다. ②의 예외로 시행령은 투자매매업자나 투자중개업자가 자기가 판매하는 집합투자증권을 매수하거나 다자간매매체결회사를 통하여 매매가 이루어지도록 한 경우 등을 들고 있다(令§66).

(3) 최선집행의무

투자중개업자에게 매매를 위탁하는 투자자는 업자가 자신에게 가장 유리한 가격으로 거래할 것을 기대한다. 과거 거래소가 하나만 존재할 수 있는 체제하에서는 장외시장에서 거래되지 않고 거래소에서 거래되는 한 투자자가 가격에 대해서 우려할 여지는 크지 않았다. 그리하여 과거 증권거래법은 매매위탁을 받은 증권회사는 거래를 반드시 거래소에서 실행해야 한다는 거래소집중의무를 규정하고 있었을 뿐이었다. 그러나 거래소허가제가 채택되고 다자간매매체결회사가 도입된 오늘날은 투자중개업자가 투자자의 주문실행에서의 선택지가 많아지게 되었다. 그리하여 자본시장법은 거래소집중의무 대신 최선집행의무를 도입하게 되었다. 그에 따르면 투자매매업자이나 투자중개업자는 최선의 거래조건으로 집행하기 위한 기준(최선집행기준)을 마련하여 공표함과 아울러 그 최선집행기준에 따라 금융투자상품매매에 관한 청약·주문을 집행할 의무가 있다(§68(1), (2)).[45] 다자간매매체결회사도 투자매매업자나 투자중개업자에 해당하므로 최선집행의무를 부담한다고 볼 수 있으나 2025년 법을 개정하여 다자간매매체결회사의 경우에는 최선집행의무를 면제하였다(§78(2)).

최선집행의무에 위반한 자에 대하여는 1억원 이하의 과태료를 부과한다(§449(1)(xxviii-2). 최선집행의무위반으로 손해를 입은 자는 투자매매업자 등의 손해배상책임을 물을 수 있다.

(4) 임의매매의 금지

투자매매업자나 투자중개업자는 투자자나 그 대리인으로부터 금융투자상품 매매의 청약주문을 받지 않고는 투자자로부터 예탁받은 재산으로 금융투자상품 매매를 해서는 안 된다(§70). 이는 너무도 당연한 내용으로 과거 증권회사 임직원에 의한 임의매매가 자주 문제되었던 현실이 반영된 규정이라고 할 것이다.[46]

(5) 매매명세의 통지

투자매매업자나 투자중개업자는 금융투자상품 매매가 체결된 경우에는 지체없이 그 명세를 투자자에게 통지해야 한다(§73, 令§70). 늦게 통지함으로써 투자자가 매도대금을 이용하지 못하여 생긴 손해는 증권회사가 배상의무를 진다(대법원 1991.1.11. 선고 90다카16006 판결).

3. 불건전영업행위규제

(1) 의의

자본시장법은 전술한 매매에 관한 구체적인 행위규제와 별도로 투자매매업자나 투자중개업자의 불건전영업행위를 구체적으로 열거하여 금지하는 일반규정을 두고 있다(§71). 다만 "투자자 보호 및 건전한 거래질서를 해할 우려가 없는 경우로서" 시행령으로 정하는 경우에는 예외를 인정하고 있다(§71단서, 令§68). 이하 자

45) 최선의 거래조건의 구체적인 내용, 최선집행기준의 공표의 방법과 청약·주문의 집행 방법 등에 관하여 필요한 사항은 시행령과 금융투자업규정으로 정한다(§68(5), 令§66-2(7)).

46) 제11장 제2절 Ⅲ.2 참조.

본시장법이 규정한 불건전영업행위의 유형을 차례로 살펴본다.

(2) 주문정보의 이용

투자자로부터 시세에 중대한 영향을 미칠 수 있는 매매주문을 받거나 받게 될 가능성이 큰 경우 이를 체결시키기 전에 자기의 계산으로 매매하거나 제3자에게 매매를 권유하는 행위이다(§71(i)).[47] 이는 투자자의 주문정보를 자신이나 제3자의 이익을 위해 이용하는 행위로 투자자의 이익 뿐 아니라 시장의 공정성을 해치는 행위로 볼 수 있다. 이 행위는 동시에 직무관련정보이용행위(§54)나 부정거래행위(§178)에도 해당할 수 있다.

(3) 조사분석자료와 관련된 금지행위

자본시장법은 "특정 금융투자상품의 가치에 대한 주장이나 예측을 담고 있는 자료," 즉 조사분석자료에 관한 금지유형으로 다음 3가지를 규정하고 있다.[48] ①조사분석자료의 내용이 '사실상 확정된 때부터 공표 후 24시간이 경과하기 전까지' 그 대상이 된 금융투자상품을 자기의 계산으로 매매하는 행위를 금지한다(§71(ii)).[49] 이러한 행위는 '스캘핑'에 해당할 가능성이 높다. 조사분석자료의 공표 후에도 24시간 동안은 매매를 금지하는 이유는 그 내용이 시장에 확산되는데 시간이 필요하다고 보기 때문이다. ② 조사분석자료 작성을 담당하는 자에게 기업금융업무와 연동된 성과보수를 지급하는 행위를 금지한다(§71(iii)).[50] 담당자가 성과보수를 얻기 위해 자료의 내용을 왜곡할 위험을 고려한 것이다. ③주권이나 주권관련사채권 등의 공모와 관련한 계약을 체결한 날부터 그 주권이 증권시장에 최초로 상장된 후 40일 이내에 그 주권에 대한 조사분석자료를 공표하거나 특정인에게 제공하는 행위를 금

47) 다만 투자자의 매매에 관한 청약주문정보를 이용하지 않았음을 증명하는 경우, 다자간매매체결회사에서의 거래를 포함한 증권시장과 파생상품시장 간의 가격차이를 이용한 차익거래, 그 밖에 이에 준하는 거래로서 투자자정보를 의도적으로 이용하지 않았다는 사실이 객관적으로 명백한 경우는 제외한다(§71단서, 令§68(1)(i)).

48) 이들 행위 중 ①과 ③은 모두 동시에 직무관련정보이용행위(§54)나 부정거래행위(§178)에 해당할 수 있다.

49) 다만 조사분석자료의 내용이 직접 또는 간접으로 특정 금융투자상품매매를 유도하는 것이 아닌 경우 등은 예외이다(§71단서, 令§68(1)(ii)).

50) 다만 그 조사분석자료가 투자자에게 공표되거나 제공되지 않고 '금융투자업자 내부에서 업무를 수행할 목적으로 작성된 경우'는 예외이다(§71단서, 令§68(1)(iii)).

지한다(§71(iv), 令§68(3)).

(4) 무자격자에 의한 투자권유

투자권유대행인 및 투자권유자문인력이 아닌 자에게 투자권유를 하게 하는 행위도 금지된다(§71(v)).[51]

(5) 일임매매의 금지

자본시장법은 "투자자로부터 금융투자상품에 대한 투자판단의 전부 또는 일부를 일임받아 투자자별로 구분하여 금융투자상품의 취득·처분 그 밖의 방법으로 운용하는 행위," 즉 일임매매를 명시적으로 금지하고 있다(§71(vi)).[52] 이는 과거 시장에서 널리 행해진 일임매매로 인한 폐해를 근절하기 위하여 특별히 도입한 규정이다. 그러나 판례는 일찍부터 일임매매의 사법상 효력을 인정하고 있다(대법원 1996. 8.23. 선고 94다38199 판결 등).

일임매매와 과당매매

과거 일임매매가 널리 행해지던 시절 증권회사 직원와 고객 사이에 가장 흔한 분쟁은 '과당매매'(churning)[53]에 관한 것이었다. 수수료수입을 노린 증권회사 직원의 과당매매로 인하여 고객이 손해를 본 경우 직원의 불법행위책임과 증권회사의 사용자책임을 인정한 사례가 많았다(대법원 1996. 8. 23. 선고 94다38199 판결 등). 그러나 일임매매 자체를 금지하는 현행 자본시장법하에서 과당매매의 여지는 크게 줄어들었다. 자본시장법은 일반투자자를 대상으로 과당매매를 권유하는 행위도 불건전 영업행위의 한 유형으로 규정하고 있다(금융투자업규정 §4-20(1)(v)(가)).[54]

---

51) 다만 금적립계좌등에 대한 투자권유를 하게 하는 경우는 예외이다(§71단서, 令§68(1)(iv)).

52) 투자일임업으로 하는 경우와 투자중개업자가 업무수행과정에서 투자판단을 일임받는 경우(§7(4))는 예외이다(§71(vi)단서).

53) 과당거래로도 불린다.

54) 과당매매에 해당하는지 여부는 다음의 사항을 고려하여 판단한다. 가. 일반투자자를 대상으로 빈번한 금융투자상품의 매매거래 또는 과도한 규모의 금융투자상품의 매매거래를 권유하는 행위. 이 경우 특정거래가 빈번한 거래인지 또는 과도한 거래인지 여부는 다음의 사항을 감안하여 판단한다. ① 일반투자자가 부담하는 수수료의 총액, ② 일반투자자의 재산상태 및 투자목적에 적합한지 여부, ③ 일반투자자의 투자지식이나 경험에 비추어 당해 거래에 수반되는 위험을 잘 이해하고 있는지 여부, ④ 개별 매매거래시 권유내용의 타당성 여부.

(6) 그 밖의 불건전영업행위

자본시장법은 그 밖에 투자자 보호 또는 건전한 거래질서를 해할 우려가 있는 행위를 금지할 수 있는 근거를 두고 구체적인 행위유형은 시행령에 위임하고 있다(§71(vii)). 시행령은 20여개의 구체적인 행위유형을 제시한 후 다시 금융위의 금융투자업규정에 행위유형을 추가할 수 있는 근거를 두고 있다(令§68(5)). 금융투자업규정은 다시 다수의 행위유형을 불건전영업행위로 규정하고 있다(§4-20(1)).

(7) 위반에 대한 제재

① 불건전영업행위에 대한 행정제재로 금융위는 금융투자업자의 인가취소나 업무정지 등의 조치를 취할 수 있고(§420(1)(vi), (3) [별표 1] §79) 임직원에 대해서는 해임요구나 직무정지 등의 조치를 취하거나 면직이나 정직 등의 조치를 금융투자업자에게 요구할 수 있다(§422(1), (2), [별표 1] §79).[55] ② 형사제재의 경우 법에 명시된 불건전영업행위를 행한 자에 대해서는 5년 이하의 징역 또는 2억원 이하의 벌금에 처할 수 있다(§444(8)).[56] ③ 불건전영업행위에 대해서는 금융투자업자의 일반적인 손해배상책임도 인정될 수 있다(§64).

4. 기타

(1) 자기주식의 예외적 취득

자본시장법은 투자매매업자가 투자자로부터 증권시장(다자간매매체결회사에서의 거래를 포함)의 매매수량단위 미만의 자기주식에 대하여 매도청약을 받은 경우에는 이를 증권시장 밖에서 취득하는 것을 허용한다(§69).[57] 이는 증권시장의 기능을 훼손하지 않는 범위 내에서 투자자의 매도수요를 충족해주기 위한 예외라고 할 수 있다.

---

55) 금융위가 임직원에 대하여 위와 같은 조치를 취하는 경우 그 임직원에 대하여 관리·감독의 책임이 있는 임직원에 대한 조치를 함께 취할 수 있다. 다만, 관리·감독의 책임이 있는 자가 그 임직원의 관리·감독에 상당한 주의를 다한 경우에는 조치를 감면할 수 있다(§422(3)).

56) 그리고 시행령상의 행위(§71(vii), 令§68(5))를 행한 자에 대해서는 1억원 이하의 과태료를 부과한다(§449(1)(xxix).

57) 다만 이렇게 취득한 자기주식은 취득일부터 3개월 이내에 처분해야 한다(令§67).

(2) 신용공여

투자매매업자나 투자중개업자는 증권과 관련하여 금전의 융자 또는 증권의 대여의 방법으로 투자자에게 신용을 공여할 수 있다(§72(1)본문).[58] 예외적으로 투자매매업자가 자신이 인수한 증권의 매수를 촉진하기 위하여 증권의 인수일부터 3개월 이내에 그 증권을 매수하는 투자자에게 신용공여를 하는 것은 금지된다(§72(1) 단서).

(3) 투자자예탁금의 별도예치

투자매매업자나 투자중개업자는 "투자자로부터 금융투자상품의 매매, 그 밖의 거래와 관련하여 예탁받은 금전," 즉 투자자예탁금을 고유재산과 구분하여 증권금융회사에 예치 또는 신탁하여야 한다(§74(1)). 일부 금융투자업자의 경우에는 투자자예탁금을 증권금융회사 대신 신탁업자에게 신탁할 수도 있다(§74(2)). 투자매매업자나 투자중개업자가 예치기관(증권금융회사나 신탁회사)에게 투자자예탁금을 예치 또는 신탁하는 경우 그 투자자예탁금이 투자자재산이라는 뜻을 밝혀야 한다(§74(3)). 이러한 표시는 결국 투자자예탁금이 투자자의 이익을 위해서 사용되는 것을 담보하는 기능을 담당하는 것으로 볼 수 있다.[59] 투자자예탁금은 상계나 압류(가압류 포함)의 대상이 될 수 없고 신탁하거나 예치한 투자매매업자나 투자중개업자(예치금융투자업자)는 시행령이 정한 예외(§72)를 제외하고는 투자자예탁금을 양도하거나 담보로 제공할 수 없다(§74(4)).

예치기관은 예치금융투자업자가 인가취소나 해산결의 등 우선지급사유에 해당하게 된 경우 투자자의 청구에 따라 투자자예탁금을 시행령이 정한 방법과 절차에 따라 그 투자자에게 우선 지급해야 한다(§74(5)). 금융위는 우선지급사유가 발생한 경우 그 사실을 그 예치금융투자업자, 예치기관 및 예금보험공사에 즉시 통지해야 한다(§74(6)). 우선지급사유의 통지를 받은 예치기관은 투자자예탁금 별도예치 관련정보를 예금보험공사에 제공해야 하고, 그 통지를 받은 날부터 2개월 이내에 투자자예탁금의 지급시기·지급장소, 그 밖에 투자자예탁금의 지급관련사항을 둘 이

58) 신용공여의 기준 및 방법에 관하여 필요한 사항은 시행령으로 정한다(§72(2)).

59) 신탁이나 예치의 경우에도 실질적으로는 투자자를 수익자로 하는 신탁이 성립된 것과 유사한 결과에 이른다고 할 수 있다.

상의 일간신문과 인터넷 홈페이지 등을 이용하여 공고해야 한다(§74(7)).

예치기관이 투자자예탁금을 투자자에게 직접 지급한 경우 예치금융투자업자에 대한 예치기관의 투자자예탁금 지급채무와 투자자에 대한 예치금융투자업자의 투자자예탁금 지급채무는 그 범위에서 각각 소멸한 것으로 본다(§74(10)). 한편 예치기관에 우선지급사유가 발생한 경우 예치기관은 예치금융투자업자에게 투자자예탁금을 우선하여 지급해야 한다(§74(11)). 즉 예치기관에 대한 권리를 갖는 것은 투자자가 아니라 예치금융투자업자로 하고 있다.

예치기관은 투자자예탁금을 운용할 수 있지만 그 운용대상은 국채, 지방채 등 안정적 운용을 해할 우려가 없는 것에 한정된다(§74(12)). 투자매매업자나 투자중개업자가 예치기관에 예치 또는 신탁해야 하는 투자자예탁금의 범위, 예치 또는 신탁 비율 등 필요한 사항은 시행령으로 정한다(§74(13)).

(4) 투자자 예탁증권의 예탁

투자매매업자나 투자중개업자는 원칙적으로 금융투자상품의 매매 그 밖의 거래에 따라 보관하게 되는 투자자소유증권을 예탁결제원에 지체없이 예탁해야 한다(§75(1)).[60] 다만 외화증권을 예탁결제원에 예탁하는 경우에는 금융위가 정하는 외국보관기관에 개설된 예탁결제원 계좌로 계좌대체 등을 통하여 예탁한다(§75(2), 令§76(3)). 한편 상장법인이 발행한 주식을 포함한 의무전환증권의 경우 전자증권법 시행과 함께 전자등록증권으로 자동 전환됨에따라 예탁결제원에 예탁하는 대신 전자등록기관이 관리하는 전자등록부에 등록되는 방식으로 유통되며 자본시장법상 예탁관련제도가 적용될 여지가 없다(§308(1)). 따라서 전자등록증권은 예탁결제원에 대한 예탁의무대상에서 제외된다(§75(1)단서, 令§76(2), 令§63(2)(i)).

---

60) 다만, 그 증권의 유통가능성, 다른 법령에 따른 유통방법이 있는지 여부, 예탁실행가능성 등을 고려하여 시행령으로 정하는 경우에는 예탁결제원에 예탁하지 않을 수 있다(§75(1)단서).

제3절 진입규제[61]

Ⅰ. 서설

1. 인가나 등록 없는 영업행위의 금지

자본시장법은 인가나 등록없이 금융투자업을 영위하는 것을 일반적으로 금지(§§11, 17)함으로써 진입규제를 마련하고 있다.[62] 진입규제는 업자의 영업의 자유(헌법§15)를 제한하고 나아가 자본시장에서의 경쟁을 제한하는 측면이 있지만 전문성이나 신용이 불충분한 업자를 자본시장에서 배제함으로써 투자자를 보호하기 위하여 널리 채택되고 있다.

2. 인가와 등록

자본시장법은 금융투자업을 투자자가 부담하는 위험의 정도에 따라 인가대상과 등록대상으로 구분한다. 투자자와 정반대의 이해관계에 서게 되는 투자매매업과 투자자 자산의 직접 관리가 수반되는 투자중개업, 집합투자업, 신탁업은 인가대상으로, 그리고 투자자 자산의 직접 관리가 수반되지 않는 투자일임업과 투자자문업은 등록대상으로 하고 있다(§§12, 18).

3. 위반행위에 대한 제재

인가나 등록 없이 금융투자업을 영위한 자에게는 형벌이 부과된다(§§444(i), 445(i)).[63] 그러나 무인가나 미등록 금융투자업자와 체결한 거래의 사법상 효력은 부정되지 않는다. 대법원은 미등록업자에게 투자를 일임하고 수익을 양분하기로 하는 계약의 사법상 효력이 문제된 사안에서 "위 규정에 위반하여 체결한 투자일임계약 자체가 그 사법상의 효력까지도 부인하지 않으면 안 될 정도로 현저히 반사회성, 반도덕성을 지닌 것이라고 할 수 없을 뿐만 아니라 그 행위의 사법상의 효력을

61) 상세한 것은 김/정, 715~753면.
62) 나아가 무인가 영업행위를 목적으로 계좌의 대여를 알선하거나 중개하는 행위도 금지된다(§11-2).
63) 실제 처벌 사례로 대법원 2012.3.29. 선고 2011도17097 판결.

부인해야만 비로소 입법 목적을 달성할 수 있다고 볼 수 없고, 오히려 위 규정을 효력규정으로 보아 이에 위반한 행위를 일률적으로 무효라고 할 경우 거래 상대방과 사이에 법적 안정성을 심히 해하게 되는 부당한 결과가 초래[된다]"는 점을 근거로, 위 규정은 강행규정이 아니라 단속규정이라고 판단하였다(대법원 2019.6.13. 선고 2018다258562 판결).[64]

Ⅱ. 인가와 등록의 요건

1. 서설

인가와 등록의 요건은 업무단위별로 각각 달리 정하고 있다. 업무단위는 인가와 등록에 대해서 각각 ① 금융투자업의 종류, ② 금융투자상품의 범위, ③ 투자자의 유형의 3가지 구성요소를 토대로 수십 개의 세부업무단위로 구분된다(§§12(1), 18(1)). 시행령 [별표1]은 인가의 업무단위와 최저자기자본을 보여준다.

2. 인가요건

자본시장법은 국내 금융투자업자의 경우 인가요건으로 다음의 사항을 모두 갖출 것을 요구한다(§12(2)).

① 법적형태: 주식회사나 시행령으로 정하는 금융기관

② 자기자본: 인가업무단위 별로 5억원 이상으로 시행령이 정하는 금액 이상

③ 사업계획이 타당하고 건전할 것

④ 인력과 전산설비 기타의 물적 설비

⑤ 임원의 적합성(지배구조법 §5)

⑥ 대주주의 출자능력, 건전한 재무상태, 사회적 신용

⑦ 시행령(§16(8))이 정하는 건전한 재무상태와 사회적 신용[65]

---

64) 김유성, 자본시장과 금융투자업에 관한 법률 제17조를 위반하여 관계당국에 투자일임업을 등록하지 않은 자와 사이에 체결된 투자일임계약이 사법(私法)상 무효인지 여부, 대법원판례해설 제119호(2019상), 313~351면.

65) "사회적 신용"에 대해서 시행령은 다음과 같이 구체화하고 있다(§16(8)(ii)).
- 최근 3년간 금융관련법령 등 소정의 법령을 위반하여 벌금형 이상에 상당하는 형사처벌을 받은 사실이 없을 것
- 최근 3년간 채무불이행 등으로 건전한 신용질서를 해친 사실이 없을 것

⑧ 이해상충방지체계

3. 등록요건

자본시장법은 국내 금융투자업자의 경우 등록요건으로 다음의 사항을 모두 갖출 것을 요구한다(§18(2)).

① 법적형태: 주식회사나 시행령으로 정하는 금융기관

② 자기자본: 등록업무단위 별로 1억원 이상으로 시행령이 정하는 금액 이상

③ 투자권유자문인력과 투자운용인력을 일정 수 이상 갖출 것

④임원의 적합성(지배구조법 §5)

⑤ 대주주가 시행령(§21(5))이 정하는 사회적 신용을 갖출 것

⑥ 시행령(§21(7))이 정하는 건전한 재무상태와 사회적 신용[66)]

⑦ 시행령(§21(8)이 정한 요건을 갖춘 이해상충방지체계

등록요건은 인가요건에 비하여 완화되어 있을 뿐 아니라 구체화되어 있어 금융위의 재량이 작용할 여지가 상대적으로 크지 않다.

Ⅲ. 인가와 등록의 절차

1. 인가나 등록신청서의 제출과 금융위의 심사와 검토

금융투자업의 인가를 받거나 등록을 하려는 자는 인가나 등록신청서를 금융위에 제출해야 한다(§§13(1), 19(1)). 금융위가 인가신청서를 접수한 경우에는 그 내

- 최근 5년 간 부실금융기관으로 지정되었거나 금융관련법령에 따라 영업의 허가 등이 취소된 자가 아닐 것
- 금융관련법령에 따라 금융위 등으로부터 업무정지 등의 조치를 받은 경우 일정한 기간이 경과하였을 것

66) "사회적 신용"에 대해서 시행령은 다음과 같이 구체화하고 있다(§16(8)(ii)).
- 최근 3년간 금융관련법령 등 소정의 법령을 위반하여 벌금형 이상에 상당하는 형사처벌을 받은 사실이 없을 것
- 최근 3년간 채무불이행 등으로 건전한 신용질서를 해친 사실이 없을 것
- 최근 5년 간 부실금융기관으로 지정되었거나 금융관련법령에 따라 영업의 허가 등이 취소된 자가 아닐 것
- 금융관련법령에 따라 금융위 등으로부터 업무정지 등의 조치를 받은 경우 일정한 기간이 경과하였을 것

용을 심사하여 3개월[67] 이내에 인가여부를 결정하고 그 결과와 이유를 지체 없이 신청인에게 문서로 통지해야 한다(§13(2)).[68] 한편 금융위가 등록신청서를 접수한 경우에는 그 내용을 검토하여 2개월 이내에 등록 여부를 결정하고, 그 결과와 이유를 지체 없이 신청인에게 문서로 통지해야 한다(§19(2)).[69] 금융위는 등록요건을 충족하지 못했거나 등록신청서를 거짓으로 작성한 경우 등을 제외하고는 등록을 거부할 수 없다(§19(4)). 금융위는 인가신청서의 경우 '심사'라는 용어를 사용한 것에 비하여 등록신청서의 경우에는 '검토'라는 용어를 사용한 것은 금융위의 재량이 작용할 여지가 상대적으로 크지 않음을 고려한 결과라고 할 것이다.

2. 예비인가와 본인가

금융투자업의 인가를 받고자 하는 자는 인가절차를 원만하게 진행하기 위해서 가급적 신청절차를 비밀리에 진행하기를 원하는 것이 보통이다. 이러한 수요를 고려하여 자본시장법은 사전에 인가를 받을 수 있는지를 확인하기 위해서 예비인가를 신청하는 것을 허용하고 있다(§14(1)). 예비인가 신청을 받은 금융위는 2개월 이내에 본인가 요건을 갖출 수 있는지 여부를 심사하여 예비인가 여부를 결정한 후, 그 결과와 이유를 지체 없이 신청인에게 문서로 통지해야 한다(§14(2)).[70] 금융위가 예비인가를 하는 경우에는 경영의 건전성 확보 및 투자자 보호에 필요한 조건을 붙일 수 있다((§14(4)). 예비인가를 받은 자는 예비인가를 받은 날로부터 6개월 이내에 예비인가의 내용 및 조건을 이행한 후 본인가를 신청해야 한다(令§18(4)). 예비인가를 받은 자가 본인가를 신청하는 경우에는 예비인가의 조건을 이행하였는지 여부와 본인가요건을 갖추었는지 여부를 확인한 후 본인가 여부를 결정하여야 한다(§14(5)).

3. 인가 및 등록 후의 영업개시의무

금융투자업 인가를 받은 자는 원칙적으로 인가를 받은 날부터 6개월 이내에 영업을 개시해야 한다(令§17(10)). 인가를 받은 날부터 6개월 이내에 영업을 개시하

67) 예비인가를 받은 경우에는 1개월.
68) 인가신청서에 흠결이 있는 때에는 보완을 요구할 수 있다.
69) 인가신청서에 흠결이 있는 때에는 보완을 요구할 수 있다.
70) 예비인가신청에 관하여 흠결이 있는 때에는 보완을 요구할 수 있다.

지 않은 경우는 인가취소사유로 규정되고 있다(§420(1)(ix), 令§373(4)(i)). 등록의 경우에는 따로 영업개시의무가 규정되어 있지 않다. 그러나 등록 후 6개월 이내에 영업을 개시하지 않은 경우가 등록취소사유로 규정되고 있으므로(§420(1)(ix)); 令§373(4)(i)) 등록업자의 경우에도 영업개시의무를 부담한다고 볼 것이다.[71]

Ⅳ. 인가나 등록의 변경

인가를 받거나 등록을 한 금융투자업자가 새로운 인가나 등록업무단위를 추가로 영위하고자 하는 경우에는 새로 인가나 등록을 받는 대신 기존의 인가나 등록을 변경하는 절차를 밟아야 한다(§§16(1), 21(1)). 한편 인가를 받은 투자매매업자나 투자중개업자가 "같은 금융투자업의 종류에 속하는 금융투자상품을 구성요소로 하여 대통령령으로 정하는 업무 단위를 추가하여 금융투자업을 영위하려는 경우"에는 인가의 변경 대신 그 업무단위를 금융위에 등록하는 방법을 택할 수 있다(§16-2(1))(업무단위 추가등록).[72] 이는 엄격한 인가절차 대신 완화된 등록절차를 밟도록 함으로써 원활한 업무확장을 촉진하기 위한 조치이다.

Ⅴ. 계속적 규제

자본시장법은 금융투자업자가 인가(추가등록 포함) 및 등록 이후 그 영업을 영위할 때에도 그 요건을 유지할 의무가 있다고 규정한다(§§15, 20). 금융투자업자가 그 요건의 유지의무를 위반한 경우 인가나 등록을 취소하거나(§420(1)(iii)), 6개월 이내의 업무의 정지, 기관경고나 기관주의 등의 조치를 취할 수 있다(§420(3)).

---

71) 영업 개시 후 정당한 사유 없이 인가 받거나 등록한 업무를 6개월 이상 계속해서 영위하지 않은 경우는 인가와 등록의 취소사유로 규정되어 있다(§420(1)(ix), 令§373(4)(i)).

72) 예컨대 투자매매업의 경우 금융투자상품은 5개의 상품군으로 구분되고 각각 다른 상품군에 속한 업무단위를 추가하는 경우에는 인가의 변경절차를 밟아야 하지만 동일한 상품군내에서 업무단위를 추가하는 경우에는 보다 간편한 추가등록절차를 밟을 수 있도록 한 것이다. 온주 §16-2 Ⅱ.3(김민석 2024.4.30).

Ⅵ. 인가와 등록의 취소

금융위는 금융투자업자가 부정한 방법으로 금융투자업의 인가를 받거나 등록한 경우, 금융위의 시정명령이나 중지명령을 이행하지 않는 경우, 금융관련법령 등을 위반한 경우 등에 해당하는 경우에는 금융투자업의 인가, 업무단위 추가등록, 금융투자업의 등록을 취소할 수 있다(§420(1)). 금융투자업의 인가와 등록이 모두 취소된 경우 금융투자업자는 해산한다(§420(2)).

Ⅶ. 기업구조개편의 승인

금융투자업자는 합병, 분할, 주식의 포괄적 교환 또는 이전, 금융투자업 전부의 양수도 등의 기업구조개편을 하고자 하는 경우에는 금융위의 승인을 받아야 한다(§417(1)). 금융투자업자는 정관의 중요사항의 변경, 최대주주의 변경, 대주주 보유 주식의 1% 이상 변동 등에 대해서는 금융위에 보고해야 한다(§418).

제4절 건전성규제[73)]

Ⅰ. 서설

건전성규제(prudential regulation)는 주로 금융투자업자의 부실이나 도산로 인하여 투자자의 손실이 초래되거나 시스템의 위험이 발생하는 것을 막기 위한 규제를 말한다. 원칙적으로 개별회사의 재무건전성은 회사 자신이 관리할 문제이다. 그러나 금융투자업자가 도산하면 자본시장 전체에 대한 투자자의 신뢰가 훼손될 우려가 있다. 또한 대규모 금융투자업자가 도산하는 경우에는 은행의 도산 시에 발생하는 시스템 위험이 발생할 우려도 있다.[74)] 건전성규제는 이러한 우려에 대처하기

73) 상세한 것은 김/정, 754~790면.

74) 2008년 투자은행인 리만 브라더스(Lehman Brothers)의 파산으로 촉발된 세계 금융위기 사태(Lehman Shock)가 그 대표적인 예이다.

위한 규제로 그 취지는 진입단계에서도 유효하다는 점에서 진입규제도 건전성규제의 일부로 파악할 수도 있다. 그러나 건전성규제의 초점은 주로 이미 금융투자업을 영위하고 있는 기존 업자의 건전성에 맞추는 것이 일반적이다. 또한 건전성규제는 재무건전성 및 경영건전성, 지배구조, 업무범위를 대상으로 삼는 것이 일반적이지만 업무범위에 관한 규제는 특히 기술적인 사항이 많으므로 이 책에서는 설명을 생략하기로 한다.

Ⅱ. 재무건전성과 경영건전성

1. 서설

건전성규제의 중심은 금융투자업자의 '재무건전성'이라고 할 수 있다. 재무건전성을 파악하기 위해서는 우리 자본시장법상 기본적인 용어의 정의에서 출발할 필요가 있다. 용어의 정의는 자본시장법(§30)과 금융투자업규정(§3-6)에 담겨있다. 금융투자업자가 유지할 필요가 있는 자기자본은 인가업무나 등록업무 단위별로 요구되는 자기자본을 합계한 금액으로 '필요유지자기자본'이라고 한다(규정§3-6(ii)). 금융투자업자의 1차적인 재무건전성은 필요유지자기자본 이상의 자기자본을 확보하는 것이라고 할 수 있다. 금융투자업규정은 자기자본 대신 '순자본'이란 개념을 출발점으로 삼고 그것을 "영업용순자본에서 총위험액을 차감한 금액"으로 정의한다(§3-6(i)). 자본시장법상 "영업용순자본"은 자본금·준비금 외에 대손충당금이나 후순위 차입금 등 자본적 성격을 가지는 부채 등의 합계액에서 고정자산, 선급금 기타 단기간 내에 유동화가 어려운 자산의 합계액을 공제한 금액을 가리키며(§30(1), 규칙§5), "총위험액"은 "금융투자업자의 자산 및 부채에 내재하거나 업무에 수반되는 위험을 금액으로 환산하여 합계한 금액"을 말한다(§30(1)). 순자본을 필요유지자기자본에 대비한 비율을 "순자본비율"(규정§3-6(iii)), 그리고 영업용순자본을 총위험액에 대비한 비율을 "영업용순자본비율"(규정§3-6(iv))이라고 한다.

2. 재무건전성기준

자본시장법은 금융투자업자의 영업용순자본을 총위험액 이상으로 유지할 것, 즉 영업용순자본비율을 100% 이상으로 유지할 것을 요구한다(§30(1)).[75] 이처럼 영업용순자본비율을 100% 이상으로 요구하는 것은 금융투자업자에게 영업에 수반하는 위험에 상응하는 영업용순자본을 유지하도록 함으로써 무모한 영업확장을 견제하고 부실의 과도한 확대를 방지하기 위한 것이다. 다만 투자자문업자나 투자일임업자, 집합투자업자 등의 경우에는 이 규제를 적용하지 않는다(§30(1), 令 §34(1)). 금융투자업자는 매분기마다 영업용순자본에서 총위험액을 뺀 금액, 즉 순자본을 기재한 서면을 금융위에 보고해야 하며 영업소에 비치하고 인터넷 홈페이지 등을 통하여 공시해야 한다(§30(3)).

3. 경영건전성기준

자본시장법은 금융투자업자에게 재무건전성기준과는 별도로 '경영건전성기준'을 준수하고 이를 위한 적절한 체계를 구축·시행하도록 요구하고 있다(§31(1)). 금융위는 다음 사항에 관한 경영건전성기준을 정하여 고시해야 한다.

① 자기자본비율, 그 밖의 자본의 적정성에 관한 사항

② 자산의 건전성에 관한 사항

③ 유동성에 관한 사항

④ 그 밖에 경영의 건전성 확보를 위하여 필요한 사항으로서 시행령으로 정하는 사항[76]

위 ①과 ③은 재무건전성기준과 중복되는 면이 있지만 나머지 사항은 보다 넓은 의미의 건전성과 관련있는 사항이라고 할 수 있다. 당연한 일이지만 금융위는 금융투자업자가 영위하는 금융투자업의 종류 등을 고려하여 금융투자업별로 경영건전성기준의 내용을 달리 정할 수 있다(§31(2)). 또한 금융위는 금융투자업자의 건전성 확보를 위하여 경영실태 및 위험에 대한 평가를 할 수 있다(§31(3)).

4. 금융위의 개선조치

금융위는 금융투자업자가 재무건전성기준을 위반하거나 경영건전성기준을 충족하지 못하는 경우에는 자본금 증액이나 이익배당 제한 등 경영건전성 확보를 위

---

75) 영업용순자본과 총위험액의 산정에 관한 구체적인 기준과 방법은 금융투자업규정에서 정한다(§30(2)).

76) 시행령은 위험관리, 외환건전성에 관한 사항 등을 정하고 있다(§35(1)).

한 필요한 조치를 취할 수 있다(§31(4)). 금융투자업규정은 금융투자업자의 순자본비율이나 영업용 순자산비율이 일정한 기준에 미달하는 등 일정한 경우에는 경영개선권고, 경영개선요구, 경영개선명령 등의 적기시정조치를 취하도록 하고 있다(§§3-26~3-28).

Ⅲ. 지배구조 규제

1. 서설

금융투자업자의 건전성은 그 지배구조의 건전성에 달려있다고 할 수 있다. 우리나라에서는 금융투자업자만이 아니라 은행, 보험회사 등 금융회사의 지배구조의 중요성을 고려하여 2015년 그에 관한 특별법으로 "금융회사의 지배구조에 관한 법률"(지배구조법)을 제정하여 2016년부터 시행하고 있다.[77] 지배구조법은 상법의 특별법(§4(2))으로 임원, 이사회, 내부통제 및 위험관리, 대주주의 건전성 유지, 소수주주의 권리행사의 특례, 처분 및 제재절차 등에 관한 규정을 두고 있다. 이하 주요 내용을 차례로 설명한다.

2. 대주주의 적격성

대주주의 적격성에 대해서는 이미 진입규제에서 출자능력, 재무상태, 사회적 신용 등을 규제한다(§12(2)(vi)(가) 등). 지배구조법에서는 대주주의 변경 시에 금융위 승인이나 보고를 요하고 있으며(§31(1), (5)) 최대주주 중 최다출자자 개인의 적격성 유지요건을 충족하고 있는지 여부를 금융위가 지속적으로 심사하고 위반 시에는 적절한 조치를 취하도록 하고 있다(§32).

3. 임원

지배구조법은 임원과 사외이사의 자격요건(§§5, 6), 상근임원의 겸직제한(§10) 등을 정함과 아울러 전략기획, 재무관리, 위험관리 등의 주요 업무를 집행하는 업무집행책임자(주요업무집행책임자의 임면에 관한 규정(§8))을 두고 있다.[78]

---

77) 지배구조법의 적용을 받는 금융회사에는 은행, 보험회사, 금융지주회사와 아울러 금융투자업자가 포함된다(§2(i)).

4. 이사회

지배구조법은 이사회의 구성 및 운영, 그리고 이사회내 위원회에 대해서 비교적 상세한 규정을 두고 있다(§§12-23). 금융회사의 지배구조의 강화를 위한 규정으로는 특히 사외이사에 대한 정보제공(§18), 위험관리위원회(§21), 보수위원회(§22), 내부통제위원회(§23) 등에 관한 규정을 들 수 있다.

5. 내부통제 및 위험관리

지배구조법이 금융회사의 지배구조를 대상으로 한다는 점이 가장 두드러지게 부각되는 부분은 바로 내부통제와 위험관리에 관한 규정이라고 할 수 있다. 먼저 내부통제의 중심을 이루는 것은 "내부통제기준"과 "준법감시인"이다. 지배구조법은 금융회사로 하여금 "법령을 준수하고, 경영을 건전하게 하며, 주주 및 이해관계자 등을 보호하기 위하여 금융회사의 임직원이 직무를 수행할 때 준수하여야 할 기준 및 절차"(내부통제기준)을 마련하도록 하고 있다(§24(1)). 또한 지배구조법은 금융회사[79]는 "내부통제기준의 준수 여부를 점검하고 내부통제기준을 위반하는 경우 이를 조사하는 등 내부통제 관련 업무를 총괄하는 사람," 즉 준법감시인을 1명 이상 선임하도록 하고(§25(1)) 그 자격요건을 상세히 규정하고 있다(§26). 이어서 위험관리와 관련해서는 위험관리기준의 제정(§27)과 위험관리책임자의 임면(§28)에 관한 규정을 두고 있다.

2024년 지배구조법은 이러한 내부통제와 위험관리가 실질적으로 이루어지는 것을 담보하기 위해서 기존의 규제를 한층 강화하였다. 먼저 임원의 내부통제와 위험관리에 대한 점검과 개선의무를 명시하고 대표이사에 대한 보고의무를 규정하였다(§30-2). 대표이사는 내부통제와 위험관리의 "전반적 집행 및 운영에 대한 최종적인 책임자"로 총괄적인 관리의무를 부담하고 이사회에 보고의무를 부담한다(§30-4(1), (2)).

2024년 개정의 핵심은 "책무구조도"의 도입이라고 할 수 있다. 책무구조도란

78) 주요업무집행책임자는 이사회의 요구가 있으면 언제든지 이사회에 출석하여 요구한 사항을 보고하여야 한다(§9).

79) 시행령(§20(1))이 정하는 투자자본업자와 투자일임업자는 제외.

앞서 언급한 점검과 개선의무를 담당하는 임원과 그 임원의 직책별로 금융 관련 법령에서 정한 사항으로서 시행령으로 정하는 책무를 배분한 문서를 말한다. 지배구조법은 대표이사가 책무구조도를 마련할 의무를 부담한다는 점을 명시하였다(§30-3(1)). 책무구조도에서는 책무별로 담당하는 임원이 반드시 존재해야 하고 담당하는 임원이 복수로 존재해서는 아니 된다(§30-3(2)). 이처럼 책무구조도는 내부통제와 위험관리에 관한 책무분담이 명확하게 이루어져 책임자가 존재하지 않거나 복수 존재하여 책임의 소재를 가리기 어려운 상황이 발생하는 것을 피하기 위하여 도입된 것이다.[80]

80) 책무구조도에 관해서 상세한 것은 김소연, "책무구조도와 내부통제 관리의무," 증권법연구 제25권 제2호(2024), 77면.

제13장 규제기관 및 관계기관

제1절 규제기관

Ⅰ. 서설

금융분야에 대한 정부의 역할은 크게 '정책'과 '감독'으로 나눌 수 있다. 과거 정책과 감독에 관한 정부의 권한은 하나의 부처(과거의 재정경제부 내지 재무부)에 속하였지만 실질적인 감독에 관해서는 은행, 증권, 보험 등 금융의 각 부문에 따라 한국은행 소속의 은행감독원, 증권감독원, 보험감독원 등의 전문감독기관에 위탁하였다. 그러나 금융감독의 중요성이 높아짐에 따라 '재정'과 '금융'을 동일한 부처에서 관할하는 것의 문제점이 드러났다. 또한 금융의 각 부문을 가르는 장벽이 점차 낮아지는 시장환경에서 감독기관의 분립은 비효율적이라는 비판도 제기되었다. 금융규제체제의 개혁논의는 특히 1997년의 외환위기를 전후하여 더욱 고조되었다. 그리하여 마침내 외환위기가 시작된 1997년 12월 금융감독기구법의 통과로 금융감독에 관한 권한은 신설된 금융감독위원회에 이양되었고 기존의 3개 감독기관과 신용관리기금을 통합한 금융감독원이 출범하였다. 한편 증권분야에서는 그 특수성을 고려하여 따로 증권선물위원회(증선위)가 설치되었다. 이후 2008년에는 정부조직을 다시 개편하여 재정경제부에 남아있던 금융정책기능을 명칭이 변경된 금융위원회(금융위)에 이양함으로써 금융위원회가 금융분야의 주관부처로 자리잡게 되었다.

그리하여 금융투자업과 관련해서는 금융위, 증선위, 금감원의 세 기관이 병립하게 되었다. 이하에서는 이들 각 기관의 개요와 상호관계에 대해서 간단히 살펴본다.

Ⅱ. 금융위원회

1. 개요

"금융위원회의 설치 등에 관한 법률"(금융위법)에 따르면 금융위는 "금융정책, 외국환업무 취급기관의 건전성 감독 및 금융감독에 관한 업무를 수행하기 위하여" 설치된 국무총리 소속의 중앙행정기관이다(§3(1)). 금융위는 위원장과 부위원장 1인, 그리고 기획재정부차관, 금감원장을 포함한 9인의 위원으로 구성된다(§4). 금융위는 회의체로 운영되며 원칙적으로 재적위원 과반수출석과 출석위원 과반수의 찬성으로 의결한다(§11(2)). 금융위는 공무원으로 구성된 독자적인 보조조직의 보좌를 받아 업무를 수행한다.

2. 권한

(1) 금융위법상의 권한

금융위의 기본적인 권한은 금융위법에 규정되어 있고 금융투자분야에 관한 권한은 자본시장법과 자산유동화법 등에 규정되고 있다. 금융위법상의 권한은 다양하지만(§17) 중요한 사항으로는 다음과 같은 것들을 들 수 있다.

① 금융에 관한 정책 및 제도에 관한 사항

② 금융기관 감독 및 검사·제재에 관한 사항

③ 금융기관의 설립 등의 인허가에 관한 사항

④ 자본시장의 관리·감독 및 감시 등에 관한 사항

⑤ 관련 법령 및 규정의 제정·개정 및 폐지에 관한 사항.

그 밖에 금융위법은 금융위가 금감원의 업무·운영·관리와 대한 지시·감독 권한과 금감원의 예결산 승인 권한이 있음을 명시하고 있다(§18).

(2) 자본시장법상의 권한

자본시장에 관한 금융위의 권한은 자본시장법에 규정되어 있다. 자본시장법상 금융위는 발행시장과 유통시장의 공시규제, 불공정거래규제, 금융투자업자에 대한 인가와 등록, 거래소에 대한 허가 및 감독, 협회 등 금융투자업관계기관에 대한 감독 등 폭넓은 권한을 갖는다. 이러한 금융위의 권한은 규정에 따라 증선위에 위임하거나, 금감원장, 거래소나 협회에게 위탁할 수 있다(§438(2)-(4)).[1)]

금융위는 특히 자본시장의 주체인 금융투자업자에 대한 감독권(§415)[2)]과 금융투자업자와 그 임원에 대한 조치명령권(§416)을 갖는다. 조치명령권은 "투자자를 보호하고 건전한 거래질서를 유지하기 위하여 긴급한 조치가 필요하다고 명백히 인정되는 경우"에 다음의 사항 등에 관하여 인정된다(§416(1)).

① 금융투자업자의 고유재산 운용에 관한 사항

② 투자자 재산의 보관·관리에 관한 사항

③ 금융투자업자의 경영 및 업무개선에 관한 사항

④ 각종 공시에 관한 사항

⑤ 영업의 질서유지에 관한 사항

⑥ 영업방법에 관한 사항

⑦ 장내파생상품 및 장외파생상품의 거래규모의 제한에 관한 사항

⑧ 그 밖에 투자자 보호 또는 건전한 거래질서를 위하여 필요한 사항으로서 시행령으로 정하는 사항

자본시장법이 열거한 필요한 조치에는 채무변제행위의 금지, 투자자예탁금의 반환명령이나 지급정지, 투자자예탁금의 수탁금지 또는 다른 금융투자업자로의 이전, 보유자산의 처분이나 점포·조직의 축소, 영업의 전부 또는 일부 정지 등 광범한 조치가 포함된다(§416(2)).[3)] 금융위가 조치명령권을 행사하려면 미리 증선위의 심의를 거쳐야 한다(§439(ii)(라)).

---

1) 금융위 및 증선위의 권한이나 업무의 일부를 시행령으로 정하는 바에 따라 거래소에 위탁할 수 있다고 정하는 자본시장법 제438조 제3항 중 '거래소' 부분 및 외감법 제15조 제4항이 "위임의 필요성 및 Howey 법령에서 규정될 대강의 내용에 대한 예측가능성이 모두 인정되므로" 포괄위임금지원칙에 위반되지 않는다는 결정이 있다. 헌법재판소 2022.9.29. 선고 2019헌바416 결정.

2) 권한인 동시에 의무라고 할 것이다.

3) 조치명령권의 세부기준, 절차, 그 밖에 필요한 사항은 시행령으로 정한다(§416(4)).

Ⅲ. 증권선물위원회

1. 조직과 운영

금융위법은 자본시장의 특수성을 고려하여 금융위의 소속기관으로 증권선물위원회(증선위)를 두도록 하고 있다(§19). 증선위는 위원장 1인을 포함한 5인의 위원으로 구성하고, 위원장은 금융위 부위원장이 겸임한다(§20). 회의는 3인 이상의 찬성으로 의결한다(§21(2)).

2. 권한

증선위의 권한에 관한 규정은 금융위법, 자본시장법, 외감법 등에 산재하고 있으나 기본적인 규정은 금융위법에 있다. 금융위법상 증선위의 권한 중 중요한 것은 자본시장의 불공정거래 조사라고 할 수 있다(§19). 자본시장법은 구체적으로 증선위가 내부자거래 등 불공정거래에 관련된 조사, 압수, 수색권을 가짐을 명시한다(§427). 그 밖에 증선위는 외감법상 감사인을 지정하고 회계처리기준을 심의하는 등 감사분야에서도 권한을 갖는다(§§11, 5(1)).

Ⅳ. 금융감독원

1. 개요

금융위법은 금융감독의 전문성을 살리기 위하여 금융위 또는 증선위의 "지도감독을 받아 금융기관에 대한 검사·감독업무 등을 수행하는 기관"으로 금융감독원(금감원)을 설치하고 있다(§24(1)). 과거 각 금융부문별로 분립되었던 은행감독원, 증권감독원, 보험감독원, 신용관리기금을 통합하여 출범한 금감원은 자본금이 없는 무자본 특수법인[4]으로서(§24(2)) 공무원신분을 갖는 금융위 직원들과 달리 금감원 직원들은 공무원신분을 갖지 않기 때문에[5] 채용이나 대우 면에서 융통성 있는 인사운영이 가능하다는 장점이 있다. 금감원의 인력은 크게 집행간부와 직원으로 구성된다. 집행간부는 원장 1인, 부원장 4인 이내, 부원장보 9인 이내, 감사

4) 분담금과 정부의 출연금 등으로 예산을 충당하고 있다(§46).
5) 다만 형벌이나 벌칙의 적용에서는 공무원으로 본다(§69(1)).

1인으로 구성된다(§29(1)). 금감원을 대표하고 업무를 통할하는 원장은 금융위 위원장의 제청으로 대통령이 임명하고 부원장은 원장의 제청으로 금융위가 임명한다(§29(2), (3)). 집행간부와 직원은 겸직이 제한되고 청렴 및 비밀유지의무를 부담한다(§§34, 35).

2. 권한

금감원은 금융기관에 대한 검사 및 감독권을 갖는다(§24). 검사대상인 금융기관에는 은행, 금융투자업자, 보험회사로부터 상호저축은행, 신용협동조합종금사에 이르기까지 광범한 금융기관이 포함된다(§38). 금감원의 검사는 이들 금융기관의 "업무 및 재산상황"을 검사하고 그 검사결과에 따른 제재를 가하는 방식으로 수행한다(§37(i), (ii)).[6] 금감원장은 업무수행상 필요하다고 인정하는 때에는 금융기관에 대하여 업무 또는 재산에 관한 보고, 자료의 제출, 관계자의 출석 및 진술을 요구할 수 있다(§40(1)). 또한 검사대상 금융기관의 임직원에 대해서 광범한 시정명령과 징계요구권을 가지며(§41(1)), 검사대상 금융기관의 임원이 법령이나 명령 또는 지시를 고의로 위반한 경우에는 임면권자에게 해임을 권고하고 금융위에 업무집행의 정지를 건의할 수 있다(§42). 나아가 금감원장은 검사대상 금융기관이 법령이나 명령 또는 지시를 계속 위반하여 위법 또는 불건전한 방법으로 영업하는 경우에는 금융위에 6개월의 범위 내에서의 업무의 전부 또는 일부정지를 건의할 수 있다(§43(ii)).

Ⅴ. 금융위·증선위·금감원의 관계

우리나라에서는 금융정책과 관련해서는 금융위만이 권한을 행사하고 있지만 금융규제와 관련해서는 금융위 외에 증선위와 금감원이 존재하기 때문에 이들 세 기관이 어떠한 관계가 있는지를 이해할 필요가 있다.

6) 그 밖에 금감원의 업무에는 금융위와 증선위에 대한 업무지원도 포함되는데(§37(iii)) 지원업무중 가장 중요한 것이 금융기관의 감독이라고 할 수 있다.

1. 금융위와 증선위의 관계

먼저 금융위와 증선위의 관계를 살펴본다. 금융위법은 "금융위에 증선위를 둔다"(§19)고 하여 증선위가 금융위의 소속기관임을 전제하고 있다. 그러나 금융위법은 증선위에 금융위 권한과는 별도의 독자적인 권한을 인정한다는 점에서(§19) 양자는 분업관계에 서는 것으로 평가할 수 있다. 금융위법에 양자의 상하관계를 명시한 규정은 없다. 그러나 굳이 상하관계를 따지자면 결국 금융위가 증선위의 상위기간으로 보는 것이 타당할 것이다. 그 근거로는 다음과 같은 규정을 들 수 있다. ① 증선위 위원장은 금융위원장의 지휘감독을 받는 금융위 부위원장이 겸임한다(§20(2)). ② 금융위는 금감원의 처분은 물론이고 증선위의 처분에 대해서도 그것이 "위법하거나 공익 보호 또는 예금자 등 금융수요자의 보호 측면에서 매우 부당하다고 인정"하는 때에는 그 처분의 전부 또는 일부를 취소하거나 그 집행을 정지시킬 수 있는 권한이 있다(§61(2)).

2. 금융위 · 증선위와 금감원과의 관계

금융위와 증선위는 금감원에 대한 관계에서는 상위기관임이 분명하다. 먼저 금융위는 금감원의 업무 · 운영 · 관리에 대한 지도 · 감독권을 갖고 있다(§18). 금감원장은 금융위가 요구하는 자료를 제출해야 하고(§58), 금융기관에 대한 검사결과와 조치사항을 금융위에 보고하여야 한다(§59). 금융위는 필요하다고 인정하는 경우 금감원의 업무 · 재산 및 회계관련 사항을 보고하게 하거나 그 업무, 재산상황, 장부, 서류 및 그 밖의 물건을 검사할 수 있다(§60). 또한 금융위는 금감원의 업무를 지도 · 감독하는데 필요한 명령을 할 수 있다(§61(1)).

금융위는 물론이고 증선위도 금감원에 대한 관계에서는 상위기관이다. 증선위도 금감원의 업무를 지시 · 감독하는 데 필요한 명령을 할 수 있으며(§61(1)), 자신의 업무에 관한 금감원의 처분이 위법하거나 심히 부당하다고 인정되는 때에는 그 처분의 전부 또는 일부를 취소하거나 그 집행을 정지시킬 수 있다(§61(3)). 또한 증선위도 금감원장에 대한 자료제출요구권이 있다(§58). 금융위 및 증선위는 자신의 권한의 일부를 하위기관인 금감원장에게 위탁할 수 있다(§71).

제2절 자본시장 관련기관

Ⅰ. 서설

자본시장에서는 실로 다양한 주체가 활동하고 있다. 자본시장이 성숙함에 따라 이들 주체의 다양성과 전문성은 날로 심화되고 있다. 물론 그중 가장 중요한 주체로는 투자자와 금융투자업자를 들어야 하겠으나 금융위를 비롯한 규제기관이나 금융투자상품거래에 관여하는 거래소, 예탁결제원 등도 자본시장의 중요한 인프라라고 할 수 있다. 자본시장법 제6편은 자본시장 인프라에 속하는 기관들을 특별히 금융투자업관계기관으로 규정하고 있다. 현재 금융투자업관계기관에는 한국금융투자협회('협회'), 예탁결제원, 청산회사, 증권금융회사, 신용평가회사, 종합금융회사, 자금중개회사, 단기금융회사, 명의개서대행회사, 금융투자관계단체가 포함된다(§9(17)). 이들 다양한 시장주체의 상당수에 대해서는 이미 앞서 언급한 바 있다. 이하에서는 금융투자업관계기관중 중요하다고 생각되는 일부 기관들을 간단히 언급하고자 한다.

Ⅱ. 한국금융투자협회

1. 의의

한국금융투자협회(협회)는 "금융투자업자 상호간의 업무질서 유지와 공정한 거래의 확립 그리고 투자자 보호와 금융투자업의 건전한 발전을 위한 회원조직으로서의 비영리특수법인"이다(§283(1), (2)).[7] 협회는 과거 업종별 3개 협회(한국증권업협회, 자산운용협회, 선물협회)가 통합된 조직으로 처음에는 증권회사 등을 회원으로 하여 자생적으로 성립된 임의적인 동업자단체에 불과했으나 자본시장법에서는 동시에 자율규제기능도 동시에 수행하고 있다.

2025년 10월 현재 회원은 정회원 399사, 준회원 152사, 특별회원 29사로 합계 580사이고 정회원은 증권회사 60사, 자산운용사 322사, 신탁회사 14사, 선물회

7) 협회에 대해서는 민법의 사단법인에 관한 규정이 준용된다(§283(4)).

사 3사로 구성된다.[8)]

2. 업무

협회의 업무에는 다음과 같은 것들이 포함된다(§286(1)).

① 회원 간의 건전한 영업질서 유지 및 투자자 보호를 위한 자율규제업무

② 회원의 영업행위와 관련된 분쟁의 자율조정에 관한 업무(당사자 신청이 있는 경우에 한함)

③ 투자권유자문인력 등 주요직무 종사자의 등록·관리업무

④ 비상장주권의 장외매매거래에 관한 업무

⑤ 금융투자업 관련제도의 조사·연구 및 투자자 교육에 관한 업무

⑥ 금융투자업관련 연수업무

자율규제와 관련하여 협회는 "금융투자회사의 영업 및 업무에 관한 규정"이나 "증권인수업무등에 관한 규정" 등의 업무규정을 통해서 영업질서유지 및 투자자 보호를 도모하고 있다. 자본시장법은 자율규제업무의 독립성을 확보하기 위하여 자율규제업무와 분쟁조정업무를 일반 협회업무와 분리된 별도의 조직에서 하도록 요구하고 있다(§286(2)). 협회는 이들 업무를 담당하는 조직으로 자율규제위원회를 설치하고 "사율규제위원회 운영 및 제재에 관한 규정"에 따라 이들 업무를 수행한다.

3. 감독

협회에 대한 일반적인 감독권은 금융위가 행사한다. 금융위는 협회나 협회의 임직원이 법령 또는 법령에 의한 행정관청의 처분 그리고 협회의 업무에 관한 규정에 위반한 경우에는 협회에 대한 업무정지, 그 임원의 해임요구 또는 직원의 면직 등의 조치를 취할 수 있다(§293(1), (3), 令§309(3)). 또한 금감원장은 금융투자업자에 대한 경우와 마찬가지로 협회에 대해서도 검사권을 갖는다(§§292, 419).

---

8) 금융투자협회 홈페이지(https://www.kofia.or.kr/member_status/m_15/sub0202.do)(2025. 10. 22. 확인).

Ⅲ. 한국예탁결제원

1. 의의

한국예탁결제원(Korea Securities Depository, KSD)은 "증권등의 집중예탁과 계좌 간 대체, 매매거래에 따른 결제업무 및 유통의 원활을 위하여" 설립된 자본시장법상의 특수법인이다(§294(1)).[9] 예탁결제원은 거래소가 약 70%를 출자하고 나머지를 증권회사를 비롯한 금융기관들이 출자한 기관으로 원칙적으로 상법상 주식회사로 보고 상법의 주식회사에 관한 규정을 준용한다(§300). 그러나 그 업무가 공적 성격이 강하다는 점에서 일반 주식회사와는 달리 금융위는 사장선임, 정관과 업무규정의 변경에 관한 승인권 등 다방면에서 감독권을 행사한다(§§ 299(2), 301(2), 305(1), 306, 307).

2. 업무

자본시장법은 예탁결제원의 업무를 ① 결제업무, ② 부수업무, ③ 겸영업무로 나누어 규정한다(§296). ① 결제업무에는 증권등의 집중예탁업무, 계좌 간 대체업무, 증권시장 밖에서의 증권등의 결제업무 등이 포함된다(§296(1)), ② 부수업무에는 증권등의 보호예수업무, 예탁증권등의 담보관리업무, 기타 금융위로부터 승인을 받은 업무 등이 포함된다(§296(2)). ③ 겸영업무에는 금융위 승인을 받은 업무와 자본시장법 또는 다른 법령에서 예탁결제원의 업무로 규정한 업무가 포함된다. 또한 예탁결제원은 전자증권법상 중앙등록기관으로 지정됨에 따라(§3(1)) 전자등록업무, 부수업무, 겸영업무를 수행한다(§14).

Ⅳ. 증권금융회사

1. 의의

자본시장에서 금융투자상품의 발행과 유통을 촉진하기 위해서는 거래를 위한 단기자금이 원활하게 제공될 필요가 있다. 증권금융회사는 금융투자업자가 은행으

9) 1974년 설립된 한국증권대체결제주식회사를 모태로 하며 증권예탁원(1994년), 증권예탁결제원(2005년)을 거쳐 2009년 현재의 모습으로 전환되었다.

로부터 차입하는 것이 여의치 않았던 우리 사정을 고려하여 그러한 금융을 담당하는 회사로 특별히 도입된 것이다. 자본시장법상 증권금융회사는 금융위의 인가를 받아야 하고(§324(1))[10] 인가를 받지 않고는 원칙적으로 증권금융업무를 영위할 수 없다(§323-21).[11] 현재 인가받은 증권금융회사로는 한국증권금융주식회사가 유일하다.

2. 업무

(1) 증권금융업무

자본시장법은 증권금융회사가 수행할 수 있는 증권금융업무를 다음과 같이 열거한다(§326(1)).

① 금융투자상품의 매도·매수, 증권의 발행·인수 또는 그 중개 등과 관련하여 투자매매업자 또는 투자중개업자에 대하여 필요한 자금 또는 증권을 대여하는 업무

② 거래소시장에서의 매매거래(다자간매매체결회사에서의 거래 포함)나 청산대상거래에 필요한 자금 또는 증권을 청산기관인 지정거래소나 청산회사를 통하여 대여하는 업무

③ 증권담보대출업무

④ 그 밖에 금융위의 승인을 얻은 업무

(2) 겸영업무

증권금융회사는 투자매매업 및 투자중개업 중 시행령으로 정한 업무,[12] 신탁업무, 증권대차업무 등을 겸영업무로 영위할 수 있다(§326(2)).

(3) 부수업무

증권금융회사는 증권금융업무, 겸영업무 또는 자금예탁을 받는 업무(§330)에

10) 증권금융회사가 아닌 자는 '증권금융' 또는 이와 유사한 명칭을 사용할 수 없다(§325). 증권금융회사는 인가요건을 유지할 의무를 진다(§324(9)).

11) 다만 투자자 보호 및 건전한 거래질서를 해할 우려가 없는 경우로서 시행령으로 정하는 경우는 제외한다(§323-21단서). 시행령은 투자매매업자 또는 투자중개업자인 증권회사가 증권금융업무인 자금 또는 증권의 대여나 증권담보대출을 하는 경우를 예외로 정한다(令§318-12).

12) 환매조건부매매 및 그 중개·주선 또는 대리업무 등이 열거되어 있다(令§320).

부수하는 업무로서 보호예수업무와 그 밖에 금융위의 승인을 받은 업무를 수행할 수 있다(§326(3)).

(4) 자금예탁을 받는 업무

자본시장법은 투자자 보호를 위하여 투자매매업자나 투자중개업자로 하여금 투자자예탁금을 고유재산과 구분하여 증권금융회사에 예치 또는 신탁하도록 하고 있다(§74(1)). 그리하여 자본시장법은 증권금융회사가 전술한 업무와는 별도로 금융투자업자, 거래소, 상장법인, 금융투자업자에 거래계좌를 개설한 자 등으로부터 자금의 예탁을 받을 수 있음을 명시한다(§330(1), 규칙§36(1)). 또한 증권금융회사는 이 업무를 위해서 필요한 경우에는 총리령이 정하는 방법에 따라 채무증서를 발행할 수 있다(§330(2)). 총리령은 그 방법을 "1년 이내에 만기가 도래하는 어음을 발행하는 방법"이라고 하고 있다(규칙§36(2)). 여기서 1년 내 만기의 어음에 의한 차입 및 금융투자업자 등으로부터의 자금의 예탁과 관련하여 증권금융회사가 은행업을 영위하는 것인지 여부가 문제될 수 있다.[13] 이러한 우려를 없애기 위하여 자본시장법은 증권금융회사에 대하여 한국은행법과 은행법의 적용을 배제하고 있다(§330(3)).

3. 감독

금융위는 증권금융회사의 인가(§324(1)), 인가취소(§335(1)), 업무폐지나 해산의 승인(§332(1))에 대한 권한을 갖고 증권금융회사로부터 정관변경이나 규정의 제정·변경·폐지에 대한 보고하여야 한다(§333). 또한 금융위는 증권금융회사나 그 임원 또는 직원이 법령 또는 법령에 의한 행정관청의 처분 그리고 증권금융회사의 업무에 관한 규정에 위반한 경우에는 증권금융회사에 대한 업무정지, 당해 임원의 해임 요구 또는 직원의 면직 요구 등의 조치를 취할 수 있다(§335(2)-(4)).

금감원장은 금융투자업자에 대한 경우와 마찬가지로 증권금융회사에 대해서도 검사권을 가진다(§§334, 419).

---

13) 은행법은 "예금을 받거나 유가증권 또는 그 밖의 채무증서를 발행하여 불특정 다수인으로부터 채무를 부담함으로써 조달한 자금을 대출하는 것을 업으로 하는 것"을 은행업으로 정의하고 있는데(§2(1)(i)) 증권금융회사는 자금의 예탁을 받거나 어음을 발행하여 불특정다수인으로부터 조달한 자금으로 증권담보대출을 행하기 때문이다.

Ⅳ. 기타의 기관

1. 종합금융회사 · 자금중개회사 · 단기금융회사

종합금융회사 · 자금중개회사 · 단기금융회사는 모두 舊종합금융회사에 관한 법률이 규정하는 금융기관이었다. 종합금융회사는 증권의 매매 · 중개 · 인수 · 투자 등 금융투자업과 함께 어음관리계좌 등 수신업무도 함께 수행하는 금융회사였고, 자금중개회사는 금융기관 간 자금거래의 중개를, 그리고 단기금융회사는 1년 이내에 만기가 도래하는 어음의 발행 · 할인 · 매매 등을 영위하는 금융회사였다. 舊종합금융회사에 관한 법률은 자본시장법의 시행과 함께 자본시장법에 흡수통합되어 폐지되었고[14] 이들 회사가 영위하는 업무 중 금융투자업에 해당하지 않는 업무에 대한 별도의 업규제는 제6편 금융투자업관계기관에서 규정하고 있다(종합금융회사(§336이하), 자금중개회사(§355이하), 단기금융회사(§360이하)).

2. 명의개서대행회사

주식 등 증권을 보유하는 권리자의 수가 늘어나면 발행회사와 이들과의 관계를 처리하는 업무가 커다란 부담이 될 수 있다. 회사와 계약으로 이러한 업무를 대신 처리해 주는 업무를 영위하는 회사가 바로 명의개서대행회사이다. 명의개서대행회사는 증권보유자의 권리를 위하여 중요한 기능을 수행하므로 금융위에 등록하도록 하고 있다(§365(1)).[15] 명의개서대행회사는 명의개서의 대행 외에 배당 · 이자 및 상환금의 지급대행업무와 증권발행대행업무를 영위할 수 있다(§366).[16] 명의개서대행회사도 다른 금융투자업관계기관과 마찬가지로 각종 감독규정의 적용을 받고 있다(§§367-369).

3. 금융투자관계단체

투자자 보호와 건전한 거래질서를 위하여 투자자, 주권상장법인, 투자권유대행

14) 부칙 §2(v)(2007.8.3.).

15) 명의개서대행회사가 되기 위해서는 전자등록기관 또는 전국적인 점포망을 갖춘 은행으로서 일정한 요건을 갖추어야 한다(§365(2)).

16) 현재 전자등록기관인 예탁결제원과 일부 은행들이 이 업무를 영위하고 있다.

인, 주요직무종사자 등이 단체를 설립하고자 하는 경우 금융위 허가를 받아야 한다(§370(1), 令§353(1)).[17] 금융위나 금감원은 검사권, 업무정지명령권 등으로 이들 단체들을 감독할 수 있다(§§371, 372). 이들 규정은 투자자들이 자신들의 이익보호를 위하여 단체를 결성하는 것을 제약하는 면이 있다. 이는 자기책임원칙에 따른 투자결과를 수용하지 않고 무리한 요구를 내세우는 일부 극성스런 투자자들의 집단행동을 우려한 규제로 판단된다. 그러나 투자자들이 자신의 이익을 위해서 단체를 결성하는 것 자체를 허가사항으로 한 것은 헌법상 결사의 자유에 대한 본질적인 침해로 볼 여지가 있을 것이다.

4. 코스콤

코스콤주식회사(구 한국증권전산주식회사)는 자본시장법상 기관은 아니나 거래소, 금융투자업자의 증권전산업무를 담당하고 있는 상법상의 주식회사이다. 수행하는 업무는 공동온라인시스템과 매매체결시스템의 운영업무, 시세 등 정보제공업무이다.

17) 거짓 또는 부정한 방법으로 이러한 허가를 취득하면 1억원 이하의 과태료에 처한다(§449(1)(xlviii)).

판례색인

대법원 1980. 12. 23. 선고 79다2156 판결 ········· 499
대법원 1991. 1. 11. 선고 90다카16006 판결 ········· 505
대법원 1992. 6. 23. 선고 91다33070 전원합의체 판결 ········· 194
대법원 1993. 5. 14. 선고 93도344 판결 ········· 327
대법원 1993. 12. 21. 선고 93다30402 판결 ········· 383
대법원 1993. 12. 28. 선고 93다26632(병합) 판결 ········· 460, 461
대법원 1994. 1. 11. 선고 93다26205 판결 ········· 479, 499
대법원 1994. 4. 26. 선고 93도695 판결 ········· 318
대법원 1994. 4. 29. 선고 94다2688 판결 ········· 462
대법원 1994. 9. 9. 선고 93다40256 판결 ········· 461
대법원 1995. 6. 29. 선고 95도467 판결 ········· 319, 320, 412
대법원 1995. 6. 30. 선고 94도2792 판결 ········· 318
대법원 1995. 11. 21. 선고 94도1598 판결 ········· 461, 463
대법원 1996. 8. 23. 선고 94다38199 판결 ········· 499
대법원 1996. 8. 23. 선고 95다33450 판결 ········· 198
대법원 1997. 2. 14. 선고 95다19140 판결 ········· 499
대법원 1997. 4. 22. 선고 96도3393 판결 ········· 66
대법원 1997. 9. 12. 선고 96다41991 판결 ········· 177, 205
대법원 1998. 10. 27. 선고 97다47989 판결 ········· 498
대법원 1999. 3. 23. 선고 99다4405 판결 ········· 499
대법원 1999. 5. 11. 선고 98다59842 판결 ········· 488
대법원 1999. 10. 22. 선고 97다26555 판결 ········· 381
대법원 2000. 11. 24. 선고 2000도2827 판결 ········· 319
대법원 2001. 1. 19. 선고 2000도4444 판결 ········· 387
대법원 2001. 4. 13. 선고 2001다635 판결 ········· 463
대법원 2001. 4. 24. 선고 99다30718 판결 ········· 497, 499
대법원 2001. 5. 15. 선고 2001다12973 판결 ········· 225
대법원 2001. 6. 26. 선고 99도2282 판결 ········· 368, 369
대법원 2001. 10. 12. 선고 2000다28537 판결 ········· 496
대법원 2001. 11. 27. 선고 2001도3567 판결 ········· 365

대법원 2002. 1. 25. 선고 2000도90 판결 310
대법원 2002. 6. 11. 선고 2000도357 판결 63
대법원 2002. 7. 22. 선고 2002도1696 판결 234
대법원 2002. 9. 24. 선고 2001다9311(병합) 판결 145, 190, 191
대법원 2002. 10. 11. 선고 2002다38521 판결 205
대법원 2002. 11. 26. 선고 2002도4561 판결 387
대법원 2002. 12. 16. 선고 2000다56952 판결 462
대법원 2002. 12. 26. 선고 2000다23440 판결 383
대법원 2002. 12. 26. 선고 2000다56952 판결 499
대법원 2003. 1. 24. 선고 2001다2129 판결 490
대법원 2003. 4. 11. 선고 2003도739 판결 109
대법원 2003. 7. 25. 선고 2002다46515 판결 487
대법원 2003. 11. 14. 선고 2003도686 판결 311, 391, 394
대법원 2004. 1. 16.자 2003마1499 결정 447
대법원 2004. 2. 12. 선고 2002다69327 판결 346, 347
대법원 2004. 2. 13. 선고 2001다36580 판결 347
대법원 2004. 2. 13. 선고 2003도7554 판결 105
대법원 2004. 3. 26. 선고 2003도7112 판결 319
대법원 2004. 5. 28. 선고 2003다60396 판결 346
대법원 2004. 5. 28. 선고 2003다69607(병합) 판결 331, 382, 383
대법원 2004. 7. 9. 선고 2003도5831 판결 364
대법원 2004. 10. 28. 선고 2002도3131 판결 375
대법원 2005. 3. 24. 선고 2004도8963 판결 233
대법원 2005. 3. 25. 선고 2004다30040 판결 340
대법원 2005. 5. 27. 선고 2004다33261(병합) 판결 463
대법원 2005. 9. 30. 선고 2003두9053 판결 101, 102
대법원 2005. 10. 13. 선고 2003다24147 판결 212
대법원 2006. 2. 9. 선고 2005도8652 판결 241, 392
대법원 2006. 4. 14. 선고 2003도6759 판결 387
대법원 2006. 5. 11. 선고 2003다51057 판결 480, 486, 488
대법원 2006. 5. 11. 선고 2003도4320 판결 321
대법원 2006. 6. 29. 선고 2005다49799 판결 489
대법원 2006. 10. 26. 선고 2006도5147 판결 180
대법원 2007. 7. 26. 선고 2007도4716 판결 319
대법원 2007. 9. 20. 선고 2006두11590 판결 182

대법원 2007. 9. 21. 선고 2006다81981 판결 ··· 193, 203
대법원 2007. 9. 21. 선고 2006다81981 판결 ··· 211, 212
대법원 2007. 10. 25. 선고 2006다16758(병합) 판결 ··· 193, 196, 198, 205, 209, 212
대법원 2007. 11. 15. 선고 2007다1753 판결 ··· 446
대법원 2007. 11. 29. 선고 2005다64552 판결 ··· 499
대법원 2007. 11. 29. 선고 2006도119 판결 ··· 71
대법원 2007. 11. 29. 선고 2007도7471 판결 ··· 367, 369
대법원 2007. 11. 30. 선고 2007다24459 판결 ··· 340
대법원 2008. 2. 28. 선고 2007두13791·13807 판결 ··· 417
대법원 2008. 3. 13. 선고 2006다73218 판결 ··· 340
대법원 2008. 5. 15. 선고 2007도11145 판결 ··· 395
대법원 2008. 7. 10. 선고 2008다23637(병합) 판결 ··· 124
대법원 2008. 11. 7. 선고 2008도6219 판결 ··· 318, 323
대법원 2008. 12. 11. 선고 2006도2718 판결 ··· 366, 367
대법원 2009. 4. 9. 선고 2009도321 판결 ··· 326
대법원 2009. 12. 10. 선고 2008도6953 판결 ··· 310
대법원 2010. 1. 25. 선고 2007다16007 판결 ··· 120, 182
대법원 2010. 2. 25. 선고 2009도4662 판결 ··· 318
대법원 2010. 4. 15. 선고 2009도11265 판결 ··· 319
대법원 2010. 5. 13. 선고 2007도9769 판결 ··· 306, 319
대법원 2010. 7. 22. 선고 2009다40547 판결 ··· 498
대법원 2010. 11. 11. 선고 2010다55699 판결 ··· 80, 484
대법원 2010. 12. 9. 선고 2009도6411 판결 ··· 391, 394
대법원 2011. 3. 10. 선고 2008도6335 판결 ··· 387, 391, 393, 395
대법원 2011. 3. 10. 선고 2010다84420 판결 ··· 342
대법원 2011. 7. 28. 선고 2008도5399 판결 ··· 234
대법원 2011. 7. 28. 선고 2010다76368 판결 ··· 490
대법원 2011. 10. 27. 선고 2011도8109 판결 ··· 388, 390
대법원 2012. 1. 12. 선고 2011다80203 판결 ··· 198, 348
대법원 2012. 2. 9. 선고 2011도14248 판결 ··· 327
대법원 2012. 3. 29. 선고 2011도17097 판결 ··· 511
대법원 2012. 7. 12. 선고 2012도1751 판결 ··· 375
대법원 2012. 8. 23. 선고 2011도14045 판결 ··· 152
대법원 2012. 10. 11. 선고 2010도2986 판결 ··· 68
대법원 2012. 11. 29. 선고 2012도1745 판결 ··· 366

대법원 2012. 12. 13. 선고 2010다77743 판결 ······ 210
대법원 2013. 7. 11. 선고 2011도15056 판결 ······ 363
대법원 2013. 8. 22. 선고 2013도4843 판결 ······ 390
대법원 2013. 9. 26. 선고 2011다53683·53690 전원합의체 판결 ······ 491
대법원 2013. 9. 26. 선고 2013도5214 판결 ······ 363
대법원 2014. 1. 16. 선고 2013도8700 판결 ······ 388
대법원 2014. 1. 16. 선고 2013도9933 판결 ······ 358
대법원 2014. 2. 27. 선고 2011도9457 판결 ······ 306, 311
대법원 2014. 12. 24. 선고 2013다76253 판결 ······ 181, 191
대법원 2015. 1. 29. 선고 2013다217498 판결 ······ 480
대법원 2015. 1. 29. 선고 2014다207283 판결 ······ 208
대법원 2015. 3. 26. 선고 2014다214588(본소)·214595(반소) 판결 ······ 148
대법원 2015. 4. 9.자 2013마1052 결정 ······ 389
대법원 2015. 5. 14. 선고 2013다2757 판결 ······ 384, 386
대법원 2015. 6. 11. 선고 2014도11280 판결 ······ 374, 375, 376
대법원 2015. 9. 10. 선고 2012도9660 판결 ······ 44
대법원 2015. 11. 27. 선고 2013다211032 판결 ······ 177
대법원 2015. 12. 10. 선고 2012다16063 판결 ······ 179
대법원 2015. 12. 23. 선고 2013다88447 판결 ······ 120, 179, 190
대법원 2015. 12. 23. 선고 2015다222852 판결 ······ 185
대법원 2016. 2. 18. 선고 2014두36259 판결 ······ 180
대법원 2016. 3. 10. 선고 2013다 7264 판결 ······ 379
대법원 2016. 3. 24. 선고 2013다210374 판결 ······ 344, 346
대법원 2016. 8. 24. 선고 2016다222453 판결 ······ 338
대법원 2016. 8. 29. 선고 2016도6297 판결 ······ 391, 392
대법원 2016. 11. 4.자 2015마4027 결정 ······ 216, 218, 219
대법원 2016. 12. 15. 선고 2015다243163 판결 ······ 206, 209
대법원 2017. 1. 12. 선고 2016도10313 판결 ······ 312, 322, 323
대법원 2017. 1. 12. 선고 2016도16351 판결 ······ 392
대법원 2017. 1. 25. 선고 2014도11775 판결 ······ 307, 314, 322, 337
대법원 2017. 3. 23. 선고 2015다248342 전원합의체 판결 ······ 225
대법원 2017. 3. 30. 선고 2014도6910 판결 ······ 317, 389, 396
대법원 2017. 4. 7. 선고 2015도760 판결 ······ 317, 397
대법원 2017. 5. 17. 선고 2017도1616 판결 ······ 303
대법원 2017. 5. 30. 선고 2015두48884 판결 ······ 417

대법원 2017. 10. 31. 선고 2015도8342 판결 ······ 309, 337
대법원 2017. 12. 5. 선고 2014도14924 판결 ······ 495
대법원 2018. 4. 12. 선고 2013도6962 판결 ······ 327, 368, 369, 389
대법원 2018. 6. 28. 선고 2018도2475 판결 ······ 394
대법원 2018. 7. 5.자 2017마5883 결정 ······ 218
대법원 2018. 7. 12. 선고 2016도2922 판결 ······ 390
대법원 2018. 8. 1. 선고 2015두2994 판결 ······ 180
대법원 2018. 9. 13. 선고 2018다241403 판결 ······ 383
대법원 2018. 9. 28. 선고 2015다69853 판결 ······ 490
대법원 2018. 12. 13. 선고 2018도13689 판결 ······ 180
대법원 2019. 6. 13. 선고 2018다258562 판결 ······ 512
대법원 2019. 7. 11. 선고 2017도9087 판결 ······ 310
대법원 2019. 9. 2. 선고 2019다234976 판결 ······ 340
대법원 2019. 12. 12. 선고 2016다243405 판결 ······ 442
대법원 2020. 2. 6. 선고 2019도15510 판결 ······ 387
대법원 2020. 2. 27. 선고 2016두30750 판결 ······ 146, 174
대법원 2020. 2. 27. 선고 2019다223747 판결 ······ 180, 197, 198
대법원 2020. 7. 9. 선고 2016다268848 판결 ······ 183
대법원 2020. 10. 29. 선고 2017도18164 판결 ······ 324, 325
대법원 2021. 3. 25. 선고 2016도14165 판결 ······ 304
대법원 2022. 1. 13. 선고 2021도11110 판결 ······ 237, 326
대법원 2022. 2. 1. 선고 2021두50215 판결 ······ 416
대법원 2022. 5. 26. 선고 2018도13864 판결 ······ 317, 395
대법원 2022. 7. 28. 선고 2019다202146 판결 ······ 184, 203, 211, 212
대법원 2022. 9. 7. 선고 2022다228056 판결 ······ 210
대법원 2022. 10. 27. 선고 2018도4413 판결 ······ 71
대법원 2022. 11. 30. 선고 2017다841 판결 ······ 199
대법원 2012. 12. 13. 선고 2012다75345 판결 ······ 192
대법원 2023. 8. 31. 선고 2022다253724 판결 ······ 343
대법원 2024. 5. 9. 선고 2020다202616 판결 ······ 345, 346
대법원 2024. 5. 30. 선고 2019도12887 판결 ······ 389, 391, 392
대법원 2024. 7. 25. 선고 2021다269418(병합) 판결 ······ 206

부산고등법원 1994. 12. 30. 선고 93나9408 판결(확정) ······ 463
서울고등법원 1993. 6. 22. 선고 92나61760 판결 ······ 463

서울고등법원 2001. 5. 18. 선고 2000나22272 판결(확정) ························ 341, 345
서울고등법원 2003. 9. 19. 선고 2003노1458 판결 ························ 369
서울고등법원 2005. 10. 19. 선고 2005노1123 판결 ························ 370
서울고등법원 2006. 5. 25. 선고 2006노252 판결(확정) ························ 180
서울고등법원 2006. 11. 3. 선고 2005나50043 판결(확정) ························ 212
서울고등법원 2007. 11. 29. 선고 2006나101207 판결(확정) ························ 339
서울고등법원 2008. 6. 4. 선고 2008노145 판결 ························ 392
서울고등법원 2008. 9. 12. 선고 2006나43240 판결(확정) ························ 124
서울고등법원 2008. 9. 26. 선고 2007나107783(병합) 판결 ························ 213
서울고등법원 2009. 2. 5. 선고 2008노210 판결 ························ 392
서울고등법원 2010. 8. 6. 선고 2010노565 판결 ························ 370
서울고등법원 2011. 6. 9. 선고 2010노3160 판결(확정) ························ 387, 389
서울고등법원 2011. 7. 8. 선고 2011노441 판결(확정) ························ 305, 306, 311
서울고등법원 2012. 1. 12. 선고 2011노2441 판결 ························ 375
서울고등법원 2012. 1. 13 선고 2011노433 판결 ························ 368, 370
서울고등법원 2012. 11. 1. 선고 2011나104712 판결(확정) ························ 379, 384
서울고등법원 2012. 7. 26. 선고 2012나2165 판결 ························ 192
서울고등법원 2013. 4. 5. 선고 2012노3521 판결(확정) ························ 388
서울고등법원 2013. 10. 16. 선고 2012나105927 판결(확정) ························ 490
서울고등법원 2013. 10. 16. 선고 2012나80103 판결 ························ 191
서울고등법원 2015. 1. 21. 선고 2014누52697 판결(확정) ························ 357
서울고등법원 2015. 7. 3. 선고 2015나10433 판결(확정) ························ 489
서울고등법원 2015. 11. 4. 선고 2015노1846 판결(확정) ························ 364
서울고등법원 2015. 12. 18. 선고 2014나60608 판결(확정) ························ 491
서울고등법원 2016. 3. 31. 선고 2016나2001951 판결 ························ 185
서울고등법원 2016. 4. 15. 선고 2014나2000572 판결(확정) ························ 183, 186
서울고등법원 2016. 11. 24. 선고 2014나2004505 판결 ························ 188, 192
서울고등법원 2016. 11. 29. 선고 2016노1769 판결 ························ 357
서울고등법원 2018. 2. 9. 선고 2017나2023996 판결 ························ 383
서울고등법원 2018. 9. 6. 선고 2018노488 판결 ························ 371
서울고등법원 2019. 9. 18. 선고 2019라20295 결정(확정) ························ 442
서울고등법원 2020. 10. 7. 선고 2020누39589 판결(확정) ························ 187
서울고등법원 2021. 8. 10. 선고 2021노345 판결 ························ 326
서울고등법원 2021. 8. 18. 선고 2020누62077 판결 ························ 416
서울고등법원 2021. 12. 8. 선고 2021나2010775 판결 ························ 461

서울고등법원 2023. 1. 13. 선고 2021나2046187 판결 ····· 94
서울고등법원 2023. 2. 3. 선고 2022나2011034 판결 ····· 447
서울고등법원 2025. 2. 3. 선고 2024노635 판결 ····· 377, 388

부산지방법원 2015. 3. 25.자 2015카합10128 결정 ····· 232
부산지방법원 서부지원 2024. 9. 25. 선고 2023가합101955 판결 ····· 246
서울남부지방법원 2011. 3. 8.자 2011카합113 결정 ····· 444
서울남부지방법원 2011. 4. 28. 선고 2010노2044 판결 ····· 72
서울남부지방법원 2014. 1. 17. 선고 2011가합18490 판결 ····· 182, 183, 190
서울남부지방법원 2016. 9. 9. 선고 2015고합324·419(병합) 판결 ····· 356, 357, 358
서울남부지방법원 2016. 9. 29. 선고 2016노1078 판결 ····· 388
서울남부지방법원 2019. 4. 10. 선고 2018고단3255 판결 ····· 416
서울남부지방법원 2019. 8. 16. 선고 2019가합102469 판결(확정) ····· 447
서울남부지방법원 2020. 3. 25. 선고 2019가단225099 판결 ····· 56
서울남부지방법원 2021. 8. 18.자 2021카합20258 결정(확정) ····· 447
서울남부지방법원 2022. 9. 6. 선고 2021가합103762 판결(항소중) ····· 484
서울남부지방법원 2025. 10. 21. 선고 2023고합481(병합) 판결 ····· 335, 373, 374, 376, 423
서울동부지방법원 2016. 9. 22. 선고 2015가합3059 판결 ····· 343
서울동부지방법원 2021. 4. 27.자 2021카합10114 결정 ····· 242
서울중앙지방법원 2005. 4. 28. 선고 2005고합65 판결 ····· 392
서울중앙지방법원 2007. 12. 26. 선고 2007노3274 판결 ····· 303
서울중앙지방법원 2008. 2. 1. 선고 2007고합71 판결 ····· 387
서울중앙지방법원 2008. 6. 20. 선고 2007가합90062 판결 ····· 342
서울중앙지방법원 2008. 12. 30.자 2008카합3816 결정 ····· 483
서울중앙지방법원 2010. 3. 17.자 2010카합521 결정 ····· 230, 243
서울중앙지방법원 2011. 9. 22. 선고 2011고합268 판결 ····· 392
서울중앙지방법원 2011. 11. 24. 선고 2010가합51302 판결 ····· 385
서울중앙지방법원 2012. 12. 7. 선고 2012가합32893 판결 ····· 290
서울중앙지방법원 2013. 1. 17. 선고 2011가합71808 판결 ····· 489
서울중앙지방법원 2013. 9. 27. 선고 2013노2064 판결(확정) ····· 326, 337
서울중앙지방법원 2013. 10. 16. 선고 2011가합56779 판결 ····· 183
서울중앙지방법원 2014. 2. 14. 선고 2012가합501894 판결 ····· 185, 186, 189
서울중앙지방법원 2015. 8. 6. 선고 2011고단3426 판결 ····· 385
서울중앙지방법원 2020. 3. 24.자 2020카합20509 결정 ····· 247

서울중앙지방법원 2021. 2. 4. 선고 2016가합541234 판결 ········· 204
서울중앙지방법원 2023. 3. 30.자 2023카합20252 결정 ········· 239
서울중앙지방법원 2024. 10. 2.자 2024카합21412 결정 ········· 274
서울지방법원 1998. 8. 27. 선고 98노1312 판결 ········· 322
서울지방법원 2000. 6. 30. 선고 98가합114034 판결 ········· 199
서울지방법원 2001. 1. 17. 선고 99노11300 판결 ········· 361
서울지방법원 2002. 1. 23. 선고 2001고단10894 판결 ········· 303
서울지방법원 2003. 10. 20.자 2003카합3224 결정 ········· 230
서울지방법원 남부지원 1994. 5. 6. 선고 92가합11689 판결 ········· 188, 330, 331
서울행정법원 2008. 9. 5. 선고 2008구합23276 판결 ········· 239, 248
서울행정법원 2015. 2. 5. 선고 2013구합65090 판결 ········· 174
서울행정법원 2021. 6. 18. 선고 2020구합60079 판결(확정) ········· 413
수원지방법원 2007. 8. 10. 선고 2007고단2168 판결 ········· 303
수원지방법원 2008. 7. 30. 선고 2008노1134 판결 ········· 303
수원지방법원 2014. 11. 28.자 2014가합10151 결정 ········· 246
수원지방법원 성남지원 2018. 9. 20. 선고 2018카합50333 결정 ········· 234
수원지방법원 안산지원 2021. 11. 18. 선고 2020가합13226 판결 ········· 290
의정부지방법원 고양지원 2021. 9. 10. 선고 2019가단78506 판결 ········· 56

헌법재판소 1996. 10. 4. 선고 94헌가8 결정 ········· 196
헌법재판소 1997. 3. 27. 선고 94헌바24 결정 ········· 296
헌법재판소 2002. 12. 18. 선고 99헌바105(병합) 결정 ········· 338
헌법재판소 2003. 12. 18. 선고 2002헌가23 결정 ········· 208
헌법재판소 2005. 2. 24. 선고 2004헌마442 전원재판부 결정 ········· 446
헌법재판소 2017. 5. 25. 선고 2014헌바459 전원재판부 결정 ········· 494, 495, 496
헌법재판소 2017. 6. 29. 선고 2015헌바376 결정 ········· 198
헌법재판소 2021. 5. 27. 선고 2019헌바332 전원재판부 결정 ········· 447
헌법재판소 2022. 9. 29. 선고 2019헌바416 결정 ········· 525

사항색인

ㄱ
가격우선의 원칙 467
가상자산 52
가장매매 364
간이투자설명서 131
간접금융시장 2
감사보고서 182
감사인 184
강제공시 5, 7
개별경쟁매매 467
거래소 434
거래소시장 431
거래소집중의무 504
거래인과관계 193, 204
거래확인 470
건전성규제 516
결제 471
결제업무 531
경영건전성 517
경영권 프리미엄 346
경영권방어 274
경영권영향목적 238
경쟁대량매매 468
경쟁대량매매주문 466
경쟁매매시장 466
경제적 합리성 369
고객숙지의무 482
고빈도거래 371
고정목적 375
공개매수 249
공개매수사무취급자 264
공개매수설명서 268
공개매수신고서 265
공개매수에 관한 특칙 332
공개매수예정자 333
공개매수정보 333
공동보유자 229
공동사업 37, 54
공매도 400
공모 84, 95
공시규제 5
공시번복 168
공시변경 168
공시불이행 168
공정공시 165
과당매매 507
과실상계 197
과실연계 파생결합증권 47
관리종목지정 445
관리형신탁 25
교환공개매수 250
국내예탁증권 34
국채 107
국채증권 29
규모과장거래 366
금융감독원 526
금융소비자 80
금융시장 2
금융위원회 523
금융투자상품 21

금융투자상품거래 457
금융투자상품시장 425, 431
금융투자업 61
금전신탁 74
기능별규제체제 10
기업공개(IPO) 84, 141
기업실사 142
기업어음 29
기업어음증권 31
기업인수 223
기초자산 39

ㄴ
내부자 297, 302
내부자거래 293
내부자거래 사전공시제도 350
내부정보 313
내부정보의 이용 321
내부주문집행 426
내부통제 203, 418, 520
내부통제시스템 203
내용규제 6
냉각기간 243
네팅(netting) 470

ㄷ
다자간 네팅 470
다자간거래시스템 429
다자간매매체결회사 448
단기금융회사 534
단기매매 340
단순투자목적 239
단정적 판단 488, 494
대량매매 468
대량보유보고제도 224
대량보유자 228
대량취득예정자 336
대량취득정보 336
대리업무 66
대상정보 312
대상증권 334
대상행위 178
대체거래시스템 429
대체결제 471
대체불가능토큰 58
대표당사자 217
대표주관회사 93
대항매수 335
델타헤지 385
도박 42
동반매각청구권 230
동반매도참여권 230
디지털자산 52
딜러 dealer 427

ㄹ
로보어드바이저 72
리니언시제도 423

ㅁ
매도의 압력 252
매매거래계좌 설정계약 460
매매거래의 중단 469
매매단위 466
매매업 62
매매주문 461
매매형태의 명시의무 503
매출 96
매출인 188
명의개서대행회사 534

모집 96
모집주선 64, 93
목표가주문 466
무차입공매도 401
문지기 91
미공개성 319
미공개중요정보 312
미공개중요정보이용행위 293

ㅂ
반기보고서 151, 157
반진실표시 178
발판매수 334
발행시장 3
발행실적보고서 137
발행업 63
발행인 115
발행주선업무 66
벤처투자조합 33
변경보고 243
변동보고 242
별도매수 337
부당권유행위의 금지 493
부실감사 184
부정거래행위 386
부정유용이론 301
부정한 수단 387
분기보고서 151, 157
불건전영업행위 192, 505
불공정거래규제 8, 293
불성실공시 168
불완전증권 28
불초청권유 495
브로커 426
비경영권영향목적 239
비트코인 53

ㅅ
사건연구 208, 382
사기에 의한 시장형성이론 194
사모 84
사설거래시스템 429
사실상의 영향력 228
사업보고서 151, 153
사채권 29
상당한 주의 191, 202
상장 440
상장규정 441
상장법인특례규정 13
상장예비심사 142
상장절차 442
상장주선인 443
상장폐지 445
상품숙지의무 482
선도 40, 42
선도거래 40
선물 40
선행매매 315
설명의무 486
소액공모 109
소액매출 112
소액투자중개업자 67
소프트정보 119
손실보전 497
손해인과관계 193, 206
수시공시 158
수요예측 142, 144
수익증권 27, 34
수직적 공동성 37
수평적 공동성 37

스마트계약 58, 67
스왑 40, 42
스왑거래 41
스캘핑 316, 396
스테이블 코인 53
스톡옵션 26, 171
시간우선의 원칙 467
시세변동거래 367
시세의 고정 또는 안정 373
시세조종 359
시장가주문 465
시장감시 438
시장감시위원회 419
시장거래 457
시장남용행위 409
시장에 대한 사기 193
시장에 대한 사기이론 204
시장정보 314
시장조성 145
시장조성자 427
시장질서교란행위 409
신용연계증권(CLN) 46
신의칙상의 고객보호의무 479
신인의무이론 300
신주인수권증권 32
신주인수권증서 32
신탁업 61, 74
실물자산 48

ㅇ

악의의 항변 193
안정목적 375
안정조작 373
알고리즘 거래 371
암호자산 52
양도성 예금증서 25
양자간 네팅 470
업무관련성 313
업자규제 8
업종별규제체제 10
연결재무제표 156
연계시세조종 378
연고자 101
영업용순자본비율 517
영업행위규제 477
예비투자설명서 130, 131
예측정보 119, 156, 200
예탁제도 471
오인목적 365
오인표시 178
온라인소액투자중개 114
옵션 27, 40, 42
외국금융투자업자 75
외국예탁증권 34
외부자 297, 311
외부정보 314
워런트 32
원(原)내부자 302
위계의 사용 394
위임장권유 278, 281
위임장서류 286
위임장용지 286
위장거래 362
위탁매매계약 460
위탁매매업무 64
위탁수수료 468
위탁증거금 468
위험감수능력 78
위험관리 520
유가증권 21

유가증권시장 432
유동성공급자 417
유사투자자문업자 71
유인목적 368
유통시장 3
유통시장공시 149
응원매수 335
의무보유 444
이사의 경영진단 및 분석의견 155
이상거래 419
이익보장 497
이해상충방지의무 502
인수 63
인수계약 146
인수단계약 146
인수업 63
인수인 186, 189
일괄신고 134
일반상품 43
일반투자목적 239
일반투자자 78
일임매매 73, 507
임원보수 154
임원주주소유상황보고 348
임의매매 463, 505

ㅈ
자가생성정보 316
자금중개회사 534
자기계약의 금지 504
자기매매업자 427
자기상장 439
자기주식 171
자동매매 프로그램 71
자본시장 2
자본시장특별사법경찰 424
자산유동화 69
자율공시 167
자율규제 161
자전거래 468
자진신고자 감면제도 423
잔액인수 92
장내시장 432
장내파생상품 45
장외시장 432, 433, 452
장외파생상품 45
재무건전성 517
재해연계증권(CAT bond) 46
적격기관투자자 114
적대적 기업인수 223
적용면제거래 109
적용면제증권 107
적용제한증권 28
적정성원칙 486
적합성원칙 481
전매가능성 102
전매제한조치 102
전문가 101
전문정보 192
전문투자자 78
전자공시 138, 151
전자등록 472
정기공시 151
정보보유자 302
정보비대칭 295
정보생산자 311
정보수령자 302, 308
정보의 비대칭 2, 4
정보제공자 302
정보평등이론 299

정정신고서 125
조각투자 50
조건부자본증권 30, 47
조건부지정가주문 465
종합금융회사 534
주가관리 360
주가연계증권(ELS) 46
주가조작 359
주권 32
주문정보 506
주문중심시장 428
주선인 187, 189
주식대차 235
주식매수선택권 23, 26, 32, 171
주식워런트증권(ELW) 46, 48
주식처분명령 277
주요경영사항 162
주요사항보고서 159
주요주주 304
주주행동주의 226, 279, 283
주지기간 320
준(準)내부자 302
준법감시인 520
중개업무 65
중개인 426
중앙은행 디지털화폐 53
중앙청산기관 470
중요사항 179
중요성 179
증권 26
증권관련집단소송법 214
증권금융회사 531
증권선물위원회 526
증권시장 2, 425, 431
증권신고서 116, 122
증권예탁증권 27, 34
증권의 무권화 471
증권의 부동화 471
지방채 107
지방채증권 29
지분증권 27, 31
지정가주문 465
직무관련성 303
직접금융시장 2
진입규제 511
집중예탁업무 531
집합투자 67
집합투자업 61, 67
집합투자증권 39

ㅊ

차액(또는 현금)결제 23
차액설 194, 382
차입공매도 401
참조방식 121
채무증권 27, 28
책무구조도 520
처분명령 247
청산 470
청약 104
청약의 권유 104, 139
총수익스왑계약 234
총액인수 92
최선집행의무 504
최우선지정가주문 466
최유리지정가주문 465
출자지분 31

ㅋ

코넥스시장 432

코스닥시장 432
코스콤 535
코인 53

ㅌ
타법펀드 69
토큰 53
통정매매 363
통화선도계약 45
투자계약증권 27, 35, 50
투자광고 500
투자권유 480
투자매매업 61, 62
투자매매업자 427
투자설명서 128
투자성 24
투자일임업 61, 73
투자자 77
투자자문업 61, 70
투자중개업 61, 64
특별관계자 228
특수관계인 228
특수채 108
특수채증권 29
특수한 매매 468

ㅍ
파생결합증권 27, 46
파생상품 39
파생상품시장 425, 431
판매단계약 146
폐쇄회사化 251
포이즌필 254
풍문의 유포 394

ㅎ
한국금융투자협회 529
한국예탁결제원 531
한국증권금융주식회사 532
해외증권 34
현금공개매수 250
현물거래 40
현물결제 23
현실거래 365
호가 465
호가중심시장 428
화폐시장 2
회계감사인 183
회사정보 313
회사채 29
회원감리 419
효력발생기간 127
효율적 자본시장 가설 6

M&A 223
CBDC 53
circuit breaker 469
dark pool 451
DART 138
ELS 379
ELS(주가연계증권) 383
ELW 48
ESG공시 168
gun jumping 139
Howey판결 36
ICO(initial coin offering) 54
KIKO사건 491
KIND 138
locate요건 408

M&A중개업무 65
market maker 427
MD&A 155
NFT(non-fungible token) 58
sidecar제도 469
Sponsored DR 35
TRS 235
Unsponsored DR 35

저자 주요 약력

김건식

서울대 법대 법학사 및 법학석사
하버드법대 LL.M.
워싱턴주립대 법대 J.D. & Ph.D.
서울대 법대 학장 겸 법학전문대학원 원장 역임
한국상사법학회 회장 역임
서울대 법학전문대학원 교수
현재 서울대 법학전문대학원 명예교수

주요 저서
회사법 (제10판 2026 공저)
회사법연구 Ⅰ, Ⅱ (2010), Ⅲ(2021)
기업지배구조와 법 (2010)
자본시장법 (제4판 2023 공저)
Corporate Law and Governance-Collected Papers (2020)

자본시장법 강의

초판발행 2026년 1월 15일

지은이 김건식
펴낸이 안종만 · 안상준

편 집 김선민
기획/마케팅 조성호
표지디자인 벤스토리
제 작 고철민 · 김원표

펴낸곳 (주) 박영사
서울특별시 금천구 가산디지털2로 53, 210호(가산동, 한라시그마밸리)
등록 1959. 3. 11. 제300-1959-1호(倫)
전 화 02)733-6771
f a x 02)736-4818
e-mail pys@pybook.co.kr
homepage www.pybook.co.kr
ISBN 979-11-303-9914-0 93360

정 가 38,000원